NTC'
Com
Swed
and
English
Dictionary

NTC's
Compact
Swedish
and
English
Dictionary

NTC Publishing Group

Library of Congress Cataloging-in-Publication Data

Norstedts amerikanska fickordbok.
    NTC's compact Swedish and English dictionary.
       p.   cm.
    Originally published: Norstedts amerikanska fickordbok. Stockholm :
Norstedt, 1996.
    ISBN 0-8442-4959-9 (cloth)
    ISBN 0-8442-4960-2 (paper)
      1. Swedish language—Dictionaries—English.   2. English language—
Dictionaries—Swedish.   I. NTC Publishing Group.   II. Title.
    PD5640.N65   1997
    439.73'21—dc21
                                                     97-2621
                                                      CIP

Published by NTC Publishing Group
A division of NTC/Contemporary Publishing Group, Inc.
4255 West Touhy Avenue, Lincolnwood (Chicago), Illinois 60646-1975 U.S.A.
Printed in the United States of America
International Standard Book Number: 0-8442-4959-9 (cloth)
                                        0-8442-4960-2 (paper)
99 00 01 02 03 04 BC 19 18 17 16 15 14 13 12 11 10 9 8 7 6 5 4 3 2 1

Contents

Preface

NTC's Compact Swedish and English Dictionary is a completely new dictionary that covers Swedish vocabulary, translations, spelling and pronunciation. In compiling this dictionary, great pains have been taken to make it completely up to date and easy to use. It contains 32,000 words and phrases used in everyday speech in both languages, along with the vocabulary you may need when traveling.

The definitions are clear and concise, and they include the part of speech and other essential grammatical information for both languages. Helpful sections on Swedish grammar and pronunciation are included. The typography and layout are user-friendly, with each entry starting on a new line.

NTC's Compact Swedish and English Dictionary is an ideal reference for travelers and students in both the United States and Sweden.

Symbols

Tilde ~

The tilde is used in examples to represent the headword:

accordance; *in ~ with* (= in accordance with)

Asterisk *

An asterisk is used to mark irregular English verbs. These verbs are listed in the section *Engelsk minigrammatik*.

Hyphen -

The hyphen is used

a) for Swedish inflected forms. If the Swedish word contains a vertical stroke, the hyphen signifies the part of the word before the stroke. If there is no vertical stroke, the hyphen signifies the entire word:

annons -en -er (= annonsen, annonser)
artik|el -eln -lar (= artikeln, artiklar)

More information on Swedish inflected forms can be found in the section *Swedish Grammar in Brief*.

b) in hyphenating Swedish or English words.

Vertical stroke |

The vertical stroke is only used in combination with a hyphen (see above).

Parentheses ( )

Parentheses are used around words that can replace the preceding words:

among; *~ themselves (yourselves)* (= among themselves, among yourselves)

Ellipses . . .

Ellipses are used

a) where examples are incomplete:
about; *what* ~ . . . *?*

b) to indicate the position of a word:
skruva; ~ **pa** t. ex. lock screw . . . on

Numerals

Roman numerals are used in marking different parts of speech:
coach I *subst* turistbuss; långfärdsbuss **II** *verb* träna,
vara tränare (lagledare) för

Arabic numerals are used

a) to denote homographs, i.e., words with the same spelling but different origin and meaning. Homographs are listed as separate headwords, preceded by Arabic numerals.
1 mean snål; gemen
2 mean medelvärde
3 mean betyda

b) within an entry to denote different senses:
bearing 1 hållning, uppträdande **2** betydelse

Abbreviations

Abbreviation	Swedish	English
adj	adjektiv	adjective
adv	adverb	adverb
amer.	amerikansk	American
best art	bestämd artikel	definite article
beton.	betonat	stressed
el.	eller	or
etc.	etcetera	et cetera
förk.	förkortning; förkortas	abbreviation; abbreviated
imperf.	imperfekt	past tense
interj	interjektion	interjection
jfr	jämför	compare
konj	konjunktion	conjunction
m.m.	med mera	and other things
ngn	någon	someone
ngns	någons	someone's
ngt	något	something
o.	och	and
obest art	obestämd artikel	indefinite article
oböjl.	oböjligt	indeclinable
o.d.	och dylikt	and similar
osv.	och så vidare	et cetera
perf. p.	perfekt particip	past participle
pl.	plural	plural
prep	preposition	preposition
pron	pronomen	pronoun
®	inregistrerat varumärke	registered trademark
resp.	respektive	respectively
räkn	räkneord	numeral
sb.	somebody	somebody
sb.'s	somebody's	somebody's
sth.	something	something
subst	substantiv	noun
subst pl	substantiv i pluralform	plural noun
sv.	svensk, svenska	Swedish

xi

t.ex.	till exempel	for example
ung.	ungefär	approximately
utt.	uttalas	pronunciation; pronounced
vanl.	vanligen	usually
vard.	i vardaglig stil	informal style
äv.	även	also

Swedish Grammar in Brief

Nouns

As a help to non-Swedish users, inflections of Swedish nouns are given in the Swedish-American part. In English the definite form is a separate word – *the* – but in Swedish it is a word ending.

Swedish has two genders: non-neuter and neuter:

* Non-neuter words end in -n in the definite form and take the indefinite article **en.**

Example: **väg / vägen / en väg**
(*road / the road / a road*)

* Neuter words end in -t in the definite form and take the indefinite article **ett.**

Example: **bord / bordet / ett bord**
(*table / the table / a table*)

Inflections

The first inflected form given is the definite form singular, and the second is the indefinite form plural (if the word can occur in the plural):

dörr -en -ar

Some words have no ending in the definite form singular. In such cases only the indefinite form is given:

början en ~, best. form =

If only one form is given, this means that the word does not exist in the plural:

bly -et

In some cases, the first ending is followed by a numeral. This indicates that only one or some of the senses can occur in the plural, or that different senses have different plural forms. In these cases the respective plural forms are shown after the numeral:

amerikanskla -an 1 pl. -or... 2...

Variant singular or plural forms are shown in round brackets:

1 **test** -et (-en) = (-er)

The sign = indicates that the indefinite form singular and plural are the same:

besök -et =

Some headwords are given in the plural, and are marked *pl.* This means that the words usually occcurs in the plural:

antibiotika pl.

A small number of nouns are indeclinable. They are marked *oböjl.*:

april oböjl.

Adjectives

The inflection of a Swedish adjective always follows the noun it qualifies. There are the following forms:

* *no ending* in the non-neuter: **en stor båt / båten är stor** *(a big boat / the boat is big)*

* ends in -t in the neuter: **ett stort hus / huset är stort** *(a big house / the house is big)*

* ends in -a in the plural: **stora båtar / stora hus / båtarna är stora / husen är stora** *(big boats / big houses / the boats are big / the houses are big)*

* after the definite article *den/det/de* all adjectives end in -*a*: **den stora båten / det stora huset / de stora båtarna / de stora husen** *(the big boat / the big house / the big boats / the big houses)*

Some common adjectives with irregular comparison

bra, bättre, bäst *(good, better, best)*
dålig, sämre, sämst *(bad, worse, worst)*
gammal, äldre, äldst *(old, older, oldest)*
liten, mindre, minst *(small, smaller, smallest)*
många, fler, flest *(many, more, most)*
stor, större, störst *(big, bigger, biggest)*

Pronouns

Singular	**jag** *I*	**mig** *me*
	du *you*	**dig** *you*
	han *he* **hon** *she* **den/det** *it*	**honom** *him* **henne** *her* **den/det** *it*
Plural	**vi** *we*	**oss** *us*
	ni *you*	**er** *you*
	de *they*	**dem** *them*

min, pl. mina *my (mine)*
din, pl. dina *your (yours)*
hans, sin, pl. sina *his* hennes, sin, pl. sina *her (hers)* sin, pl. sina *its*
vår, pl. våra *our (ours)*
er, pl. era *your (yours)*
deras, sin, pl. sina *their (theirs)*

Verbs

Swedish verbs have the same ending in the 1st, 2nd and 3rd person.

Examples in the present tense:

jag simmar, du simmar, han/hon/den/det simmar, vi simmar, ni simmar, de simmar

(Compare English: I swim, you swim, he/she/it swims, we swim, you swim, they swim)

Some common irregular verbs

Infinitive	Present tense	Past tense	Perfect
be	ber	bad	har bett
binda	binder	band	har bundit
bita	biter	bet	har bitit
bjuda	bjuder	bjöd	har bjudit
brinna	brinner	brann	har brunnit
bryta	bryter	bröt	har brutit
bära	bär	bar	har burit
dra	drar	drog	har dragit
dricka	dricker	drack	har druckit
driva	driver	drev	har drivit
dö	dör	dog	har dött
falla	faller	föll	har fallit

Infinitive	Present tense	Past tense	Perfect
finna	finner	fann	har funnit
flyga	flyger	flög	har flugit
flyta	flyter	flöt	har flutit
frysa	fryser	frös	har frusit
försvinna	försvinner	försvann	har försvunnit
ge	ger	gav	har gett
glädja	gläder	gladde	har glatt
gripa	griper	grep	har gripit
gråta	gråter	grät	har gråtit
gå	går	gick	har gått
göra	gör	gjorde	har gjort
heta	heter	hette	har hetat
hugga	hugger	högg	har huggit
hålla	håller	höll	har hållit
kliva	kliver	klev	har klivit
knyta	knyter	knöt	har knutit
komma	kommer	kom	har kommit
le	ler	log	har lett
lida	lider	led	har lidit
ligga	ligger	låg	har legat
ljuga	ljuger	ljög	har ljugit
låta	låter	lät	har låtit
lägga	lägger	lade	har lagt
njuta	njuter	njöt	har njutit

Infinitive	Present tense	Past tense	Perfect
nysa	nyser	nös	har nyst
rida	rider	red	har ridit
riva	river	rev	har rivit
se	ser	såg	har sett
sitta	sitter	satt	har suttit
sjunga	sjunger	sjöng	har sjungit
sjunka	sjunker	sjönk	har sjunkit
skilja	skiljer	skilde	har skilt
skina	skiner	sken	har skinit
skjuta	skjuter	sköt	har skjutit
skrika	skriker	skrek	har skrikit
skriva	skriver	skrev	har skrivit
skära	skär	skar	har skurit
slita	sliter	slet	har slitit
slå	slår	slog	har slagit
snyta	snyter	snöt	har snutit
sova	sover	sov	har sovit
spricka	spricker	sprack	har spruckit
sprida	sprider	spred/spridde	har spridit/spritt
springa	springer	sprang	har sprungit
stiga	stiger	steg	har stigit
stjäla	stjäl	stal	har stulit
stryka	stryker	strök	har strukit
stå	står	stod	har stått

Infinitive	Present tense	Past tense	Perfect
säga	säger	sa/sade	har sagt
sälja	säljer	sålde	har sålt
sätta	sätter	satte	har satt
ta	tar	tog	har tagit
tiga	tiger	teg	har tigit
veta	vet	visste	har vetat
vika	viker	vek	har vikit
vinna	vinner	vann	har vunnit
välja	väljer	valde	har valt
vänja	vänjer	vande	har vant
växa	växer	växte	har vuxit/växt
äta	äter	åt	har ätit

Swedish Pronunciation

The Swedish alphabet

The Swedish alphabet has 28 letters. The last three, å, ä and ö, are special for Swedish. The letter w (called "double v" in Swedish) is treated as a variant of v, mostly used in names. Similarly the letter q corresponds in most cases with k (qu = kv) and is only found in names or foreign words.

Pronunciation

Vowels

The nine Swedish vowels a, e, i, o, u, y, å, ä, ö may be pronounced long or short. A vowel is long when it is stressed and is followed by one consonant only, or no consonants. A vowel is short when followed by two or more consonants or when it is unstressed. For some vowels – see below – the difference between the long and short pronunciation changes the character of the sound, while others have more or less the same sound quality, whether pronounced long or short. There are no diphthongs in standard Swedish.

Swedish letter	Example	Pronounced like
a (short)	*hatt*	cut, but more open
a (long)	*hat*	father
e (short)	*penna*	bed
e (long)	*ben*	the e sound in day (a pure vowel, not a diphthong!)
i (short)	*vinna*	win
i (long)	*vin*	teen
o (short)	*bonde*	put
o (long)	*ros*	moon

Note that in some words o is pronounced like the letter å (see below).

u (short)	*hund*	ew in brew but with rounded lips and short; like French lui
u (long)	*hus*	ew in brew but with rounded lips
y (short)	*nytt*	ee in bee but short and with closely rounded lips; like French tu
y (long)	*ny*	ee in bee, but with closely rounded lips; like German ü
å (short)	*rått*	pour, but short
å (long)	*rå*	pour

ä (short)	*sätt*	bet
ä (long)	*säte*	dance, but longer
ö (short)	*rött*	fur, but short and without the r sound
ö (long)	*röd*	fur, but without the r sound

Consonants and consonant combinations

Many of the Swedish consonants are pronounced more or less the same as in English: **b, c, d, f, h, l, m, n, p, q, t, v, x.**

ch is pronounced sh (*charm*)

g is pronounced g before *a, o, u, å* (*gata, god, gud, gå*), and y before *e, i, y, ä, ö* and in words ending in *lg, rg* (*ge, gift, gylf, göra, älg, arg*)

gn is pronounced with a g (*gnaga*); after a vowel it is pronounced ngn (*ugn*)

dj, gj, hj, j are pronounced y (*djup, gjort, hjul, jul*)

k is pronounced k before *a, o, u, å* (*kan, ko, kul, kår*), and sh before *e, i, y, ä, ö* (*kemi, kilo, kyrka, kär, köpa*)

kj and tj are pronounced ch like in check but

without the t sound (*kjol, tjugo*)

kn is pronounced with a **k** (*knä*)

lj is pronounced **y** (*ljus*)

r is pronounced like a Scottish **r** (*röd*)

rs at the end of words is pronounced **sh** (*fors*)

rd, rt are pronounced like in third, court (*ord, fart*)

s, z are always pronounced as in so, never as in rose

sj is pronounced like **sh** (*sju*)

sk is pronounced **sk** before *a, o, u, å* (*ska, sko, skum, skåda*), and **sh** before *e, i, y, ä, ö* (*ske, skida, skydda, skära, skön*)

skj, stj are pronounced **sh** (*skjuta, stjärna*)

sch is pronounced **sh** (*dusch*)

si and **ti** in the endings *-sion, -tion* are pronounced **sh** (*diskussion, station*), or sometimes **tsh** (*nation*)

Innehåll

Ordbokstecken

Krok ~

Krok står i exempel i stället för uppslagsordet:

allergisk; ~ *mot ngt* (= allergisk mot ngt)

Asterisk *

Asterisk används för att markera oregelbundna verb som finns upptagna i verblistan under avsnittet *Engelsk minigrammatik* i slutet av boken. När man stöter på en asterisk kan man alltså gå till verblistan för att få hjälp med böjningen av verbet.

Bindestreck -

Bindestreck används

a) vid svenska böjningsändelser. Om det svenska ordet har lodstreck ersätter bindestrecket den del av ordet som står före lodstrecket, annars ersätter det hela ordet:

annons -en -er (= annonsen, annonser)
artikel -eln -lar (= artikeln, artiklar)

Detta är en hjälp för de användare som inte har svenska som modersmål. Utförligare information

om användandet finns på engelska under avsnittet
Swedish Grammar in Brief i slutet av boken.

b) vid avstavning av engelska eller svenska ord.

Lodstreck |

Lodstreck används i kombination med bindestreck
(se ovan).

Rund parentes ( )

Rund parentes används runt ord som kan ersätta
närmast föregående:

> **bläddra;** ~ *igenom (i) en bok*
> (= bläddra igenom en bok, bläddra i en bok)

Punkter ...

Punkter används:

a) vid avbrutna exempel:

> **faktum;** ~ *är att...*

b) för att markera ett ords placering:

> **skruva;** ~ *på* t.ex. lock screw...on

Siffror

Romerska siffror används för uppdelning i ord-
klasser:

> **direkt** I *adj* direct II *adv* straight, directly

Arabiska siffror används

a) för att ange homografer, d.v.s. ord med samma
   stavning, men med olika ursprung och betydel-
   se. Homografer står som separata uppslagsord,
   och föregås av arabisk siffra:

   > **1 disk** i affär counter
   > **2 disk** odiskad disk dishes

b) för att ange olika delbetydelser:

   > **bud 1** budskap message **2** anbud offer

Förkortningslista

adj	adjektiv
adv	adverb
amer.	amerikansk
best art	bestämd artikel
beton.	betonat
el.	eller
etc.	etcetera
förk.	förkortning; förkortas
imperf.	imperfekt
interj	interjektion
jfr	jämför
konj	konjunktion
m.m.	med mera
ngn	någon
ngns	någons
ngt	något
o.	och
obest art	obestämd artikel
oböjl.	oböjligt
o.d.	och dylikt
osv.	och så vidare
perf. p.	perfekt particip
pl.	plural
prep	preposition

pron	pronomen
®	inregistrerat varumärke
resp.	respektive
räkn	räkneord
sb.	somebody
sb.'s	somebody's
sth.	something
subst	substantiv
subst pl	substantiv i pluralform
sv.	svensk, svenska
t.ex.	till exempel
ung.	ungefär
utt.	uttalas
vanl.	vanligen
vard.	i vardaglig stil
äv.	även

Uttal

I den amerikansk-svenska delen anges uttal till så gott som samtliga uppslagsord. Uttalet anges enligt ett mycket förenklat system, och vi har velat ge varje uppslagsord de uttalsangivelser som bäst visar hur just detta ord uttalas.

Ett förenklat system medför naturligtvis att vissa nyansskillnader försvinner, men är i gengäld mycket lättare att använda för den som är ovan vid vanlig fonetiskt skrift.

I engelskan uttalas de flesta konsonanter ungefär som på svenska. Skillnader finns dock, t.ex. r, som inte uttalas som svenskans tungspets- eller tungrots-r. Engelskans r-ljud liknar det r-ljud som kan förekomma i stockholmskan. Tungspetsen lyfts upp mot den bakre tandvallen, utan att röra vid den.

Engelskans w uttalas ungefär som ett kraftigt artikulerat svenskt o. Uttalet för w anges som w.

De engelska sje-ljuden anges i uttalsangivelserna aldrig med något annat än sch, tch, eller 3. Bokstavskombinationer av typen sj, sk, ti m.fl. som i svenska ord kan uttalas som ett sje-ljud ska i uttalsangivelserna alltid uttalas var för sig som s + j, s + k, t + i osv. I det engelska ordet **skin** t.ex., där uttalet anges som [**skinn**], ska inte *sk* uttalas som i svenskans *skina*, utan som i svenskans *skola*.

Vokalerna uttalas enligt följande:

a   kort, som i svenskans *katt*
a: långt, som i svenskans *far*
e   kort, som i svenskans *helg*
e: långt, som i svenskans *ner*
i   kort, som i svenskans *mitt*
i: långt, som i svenskans *mil*
o   kort, som i svenskans *bott*
o: långt, som i svenskans *kjol*
å   kort, som i svenskans *gått*
å: långt, som i svenskans *får*
ä   kort, som i svenskans *ärta*
ö: långt, som i svenskans *för*

Föjande fonetiska tecken används, eftersom ljudet saknar motsvarighet på svenska:

ə obetonat ö-ljud, som ett mellanting mellan e och ö.

θ läspljud

ʒ tonande sje-ljud

ð tonande läspljud

Tecknet ' anger betoning, och placeras framför den stavelse som är betonad:

['bå:ring]

Tecknet ˌ anger en svagare betoning, och förekommer endast i ord som även innehåller '. Den stavelse som föregås av ' betonas alltså mest, och den som föregås av ˌ något mindre:

['nitting,ni:dl]

Engelsk minigrammatik

Substantiv

Den obestämda artikeln är **a** framför ord som börjar på en konsonant, och **an** framför ord som börjar på en vokal. Den bestämda artikeln är i bägge fallen **the**.

a car – **the car**
an eye – **the eye**

Plural av de flesta engelska substantiven bildas genom att man lägger till -s på slutet av ordet:

cars
eyes

Adjektiv

De engelska adjektiven är oböjliga:

a **blue** car
the **blue** car
blue cars

Verb

Engelskans regelbundna verb böjs enligt följande
mönster:

Infinitiv
walk

Presens
I walk
you walk
he/she/it walks
we walk
you walk
they walk

Imperfekt
walked (i alla personer)

Perfekt
I have walked
you have walked
he/she/it has walked
we have walked
you have walked
they have walked

I engelska språket finns också ett antal oregelbundna verb. Här nedan följer en uppställning över temaformer till de vanligaste. I ordboken är verben i denna lista markerade med en asterisk *.

Infinitiv	Presens	Imperfekt	Perfekt particip
be	I am, you are he/she/it is we/they are	was	been
become		became	become
begin		began	begun
bite		bit	bitten
break		broke	broken
bring		brought	brought
build		built	built
burn		burnt	burnt
buy		bought	bought
catch		caught	caught
choose		chose	chosen
come		came	come
cost		cost	cost
cut		cut	cut
do	he/she/it does	did	done
draw		drew	drawn
dream		dreamt, dreamed	dreamt, dreamed

Infinitiv	*Imperfekt*	*Perfekt particip*
drink	drank	drunk
drive	drove	driven
eat	ate	eaten
fall	fell	fallen
feel	felt	felt
find	found	found
fly	flew	flown
forget	forgot	forgotten
forgive	forgave	forgiven
get	got	got, gotten
give	gave	given
go	went	gone
grow	grew	grown
have	had	had
hear	heard	heard
hit	hit	hit
hold	held	held
keep	kept	kept
know	knew	known
lay	laid	laid
leave	left	left
lend	lent	lent
let	let	let
lie	lay	lain
lose	lost	lost

Infinitiv	Imperfekt	Perfekt particip
make	made	made
mean	meant	meant
meet	met	met
pay	paid	paid
put	put	put
read	read	read
run	ran	run
say	said	said
see	saw	seen
sell	sold	sold
send	sent	sent
show	showed	shown
shrink	shrank	shrunk
sing	sang	sung
sit	sat	sat
sleep	slept	slept
speak	spoke	spoken
spend	spent	spent
stand	stood	stood
steal	stole	stolen
take	took	taken
tell	told	told
think	thought	thought
throw	threw	thrown
wake	woke	woken

Infinitiv	*Imperfekt*	*Perfekt particip*
wear	wore	worn
win	won	won
write	wrote	written

Adverb

Adverb bildas vanligen genom att ändelsen -ly läggs till adjektivet:

normal*ly*

Personliga pronomen

som subjekt		*som objekt*	
I	jag	me	mig
you	du	you	dig
he	han	him	honom
she	hon	her	henne
it	den/det	it	den/det
we	vi	us	oss
you	ni	you	er
they	de	them	dem

Possessiva pronomen

my book	min bok
your book	din bok
his book	hans bok
her book	hennes bok
our book	vår bok
your book	er bok
their book	deras bok

Amerikansk reseparlör

Artighetsfraser m.m.

Adjö!
Good-bye!
Får jag presentera ...
I'd like you to meet ...
God afton!
Good evening!
God dag!
se *God morgon*
(middag, afton)
God middag!
Good afternoon!
God morgon!
Good morning!
God natt!
Good night!
Hej!
Hello!
Hej då!
Bye-bye!
Hör av er (dig)!
Stay in touch!
Kör försiktigt!
Drive carefully!
Lycka till!
Good luck!
Trevlig resa!
Have a nice trip!
Trevligt att träffas!
Nice meeting you!
På återseende!
I'll be seeing you!
Vad heter ni (du)? Jag heter ...
What's your name?
My name's ...

**Vi ses i morgon
(nästa vecka, etc.)!**
See you tomorrow
(next week, etc.)!
Välkomna (Välkommen)!
Welcome!

Vanliga ord och fraser

*När man ber om något tilläggs
först eller sist:* please
Det finns ...
There's ...
Det gör ingenting!
Never mind!
Ett ögonblick.
One moment.
Får jag komma in?
May I come in?
Förlåt!
Sorry!
Förlåt, jag hörde inte?
Sorry, I didn't catch that.
Förlåt, kan jag få komma förbi?
Excuse me, can I get through?
Förlåt, var ligger ...?
Excuse me, where is ...?
Gärna.:
ja tack, gärna
yes, please!
det gör jag gärna
I'd love to!
det vill jag gärna
with pleasure!
Hjälp!
Help!

Hjälp mig att ...
Can you help me ...
Hur?
How?
Hur dags?
At what time?
Hur mycket?
How much?
Hur mycket kostar det?
How much is it?
Hur mår ni (du)?
How are you?
Hur sa?
I beg your pardon?
Ingen orsak!
Not at all!
Inte alls.
Not at all.
Ja.
Yes.
Ja tack.
Yes, please.
Jag behöver ...
I need ...
Jag fryser.
I'm cold.
Jag förstår.
I understand.
Jag förstår inte.
I don't understand.
Jag är hungrig (trött, törstig).
I'm hungry (tired, thirsty).
Jag skulle vilja ha ...
I'd like ...
Jaså.
Oh!

Javisst.
Certainly.
Kan jag få ...
Could I have ...
Kan ni (du) säga mig ...?
Could you tell me ...?
Kan ni (du) visa mig ...?
Can you show me ...?
Kom in!
Come in!
Lite.
A little.
Med nöje.
With pleasure.
Nej.
No.
Nej tack.
No, thank you.
När?
When?
Skål!
Cheers!
Smaklig måltid!
Enjoy your meal!
Stör jag?
Am I disturbing you?
Tack.
Thank you!
Tack, detsamma!
You, too!
Tack för hjälpen!
Thanks for the help!
Tack så mycket!
Thank you very much!
Tusen tack!
Thanks so very much!

Tyvärr, ...
I'm sorry but ...
Ursäkta!
Excuse me!
Vad sa du?
What did you say?
Var?
Where?
Var finns (ligger) ...?
Where's ...?
Var ligger närmaste post (bank)?
Where's the nearest post office (bank)?
Var så god
när man överräcker något:
Here you are!
då man bjuder:
Help yourself!
vid artig uppmaning:
Would you please ...
vid tillåtelse:
Certainly!
Varför?
Why?

Övriga uttryck (skyltar o.d.)

höger – vänster
right – left
till höger – till vänster
to the right – to the left
damer – herrar
ladies – gentlemen

ingång – utgång
entrance – exit
kallt – varmt
cold – hot
ledigt – upptaget
free – occupied
rökning förbjuden
no smoking
rökning tillåten
smoking allowed
stängt – öppet
closed – open
toalett
damtoalett
ladies'
herrtoalett
men's

Språk och nationalitet

Varifrån är ni (du)?
Where do you come from?
Jag är från Sverige.
I'm from Sweden.
Jag är svensk (svenska).
I'm Swedish.
Talar ni (du) engelska?
Do you speak English?
Jag pratar inte så bra engelska, men jag förstår lite.
I don't speak much English, but I understand a little.
Jag förstår inte vad ni (du) säger.
I don't understand you.

Finns det någon här som talar engelska?
Is there anyone here who speaks English?
Jag talar inte engelska.
I don't speak English.
Jag talar bara lite engelska.
I only speak a little English.
Jag talar inte engelska så bra.
I don't speak English very well.
Kan ni (du) tala lite långsammare?
Could you speak more slowly, please?
Var snäll och säg om det!
Would you repeat that, please?
Vad betyder det här?
What does this mean?
Vad heter det på engelska?
What is it called in English?
Hur stavas det?
How do you spell it?
Kan ni (du) bokstavera det?
Could you spell it, please?
Vad sa ni (du)?
What did you say?
Kan ni (du) översätta det här till engelska?
Could you translate this into English?

Klockan

Hur mycket är klockan?
What time is it?
Vi ses klockan två.
I'll see you at two o'clock.
Klockan är ...
It's ...
två
two o'clock
fem över två
five after two
tio över två
ten after two
kvart över två
a quarter after two
tjugo över två
twenty after two
fem i halv tre
twenty-five after two
halv tre
two thirty
fem över halv tre
twenty-five to three
tjugo i tre
twenty to three
kvart i tre
a quarter to three
tio i tre
ten to three
fem i tre
five to three

Räkneord

1 one	**16** sixteen
2 two	**17** seventeen
3 three	**18** eighteen
4 four	**19** nineteen
5 five	**20** twenty
6 six	**30** thirty
7 seven	**40** forty
8 eight	**50** fifty
9 nine	**60** sixty
10 ten	**70** seventy
11 eleven	**80** eighty
12 twelve	**90** ninety
13 thirteen	**100** a hundred
14 fourteen	**1000** a thousand
15 fifteen	

Amerikanska stater

Stat	*Förkortning*		
Alabama	AL	New Hampshire	NH
Alaska	AK	New Jersey	NJ
Arizona	AZ	New Mexico	NM
Arkansas	AR	New York	NY
California	CA	North Carolina	NC
Colorado	CO	North Dakota	ND
Connecticut	CT	Ohio	OH
Delaware	DE	Oklahoma	OK
District of Columbia	DC	Oregon	OR
Florida	FL	Pennsylvania	PA
Georgia	GA	Rhode Island	RI
Hawaii	HI	South Carolina	SC
Idaho	ID	South Dakota	SD
Illinois	IL	Tennessee	TN
Indiana	IN	Texas	TX
Iowa	IA	Utah	UT
Kansas	KS	Vermont	VT
Kentucky	KY	Virginia	VA
Louisiana	LA	Washington	WA
Maine	ME	West Virginia	WV
Maryland	MD	Wisconsin	WI
Massachusetts	MA	Wyoming	WY
Michigan	MI		
Minnesota	MN		
Mississippi	MS		
Missouri	MO		
Montana	MT		
Nebraska	NE		
Nevada	NV		

Vid gränsen

Kan jag få se på ert pass?
May I have your passport?
Hur länge har ni tänkt stanna?
How long are you planning to
stay?
**Vill ni vara snäll och fylla i den
här blanketten.**
Fill in this form, please.
Har ni något att förtulla?
Do you have anything to
declare?
Jag har inget att förtulla.
I have nothing to declare.
**Var snäll och öppna den här
resväskan.**
Open this suitcase, please.
**Alltsammans är saker för eget
bruk.**
This is all for personal use.
Har ni cigaretter eller sprit?
Do you have cigarettes or
spirits?
Var finns växelkontoret?
Where is the currency
exchange?

På resa

Var ligger närmaste resebyrå?
Where is the nearest travel
agency?
**Var ligger Svenska
ambassaden (konsulatet)?**
Where is the Swedish embassy
(consulate)?
Hur lång tid tar resan?
How long does the trip take?
Hur dags är vi i ...?
When do we arrive in ...?
Kan jag få en tidtabell?
Can I have a timetable?
**Jag skulle vilja avbeställa den
här biljetten.**
I'd like to cancel this ticket.
**När går bussen (båten, flyget,
tåget) till ...?**
When does the bus (boat,
flight, train) for ... leave?

Lokala transportmedel m.m.

**Med vilken buss kommer jag
till ...?**
I want to go to ... Which bus
should I take?
Måste man byta?
Do I (we) have to change
buses (trains)?
**Var är närmaste busshållplats
(tunnelbanestation)?**
Where is the nearest bus stop
(subway station)?

Jag ska till ...
I'm going to ...
Kan ni säga till var jag ska stiga av?
Can you tell me which stop to get off at?
Rakt fram och sedan till vänster (höger).
Straight ahead and then to the left (right).
Kan ni ringa efter en taxi, tack.
Would you call a taxi, please?
Var snäll och kör till flygplatsen.
The airport, please.

Tågresa, bussresa

Var köper man biljetter?
Where can I (we) buy a ticket?
Hur mycket kostar en biljett till ...?
How much is a ticket to ...?
En enkel (tur och retur) till ...
A one-way (round-trip) to ..., please.
Jag skulle vilja ha en platsbiljett till ...
I'd like a seat reservation to ...
När går tåget (bussen) till ...?
When does the train (bus) for ... leave?

Måste man byta?
Do I (we) have to change trains (buses)?
Vilken tid är vi framme?
When will we arrive in ...?
Från vilket spår?
From which track?
Är tåget försenat?
Is the train late?
Tåget till ... går från spår 10.
The train to ... departs from track 10.
Är det här tåget (bussen) till ...?
Is this the train (bus) to ...?
Är den här platsen ledig?
Is this seat taken?
Ja, den är ledig.
No, it's free.
Nej, den är upptagen.
Yes, it's taken.
Ursäkta, jag har platsbiljett till den här platsen.
Excuse me, I have a reservation for this seat.
Biljetterna tack!
Tickets, please!
Det är för varmt (kallt) i vagnen.
It's too hot (cold) in this car.
Får jag öppna (stänga) fönstret?
Can I open (close) the window?
Det drar.
There's a draft.

Ursäkta, har ni något emot att jag röker?
Excuse me, do you mind if I smoke?

Flygresa

Kan jag få en biljett till ...?
I'd like a ticket to ..., please.
Kan jag få boka om min biljett?
Can I change my booking?
När går planet till ...?
When does the flight for ... leave?
Går det direkt till ...?
Is it a non-stop flight to ...?
Det mellanlandar i ...
It makes a stop at ...
När avgår bussen till (från) flygplatsen?
When does the the airport bus leave?
Varifrån avgår bussen till (från) flygplatsen?
Where does the airport bus leave from?
Hur lång tid i förväg måste man checka in?
How early do I (we) have to check in?
Kan jag ta den här väskan som handbagage?
Can I take this bag as hand-luggage?

Måste jag checka in det här (den här väskan)?
Do I have to check this (this bag)?
Väger den här väskan för mycket?
Does this bag weigh too much?
När kan jag gå ombord?
When can I go on board?
Gå till gate nummer ...
Go to gate number ...
Vill ni ha något att dricka?
Would you like something to drink?
Vi landar om tio minuter.
We'll be landing in ten minutes.

Bilresa

Går den här vägen till ...?
Is this the way to ...?
Hur långt är det till (Var ligger) närmaste bensinstation (bilverkstad)?
How far is it to (Where is) the nearest gas station (garage)?
Jag har fått fel på bilen. Kan ni (du) hjälpa mig?
There's something wrong with my car. Could you help me, please?
Kan ni (du) bogsera mig?
Could you tow me, please?
Stanna! Stopp!
Stop!

**Vilken är den kortaste vägen
till ...?**
Which is the shortest way
(route) to ...?
**Kan ni (du) visa mig vägen på
kartan?**
Can you show me the way on
the map?
**Finns det något matställe
(motell) i närheten?**
Is there a restaurant (motel)
nearby?

På bensinstationen,
på bilverkstaden

Full tank, tack.
Fill it up, please!
Jag skulle vilja tvätta bilen.
I'd like to wash my car.
Jag vill byta olja.
I want to change the oil.
**Kan ni kolla luften i framhjulen
(bakhjulen)?**
Could you check the air
pressure in the front tires
(rear tires)?
Min bil startar inte.
My car won't start.
Kan ni kolla tändstiften?
Could you check the spark
plugs?
Jag skulle vilja ha ...
I'd like ...
en fläktrem
a fan belt

k-sprit
some dry gas
kylarvatten
some coolant
motorolja
some motor oil
spolarvätska
some windshield wiper fluid
en säkring
a fuse
ett tändstift
a spark plug
en vindrutetorkare
a windshield wiper
Var kan man hyra en bil?
Where can I (we) rent a car?
Det är något fel på motorn.
There's something wrong with
the motor.
När tror ni att bilen är klar?
When do you think you'll
have it ready?
**Hur mycket kommer
reparationen att kosta?**
How much will the repairs
cost?

På hotellet

Har ni några rum lediga?
Do you have a room?
**Jag har beställt (skulle vilja
ha) rum för en natt (tre nätter,
en vecka, fjorton dagar).**
I have booked (I'd like) a
room for one night (three
nights, a week, two weeks).
**Kan jag få ett tyst enkelrum
(dubbelrum) med dusch eller
bad?**
Can I have a quiet single
room (double room) with a
shower or a bath?
**Ett rum med dubbelsäng
(extrabädd).**
A room with a double bed
(spare bed).
**Vad kostar rummet per dygn
(vecka)?**
How much is it a day
(a week)?
**Finns det ett större (mindre,
billigare) rum?**
Do you have a larger (smaller,
cheaper) room?
Hur länge stannar ni?
How long will you be staying?
Jag reser i morgon.
I'm leaving tomorrow.
Kan jag få se på rummet?
Could I see the room, please?
Jag tar det här rummet.
I'll take this room.

Ni har rum nummer ...
You have room number ...
**Vilken tid serveras frukosten
(lunchen, middagen)?**
At what time is breakfast
(lunch, dinner) served?
Ingår frukost i rumspriset?
Is breakfast included?
**Kan jag få frukosten på
rummet?**
Can I have breakfast served in
my room?
Var finns frukostmatsalen?
Where is breakfast served?
Var kan jag parkera bilen?
Where can I park?
Finns det garage?
Is there a garage?
**Kan jag lämna bilen på gatan
över natten?**
Can I leave my car on the
street overnight?
Kan ni beställa en taxi åt mig?
Would you order a taxi for
me, please?
**Jag skulle vilja ringa (skicka
ett fax).**
I'd like to make a phone call
(send a fax).
**Har det kommit någon post till
mig?**
Is there any mail for me?
Var finns toaletten?
Where is the toilet (ladies'
room/men's room)?

Får jag be om nyckeln till rum nummer ..., tack.
The key to room number ... , please.

Gör i ordning räkningen till i morgon bitti.
Could you have the bill ready by tomorrow morning, please.

Jag vill beställa väckning till i morgon bitti klockan sju.
Please call me at 7 tomorrow morning.

Vill ni vara snäll och bära ner mina väskor.
Please carry my bags downstairs.

På restaurangen

Kan ni rekommendera en trevlig restaurang?
Can you recommend a nice restaurant?

Kan jag få beställa ett bord för en person (två personer) till lunch (middag) klockan ...
I'd like to book a table for one person (two persons) for lunch (dinner) at ... o'clock

Kan vi få ett bord för två?
Could we have a table for two?

Är det ledigt här?
Is this seat taken?

Får jag slå mig ner?
May I sit down?

Får jag be om matsedeln (vinlistan)!
The menu (wine list), please!

Kan jag få beställa?
May I order?

Jag tar dagens rätt.
I'll have today's special.

Har ni någon vegetarisk rätt?
Do you have a vegetarian dish?

Vi vill hellre äta à la carte.
We'd rather have à la carte.

Har ni barnportioner?
Do you have a children's menu?

Har ni någon specialitet?
Is there a speciality of the house?

Jag vill ha ...
I'd like ...

Jag vill bara ha litet ...
I only want a little ...

Jag vill bara ha något lätt.
I only want something light.

Jag vill ha en typisk mexikansk rätt.
I'd like a typical Mexican dish.

Vilket vin rekommenderar ni?
What wine do you recommend?

En karaff vin, tack.
One carafe of wine, please.

Ge mig en flaska ... (en halvflaska ... , ett glas ...)
Give me a bottle of ... (half a bottle of ... , a glass of ...), please.

Skål!
Cheers!
**Kan vi få
mineralvatten,
tack.**
Could we have
mineral water,
please?
**Får jag be om
saltet.**
Could you pass me
the salt, please?
**Kan jag få smör
och bröd till
salladen?**
Could I have
bread and butter
with my salad?
**Jag skulle vilja ha
några smörgåsar.**
I'd like a couple of
sandwiches.
Det räcker, tack.
That's fine, thank
you.
**Kan jag få lite mer,
tack.**
Could I have some
more, please?
**Kan jag få tala med
hovmästaren?**
Could I speak to
the head waiter?
Kan vi få två kaffe.
Two coffees,
please!

**Får jag be om
notan.**
The bill, please!
**Jag betalar för oss
alla.**
I'll pick up the tab.
**Vi betalar var för
sig.**
Separate checks,
please.
**Är serverings-
avgiften inräknad?**
Is a tip included?
Det är jämnt!
Keep the change!
**Var ligger
damtoaletten
(herrtoaletten)?**
Where is the
ladies' room
(men's room)?

Svensk-amerikanska ordlistor

à la carte
à la carte
aperitif
aperitif
askfat
ash tray
bar
bar
barnportion
children's plate
(serving)
bestick
silverware
betala
pay
blodig
rare
bord
table
bröd
bread
bär
berry
dagens rätt
today's special
damtoalett
ladies' room
dans
dancing
dessert
dessert
dricksglas
glass
dricks
tip

drink
drink
drycker
drinks
duk
table cloth
efterrätt
dessert
fisk
fish
fisk- och skaldjur
seafood
flamberad
flambé
flaska
bottle
frukost
breakfast
äta frukost
have breakfast
frukt
fruit
fågel
poultry
färsk
fresh,
new
förrätt
first course,
starter
gaffel
fork
garderob
cloakroom

genomstekt
well done
glas
glass
grill
grill
grillad
grilled
grönsak
vegetable
halstrad
grilled
herrtoalett
men's room
hovmästare
head waiter,
maitre d'
huvudrätt
main course
is
ice
isbit
ice cube
kafé
café
kaffe
coffee
kall
cold
karaff
carafe
kassa
cashier's; cash
register

kniv
knife
kokt
boiled
kopp
cup
kryddor
spices
kvällsmat
supper
äta kvällsmat
have supper
kypare
waiter
kött
meat
kötträtt
meat dish
ledigt
free
lunch
lunch
äta lunch
have lunch
mat
food
maträtt
dish
matsedel
menu
medium
medium rare
meny
menu

middag
dinner
äta middag
have dinner
nota
bill, tab
portion
portion,
helping
pub
pub
rekommendera
recommend
restaurang
restaurant
rå
raw
rökt
smoked
sallad
salad
salt
salt
saltad
salted
servett
napkin
servitris
waitress
servitör
waiter
självservering
self-service
skaldjur
shellfish

sked
spoon
soppa
soup
specialitet
speciality of the
house
stekt
fried
stol
chair
sås
sauce
söt
sweet
tallrik
plate
tandpetare
toothpick
varm
hot
varmrätt
main course
vatten
water
vegetarian
vegetarian
vin
wine
vinglas
wine glass
vinlista
wine list

Bröd och bakverk

bakverk
pastry
bakelse
pastry
bröd
bread
grovt
brown,
whole-wheat
ljust
white
mörkt
dark
vitt
white
bulle
bun
franska
white bread
giffel
croissant
kex
cracker
rostat bröd
toast
rågbröd
rye bread
småfranska
roll
tårta
cake
vetebröd
coffee ring,
coffee cake

Kryddor m.m.

ketchup
ketchup
kryddor
spices
majonnäs
mayonnaise
olivolja
olive oil
olja
oil
peppar
pepper
salladsdressing
dressing
salt
salt
senap
mustard
socker
sugar
svartpeppar
black pepper
sås
sauce
vinäger
vinegar
vitpeppar
white pepper
örtkryddor
herbs

Förrätter m.m.

grönsallad
lettuce
kallskuret
cold cuts
korv
sausage
falukorv
ungefär baloney
omelett
omelet
ost
cheese
pannkaka
crêpe
råkost
raw vegetables
sardiner
sardines
skinka
ham
kokt
boiled
rökt
smoked
smör
butter
smörgås
open sandwich
ägg
egg
hårdkokt
hard-boiled
kokt
boiled
löskokt
soft-boiled

stekt
fried
äggröra
scrambled eggs

Soppor

blomkålssoppa
cauliflower soup
buljong
clear soup,
buillion
champinjonsoppa
cream of mush-
room soup
fisksoppa
fish soup
grönsakssoppa
vegetable soup
löksoppa
onion soup
puré
purée
soppa
soup
sparrissoppa
asparagus soup
spenatsoppa
spinach soup
tomatsoppa
tomato soup

Fisk

fisk
fish
kokt
boiled
grillad
grilled
rökt
smoked
stekt
fried
fiskfilé
fillet of fish
forell
trout
lax
salmon
piggvar
turbot
rödspätta
plaice
sjötunga
sole
tonfisk
tuna
torsk
cod

Skaldjur m.m.

bläckfisk
octopus
mindre: squid
havskräfta
Norway lobster

hummer
lobster
krabba
crab
kräftor
crayfish
musslor
mussels,
clams
ostron
oyster
räkor
shrimp
större: prawns
skaldjur
shellfish

Kötträtter

bacon
bacon
biff
steak
utskuren
sirloin steak
blodig
rare
chateaubriand
chateaubriand
entrecôte
entrecôte
fläsk
pork
fläskfilé
fillet of pork

fläskkotlett
pork chop
genomstekt
well done
hamburgare
hamburger
hare
hare
hjort
venison
kalvkotlett
veal cutlet
kalvstek
roast veal
kanin
rabbit
kotlett
chop,
cutlet
kött
meat
köttbullar
meat balls
köttfärs
ground chuck
lamm
lamb
lammkotlett
lamb chop
lammstek
roast lamb,
leg of lamb
lever
liver
njure
kidney

oxfilé
fillet of beef
oxkött
beef
pannbiff
hamburger
rostbiff
roast beef
rådjur
venison
schnitzel
schnitzel
skinka
ham
stek
roast
tunga
tongue
wienerschnitzel
Wiener schnitzel

Fågel

anka
duck
fasan
pheasant
fågel
tam
poultry
vild
game birds
gås
goose
höns
chicken

kalkon
turkey
kyckling
chicken
grillad
grilled
kokt
boiled
ugnsstekt
roast

Grönsaker m.m.

aubergine
eggplant
blomkål
cauliflower
bondbönor
broad beans
broccoli
broccoli
bönor
beans
gröna
green
röda
red
vita
white
champinjoner
mushrooms
endive
chicory
fänkål
fennel

grönsak
vegetable
grönsallad
lettuce
gurka
cucumber
saltgurka
dill pickles
jordärtskocka
Jerusalem
artichoke
kastanjer
chestnuts
kronärtskocka
artichoke
kål
cabbage
linser
lentils
lök
onion
majs
sweet corn
majskolv
corn on the cob
morötter
carrots
oliver
olives
paprika
sweet pepper
pommes frites
French fries
potatis
potatoes

potatisgratäng
potatoes au gratin
potatismos
mashed potatoes
rotfrukt
root vegetable
rädisa
radish
rödbeta
beet
sallad
lettuce
selleri
blekselleri
celery
rotselleri
celeriac
sparris
asparagus
spenat
spinach
squash
squash
svamp
mushrooms
tomat
tomato
vitkål
cabbage
vitlök
garlic
ärter
peas

Efterrätter

bakelse
pastry
chokladsås
chocolate sauce
chokladmousse
chocolate mousse
chokladtårta
chocolate cake
efterrätt
dessert
frukt
fruit
konserverad
canned
fruktsallad
fruit salad
gelé
jelly
glass
ice cream
chokladglass
chocolate ice cream
vaniljglass
vanilla ice cream
grädde
cream
kompott
stewed fruit
mousse
mousse
ost
cheese
pudding
pudding

rulltårta
jelly roll
vaniljkräm
custard
vispgrädde
whipped cream
äppelkaka
apple cake

Frukt och bär m.m.

ananas
pineapple
apelsin
orange
aprikos
apricot
banan
banana
bär
berry
citron
lemon
clementin
tangerine
dadel
date
fikon
fig
frukt
fruit
grapefrukt
grapefruit
hallon
raspberry

hasselnötter
hazelnuts
jordgubbar
strawberries
jordnötter
peanuts
kiwifrukt
kiwi
körsbär
cherry
mandarin
mandarine orange
mandlar
almonds
mango
mango
melon
melon
nektarin
nectarine
papaya
papaya
persika
peach
plommon
plum
päron
pear
russin
raisin
smultron
wild strawberry
valnötter
walnuts
vattenmelon
water melon

vinbär
currant
röda
red currants
svarta
black currants
vindruvor
grapes
äpple
apple

Drycker

alkoholfri dryck
soft drink
apelsinjuice
orange juice
aperitif
aperitif
bordeaux
Bordeaux
bourgogne
Burgundy
brännvin
schnapps
champagne
champagne
choklad
cocoa, hot
chocolate
cider
hard cider
cocktail
cocktail
drink
drink

druvjuice
grape juice
dryck
drink,
beverage
espresso
espresso
fatöl
draft beer
flaska
bottle
flasköl
bottled beer
gin
gin
glas
glass
isvatten
ice water
juice
fruit juice
kaffe
coffee
med mjölk
with milk
med socker
with sugar
koffeinfritt
decaffeinated
konjak
brandy
finare: cognac
likör
liqueur

läsk
soft drink
mineralvatten
mineral water
mjölk
milk
mousserande
sparkling
portvin
port
saft
fruit drink,
fruit juice
sherry
sherry
sodavatten
soda
spritdrycker
spirits
te
tea
vatten
water
med kolsyra
carbonated
utan kolsyra
not carbonated
vermut
vermouth
whisky
whisky
vin
wine
rött (vitt) vin
red (white) wine

torrt (sött) vin
dry (sweet) wine
ortens (traktens) vin
the local wine
husets vin
the wine of the
house
vodka
vodka
öl
beer

Att läsa matsedeln.
Amerikansk-svenska ordlistor

Allmänt

appetizer
förrätt
bar
bar
barbecue
grilla
bill
nota
bottle
flaska
breakfast
frukost
café
kafé
carafe
karaff
cashier's
kassa
chair
stol
children's menu
barnmeny
cloakroom
garderob
coffee shop
kafé
cover charge
kuvertavgift
cup
kopp
dancing
dans

dessert
dessert
diner
enklare restaurang
dinner
middag
dish
maträtt; fat
entrée
huvudrätt
fork
gaffel
free
ledig
glass
glas
grill
grill,
grillrestaurang
hot meal
varm mat, lagad
mat
inn
värdshus
knife
kniv
lavatory
toalett
lunch, luncheon
lunch
main course
huvudrätt,
varmrätt

maitre d'
hovmästare
meal
måltid
menu
meny, matsedel
napkin
servett
pay
betala
plate
tallrik
pub
pub
recommend
rekommendera
reserved
reserverad
restaurant
restaurang
salad bar
salladsbuffé
self-service
självservering
serviette
servett
speciality
specialitet
starter
förrätt
spoon
sked
table
bord

tablecloth
duk
teacup
tekopp
teaspoon
tesked
tip
dricks
today's special
dagens rätt
toilet
toalett
toothpick
tandpetare
vegetarian
vegetarisk
waiter
kypare,
hovmästare
waitress
servitris
wine list
vinlista

Mat

à la mode
med glass
allspice
kryddpeppar
almond
mandel
alphabet soup
köttsoppa m.
pastabokstäver
anchovies
sardeller

angelfood cake
lätt o. pösig
sockerkaka
apple pie
äppelpaj
apple sauce
äppelmos
apple strudel
äppelstrudel
artichoke
kronärtskocka
asparagus
sparris
au gratin
gratinerad
bagel
bagel slags
matbröd
baked
ugnsbakad
baked Alaska
glace au four
baked beans
röda bönor i
tomatsås
baked potato
bakad potatis
baloney
ungefär falukorv
banana split
banana split,
glass m. banan,
chokladsås m.m.
barbecue sauce
grillsås
basil
basilika

bean sprouts
böngroddar
beans
bönor
beef
nötkött
beet
rödbeta
biscuit
slät bulle,
källarfranska
black currants
svarta vinbär
blackberry
björnbär
blanched almonds
skållade mandlar
blinz
pannkaka m.
fyllning
BLT
dubbelsmörgås m.
sallad, bacon o.
tomat
blueberries
blåbär
blueberry cobbler
blåbärspaj
boiled
kokt
borsch
borsjtj, rysk
rödbetssoppa
bran
kli
Brazil nut
paranöt

bread
bröd
breadsticks
brödpinnar,
grissini
bream
braxen
brown rice
råris
brownies
brownies, sega
chokladkakor
Brussels sprouts
brysselkål
buffalo
bison
bun
bulle
burrito
burrito,
fylld *tortilla*
butter
smör
buttermilk
kärnmjölk
butterscotch
karamellsås;
slags gräddkola
cabbage
kål; vitkål
Caesar salad
caesarsallad,
sallad m. vitlök,
sardeller,
krutonger, ägg
m.m.

Canadian bacon
mager bacon
canapés
kanapéer, snittar
carrot
morot
casserole
ugnsbakad gryta
cauliflower
blomkål
cauliflower cheese
ostgratinerad
blomkål
Cheddar cheese
cheddarost
cheese
ost
cheeseburger
ostburgare
cheesecake
cheesecake,
dessertpaj m. skal
av digestivekex
o. fyllning av
cream cheese
cherry
körsbär
chestnuts
kastanjer
chicken
kyckling
chicken curry
currygryta m.
kyckling
chicken wings
kryddiga
kycklingvingar

chili con carne
chili con carne,
kryddstark gryta
m. kött, bönor
m.m.
chips
potatischips
chives
gräslök
chocolate
choklad
chocolate fudge
chokladsås;
chokladkola
chop
kotlett
chop suey
kinesisk rätt m.
bl.a. böngroddar,
bambuskott,
vattenkastanjer,
kött. el. fisk o. soja
chow mein
kinesisk
välkryddad gryt-
rätt m. strimlat
kött, svamp o.
grönsaker
chowder
tjock soppa m.
musslor, fisk o.
grönsaker
clam
mussla
clarified butter
skirat smör

club sandwich
tredubbel smörgås
m. kalkon el.
skinka, sallad,
tomat o. majonnäs
cod
torsk
cole slaw
vitkålssallad m.
majonnäsdressing
cookie
småkaka
corn bread
mjukt majsbröd
corn fritters
friterade majsbitar
corn on the cob
majskolv
corn pone
majsbröd
corned beef
saltad biff
corned beef hash
lappskojs m.
corned beef
cottage cheese
keso, färskost
crab
krabba
cranberries
tranbär
cream
grädde
cream cheese
gräddig färskost
(t.ex.
philadelphiaost)

creamed
stuvad
creamed onions
stuvad lök
croquettes
kroketter
crumb cake
bakverk m.
digestivesmulor på
crumble
smulpaj
cucumber
gurka
Cumberland sauce
cumberlandsås
cup cake
muffin, ofta m.
glasyr
curried chicken
kyckling i currysås
curry
curry; maträtt
kryddad m. curry
cutlet
kotlett
Danish
wienerbröd
date
dadel
deep-fried
friterad
devil's food cake
chokladkaka
deviled eggs
ägghalvor m.
kryddstark
äggfyllning

donut
munk
duck
anka
duckling
unganka
eel
ål
egg
ägg
egg foo yoong
kinesisk äggrätt m.
nudlar
egg roll
vårrulle
egg yolk
äggula
enchilada
enchilada, fylld
tortilla täckt m.
chilisås
English muffin
tebröd
som äts varmt
fig
fikon
fillet
filé
fillet of pork
fläskfilé
fillet of beef
oxfilé
fish
fisk
fish pie
fiskpaj

fish sticks
fiskpinnar
fishcake
fiskkrokett
flambé
flamberad
flank steak
slags biffstek
French bread
baguette
French fries
pommes frites
French toast
fattiga riddare
fried
stekt
fritter
friterad bit av t.ex.
frukt eller grönsak
fruit
frukt
fruit salad
fruktsallad
fudge
mjuk kola; kolasås
game
vilt
game pie
viltpaj
garlic
vitlök
garlic bread
rostad bröd m.
vitlökssmör
gâteau
tårta

giblets
fågelkrås
ginger
ingefära
ginger nut
hård pepparkaka
ginger snap
hård pepparkaka
gingerbread
mjuk pepparkaka
goose
gås
gooseberry
krusbär
grape jelly
marmeladliknande
druvgelé
grapefruit
grapefrukt
grapes
vindruvor
gravy
redd sås
green beans
brytbönor
grilled cheese sandwich
varm ostsmörgås
grinder
baguetteliknande
bröd m. pålägg
grits
majsgryn
ground chuck
köttfärs

guacamole
guacamole,
avocadoröra m.
vitlök
gumbo
okrasoppa med
kött el. fisk o.
grönsaker
haddock
kolja
halibut
hälleflundra
ham
skinka
hamburger
hamburgare
hard-boiled egg
hårdkokt ägg
hare
hare
hash
stuvad pyttipanna
hash browns
riven stekt potatis
hazelnut
hasselnöt
herbs
örtkryddor
hero sandwich
baguetteliknande
bröd m. pålägg
herring
sill
hoagie
baguetteliknande
bröd m. pålägg

home fries
stekt potatis
horseradish
pepparrot
hot dog
varmkorv
hot fudge
varm chokladsås
ice cream
glass
ice cream cone
glasstrut
icing
glasyr
Italian bread
slags baguette
jam
sylt; marmelad *på bär*
jam tart
mördegsbakelse m. sylt
jambalaya
jambalaya, kryddstark risrätt m. grönsaker, kyckling, räkor m.m.
Jell-O, jello
dessertgelé
jelly
gelé; dessertgelé
jelly roll
rulltårta

Jerusalem artichoke
jortärtskocka
kidney
njure
kidney bean
skärböna; kidneyböna
ladyfingers
smal, sockerkaks-liknande småkaka
lamb
lamm
lamb chop
lammkotlett
lard
ister
layer cake
sockerkaka m. flera bottnar
leek
purjolök
leg of lamb
lammstek
lemon
citron
lentils
linser
lettuce
grönsallad
lima beans
limabönor
liver
lever
liverwurst
leverkorv

lobster
hummer
London broil steak
prima biffstek
lox
rökt lax
macaroni and cheese
ostgratinerade makaroner, makaronilåda
mackerel
makrill
maple syrup
lönnsirap *till pannkakor*
marmalade
marmelad
marshmallow
marshmallow, slags skumgodis
mashed potatoes
potatismos
meat
kött
meat ball
köttbulle
medium rare
medium, rosastekt
mint sauce
kall myntasås som äts till lamm
mocha
mocka
muffin
slags porös tekaka

mulligatawny
currysoppa med
höns
mushroom
svamp
mussels
musslor
mustard
senap
mutton
fårkött
nacho
nacho, majschips
nectarine
nektarin
noodles
nudlar
oil
olja
once over easy
vändstekt ägg m.
hel gula
onion
lök
orange
apelsin
oxtail soup
oxsvanssoppa
oyster
ostron
pan pizza
pizza m. tjock
botten
pancake
tjock pannkaka

parsley
persilja
pastrami
pastrami,
rökt nötkött
pastry
bakverk; deg
peach
persika
peanut
jordnöt
peanut butter
jordnötssmör
pear
päron
peas
ärtor
pecan pie
pecannötspaj
pepper
peppar; paprika
perch
abborre
pheasant
fasan
pickle
saltgurka;
inlagda grönsaker
m.m.
pike
gädda
pineapple
ananas
plaice
rödspätta

plum
plommon
pork
fläsk, griskött
pork chop
fläskkotlett
pork pie
fläskpastej
pot roast
grytstek
potato
potatis
poultry
fågel
pound cake
kompakt
sockerkaka
prawn
räka
pretzels
salta pinnar;
saltkringlor
prune
katrinplommon
pudding
pudding
puff pastry
smördeg
pumpernickel
pumpernickel,
mörkt bröd
pumpkin
pumpa
quail
vaktel

quiche	**salad**	**smoked**
quiche, ostpaj	sallad	rökt
rabbit	**salmon**	**soft-boiled egg**
kanin	lax	löskokt ägg
radish	**salmon trout**	**sole**
rädisa	laxöring	sjötunga
raisin	**salsa**	**soup**
russin	*slags* tomatsås	soppa
rare	**sandwich**	**spare ribs**
blodig	dubbelsmörgås	revbensspjäll
raspberry	**sauerkraut**	**spice**
hallon	surkål	krydda
raw	**sausage**	**spinach**
rå	korv	spenat
red currants	**scallop**	**sponge cake**
röda vinbär	kammussla	sockerkaka
relish	**scrambled eggs**	**spring onion**
pickles	äggröra	salladslök
till varmkorv	**seafood**	**squash**
rhubarb	fisk och skaldjur	squash
rabarber	**seedless grapes**	**steak**
rice	kärnfria druvor	biff
ris	**shellfish**	**string beans**
rice pudding	skaldjur	skärbönor
risgrynspudding	**shortbread,**	**stuffing**
roast	**shortcake**	fyllning
stek	mördegskaka	**submarine**
roast beef	**shrimp**	baguetteliknande
rostbiff	räka	bröd m. pålägg
roll	**sirloin steak**	**sundae**
småfranska	utskuren biff	glass m. karamell-
rosemary	**skim milk**	el. chokladsås,
rosmarin	skummjölk	vispgrädde o.
rye bread	**Sloppy Joe**	körsbär ovanpå
rågbröd	kryddad	**sunny side up**
sage	köttfärsröra på	ej vändstekt
salvia	hamburgerbröd	*om ägg*

sushi
sushi, japansk
fiskrätt m. rå fisk,
ris m.m.
swede
kålrot
sweet corn
majs
sweet potato
sötpotatis
Swiss cheese
schweizerost,
emmentaler
T-bone steak
T-benstek
taco
taco,
friterat majsbröd
m. fyllning av t.ex.
köttfärs, tomat,
lök m.m.
tarragon
dragon
tart
mördegsbakelse,
mördegspaj
Tex-Mex
Tex-Mex-mat
thyme
timjan
toast
rostat bröd
tomato
tomat
tongue
tunga

tortilla
tortilla,
mjuk majspann-
kaka som äts
m. fyllning
trout
forell
tuna
tonfisk
turbot
piggvar
turkey
kalkon
turnip
kålrot
turnover
äppelbakelse
TV-dinner
färdiglagad mat
veal
kalvkött
vegetable
grönsak
venison
rådjurskött,
hjortkött
vinegar
vinäger
wafer
kex, rån
walnut
valnöt
water melon
vattenmelon
watercress
vattenkrasse

well done
genomstekt
Welsh rarebit
rostat bröd m.
smält ost
whipped cream
vispgrädde
white bread
ljust bröd
whole-wheat bread
fullkornsbröd
yam
sötpotatis

Drycker

beer
öl
black coffee
kaffe utan mjölk
blush wine
ungefär rosévin
bottled beer
flasköl
bourbon
amerikansk
whiskysort
brandy
konjak
Burgundy
bourgogne
chocolate
choklad
cider
äppeljuice

hard cider
äppelcider
cocoa
choklad
decaf
koffeinfritt kaffe
decaffeinated coffee
koffeinfritt kaffe
coffee
kaffe
draft beer
fatöl
fruit juice
juice
ice water
isvatten
lager
ljust öl
latte
kaffe m. mjölk
lemonade
sockerdricka
liqueur
likör
milk
mjölk
mineral water
mineralvatten
pale ale
ljust öl
a pitcher of beer
en tillbringare öl
(1,5 l)
port
portvin

root beer
ungefär alkoholfri svagdricka
rye
whisky gjord på råg
Scotch
skotsk whisky
soda
läskedryck
soft drink
läskedryck
sparkling wine
mousserande vin
spirits
sprit
tea
te
water
vatten
wine
vin
wine cooler
lättvin m. fruktsaft

Telefon

Var finns närmaste telefon?
Where's the nearest
telephone?
**Finns det någon mynttelefon
(korttelefon) i närheten?**
Is there a coin phone (card
phone) nearby?
**Får jag beställa ett samtal
till ...**
I'd like to make a phone call
to ...
Ett ögonblick.
One moment.
Var god och dröj.
Hold on, please.
De svarar inte.
There's no answer.
Ni har slagit fel nummer.
*You have dialed the wrong
number.*
Lägg inte på!
Don't hang up!
**På vilket nummer kan jag nå
er?**
At what number can I reach
you?
**Kan ni ta emot ett
meddelande?**
Can you take a message?
Säg att ... har ringt.
Please tell him (her) that ...
has called.
Kan jag få tala med ...?
May I speak to ...?

Vem får jag hälsa från?
Who's calling, please?
Ursäkta om jag stör, men ...
I'm sorry if I'm interrupting,
but ...
Jag skulle vilja ringa.
I'd like to make a phone call.
**Jag skulle vilja beställa ett
samtal där mottagaren betalar.**
I'd like to make a collect call.
**Var snäll och ge mig
telefonkatalogen.**
Would you hand me the
phone book, please.
Det är upptaget.
It's busy.
**Jag ringer igen (senare, i
morgon).**
I'll call back (later, tomorrow).

Post, bank, valuta, växling

Var finns en brevlåda?
Where is there a mailbox?
**Var ligger närmaste
postkontor?**
Where is the nearest post
office?
Jag vill skicka ...
I'd like to send ...
**Hur mycket är portot för det
här brevet?**
How much does it cost to
send this letter?

Kan jag få tio frimärken till Sverige?
Could I have ten stamps for Sweden?
Hur mycket kostar det att rekommendera det här brevet?
How much does it cost to send this letter registered mail?
Skriv under här.
Sign here, please.
Har ni växel?
Have you got change?
Vet ni var man kan växla pengar?
Do you know where I can change money?
Jag skulle vilja växla ...
I'd like to change ...
Hur mycket tar ni i växlingsavgift?
How much do you charge for changing money?
Jag skulle vilja lösa in de här resecheckarna.
I'd like to cash these traveler's checks.
Hur många dollar får jag för hundra svenska kronor?
How many dollars do I get for one hundred Swedish Crowns?
Jag ska be att få små sedlar, tack.
I'd like small bills, please.
Jag har inga småpengar.
I have no change.

På polisstationen

Var ligger närmaste polisstation?
Where is the nearest police station?
Jag skulle vilja anmäla en stöld.
I want to report a theft.
Jag har tappat ...
I've lost ...
Jag har blivit rånad.
I've been robbed.
Jag har blivit bestulen på ...
I've had ... stolen.
Det har varit inbrott i min bil.
My car has been broken into.
Min bil har blivit påkörd.
My car has been hit.
Bilen stod parkerad på ...
The car was parked in ...
Jag behöver ett intyg till mitt försäkringsbolag.
I need a certificate for my insurance company.

Shopping

När är affärerna öppna?
When are the stores open?
Jag vill bara titta lite.
I'm just looking around.
Jag skulle vilja se på (köpa) ...
I'd like to have a look at (to buy) ...
Finns det ...?
Is there ...?
Var finns ...?
Where is (are) ...?
Visa mig ... som ni har i skyltfönstret.
Would you show me ... that is in the window, please.
Kan jag få prova den?
Can I try it on?
Den (Färgen) passar inte.
It (the color) does not suit me.
Den är för liten (stor).
It's too small (large).
Det är för dyrt.
It's too expensive.
Finns det inget billigare?
Have you got something cheaper?
Är det bra kvalitet?
Is the quality good?
Jag tar den.
I'll take it.
Kan jag få ... också?
Could I also have ...?

Går det att få den inslagen?
Could I have it wrapped, please?
som present:
Could I have it gift-wrapped, please?
Var betalar man?
Where do I pay?
Får jag be om ett kvitto.
I'd like a receipt, please.

Smycken, souvenirer m.m.

Jag skulle vilja ha någon souvenir som är typisk för den här trakten.
I'd like a souvenir that is typical of this area.
Jag skulle vilja ha något typiskt kaliforniskt.
I'd like something typically Californian.

I skoaffären

Jag skulle vilja titta på ett par skor, tack.
I'd like to have a look at a pair of shoes, please.
Med höga (låga) klackar.
With high (low) heels.
Kan jag få prova det här paret?
Can I try this pair?
Vad har ni för skonummer?
What size shoes do you take?

De är lite för stora (trånga).
They are a bit too large
(tight).
**Ge mig ett nummer (ett
halvnummer) större (mindre).**
Could I have a larger
(smaller) number (half-
number), please.
Vad kostar de?
How much do they cost?

Kläder

Vilken storlek?
What size?
Vilket nummer?
What number?
Jag har storlek (nummer) ...
I take size (number) ...
Den passar inte.
It doesn't fit.
Den är för stor (liten).
It's too big (small)
**Har ni en storlek (ett nummer)
större (mindre)?**
Do you have a larger
(smaller) size (number)?
Den är för dyr.
It's too expensive.
Har ni något billigare?
Have you got something
cheaper?
Finns den i någon annan färg?
Do you have this in another
color?

Människokroppen, sjukdomar m.m.

Kan ni ringa efter en läkare?
Could you send for a doctor,
please?
Kalla på en läkare, snabbt!
Call a doctor, quick!
Ring efter en ambulans!
Call an ambulance!
När har läkaren mottagning?
What are the doctor's office
hours?
När kan jag få komma?
When can I come?
Jag är sjuk.
I'm ill.
Jag mår inte bra.
I'm not feeling well.
**Jag har ont i halsen (i
huvudet, i magen).**
I have a sore throat
(a headache, a stomachache).
**Jag har magbesvär
(magsmärtor).**
I have an upset stomach (pain
in my stomach).
Jag mår illa.
I feel sick.
Jag har feber.
I'm running a temperature.
hög feber I've got a fever.
Jag är förkyld.
I've got a cold.
Jag är allergisk mot ...
I'm allergic to ...

Jag är diabetiker.
I'm a diabetic.
Jag har glömt min medicin hemma.
I left my medicine at home.
Jag har vrickat foten.
I have sprained my ankle.
Det gör ont här.
It hurts here.
Kan jag få ett recept på ...?
Could I have a prescription for ...?
Kan ni ge mig något smärtstillande?
Could you give me a painkiller?
Är det smittsamt?
Is it infectious?
När kan jag resa hem?
When can I go home?
Tre gånger dagligen.
Three times a day.
En kapsel till natten.
One capsule before going to bed.
Är det receptbelagt?
Is it a prescription drug?
Kan jag få ett intyg till försäkringskassan.
Could I have a certificate of illness for my insurance?
Måste jag ligga till sängs?
Do I have to stay in bed?
Hur länge bör jag stanna i sängen?
How long do I have to stay in bed?

Hos tandläkaren

Var kan jag hitta en tandläkare?
Where can I find a dentist?
Jag har tandvärk.
I have a toothache.
Det värker i den här tanden.
This tooth hurts.
Jag har tappat en plomb.
I've lost a filling.
Jag är allergisk mot bedövningsmedel.
I'm allergic to anesthetics.

På apoteket

Var ligger närmaste apotek?
Where is the nearest drugstore (pharmacy)?
Kan jag få något bra medel mot ...?
Could I have something for ...?
Har ni något som hjälper mot solsveda (insektsbett)?
Do you have something for sunburn (insect bites)?
Jag skall be att få en förpackning huvudvärkstabletter.
I'd like a box of headache tablets.

Kan ni rekommendera någon värktablett?
Could you recommend a
painkiller?
Är det receptbelagt?
Is it a prescription drug?
Har ni något receptfritt mot ...?
Have you got something for
... that is available without a
prescription?
För invärtes (utvärtes) bruk.
For internal (external) use.
Kan jag få det här receptet expedierat?
Could I have this prescription
filled, please?
När kan jag hämta medicinen?
When can I pick up my
medicine?

English
and
Swedish

A

A, a [ej] *subst* bokstav A, a; *he knows the subject from A to Z* han kan ämnet utan och innan

a el. **an** [betonat ə resp. ən, n; betonat ej resp. änn] *obest art* **1** en, ett; någon, något **2** per; *2 dollars an item* 2 dollar per styck

aback [ə'bäkk] *adv, be taken ~* baxna, häpna

abandon [ə'bänndən] *verb* överge; ge upp

abate [ə'be:jt] *verb* avta; mojna

abbey ['äbbi] *subst* kloster; klosterkyrka

abbot ['äbbət] *subst* abbot

abbreviation [əˌbri:vi'ejschən] *subst* förkortning

abdicate ['äbbdikkejt] *verb* **1** abdikera **2** avsäga sig

abdomen ['äbbdəmən] *subst* buk, mage

abduct [äbb'dakkt] *verb* röva bort

aberration [ˌäbbə'rejschən] *subst* **1** villfarelse **2** avvikelse

abhor [äbb'hå:r] *verb* avsky

abide [ə'bajd] *verb* **1** i nekande el. frågande satser tåla, stå ut med **2** foga sig efter

ability [ə'billəti] *subst* förmåga; skicklighet

abject ['äbbdʒekkt] *adj* usel, eländig; ynklig

ablaze [ə'blejz] *adv* o. *adj* **1** i brand **2** starkt upplyst

able ['ejbəl] *adj* skicklig, duglig; *be ~ to do sth.* kunna göra ngt, vara i stånd att göra ngt

able-bodied [ˌejbəl'ba:didd] *adj* stark, arbetsför

ably ['ejbli] *adv* skickligt, dugligt

abnormal [äbb'nå:rməl] *adj* abnorm, onormal

aboard [ə'bå:rd] *adv* o. *prep* ombord, ombord på

abolish [ə'ba:lisch] *verb* avskaffa t.ex. slaveriet

A-bomb ['ejba:m] *subst* atombomb

abominable [ə'ba:minnəbl] *adj* avskyvärd; gräslig

aborigine [ˌäbbə'riddʒinni] *subst* urinvånare

abort [ə'bå:rt] *verb* **1** göra abort på **2** avbryta; misslyckas

abortion [ə'bå:rschən] *subst* abort; *have an ~* göra abort; *spontaneous ~* missfall

abortive [ə'bå:rtivv] *adj* bildligt dödfödd; misslyckad

abound [ə'baond] *verb* finnas i överflöd

about [ə'baot] **I** *prep* **1** i

rumsbetydelse omkring i (på)
2 på sig; hos, med **3** om;
what ~...*?* el. *how* ~...*?* hur är
det med...?; hur skulle det
smaka med...?; ska vi...?
II *adv* **1** omkring, runt **2** i
omlopp; liggande framme
3 ungefär, nästan; *that's* ~ *it!*
vard. det blir bra!; det var
det! **4** *be* ~ *to* stå i begrepp
att, ska just
about-face [ə͵baot'fejs] *subst* ᵒ
helomvändning; kovändning;
do an ~ vända sig helt om
above [ə'bavv] **I** *prep* över
högre än; ovanför; ~ *all*
framför allt; *he is* ~
suspicion han är höjd över
alla misstankar **II** *adv*
1 ovan; ovanför **2** över,
däröver
abrasive [ə'brejsivv] **I** *subst*
slipmedel **II** *adj* **1** slip- **2** på-
stridig
abreast [ə'bresst] *adv* i bredd,
sida vid sida
abridge [ə'briddʒ] *verb* för-
korta
abroad [ə'bra:d] *adv* utom-
lands
abrupt [ə'brappt] *adj* abrupt,
tvär; brysk
abscess ['äbbsess] *subst* böld
abscond [əb'ska:nd] *verb* av-
vika, rymma
absence ['äbbsəns] *subst*
frånvaro

absent ['äbbsənt] *adj* från-
varande
absentee [͵äbbsən'ti:] *subst*
frånvarande; skolkare; ~
voter poströstare
absent-minded
[͵äbbsənt'majndidd] *adj*
tankspridd
absolute ['äbbsəlo:t] *adj* ab-
solut, fullständig
absorb [əb'så:rb] *verb* **1** ab-
sorbera, suga upp **2** upp-
sluka, helt uppta
abstain [əb'stejn] *verb*, ~ *from*
avstå från; avhålla sig från; ~
from voting lägga ned sin
röst
abstract I ['äbbsträkkt] *adj*
abstrakt **II** ['äbbsträkkt] *subst*
utdrag, kort referat
III [äbb'sträkkt] *verb* abstra-
hera
absurd [əb'sö:rd] *adj* orimlig,
absurd; dum
abundance [ə'banndəns] *subst*
överflöd
abundant [ə'banndənt] *adj*
riklig, ymnig
abuse I [ə'bjo:s] *subst* **1** miss-
bruk **2** ovett **3** misshandel
II [ə'bjo:z] *verb* **1** missbruka
2 skymfa **3** misshandla
abusive [ə'bjo:sivv] *adj* ovett-
ig; hård
abysmal [ə'bizzməl] *adj* av-
grundsdjup
abyss [ə'biss] *subst* avgrund

AC [ˌeːjˈsiː] (förk. för *alternating current*) växelström
academic [ˌäkkəˈdemmikk] I *adj* akademisk; ~ *ability* studiebegåvning II *subst* akademiker med högskoletjänst
academy [əˈkäddəmmi] *subst* akademi; högskola; *Academy award* Oscar filmpris
accelerate [əkˈsellərejt] *verb* accelerera
accelerator [əkˈsellərejtər] *subst* gaspedal
accent [ˈäkksennt] *subst* 1 betoning, tonvikt 2 accent, brytning
accept [əkˈseppt] *verb* acceptera; ta emot; godta; *accepted* vedertagen
acceptable [əkˈsepptəbəl] *adj* godtagbar
access [ˈäksess] *subst* tillträde; tillgång; ~ *road* tillfartsväg till motorväg; ~ *television* ung. lokal-TV
accessible [əkˈsessəbəl] *adj* tillgänglig, åtkomlig
accessory [əkˈsessəri] I *adj* åtföljande II *subst* 1 *accessories* tillbehör; accessoarer 2 medbrottsling
accident [ˈäkksiddənt] *subst* 1 tillfällighet; *by* ~ av en händelse 2 olyckshändelse, olycka
accidental [ˌäkksiˈdenntəl] *adj* tillfällig; oavsiktlig

accidentally [ˌäkksiˈdenntəli] *adv* av en händelse; oavsiktligt
accident-prone [ˈäkksiddəntproun] *adj* olycksbenägen
accommodate [əˈkaːmədejt] *verb* 1 inhysa 2 anpassa
accommodating [əˈkaːmədejting] *adj* tillmötesgående
accommodation [əˌkaːməˈdejschən] *subst* 1 *accommodations* logi, inkvartering 2 anpassning
accompany [əˈkammpəni] *verb* 1 följa med, göra sällskap med; *accompanied with* åtföljd av, förenad med 2 ackompanjera
accomplice [əˈkaːmpləs] *subst* medbrottsling
accomplish [əˈkaːmplisch] *verb* utföra, uträtta
accomplishment [əˈkaːmplischmənt] *subst* 1 utförande; fullbordande 2 prestation; *accomplishments* talanger
accordance [əˈkåːrdəns] *subst*, *in* ~ *with* i överensstämmelse med, enligt
according [əˈkåːrding], ~ *to* enligt, efter
accordingly [əˈkåːrdingli] *adv* 1 i enlighet därmed 2 således, därför

accordion [ə'kå:rdiən] *subst* dragspel

accost [ə'ka:st] *verb* **1** gå fram till och tilltala **2** antasta

account [ə'kaont] **I** *verb*, ~ *for* redovisa för; svara för; *that accounts for it* det förklarar saken **II** *subst* **1** räkning, konto; *keep accounts* föra räkenskaper; *on one's own* ~ för egen räkning; *on no* ~ el. *not on any* ~ på inga villkor **2** redovisning; berättelse; *take into* ~ ta med i beräkningen; ta hänsyn till

accountancy [ə'kaontənsi] *subst* bokföring

accountant [ə'kaontənt] *subst* revisor

accumulate [ə'kjo:mjəlejt] *verb* hopa sig, ackumuleras; samla på hög

accuracy ['äkkjərəsi] *subst* precision; noggrannhet

accurate ['äkkjərət] *adj* precis; noggrann

accusation [‚äkkjo:'zejschən] *subst* anklagelse

accuse [ə'kjo:z] *verb* anklaga

accustom [ə'kasstəm] *verb* vänja; vänja sig

accustomed [ə'kasstəmd] *adj* **1** ~ *to* van vid **2** sedvanlig

ace [ejs] **I** *subst* **1** ess, äss; ~ *of hearts* hjärteress **2** i tennis serveess **II** *adj* stjärn-, topp- **III** *verb* spetsa tentamen, prov

ache [ejk] **I** *verb* värka, göra ont **II** *subst* värk

achieve [ə'tchi:v] *verb* **1** åstadkomma, prestera **2** uppnå

achievement [ə'tchi:vmənt] *subst* utförande; prestation

acid ['ässidd] **I** *adj* sur **II** *subst* syra

acid rain [‚ässidd 'rejn] *subst* surt regn

acknowledge [ək'na:liddʒ] *verb* erkänna, kännas vid

acknowledgement [ək'na:liddʒmənt] *subst* erkännande; bekräftelse

acne ['äkkni] *subst* akne

acorn ['ejkå:rn] *subst* ekollon

acoustic [ə'ko:stikk] o. **acoustical** [ə'ko:stikkəl] *adj* akustisk

acoustics [ə'ko:stikks] *subst* akustik

acquaint [ə'kwejnt] *verb*, *be acquainted with* vara bekant med; vara insatt i

acquaintance [ə'kwejntəns] *subst* **1** kännedom **2** bekant person

acquiesce [‚äkkwi'ess] *verb* samtycka

acquire [ə'kwajər] *verb* förvärva, skaffa sig

acquit [ə'kwitt] *verb* frikänna

acre ['ejkər] *subst* 4.047 m², ung. tunnland
acrid ['äkkridd] *adj* bitter, skarp; kärv, frän
acrobat ['äkkrəbätt] *subst* akrobat
across [ə'kra:s] I *adv* över; på tvären II *prep* över, tvärsöver, genom; ~ *from* mittemot
acrylic [ə'krillikk] *subst* akryl
act [äkkt] I *subst* **1** handling; *caught in the* ~ tagen på bar gärning **2** beslut; lag **3** akt i pjäs; nummer t.ex. cirkusnummer II *verb* **1** handla; agera **2** ~ *as* fungera som; verka som **3** spela
acting ['äkkting] *adj* tillförordnad
action ['äkkschən] *subst* handling; agerande; *take* ~ ingripa, vidta åtgärder
activate ['äkktivejt] *verb* aktivera
active ['äkktivv] *adj* aktiv; verksam
activity [äkk'tivvəti] *subst* aktivitet, verksamhet
actor ['äkktər] *subst* skådespelare
actress ['äkktrəs] *subst* skådespelerska
actual ['äkktchoəl] *adj* faktisk, verklig
actually ['äkktchoəli] *adv*

1 egentligen, i själva verket **2** faktiskt, verkligen
acute [ə'kjo:t] *adj* **1** akut **2** skarp, intensiv
AD [‚ej'di:] (förk. för *Anno Domini*) e. Kr. (förk. för efter Kristus)
ad [ädd] *subst* (vard. kortform för *advertisement*) **1** annons **2** reklam
adamant ['äddəmənt] *adj* orubblig, benhård
adapt [ə'däppt] *verb* **1** anpassa **2** bearbeta, omarbeta
add [ädd] *verb* **1** tillägga; tillsätta **2** addera; *it doesn't* ~ *up* vard. det stämmer inte, det går inte ihop
adder ['äddər] *subst* huggorm; giftorm
addict ['äddikkt] *subst* slav under arbete, passion o.d.; missbrukare
addiction [ə'dikkschən] *subst* böjelse; missbruk
addictive [ə'dikktivv] *adj* beroendeframkallande
addition [ə'dischən] *subst* **1** tillsats; *in* ~ dessutom **2** addition
additional [ə'dischənəl] *adj* ytterligare
additive ['ädditivv] *subst* tillsatsämne
address I [ə'dress] *verb* **1** vända sig till, tilltala; hålla tal till **2** adressera

II ['äddress, ä'dress] *subst*
1 adress **2** offentligt tal
adept [ä'deppt] *adj* skicklig
adequate ['äddəkwitt] *adj*
1 tillräcklig **2** fullgod; adekvat
adhesive [əd'hi:sivv] **I** *adj*
självhäftande; ~ *tape* tejp
II *subst* lim; häftplåster
adjective ['äddʒikktivv] *subst*
adjektiv
adjoining [ə'dʒåjning] *adj*
angränsande
adjourn [ə'dʒö:rn] *verb* ajournera, flytta fram
adjust [ə'dʒasst] *verb* **1** ordna,
rätta till; justera **2** anpassa;
anpassa sig
adjustable [ə'dʒasstəbəl] *adj*
inställbar, reglerbar
adjustment [ə'dʒasstmənt]
subst **1** justering; inställning
2 anpassning
ad-lib [,ädd'libb] *verb* improvisera
administer [əd'minnəstər]
verb sköta, administrera;
skipa rättvisa
administration
[əd,minni'strejschən] *subst*
1 skötsel, administrering
2 förvaltning **3** *the Clinton* ~
Clintonadministrationen, regeringen Clinton
administrative
[əd'minnəstrejtivv] *adj* administrativ

administrator
[əd'minnistrejtər] *subst* förvaltare, föreståndare; administratör
admiral ['äddmərəl] *subst*
amiral
admire [əd'majər] *verb* beundra
admission [əd'mischən] *subst*
1 tillträde; inträde; intagning; ~ *free* fritt inträde
2 medgivande
admit [ädd'mitt] *verb* **1** släppa
in; anta **2** medge; ~ *defeat* ge
sig
admittance [ädd'mittəns]
subst inträde, tillträde; *no* ~
tillträde förbjudet
admittedly [ädd'mittiddli] *adv*
erkänt, medgivet
admonish [ädd'ma:nisch] *verb*
förmana
ado [ə'do:] *subst* ståhej, liv
adobe [ə'doubi] *subst* soltorkat tegel
adolescence [,äddə'lessns]
subst ungdomstid, tonåren
adolescent [,äddə'lessnt]
I *subst* ungdom, tonåring
II *adj* tonårs-
adopt [ə'da:pt] *verb* **1** adoptera **2** anta, lägga sig till med
t.ex. vana
adopted [ə'da:pidd] *adj*
adoptiv-, adopterad
adoption [ə'da:pschən] *subst*
adoption

adore [ə'då:r] *verb* dyrka; vard. avguda

adorn [ə'då:rn] *verb* pryda, smycka

adrift [ə'drifft] *adv* o. *adj* på drift; på glid

adult [ə'dallt] *adj* o. *subst* vuxen; ~ *film* porrfilm

adultery [ə'dalltəri] *subst* äktenskapsbrott

advance [əd'vänns] **I** *verb* **1** flytta fram; gå framåt; göra framsteg **2** avancera, bli befordrad **3** förskottera lån **II** *subst* **1** framryckning; framsteg **2** befordran **3** *make advances* göra närmanden **4** förskott **5** *in* ~ på förhand, i förväg; i förskott

advanced [əd'vännst] *adj* **1** långt framskriden **2** avancerad; ~ *mathematics* högre matematik

advantage [əd'vänntidʒ] *subst* fördel; *take* ~ *of* utnyttja

adventure [əd'venntchər] *subst* äventyr

adverb ['äddvö:rb] *subst* adverb

adverse [ädd'vö:rs] *adj* ogynnsam

advertise ['äddvərtajz] *verb* annonsera; göra reklam för

advertisement [‚äddvər'tajzmənt] *subst* **1** annons **2** reklam

advertiser ['äddvərtajzər] *subst* annonsör

advertising ['äddvərtajzing] *subst* reklam; reklambranschen

advice [əd'vajs] *subst* råd

advisable [əd'vajzəbəl] *adj* tillrådlig

advise [əd'vajz] *verb* råda; ~ *against* varna för, avråda från

adviser [əd'vajzər] *subst* rådgivare

advisory [əd'vajzəri] *adj* rådgivande

advocate I ['äddvəkət] *subst* förespråkare **II** ['äddvəkejt] *verb* förespråka

aerial ['äəriəl] *adj* luft-; ~ *map* flygfotokarta

aerobics [ä'roubikks] *subst* aerobics

aerosol ['errəsa:l] *subst* sprejflaska

affair [ə'fäər] *subst* **1** angelägenhet, sak **2** affär, historia; vänsterprassel

1 affect ['äffekkt] *verb* **1** beröra, påverka **2** göra intryck på

2 affect [ə'fekkt] *verb* låtsas vara, spela

1 affected [ə'fekktidd] *adj* **1** ~ *with* angripen av **2** ~ *by* upprörd av, rörd av **3** påverkad

2 affected [ə'fekktidd] *adj*
tillgjord
affection [ə'fekkschən] *subst*
ömhet, tillgivenhet
affectionate [ə'fekkschənət]
adj tillgiven, öm
affinity [ə'finnəti] *subst*
1 släktskap **2** samhörighets-
känsla
afflict [ə'flikkt] *verb* drabba,
hemsöka
affluence ['äffloəns] *subst*
rikedom, välstånd
affluent ['äffloənt] *adj* rik,
förmögen
afford [ə'få:rd] *verb, I can ~ it*
det har jag råd med
AFL-CIO ['ejeffell'siajou] *subst*
motsvarar LO
afloat [ə'flout] *adv* o. *adj*
flytande
afraid [ə'frejd] *adj, ~ of* rädd
för; *~ about (for)* orolig för;
I'm ~ not tyvärr inte
afresh [ə'fresch] *adv* ånyo, på
nytt
Africa ['äffrikkə] Afrika
African ['äffrikkən] **I** *subst*
afrikan **II** *adj* afrikansk
African-American [ˌäffrikkən
ə'merrikkən] *subst* svart,
svart man (kvinna)
Afro ['äffrou] *subst* afrofrisyr
after ['äfftər] **I** *adv* o. *prep*
efter, bakom; efteråt, senare;
över; trots; *~ all* när allt
kommer omkring; ändå; *be ~*

sth. vara ute efter ngt **II** *konj*
sedan
aftermath ['äfftərmäθ] *subst*
efterdyningar
afternoon [ˌäfftər'no:n] *subst*
eftermiddag
afterwards ['äfftərwərdz] *adv*
efteråt, sedan
again ['əgenn] *adv* **1** igen, en
gång till; *~ and ~* el. *time and
~* gång på gång **2** *then ~* å
andra sidan
against [ə'gennst] *prep* mot,
emot; vid, intill
age [ejdʒ] **I** *subst* **1** ålder
2 tid; period **3** *for ages* i (på)
evigheter **II** *verb* åldras
aged *adj* **1** [ejdʒd] i en ålder
av **2** ['ejdʒidd] åldrig, ålder-
stigen
age-group ['ejdʒgro:p] *subst*
åldersgrupp
agency ['ejdʒənsi] *subst*
1 agentur; byrå **2** medverkan
agenda [ə'dʒenndə] *subst*
dagordning
agent ['ejdʒənt] *subst* **1** agent,
ombud **2** medel; verkande
kraft
aggravate ['äggrəvejt] *verb*
1 förvärra **2** vard. reta, för-
arga
aggregate ['äggriggət] **I** *adj*
sammanlagd, total **II** *subst,
in the ~* totalt sett
aggressive [ə'gressivv] *adj*

1 aggressiv **2** offensiv; framåt
aggrieved [ə'gri:vd] *adj* sårad, kränkt
aghast [ə'gässt] *adj* förskräckt, bestört
agile ['äddʒəl] *adj* vig, rörlig
agitate ['äddʒittejt] *verb* uppröra, oroa; uppvigla
ago [ə'gou] *adv, 10 years ~* för 10 år sedan
agonizing ['äggənajzing] *adj* hjärtslitande
agony ['äggəni] *subst* vånda; svåra plågor
agree [ə'gri:] *verb* **1** samtycka; säga 'ja' **2** komma (vara) överens **3** passa, stämma
agreeable [ə'griəbəl] *adj* angenäm, trevlig
agreed [ə'gri:d] *adj* avgjord, beslutad; *~?* är vi överens?; *~!* avgjort!, kör för det!; *as ~* enligt överenskommelse
agreement [ə'gri:mənt] *subst* **1** överenskommelse, avtal **2** enighet
agricultural [,äggri'kalltchərəl] *adj* jordbruks-
aground [ə'graond] *adv* o. *adj* på grund
ahead [ə'hedd] *adv* o. *adj* före; i förväg; framåt; kommande; *straight ~* rakt fram; *be ~ of* bildligt vara före
aid [ejd] **I** *verb* hjälpa, bistå **II** *subst* hjälp, bistånd

Aids o. **AIDS** [ejdz] *subst* aids
ailing ['ejling] *adj* krasslig, sjuk
ailment ['ejlmənt] *subst* krämpa, sjukdom
aim [ejm] **I** *verb* måtta, sikta med; *~ at* sikta på; syfta till; sträva efter **II** *subst* **1** sikte **2** mål
aimless ['ejmləs] *adj* utan mål, planlös
ain't [ejnt] vard. el. dialektalt för *am* (*are, is*) *not*; *have* (*has*) *not*
1 air [äər] **I** *subst* **1** luft; *go by ~* flyga; *on the ~* i radio (TV), i sändning **2** fläkt, drag **3** flyg-, luft- **II** *verb* vädra, lufta
2 air [äər] *subst* **1** utseende; prägel **2** min; *airs* förnäm (viktig) min
airbag ['ärbägg] *subst* krockkudde, airbag
air bed ['är bedd] *subst* luftmadrass
airborne ['ärbå:rn] *adj* luftburen; *be ~* vara i luften
air-conditioning ['ärkən,dischəning] *subst* luftkonditionering
aircraft ['ärkräfft] *subst* flygplan
airfield ['ärfi:ld] *subst* flygfält
air force ['är få:rs] *subst* flygvapen

airgun ['ärgann] *subst* luftge-
vär
airlift ['ärlifft] *subst* luftbro
airline ['ärlajn] *subst* **1** flyg-
linje **2** flygbolag
airliner ['är‚lajnər] *subst* tra-
fikflygplan
airmail ['ärmejl] *subst* flyg-
post
airplane ['ärplejn] *subst* flyg-
plan
airport ['ärpå:rt] *subst* flyg-
plats
air-raid ['ärejd] *subst* flygan-
fall
air-sick ['ärsikk] *adj* flygsjuk
air terminal ['är ‚tö:rminnəl]
subst flygterminal
airtight ['ärtajt] *adj* lufttät
airy ['äri] *adj* **1** luftig **2** tunn
aisle [ajl] *subst* **1** i kyrka
sidoskepp; mittgång; *walk
down the* ~ vard. gifta sig
2 mittgång i flygplan, buss etc.;
på tåg korridor
ajar [ə'dʒa:r] *adv* på glänt
akin [ə'kinn] *adj* släkt,
besläktad
à la mode [‚a:la:'moud] *adj,
pie* ~ paj med glass
alarm [ə'la:rm] **I** *subst* **1** larm
2 oro **II** *verb* **1** larma **2** oroa
alarm clock [ə'la:rm kla:k]
subst väckarklocka
alarming [ə'la:rming] *adj* oro-
väckande
alas [ə'läss] *adv* tyvärr

album ['ällbəmm] *subst* album
alcohol ['ällkəha:l] *subst* al-
kohol, sprit
alcoholic [‚ällkə'ha:likk] **I** *adj*
alkoholhaltig; alkohol-; ~
content alkoholhalt **II** *subst*
alkoholist
ale [ejl] *subst* öl
alert [ə'lö:rt] **I** *adj* alert, på
alerten; *be put on* ~ ha
förhöjd beredskap **II** *subst*
flyglarm **III** *verb* larma,
varna
algae ['älldʒi:] *subst* alger
algebra ['älldʒibbrə] *subst*
algebra
Algeria [älldʒ'irriə] Algeriet
alias ['ejliäss] *subst* o. *adv*
alias
alibi ['älləbaj] *subst* alibi
alien ['ejliən] **I** *adj* utländsk;
främmande **II** *subst* **1** främ-
ling; utlänning **2** rymdvarel-
se
alienate ['ejliənejt] *verb* stöta
bort; alienera
alike [ə'lajk] **I** *adj* lik, lika
II *adv* på samma sätt
alimony ['ällimouni] *subst*
underhåll, understöd
alive [ə'lajv] *adj* vid liv;
levande; *come* ~ vakna till
liv; *no man* ~ ingen i hela
världen; ~ *and kicking* pigg
och nyter
all [a:l] **I** *adj* o. *pron* all, allt,
alla; *not at* ~ inte alls; *not at*

aloof

~! som svar på tack el. ursäkt för all del!, ingen orsak!; ~ *in* ~ allt som allt; på det hela taget **II** *subst* allt, alltihop, allting; alla **III** *adv* alldeles, helt och hållet; ~ *in* helt slut

allay ['əlej] *verb* dämpa, lindra, stilla

allege ['əleddʒ] *verb* uppge som ursäkt m.m.; påstå

allegedly ['əleddʒiddli] *adv* efter vad som påstås (uppgivits)

allegiance ['əli:dʒəns] *subst* lojalitet, trohet

allergic ['əlö:rdʒikk] *adj* allergisk

allergy ['ällərdʒi] *subst* allergi

alleviate [ə'li:viejt] *verb* lätta, lindra, mildra

alley ['älli] *subst* gränd; gång; bakgata

alliance [ə'lajəns] *subst* **1** förbindelse **2** förbund, allians

allied ['ällajd] *adj* allierad

all-night [,a:l'najt] *adj* nattöppen, natt-

allocate ['älləkejt] *verb* tilldela, anslå

allot [ə'la:t] *verb* fördela; tilldela

allotment [ə'la:tmənt] *subst* **1** jordlott, koloni **2** tilldelning; andel

all-out [,a:l'aot] *adj* fullständig, ytterst

allow [ə'lao] *verb* **1** tillåta, låta

2 bevilja, anslå **3** erkänna, medge

allowance [ə'laoəns] *subst* **1** underhåll; understöd **2** *make allowances for* ta hänsyn till

alloy ['ällåj] *subst* legering

allspice ['a:lspajs] *subst* kryddpeppar

all-terrain vehicle [a:ltə'rejn vi:əkəl] *subst* bandvagn

all-time ['a:ltajm] *adj* vard. rekord-

ally ['ällaj] *subst* bundsförvant, allierad

alma mater [,ällmə' ma:tər] *subst, my* ~ universitetet där jag studerade

almighty [a:l'majti] *adj* allsmäktig

almond ['a:mənd] *subst* mandel

almost ['a:lmoust] *adv* nästan

alms [a:mz] *subst* allmosa, allmosor

alone [ə'loun] **I** *adj* ensam **II** *adv* endast, enbart

along [ə'la:ng] **I** *prep* längs, utmed **II** *adv* **1** framåt, i väg **2** med sig (mig etc.); *come* ~! kom nu!, kom så går vi!; ~ *with* tillsammans med; *right* ~ oavbrutet

alongside I [ə,la:ng'sajd] *adv* vid sidan **II** [ə'la:ngsajd] *prep* vid sidan av

aloof [ə'lo:f] *adj* reserverad

aloud [ə'laod] *adv* högt, med hög röst
alphabet ['ällfəbett] *subst* alfabet
alphabetical [,ällfə'bettikkəl] *adj* alfabetisk
alpine ['ällpajn] *adj* alpin; fjäll-, berg-
already [a:l'reddi] *adv* redan
also ['a:lsou] *adv* också, även; dessutom
altar ['a:ltər] *subst* altare
alter ['a:ltər] *verb* ändra, förändra; förändras
alternate I ['a:ltö:rnətt] *adj* omväxlande, alternerande **II** ['a:ltərnejt] *verb* växla, alternera
alternative [a:l'tö:rnətivv] *subst* o. *adj* alternativ
although [a:l'ðou] *konj* fastän, även om
altitude ['älltito:d] *subst* höjd
alto ['älltou] *subst* alt; altstämma
altogether [,å:ltə'geðər] *adv* **1** helt och hållet, alldeles **2** sammanlagt
aluminum [ä'lo:minnəm] *subst* aluminium
alumnus [ə'lammnəs] *subst* f.d. student
always ['a:lwejz] *adv* alltid, jämt
AM [,ej'emm] **1** (förk. för *amplitude modulation*) AM,

AM-radio **2** förk. för *America, American* **3** se *a.m.*
am [betonat ämm, obetonat əmm, m] *verb* (presens av *be*), *I am* jag är etc.
a.m. o. **A.M.** [,ej'emm] (förk. för *ante meridiem*) på förmiddagen, f.m.
amalgamate [ə'mällgəmejt] *verb* slå ihop t.ex. två företag
amateur ['ämmətschorr] *subst* amatör
amateurish [,ämmə'torrisch] *adj* amatörmässig
amaze [ə'mejz] *verb* förvåna
amazement [ə'mejzmənt] *subst* häpnad
amazing [ə'mejzing] *adj* häpnadsväckande
ambassador [ämm'bässədər] *subst* ambassadör
amber ['ämmbər] *subst* bärnsten
ambiguous [ämm'biggjoəs] *adj* tvetydig
ambition [ämm'bischən] *subst* **1** ärelystnad **2** ambition; framåtanda
ambitious [ämm'bischəs] *adj* **1** ärelysten **2** ambitiös; omfattande
amble ['ämmbəl] **I** *subst* passgång **II** *verb*, ~ *along* gå i sakta mak
ambulance ['ämmbjələns] *subst* ambulans

ambush ['ämmbosch] *subst*
bakhåll

amenable [ə'mi:nəbəl] *adj*
mottaglig; medgörlig

amend [ə'mennd] *verb* ändra;
förbättra

amendment [ə'menndmənt]
subst tillägg till grundlagen

America [ə'merrikkə] Amerika

American [ə'merrikkən] **I** *adj*
amerikansk **II** *subst* amerikan

amiable ['ejmjəbəl] *adj* vänlig,
älskvärd

amicable ['ämmikkəbəl] *adj*
vänskaplig, vänlig

amid [ə'midd] *prep* mitt i, mitt
ibland

amiss [ə'miss] *adv* o. *adj* på
tok, fel, galet

ammonia [ə'mounjə] *subst*
ammoniak

ammunition [ˌämmjə'nischən]
subst ammunition

amok [ə'makk] *adv*, *run* ~
löpa amok

among [ə'mang] *prep* bland,
ibland; ~ *themselves* (*yourselves* etc.) sinsemellan, inbördes; *they had $100* ~
them de hade tillsammans
hundra dollar

amorous ['ämmərəs] *adj* amorös, kärleksfull

amount [ə'maont] **I** *verb*, ~ *to*
uppgå till; innebära **II** *subst*
1 belopp **2** mängd

amp [ämmp] kortform för
ampere o. *amplifier*

ampere ['ämmpirr] *subst* ampere

ample ['ämmpəl] *adj* **1** riklig;
we have ~ *time* vi har gott
om tid **2** fyllig, yppig

amplifier ['ämmpliffajər] *subst*
förstärkare

amuse [ə'mjo:z] *verb* roa,
underhålla

amusement [ə'mjo:zmənt]
subst nöje; förströelse; ~
park nöjesfält

an [ən, beton. änn] *obest art* se
a

analog ['ännəla:g] **I** *subst*
motsvarighet **II** *adj* analog

analysis [ə'nälləsiss] *subst*
analys

analyst ['ännəlisst] *subst* analytiker

analyze ['ännəlajz] *verb* analysera

anarchist ['ännərkisst] *subst*
anarkist

anarchy ['ännərki] *subst* anarki

anatomy [ə'nättəmi] *subst*
anatomi

ancestor ['ännsəstər] *subst*
stamfader; *ancestors* förfäder

anchor ['ängkər] **I** *subst* ankare; bildligt stöd, klippa **II** *verb*
förankra; ankra

anchovy ['änntchouvi] *subst*
sardell
ancient ['ejntschənt] *adj*
forntida, gammal; antik
and [ənd, ən, beton. ännd]
konj och; ~ *so on* el. ~ *so
forth* och så vidare, osv.
anemic [ə'ni:mikk] *adj* blod-
fattig, anemisk
anesthetic [,ännəs'θettikk]
subst bedövningsmedel; be-
dövning
anew [ə'no:] *adv* ånyo, på
nytt; om igen
angel ['ejndʒəl] *subst* ängel
anger ['änggər] *subst* vrede,
ilska
angina [änn'dʒajnə] *subst*
kärlkramp
1 angle ['änggl] I *subst* vinkel;
synvinkel; sida av saken
II *verb* vinkla, tillrättalägga
2 angle ['änggl] *verb* meta
angler ['änggler] *subst* metare
Anglican ['ängglikkən] I *adj*
anglikansk II *subst* medlem
av anglikanska kyrkan
angling ['änggling] *subst*
metning
Anglo ['ängglou] *subst* anglo-
amerikan
Anglo- ['ängglou] *prefix* eng-
elsk-, anglo-
angry ['änggri] *adj* arg, ilsken
anguish ['änggwisch] *subst*
kval, ångest

animal ['ännimməl] I *subst*
djur II *adj* animalisk; djurisk
animate I ['ännimmətt] *adj*
levande II ['ännimmejt] *verb*
ge liv åt; animera
ankle ['ängkəl] *subst* vrist,
ankel
annex ['ännekks] *subst* annex
anniversary [,änni'vö:rsəri]
subst årsdag; bröllopsdag
announce [ə'naons] *verb* till-
kännage, meddela
announcement [ə'naonsmənt]
subst tillkännagivande; an-
nons om födelse etc.; *announ-
cements* i tidning, ung. familje-
sidan
announcer [ə'naonsər] *subst* i
radio el. TV programpresenta-
tör
annoy [ə'nåj] *verb* förarga,
reta, irritera
annoyance [ə'nåjəns] *subst*
irritation, besvär; plåga
annoying [ə'nåjing] *adj* för-
arglig; besvärlig
annual ['ännjoəl] *adj* 1 årlig,
års- 2 ettårig växt
annul [ə'nall] *verb* annullera,
upphäva
anonymous [ə'na:nimməs] *adj*
anonym
anorak ['ännəräkk] *subst* ano-
rak, vindjacka
another [ə'naðər] *pron* 1 en
annan 2 en till, en ny 3 *one*
~ varandra

answer ['ännsər] **I** *subst* svar; lösning **II** *verb* svara; bemöta; *answering machine* telefonsvarare; ~ *the door* gå och öppna dörren; ~ *back* svara emot, käfta emot; ~ *for* ansvara för; stå till svars för
answerable ['ännsərəbl] *adj* ansvarig
ant [ännt] *subst* myra
antagonism [änn'täggənizzəm] *subst* fiendskap; antagonism
antarctic [ännt'a:rktikk] **I** *adj* antarktisk **II** *the Antarctic* Antarktis
ante ['ännti] *subst* insats; *up the* ~ öka insatsen (kostnaden)
antenna [änn'tennə] *subst* antenn
anthem ['änn θəm] *subst* hymn; *national* ~ nationalsång
anthill ['ännthill] *subst* myrstack
anti-aircraft [ˌännti'ärrkräfft] *adj* luftvärns-
antibiotics [ˌänntibaj'a:tikks] *subst pl* antibiotika
anticipate [änn'tissipejt] *verb* förutse, ana; vänta sig; föregripa
anticipation [ännˌtissi'pejschən] *subst* förväntan; aning

anticlimax [ˌännti'klajmäkks] *subst* antiklimax
anticlockwise [ˌännti'kla:kwajz] *adv* motsols
antifreeze ['änntifri:z] *subst* kylarvätska
antiquated ['änntəkwejtidd] *adj* föråldrad
antique [änn'ti:k] **I** *adj* antik; gammaldags; ~ *car* veteranbil **II** *subst* antikvitet
antiseptic [ˌänntə'sepptikk] *adj* antiseptisk
antisocial [ˌännti'souschəl] *adj* asocial; osällskaplig
anvil ['ännvill] *subst* städ
anxiety [äng'zajjəti] *subst* ängslan, oro; ångest
anxious ['ängkschəs] *adj* **1** ängslig, rädd **2** angelägen
any ['enni] **I** *pron* **1** någon, något, några **2** vilken (vilket, vilka) som helst, varje; ~ *one* vilken som helst **II** *adv* **1** något el. vanligen utan svensk motsvarighet; *I can't stay* ~ *longer* jag kan inte stanna längre **2** *that won't help* ~ det hjälper inte ett dugg
anybody ['enniˌba:di] *pron* **1** någon **2** vem som helst
anyhow ['ennihao] *adv* **1** på något sätt; hur som helst **2** i alla (varje) fall; ändå
anyone ['enniwann] *pron* se *anybody*

anything ['enniθing] *pron*
1 något, någonting **2** vad
som helst; allt; ~ *but*
pleasant allt annat än trevlig
anyway ['enniwej] *adv* se
anyhow
anywhere ['ennihwärr] *adv*
1 någonstans **2** var som
helst, överallt
apart [ə'pa:rt] *adv* avsides; var
för sig; ifrån varandra; ~
from bortsett från, utom
apartment [ə'pa:rtmənt] *subst*
våning, lägenhet; ~ *house*
hyreshus
apathetic [äppə'θettikk] *adj*
apatisk, likgiltig
ape [ejp] **I** *subst* stor svanslös
apa; *go* ~ vard. bli galen; bli
tänd entusiastisk **II** *verb* apa
efter
aperitif [ə,perrə'ti:f] *subst* ape-
ritif
aperture ['äppərtschorr] *subst*
1 öppning; glugg **2** bländare
i kamera
apex ['ejpekks] *subst* spets,
topp
apiece [ə'pi:s] *adv* per styck;
vardera
apologetic [ə,pa:lə'dʒettikk]
adj ursäktande; urskuldande
apologize [ə'pa:lədʒajz] *verb*
be om ursäkt, ursäkta sig
apology [ə'pa:lədʒi] *subst*
ursäkt

apostrophe [ə'pa:strəfi] *subst*
apostrof
appall [ə'pa:l] *verb* förfära;
appalling skrämmande, för-
färlig
apparatus [,äppə'rättəs] *subst*
apparat; maskineri
apparel [ə'perrəl] *subst* kläder;
oftast ytterkläder; *men's* ~
herrkläder
apparent [ə'perrənt] *adj*
1 uppenbar **2** skenbar
apparently [ə'perrəntli] *adv*
till synes; uppenbarligen
appeal [ə'pi:l] **I** *verb* vädja; ~
to vädja till; tilltala, falla i
smaken; ~ *against* överklaga
II *subst* **1** vädjan; överkla-
gande **2** dragningskraft
appealing [ə'pi:ling] *adj* tillta-
lande
appear [ə'piər] *verb* **1** bli
synlig, visa sig; uppträda; om
t.ex. bok komma ut **2** förefal-
la, verka
appearance [ə'pirrəns] *subst*
1 framträdande; offentligt
uppträdande **2** utseende;
appearances yttre sken
appease [ə'pi:z] *verb* stilla,
dämpa, lugna
appendicitis [ə,penndi'sajtəs]
subst blindtarmsinflamma-
tion
appendix [ə'penndikks] *subst*
1 bilaga **2** blindtarm
appetite ['äppitajt] *subst* aptit

appetizer ['äppitajzər] *subst* aptitretare
applaud [ə'pla:d] *verb* applådera
applause [ə'pla:z] *subst* applåd, applåder
apple ['äppl] *subst* äpple
applesauce ['äpplsa:s] *subst* äppelmos
appliance [ə'plajjəns] *subst* apparat; hushållsapparat
applicable [ə'plikkəbəl] *adj* tillämplig
applicant ['äpplikkənt] *subst* sökande
application [‚äppli'kejschən] *subst* 1 ansökan; ~ *form* ansökningsblankett 2 tilllämpning 3 *for external ~ only* endast för utvärtes bruk
applied [ə'plajd] *adj* tillämpad
apply [ə'plaj] *verb* 1 applicera 2 använda; praktiskt tillämpa 3 ansöka; ~ *for a post* söka en plats
appoint [ə'påjnt] *verb* utnämna
appointment [ə'påjntmənt] *subst* 1 avtalat möte, träff; *make an ~ with* stämma träff med; beställa tid hos t.ex. läkare 2 utnämning
appraisal [ə'prejzəl] *subst* värdering; uppskattning
appreciate [ə'prischiejt] *verb* uppskatta; inse

appreciation [ə‚pri:schi'ejschən] *subst* uppskattning
apprehensive [‚äppri'hennsivv] *adj* rädd, ängslig; misstänksam
apprentice [ə'prenntiss] *subst* 1 lärling, elev 2 nybörjare
approach [ə'proutch] I *verb* 1 närma sig 2 ta kontakt med II *subst* 1 närmande; flygplans inflygning 2 infart, tillfart 3 infallsvinkel; syn; inställning
appropriate I [ə'proupriət] *adj* lämplig, passande II [ə'proupri:ejt] *verb* budgetera, anslå; beslagta
approval [ə'pro:vəl] *subst* gillande; godkännande; *on ~* ung. på öppet köp
approve [ə'pro:v] *verb* godkänna; ~ *of* gilla; samtycka till
approximate [ə'pra:ksimmət] *adj* ungefärlig
approximately [ə'pra:ksimmətli] *adv* ungefär, cirka
apricot ['äpprikka:t, 'ejprikka:t] *subst* aprikos
April ['ejprəl] *subst* april; ~ *fool!* april, april!
apron ['ejprən] *subst* förkläde
apt [äppt] *adj* 1 lämplig; träffande 2 sannolik; *he is ~*

to be late han kommer
troligen för sent
Aquarius [ə'kwärriəs] *subst*
Vattumannen stjärntecken
Arab ['ärrəbb] **I** *subst* arab äv.
häst **II** *adj* arabisk, arab-
Arabic ['ärrəbikk] **I** *adj* arabisk
II *subst* arabiska språk
arbitrary ['a:rbətrerri] *adj*
1 godtycklig **2** egenmäktig
arcade [a:r'kejd] *subst* galle-
ria; spelhall med flipperspel
arch [a:rtch] **I** *subst* **1** valv
2 hålfot **II** *verb* välva sig; ~
one's back om katt skjuta
rygg
archbishop [ˌa:rtch'bischəp]
subst ärkebiskop
archeologist [ˌa:rki'a:lədʒisst]
subst arkeolog
archeology [ˌa:rki'a:lədʒi]
subst arkeologi
archery ['a:rtchəri] *subst* båg-
skytte
archipelago [a:rkə'pelləgou]
subst ögrupp, skärgård
architect ['a:rkitekkt] *subst*
arkitekt
architecture ['a:rkətekktchər]
subst arkitektur
archives ['a:rkajvz] *subst pl*
arkiv
arctic ['a:rktikk] **I** *adj* arktisk
II *subst, the Arctic* Arktis;
the Arctic Circle Polcirkeln
ardent ['a:rdənt] *adj* ivrig,
glödande

are [beton. a:r, obeton. ər] *verb*
(presens av *be*), *you are* du (ni)
är etc.
area ['ärriə] *subst* **1** yta; areal
2 område; kvarter; ~ *code*
riktnummer
aren't [a:rnt] = *are not*
Argentinian [ˌa:rdʒən'tinnjən]
I *adj* argentinsk **II** *subst* ar-
gentinare
argue ['a:rgjo:] *verb* **1** argu-
mentera; resonera; påstå
2 gräla
argument ['a:rgjomənt] *subst*
1 argument; resonemang
2 gräl
Aries ['ärri:z] *subst* Väduren
stjärntecken
arise [ə'rajz] *verb* uppstå,
uppkomma; stiga (stå) upp
arisen [ə'rizzən] *verb* perf.p. av
arise
aristocrat [ə'risstəkrätt] *subst*
aristokrat
arithmetic [ə'riθmətikk] *subst*
räkning
ark [a:rk] *subst* ark
1 arm [a:rm] *subst* **1** arm
2 ärm
2 arm [a:rm] **I** *subst, arms*
vapen **II** *verb* beväpna
armament [a:rməmənt] *subst*
rustning
armchair ['a:rmtchär] *subst*
fåtölj, länstol
armed [a:rmd] *adj* beväpnad,

rustad; ~ *forces* krigsmakten; ~ *robbery* väpnat rån
armor ['a:rmər] **I** *subst* rustningar; pansar **II** *verb* bepansra
armpit ['a:rmpitt] *subst* armhåla
armrest ['a:rmresst] *subst* armstöd
army ['a:rmi] *subst* armé
aroma [ə'roumə] *subst* arom, doft
arose [ə'rouz] *verb* imperf. av *arise*
around [ə'raond] **I** *adv*, ~ el. *all* ~ omkring, runt omkring; överallt; *be* ~ finnas, vara här (där); *be up and* ~ *again* vara i farten igen **II** *prep* runtom, runt omkring; ~ *the clock* dygnet runt
arouse [ə'raoz] *verb* väcka, väcka till liv; egga
arrange [ə'rejndʒ] *verb* ordna; arrangera; avtala
arrangement [ə'rejndʒmənt] *subst* arrangemang; uppgörelse
arrest [ə'resst] **I** *verb* anhålla; bildligt fängsla **II** *subst* arrestering
arrival [ə'rajvəl] *subst* ankomst; *arrivals* ankommande passagerare (flyg, tåg etc.)
arrive [ə'rajv] *verb* komma fram; anlända

arrogant ['ärrəgənt] *adj* arrogant
arrow ['ärrou] *subst* pil
arson ['a:rsn] *subst* mordbrand
art [a:rt] *subst* konst
artery ['a:rtəri] *subst* pulsåder
artful ['a:rtfoll] *adj* slug, listig
arthritis [a:r'θrajtəs] *subst* ledinflammation, artrit
artichoke ['a:rtətchouk] *subst* kronärtskocka; *Jerusalem* ~ jordärtskocka
article ['a:rtikkəl] *subst* **1** sak; artikel, vara **2** artikel i tidning o.d.
articulate I [a:r'tikkjələtt] *adj* **1** tydlig, klar tal **2** vältalig **II** [a:r'tikkjəlejt] *verb* tala tydligt
artificial [ˌa:rti'fischəl] *adj* konstgjord, artificiell; ~ *insemination* konstgjord befruktning
artist ['a:rtəst] *subst* artist, konstnär
artistic [a:r'tisstikk] *adj* konstnärlig
as [betonat äzz, obetonat əz] **I** *adv* så, lika **II** *adv* o. *konj* **1** jämförande som, liksom; **2** såsom, till exempel **3** som, i egenskap av; ~ *a journalist* som journalist **4** tid just då, när **5** orsak eftersom **III** *pron* som, såsom **IV** särskilda uttryck: ~ *for* vad beträffar; ~

good ~ så gott som, nästan;
~ *yet* ännu så länge
ASAP ['ejsäpp] (förk. för *as
soon as possible*) genast,
omedelbart
asbestos [äzz'besstəs] *subst*
asbest
ascend [ə'sennd] *verb* bestiga;
stiga uppåt
ascent [ə'sennt] *subst* bestig-
ning; uppfärd
ascertain [ˌässər'tejn] *verb*
förvissa sig om
ascribe [ə'skrajb] *verb* tillskri-
va
1 ash [äsch] *subst* ask träd
2 ash [äsch] *subst, ashes*
aska, stoft
ashamed [ə'schejmd] *adj*
skamsen
ashen ['äschən] *adj* askgrå;
likblek
ashore [ə'schå:r] *adv* i (på)
land
ashtray ['äschtrejj] *subst* ask-
fat
Asia ['ejʒə] Asien
Asian ['ejʒən] **I** *adj* asiatisk
II *subst* asiat
aside [ə'sajd] *adv* avsides, åt
sidan; ~ *from* bortsett från;
förutom
ask [ässk] *verb* **1** fråga; ~ *for*
fråga efter **2** begära; be
3 bjuda; ~ *sb. in* be ngn stiga
in
askance [ə'skänns] *adv, look*

~ *at sb.* snegla misstänksamt
på ngn
asleep [ə'sli:p] *adj, be* ~ sova
asparagus [ə'spärrəgəs] *subst*
sparris
aspect ['ässpekkt] *subst*
aspekt; sida
asphalt [ässfa:lt] *subst* asfalt
aspire [ə'spajər] *verb* sträva
aspirin ['ässpərinn] *subst*
aspirin
1 ass [äss] *subst* åsna; *make
an ~ of oneself* skämma ut
sig
2 ass [äss] *subst* vulgärt
1 arsle, arsel, röv, häck
2 *piece of* ~ knull samlag;
sexig brud
assailant [ə'sejlənt] *subst*
angripare
assassinate [ə'sässinejt] *verb*
lönnmörda
assassination
[əˌsässi'nejschən] *subst*
lönnmord
assault [ə'sa:lt] **I** *subst* anfall;
överfall **II** *verb* anfalla; över-
falla
assemble [ə'semmbl] *verb*
sammankalla; samla, samlas
assembly [ə'semmbli] *subst*
1 sammankomst, möte;
samling **2** montering **3** un-
derhuset i delstat
assembly line [ə'semmbli
lajn] *subst* monteringsband,
löpande band

assent [ə'sennt] **I** *verb* samtycka, instämma **II** *subst* bifall
assert [ə'sö:rt] *verb* hävda, påstå
assess [ə'sess] *verb* **1** beskatta, taxera **2** värdera
assessment [ə'sessmənt] *subst* **1** beskattning, taxering **2** värdering
asset ['ässett] *subst* tillgång
assign [ə'sajn] *verb* tilldela, anslå
assignment [ə'sajnmənt] *subst* **1** uppgift, uppdrag **2** hemuppgift, läxa; beting, långläxa
assimilate [ə'simməlejt] *verb* anpassa sig till ett nytt samhälle o.d.
assist [ə'sisst] **I** *verb* hjälpa, hjälpa till, assistera **II** *subst* målgivande passning
assistance [ə'sisstəns] *subst* hjälp, assistans
assistant [ə'sisstənt] *subst* medhjälpare, assistent; ~ *professor* ung. högskolelektor
associate I [ə'souschiət] *subst* delägare, kompanjon **II** *adj*, ~ *professor* ung. docent **III** [ə'souschiejt] *verb* förena; associera
association [ə‚sousi'ejschən] *subst* **1** förbund, sällskap **2** association

assorted [ə'så:rtəd] *adj* klassificerad; sorterad; blandad
assortment [ə'så:rtmənt] *subst* sortiment; blandning av t.ex. karameller
assume [ə'so:m] *verb* **1** förutsätta **2** anta; ta på sig
assumption [ə'sammpschən] *subst* antagande, förutsättning
assurance [ə'schorrəns] *subst* **1** försäkran; garanti **2** självsäkerhet
assure [ə'schoər] *verb* försäkra; övertyga; trygga
asthma ['äzzmə] *subst* astma
astonish [ə'sta:nisch] *verb* förvåna
astonishment [ə'sta:nischmənt] *subst* förvåning
astound [ə'staond] *verb* slå med häpnad
astray [ə'strej] *adv, go* ~ gå vilse
astride [ə'strajd] **I** *adv* grensle **II** *prep* grensle över
astrology [ə'stra:lədʒi] *subst* astrologi
astronaut ['ässtrəna:t] *subst* astronaut
astronomy [ə'stra:nəmi] *subst* astronomi
astute [ə'sto:t] *adj* skarpsinnig, listig
asylum [ə'sajləm] *subst* asyl
at [betonat ätt, obetonat ətt]

prep **1** på; vid; i; genom; till; åt; mot; med; ~ *five o'clock* klockan fem **2** för, till ett pris av, à
ate [ejt] *verb* imperf. av *eat*
atheist ['ejθiisst] *subst* ateist
Athens ['äθinnz] Aten
athlete ['äθli:t] *subst* idrottsman
athletic [äθ'lettikk] *adj* idrotts-; atletisk
athletics [äθ'lettikks] *subst* friidrott
Atlantic [ət'länntikk] **I** *adj* atlant- **II** *the* ~ Atlanten
atlas ['ättləs] *subst* atlas, kartbok
ATM [ejti'emm] (förk. för *automatic teller machine*) bankomat®
atmosphere ['ättməsfirr] *subst* atmosfär
atom ['ättəm] *subst* atom
atomizer ['ättəmajzər] *subst* sprejflaska
atone [ə'toun] *verb*, ~ *for* sona, gottgöra
atrocious [ə'trouschəs] *adj* ohygglig; vard. gräslig
attach [ə'tättch] *verb* **1** fästa, sätta fast **2** bildligt binda; knyta
attaché case [ˌättä'schej kejs] *subst* attachéväska
attachment [ə'tättchmənt] *subst* tillgivenhet, tycke
attack [ə'täkk] **I** *subst* anfall;

attack II *verb* anfalla, attackera
attempt [ə'temmpt] **I** *verb* försöka; *attempted murder* mordförsök **II** *subst* försök
attend [ə'tennd] *verb* bevista, delta i, närvara; ~ *to* ge akt på; ägna sig åt, sköta; se till
attendance [ə'tenndəns] *subst* **1** närvaro **2** skötsel; vård
attendant [ə'tenndənt] *subst* serviceman; skötare
attention [ə'tennschən] *subst* uppmärksamhet; tillsyn
attentive [ə'tenntivv] *adj* uppmärksam
attest [ə'tesst] *verb* vittna om, visa; intyga
attic ['ättikk] *subst* vind, vindsvåning
attitude ['ättəto:d] *subst* attityd
attorney [ə'tö:rni] *subst* advokat; *district* ~ allmän åklagare; *power of* ~ fullmakt
Attorney-General [əˌtö:rni'dʒennərəl] *subst* justitieminister; i delstat ung. statsåklagare
attract [ə'träkkt] *verb* dra till sig, attrahera
attraction [ə'träkkschən] *subst* **1** dragningskraft **2** attraktion, dragplåster; *attractions* nöjen, sevärdheter

attractive [ə'träkktivv] *adj* attraktiv, tilldragande
attribute I ['ättribjo:t] *subst* attribut; kännetecken **II** [ə'tribbjət] *verb* tillskriva, tillräkna
auction ['a:kschən] *subst* auktion
auctioneer [ˌa:kschə'niər] *subst* auktionsförrättare
audible ['a:dəbəl] *adj* hörbar
audience ['a:djəns] *subst* publik
audiovisual [ˌa:diou'viʒoəl] *adj* audivisuell
audit ['a:dətt] **I** *subst* revision **II** *verb* **1** revidera, granska **2** följa undervisning som åhörare på universitet
audition [a:'dischən] *subst* provsjungning, provspelning för engagemang o.d.
auditor ['a:dətər] *subst* revisor
auditorium [ˌa:di'tå:riəm] *subst* aula, samlingslokal
August ['a:gəst] *subst* augusti
aunt [ännt] *subst* faster, moster; som tilltal tant
auntie o. **aunty** ['ännti] *subst* smeksamt för *aunt*
au pair [ˌou 'päər] *subst* au pair
auspicious [a:'spischəs] *adj* gynnsam
Australia [a:'strejljə] Australien
Australian [a:'strejljənn] **I** *adj*

australisk **II** *subst* australier, australiensare
Austria ['a:striə] Österrike
Austrian ['a:striən] **I** *adj* österrikisk **II** *subst* österrikare
authentic [a:'θentikk] *adj* autentisk, äkta
author ['a:θər] *subst* författare; upphovsman
authoritarian [ˌa:θå:rə'terriən] *adj* auktoritär
authoritative [ə:'θå:rətejtivv] *adj* **1** auktoritativ **2** befallande
authority [ə:'θå:rəti] *subst* **1** myndighet; *the authorities* myndigheterna **2** befogenhet **3** auktoritet **4** källa
authorize ['a:θərajz] *verb* **1** auktorisera, bemyndiga; *be authorized* ha befogenhet **2** godkänna
autobiography [ˌa:təbaj'a:grəfi] *subst* självbiografi
autograph ['a:təgräff] *subst* autograf
automatic [ˌa:tə'mättikk] **I** *adj* automatisk; ~ *vending machine* varuautomat **II** *subst* automat; automatvapen; bil med automatväxel
automatically [ˌa:tə'mättikkəli] *adv* automatiskt
automobile ['a:təmoubi:l] *subst* bil

autonomy [å:'ta:nəmi] *subst* autonomi, självstyre
autopsy ['å:ta:psi] *subst* obduktion
autumn ['a:təm] *subst* höst; *last* ~ förra hösten, i höstas
auxiliary [a:g'zilljəri] **I** *adj* hjälp- **II** *subst, women's* ~ hjälporganisation som består av kvinnor
avail [ə'vejl] **I** *verb* gagna **II** *subst* nytta
availability [ə,vejlə'billəti] *subst* tillgänglighet; anträffbarhet
available [ə'vejləbl] *adj* tillgänglig; anträffbar; *be* ~ stå till förfogande; finnas att få
avalanche ['ävvəlänntch] *subst* lavin
Ave. förk. för *avenue*
avenge [ə'venndʒ] *verb* hämnas
avenue ['ävvəno:] *subst* allé; aveny
average ['ävvəriddʒ] **I** *subst* genomsnitt **II** *adj* **1** genomsnittlig **2** ordinär
averse [ə'vö:rs] *adj, be* ~ *to* ogilla, tycka illa om
avert [ə'vö:rt] *verb* förhindra; avleda
aviation [,ejvi'ejschən] *subst* flyg, flyg-
avocado [,ävvə'ka:dou] *subst* avokado

avoid [ə'våjd] *verb* undvika, hålla sig ifrån
await [ə'wejt] *verb* vänta på, emotse
awake [ə'wejk] **I** *verb* vakna **II** *adj* vaken
awakening [ə'wejkəning] *subst* uppvaknande
award [ə'wå:rd] **I** *verb* tilldela; belöna med **II** *subst* tilldelat pris; belöning; stipendium; *awards ceremony* prisutdelning
aware [ə'wäər] *adj* medveten; uppmärksam; *be* ~ känna till, inse
awareness [ə'wärrnəss] *subst* medvetenhet; uppmärksamhet
away [ə'wej] **I** *adv* **1** bort, i väg, sin väg; undan, åt sidan; ur vägen **2** borta **3** vidare, på **II** *subst* bortamatch
awe [a:] *subst* vördnad; fruktan
awe-inspiring ['a:inn,spajəring] *adj* vördnadsbjudande
awesome ['a:səm] *adj* väldig; vard. häftig
awful ['a:foll] *adj* ohygglig, hemsk
awfully ['a:fli] *adv* ohyggligt, hemskt; ~ *nice of you* förfärligt hyggligt av dig
awhile [ə'wajl] *adv* en stund; en tid

awkward ['a:kwərd] *adj* **1** tafatt **2** bortkommen **3** besvärlig; pinsam
awning ['a:ning] *adj* markis för fönster
awoke [ə'wouk] *verb* imperf. o. perf.p. av *awake*
awoken [ə'woukən] *verb* perf.p. av *awake*
AWOL ['ejwa:l] *adj*, **go ~** ta bondpermission
awry [ə'raj] *adj* sned, på sned
ax [äkks] **I** *subst* yxa, bila **II** *verb* vard. skära ned
ay [aj] *subst* jaröst

B

B, b [bi:] *subst* bokstav B, b
BA [ˌbi:'ej] (förk. för *Bachelor of Arts*) grundexamen motsvarande fil. kand.
babble ['bäbbəl] **I** *verb* babbla, pladdra; jollra **II** *subst* babbel, pladder; joller
baby ['bejbi] *subst* **1** barn, spädbarn, baby; **~ bottle** nappflaska; **~ sister** lillasyster **2** vard. barnrumpa **3** favoritgrej, älskling
baby carriage ['bejbi ˌkärriddʒ] *subst* barnvagn
baby-sit ['bejbisitt] *verb* sitta barnvakt
baby sitter ['bejbi ˌsittər] *subst* barnvakt
bachelor ['bättchələr] *subst* **1** ungkarl **2** *bachelor's degree* grundexamen motsvarande fil. kand.
back [bäkk] **I** *subst* **1** rygg; baksida **2** i sporter back **II** *adj* **1** på baksidan, bak- **2** resterande; **~ taxes** kvarskatt **III** *adv* bakåt; tillbaka; åter, igen; **~ of** bakom **IV** *verb* dra (skjuta o.d.) tillbaka; backa bil, båt etc.; **~ away** röra sig bakåt; backa; rygga; **~ down** el. **~ off** retirera, backa ur; **~**

off vard. lägga av, låta vara; ~
out bildligt backa ur, hoppa
av; ~ *up* underbygga; backa
upp, stödja; backa fram
backbone ['bäkkboun] *subst*
ryggrad
backdrop ['bäkkdra:p] *subst*
1 fondkuliss på teater **2** bildligt
bakgrund
backfire [ˌbäkk'fajər] *verb*
1 baktända om motor **2** slå
slint, misslyckas
background ['bäkkgraond]
subst bakgrund; miljö
backhand ['bäkkhännd] *subst*
backhand
backhander ['bäkkˌhänndər]
subst **1** backhandslag **2** bild-
ligt sidohugg
backing ['bäkking] *subst*
1 stöd, uppbackning **2** ac-
kompanjemang, komp
backlash ['bäkkläsch] *subst*
bakslag; motreaktion
back number [ˌbäkk
'nammbər] *subst* gammalt
nummer av tidning
backpack ['bäkkpäkk] *subst*
ryggsäck
back road [ˌbäkk 'roud] *subst*
småväg
backside [ˌbäkk'sajd] *subst*
1 baksida **2** vard. ända, rum-
pa
backstage [ˌbäkk'stejdʒ] *adv*
bakom scenen; i kulisserna

backstroke ['bäkkstrouk]
subst ryggsim
back talk ['bäkk ta:k] *subst*
uppkäftighet
backup ['bäkkapp] *subst*
1 stöd; förstärkning; ~ *light*
backljus **2** reserv, ersättare;
ersättning
backward ['bäkkwərd] *adj*
1 bakvänd, baklänges-
2 sent utvecklad; underut-
vecklat land o.d.
backwards ['bäkkwərdz] *adv*
bakåt; tillbaka
backwater ['bäkkˌwa:tər] *subst*
1 bakvatten; stillastående
vatten **2** avkrok, håla
backwoods ['bäkkwoddz] *adj*
obygder
back yard [ˌbäkk 'ja:rd] *subst*
gräsmatta, trädgård på baksi-
dan av huset
bacon ['bejkən] *subst* bacon
bacteria [bäkk'tirriə] *subst*
bakterie
bad [bädd] *adj* **1** dålig, usel;
not ~ el. *not so* ~ vard. inte så
illa, riktigt skaplig; ~ *luck*
otur; *have a* ~ *time of it* ha
det jobbigt **2** onyttig, skad-
lig; ~ *habit* ovana **3** rutten,
skämd; *go* ~ ruttna, bli
skämd **4** *feel* ~ känna sig
sjuk **5** tråkig, sorglig; *that's
too* ~*!* vard. vad tråkigt!
6 slang jättebra, grym, häftig
7 illa till mods **8** omoralisk;

27

elak 9 oäkta, falsk; ogiltig; ~
check check utan täckning
bade [bädd, bejd] *verb* imperf.
o. perf.p. av *bid*
badge [bäddʒ] *subst* märke,
emblem; polisbricka
badger [ˈbäddʒər] **I** *subst*
grävling **II** *verb* trakassera
badly [ˈbäddli] *adv* dåligt, illa;
svårt; *be ~ off* ha det dåligt
ställt
badminton [ˈbäddminntən]
subst badminton
bad-tempered
[ˌbäddˈtemmpərd] *adj* vresig,
sur
baffle [ˈbäffl] *verb* förvirra,
förbrylla
bag [bägg] *subst* **1** påse; säck;
bag; väska **2** *not my* ~ vard.
inte min grej **3** *old* ~ vard.
käring
bagel [bejgəl] *subst* bagel slags
bröd
baggage [ˈbäggiddʒ] *subst*
bagage
baggy [ˈbäggi] *adj* påsig,
säckig, bylsig
bag lady [ˈbägg lejdi] *subst*
hemlös kvinna
bagpipe [ˈbäggpajp] *subst*
säckpipa
bail [bejl] *subst* borgen för
anhållens inställelse inför rätta
bait [bejt] **I** *verb* agna krok;
locka **II** *subst* agn, bete
bake [bejk] *verb* ugnssteka;

ballet-dancer

baka; *baked beans* bruna
bönor i tomatsås
baker [ˈbejkər] *subst* bagare
bakery [ˈbejkəri] *subst* bageri
baking [ˈbejking] *adj* stekhet,
gassig
baking powder [ˈbejking
ˌpaodər] *subst* bakpulver
baking soda [ˈbejking ˌsoudə]
subst bikarbonat
balance [ˈbälləns] **I** *subst*
1 våg; vågskål **2** balans,
jämvikt **3** tillgodohavande på
konto **II** *verb* **1** balansera;
jämna ut sig **2** avväga;
jämföra
balanced [ˈbällənst] *adj* ba-
lanserad, i jämvikt; ~ *diet*
allsidig kost
balcony [ˈbällkəni] *subst* bal-
kong; *the* ~ andra raden på
teater
bald [ba:ld] *adj* flintskallig
1 bale [bejl] *subst* bal, packe
2 bale [bejl] *verb*, ~ *out* vard.
rädda; rädda sig; klara sig ur
1 ball [ba:l] *subst* bal
2 ball [ba:l] **I** *subst* boll; klot;
kula; nystan **II** *verb*, ~ *sb.*
slang sätta på ngn
ballast [ˈbälləst] *subst* barlast,
ballast
ballerina [ˌbälləˈri:nə] *subst*
ballerina
ballet [ˈbällˈej] *subst* balett
ballet-dancer [ˈbälejˌdännsər]

subst balettdansör, balett-
dansös
balloon [bə'lo:n] *subst* ballong
ballot ['bällət] *subst* **1** röstse-
del **2** omröstning; omröst-
ningsresultat
ballpark ['bå:lpa:rk] *subst*
stadion; ~ *figure* ungefärlig
siffra, uppskattning
ballpoint ['ba:lpåjnt] *subst,* ~
el. ~ *pen* kulspetspenna
ballroom ['ba:lro:m] *subst,* ~
dance sällskapsdans
balls [ba:lz] *subst pl* slang
1 pungkulor **2** skitsnack,
struntprat **3** mod
balm [ba:m] *subst* **1** balsam
2 tröst, lindring
baloney [bə'louni] *subst* **1** ung.
falukorv **2** snack, nonsens
ban [bänn] **I** *subst* officiellt
förbud **II** *verb* förbjuda;
bannlysa
banal [bə'na:l] *adj* banal
banana [bə'nännə] *subst* ba-
nan
1 band [bännd] *subst* band;
snöre; bindel
2 band [bännd] *subst* **1** skara;
band, gäng **2** mindre orkester,
band; musikkår
bandage ['bänndiddʒ] **I** *subst*
bandage, förband **II** *verb*
förbinda
Band-Aid® ['bänndejd] *subst*
plåster, snabbförband
bandwagon ['bännd₁wäggən]

subst, climb on to the ~
ansluta sig till vinnarsidan
bandy ['bänndi] **I** *verb,* ~
words with sb. munhuggas
med ngn **II** *subst* **1** bandy
2 bandyklubba
bandy-legged ['bänndileggd]
adj hjulbent
bang [bäng] **I** *verb* **1** banka,
smälla, slå; dunka; dänga
2 slang knulla **II** *subst* **1** slag,
smäll, skräll, duns; *with a* ~
bums, tvärt **2** slang spänning;
I get a ~ *out of it* jag tycker
det är jäkla spännande (kul)
bangs [bängz] *subst pl* lugg
banish ['bännisch] *verb*
1 landsförvisa, förvisa **2** slå
ur tankarna
banister ['bännisstər] *subst*
trappräcke, ledstång
banjo ['bänndʒou] *subst* banjo
1 bank [bängk] *subst* **1** strand
vid flod el. kanal **2** sandbank
2 bank [bängk] **I** *subst* bank;
break the ~ spränga banken
på kasino o.d. **II** *verb* sätta in
pengar
banker ['bängkər] *subst*
1 bankir **2** bankör i spel
banking ['bängking] *subst*
bankväsen
bank rate ['bängk rejt] *subst*
ränta centralbanks räntefot
bankrupt ['bängkrappt] *adj*
bankrutt, konkursmässig; *go*
~ göra konkurs

banner ['bännər] *subst* fana, baner

banns [bännz] *subst pl* lysning

baptism ['bäpptizəm] *subst* dop

bar [ba:r] **I** *subst* **1** stång; spak; ribba; bom; regel; ~ *of chocolate* chokladkaka; *gold* ~ guldtacka; *a* ~ *of soap* en tvål; *behind bars* bakom lås och bom **2** bar, bardisk **II** *verb* **1** bomma till, regla; blockera **2** utesluta, avstänga

barbaric [ba:r'bärrikk] *adj* barbarisk

barbecue ['ba:rbikkjo:] **I** *subst* grillfest, barbecue **II** *verb* grilla utomhus; helsteka

barbed wire [ˌba:rbd 'wajər] *subst* taggtråd

barber ['ba:rbər] *subst* barberare, frisör; ~ *shop* herrfrisering

bar-code ['ba:rkoud] **I** *subst* streckkod **II** *verb* streckkoda

bare [bäər] **I** *adj* bar, naken; kal; tom **II** *verb* göra bar (kal); blotta; ~ *one's teeth* visa tänderna

bareback ['bärrbäkk] *adv* barbacka

barefaced ['bärrfejst] *adj* skamlös, fräck

barefoot ['bärrfott] o. **barefooted** [ˌbärr'fottəd] *adj* o. *adv* barfota

barely ['bärrli] *adv* nätt och jämnt, knappt

bargain ['ba:rginn] **I** *subst* köp; kap, fynd; vrakpris **II** *verb* köpslå, pruta; göra upp om pris o.d.

barge [ba:rdʒ] **I** *subst* pråm **II** *verb,* ~ *in on* tränga sig på

baritone ['bärrətoun] *subst* baryton

1 bark [ba:rk] *subst* bark

2 bark [ba:rk] **I** *verb* **1** om djur skälla **2** om person ryta, skälla **II** *subst* **1** skall **2** rytande

barley ['ba:rli] *subst* korn sädesslag

barmaid ['ba:rmejd] *subst* barservitris, kvinnlig bartender

barman ['ba:rmən] *subst* bartender

barn [ba:rn] *subst* lada; ladugård, stall

barometer [bə'ra:mətər] *subst* barometer

baron ['berrən] *subst* baron; friherre

baroness ['bärrənəss] *subst* baronessa; friherrinna

barracks ['bärrəks] *subst pl* kasern; barack

barrel ['bärrəl] *subst* fat, tunna

barren ['bärən] *adj* **1** ofruktbar, karg **2** torftig; andefattig

barricade [ˌbärrə'kejd] **I** *subst* barrikad **II** *verb* barrikadera

barrier ['bärriər] *subst* **1** barriär; bom; spärr **2** bildligt barriär; hinder

barring ['ba:ring] *prep* utom; bortsett från

barrow ['bärrou] *subst* skottkärra

bartender ['ba:r‚tenndər] *subst* bartender

barter ['ba:rtər] **I** *verb* pruta, köpslå **II** *subst* byteshandel; byte

1 base [bejs] *adj* simpel, tarvlig

2 base [bejs] **I** *subst* **1** bas; grundval **2** startlinje, mållinje **3** i baseboll bas; ~ *hit* lyckat slag; fullträff **II** *verb* basera, grunda

baseball ['bejsba:l] *subst* baseboll

basement ['bejsmənt] *subst* **1** källare **2** bottenplan

bashful ['bäschfəl] *adj* blyg, skygg; försagd

basic ['bejsikk] **I** *adj* bas-, grundläggande **II** *subst*, *get back to basics* ta det från grunden

basically ['bejsikkli] *adv* i grund och botten

basil ['bejsl, 'bäzzl] *subst* basilika

basin ['bejsən] *subst* **1** handfat; skål **2** hamnbassäng

basis ['bejsiss] *subst* bas; grundval

bask [bässk] *verb* gassa

basket ['bässkət] *subst* korg; bildligt paket

basketball ['bässkətba:l] *subst* basket, basketboll

1 bass [bäss] *subst* bass fisk; havsabborre

2 bass [bejs] *subst* bas; basröst; elbas

bassoon [bə'so:n] *subst* fagott

bastard ['bässtərd] **I** *subst* **1** utomäktenskapligt barn **2** som skällsord bastard **II** *adj* oäkta

1 bat [bätt] *subst* fladdermus

2 bat [bätt] *subst* slagträ; racket; *right off the* ~ på en gång, omedelbart

3 bat [bätt] *verb*, *without batting an eyelid* vard. utan att blinka

batch [bättch] *subst* bak av samma deg; sats

bath [bäθ] *subst* **1** bad **2** badkar **3** badrum **4** *baths* kurort

bathe [bejð] *verb* bada

bathing ['bejðing] *subst*, ~ *season* badsäsong

bathing cap ['bejðing käpp] *subst* badmössa

bathing suit ['bejðing so:t] *subst* baddräkt

bathing trunks ['bejðing trangks] *subst pl* badbyxor

bathrobe ['bäθroub] *subst* badrock, morgonrock

bathroom ['bäθro:m] *subst* badrum; toalett; ~ *cabinet* badrumsskåp

bath towel ['bäθ ˌtaoəl] *subst* badlakan

bathtub ['bäθtabb] *subst* badkar

baton [bət'a:n] *subst* **1** batong **2** stafettpinne

1 batter ['bättər] *verb* slå, bulta på, krossa

2 batter ['bättər] *subst* vispad smet för t.ex. kakor

3 batter ['bättər] *subst* slagman i baseboll

battered ['bättərd] *adj* illa medfaren; misshandlad

battery ['bättəri] *subst* **1** batteri **2** *assault and* ~ misshandel

battle ['bättl] **I** *subst* strid, fältslag **II** *verb* kämpa; bekämpa

battlefield ['bättlfi:ld] *subst* slagfält

battleship ['bättlschipp] *subst* slagskepp

bawdy ['ba:di] *adj* oanständig, fräck

bawl [ba:l] **I** *verb* vråla, ryta; tjuta, storgråta **II** *subst* vrål

1 bay [bej] *subst* bukt, vik

2 bay [bej] *subst* alkov, nisch; ~ *window* burspråksfönster

3 bay [bej] **I** *subst* skall från djur **II** *verb* skälla, yla

4 bay [bej] **I** *adj* brun om häst **II** *subst* brun häst

bay leaf ['bej li:f] *subst* lagerblad

bayou ['bajou] *subst* sumpigt utlopp ur flod el. sjö

bazaar [bə'za:r] *subst* basar

BC [ˌbi:'si:] (förk. för *before Christ*) f. Kr. (förk. för före Kristus)

BE 1 (förk. för *British English*) brittisk engelska **2** (förk. för *Black English*) amerikansk engelska som talas av svarta

be* [bi:] *verb* **1** vara; bli; *there is* el. *there are* det är, det finns **2** finnas till, existera; äga rum, ske **3** kosta **4** må, känna sig; *how are you?* hur mår du?; hur står det till? **5** *that is* det vill säga **6** ~ *about* handla om; ~ *about to happen* vara på gång; ~ *at* ha för sig; ~ *at sb.* vara på ngn; ~ *for sth.* förorda ngt, vara för ngt; ~ *in on sth.* vara med om ngt; ~ *into sth.* vard. vara intresserad av ngt, syssla med ngt; ~ *off* ge sig i väg (av) **7** bli; *he was saved* han räddades, han blev räddad; *they are building a house* de håller på att bygga ett hus **8** tillsammans med infinitiv: *am (are, is) to* ska, skall; *was (were) to* skulle; kunde

beach [bi:tch] *subst* strand;
badstrand; ~ *ball* badboll
beacon ['bi:kən] *subst* 1 mind-
re fyr 2 vårdkas
bead [bi:d] *subst* pärla av glas,
trä etc.; *beads* äv. pärlhals-
band; *tell one's* ~ be, läsa
sina böner
beak [bi:k] *subst* näbb
beaker ['bi:kər] *subst* glas för
laboratoriebruk
beam [bi:m] I *subst* 1 bjälke,
balk, bom 2 stråle, ljusstråle;
high beams helljus; *low
beams* halvljus II *verb* ut-
stråla, skina; sända
bean [bi:n] *subst* böna; *full of
beans* vard. korkad; jättepigg
1 **bear** [bäər] *subst* björn
2 **bear** [bäər] *verb* 1 bära,
föra; ~ *oneself* föra sig;
uppföra sig 2 bära, hålla;
tynga 3 bära på, hysa
4 uthärda, stå ut med; ~
with sb. ha tålamod med
ngn 5 föda 6 *bring to* ~
applicera; tillämpa; utöva
beard [biərd] *subst* skägg
bearded ['birrdəd] *adj* skäg-
gig, med skägg
bearer ['bärrər] *subst* 1 bära-
re; bud 2 innehavare
bearing ['bärring] *subst*
1 hållning, uppträdande
2 betydelse; *it has no* ~ *on
the subject* det har inte med
saken att göra 3 *have lost*

one's bearings inte veta var
man är, ha tappat oriente-
ringen
beast [bi:st] *subst* djur; best;
bildligt odjur, kräk
beastly ['bi:stli] *adj* djurisk, rå
beat [bi:t] I *verb* 1 slå; piska;
bulta, hamra 2 vispa 3 slå,
besegra; *nothing beats it*
ingenting går upp mot det; ~
up klå upp II *subst* 1 slag;
takt; bultande 2 polismans
patrulleringsområde III *adj*
vard. utmattad, utslagen
beating ['bi:ting] *subst* stryk;
nederlag; misshandel
beautiful ['bjo:təfəl] *adj* skön,
vacker
beauty ['bjo:ti] *subst* 1 skön-
het; ~ *parlor* skönhetssalong,
hårfrissa 2 pärla, praktex-
emplar
beaver ['bi:vər] *subst* 1 bäver;
bäverskinn 2 vulgärt mus
kvinnligt könsorgan
became [bi'kejm] *verb* imperf.
av *become*
because [bi'ka:z] I *konj* därför
att, eftersom II *adv*, ~ *of...*
för...skull, på grund av...
beckon ['bekkən] *verb* göra
tecken åt; locka till sig
become* [bi'kamm] I *verb* bli,
bliva II *verb* passa, anstå,
klä; *that dress becomes you*
den klänningen klär dig

becoming [bi'kamming] *adj*
passande; klädsam
bed [bedd] *subst* **1** bädd;
säng; ~ *and breakfast* rum
inklusive frukost; ~ *and
board* kost och logi; *go to* ~
lägga sig, gå till sängs
2 *flower* ~ rabatt
bedclothes ['beddklouz] *subst
pl* sängkläder
bedridden ['bedd‚riddn] *adj*
sängliggande
bedroom ['beddro:m] *subst*
sängkammare, sovrum; ~
suburb (*town*) sovstad
bedside ['beddsajd] *subst, at
the* ~ vid sängkanten; ~
manner läkares sätt att
bemöta patienter
bedspread ['beddspredd]
subst sängöverkast
bedtime ['beddtajm] *subst*
sängdags, läggdags
1 bee [bi:] *subst* bi; *busy as a*
~ flitig som en myra
2 bee [bi:] *subst* **1** träff för
gemensamt arbete; *sewing* ~
syjunta **2** *spelling* ~ stav-
ningstävling
beech [bi:tch] *subst* bok träd
beef [bi:f] *subst* oxkött,
nötkött; ~ *cattle* biffdjur
beefburger ['bi:f‚bö:rgər] *subst*
hamburgare
beef soup ['bi:f so:p] *subst*
köttsoppa

beef stew [bi:f sto:] *subst*
kalops
beehive ['bi:hajv] *subst* bi-
kupa
been [binn] *verb* perf.p. av *be*
beep [bi:p] *verb* tuta om bil
beeper ['bi:pər] *subst* person-
sökare
beer [biər] *subst* öl
beet [bi:t] *subst* beta; rödbeta;
red ~ rödbeta
beetle ['bi:tl] *subst* **1** skalbag-
ge **2** bil bubbla, folka
beetroot ['bi:tro:t] *subst* röd-
beta
before [bi'få:r] **I** *prep* framför;
före; ~ *the court* inför rätten
II *adv* framför, före; förut;
förr **III** *konj* innan, förrän
beforehand [bi'få:rhännd] *adv*
på förhand; i förväg
beg [begg] *verb* tigga; be om;
tigga och be
began [bi'gänn] *verb* imperf. av
begin
beggar ['beggər] *subst* tiggare;
fattig stackare
begin* [bi'ginn] *verb* börja;
börja med; börja på
beginner [bi'ginnər] *subst*
nybörjare
beginning [bi'ginning] *subst*
början
begrudge [bi'graddʒ] *verb,
not* ~ *sb.* inte missunna ngn
begun [bi'gann] *verb* perf.p. av
begin

behalf [bi'häff] *subst, on sb.'s*
~ för ngns skull; å ngns
vägnar; *act on ~ of*
representera
behave [bi'hejv] *verb* uppföra
sig, bete sig
behavior [bi'hejvjər] *subst*
uppförande; beteende
behead [bi'hedd] *verb* hals-
hugga
behind [bi'hajnd] **I** *prep* bak-
om, efter; *try to put it ~ you!*
försök att glömma det!
II *adv* bakom; baktill; bakåt;
efter sig; efter; kvar
beige [bejʒ] *adj* beige
Beijing [‚bej'dʒing] Peking
being ['bi:ing] **I** *adj, for the*
time ~ för närvarande;
tillsvidare **II** *subst* **1** tillvaro,
existens **2** väsen, varelse
belated [bi'lejtidd] *adj* förse-
nad; senkommen
belch [beltch] **I** *verb* rapa
II *subst* rap, uppstötning
belfry ['bellfri] *subst* klock-
torn, klockstapel
Belgian ['belldʒən] **I** *adj* bel-
gisk **II** *subst* belgare, belgier
Belgium ['belldʒəm] Belgien
belief [bi'li:f] *subst* tro;
övertygelse
believe [bi'li:v] *verb* tro; tro
på; ~ *in* tro på, ha
förtroende för, ha tilltro till;
make ~ låtsas

believer [bi'li:vər] *subst, a ~*
en troende
belittle [bi'littl] *verb* minska;
förringa, nedsätta
bell [bell] *subst* ringklocka;
bjällra; i boxning gonggong
belligerent [bə'liddʒərənt]
I *subst* krigförande makt
II *adj* agressiv, stridslysten
bellow ['bellou] *verb* böla,
råma; vråla; ryta
belly ['belli] *subst* buk; mage;
~ *laugh* flabb, gapskratt
belong [bi'la:ng] *verb* **1** ha sin
plats, höra hemma **2** passa
in
Belorussia [‚belləo'raschə]
subst Vitryssland
beloved [bi'lavidd] **I** *adj* äls-
kad **II** *subst* älskling
below [bi'lou] *prep* o. *adv*
nedanför, under; nedan
belt [bellt] *subst* bälte; skärp,
livrem
beltway ['belltwej] *subst*
kringfartsled
bench [benntch] **I** *subst* bänk;
the ~ domarkåren, domarna
II *verb* ta ur spelet
bend [bennd] **I** *verb* **1** böja,
kröka; böja (kröka) sig **2** ge
vika **II** *subst* böjning; krök;
kurva
beneath [bi'ni:θ] *adv* o. *prep*
nedanför, under; nedan
benefactor ['bennifäkktər]
subst välgörare, gynnare

beneficial [ˌbenni'fischəl] *adj*
välgörande, fördelaktig
benefit ['bennifitt] **I** *subst*
1 förmån, fördel **2** välgören-
hets- **II** *verb* vara till nytta
för, gagna
benevolent [bə'nevvələnt] *adj*
välvillig, generös
benign [bi'najn] *adj* **1** välvil-
lig; gynnsam **2** godartad
bent [bennt] **I** *subst* böjelse;
anlag, fallenhet **II** *verb* imperf.
o. perf.p. av *bend* **III** *adj* böjd,
krokig
bequest [bi'kwesst] *subst* tes-
tamente
beret [bər'ej] *subst* basker
mössa
berry ['berri] *subst* bär
berserk [bər'sö:rk] **I** *subst*
bärsärk **II** *adj, go* ~ gå
bärsärkagång, bli urförban-
nad
berth [bö:rθ] *subst* **1** koj,
sovplats; hytt **2** kajplats
beset [bi'sett] *verb* **1** belägra
2 ansätta
beside [bi'sajd] *prep* bredvid,
vid sidan av (om); ~ *oneself*
utom sig, ifrån sig; ~ *the*
point irrelevant
besides [bi'sajdz] **I** *adv* dess-
utom; för övrigt **II** *prep*
förutom
besiege [bi'si:dʒ] *verb* **1** be-
lägra **2** bestorma
best [besst] **I** *adj* o. *adv* bäst;

mest; helst **II** *subst* **1** det, den,
de bästa; fördel; *all the* ~ ha
det så bra!, lycka till!; *at* ~ i
bästa fall, på sin höjd; *at*
one's ~ som bäst, som mest
till sin fördel; i högform
2 finkläder
bestow [bi'stou] *verb* skänka,
ge
bet [bett] **I** *subst* vad **II** *verb*
slå vad; slå vad om **III** *interj,*
you ~*!* för sjutton!, absolut!
betray [bi'trej] *verb* förråda,
svika; bedra
betrayal [bi'trejəl] *subst* för-
räderi, svek
1 better ['bettər] **I** *adj* o. *adv*
bättre; mera; hellre **II** *subst,*
so much the ~ el. *all the* ~ så
mycket (desto) bättre; *the*
sooner the ~ ju förr dess
bättre **III** *verb* förbättra;
bättra på
2 better ['bettər] *subst*
vadhållare
betting ['betting] *subst* vad-
hållning
between [bi'twi:n] *prep* o. *adv*
emellan; ~ *themselves* sins-
emellan
beverage ['bevvəriddʒ] *subst*
dryck; *alcoholic* ~ alkohol-
haltig dryck
beware [bi'wäər] *verb,* ~ *of*
pickpockets! varning för
ficktjuvar!

bewildered [bi'willdəring] *adj*
förbryllad, förvillad
beyond [bi'a:nd] I *prep*
1 bortom **2** utom, utöver,
mer än II *adv* **1** bortom
2 därutöver, mera III *subst,*
the ~ det okända, livet efter
detta
B flat [bi: 'flätt] *subst* ton B, b
bias ['bajəs] *subst* förutfattad
mening; fördomar
biased ['bajəst] *adj* partisk;
fördomsfull
bib [bibb] *subst* haklapp
Bible ['bajbəl] *subst* bibel
bicker ['bikkər] *verb* gnabbas,
kivas
bicycle ['bajsikkəl] I *subst*
cykel II *verb* cykla
bid [bidd] I *verb* **1** bjuda på
auktion el. i kortspel; lämna
offert på **2** säga, hälsa
II *subst* **1** bud på auktion el. i
kortspel **2** anbud, offert
bidder ['biddər] *subst* person
som bjuder på auktion el. i
kortspel; anbudsgivare; *the*
highest (*best*) ~ den högst-
bjudande
bidding ['bidding] *subst* bud
på auktion; budgivning i
kortspel; *do sb.'s* ~ lyda ngn
bide [bajd] *verb,* ~ *one's time*
bida sin tid
big [bigg] *adj* stor, kraftig; ~
deal! vard. än sen då?; *it's no*
~ *deal* vard. det är inte så

märkvärdigt; *the Big Dipper*
Karlavagnen; *the Big Apple*
vard., beteckning för New York;
the Big Ten vard., beteckning
för 10 stora universitet i
Mellanvästern
bigot ['biggət] *subst* bigott
person
bigoted ['biggətəd] *adj* bigott;
trångsynt
bigotry ['biggətri] *subst* bigot-
teri; trångsynthet
bike [bajk] *subst* vard. **1** (kort-
form för *bicycle*) cykel, hoj; ~
lane (*path*) cykelbana
2 (kortform för *motorbike*)
motorcykel, båge
bikini [bi'ki:ni] *subst* bikini
bilingual [baj'linggwəl] *adj*
tvåspråkig
1 bill [bill] *subst* näbb
2 bill [bill] *subst* **1** lagförslag
2 räkning, nota; *foot the* ~
vard. betala kalaset räkningen
3 sedel **4** affisch
billboard ['billbå:rd] *subst*
affischtavla
billfold ['billfould] *subst* plån-
bok
billiards ['billjərdz] *subst* bil-
jard; biljardspel
billion ['billjən] *subst* miljard
bin [binn] *subst* lår, binge;
låda
bind [bajnd] *verb* **1** binda,
binda fast; binda ihop
2 förbinda, förplikta

binge [bindʒ] *subst, go on a ~*
vard. vara ute och slå runt
bingo ['binggou] *interj* bingo
binoculars [bin'na:kjələrz]
subst pl kikare
biography [baj'a:grəfi] *subst*
biografi
biological [ˌbajə'la:dʒikkəl] *adj*
biologisk
biology [baj'a:lədʒi] *subst*
biologi
birch [bö:rtch] *subst* björk
bird [bö:rd] *subst* fågel
bird-brain ['bördbrejn] *subst*
hönshjärna
bird's-eye view [ˌbö:rdzaj 'vjo:]
subst överblick, översikt
bird-watcher ['bö:rdˌwa:tchər]
subst fågelskådare
birth [bö:rθ] *subst* **1** födelse
2 börd, härkomst
birth certificate ['bö:rθ
sərˌtiffikət] *subst* födelse-
attest; ung. personbevis
birth control ['bö:rθ kənˌtroul]
subst födelsekontroll
birthday ['bö:rθdej] *subst* fö-
delsedag
birthplace ['bö:rθplejs] *subst*
födelseort
biscuit ['bisskitt] *subst* slät
bulle ej söt
bishop ['bischəp] *subst* **1** bis-
kop **2** i schack löpare
bistro ['bisstrou] *subst* bistro
1 bit [bitt] *subst* egg, skär;
borr

2 bit [bitt] *subst* bit; *two
(four) bits* vard. 25 (50) cent
3 bit [bitt] *verb* imperf. av *bite*
bitch [bittch] **I** *subst* **1** hynda,
tik **2** vulgärt subba, käringjä-
vel **II** *verb* klaga, beklaga sig
bite* [bajt] **I** *verb* **1** bita; bita
i **2** svida **3** fräta **II** *subst*
1 bett; stick **2** munsbit, tug-
ga
bitten [bittn] *verb* perf.p. av
bite
bitter ['bittər] *adj* bitter, besk
bitterness ['bittərnəs] *subst*
bitterhet; förbittring
bizarre [bi'za:r] *adj* bisarr,
konstig
blab [bläbb] *verb* skvallra;
babbla
black [bläkk] *adj* svart; mörk;
~ bread mörkt bröd; råg-
bröd; *~ coffee* kaffe utan
grädde (mjölk)
blackberry ['bläkkberri] *subst*
björnbär
blackbird ['bläkkbö:rd] *subst*
koltrast
blackboard ['bläkkbå:rd] *subst*
svart tavla
black currant [ˌbläkk 'karrənt]
subst svart vinbär
blacken ['bläkkən] *verb* svär-
ta, svärta ned
blacklist ['bläkklisst] *verb*
svartlista
blackmail ['bläkkmejl] **I** *subst*

utpressning **II** *verb* utöva
utpressning mot
blackout ['bläkkaot] *subst*
1 mörkläggning; strömav-
brott **2** blackout
blacksmith ['bläkksmiθ] *subst*
smed; hovslagare
blacktop ['bläkkta:p] *subst*
asfalt på väg
bladder ['bläddər] *subst* blåsa;
urinblåsa
blade [blejd] *subst* blad på
kniv, åra m.m.; skena på skridsko
blame [blejm] **I** *verb* klandra;
lägga skulden på **II** *subst*
skuld
blameless ['blejmləs] *adj*
oskyldig, skuldfri
bland [blännd] *adj* förbindlig;
blid, mild
blank [blängk] **I** *adj* ren, tom,
blank; *a ~ check* en
blankocheck **II** *subst* **1** tom-
rum **2** oskrivet blad; blan-
kett, formulär **3** nit i lotteri;
draw a ~ misslyckas, kamma
noll **4** löst skott
blanket ['blängkət] *subst* filt
blare ['bläär] *verb* skrälla,
larma
blast [blässt] **I** *subst* **1** stark
vindstöt **2** tryckvåg vid explo-
sion **II** *verb* spränga
blatant ['blejtənt] *adj* flagrant;
uppenbar
blaze [blejz] **I** *subst* flamman-

de eld; eldsvåda **II** *verb*
brinna, stå i ljusan låga
blazer ['blejzər] *subst* klubb-
jacka; blazer
bleach [bli:tch] **I** *verb* bleka
II *subst* blekmedel
bleachers ['bli:tchərz] *subst pl*
billiga platser vid basebollmatch
1 bleak [bli:k] *adj* trist,
dyster; kal, ogästvänlig
2 bleak [bli:k] *subst* löja
bleary-eyed ['blirriajd] *adj*
skumögd
bleat [bli:t] *verb* bräka
bleed [bli:d] *verb* blöda; *~*
white suga ut; skinna;
bleeding heart mjäkig typ
blemish ['blemmisch] *subst*
fläck; skavank, brist
blend [blennd] **I** *verb* blanda;
förena **II** *subst* blandning
bless [bless] *verb* välsigna; *~*
you! prosit!
blessing ['blessing] *subst*
välsignelse
blew [blo:] *verb* imperf. av *1*
blow
blight [blajt] *subst* **1** mjöldagg
2 bildligt pest, fördärv
blind [blajnd] **I** *adj* blind; *~*
alley återvändsgränd; *~ date*
träff med en okänd, ordnad av en
vän **II** *subst* rullgardin; *Vene-*
tian ~ persienn, spjäljalusi
III *verb* **1** göra blind; blända
2 förblinda
blindfold ['blajndfould] **I** *verb*,

~ sb. binda för ögonen på
ngn **II** *adj* o. *adv* **1** med
förbundna ögon **2** i blindo
III *subst* ögonbindel
blindness ['blajndnəs] *subst*
blindhet; förblindelse
blindside ['blajndsajd] *verb*
angripa från en dold vinkel
blink [blingk] **I** *verb* **1** blinka;
plira **2** blänka till **II** *subst*
1 glimt **2** blink
blinker ['blingkər] *subst* blin-
ker
bliss [bliss] *subst* sällhet;
lycka
blister ['blisstər] *subst* blåsa;
blemma
blizzard ['blizzərd] *subst* häftig
snöstorm
bloated ['bloutəd] *adj* plufsig;
uppblåst
blob [bla:b] *subst* droppe;
klick
block [bla:k] **I** *subst* **1** kloss,
kubbe, block **2** skrivblock
3 kvarter **4** stopp; blocke-
ring **II** *verb* **1** blockera;
skymma **2** spärra av; spärra
konto
blockade [bla:'kejd] *subst*
blockad
blockage ['bla:kiddʒ] *subst*
stopp; blockering
blond [bla:nd] **I** *adj* blond
II *subst* blond person
blonde [bla:nd] **I** *adj* blond
II *subst* blondin

blood [bladd] *subst* blod; *in*
cold ~ kallblodigt, med
berått mod
blood donor ['bladd ,dounər]
subst blodgivare
blood group ['bladd gro:p]
subst blodgrupp
bloodhound ['bladdhaond]
subst blodhund
blood poisoning ['bladd
,påjzəning] *subst* blodför-
giftning
blood pressure ['bladd
,preschər] *subst* blodtryck
bloodshed ['bladdschedd]
subst blodsutgjutelse
bloodshot ['bladdscha:t] *adj*
blodsprängd
bloodstream ['bladdstri:m]
subst blodomlopp
blood test ['bladd tesst] *subst*
blodprov
bloodthirsty ['bladd,θö:rsti]
adj blodtörstig
blood vessel ['bladd ,vessl]
subst blodkärl
bloody ['bladdi] *adj* **1** blodig
2 blodtörstig
bloom [blo:m] **I** *subst*
1 blomning; bildligt blomst-
ring **2** om vin bouquet, doft
II *verb* blomma; bildligt
blomstra
blooper [blo:pər] *subst* vard.
tabbe
blossom ['bla:səm] **I** *subst*

blomma på t.ex. fruktträd
II *verb* slå ut i blom; blomma
blot [bla:t] *subst* **1** plump,
bläckfläck **2** skamfläck
blotting-paper
['bla:ting,pejpər] *subst* läsk-
papper
blouse [blaos] *subst* blus
1 blow [blou] *verb* **1** blåsa;
blåsa i; blåsa ut t.ex. rök; ~
one's own horn slå på
trumman för sig själv; ~ *out*
släcka, blåsa ut; ~ *over* dra
förbi, gå över, lägga sig; ~
up blåsa upp; förstora foto
2 spränga; *the fuse has
blown* proppen har gått; ~
up explodera; brusa upp;
spränga i luften **3** ~ *one's
nose* snyta sig
2 blow [blou] *subst* **1** slag,
stöt **2** bildligt hårt slag **3** *at
one* ~ på en gång, i ett slag
blow-dry ['bloudraj] *verb* föna
håret
blowout ['blouaot] *subst*
1 punktering **2** propps smält-
ning
blowtorch ['bloutå:rtch] *subst*
blåslampa
blow-up ['blouapp] *subst*
1 explosion **2** förstoring av
foto
blue [blo:] *adj* **1** blå; ~ *cheese*
grönmögelost, ädelost **2** vard.
deppig

bluebottle ['blo:,ba:tl] *subst*
spyfluga
blue chip ['blo:t chipp] *adj*, ~
stock guldkantad aktie
blue collar [,blo: 'ka:lər] *adj*
arbetar-
Blue Cross [,blo: 'kra:s] *subst*
privat sjukkassa
blue jay ['blo:d ʒej] *subst*
blåskrika
blueprint ['blo:prinnt] *subst*
1 blåkopia **2** planritning
blues [blo:z] *subst pl* blues
Blue Shield [,blo: 'schi:əld]
subst privat sjukkassa
bluff [blaff] **I** *verb* bluffa
II *subst* bluff
blunder ['blanndər] *subst*
blunder, tabbe
blunt [blannt] **I** *adj* **1** slö,
trubbig **2** rättfram, rak på
sak **II** *verb* göra slö, trubba
av
blur [blö:r] **I** *subst* **1** fläck **2** *it
was all a* ~ allt blev suddigt
II *verb* göra suddig; flyta
ihop
blurb [blö:rb] *subst* baksides-
text på bok
blush [blasch] **I** *verb* rodna
II *subst* **1** rodnad **2** ung.
rosévin
BM [,bi:'emm] (förk. för *bowel
movement*), *have a* ~ ha
avföring
boar [bå:r] *subst* galt; vildsvin
board [bå:rd] **I** *subst* **1** bräde,

bräda **2** anslagstavla; svarta tavlan **3** kost; *full* ~ helpension; *room and* ~ mat och logi på college **4** *on* ~ ombord på fartyg, flygplan, tåg **5** styrelse, råd; *be on the* ~ sitta i styrelsen **II** *verb* borda; gå ombord på

boarder ['bå:rdər] *subst* inneboende

boarding card ['bå:rding ka:rd] *subst* boardingcard, boardingkort

boarding house ['bå:rding haos] *subst* pensionat

boarding school ['bå:rding sko:l] *subst* internat

boardroom ['bå:rdro:m] *subst* styrelserum

boast [boust] *verb* skryta; kunna skryta med

boat [bout] *subst* båt

1 bob [ba:b] *subst* **1** bobbat hår **2** bob kälke

2 bob [ba:b] *verb* bocka; knixa; ~ *and weave* ducka skickligt

bobby sox ['ba:bi sa:ks] *subst* ankelsockor

bobcat ['ba:bkätt] *subst* rödlo

bobsled ['ba:bsledd] *subst* bob, bobsleigh

bode [boud] *verb* båda, varsla

bodily ['ba:dəli] *adj* kroppslig, fysisk

body ['ba:di] *subst* **1** kropp; *in a* ~ i trupp; mangrant **2** lik

bodyguard ['ba:diga:rd] *subst* livvakt

bodywork ['ba:diwö:rk] *subst* kaross, karosseri

bog [ba:g] *subst* mosse, kärr, träsk

boggle ['ba:gl] *verb* haja till; *the mind boggles* tanken svindlar

bogus ['bougəs] *adj* falsk, sken-, bluff-

bohemian [bou'hi:mjən] *adj* bohemisk

1 boil [båjl] *subst* böld

2 boil [båjl] **I** *verb* koka, sjuda; hetta upp till kokpunkten; *it all boils down to...* det hela går i korthet ut på... **II** *subst* kokpunkt; *bring to a* ~ koka upp

boiler ['båjlər] *subst* **1** ångpanna **2** varmvattenberedare

boiling point ['båjling påjnt] *subst* kokpunkt

boisterous ['båjstərəs] *adj* bullrande skratt; stojande barn

bold [bould] *adj* **1** djärv; modig **2** framfusig, fräck

bolster ['boulstər] *verb* stödja, understödja

1 bolt [boult] **I** *subst* **1** bult **2** låskolv, regel **3** rulle tyg, tygpacke **II** *verb* **1** rusa i väg; skena **2** regla **3** ~ *down* kasta i sig, sluka

2 bolt [boult] *adv, sit ~ upright* sitta käpprak
bomb [ba:m] **I** *subst* bomb **II** *verb* **1** bomba **2** misslyckas totalt
bombastic [ba:m'bässtikk] *adj* bombastisk, svulstig
bomber ['ba:mər] *subst* **1** bombplan **2** terrorist som använder sprängmedel
bombshell ['ba:mschell] *subst* granat
bona fide [ˌbounə 'fajdi] *adj* o. *adv* bona fide, i god tro; äkta
bond [ba:nd] **I** *subst* **1** band; *bonds* äv. bojor, förpliktelser **2** obligation; *savings ~* slags statsobligation **3** *post sb.'s ~* ställa upp med borgen för ngn **II** *verb* binda; länka samman
bondage ['ba:ndiddʒ] *subst* träldom, slaveri
bone [boun] **I** *subst* ben; *the bare bones of sth.* ngts byggstenar, ngts grundval **II** *verb* bena fisk; bena ur; *~ up on* plugga in
bone-tired [ˌboun'tajərd] *adj* dödstrött
bonfire ['ba:nˌfajər] *subst* bål, brasa
bonnet ['ba:nit] *subst* hätta
bonus ['bounəs] *subst* bonus, premie
bony ['bouni] *adj* benig
boo [bo:] **I** *subst* burop **II** *verb* bua, bua ut **III** *interj* bu! för att skrämmas
booby trap ['bo:bi träpp] *subst* **1** fälla **2** minfälla
book [bokk] **I** *subst* bok; häfte; *by the ~* efter reglerna **II** *verb* boka, reservera
bookcase ['bokkejs] *subst* bokhylla, bokskåp
bookie ['bokki] *subst* vard. bookmaker
booking-office ['bokkingˌa:fəss] *subst* biljettkontor
bookkeeping ['bokˌki:ping] *subst* bokföring
booklet ['bokklət] *subst* häfte, broschyr
bookmaker ['bokkˌmejkər] *subst* bookmaker vadförmedlare
bookseller ['bokkˌsellər] *subst* bokhandlare; *bookseller's* bokhandel
bookstore ['bokkstå:r] *subst* bokhandel
1 boom [bo:m] **I** *verb* dåna, dundra **II** *subst* dån, dunder
2 boom [bo:m] **I** *subst* hausse, boom; uppsving **II** *verb, business is booming* affärerna går mycket bra
boon [bo:n] *subst* välsignelse, förmån
boondocks ['bo:nda:ks] *subst pl, the ~* vischan

boorish ['borrisch] *adj* tölp-
aktig, svinaktig
boost [bo:st] **I** *verb* hjälpa
fram, puffa för; haussa upp
II *subst* uppsving, lyft; puff
booster ['bo:stər] *subst* **1** för-
stärkare äv. bildligt **2** ~ *rocket*
startraket
boot [bo:t] **I** *subst* **1** känga,
läderstövel; *ski* ~ pjäxa
2 start av dator **II** *verb* boota,
starta dator
booth [bo:θ] *subst* **1** salustånd
2 bås avskärmad plats
booty ['bo:ti] *subst* byte, rov
booze [bo:z] vard. **I** *verb*
dricka, kröka **II** *subst* sprit,
kröken
border ['bå:rdər] **I** *subst* gräns
II *verb* gränsa till; ~ *on*
gränsa till, stå på gränsen till
borderline ['bå:rdərlajn]
I *subst* gränslinje **II** *adj,* ~
case gränsfall
1 bore [bå:r] *verb* imperf. av **2**
bear
2 bore [bå:r] *verb* borra;
tränga igenom
3 bore [bå:r] **I** *subst* tråkmåns
II *verb* tråka ut
boredom ['bå:rdəm] *subst*
långtråkighet, leda
boring ['bå:ring] *adj* urtråkig,
långtråkig
born [bå:rn] *adj* född; *a* ~ *liar*
en oförbätterlig lögnare;

when were you ~*?* när är du
född?
borne [bå:rn] *verb* perf.p. av **2**
bear
borough ['bö:rou] *subst* stad
som administrativt begrepp; i New
York stadsdel
borrow ['bå:rou] *verb* låna
bosom ['bozzəm] *subst*
1 barm, bröst; famn; bildligt
sköte; ~ *friends* nära vänner
2 skjortbröst
boss [ba:s] vard. **I** *subst* **1** boss,
bas, chef **2** partistrateg,
valstrateg **II** *verb* leda, basa
över; ~ *about* domdera, köra
med folk
bossy ['ba:si] *adj* vard. domi-
nerande; översittaraktig
botany ['ba:təni] *subst* bota-
nik
botch [ba:tch] **I** *verb* sabba,
schabbla bort; fuska **II** *subst*
fuskverk; röra
both [bouθ] *pron* båda,
bägge, båda två; ~ *of us* både
du och jag, vi två, oss båda
bother ['ba:ðər] **I** *verb* **1** plåga,
besvära; tjafsa med **2** besvä-
ra sig **II** *subst* besvär; tjafs;
plåga
bottle ['ba:tl] **I** *subst* butelj,
flaska **II** *verb* buteljera, tap-
pa på flaska
bottleneck ['ba:tlnekk] *subst*
bildligt flaskhals

bottle opener ['ba:tl ,oupnər]
subst kapsylöppnare
bottom ['ba:təm] **I** *subst*
1 botten; underdel **2** bortre
ända, slut **3** *at* ~ i grund och
botten, i själ och hjärta; *be
at the* ~ *of* ligga bakom; stå
bakom **II** *adj* **1** lägsta, sista,
understa **2** grund-
bottomless ['ba:təmləs] *adj*
utan botten; bottenlös
bottom line [,ba:təm 'lajn]
subst **1** *the* ~ sista raden,
resultatet i bokslut **2** kärn-
punkt, slutsats
bough [bao] *subst* större
trädgren; lövruska
bought [ba:t] *verb* imperf. o.
perf.p. av *buy*
bouillon cube ['bollja:n kjob]
subst buljongtärning
boulder ['bouldər] *subst* sten-
block
bounce [baons] **I** *verb* **1** stud-
sa; hoppa **2** vard. ej godkän-
nas om check utan täckning
II *subst* duns, stöt
bouncer ['baonsər] *subst* vard.
utkastare
1 bound [baond] **I** *verb* imperf.
o. perf.p. av *bind* **II** *adj*
bunden; inbunden; *he is* ~
to... han är tvungen att...;
han kan inte undgå att...
2 bound [baond] *adj* destine-
rad; ~ *for* på väg till
3 bound [baond] **I** *verb*

studsa; skutta **II** *subst* skutt,
hopp
4 bound [baond] *subst,
bounds* gräns, gränser
boundary ['baondəri] *subst*
gräns, gränslinje
boundless ['baondləs] *adj*
gränslös
bourgeois ['borrʒwa:] *adj* bor-
gerlig
bout [baot] *subst* **1** dust,
kamp **2** anfall, släng
1 bow [bao] **I** *verb* nicka
II *subst* bugning, nickning
2 bow [bou] *subst* **1** båge
2 pilbåge **3** stråke **4** glas-
ögonbåge
1 bowl [boul] *subst* **1** skål,
bunke **2** bål dryck **3** skålformat
stadion, utomhusarena
4 amer. fotboll stormatch
2 bowl [boul] **I** *subst* klot;
boll; *bowls* bowls spel **II** *verb*
spela bowls; spela bowling
bow-legged ['bouleggəd] *adj*
hjulbent
bowler ['boulər] *subst* bowlare
bowler hat ['boulər ,hätt]
subst plommonstop
bowling ['bouling] *subst* bow-
ling
bowling alley ['bouling ,älli]
subst bowlinghall
bowling green ['bouling gri:n]
subst gräsplan för bowls
bows [baoz] *subst pl* bog; för

bow tie [ˌbou 'taj] *subst* rosett, fluga
1 box [baːks] *subst* **1** låda, kista; ask, dosa; ~ *lunch* matsäck **2** bås; spilta **3** post-box **4** ruta på blankett **5** loge på teater
2 box [baːks] *verb* boxa, boxas
1 boxer ['baːksər] *subst* boxare
2 boxer ['baːksər] *subst* boxer hundras
boxing ['baːksing] *subst* boxning
box office ['baːks ˌaːfəss] *subst* biljettkontor för teater o.d.; *be a ~ success* vara en kassapjäs
boy [båj] *subst* pojke
boycott ['båjkaːt] **I** *verb* bojkotta **II** *subst* bojkott
boyfriend ['båjfrennd] *subst* pojkvän, kille
boyish ['båjisch] *adj* **1** pojkaktig; pojk- **2** barnslig
bra [braː] *subst* vard. bh, behå
brace [brejs] **I** *subst* **1** spänne; stag **2** *braces* tandställning **II** *verb* **1** ~ *oneself* ta sig samman **2** stärka
bracelet ['brejslət] *subst* armband
bracket ['bräkkət] **I** *subst* parentes **II** *verb* sätta inom parentes
brag [brägg] **I** *verb* skryta, skrävla **II** *subst* skrytmåns

braid [brejd] **I** *subst* **1** fläta **2** hårband **II** *verb* fläta
brain [brejn] *subst* hjärna; *brains* vett; begåvning
brainchild ['brejntchajld] *subst* idé
brainstorm ['brejnståːrm] **I** *verb* kläcka idéer gemensamt **II** *subst* idékläckning
brainwash ['brejnwaːsch] *verb* hjärntvätta
brainwave ['brejnwejv] *subst* snilleblixt, ljus idé
braise [brejz] *verb* bräsera
brake [brejk] **I** *subst* broms **II** *verb* bromsa
brake fluid ['brejk floːidd] *subst* bromsvätska, bromsolja
brake light ['brejk lajt] *subst* bromsljus
bran [bränn] *subst* kli
branch [bränntsch] *subst* **1** gren, kvist **2** filial; ~ *office* lokalkontor
brand [bränd] **I** *subst* **1** sort, märke **2** bildligt stämpel **II** *verb* bildligt brännmärka, stämpla
brand-new [ˌbränndˈnoː] *adj* splitter ny
brandy ['bränndi] *subst* konjak
brash [bräsch] *adj* **1** framfusig, fräck **2** prålig
brass [bräss] *subst* **1** mässing;

~ *band* blåsorkester **2** *the
top* ~ vard. höjdarna
brassiere [brə'ziər] *subst* bh,
behå
brat [brätt] *subst* barnunge,
snorvalp
brat pack ['brätt päkk] *subst*
grupp populära unga skåde-
spelare (författare)
brave [brejv] *adj* modig, djärv
bravery ['brejvəri] *subst* mod,
tapperhet
brawl [bra:l] **I** *verb* bråka,
gruffa **II** *subst* bråk, gruff
bray [brej] **I** *verb* om åsna skria;
gapa högljutt **II** *subst* åsnas
skri
brazen ['brejzn] *adj* **1** av
mässing **2** fräck, skamlös
Brazil [brə'zill] Brasilien
breach [bri:tch] **I** *subst*
1 brott; överträdelse **2** bildligt
brytning **II** *verb* bryta
bread [bredd] **I** *subst* bröd;
levebröd; slang stålar **II** *verb*
bröa; panera
bread and butter [,bredd ənd
'battər] *subst* huvudinkomst
breadline ['breddlajn] *subst*
1 utspisningskö **2** *on the* ~
på existensminimum
breadth [breddθ] *subst* bredd,
vidd
breadwinner ['bredd,winnər]
subst familjeförsörjare
break* [brejk] **I** *verb* **1** bryta,
bryta av, bryta sönder; slå

sönder; gå sönder **2** knäcka,
ruinera; bryta ner; tämja djur
3 bryta mot regler o.d. **4** ~
loose om t.ex. djur slita sig; ~
open bryta upp; spränga;
dawn is breaking det gryr
5 ~ *away* slita sig lös; göra
sig fri; ~ *down* bryta ner;
knäcka; bryta ihop; gå
sönder och stanna, strejka;
stranda om förhandlingar; ~ *in*
tämja, rida in; ~ *into a house*
bryta sig in i ett hus; ~
laughter brista ut i skratt; ~
off avbryta; brytas av; ~ *out*
bryta ut; rymma; ~ *through*
bryta sig igenom; lyckas; ~
up bryta upp; skingra; gå
skilda vägar; vard. göra slut
II *subst* **1** brott **2** avbrott;
paus; *without a* ~ utan
avbrott; i ett kör **3** *give me a*
~ lägg av!
breakdown ['brejkdaon] *subst*
1 sammanbrott **2** maskin-
haveri; motorstopp
breaker ['brejkər] *subst*
1 bränning **2** *circuit* ~
strömbrytare
breakfast ['brekkfəst] **I** *subst*
frukost **II** *verb* äta frukost
break-in ['brejkinn] *subst*
inbrott
breaking point ['brejking
påjnt] *subst* bristningsgräns
break-out ['brejkaot] *subst*
utbrytning, rymning

bridle

breakthrough ['brejkθro:]
subst genombrott
break-up ['brejkapp] *subst*
upplösning; brytning; upp-
brott
breakwater ['brejk‚wa:tər]
subst vågbrytare, pir
breast [bresst] *subst* bröst;
barm
breast-feed ['bresstfi:d] *verb*
amma
breaststroke ['bresststrouk]
subst bröstsim
breath [breθ] *subst* **1** ande-
dräkt **2** andetag **3** *a* ~ *of*
fresh air en nypa frisk luft;
en frisk fläkt
Breathalyzer® ['breθəlajzər]
subst alkotestapparat
breathe [bri:ð] *verb* **1** andas;
leva **2** andas ut, hämta
andan
breather ['bri:ðər] *subst* vilo-
paus; avkoppling
breathing-space
['bri:ðingspejs] *subst* andrum
breathless ['breθləs] *adj* and-
fådd; andlös
breathtaking ['breθ‚tejking]
adj nervpirrande; hisnande
breed [bri:d] **I** *verb* **1** föda
upp djur; odla **2** få ungar;
föröka sig **3** frambringa,
alstra **II** *subst* **1** ras; släkte
2 nedsättande halvblodsindian,
halvblod

breeding ['bri:ding] *subst*
1 avel **2** god uppfostran
breeze [bri:z] *subst* **1** bris,
fläkt, lätt vind **2** *shoot the* ~
slang snacka
breezy ['bri:zi] *adj* **1** blåsig;
sval, frisk **2** lättsam och ytlig
brevity ['brevvəti] *subst* kort-
het
brew [bro:] **I** *verb* **1** brygga
2 vara i görningen **II** *subst*
brygd; slang öl
brewery ['bro:əri] *subst* bryg-
geri
bribe [brajb] **I** *subst* muta
II *verb* muta
bribery ['brajbəri] *subst* be-
stickning, mutande
brick [brikk] *subst* tegelsten
bricklayer ['brikk‚lejər] *subst*
murare
bridal ['brajdl] *adj* brud-,
bröllops-
bride [brajd] *subst* brud
bridegroom ['brajdgro:m]
subst brudgum
bridesmaid ['brajdzmejd]
subst brudtärna; *junior* ~
brudnäbb
1 bridge [briddʒ] *subst* bridge
2 bridge [briddʒ] **I** *subst* bro;
brygga **II** *verb* slå en bro
över; överbrygga
bridle ['brajdl] **I** *subst* **1** betsel
2 bildligt tygel **II** *verb* **1** betsla
2 bildligt tygla

bridle path ['brajdl päθ] *subst*
ridväg
brief [bri:f] **I** *subst* **1** samman-
drag; kort referat **2** *briefs*
trosor; kalsonger **II** *adj* kort-
fattad, kortvarig; *in ~* kort
sagt; i korthet **III** *verb*
1 sammanfatta **2** instruera,
briefa
briefcase ['bri:fkejs] *subst*
portfölj
bright [brajt] **I** *adj* **1** klar, ljus
2 glädjestrålande **3** vaken,
skärpt, begåvad **II** *adv* klart
brighten ['brajtn] *verb* lysa
upp, förgylla; pigga upp
brilliance ['brilljəns] o. **bril-**
liancy ['brilljənsi] *subst* bril-
jans, begåvning
brilliant ['brilljənt] **I** *adj* bril-
jant; lysande **II** *subst* briljant
brim [brimm] **I** *subst* **1** brädd,
kant, rand **2** brätte **II** *verb*
fylla till brädden
brine [brajn] *subst* saltvatten,
saltlake
bring* [bring] *verb* **1** ha med
sig; hämta **2** medföra; förmå
3 *~ about* få till stånd; *~*
along ha med sig, ta med; *~*
back ta med sig tillbaka;
väcka minnen; *~ down* få ner,
sänka; *~ forth* frambringa;
lägga fram; *~ forward*
anföra, lägga fram; *~ in* föra
in, bära in; kalla in; *~ off*
klara av; *~ on* förorsaka,

medföra; *~ out* framhäva,
bringa i dagen; *~ round* få
att kvickna till, återställa; *~*
up uppfostra; föra på tal
brink [bringk] *subst* rand,
kant; *be on the ~ of doing*
sth. vara på vippen att göra
ngt
brisk [brissk] *adj* rask; upp-
piggande; munter
bristle [brissl] **I** *subst* borst
II *verb* resa sig; vimla av
Britain ['brittn] Storbritannien
British ['brittisch] **I** *adj* brit-
tisk; engelsk **II** *subst*, *the ~*
britterna, engelsmännen
brittle ['brittl] *adj* spröd, skör,
bräcklig
bro [brou] *subst* vard. **1** brorsa
2 polare
broach [broutch] *verb*, *~ a*
question börja dryfta en
fråga
broad [bra:d] **I** *adj* **1** bred; vid
2 allmän, generell **II** *subst*
slang fruntimmer, brud
broadcast ['bra:dkässt] **I** *verb*
sända i radio el. TV **II** *subst*
sändning i radio el. TV
broaden ['bra:dn] *verb* göra
bredare; vidga
broad jump ['bra:d dʒammp]
subst längdhopp
broadly ['bra:dli] *adv* brett,
vitt; i största allmänhet

broad-minded
[ˌbraːdˈmajndidd] *adj* vid-
synt, tolerant
broccoli [ˈbraːkəli] *subst* broc-
coli
brochure [ˈbrouschoər] *subst*
broschyr
broil [bråjl] *verb* steka,
halstra, grilla
broke [brouk] **I** *verb* imperf. av
break **II** *adj* vard. pank
broken [ˈbroukən] **I** *verb* perf.p.
av *break* **II** *adj* **1** bruten;
sönderslagen **2** nedbruten
3 tämjd; inkörd
broken-hearted
[ˌbroukənˈhaːrtəd] *adj* med
brustet hjärta
broker [ˈbroukər] *subst* mäk-
lare
bronchitis [braːngˈkajtəs]
subst bronkit, luftrörskatarr
bronze [braːnz] **I** *subst* brons
II *verb* bli brun, bli solbränd
brooch [broutch] *subst* brosch
brood [broːd] *verb* ruva
brook [brokk] *subst* bäck, å
broom [broːm, bromm] *subst*
kvast
broomstick [ˈbroːmstikk]
subst kvastskaft
broth [braːθ] *subst* buljong
brothel [ˈbraːθl] *subst* bordell
brother [ˈbraðər] *subst* bror,
broder; vard., i tilltal grabben,
hörru

brother-in-law [ˈbraðərinnlaː]
subst svåger
brought [braːt] *verb* imperf. o.
perf.p. av *bring*
brow [brao] *subst* ögonbryn
browbeat [ˈbraobiːt] *verb*
domdera, hunsa
brown [braon] **I** *adj* **1** brun
2 solbränd **II** *verb* bryna
brownie [ˈbraoni] *subst* **1** slags
halvseg småkaka med choklad
och nötter **2** tomte **3** mi-
niorscout flicka, 8-11 år
browse [braoz] *verb* **1** beta
2 gå runt och titta i affärer; ~
through bildligt botanisera
bland
bruise [broːz] **I** *subst* blåmär-
ke; fläck på frukt o.d. **II** *verb*
orsaka blåmärken
brunette [broˈnett] *subst* o. *adj*
brunett
brush [brasch] **I** *subst* borste;
kvast; pensel **II** *verb* **1** bors-
ta; sopa **2** ~ *against* (*by,
past*) snudda vid; stryka
förbi **3** ~ *up on* friska upp
sina kunskaper i
brushwood [ˈbraschwodd]
subst småskog, snårskog
Brussels [ˈbrasslz] Bryssel; ~
sprouts brysselkål
brutal [ˈbroːtl] *adj* brutal, rå
brute [broːt] **I** *adj* själlös, rå
II *subst* **1** brutal människa
2 best djur
BS [ˌbiːˈess] (förk. för *Bachelor*

of *Science*) grundexamen
motsvarande fil. kand.
bubble ['babbl] **I** *subst* bubbla
II *verb* bubbla, porla; sprud-
la
bubble bath ['babbl bäθ] *subst*
skumbad
bubble gum ['babbl gamm]
subst bubbelgum
1 buck [bakk] **I** *subst* **1** bock,
hanne **2** slang, nedsättande ung
neger (indian) **3** bock gym-
nastikredskap **II** *verb* hoppa
och sparka bakut om vildhäst;
~ *the system* kämpa emot
reglerna
2 buck [bakk] *subst* slang
dollar
bucket ['bakkət] *subst* hink,
spann; *it was raining
buckets* regnet öste ner
buckle ['bakkl] *subst* spänne
1 bud [badd] **I** *subst* knopp
II *verb* knoppas, slå ut
2 bud [badd] *subst* slang
kompis, polare
Buddhism ['bo:dizzəm] *subst*
buddism
budding ['badding] *adj* knop-
pande; bildligt spirande
buddy ['baddi] *subst* slang
kompis, polare
budge [baddʒ] *verb*, *not* ~ inte
röra sig ur fläcken
budget ['baddʒət] **I** *subst*
budget; lågpris- **II** *verb* göra
upp en budget

1 buff [baff] **I** *subst* sämsk-
skinn **II** *adj* mattgul, brun-
gul
2 buff [baff] *subst* fantast,
entusiast
buffalo ['baffəlou] *subst* buf-
fel; bisonoxe
buffer ['baffər] *subst* buffert
1 buffet **I** [bə'fej, ˌbo'fej] *subst*
knytnävsslag; bildligt slag,
törn **II** ['baffət] *verb* slå;
knuffa omkring
2 buffet [bə'fej] *subst* buffé
möbel el. måltid
bug [bagg] **I** *subst* **1** insekt
2 vard. bacill; *catch a* ~ få en
förkylning **3** vard. entusiast,
fantast, dåre **4** vard. dold
mikrofon **II** *verb* **1** vard. bug-
ga avlyssna **2** vard. reta, tråka,
irritera
build* [billd] **I** *verb* bygga
II *subst* kroppsbyggnad;
konstruktion
builder ['billdər] *subst* bygga-
re; byggmästare
building ['billding] *subst*
byggnad, hus
build-up ['billdapp] *subst* upp-
byggnad; intensifiering
built [billt] *verb* imperf. o. perf.p.
av *build*
built-in [ˌbillt'inn] *adj* inbyggd;
integrerad
bulb [ballb] *subst* **1** blomlök
2 glödlampa
bulge [balldʒ] **I** *subst* bula,

buckla **II** *verb* bukta (svälla)
ut
bulk [ballk] *subst* **1** volym;
omfång **2** *in* ~ i stora partier,
i lös vikt
bulky ['ballki] *adj* skrymmande, klumpig
bull [boll] *subst* **1** tjur; hanne
2 snack, struntprat
bulldog ['bollda:g] *subst* bulldogg
bulldozer ['boll,douzər] *subst*
bulldozer
bullet ['bollitt] *subst* gevärskula
bulletin ['bollətən] *subst* bulletin; rapport; ~ *board*
anslagstavla
bulletproof ['bollitpro:f] *adj*
skottsäker
bullfight ['bollfajt] *subst* tjurfäktning
bullhorn ['bollhå:rn] *subst*
megafon med förstärkare
bullion ['bolljən] *subst* guldtacka, silvertacka
bullock ['bolla:k] *subst* stut,
oxe
bullpen ['bollpenn] *subst* ung.
avbytarbås för kastare i baseboll
bullring ['bollring] *subst* tjurfäktningsarena
bull's-eye ['bollzaj] *subst* skotttavlas prick; fullträff
bully ['bolli] **I** *subst* översittare; mobbare **II** *verb* domdera; mobba **III** *interj*, ~ *for*

you! vard., ironiskt tjusigt!, det
tar sig!
bum [bamm] vard. **I** *subst*
1 lodis, A-lagare; odåga,
nolla; *be on the* ~ om sak vara
kaputt **2** *ski* ~ skidfantast,
skiddåre **II** *adj* urdålig; trasig; falsk; *bum's rush* slang
handgripligt utkastande;
snabbt avfärdande **III** *verb*
1 ~ *around* luffa omkring;
gå och dra, slå dank **2** tigga
bumble-bee ['bammblbi:]
subst humla
bump [bammp] **I** *subst* **1** törn,
stöt **2** bula; litet gupp;
luftgrop **II** *verb* **1** törna,
köra; *I bumped into him* äv.
jag stötte ihop med honom
2 ~ *off* slang fixa, mörda
bumper ['bammpər] **I** *subst*
stötfångare, kofångare på bil
II *adj*, ~ *crop* rekordskörd
bumpy ['bammpi] *adj* gropig,
ojämn, guppig
bun [bann] *subst* **1** bulle
2 hårknut
bunch [bantsch] *subst* klase;
knippa, bunt
bundle ['banndl] *subst* bunt,
knyte, bylte, packe
bungalow ['banggəlou] *subst*
bungalow
bungle ['banggl] **I** *verb*
schabbla bort, göra pannkaka av **II** *subst* schabbel; röra

bunion ['bannjən] *subst* öm inflammerad knöl på stortån
bunk [bangk] **I** *subst* koj, brits **II** *verb* gå till kojs
bunk bed ['bangk bedd] *subst* våningssäng
bunker ['bangkər] **I** *subst* bunker; bildligt hinder **II** *verb* bunkra
bunny ['banni] *subst* barnspråk kanin; *the Easter Bunny* påskharen
1 bunting ['bannting] *subst* sparv
2 bunting ['bannting] *subst* flaggor, flaggdekorationer
buoy [bo:i] *subst* boj; prick
buoyant ['båjənt] *adj* **1** flytande **2** hoppfull
burden ['bö:rdn] **I** *subst* börda; *be a ~ to* ligga till last **II** *verb* belasta; betunga
bureau ['bjorrou] *subst* **1** ämbetsverk; byrå **2** byrå möbel
bureaucracy [bjo'ra:krəsi] *subst* byråkrati
burglar ['bö:rglər] *subst* inbrottstjuv; *~ alarm* tjuvlarm
burglary ['bö:rgləri] *subst* inbrott, inbrottsstöld
Burgundy ['bö:rgəndi] Bourgogne
burial ['berriəl] *subst* begravning
burly ['bö:rli] *adj* stor och kraftig
burn* [bö:rn] **I** *verb* bränna;

elda upp; brinna, brinna upp; *~ for* längta efter **II** *subst* brännskada, brännsår
burned up [,bö:rnd 'app] *adj* förbannad, arg
burner ['bö:rnər] *subst* brännare; låga på gasspis; *put sth. on the back ~* skjuta upp ngt
burning ['bö:rning] *adj* brinnande, glödande
burnt [bö:rnt] *verb* imperf. o. perf.p. av *burn*
burp [bö:rp] **I** *verb* rapa **II** *subst* rap
burro ['bö:rou] *subst* packåsna
burrow ['börou] **I** *subst* djurs håla, lya **II** *verb* gräva
burst [bö:rst] **I** *verb* **1** brista, rämna, spricka **2** *~ in on sb.* falla över ngn **II** *subst* **1** bristning **2** explosion; plötsligt utbrott; salva
bury ['berri] *verb* begrava; gräva ner; gömma
bus [bass] **I** *subst* buss **II** *verb* **1** åka buss **2** bussa till skolan
bus boy ['bass båj] *subst* diskplockare
bush [bosch] *subst* **1** buske; busksnår **2** bush; vildmark
bushy ['boschi] *adj* buskrik; buskig; yvig
business ['bizznəs] *subst* **1** affärer, affärslivet; firma; *~ hours* affärstid; kontorstid; *~ economics* företagsekonomi

2 ärende; sak; *it's none of your* ~ det angår dig inte
businesslike ['bizznəslajk] *adj* affärsmässig; metodisk; kylig
businessman ['bizznəsmänn] *subst* affärsman
businesswoman ['bizznəs‚wommən] *subst* affärskvinna
bus stop ['bass sta:p] *subst* busshållplats
1 bust [basst] *subst* **1** byst skulptur **2** byst; bystmått
2 bust [basst] I *verb* vard. haffa, arrestera II *subst* razzia; *go* ~ gå åt skogen, misslyckas
bustle ['bassl] I *verb* gno, jäkta II *subst* brådska, fläng, jäkt
bustling ['bassling] *adj* livlig; jäktig
busy ['bizzi] I *adj* **1** sysselsatt, upptagen; *be* ~ äv. ha fullt upp; *keep* ~ hålla sysselsatt **2** livlig, rörlig II *verb* sysselsätta
busybody ['bizzi‚ba:di] *subst* beskäftig människa
but [batt, obetonat bət] I *konj* men, utan; men i alla fall; utom II *adv* bara
butcher ['bottchər] I *subst* slaktare; bildligt bödel; *the butcher's* köttaffären II *verb* slakta

butler ['battlər] *subst* förste betjänt
1 butt [batt] *subst* **1** tjockända **2** rest, stump; fimp; slang cigarett **3** slang häck, ända, bak
2 butt [batt] *subst* bildligt skottavla, driftkucku
3 butt [batt] *verb* **1** knuffa, stånga **2** ~ *in* blanda sig i, avbryta
butter ['battər] I *subst* smör II *verb* bre smör på; smöra
butterfly ['battərflaj] *subst* fjäril; ~ *stroke* fjärilsim
button ['battn] I *subst* knapp II *verb* knäppa
buxom ['bakksəm] *adj* yppig
buy* [baj] *verb* köpa
buyer ['bajər] *subst* köpare
buzz [bazz] I *subst* surr; sorl II *verb* surra
buzzer ['bazzər] *subst* ringklocka; *the* ~ äv. slutsignalen
buzz word ['bazz wö:rd] *subst* vard. slagord, modeord
by [baj] I *prep* **1** vid, bredvid; intill; genom; via; med; *travel* ~ *land* resa till lands; ~ *itself* av sig själv; ~ *the way* apropå det; förresten **2** till, senast klockan, vid, mot; ~ *night* om natten, nattetid **3** i, per II *adv* **1** i närheten, bredvid; förbi **2** ~ *and large* i stort sett, på det hela taget

bye-bye [ˌbajˈbaj] *interj* vard.
hej då!

bygone [ˈbajgaːn] *adj* förgången, svunnen; *let bygones be bygones* glömma och förlåta

by-law [ˈbajlaː] *subst* lokal myndighets förordning

BYOB [ˌbiːwajouˈbiː] (förk. för *bring your own bottle*) ta med egen dryck t.ex. på inbjudan till fest

bypass [ˈbajpäss] **I** *subst* bypassoperation **II** *verb* kringgå

by-product [ˈbajˌpraːdəkt] *subst* biprodukt; sidoeffekt

bystander [ˈbajˌstänndər] *subst* åskådare; *innocent ~* oskyldig åskådare

byword [ˈbajwöːrd] *subst* **1** visa **2** favorituttryck

C

C, c [siː] *subst* C, c

cab [käbb] *subst* **1** taxi **2** hytt i lastbil

cabaret [ˈkäbbərej] *subst* kabaré

cabbage [ˈkäbbidʒ] *subst* kål, vitkål

cabin [ˈkäbbinn] *subst* **1** stuga **2** på båt hytt; i flygplan kabin

cabinet [ˈkäbbinətt] *subst* skåp; *kitchen ~* köksskåp

cable [ˈkejbl] **I** *subst* **1** kabel; vajer **2** telegram **II** *verb* telegrafera

cable car [ˈkejbl kaːr] *subst* linbanevagn; i San Fransisco spårvagn

cable television [ˌkejbl ˈtelliˌviʒən] *subst* kabel-TV

cackle [ˈkäkkl] **I** *verb* **1** kackla **2** pladdra **II** *subst* **1** kackel **2** pladder

cactus [ˈkäkktəs] *subst* kaktus

cadet [kəˈdett] *subst* kadett

café [käˈfej] *subst* kafé, fik; liten restaurang

cafeteria [ˌkäffəˈtirrjə] *subst* matsal i skola; servering

cage [kejdʒ] *subst* bur

cajole [kəˈdʒoul] *verb* lirka med, försöka övertala

Cajun [ˈkejdʒən] *adj* kajun-

cake [kejk] *subst* tårta; mjuk kaka; bakelse

calcium ['källsiəm] *subst* i ben kalk; grundämne kalcium

calculate ['källkjəlejt] *verb* beräkna, kalkylera

calculation [‚källkjə'lejschən] *subst* beräkning, kalkyl

calendar ['källəndər] *subst* almanacka; kalender

1 calf [käff] *subst* **1** kalv **2** kalvskinn

2 calf [käff] *subst* vad kroppsdel

caliber ['källibbər] *subst* kaliber

call [ka:l] **I** *verb* **1** kalla, benämna; *be called* heta, kallas **2** kalla på, ropa på; ringa till **3** ~ *on* hälsa 'på, besöka **4** ~ *back* ringa upp igen (senare); ~ *in* tillkalla, anlita; ~ *in sick* sjukanmäla sig; ~ *off* inställa; ~ *out* kalla in; ta ut i strejk; ~ *together* sammankalla; ~ *up* inkalla till värnplikt **II** *subst* **1** rop; läte **2** telefonsamtal; *make a* ~ ringa ett samtal; *on* ~ i beredskap; *be on* ~ ha bakjour om läkare o.d. **3** kallelse **4** besök, visit

call box ['ka:l ba:ks] *subst* larmskåp kopplat till polisen; brandskåp

call girl ['ka:l gö:rl] *subst* callgirl

call-in ['ka:linn] *subst* telefonväktarprogram

calling ['ka:ling] *subst* kall, yrke

calling card ['ka:ling ka:rd] *subst* visitkort

callous ['källəs] *adj* **1** valkig, hård om hud **2** känslokall

calm [ka:m] **I** *adj* lugn, stilla **II** *subst* lugn, stiltje **III** *verb* lugna; ~ *down* lugna sig; bedarra

calorie ['källəri] *subst* kalori

calves [kävvz] *subst* pl. av *calf*

Cambodia [kämm'boudjə] Cambodja

camcorder ['kämm‚kå:rdər] *subst* videokamera med inbyggd bandspelare

came [kejm] *verb* imperf. av *come*

camel ['kämməl] *subst* kamel

camera ['kämmərə] *subst* kamera

cameraman ['kämmrəmən] *subst* kameraman

camouflage ['kämməfla:ʒ] **I** *subst* kamouflage **II** *verb* kamouflera

1 camp [kämmp] **I** *subst* läger **II** *verb* slå läger; campa; ~ *out* tälta; *go camping* tälta, åka ut och campa

2 camp [kämmp] *adj* avsiktligt smaklös, kitschig

campaign [kämm'pejn] **I** *subst* kampanj **II** *verb* propagera

camper ['kämmpər] *subst*
1 campare **2** husbil av enklare
typ
camping ['kämmping] *subst*
camping, lägerliv
camp site ['kämmp sajt] *subst*
campingplats
campus ['kämmpəs] *subst*
campus; *live on* ~ bo i
studentbostäder på universi-
tetsområdet
1 can [känn] *verb* **1** kan;
orkar **2** kan, kan få, får
2 can [känn] **I** *subst* **1** burk;
kanna **2** *the* ~ slang muggen,
toan **3** slang ända, rumpa
4 *the* ~ slang kåken fängelse
II *verb* **1** lägga in, konservera
2 slang sparka avskeda **3** ~ *it!*
slang lägg av!, håll käften!
Canada ['kännədə] Kanada
Canadian [kə'nejdjən] **I** *adj*
kanadensisk **II** *subst* kana-
densare
canal [kə'näll] *subst* anlagd
kanal
canary [kə'nerri] **I** *adj* kana-
riegul; *the Canary Islands* el.
the Canaries Kanarieöarna
II *subst* kanariefågel; undulat
cancel ['kännsəl] *verb* inställ-
la; avbeställa; lämna återbud
till
cancellation
[,kännsə'lejschən] *subst* av-
beställning; återbud

Cancer ['kännsər] *subst* Kräf-
tan stjärntecken
cancer ['kännsər] *subst* cancer
candid ['känndidd] *adj* öppen,
uppriktig; ~ *camera* dold
kamera
candidate ['känndiddət] *subst*
kandidat, sökande
candle ['känndl] *subst* stea-
rinljus, ljus
candlelight ['känndllajt] *subst*
levande ljus; ~ *dinner*
middag med levande ljus
candlestick ['känndlstikk]
subst ljusstake
candor ['känndər] *subst* upp-
riktighet
candy ['känndi] *subst* kara-
meller, godis; ~ *cane* julgodis
polkagris i käppform
cane [kejn] *subst* käpp; rör;
sugar ~ sockerrör
canned [kännd] *adj* konser-
verad, på burk; ~ *goods*
konserver
cannon ['kännən] *subst* kanon
vapen
cannot ['känna:t] = *can not*
canoe [kə'no:] **I** *subst* kanot
II *verb* paddla kanot
canon ['kännən] *subst* kanon
musikstycke
can-opener ['känn,oupənər]
subst konservöppnare
canopy ['kännəpi] *subst* bal-
dakin; ~ *bed* himmelssäng
can't [kännt] = *can not*

cantankerous
[känn'tängkərəs] *adj* grälsjuk, sur
canteen [känn'ti:n] *subst*
1 lunchrum, matsal **2** fältflaska
canter ['känntər] **I** *subst, at a*
~ i galopp **II** *verb* rida i kort
galopp
canvas ['kännvəs] *subst* tältduk; kanvas; segel
canvass ['kännvəs] *verb* värva
röster
canyon ['kännjən] *subst* kanjon djup trång dal
cap [käpp] *subst* **1** mössa;
keps **2** kapsyl, lock
capability [ˌkejpə'billəti] *subst*
förmåga; duglighet
capable ['kejpəbl] *adj* duglig,
skicklig
capacitor [kə'pässətər] *subst*
kondensator
capacity [kə'pässəti] *subst*
kapacitet; *filled to* ~ fullsatt;
in the ~ *of* i egenskap av
1 cape [kejp] *subst* udde, kap
2 cape [kejp] *subst* cape,
krage
1 caper ['kejpər] *subst, capers*
kapris
2 caper ['kejpər] **I** *subst*
glädjesprång **II** *verb* hoppa
och skutta
capital ['käppətəl] **I** *adj* **1** ~
punishment dödsstraff **2** stor

om bokstav **II** *subst* **1** huvudstad **2** kapital
capitalism ['käppətəlizəm]
subst kapitalism
capitalize ['käppətəlajz] *verb*,
~ *on* utnyttja, dra fördel av
Capitol ['käppətəl] *subst, the* ~
Kongressbyggnaden i Washington DC
Capricorn ['käpprikå:rn] *subst*
Stenbocken stjärntecken
capsize [käpp'sajz] *verb* kapsejsa, kantra
capsule ['käppsəl] *subst* kapsel; hölje
captain ['käpptən] *subst*
1 kapten **2** poliskommissarie
3 brandkapten
caption ['käppschən] *subst*
rubrik; bildtext
captive ['käpptivv] **I** *adj*
fängslad; ~ *audience* ofrivilliga lyssnare **II** *subst* fånge
capture ['käpptchər] *verb* ta
till fånga; bildligt fånga
car [ka:r] *subst* **1** bil **2** vagn på
tåg; *freight* ~ godsfinka
3 hisskorg
caramel ['kärrəməl] *subst* kola
caravan ['kärrəvänn] *subst*
karavan
carbohydrate
[ˌka:rbou'hajdrejt] *subst* kolhydrat
carbon ['ka:rbən] *subst* kol; ~
dioxide koldioxid

carbonated ['ka:rbənejtəd] *adj*
kolsyrad
carburetor ['ka:rbərejtər] *subst*
förgasare
carcinogenic
[ka:rsənou'dʒennikk] *adj*
cancerframkallande
card [ka:rd] *subst* kort; *cards*
äv. kortspel
cardboard ['ka:rdbå:rd] *subst*
papp, kartong
card game ['ka:rd gejm] *subst*
kortspel
cardiac ['ka:rdiäkk] *adj* hjärt-;
~ *arrest* hjärtstillestånd
cardigan ['ka:rdiggən] *subst*
cardigan, kofta
cardinal ['ka:rdinnl] I *adj*, ~
sin huvudsynd; stort misstag
II *subst* kardinal; kardinalfågel
card index [ˌka:rd 'inndekks]
subst kortregister
care [käər] I *subst* omsorg;
vård; ~ *instructions* på plagg
skötselråd; *take* ~ akta sig,
vara försiktig; *take* ~*!* el. *take*
~ *of yourself!* sköt om dig!,
ha det så bra!; *take* ~ *of sb.*
ta hand om ngn II *verb* bry
sig om; *would you* ~ *for an
ice cream?* vill du ha en
glass?
career [kə'riər] *subst* levnadsbana, bana; karriär
career woman [kə'riər
ˌwommən] *subst* yrkeskvinna

carefree ['kärrfri:] *adj* bekymmerslös; sorglös
careful ['kärrfoll] *adj* försiktig;
aktsam
careless ['kärrləs] *adj* slarvig,
vårdslös
carer ['kärrər] *subst* ung.
anhörig som vårdare
caress [kə'ress] I *verb* smeka
II *subst* smekning
caretaker ['kärrˌtejkər] *subst*
1 vaktmästare, portvakt
2 vårdare
car ferry ['ka:r ˌferri] *subst*
bilfärja
cargo ['ka:rgou] *subst* last;
frakt
Caribbean [ˌkärri'bi:ən,
kar'ibbiən] I *adj* karibisk,
västindisk II *subst, the* ~
Karibiska havet; Västindien
caring ['kärring] *adj* som bryr
sig om; ~ *professions*
vårdyrken
carnal ['ka:rnl] *adj* sinnlig,
köttslig
carnation [ka:r'nejschən]
subst nejlika
carnival ['ka:rnivəl] *subst*
1 karneval **2** nöjesfält
carol ['kärəl] *subst* julsång;
Christmas ~ julsång
carousel [ˌkärrə'sell] *subst*
1 karusell **2** bagageband
1 carp [ka:rp] *subst* karp
2 carp [ka:rp] *verb* gnata;
tjata

carpenter ['kaːrpəntər] *subst* snickare

carpet ['kaːrpət] *subst* större mjuk matta

car phone ['kaːr foun] *subst* biltelefon

car-rental ['kaːr'renntəl] *adj, ~ service (agency)* biluthyrning

carriage ['kärridʒ] *subst* vagn hästskjuts

carrier ['kärriər] *subst* **1** bärare; bud **2** *mail ~* brevbärare

carrot ['kärrət] *subst* morot

carry ['kärri] *verb* **1** bära; bära på; ha med (på) sig **2** frakta **3** ha plats för, rymma **4** *~ away* hänföra, rycka med sig; *~ back* föra tillbaka i tiden; *~ off* vinna; klara av; *~ on* fortsätta, gå vidare; vard. bråka; *~ out* utföra; genomföra; verkställa

carry-on ['kärriaːn] *adj, ~ baggage* handbagage

cart [kaːrt] *subst* tvåhjulig kärra; skrinda

cartilage ['kaːrtəlidʒ] *subst* brosk

carton ['kaːrtən] *subst* kartong, pappask; limpa cigaretter

cartoon [kaːr'toːn] *subst* skämtteckning; tecknad serie

cartridge ['kaːrtridʒ] *subst* patron

carve [kaːrv] *verb* skära,

snida; *~ the meat* skära upp köttet

carving-knife ['kaːrvingnajf] *subst* förskärare

cascade [kä'skejd] *subst* vattenfall; bildligt kaskad

1 case [kejs] *subst* fall, sak, fråga; *just in ~* för säkerhets skull; *in ~ of* i händelse av, vid; *in any ~* i varje fall; *in that ~* i så fall

2 case [kejs] *subst* låda; monter; fack; *a ~ of beer* en back öl, en platta öl

cash [käsch] *subst* kontanter; *~ purchase* kontantköp; *pay ~* betala kontant; *~ a check* lösa in en check; *~ in* kassera in, lösa in; *~ in on* dra nytta av

cash card ['käsch kaːrd] *subst* ung. bankomatkort

cashier [kä'schiər] *subst* kassör, kassörska

cashmere [käʒ'mirr] *subst* cashmere, kaschmir

cash register ['käsch ˌreddʒisstər] *subst* kassaapparat

casing ['kejsing] *subst* beklädnad; infattning

casino [kə'siːnou] *subst* kasino

casket ['kässkət] *subst* **1** likkista **2** skrin

casserole ['kässəroul] *subst* gryta maträtt

cassette [kə'sett] *subst* kassett; ~ *recorder* kassettbandspelare
cast [kässt] **I** *verb* **1** kasta **2** stöpa, forma **II** *subst* **1** kast **2** avgjutning **3** gips
castaway ['kässtəwej] *subst* skeppsbruten; utstött varelse
cast-iron [‚kässt'ajərn] **I** *subst* gjutjärn **II** *adj* gjutjärns-; stark
castle ['kässl] *subst* slott, borg; i schack torn
cast-off ['kässta:f] *adj* kasserad, avlagd
castor oil [‚kässtər 'åjl] *subst* ricinolja
castrate [kä'strejt] *verb* kastrera
casual ['käʒoəl] *adj* tillfällig; otvungen, ledig; ~ *dress* ledig klädsel; fritidskläder
casually ['käʒoəli] *adv* tillfälligt; otvunget; i förbigående
casualty ['käʒoəlti] *subst* **1** olycksfall **2** *casualties* döda och sårade, förolyckade
cat [kätt] *subst* **1** katt **2** slang kille, snubbe
catalog o. **catalogue** ['kättəla:g] *subst* katalog
catalyst ['kättəlisst] *subst* katalysator
catapult ['kättəpallt] *subst* katapult
catarrh [kə'ta:r] *subst* katarr

catastrophe [kə'tässtrəfi] *subst* katastrof
catch* [kättch] **I** *verb* **1** fånga; gripa, ta fatt; *get caught* fastna; komma i kläm **2** hinna i tid till; ~ *up with*. hinna ifatt, komma ikapp med **3** smittas av; ~ *a cold* bli förkyld **II** *subst* **1** fångst; byte **2** *there is a ~ in it* det finns en hake
catching ['kättching] *adj* smittande
catchy ['kättchi] *adj* klatschig, som slår
category ['kättəgå:ri] *subst* kategori; klass
cater ['kejtər] *verb* leverera mat till, arrangera
catering ['kejtəring] *subst* catering
caterpillar ['kättər‚pillər] *subst* fjärilslarv
catfish ['kättfisch] *subst* mal fisk
cathedral [kə'θi:drəl] *subst* katedral, domkyrka
Catholic ['käθəlik] **I** *adj* katolsk **II** *subst* katolik
cattle ['kättl] *subst pl* boskap; ~ *car* boskapsvagn
caught [ka:t] *verb* imperf. o. perf.p. av *catch*
cauliflower ['ka:liflaoər] *subst* blomkål
caulk [ka:k] *verb* dikta fartyg
cause [ka:z] **I** *subst* **1** orsak

2 ideal, sak att kämpa för
II *verb* orsaka, föranleda
caution ['ka:schən] **I** *subst*
försiktighet **II** *verb* varna
cautious ['ka:schəs] *adj* för-
siktig, varsam
cavalry ['kävvəlri] *subst* ka-
valleri
cave [kejv] *subst* grotta
caveman ['kejvmən] *subst*
grottmänniska
caviar ['kävvia:r] *subst* kaviar
CD [ˌsi:'di:] (förk. för *compact
disc*) CD-skiva; ~ *player*
CD-spelare
CD-ROM [ˌsi:di:'ra:m] (förk. för
*compact disc read-only mem-
ory*) CD-ROM
cease [si:s] *verb* upphöra,
sluta
cease-fire [ˌsi:s'fajər] *subst* kort
vapenvila
ceaseless ['si:sləs] *adj* oupp-
hörlig
cedar ['si:dər] *subst* ceder
ceiling ['si:ling] *subst* tak
innertak
celebrate ['selləbrejt] *verb*
fira, högtidlighålla
celebrated ['selləbrejtəd] *adj*
berömd
celebration [ˌsellə'brejschən]
subst firande; fest
celebrity [sə'lebbrəti] *subst*
kändis
celery ['selləri] *subst* selleri

cell [sell] *subst* cell i olika
betydelser
cellar ['sellər] *subst* källare
cello ['tchellou] *subst* cello
cellular phone ['selliələr foun]
subst mobiltelefon
cement [si'mennt] *subst* ce-
ment
cemetery ['semmətäri] *subst*
begravningsplats
censor ['sennsər] **I** *subst* cen-
sor; granskare **II** *verb* censu-
rera
censorship ['sennsərschipp]
subst censur
censure ['sennschər] *subst*
censur
census ['sennsəs] *subst* ung.
FoB, folkräkning
cent [sennt] *subst* cent mynt
centenary [senn'tennəri]
subst hundraårsjubileum
center ['senntər] **I** *subst* cent-
rum, center äv. i sporter;
mittpunkt; *arts* ~ konstmu-
seum **II** *verb* centrera; kon-
centrera
centigrade ['senntəgrejd] *adj*,
20 degrees ~ 20 grader
Celsius
centimeter ['senntəˌmi:tər]
subst centimeter
centipede ['senntəpi:d] *subst*
tusenfoting insekt
central ['senntrəl] *adj* central;
huvud-; ~ *heating* central-
värme

century ['senntschəri] *subst*
sekel; *in the 20th* ~ på
1900-talet
CEO [,si:i'ou] (förk. för *chief
executive officer*) VD (förk.
för verkställande direktör)
ceramics [sə'rämmikk] *subst*
keramik
cereal ['sirriəl] *subst* frukost-
flingor, gröt; sädesslag
ceremony ['serrəmouni] *subst*
ceremoni
certain ['sö:rtən] *adj* **1** säker
2 viss; *a ~ Mr. Brown* en viss
Herr Brown
certainly ['sö:rtənli] *adv* **1** sä-
kert; förvisso **2** som svar ja
visst; *~ not!* absolut inte!
certainty ['sö:rtənti] *subst*
säkerhet; *a ~* någonting
säkert, en given sak
certificate [sər'tiffikkət] *subst*
intyg; betyg; *health ~*
friskintyg
certify ['sö:rtifaj] *verb* intyga;
certified mail ung. rekom-
menderade försändelser
cervix ['sö:rvikks] *subst* liv-
moderhals
cf. (förk. för *confer*) jfr (förk. för
jämför)
CFC [,s'i:effs'i:] (förk. för
chlorofluorocarbon) freon
chafe [tchejf] *verb* **1** gnida
2 reta
chain [tchejn] **I** *subst* kedja;

chains bojor **II** *verb* kedja
fast; fjättra
chain stores ['tchejn stå:rz]
subst pl butikskedja
chair [tchäər] *subst* **1** stol; *the
~* ordförande **2** *the ~* vard.
elektriska stolen
chair lift ['tchäər lifft] *subst*
sittlift, stollift
chairman ['tchärrmən] o.
chairwoman
['tchärrwommən] *subst* ord-
förande
chalet [schä'lej] *subst* stuga i
stugby o.d.; hus i Alperna
chalice ['tchälliss] *subst* natt-
vardskalk
chalk [tcha:k] *subst* krita
challenge ['tchälləndʒ] **I** *subst*
utmaning **II** *verb* utmana;
trotsa
chamber ['tchejmbər] *subst*
kammare
chambermaid
['tchejmbərmejd] *subst* stä-
derska på hotell
chamber music ['tchejmbər
,mjo:zikk] *subst* kammarmu-
sik
champagne [,schämm'pejn]
subst champagne
champion ['tchämmpjən]
I *subst* **1** mästare **2** förkäm-
pe **II** *verb* kämpa för, strida
för

championship
['tchämmpjənschipp] *subst*
mästerskap
chance [tchänns] I *subst*
1 tillfällighet; slump; *by ~*
händelsevis, av en slump
2 chans; *take chances* ta
chanser (risker) II *adj* tillfäl-
lig, oförutsedd
chancellor ['tchännsələr]
subst kansler
chandelier [‚schänndə'liər]
subst ljuskrona
change [tchejndʒ] I *verb*
1 ändra; *~ one's mind* ändra
sig **2** byta; *~ trains* byta tåg
3 växla pengar II *subst* **1** för-
ändring; *~ of address*
adressändring **2** byte; omby-
te; *for a ~* för omväxlings
skull **3** växel småpengar; *keep
the ~!* det är jämna pengar!
changeable ['tchejndʒəbl] *adj*
föränderlig
change-over ['tchejndʒ‚ouvər]
subst **1** övergång **2** sidbyte
vid halvtid
changing ['tchejndʒing] *adj*
växlande, föränderlig
changing-room
['tchejndʒingro:m] *subst*
omklädningsrum
channel ['tchännl] I *subst*
kanal; *the Channel* Engelska
kanalen II *verb* kanalisera
chant [tchännt] *verb* skande-
ra, mässa

chaos ['keja:s] *subst* kaos,
virrvarr
chap [tchäpp] *verb* bli narig
chapel ['tchäppəl] *subst* ka-
pell; kyrka
chaplain ['tchäpplinn] *subst*
präst; armépräst
chapped [tchäppt] *adj* spruck-
en, narig
chapter ['tchäpptər] *subst*
kapitel
char [tcha:r] *verb* förkolna
character ['kärrəktər] *subst*
karaktär; natur; personlig-
het; *judge of ~* människo-
kännare
characteristic
[‚kärrəktə'risstikk] I *adj* ka-
rakteristisk II *subst* känne-
tecken
charcoal ['tcha:rkoul] *subst*
1 träkol **2** grillkol
charge [tcha:rdʒ] I *verb* **1** an-
klaga **2** ta betalt; debitera
3 anfalla II *subst* **1** anklagel-
se; *bring a ~ against* väcka
åtal mot **2** pris, avgift; *free
of ~* gratis, avgiftsfri; *~
account* kundkonto i t.ex.
varuhus **3** *person in ~* vakt-
havande, jourhavande; *be in
~ of* leda, ha hand om
4 anfall **5** elektrisk laddning
charisma [kə'rizzmə] *subst*
utstrålning, karisma
charity ['tchärrəti] *subst* väl-
görenhet

charm [tcha:rm] **I** *subst*
1 charm; behag **2** berlock
II *verb* charma; förtrolla
charming ['tcha:rming] *adj*
förtjusande; charmig
chart [tcha:rt] *subst* **1** tabell;
diagram **2** *the charts* topp-
listorna över musik o.d.
charter ['tcha:rtər] **I** *subst*
charter; *air* ~ charterflyg
II *verb* chartra; *chartered bus*
(*coach*) abonnerad buss
chase [tchejs] **I** *verb* jaga
II *subst* jakt
chasm ['käzzəm] *subst* klyfta
chassis ['tchässi] *subst* bils
kaross
chat [tchätt] **I** *verb* prata
II *subst* prat; pratstund
chatter ['tchättər] **I** *verb*
pladdra; tjattra **II** *subst*
pladder, tjatter
chatterbox ['tchättərba:ks] o.
chatterer ['tchättərə] *subst*
pratkvarn
chatty ['tchätti] *adj* pratsam,
pratig
chauffeur ['schoufö:r] *subst*
privatchaufför
chauvinist ['schouvənisst]
subst chauvinist; *male* ~ *pig*
mansgris
cheap [tchi:p] **I** *adj* **1** billig
2 snål **3** lättköpt; vulgär
II *adv* billigt
cheapskate ['tchi:pskejt]
subst vard. snåljåp

cheat [tchi:t] **I** *verb* lura;
fiffla; bedra **II** *subst* bedra-
gare
cheater [tchi:tər] *subst* fuska-
re, falskspelare
check [tchekk] **I** *subst* **1** kon-
troll, koll **2** restaurangnota
3 check **II** *verb* **1** kontrolle-
ra, kolla **2** ~ *in* anmäla sig;
checka in; ~ *into a hotel* ta
in på ett hotell; ~ *into the
matter* kontrollera (undersö-
ka) saken; ~ *off* bocka för; ~
out kvittera ut; kontrollera;
checka ut från hotell; slang
lämna in, kola av dö
checkbook ['tchekkbokk]
subst checkhäfte
checked ['tchekkt] o. **check-
ered** ['tchekkərd] *adj* rutig
checking account ['tchekking
ə,kaont] *subst* checkkonto
checkmate ['tchekkmejt]
I *subst* schackmatt **II** *verb*
göra schackmatt
check-out ['tchekkaot] *subst*
1 ~ *counter* snabbköpskassa;
express ~ snabbkassa **2** ut-
checkning från hotell; ~ *is at
12 noon* gästen ombeds
lämna rummet senast kl. 12
avresedagen
checkpoint ['tchekkpåjnt]
subst kontroll; vägspärr
check-up ['tchekkapp] *subst*
kontroll, hälsokontroll

cheek [tchi:k] *subst* **1** kind **2** vard. fräckhet

cheeky ['tchi:ki] *adj* vard. uppkäftig

cheep [tchi:p] **I** *verb* pipa **II** *subst* pip

cheer [tchiər] **I** *subst* hurrarop; *cheers!* skål! **II** *verb* **1** muntra upp; ~ *up* gaska upp sig; pigga upp **2** hurra

cheerful ['tchirrfoll] *adj* glad, munter

cheese [tchi:z] *subst* ost; *say* ~*!* säg omelett! vid fotografering

cheetah ['tchi:tə] *subst* gepard

chef [scheff] *subst* köksmästare på restaurang

chemical ['kemmikəl] **I** *adj* kemisk **II** *subst* kemikalie

chemist ['kemmisst] *subst* kemist

chemistry ['kemmisstri] *subst* kemi

cherish ['tcherrisch] *verb* **1** hysa en känsla **2** vårda

cherry ['tcherri] *subst* körsbär

chess [tchess] *subst* schack spel

chessboard ['tchessbå:rd] *subst* schackbräde

chessman ['tchessmänn] *subst* schackpjäs

chest [tchesst] *subst* **1** kista, låda; ~ *of drawers* byrå **2** bröst, bröstkorg

chestnut ['tchessnatt] *subst* **1** kastanj **2** vard. gammalt (dåligt) skämt

chew [tcho:] *verb* tugga; ~ *sth. over* fundera över ngt

chewing-gum ['tcho:inggamm] *subst* tugggummi

chic [schi:k] *adj* chic, smakfull

chicken ['tchikkinn] *subst* **1** kyckling; höna; höns **2** slang fegis

chicken pox ['tchikkinn pa:ks] *subst* vattenkoppor

chicory ['tchikkəri] *subst* endiv; frisésallat

chief [tchi:f] **I** *subst* **1** chef, ledare **2** hövding **II** *adj* **1** i titlar chef-, chefs-, över- **2** viktigast; ledande

chiefly ['tchi:fli] *adv* framför allt

chiffon [schiff'a:n] *subst* chiffong

chilblain ['tchillblejn] *subst* frostknöl

child [tchajld] *subst* barn; *with* ~ gravid, havande

childbirth ['tchajldbö:rθ] *subst* förlossning

child care ['tchajld käər] *subst* barnomsorg

childhood ['tchajldhodd] *subst* barndom

childish ['tchajldisch] *adj* barnslig, enfaldig

childlike ['tchajldlajk] *adj*
barnslig
childminder ['tchajld,majndər]
subst ung. dagmamma
childproof ['tchajldpro:f] *adj*
barnsäker
children ['tchilldrən] *subst* pl.
av *child*
chili ['tchilli] *subst* chili spansk
peppar
chill [tchill] I *subst* kyla; *get a*
~ bli förkyld II *verb* kyla; ~
out slang ta det lugnt
chilly ['tchilli] *adj* kylig; kall
chime [tchajm] I *subst* klock-
spel II *verb* ringa; ~ *in* lägga
till
chimney ['tchimmni] *subst*
skorsten
chimpanzee [,tchimmpänn'zi:]
subst schimpans
chin [tchinn] *subst* haka
China ['tchajnə] Kina
china ['tchajnə] *subst* porslin
Chinese [,tchaj'ni:s] I *subst*
1 kines **2** kinesiska språk
II *adj* kinesisk
chink [tchingk] *subst* spricka
chip [tchipp] I *subst* **1** flisa,
spån **2** spelmark II *verb* flisa,
spåna; *chipped* äv. kantstött
chiropodist [kə'ra:pədisst]
subst fotvårdsspecialist
chirp [tchö:rp] I *verb* kvittra
II *subst* kvitter
chisel ['tchizzl] I *subst* mejsel

II *verb* **1** mejsla, hugga ut
2 lura
1 chit [tchitt] *subst* barnunge
2 chit [tchitt] *subst* skuldsedel
chit-chat ['tchittchätt] I *subst*
småprat II *verb* småprata
chivalry ['schivvəlri] *subst*
höviskhet
chive [tchajv] o. **chives**
[tchajvz] *subst* gräslök
chlorine ['klå:ri:n] *subst* klor
chock-a-block [,tcha:kə'bla:k]
adj fullpackad
chocolate ['tcha:klət] *subst*
choklad
choice [tchåjs] I *subst* val;
urval II *adj* utsökt
choir ['kwajər] *subst* kör
choirboy ['kwajərbåj] *subst*
korgosse
choke [tchouk] I *verb* kväva;
storkna; ~ *on sth.* sätta ngt i
halsen II *subst* **1** kvävning
2 choke
cholesterol [kə'lesstəroul]
subst kolesterol
choline ['kouli:n] *subst* klor
choose* [tcho:z] *verb* **1** välja
2 ha lust, vilja
choosy ['tcho:zi] *adj* vard.
kinkig, kräsen
chop [tcha:p] I *verb* hugga
II *subst* **1** hugg **2** kotlett med
ben
chopper ['tcha:pər] *subst*
1 köttyxa **2** vard. helikopter

choppy ['tcha:pi] *adj* om sjö
krabb
1 chord [kå:rd] *subst* bildligt
sträng
2 chord [kå:rd] *subst* musik
ackord
chore [tchå:r] *subst* syssla;
chores äv. hushållsbestyr
chortle ['tchå:rtl] **I** *subst*
skrockande **II** *verb* skrocka
chorus ['kå:rəs] *subst* korus;
kör
chose [tchouz] *verb* imperf. av
choose
chosen ['tchouzn] *verb* perf.p.
av *choose*
chowder ['tchaodər] *subst* slags
fisksoppa
Christ [krajst] Kristus
christen ['krissn] *verb* **1** döpa
2 kalla fartyg
Christian ['krisstchən] *adj* o.
subst kristen
Christianity [ˌkrisstchi'ännəti]
subst den kristna läran
Christmas ['krissməs] *subst*
jul; ~ *Day* juldagen; ~ *Eve*
julafton; ~ *present* julklapp;
~ *tree* julgran
chrome [kroum] *subst* krom
chromosome ['krouməsoum]
subst kromosom
chronic ['kra:nikk] *adj* kronisk
chronicle ['kra:nikkl] *subst*
krönika

chronological
[ˌkra:nə'la:dʒikkəl] *adj* kro-
nologisk
chrysanthemum
[kri'sännθəməm] *subst* kry-
santemum
chubby ['tchabbi] *adj* knub-
big; trind
chuck [tchakk] *verb* klappa; ~
overboard slänga bort; ~ *out*
vard. kasta ut
chuckle ['tchakkl] **I** *verb*
skrocka; småskratta **II** *subst*
skrockande skratt
chug [tchagg] *verb* **1** puttra,
dunka **2** halsa öl
chum [tchamm] *subst* vard.
kompis
chunk [tchangk] *subst* stor bit
church [tchö:rtch] *subst* kyr-
ka; *go to* ~ gå i kyrkan
churchyard ['tchö:rtchja:rd]
subst kyrkogård kring kyrka
churn [tchö:rn] **I** *subst* mjölk-
kanna **II** *verb* kärna smör
chute [scho:t] *subst, refuse*
(*rubbish*) ~ sopnedkast
chutney ['tchattni] *subst*
chutney
chutzpah ['hottspə] *subst*
mage, fräckhet
cider ['sajdər] *subst* äppel-
juice; *hard* ~ cider
cigar [si'ga:r] *subst* cigarr
cigarette [ˌsiggə'rett,
'siggərett] *subst* cigarett

Cinderella [,sinndə'rellə]
Askungen

cinecamera ['sinni,kämmərə]
subst filmkamera

cinema ['sinnəmə] *subst* bio

cinnamon ['sinnəmən] *subst*
kanel

circle ['sö:rkl] **I** *subst* cirkel;
krets; *in business circles* i
affärskretsar **II** *verb* kretsa,
cirkla

circuit ['sö:rkət] *subst* **1** om-
lopp, varv **2** strömkrets;
short ~ kortslutning **3** i
sporter racerbana; turnering

circuitous [sər'kjo:ətəs] *adj*
kringgående

circular ['sö:rkjələr] **I** *adj* cir-
kelrund; kringgående; ~ *tour*
rundresa **II** *subst* cirkulär

circulate ['sö:rkjəlejt] *verb*
låta cirkulera; sprida

circulation [,sö:rkjə'lejschən]
subst **1** cirkulation **2** sprid-
ning

circumference
[sər'kammfrəns] *subst* om-
krets

circumstantial
[,sö:rkəm'stännschəl] *adj*, ~
evidence indicier

circumvent [,sö:rkəm'vennt]
verb kringgå

circus ['sö:rkəs] *subst* cirkus

cistern ['sisstərn] *subst* ci-
stern; tank

citizen ['sittizən] *subst* med-
borgare; invånare

citizenship ['sittizənschipp]
subst medborgarskap; ~
education samhällskunskap

city ['sitti] *subst* stor stad; ~
hall rådhus, stadshus

civic ['sivvikk] *adj* medbor-
gerlig; kommunal; ~ *center*
kommunalhus; kulturhus

civics ['sivvikks] *subst* sam-
hällskunskap

civil ['sivvl] *adj* artig; civilise-
rad; civil-; ~ *marriage*
borgerlig vigsel; *the Civil
Service* civilförvaltningen
statsförvaltningen utom den mili-
tära

civilian [si'villjən] *adj* o. *subst*
civil

civilization [,sivvələ'zejschən]
subst civilisation

clad [klädd] *adj* klädd;
scantily ~ lättklädd

claim [klejm] **I** *verb* **1** kräva
2 göra anspråk på **3** hävda
II *subst* **1** krav; påstående
2 *baggage* ~ på flygplats o.d.
bagageutlämning

clairvoyant [klärr'våjənt] **I** *adj*
klärvoajant, synsk **II** *subst*
klärvoajant

clam [klämm] *subst* ätlig
mussla; ~ *bake* party med
skaldjursrätt

clamber ['klämmbər] *verb*
klättra

clammy ['klämmi] *adj* fuktig, klibbig; kallfuktig

clamor ['klämmər] *subst* rop, skrik; larm

clamp [klämmp] *subst* krampa; klämma

clan [klänn] *subst* klan

clang [kläng] I *subst* skarp klang II *verb* klinga

clap [kläpp] I *verb* 1 klappa, dunka 2 applådera II *subst* 1 applåd 2 klapp, dunk

clarinet [‚klärrə'nett] *subst* klarinett

clarity ['klärrəti] *subst* klarhet; skärpa

clash [kläsch] I *verb* 1 skramla 2 bildligt kollidera; *the colors* ~ färgerna skär sig II *subst* 1 skräll 2 strid, konflikt; *cultural* ~ kulturkrock

clasp [klässp] I *subst* knäppe, spänne II *verb* knäppa; omfamna

class [kläss] I *subst* 1 klass i olika betydelser 2 årgång, årsklass; *the* ~ *of 1995* årgång (avgångsklassen) 1995 II *verb* klassa

classic ['klässikk] I *adj* klassisk II *subst* klassiker

classical ['klässikəl] *adj* klassisk; traditionell

classified ['klässifajd] *adj* 1 klassificerad; ~ *telephone directory* yrkesregister i telefonkatalogen 2 hemligstämplad

classmate ['klässmejt] *subst* klasskamrat

classroom ['klässro:m] *subst* klassrum

clatter ['klättər] I *verb* slamra, skramla II *subst* slammer; oväsen

clause [kla:z] *subst* 1 klausul; paragraf 2 *main* ~ huvudsats; *subordinate* ~ bisats

claw [kla:] I *subst* klo II *verb* klösa, riva

clay [klej] *subst* lera; ~ *court* i tennis grusbana

clean [kli:n] I *adj* 1 ren; *a* ~ *record* ett fläckfritt förflutet 2 slang pank II *verb* 1 rengöra; tvätta; städa 2 ~ *up* rensa upp i; städa

clean-cut [‚kli:n'katt] *adj* 1 ren 2 ordentlig

cleaner ['kli:nər] *subst* 1 städare, städerska; *take sb. to the cleaners* plocka ngn på allt han (hon) äger och har 2 rengöringsmedel

cleaning ['kli:ning] *subst* städning; *dry* ~ kemtvätt; ~ *lady* städerska

cleanliness ['klennlinnəs] *subst* renlighet, snygghet

cleanse [klennz] *verb* rengöra; rensa

cleanser ['klennzər] *subst* rengöringsmedel

clean-shaven [‚kli:n'schejvn] *adj* slätrakad

clean-up ['kli:napp] *subst*
sanering; upprensning
clear [kliər] **I** *adj* klar, ljus;
tydlig; redig **II** *subst, in the* ~
frikänd; skuldfri **III** *adv, keep*
(stay) ~ *of* hålla sig ifrån
IV *verb* **1** göra klar; klarna
2 rentvå **3** rensa; utrymma
4 ~ *the roads* ploga vägarna
5 godkänna; ~ *through cus-*
toms förtulla **6** ~ *away* duka
av; ~ *out* rensa ut (bort); ~
up göra rent i; reda upp (ut);
klarna
clearance ['klirrəns] *subst*
1 tullklarering; grönt ljus
2 under bro, tunnel maximihöjd
clear-cut [‚klirr'katt] *adj* klar,
entydig
clearing ['klirring] *subst*
1 röjning **2** glänta
clearly ['klirrli] *adv* **1** tydligt
2 tydligen
clef [kleff] *subst* klav
cleft [klefft] *subst* klyfta
clench [klenntch] *verb* gripa
hårt om; *clenched fist*
knytnäve
clergy ['klö:rdʒi] *subst* präs-
terskap, präster
clergyman ['klö:rdʒimmən]
subst präst
clerk [klö:rk] *subst* kontorist;
tjänsteman; expedit; portier
clever ['klevvər] *adj* begåvad,
intelligent
click [klikk] **I** *verb* knäppa

till, klicka till **II** *subst*
knäppning
client ['klajənt] *subst* kund;
klient
cliff [kliff] *subst* brant klippa
climate ['klajmət] *subst* kli-
mat; *change of* ~ klimat-
ombyte
climax ['klajmäkks] *subst*
klimax
climb [klajm] *verb* klättra
climb-down ['klajmdaon]
subst bildligt reträtt
climber ['klajmər] *subst*
1 klängväxt **2** bergsklättrare
clinch [klinntch] **I** *subst* i
boxning clinch **II** *verb* slutfö-
ra, avgöra; ~ *the pennant*
säkra slutspelsplats i baseboll
cling [kling] *verb* klänga sig
fast
clinic ['klinnikk] *subst* klinik
clinical ['klinnikkəl] *adj* kli-
nisk
clink [klingk] **I** *verb* klirra
med **II** *subst* klirr
1 clip [klipp] *subst* gem,
klämma
2 clip [klipp] **I** *verb* klippa
II *subst* **1** klippning **2** fart,
takt
clipping ['klipping] *subst* tid-
ningsurklipp
cloak [klouk] **I** *subst* kappa,
slängkappa **II** *verb* svepa in,
hölja
cloakroom ['kloukro:m] *subst*

1 kapprum, garderob **2** toalett

clock [kla:k] *subst* klocka; *round (around) the* ~ dygnet runt

clockwise ['kla:kwajz] *adv* medurs

clockwork ['kla:kwö:rk] *subst* urverk

clog [kla:g] *verb* klibba fast; klibba (slamma) igen

cloister ['klåjstər] *subst* kloster

1 close [klouz] **I** *verb* **1** stänga; lägga ner **2** sluta **3** ~ *down* om affär o.d. upphöra, slå igen; ~ *in* komma närmare; omringa; ~ *off* spärra av **II** *subst* slut

2 close [klous] **I** *adj* **1** nära, närstående; omedelbar **2** grundlig; noggrann **II** *adv* tätt, nära; ~ *at hand* strax i närheten; nära förestående

closed [klouzd] *adj* stängd; spärrad

close-knit [,klous'nitt] *adj* bildligt sammansvetsad

closely ['klousli] *adv* **1** nära, intimt **2** grundligt

closet ['kla:zət] *subst* skåp; garderob; *come out of the* ~ komma ut, börja uppträda öppet som humosexuell

close-up ['klousapp] *subst* närbild

closure ['klouʒər] *subst* stängning; slut

clot [kla:t] **I** *subst* klimp, klump; *blood* ~ blodpropp, propp **II** *verb* klumpa sig; levra sig

cloth [kla:θ] *subst* **1** tyg **2** trasa

clothe [klouð] *verb* klä

clothes [klouz] *subst pl* kläder

clothes brush ['klouz brasch] *subst* klädborste

clothes hanger ['klouz ,hängər] *subst* galge

clothes line ['klouz lajn] *subst* klädstreck

clothespin ['klouzpinn] *subst* klädnypa

clothing ['klouðing] *subst* kläder; *men's* ~ herrkonfektion

cloud [klaod] **I** *subst* moln; *on* ~ *nine* i sjunde himlen **II** *verb* **1** mulna; ~ *over* mulna på **2** fördunkla

cloudburst ['klaodbö:rst] *subst* skyfall

cloudy ['klaodi] *adj* molnig; mulen

1 clove [klouv] *subst* klyfta av vitlök o.d.

2 clove [klouv] *subst* kryddnejlika

clover ['klouvər] *subst* klöver; *be in* ~ vara på grön kvist

clown [klaon] *subst* clown, pajas
cloying ['klåjing] *adj* sliskig
club [klabb] *subst* **1** klubba **2** *clubs* i kortspel klöver **3** klubb
clubhouse ['klabbhaos] *subst* klubbhus
club steak ['klabb stejk] *subst* enkelbiff
cluck [klakk] *verb* oja sig över
clue [klo:] *subst* ledtråd, spår; *I haven't got a ~* vard. det har jag ingen aning om
clump [klammp] *subst* klunga; klump
clumsy ['klammzi] *adj* klumpig
clung [klang] *verb* imperf. o. perf.p. av *cling*
cluster ['klasstər] *subst* klunga
1 clutch [klattch] **I** *verb* gripa krampaktigt **II** *subst* **1** grepp, tag **2** koppling **3** *clutches* bildligt klor
2 clutch [klattch] *subst* äggrede
clutter ['klattər] *subst* virrvarr, röra
Co. [kou] förk. för *Company*
c/o [,si:'ou] (förk. för *care of*) på brev c/o
coach [koutch] **I** *subst* **1** turistbuss; långfärdsbuss **2** tränare **II** *verb* träna, vara tränare (lagledare) för
coal [koul] *subst* kol

coalition [,kouə'lischən] *subst* koalition
coalmine ['koulmajn] *subst* kolgruva
coarse [kå:rs] *adj* grov; ohyfsad
coast [koust] *subst* kust
coastal ['koustl] *adj* kust-
coastguard ['koustga:rd] *subst, the ~* sjöräddningen, kustbevakningen
coastline ['koustlajn] *subst* kustlinje
coat [kout] **I** *subst* rock; kappa **II** *verb* täcka med skyddande lager; dragera
coat hanger ['kout ,hängər] *subst* klädgalge
coating ['kouting] *subst* beläggning; överdrag
coax [kouks] *verb* lirka med; truga
cobbler ['ka:blər] *subst* **1** skomakare **2** slags bärpaj
cobweb ['ka:bwebb] *subst* spindelnät
cocaine [kou'kejn] *subst* kokain
cock [ka:k] *subst* **1** tupp; hanne av fåglar **2** vulgärt kuk
cockerel ['ka:kərəl] *subst* ungtupp
cock-eyed ['ka:kajd] *adj* **1** skelögd, vindögd **2** tokig
cockle ['ka:kl] *subst* hjärtmussla; *warm the cockles of sb.'s heart* glädja ngn

cockpit ['ka:kpitt] *subst* cockpit, förarkabin

cockroach ['ka:kroutch] *subst* kackerlacka

cocktail ['ka:ktejl] *subst* cocktail; ~ *lounge* cocktailbar

cocoa ['koukou] *subst* kakao; *hot* ~ varm choklad

coconut ['koukənatt] *subst* kokosnöt

COD [,si:ou'di:] (förk. för *collect on delivery*) mot postförskott

cod [ka:d] *subst* torsk

code [koud] **I** *subst* kod; *area* ~ riktnummer **II** *verb* koda

cod-liver oil [,ka:dlivvər 'åjl] *subst* fiskleverolja

co-ed ['kouedd] **I** *subst* kvinnlig student på universitet **II** *adj* sam- för bägge könen

coercion [kou'ö:srchən] *subst* tvång

coffee ['ka:fi] *subst* kaffe; *make* ~ koka kaffe

coffee break ['ka:fi brejk] *subst* kafferast

coffee cake ['ka:fi kejk] *subst* kaffebröd

coffee maker ['ka:fi ,mejkər] *subst* kaffebryggare

coffee pot ['ka:fi pa:t] *subst* kaffekanna

coffee-table ['ka:fi,tejbl] *subst* soffbord

coffin ['ka:fən] *subst* likkista

cog [ka:g] *subst* kugge

cogent ['koudʒənt] *adj* bindande; sammanhängande

coil [kåjl] **I** *verb* ringla (slingra) sig **II** *subst* rulle; spiral

coin [kåjn] **I** *subst* slant, mynt; *the other side of the* ~ medaljens baksida **II** *verb* mynta

coinage ['kåjniddʒ] *subst* myntning; nybildning av ord

coincide [,kouin'sajd] *verb* sammanfalla

coincidence [kou'insiddəns] *subst* slump, tillfällighet

1 coke [kouk] *subst* koks kokain

2 coke® [kouk] *subst* coca-cola®

colander ['kalləndər] *subst* durkslag

cold [kould] **I** *adj* kall; kylig; ~ *buffet* kallskuret; ~ *snap* köldknäpp; *be* ~ frysa **II** *subst* **1** kyla **2** förkylning; *catch a* ~ el. *get a* ~ bli förkyld **III** *adv* vard. helt, fullständigt

cold-shoulder [,kould'schouldər] *verb* behandla som luft

coleslaw ['koulsla:] *subst* coleslaw vitkålssallad med majonnäsdressing

colic ['ka:likk] *subst* kolik

collapse [kə'läpps] **I** *subst* kollaps **II** *verb* kollapsa

collapsible [kə'läppsəbl] *adj*
hopfällbar
collar ['ka:lər] I *subst* **1** krage
2 halsband II *verb* suga tag i
collar bone ['ka:lər boun]
subst nyckelben
collateral [kə'lättərəl] I *adj*
1 parallell **2** på sidolinjen
II *subst* säkerhet för lån
colleague ['ka:li:g] *subst* kol-
lega, arbetskamrat
collect [kə'lekkt] I *verb* samla
ihop, samla in; samla på; ~
oneself hämta sig; ta sig
samman II *adj, a* ~ *call* ett
ba-samtal, ett collect call
telefonsamtal som betalas av
mottagaren III *adv* mot efter-
krav; *call* ~ ringa ba-samtal
collection [kə'lekkschən]
subst **1** insamling **2** kollek-
tion
collector [kə'lekktər] *subst*
samlare
collide [kə'lajd] *verb* kollidera,
krocka; ~ *with* äv. strida mot
collie ['ka:li] *subst* collie
hundras
collision [kə'liʒən] *subst* kol-
lision; krock
colloquial [kə'loukwiəl] *adj*
talspråks-
1 colon ['koulən] *subst*
grovtarm
2 colon ['koulən] *subst* kolon
skiljetecken
colonel ['kö:rnl] *subst* överste

colony ['ka:ləni] *subst* koloni
color ['kallər] I *subst* **1** färg
2 ansiktsfärg; *change* ~ bli
blek (röd); *get some* ~ få färg
bli solbränd **3** *colors* t.ex. lags
färger; flagga, fana II *verb*
1 färga **2** skifta färg; rodna
color bar ['kallər ba:r] *subst*
rasdiskriminering
color-blind ['kallərblajnd] *adj*
färgblind
colored ['kallərd] *adj* färgad
colorfast ['kallarfässt] *adj*
tvättäkta
colorful ['kallərfoll] *adj* färg-
stark
coloring ['kalləring] *subst*
1 färgning **2** färgmedel
colt [koult] *subst* föl
column ['ka:ləm] *subst* **1** ko-
lonn **2** kolumn
columnist ['ka:ləmnisst] *subst*
kåsör, krönikör
coma ['koumə] *subst* koma
comb [koum] I *subst* kam äv.
djurs II *verb* kamma
combat ['ka:mbätt] I *subst*
kamp II *verb* bekämpa;
kämpa
combination
[ˌka:mbi'nejschən] *sub.ɪ*
kombination
combine [kəm'bajn] *veɪ*
ena; kombinera
come* [kamm] *verb* **1** kom-
ma **2** ske; ~ *what may* hända
vad som hända vill **3** *to* ~

kommande, blivande; *how
~?* hur kommer det sig?; *~
easy to sb.* falla sig lätt för
ngn; *~ loose* lossna **4** *he
came* vard. det gick för
honom, han fick orgasm **5** *~
about* inträffa, ske; *~ across*
komma över; *~ along*
komma (gå) med; ta sig, arta
sig; *~ around* komma förbi;
kvickna till; repa sig; *~ by*
komma förbi; *~ forward*
träda fram; erbjuda sig; *~
from* komma (vara) från;
komma av, komma sig av; *~
into* få ärva, tillträda; *~ into
fashion* komma på modet; *~
off* lossna; ramla ner; bli av;
lyckas; *~ on* närma sig;
autumn is coming on det
börjar bli höst; *~ out* komma
ut äv. om bok o.d.; komma
fram; träda fram, medge
öppet; *~ out badly* klara sig
dåligt; *~ out the winner* sluta
som segrare; *~ through* klara
sig; *~ to* leda till; *~ to
nothing* gå om intet; *how
much does it ~ to?* hur
mycket blir det?; *when it
comes down to it* när det
kommer till kritan; *~ up*
komma upp; komma på tal
comeback ['kammbäkk] *subst*
1 comeback **2** svar på tal
comedian [kə'mi:djən] *subst*
komiker

come-down ['kammdaon]
subst steg nedåt socialt
comedy ['ka:mədi] *subst* ko-
medi
come-on ['kamma:n] *subst*
vard. lockbete; invit
comet ['ka:mitt] *subst* komet
come-uppance
[ˌkamm'appəns] *subst, get
one's ~* vard. få vad man
förtjänar
comfort ['kammfərt] **I** *subst*
1 tröst **2** välbefinnande
II *verb* trösta
comfortable ['kammfərtəbl]
adj bekväm; trygg; *be ~*
trivas
comfortably ['kammfərtəbli]
adv bekvämt; *be ~ off* ha det
bra ställt
comfort station ['kammfərt
ˌstejschən] *subst* bekvämlig-
hetsinrättning, offentlig toa-
lett
comic ['ka:mikk] **I** *adj* komisk;
~ opera operett; *~ strip*
tecknad serie **II** *subst* **1** *the
comics* seriesidan i tidning
2 komiker på varieté
coming ['kamming] *adj* kom-
mande; stundande; framtids-
comma ['ka:mə] *subst* kom-
matecken
command [kə'männd] **I** *verb*
befalla; härska; föra befäl
II *subst* befallning; order

commander [kə'männdər]
subst befälhavare; chef
commando [kə'männdou]
subst kommandosoldat
commemorate
[kə'memmərejt] *verb* fira
(hedra) minnet av
commence [kə'menns] *verb*
börja
commend [kə'mennd] *verb*
berömma; anbefalla
commensurate
[kə'mennschərət] *adj* på
samma nivå som
comment ['ka:mennt] I *subst*
kommentar II *verb*, ~ *on*
kommentera
commentary ['ka:məntəri]
subst 1 kommentar 2 reportage
commentator
['ka:mmentejtər] *subst* kommentator
commerce ['ka:mərs] *subst*
handel; *Secretary of Commerce* handelsminister
commercial [kə'mö:rschəl]
I *adj* kommersiell, handels-;
~ *television* reklam-TV
II *subst* reklaminslag i radio el.
TV
commiserate [kə'mizzərejt]
verb ha medlidande med
commission [kə'mischən]
I *subst* 1 uppdrag, order
2 kommission II *verb* 1 bemyndiga 2 ge i uppdrag

commissioner [kə'mischənər]
subst polischef
commit [kə'mitt] *verb* 1 föröva, begå 2 ~ *oneself* ta
ställning; binda sig; engagera
sig; *committed* engagerad
commitment [kə'mittmənt]
subst åtagande; engagemang
committee [kə'mitti] *subst*
utskott; kommitté
commodity [kə'ma:dəti] *subst*
handelsvara; *household
commodities* husgeråd
common ['ka:mən] I *adj* 1 gemensam 2 allmän; vanlig; ~
sense sunt förnuft II *subst*
1 *in* ~ gemensamt, tillsammans 2 allmänning
common-law ['ka:mənla:] *adj*,
~ *marriage* samvetsäktenskap
commonly ['ka:mənli] *adv*
vanligen, i allmänhet
commonplace ['ka:mənplejs]
I *subst* banalitet II *adj* alldaglig, trivial
commonsense
[,ka:mən'senns] *adj* förnuftig,
nykter
commotion [kə'mouschən]
subst tumult, väsen
communal [kəm'jo:nəl] *adj*
gemensam, kollektiv; ~
kitchen soppkök
commune ['ka:mjo:n] *subst*
kollektiv, storfamilj

communicate [kəˈmjoːnikejt]
verb kommunicera; meddela
communication
[kəˌmjoːniˈkejschən] *subst*
1 meddelande **2** kommuni-
kation, förbindelser
Communion [kəˈmjoːnjən]
subst, first ~ nattvard vid
konfirmation; *Holy* ~ nattvard
community [kəˈmjoːnəti] *subst*
1 samhälle; folkgrupp **2** ~
center ung. allaktivitetshus; ~
chest privat välgörenhetskas-
sa; ~ *radio* närradio; ~
service samhällstjänst
commute [kəˈmjoːt] *verb*
pendla
commuter [kəˈmjoːtər] *subst*
pendlare; ~ *ticket* period-
märke för stamkort
compact I [kaːmˈpäkkt] *adj*
kompakt; tät, solid
II [ˈkaːmpäkkt] *subst,* ~ el. ~
car småbil
companion [kəmˈpännjən]
subst följeslagare; sällskap
companionship
[kəmˈpännjənschipp] *subst*
kamratskap
company [ˈkammpəni] *subst*
1 sällskap **2** bolag
comparatively
[kəmˈpärrətivvli] *adv* jämfö-
relsevis
compare [kəmˈpäər] *verb*
jämföra; ~ *to* jämföra med;
jämställa med

comparison [kəmˈpärrisn]
subst jämförelse; *without*
(*beyond all*) ~ utan jämfö-
relse
compass [ˈkammpəs] *subst*
1 kompass **2** *compasses*
passare
compassion [kəmˈpäschən]
subst medlidande
compassionate
[kəmˈpäschənət] *adj* medlid-
sam
compatible [kəmˈpättəbl] *adj*
förenlig; *they aren't* ~ de
passar inte ihop
compel [kəmˈpell] *verb* tvinga,
förmå
compelling [kəmˈpelling] *adj*
tvingande; fängslande
compensate [ˈkaːmpennsejt]
verb kompensera, uppväga
compensation
[ˌkaːmpennˈsejschən] *subst*
kompensation, ersättning
compete [kəmˈpiːt] *verb* tävla,
konkurrera
competent [ˈkaːmpətənt] *adj*
kompetent; kunnig
competition [ˌkaːmpəˈtischən]
subst **1** konkurrens **2** tävling
competitive [kəmˈpettətivv]
adj **1** konkurrenskraftig
2 tävlingslysten
competitor [kəmˈpettətər]
subst **1** tävlande **2** rival;
konkurrent

complain [kəm'plejn] *verb*
klaga
complaint [kəm'plejnt] *subst*
1 klagomål; *make a ~*
reklamera **2** fysiskt symtom
complement ['ka:mpləment]
I *subst* komplement **II** *verb*
komplettera
complementary
[ˌka:mplə'menntəri] *adj* gratis; kompletterande
complete [kəm'pli:t] **I** *adj*
komplett, fullständig; färdig
II *verb* **1** avsluta **2** komplettera
completion [kəm'pli:schən]
subst slutförande
complex ['ka:mplekks] **I** *adj*
sammansatt **II** *subst* komplex; *housing ~* bostadsområde
complexion [kəm'plekkschən]
subst hy
compliance [kəm'plajəns]
subst i enlighet med lagen;
medgörlighet
complicate ['ka:mpləkejt]
verb komplicera
complicated ['ka:mpləkejtəd]
adj komplicerad
complication
[ˌka:mplə'kejschən] *subst*
komplikation; *complications*
äv. krångel
complicity [kəm'plissəti] *subst*
delaktighet
compliment ['ka:mpləmənt]

subst komplimang; *compliments* hälsningar
complimentary
[ˌka:mplə'menntəri] *adj*
smickrande, artighets-
comply [kəm'plaj] *verb* ge
efter, foga sig; följa
component [kəm'pounənt]
subst komponent, beståndsdel
compose [kəm'pouz] *verb*
1 *be composed of* bestå
(utgöras) av **2** författa;
komponera **3** ~ *oneself* lugna
(samla) sig
composed [kəm'pouzd] *adj*
lugn, samlad
composer [kəm'pouzər] *subst*
kompositör
composition [ˌka:mpə'zischən]
subst **1** komposition **2** uppsatsskrivning
composure [kəm'pouʒər]
subst fattning
compound ['ka:mpaond] *subst*
sammansättning, blandning,
förening
comprehend [ˌka:mpri'hennd]
verb fatta, begripa
comprehension
[ˌka:mpri'hennschən] *subst*
fattningsförmåga
comprehensive
[ˌka:mpri'hennsivv] *adj* uttömmande, allomfattande;
hel-
compress I [kəm'press] *verb*

pressa ihop; komprimera
II ['ka:mpress] *subst* kom-
press
comprise [kəm'prajz] *verb*
innefatta
compromise ['ka:mprəmajz]
I *subst* kompromiss **II** *verb*
1 kompromissa **2** kompro-
mettera
compulsion [kəm'pallschən]
subst tvång
compulsive [kəm'pallsivv] *adj*
tvångsmässig, tvångs-; *be a ~*
eater ung. hetsäta
compulsory [kəm'pallsəri] *adj*
obligatorisk
computer [kəm'pjo:tər] *subst*
dator; *~ game* dataspel
computerize [kəm'pjo:tərajz]
verb datorisera
conceal [kən'si:l] *verb* dölja,
gömma
conceit [kən'si:t] *subst* in-
bilskhet, fåfänga
conceited [kən'si:təd] *adj*
inbilsk, fåfäng
conceivable [kən'si:vəbəl] *adj*
tänkbar
conceive [kən'si:v] *verb*
1 tänka sig; fatta **2** bli gravid
concentrate ['ka:nsəntrejt]
I *verb* koncentrera; koncen-
trera sig **II** *subst* koncentrat
concentration
[‚ka:nsən'trejschən] *subst*
koncentration; *~ camp* kon-
centrationsläger

concept ['ka:nseppt] *subst*
begrepp; koncept idé
concern [kən'sö:rn] **I** *verb*
1 angå, röra **2** oroa **II** *subst*
1 angelägenhet **2** oro
concerning [kən'sö:rning]
prep angående, beträffande
concert ['ka:nsərt] *subst* kon-
sert
concert hall ['ka:nsərt ha:l]
subst konsertsal
concerto [kən'tcherrtou] *subst*
konsert för solo och orkester
concession [kən'seschən]
subst **1** medgivande **2** salu-
stånd på tivoli
concise [kən'sajs] *adj* koncis,
kortfattad
conclude [kən'klo:d] *verb*
1 sluta; avsluta; *to ~* till sist,
kort sagt **2** dra slutsatsen
conclusion [kən'klo:ʒən] *subst*
1 avslutning; *in ~* slutligen,
till sist **2** slutsats; *jump to*
conclusions dra förhastade
slutsatser
conclusive [kən'klo:siv] *adj*
avgörande
concoct [kən'ka:kt] *verb* koka
ihop
concoction [kən'ka:kschən]
subst hopkok
concourse ['ka:nkå:rs] *subst*
1 avgångshall, vänthall
2 idrottsplan
concrete ['ka:nkri:t] **I** *adj*

1 konkret **2** betong- **II** *subst* betong

concur [kən'kö:r] *verb* vara ense; instämma

concussion [kən'kaschən] *subst* hjärnskakning

condemn [kən'demm] *verb* döma; fördöma

condensation [ˌka:ndenn'sejschən] *subst* kondensering; imma

condense [kən'denns] *verb* **1** kondensera; förtäta **2** koncentrera

condescending [ˌka:ndi'sennding] *adj* nedlåtande

condition [kən'dischən] *subst* **1** villkor; *conditions* förhållanden **2** tillstånd; *have a heart* ~ lida av hjärtbesvär

conditional [kən'dischənl] *adj* villkorlig

conditioner [kən'dischənər] *subst* hårbalsam

condo ['ka:ndou] *subst* vard., kortform för *condominium*

condom ['kanndəm] *subst* kondom

condominium [ˌka:ndə'minniəm] *subst* ung. bostadsrätt; hus med bostadsrätter

condone [kən'doun] *verb* överse med, tolerera

conduct I ['ka:ndakt] *subst* uppförande **II** [kən'dakt] *verb*

1 föra, leda; *conducted party* guidad grupp; ~ *oneself* uppföra (sköta) sig **2** dirigera orkester

conductor [kən'dakktər] *subst* **1** dirigent **2** konduktör

cone [koun] *subst* **1** kon **2** strut för glass

confectioner [kən'fekkschənər] *subst,* *confectioners' sugar* florsocker

Confederate [kən'feddərət] under inbördeskriget 1861-65 **I** *adj* sydstats- **II** *subst* sydstatare

confer [kən'fö:r] *verb* **1** förläna, tilldela **2** rådslå

conference ['ka:nfərəns] *subst* konferens; *be in* ~ sitta i sammanträde

confess [kən'fess] *verb* **1** bekänna, erkänna **2** bikta, bikta sig

confession [kən'feschən] *subst* **1** bekännelse **2** bikt **3** religion

confetti [kən'fetti] *subst* konfetti

confide [kən'fajd] *verb* anförtro

confidence ['ka:nfiddəns] *subst* **1** förtroende **2** tillförsikt

confident ['ka:nfiddənt] *adj* säker, trygg; säker av sig

confidential [‚ka:nfi'denschǝl] *adj* förtrolig
confine [kǝn'fajn] *verb* begränsa, inskränka
confinement [kǝn'fajnmǝnt] *subst* fångenskap; isolering
confirm [kǝn'fö:rm] *verb* bekräfta
confirmation [‚ka:nfǝr'mejschǝn] *subst* 1 bekräftelse 2 *Confirmation* konfirmation
confirmed [kǝn'fö:rmd] *adj* inbiten; obotlig
confiscate ['ka:nfisskejt] *verb* beslagta
conflict ['ka:nflikkt] *subst* konflikt; ~ *of opinion* meningsskiljaktighet
conflicting ['kǝnflikkting] *adj* motsägande; stridande
conform [kǝn'få:rm] *verb* 1 anpassa sig 2 rätta sig efter
confound [ka:n'faond] *verb* förvirra
confront [kǝn'frannt] *verb* konfrontera
confrontation [‚ka:nfrann'tejschǝn] *subst* konfrontation
confuse [kǝn'fjo:z] *verb* 1 förvirra 2 förväxla
confused [kǝn'fjo:zd] *adj* 1 förvirrad 2 virrig
confusion [kǝn'fjo:ʒǝn] *subst* förvirring

congeal [kǝn'dʒi:l] *verb* stelna; frysa till is
congenial [kǝn'dʒi:njǝl] *adj* trevlig, behaglig; ~ *task* arbete som passar en
congestion [kǝn'dʒesstchǝn] *subst* 1 *nasal* ~ nästäppa 2 stockning i trafik o.d.
congratulate [kǝn'grättjolejt] *verb* gratulera; lyckönska
congregate ['ka:nggrigejt] *verb* samlas
congregation [‚ka:nggri'gejschǝn] *subst* kyrklig församling
congress ['ka:nggrǝs] *subst* kongress
Congressman ['ka:nggrǝsmǝn] o. **Congresswoman** ['ka:nggrǝswommǝn] *subst* kongressledamot
conjunction [kǝn'dʒangkschǝn] *subst, in* ~ *with* i samverkan (tillsammans) med
conjure ['kǝndʒoǝr] *verb* 1 trolla 2 frambesvärja andar
conjurer ['ka:ndʒǝrǝr] *subst* trollkarl
connect [kǝ'nekkt] *verb* förena, ansluta; hänga ihop
connecting [kǝ'nekkting] *adj*, ~ *flight* anslutningsflyg
connection [kǝ'nekkschǝn]

subst förbindelse; anslutning, anknytning
connive [kə'najv] *verb* intrigera; ~ *at* blunda för
connoisseur [‚ka:nə'sö:r] *subst* kännare
conquer ['ka:ngkər] *verb* erövra; segra
conquest ['ka:ngkwesst] *subst* erövring; seger
conscience ['ka:nschəns] *subst* samvete
conscientious [‚ka:nschi'ennschəs] *adj* samvetsgrann; ~ *objector* vapenvägrare
conscious ['ka:nschəs] *adj* **1** medveten **2** vid medvetande
consciousness ['ka:nschəsnəs] *subst* medvetande; medvetenhet
consciousness-raising ['ka:nschəsnəs‚rejzing] *adj* medvetandegörande
conscript ['ka:nskrippt] *subst* värnpliktig
consent [kən'sennt] **I** *subst* medgivande; *age of* ~ sexuellt myndig **II** *verb* samtycka
consequence ['ka:nsəkwenns] *subst* **1** konsekvens; *in* ~ som en följd av detta **2** *it is of no* ~ det har ingen betydelse

consequently ['ka:nsəkwenntli] *adv* följaktligen
conservation [‚ka:nsə'rvejschən] *subst* **1** bevarande; konservering **2** naturvård
conservative [kən'sö:rvətivv] *adj* o. *subst* konservativ
conservatory [kən'sö:rvətå:ri] *subst* **1** drivhus **2** musikskola
conserve [kən'sö:rv] **I** *verb* bevara **II** *subst, conserves* sylt; fruktkonserver
consider [kən'siddər] *verb* **1** överväga, betrakta; *all things considered* när allt kommer omkring **2** ta hänsyn till **3** anse
considerable [kən'siddərəbl] *adj* betydande; ansenlig
considerably [kən'siddərəbli] *adv* betydligt
considerate [kən'siddərət] *adj* hänsynsfull
consideration [kən‚siddə'rejschən] *subst* **1** övervägande, betraktande **2** hänsyn
considering [kən'siddəring] *prep* o. *konj* med tanke på
consignment [kən'sajnmənt] *subst* sändning, varuparti
consist [kən'sisst] *verb*, ~ *of* bestå av
consistency [kən'sisstənsi]

subst **1** konsistens **2** följd-
riktighet
consistent [kən'sisstənt] *adj*
1 förenlig **2** konsekvent
consolation [ˌkaːnsə'lejschən]
subst tröst
1 console [kən'soul] *verb*
trösta
2 console ['kaːnsoul] *subst*
konsol
consonant ['kaːnsənənt] *subst*
konsonant
conspicuous [kən'spikkjoəs]
adj iögonfallande; framträ-
dande
conspiracy [kən'spirrəsi] *subst*
sammansvärjning
constable ['kaːnstəbl] *subst*
poliskonstapel
constant ['kaːnstənt] *adj*
1 konstant, oföränderlig
2 trofast
constantly ['kaːnstəntli] *adv*
jämt och ständigt
constellation
[ˌkaːnstə'lejschən] *subst*
stjärnbild; gruppering
constipation
[ˌkaːnsti'pejschən] *subst* för-
stoppning
constituency
[kən'stittchoənsi] *subst* val-
krets
constituent [kən'stittchoənt]
subst beståndsdel
constitution
[ˌkaːnstə'toːschən] *subst*

1 författning; grundlag
2 kroppskonstitution
constitutional
[ˌkaːnstə'toːschnəl] *adj* kon-
stitutionell; grundlagsenlig; ~
amendment grundlagsänd-
ring
constraint [kən'strejnt] *subst*
1 tvång **2** restriktion
construct [kən'strakkt] *verb*
konstruera; bygga
construction
[kən'strakkschən] *subst* kon-
struktion; anläggande; bygg-
nad; ~ *worker* byggnadsar-
betare
constructive [kən'strakktivv]
adj konstruktiv
consul ['kaːnsəl] *subst* konsul
consulate ['kaːnsələt] *subst*
konsulat
consult [kən'sallt] *verb* råd-
fråga t.ex. advokat; söka läkare
consultant [kən'salltənt] *subst*
1 läkare **2** konsult
consultation
[ˌkaːnsəl'tejschən] *subst*
1 samråd **2** läkarbesök
consulting-room
[kən'salltingroːm] *subst*
mottagningsrum
consume [kən'soːm] *verb*
förbruka; konsumera; *con-
sumed with* förtärd av;
uppfylld av
consumer [kən'soːmər] *subst*
konsument; ~ *goods* kon-

sumtionsvaror; ~ *guide* konsumentupplysning
consummate ['ka:nsəmət] *adj* fulländad, utsökt
consumption [kən'sammpschən] *subst* konsumtion, förbrukning
contact ['ka:ntäkkt] **I** *subst* kontakt, beröring **II** *verb* kontakta
contact lenses ['ka:ntäkkt ˌlennzəz] *subst pl* kontaktlinser
contagious [kən'tejdʒəs] *adj* smittsam
contain [kən'tejn] *verb* innehålla; ~ *oneself* bärga sig
container [kən'tejnər] *subst* **1** behållare **2** container
contaminate [kən'tämminejt] *verb* förorena; smitta; bildligt besmitta
contemplate ['ka:ntəmplejt] *verb* **1** betrakta **2** fundera på, begrunda
contemporary [kən'temmpəreri] *adj* samtida; nutida
contempt [kən'temmpt] *subst* förakt
contemptuous [kən'temmptchoəs] *adj* föraktfull
contend [kən'tennd] *verb* **1** brottas **2** tävla **3** hävda
contender [kən'tenndər] *subst* tävlande; utmanare

1 content ['ka:ntennt] *subst* innehåll
2 content [kən'tennt] *adj* nöjd, belåten
contention [kən'tennschən] *subst* åsikt, argument
contents ['ka:ntennts] *subst pl* innehåll
contest I ['ka:ntesst] *subst* tävling **II** [kənt'esst] *verb* tävla; bestrida
contestant [kən'tesstənt] *subst* tävlande
context ['ka:ntekkst] *subst* sammanhang; kontext
continent ['ka:ntənənt] *subst* kontinent
continental [ˌka:ntə'nenntl] *adj* **1** kontinental; ~ *breakfast* kontinental frukost med bröd, smör och marmelad **2** på (tillhörande) det nordamerikanska fastlandet
continual [kən'tinnjoəl] *adj* ständig, ihållande
continuation [kənˌtinnjo'ejschən] *subst* fortsättning
continue [kən'tinnjo] *verb* fortsätta
continuity [ˌka:ntə'njo:əti] *subst* kontinuitet
continuous [kən'tinnjoəs] *adj* kontinuerlig, fortlöpande
contort [kən'tå:rt] *verb* förvränga

85

contour ['ka:ntorr] *subst* kontur

contraband ['ka:ntrəbännd] *subst* smuggelgods; smuggling

contraceptive [ˌka:ntrə'sepptivv] *subst* preventivmedel; *oral* ~ p-piller

contract I ['ka:nträkkt] *subst* kontrakt **II** [kən'träkkt] *verb* dra ihop sig, dra samman

contraction [kən'träkkschən] *subst* sammandragning

contractor ['ka:nträkktər] *subst* leverantör; entreprenör

contradict [ˌka:ntrə'dikkt] *verb* säga emot

contraption [kən'träppschən] *subst* apparat, grej

contrary ['ka:ntrerri] **I** *adj* motsatt; ~ *to* äv. tvärtemot **II** *subst, on the* ~ tvärtom; däremot

contrast I ['ka:nträsst] *subst* kontrast; *by (in)* ~ däremot, å andra sidan **II** [kən'trässt] *verb* jämföra

contravene [ˌka:ntrə'vi:n] *verb* överträda lag o.d.

contribute [kən'tribbjo:t] *verb* bidra, medverka

contribution [ˌka:ntri'bjo:schən] *subst* bidrag

contributor [kən'tribbjətər] *subst* medarbetare i tidskrift o.d.

converse

control [kən'troul] **I** *subst* kontroll; *at the controls* vid spakarna; *be in* ~ ha makten **II** *verb* kontrollera, styra; behärska

control tower [kən'troul ˌtaoər] *subst* trafiktorn

controversial [ˌka:ntrə'vö:rschəl] *adj* omstridd, kontroversiell

controversy ['ka:ntrəvörsi] *subst* kontrovers, tvist

convalescence [ˌka:nvə'lessəns] *subst* sakta tillfrisknande

convene [kən'vi:n] *verb* sammankalla

convenience [kən'vi:njəns] *subst* bekvämlighet; *public* ~ offentlig toalett; ~ *store* närbutik, snabbköp

convenient [kən'vi:njənt] *adj* lämplig, läglig

convent ['ka:nvənt] *subst* kloster, nunnekloster

convention [kən'vennschən] *subst* **1** konvention i olika betydelser **2** partikonvent, partistämma under valår

conventional [kən'vennschənl] *adj* konventionell

conversation [ˌka:nvər'sejschən] *subst* samtal; *make* ~ kallprata

1 converse [kən'vö:rs] *verb* samtala

2 converse ['ka:nvö:rs] *adj*
omvänd, motsatt
conversely [ˌkən'vö:rsli] *adv*
omvänt
convert [kən'vö:rt] *verb*
1 omvandla; omvända **2** ~
the extra point amer. fotboll
lyckas få extrapoäng efter
touchdown
convertible [kən'vö:rtəbl]
I *adj*, ~ *sofa* bäddsoffa
II *subst* cabriolet bil
convey [kən'vej] *verb* förmedla
convict I [kən'vikkt] *verb*
fälla, döma **II** ['ka:nvikkt]
subst fånge, intern
conviction [kən'vikkschən]
subst övertygelse
convince [kən'vinns] *verb*
övertyga; övertala
convoluted ['ka:nvəlo:təd] *adj*
invecklad
convoy ['ka:nvåj] *subst* konvoj
convulsion [kən'vallschən]
subst kramp, skakning
coo [ko:] *verb* kuttra
cook [kokk] **I** *subst* kock; *she
is a good* ~ hon lagar god
mat **II** *verb* **1** laga mat
2 koka om mat **3** ~ *the books*
vard. fiffla med bokföringen
cookbook ['kokkbokk] *subst*
kokbok
cookery ['kokkəri] *subst* kokkonst, matlagning

cookie ['kokki] *subst* småkaka; kex; ~ *sheet* bakplåt
cooking ['kokking] *subst* matlagning; ~ *oil* matolja
cool [ko:l] **I** *adj* **1** sval, kylig;
kall, oberörd; *keep* ~*!* ta det
lugnt! **2** slang cool, häftig
II *verb* göra sval (svalare);
kyla; ~ *off* (*down*) lugna ner
sig; mat låta svalna
coolant ['ko:lənt] *subst* kylarvätska
co-op ['koua:p] *subst* bostadsrätt, insatslägenhet
co-operate [kou'a:pərejt] *verb*
samarbeta
co-operation
[kouˌa:pə'rejschən] *subst*
samarbete
co-operative [kou'a:pərətivv]
I *adj* samarbetsvillig; medgörlig **II** *subst* kooperativ
förening
co-ordinate [kou'å:rdənejt]
verb koordinera, samordna
cop [ka:p] *subst* vard. snut,
polis
cope [koup] *verb*, ~ *with*
klara; orka med; palla för
1 copper ['ka:pər] *subst* vard.
snut polis
2 copper ['ka:pər] *subst*
koppar
copy ['ka:pi] **I** *subst* **1** kopia
2 exemplar av bok, tidning;
original ~ original **II** *verb*
kopiera; ta (apa) efter

coral ['kå:rəl] *subst* korall; ~ *reef* korallrev

cord [kå:rd] *subst* **1** rep, snöre, snodd **2** sladd **3** *spinal* ~ ryggmärg

cordial ['kå:rdʒəl] **I** *adj* hjärtlig, varm **II** *subst* fruktvin

cordon ['kå:rdn] *subst* avspärrningskedja; *form a* ~ bilda häck

corduroy ['kå:rdəråj] *subst* manchester; *corduroys* manchesterbyxor

core [kå:r] *subst* **1** kärnhus; i reaktor härd **2** bildligt kärna; *to the* ~ helt och hållet; ända in i själen

cork [kå:rk] **I** *subst* kork **II** *verb* korka

corkscrew ['kå:rkskro:] *subst* korkskruv

1 corn [kå:rn] *subst* majs; ~ *on the cob* majskolv som maträtt

2 corn [kå:rn] *subst* liktorn

corner ['kå:rnər] **I** *subst* hörn, hörna; *cut corners* bildligt ta genvägar; rationalisera **II** *verb* tränga in i ett hörn; sätta i knipa

cornerstone ['kå:rnərstoun] *subst* hörnsten

cornet ['kå:rnett] *subst* **1** kornett **2** glasstrut

cornflakes ['kå:rnflejks] *subst* *pl* cornflakes

cornflour ['kå:rnflaoər] *subst* majsmjöl

corny ['kå:rni] *adj* vard. fånig, töntig

coronation [‚ka:rə'nejschən] *subst* kröning

1 corporal ['kå:rpərəl] *subst* korpral

2 corporal ['kå:rpərəl] *adj* kroppslig; ~ *punishment* aga

corporate ['kå:rpərət] *adj* gemensam, kollektiv

corporation [‚kå:rpə'rejschən] *subst* aktiebolag

corps [kå:r] *subst* kår

corpse [kå:rps] *subst* lik

correct [kə'rekkt] **I** *verb* rätta; rätta till, korrigera **II** *adj* **1** rätt **2** korrekt, passande

correction [kə'rekkschən] **I** *subst* rättelse; korrigering **II** *adj*, ~ *officer* kriminalvårdare

correspond [‚kå:rə'spa:nd] *verb* **1** motsvara **2** brevväxla

correspondence [‚kå:rə'spa:ndəns] *subst* korrespondens; ~ *column* insändarspalt

correspondent [‚kå:rə'spa:ndənt] **I** *subst* **1** brevskrivare **2** korrespondent **II** *adj* motsvarande

corridor ['kå:rədər] *subst* korridor

corrode [kə'roud] *verb* fräta

corrupt [kə'rappt] **I** *adj* kor-

rumperad; korrupt **II** *verb*
korrumpera; fördärva
corruption [kə'rappschən]
subst korruption; fördärv
co-signer ['kou,sajnər] *subst*
borgensman
cosmetic [ka:z'mettikk] **I** *adj*
kosmetisk **II** *subst, cosmetics*
kosmetika
cost* [ka:st] **I** *verb* kosta
II *subst* kostnad, pris; *costs*
omkostnader; *the ~ of living*
levnadskostnaderna; *at ~* till
inköpspris (självkostnads-
pris); *at the ~ of* på
bekostnad av; *at all costs* till
varje pris
co-star ['kousta:r] **I** *subst*
motspelare **II** *verb, ~ with*
spela mot
cost-effective [,ka:sti'fekktivv]
adj lönsam
costly ['ka:stli] *adj* dyr,
kostsam
cost price [,ka:st 'prajs] *subst*
inköpspris; *at ~* äv. till
självkostnadspris
costume ['ka:sto:m] *subst*
1 folkdräkt **2** teaterkostym;
~ ball maskerad
cot [ka:t] *subst* tältsäng
cottage ['ka:tiddʒ] *subst* stu-
ga; *~ cheese* keso®
cotton ['ka:tn] *subst* bomull
växt el. tyg
cotton wool [,ka:tn 'woll]
subst bomullsvadd

couch [kaotch] *subst* soffa;
divan; *~ potato* slang soff-
potatis, slöfock
cough [ka:f] *subst* o. *verb*
hosta
cough drop ['ka:f dra:p] *subst*
halstablett
could [kodd] *verb* imperf. av *1*
can
couldn't ['koddnt] = *could not*
council ['kaonsl] *subst* råd;
town (city) ~ kommunfull-
mäktige, stadsfullmäktige
councillor ['kaonsələr] *subst,*
town (city) ~ kommunfull-
mäktig, stadsfullmäktig
counsel ['kaonsəl] **I** *subst* råd;
~ for the defense försvarsad-
vokat **II** *verb* råda ngn
counsellor ['kaonsələr] *subst*
1 rådgivare **2** lägerledare på
kollo
1 count [kaont] *subst* greve
2 count [kaont] **I** *verb* **1** räk-
na **2** räknas, betyda något; *~*
on lita på; räkna med
II *subst, keep ~ of* hålla
räkning på, räkna; *be down*
for the ~ vara nere för
räkning
countdown ['kaontdaon] *subst*
nedräkning
countenance ['kaontənəns]
subst **1** anlete **2** ansiktsut-
tryck
1 counter ['kaontər] *subst* **1** i

butik o.d. kassa, disk **2** arbetsbänk, köksbänk
2 counter ['kaontər] **I** *adj* mot-; kontra- **II** *verb* bemöta; kontra
counteract [ˌkaontər'äkkt] *verb* motarbeta
counterclockwise [ˌkaontərkla:kwajz] *adj* motsols
counterfeit ['kaontərfitt] **I** *adj* förfalskad **II** *subst* förfalskning **III** *verb* förfalska
countermand [ˌkaontər'männd] *verb* annullera
counterpart ['kaontərpa:rt] *subst* motsvarighet
countess ['kaontəs] *subst* grevinna
countless ['kaontləs] *adj* otalig, oräknelig
country ['kanntri] *subst* **1** land, rike **2** landsbygd; ~ *life* lantlivet; *in the* ~ på landet
country house [ˌkanntri 'haos] *subst* lantgods
countryman ['kanntrimən] *subst* landsman
countryside ['kanntrisajd] *subst* landsbygd; natur
county ['kaonti] *subst* ung. storkommun del av delstat; ~ *seat* centralort i county
coup [ko:] *subst* kupp; ~ *d'état* statskupp

couple ['kappl] **I** *subst* par **II** *verb* förena
coupon ['ko:pa:n] *subst* kupong; rabattkupong
courage ['kö:ridʒ] *subst* mod
courier ['korriər] *subst* kurir
course [kå:rs] *subst* **1** lopp; bana **2** lärokurs **3** rätt; *first* ~ förrätt; *main* ~ huvudrätt **4** riktning kurs **5** *of* ~ förstås, naturligtvis
court [kå:rt] **I** *subst* **1** gård, gårdsplan **2** plan, bana **3** hov; *at* ~ vid hovet **4** domstol; *in* ~ inför rätta; i rätten **II** *verb* uppvakta
courtesy ['kö:rtəsi] *subst* artighet; ~ *car* hotelltaxi
court house ['kå:rt haos] *subst* domstolsbyggnad
court-martial [ˌkå:rt'ma:rschəl] *subst* krigsrätt
courtroom ['kå:rtro:m] *subst* rättssal
courtyard ['kå:rtja:rd] *subst* gård, gårdsplan
cousin ['kazzn] *subst* kusin
cove [kouv] *subst* liten vik
covenant ['kavvənännt] *subst* avtal; fördrag
cover ['kavvər] **I** *verb* **1** täcka i olika betydelser **2** omfatta **3** ~ *up* skyla över; tysta ner, mörklägga **II** *subst* **1** täcke, överdrag **2** lock **3** omslag på bok o.d.
coverage ['kavvəriddʒ] *subst*

1 täckning 2 bevakning av media
cover charge ['kavvər tcha:rdʒ] *subst* kuvertavgift på restaurang
covered-dish supper ['kavvərddisch ˌsappər] *subst* ung. knytkalas
covert ['kouvö:rt] *adj* förstulen, hemlig
cover-up ['kavvərapp] *subst* mörkläggning, nedtystande
covet ['kavvət] *verb* trakta efter, åtrå
cow [kao] I *subst* ko, kossa II *verb* skrämma till lydnad
coward ['kaoərd] *subst* ynkrygg, fegis
cowardice ['kaoərdiss] *subst* feghet
cowardly ['kaoərdli] *adj* feg, rädd
cowboy ['kaobåj] *subst* cowboy; slang tuffing
co-worker ['kouˌwö:rkər] *subst* arbetskamrat, medarbetare
coy [kåj] *adj* sipp; chosig
coyote [kaj'outi] *subst* prärievarg
cozy ['kouzi] *adj* hemtrevlig, mysig; behaglig
crab [kräbb] *subst* krabba
crab apple ['kräbb ˌäppl] *subst* vildapel; vildäpple
crack [kräkk] I *verb* 1 knaka 2 bryta ihop 3 spricka, brista; ~ *jokes* vitsa, skämta

II *subst* 1 spricka 2 crack slags narkotika
cracker ['kräkkər] *subst* 1 kex 2 vard., trångsynt sydstatsbo
crackle ['kräkkl] *verb* knastra, spraka
cradle ['krejdl] *subst* vagga
craft [kräfft] *subst* hantverk; yrke
craftsman ['kräfftsmən] *subst* skicklig yrkesman
craftsmanship ['kräfftsmənschipp] *subst* yrkesskicklighet
crafty ['kräffti] *adj* listig, slug
crag [krägg] *subst* hög klippa
cram [krämm] *verb* 1 proppa (packa) full; *crammed with people* fullproppat med folk 2 vard. råplugga inför prov
cramp [krämmp] I *subst* kramp; klammer II *verb* hämma
cramped [krämmpt] *adj* trång
cranberry ['krännberri] *subst* tranbär
crane [krejn] *subst* 1 trana 2 lyftkran
crank [krängk] *subst* vev
crankshaft ['krängkschäfft] *subst* vevaxel
cranny ['kränni] *subst* springa
crap [kräpp] *subst* slang skit; nonsens; *take a* ~ skita
crash [kräsch] I *verb* 1 gå i kras 2 krocka 3 störta om flygplan 4 bildligt krascha

II *subst* **1** brak, krasch **2** krock; *car* ~ bilkrock
crash helmet ['kräsch ͵hellmət] *subst* störthjälm
crash-landing ['kräsch͵lännding] *subst* kraschlandning
crate [krejt] *subst* spjällåda; tom back
crave [krejv] *verb* törsta efter, åtrå
crawl [kra:l] **I** *verb* **1** krypa **2** crawla **II** *subst* **1** crawl **2** *at a* ~ i snigelfart
crayon ['kreja:n] *subst* färgkrita
craze [krejz] *subst* mani, fluga
crazy ['krejzi] *adj* tokig, galen
creak [kri:k] *verb* knarra; ~ *at the joints* knaka i fogarna
cream [kri:m] **I** *subst* **1** grädde **2** kräm i olika betydelser **3** grädda **II** *adj* gräddfärgad **III** *verb* **1** göra mos av utklassa **2** stuva mat
cream of wheat [͵kri:m əv 'wi:t] *subst* mannagryn
creamy ['kri:mi] *adj* gräddig
crease [kri:s] **I** *subst* veck, skrynkla **II** *verb* skrynkla
create [kri'ejt] *verb* skapa
creation [kri'ejschən] *subst* skapelse
creative [kri'ejtivv] *adj* skapande, kreativ
creature ['kri:tchər] *subst* varelse, levande varelse

crèche [kresch] *subst* julkrubba med Jesusbarnet
credence ['kri:dəns] *subst* trovärdighet
credentials [kri'dennschəlz] *subst pl* referenser; identitetshandlingar
credibility [͵kreddə'billəti] *adj* trovärdighet
credit ['kreddət] **I** *subst* **1** kredit; *on* ~ på kredit; ~ *account* kundkonto i varuhus **2** ära, beröm; *take the* ~ ta åt sig äran **3** poäng, kurspoäng **4** *credits* lista över medverkande **II** *verb* **1** ~ *sb. with sth.* ge (tillskriva) ngn äran av ngt **2** ~ *to your account* gottskrives Ert konto
credit card ['kreddət ka:rd] *subst* kreditkort, kontokort
credit hour ['kreddət aoər] *subst* kurspoäng
creditor ['kredditər] *subst* fordringsägare
creed [kri:d] *subst* trosbekännelse
creek [kri:k] *subst* å, bäck; biflod
creep [kri:p] **I** *verb* krypa, smyga sig; om växter klänga; *it makes my flesh* ~ det får mig att rysa **II** *subst* vard. äckel, äcklig typ
creeper ['kri:pər] *subst* klätterväxt

creepy ['kri:pi] *adj* vard. läskig,
hemsk

cremate [kri'mejt] *verb* kre-
mera

crematorium
[ˌkremmə'tå:riəm] *subst* kre-
matorium

crepe o. **crêpe** [krejp] *subst*
1 kräpp; ~ *paper* kräppapper
2 crêpe

crept [kreppt] *verb* imperf. o.
perf.p. av *creep*

crescent ['kressnt] *subst*
månskära

cress [kress] *subst* krasse

crest [kresst] *subst* krön; kam
på våg; bildligt höjdpunkt

crestfallen ['kresstˌfa:lən] *adj*
slokörad, snopen

crevice ['krevviss] *subst* skre-
va, spricka

crew [kro:] *subst* **1** besättning;
ground ~ markpersonal;
stage ~ scenarbetare **2** sport
rodd

crew cut ['kro: katt] *subst*
snagg

crewneck [ˌkro:'nekk] *subst*
rund halsringning

crib [kribb] *subst* spjälsäng; ~
death plötslig spädbarnsdöd

1 cricket ['krikkət] *subst* syrsa

2 cricket ['krikkət] *subst*
kricket

crime [krajm] *subst* brott;
kriminalitet

criminal ['krimminl] **I** *adj*
brottslig, kriminell **II** *subst*
brottsling

crimson ['krimmzn] *adj* blod-
röd; *go* (*turn*) ~ bli illröd

cringe [krinndʒ] *verb* krypa
ihop av rädsla; ~ *to* svansa för

crinkle ['kringkl] *verb* vecka,
skrynkla

cripple ['krippl] **I** *subst*
krympling **II** *verb* göra till
krympling; bildligt förlama

crisis ['krajsiss] *subst* kris

crisp [krissp] *adj* knaprig,
spröd; om röst bestämd; om
sedel ovikt

criss-cross ['krisskra:s] **I** *adj*
korsmönstrad **II** *verb* korsa
varandra

criterion [kraj'tirriən] *subst*
kriterium, villkor

critic ['krittikk] *subst* kritiker

critical ['krittikəl] *adj* kritisk

criticism ['krittəsizzəm] *subst*
kritik

criticize ['krittəsajz] *verb* kri-
tisera; anmärka på

croak [krouk] **I** *verb* kraxa;
slang kola vippen dö **II** *subst*
kraxande

crochet [krouch'ej] *verb* virka

crockery ['kra:kəri] *subst*
porslin

crocodile ['kra:kədajl] *subst*
krokodil; ~ *tears* krokodil-
tårar

crocus ['kroukəs] *subst* kro-
kus

croissant [krwa:'sa:ng] *subst* giffel

crony ['krouni] *subst* polare, kompis

crook [krokk] *subst* bov

crooked ['krokkidd] *adj* **1** krokig; sned **2** ohederlig

crop [kra:p] **I** *subst* skörd **II** *verb* beskära; ~ *up* dyka upp; komma på tal

cross [kra:s] **I** *subst* kors; korsning **II** *adj* ond, arg **III** *verb* korsa; passera; ~ *oneself* göra korstecknet; ~ *my heart!* hedersord!; *it crossed my mind* det slog mig; ~ *out* stryka

crossbar ['kra:sba:r] *subst* **1** cykelstång **2** i sporter ribba

cross-country [‚kra:s'kanntri] **I** *adj*, ~ *skiing* längdåkning på skidor **II** *subst* terränglöpning

cross-examine [‚kra:sigg'zämminn] *verb* korsförhöra

cross-eyed ['kra:sajd] *adj* vindögd, skelögd

crossfire ['kra:sfajər] *subst* korseld

crossing ['kra:sing] *subst* **1** överfart **2** korsning; övergångsställe

cross-section [‚kra:s'sekkschən] *subst* tvärsnitt

crosswalk ['kra:swå:k] *subst* övergångsställe

crosswind ['kra:swinnd] *subst* sidvind

crossword ['kra:swö:rd] *subst* korsord

crotch [kra:tch] *subst* skrev, gren

crouch [kraotch] *verb* huka sig

1 crow [krou] **I** *verb* gala; triumfera, skryta **II** *subst* tupps galande

2 crow [krou] *subst* kråka; *he had to eat* ~ vard. det fick han äta upp

crowbar ['krouba:r] *subst* kofot, bräckjärn

crowd [kraod] **I** *subst* folkmassa; vimmel; *follow the* ~ följa med strömmen **II** *verb* trängas, skocka sig

crowded ['kraodidd] *adj* full av folk, fullproppad

crown [kraon] **I** *subst* krona **II** *verb* kröna

crown prince [‚kraon 'prinns] *subst* kronprins; påläggskalv

crow's-feet ['krouzfi:t] *pl* vard. rynkor kring ögonen

crucial ['kro:schəl] *adj* avgörande, central

crucifix ['kro:sifikks] *subst* krucifix

Crucifixion [‚kro:si'fikkschən] *subst, the* ~ Jesu korsfästelse

crude [kro:d] I *adj* rå, grov; ~
oil råolja II *subst* råolja
cruel [kroəl] *adj* grym; elak
cruelty ['kroəlti] *subst* grym-
het; ~ *to animals* djurplågeri
cruise [kro:z] I *verb* **1** om båt
kryssa **2** om bil glida fram;
slang ragga II *subst* **1** kryss-
ning; ~ *ship* lyxkryssare **2** ~
control farthållare
cruiser ['kro:zər] *subst* kryssa-
re
crumb [kramm] *subst* smula;
vard. kräk, skit
crumble ['krammbl] *verb*
smula sönder; falla sönder
crumple ['krammpl] *verb*
knyckla ihop; säcka ihop
crunch [kranntsch] *verb*
knapra; knastra
crunchy ['kranntschi] *adj*
knaprig
crusade [kro:'sejd] *subst*
korståg
crush [krasch] I *verb* krossa
II *subst, have a* ~ *on* vara
småförälskad i
crust [krasst] *subst* **1** kant,
skalk på bröd o.d. **2** skorpa på
sår, jorden
crutch [krattch] *subst* krycka;
bildligt stöd
crux [krakks] *subst* krux; *the*
~ *of the matter* sakens kärna
cry [krajj] I *verb* **1** ropa; ~ *out*
for ropa på; kräva **2** gråta

II *subst* **1** rop, skrik **2** *have a*
good ~ gråta ut
cryptic ['kripptikk] *adj* kryp-
tisk; dunkel
crystal ['krisstl] *subst* kristall;
uppsättning kristallglas
crystal-clear [,krisstəl'kliər]
adj kristallklar
cub [kabb] *subst* **1** unge djur
2 *Cub Scout* pojke minior-
scout
Cuba ['kjo:bə] Kuba
cubbyhole ['kabbihoul] *subst*
vrå, krypin
cube [kjo:b] *subst* kub;
tärning; *sugar* ~ sockerbit; ~
root kubikrot
cubic ['kjo:bikk] *adj* kubik-
cubicle ['kjo:bikkl] *subst* liten
hytt
cuckoo ['ko:ko:] *subst* gök
cuckoo clock ['ko:ko: kla:k]
subst gökur
cucumber ['kjo:kammbər]
subst gurka
cuddle ['kaddl] *verb* krama,
kela med
1 cue [kjo:] *subst* **1** stick-
replik **2** signal
2 cue [kjo:] *subst,* ~ el. *pool* ~
biljardkö
1 cuff [kaff] I *verb* slå till med
handen II *subst* örfil
2 cuff [kaff] *subst* **1** man-
schett; byxuppslag; ~ *link*
manschettknapp **2** *off the* ~
på rak arm, improviserat

95

cul-de-sac [ˌkoldəˈsäkk] *subst*
återvändsgränd
culminate [ˈkallminnejt] *verb*
kulminera
culmination [ˌkallmiˈnejschən]
subst kulmen
culottes [ˈkoːlaːts] *subst pl*
byxkjol
culprit [ˈkallpritt] *subst*
brottsling; *the* ~ äv. den
skyldige
cult [kallt] *subst* kult
cultivate [ˈkalltivejt] *verb* odla
cultivation [ˌkalltiˈvejschən]
subst odling
cultural [ˈkalltchərəl] *adj* kulturell
culture [ˈkalltchər] *subst*
1 kultur **2** bakterieodling
cumbersome [ˈkammbərsəm]
adj klumpig, besvärlig
cunning [ˈkanning] *adj* slug,
listig
cunt [kannt] *subst* vulgärt fitta
cup [kapp] *subst* **1** kopp
2 prispokal **3** kupa på bh
cupboard [ˈkabbərd] *subst*
skåp
curator [ˈkjorejtər] *subst* intendent vid museum o.d.
curb [köːrb] **I** *subst* **1** trottoarkant **2** bildligt tygel; kontroll **II** *verb* lägga band på,
tygla
cure [kjoər] **I** *subst* botemedel
II *verb* bota
curfew [ˈköːrfjoː] *subst* ute-

cursory

gångsförbud; *have an 11
o'clock* ~ vara tvungen att
komma hem senast kl. 11 om
t.ex. tonåring
curiosity [ˌkjorriˈaːsəti] *subst*
nyfikenhet
curious [ˈkjorriəs] *adj* **1** nyfiken **2** besynnerlig
curl [köːrl] **I** *verb* locka sig;
ringla; lägga i lockar; ~ *up*
rulla ihop sig; vika sig
II *subst* hårlock
curler [ˈköːrlər] *subst* hårspole,
papiljott
curly [ˈköːrli] *adj* lockig
currant [ˈköːrənt] *subst* **1** korint **2** vinbär
currency [ˈköːrənsi] *subst*
valuta
current [ˈköːrənt] **I** *adj* nuvarande; nu gällande; *at the* ~
rate of exchange till gällande
kurs, till dagskurs **II** *subst*
1 ström äv. elektrisk **2** strömning
currently [ˈköːrəntli] *adv* för
närvarande
curriculum vitae [kəˌrikkjələm
ˈvajti] *subst* meritförteckning
vid platsansökan o.d.
curry [ˈköːri] *subst* currygryta;
~ *powder* curry krydda
curse [köːrs] **I** *subst* **1** förbannelse **2** svordom **II** *verb*
1 förbanna **2** svära
cursory [ˈköːrsəri] *adj* flyktig,
snabb-

curt [kö:rt] *adj* kort och
ohövisk till sättet
curtail [kə'rtejl] *verb* minska
curtain ['kö:rtn] *subst* gardin
curtsey o. **curtsy** ['kö:rtsi]
I *subst* nigning II *verb* niga,
knixa
curve [kö:rv] I *subst* kurva;
throw sb. a ~ ball vard.
överraska (lura) ngn II *verb*
böja (kröka) sig
cushion ['koschən] I *subst*
kudde, dyna II *verb* dämpa
custard ['kasstərd] *subst* ung.
vaniljpudding
custodian [ka'stoudjən] *subst*
lokalvårdare, vaktmästare
custody ['kasstədi] *subst*
1 vårdnad om barn **2** *in ~*
anhållen; häktad
custom ['kasstəm] I *subst*
1 sed, vana **2** *Customs* tull-
verket; tullen; *customs duties*
tullavgifter II *adj* beställ-
nings-
customary ['kasstəmeri] *adj*
vanlig, bruklig
customer ['kasstəmər] *subst*
kund
customize ['kasstəmajz] *verb*
göra på beställning
custom-made ['kasstəmmejd]
adj gjord på beställning
cut* [katt] I *verb* **1** skära i,
skära sig **2** klippa; *have
one's hair ~* gå och klippa
sig **3** skära ner utgifter o.d.;

förkorta **4** *~ sb. short*
avbryta ngn tvärt **5** *~ school*
(*class*) slang skolka **6** *~ across*
ta en genväg; bildligt skära
tvärsöver; *~ back* skära ner
på; *~ down* hugga ner; dra
ner på; *~ in* tränga sig
emellan; *~ off* skära av;
isolera; stänga av; dra in;
bryta telefonsamtal; *~ out*
skära bort; skära till; om
motor stanna; *~ it out!* låt
bli!, sluta!; *be ~ out for* vara
som klippt och skuren för; *~
through* ta en genväg II *adj*,
~ flowers snittblommor; *~
glass* slipat glas, kristall
III *subst* **1** skåra, jack; skrå-
ma **2** stycke, bit kött
3 minskning, nedskärning
4 strykning
cutback ['kattbäkk] *subst*
minskning, nedskärning
cute [kjo:t] *adj* **1** söt, gullig
2 ironiskt konstlad, tillgjord
cutlery ['kattləri] *subst* mat-
bestick
cutlet ['kattlət] *subst* kotlett
cut-off ['katta:f] *subst* **1** av-
stängning; *~ point* brytpunkt
2 *cut-offs* vard. avklippta
jeans
cut-rate ['kattrejt] *adj* ung.
lågpris-
cutthroat ['kattθrout] *adj*
bildligt mördande
cutting ['katting] I *adj* skarp;

~ *board* skärbräde; ~ *remark* sårande kommentar **II** *subst* **1** urklipp **2** stickling
CV [ˌsiːˈviː] förk. för *curriculum vitae*
cyanide [ˈsajənajd] *subst* cyanid
cycle [ˈsajkl] **I** *subst* cykel **II** *verb* cykla
cycling [ˈsajkling] *subst* cykling
cylinder [ˈsillinndər] *subst* cylinder
cynic [ˈsinnikk] *subst* cyniker
cynical [ˈsinnikkəl] *adj* cynisk
cynicism [ˈsinnisizzəm] *subst* cynism
cyst [sisst] *subst* cysta
Czech [tchekk] *adj, the ~ Republic* Tjeckien

D

D, d [diː] *subst* D, d
dab [däbb] *verb* badda
dabble [ˈdäbbl] *verb, ~ in* pyssla med
dad [dädd] o. **daddy** [ˈdäddi] *subst* vard. pappa, farsa
daffodil [ˈdäffədill] *subst* påsklilja
dagger [ˈdäggər] *subst* dolk
daily [ˈdejli] **I** *adj* daglig **II** *adv* dagligen **III** *subst* dagstidning
dainty [ˈdejnti] *adj* nätt, späd
dairy [ˈderi] *subst* mejeri
dais [ˈdajs] *subst* podium
daisy [ˈdejzi] *subst* tusensköna
dale [dejl] *subst* liten dal
dam [dämm] **I** *subst* damm **II** *verb* dämma upp
damage [ˈdämmiddʒ] **I** *subst* skada, skador; *damages* skadestånd; kostnader för skador **II** *verb* skada
damn [dämm] vard. **I** *interj* jävlar också! **II** *adv* o. *adj* jävla
damp [dämmp] **I** *subst* fukt **II** *adj* fuktig
dampen [ˈdämmpən] *verb* **1** fukta kläder **2** dämpa
damper [ˈdämmpər] *subst* spjäll; *put a ~ on* lägga sordin på

dance [dänns] **I** *verb* dansa
II *subst* dans
dance hall ['dänns ha:l] *subst*
dansställe
dancer ['dännsər] *subst* dan-
sare; *be a good* ~ dansa bra
dandelion ['dänndillajən]
subst maskros
dandruff ['dänndraff] *subst*
mjäll
dandy ['dänndi] *adj* vard.
underbar; utmärkt
Dane [dejn] *adj* o. *subst*
dansk; *Great* ~ grand danois
danger ['dejndʒər] *subst* fara,
risk
dangerous ['dejndʒərəs] *adj*
farlig
dangle ['dänggl] *verb* dingla
Danish ['dejnisch] **I** *adj* dansk
II *subst* **1** danska språk
2 wienerbröd
Danube ['dännjo:b], *the* ~
Donau
dapper ['däppər] *adj* liten och
prydlig, välklädd
dare ['däər] **I** *verb* **1** våga
2 utmana **II** *subst* utmaning
daredevil ['derr,devvl] *subst*
våghals
daring ['derring] **I** *adj* djärv
II *subst* djärvhet
dark [da:rk] **I** *adj* mörk
II *subst* mörker
darken ['da:rkən] *verb* mörk-
na

darkness ['da:rknəs] *subst*
mörker
darkroom ['da:rkro:m] *subst*
mörkrum
darling ['da:rling] **I** *subst* älsk-
ling; *you're a* ~! vad du är
rar! **II** *adj* gullig, söt, under-
bar
1 darn [da:rn] *adv* o. *adj* vard.
jäkla
2 darn [da:rn] *verb* stoppa
strumpor o.d.
dart [da:rt] **I** *subst* pil; *play
darts* spela dart **II** *verb* pila,
rusa
dartboard ['da:rtbå:rd] *subst*
darttavla, piltavla
dash [däsch] **I** *verb* **1** rusa; ~
off rusa iväg **2** kasta, krossa
II *subst* **1** *make a* ~ rusa;
100-yard ~ ung. 100-meters-
lopp **2** *a* ~ *of* en skvätt,
några droppar
dashboard ['däschbå:rd] *subst*
instrumentbräda
dashing ['däsching] *adj* ele-
gant; stilig
data ['dejtə, 'dättə] *subst* data,
information
1 date [dejt] *subst* dadel
2 date [dejt] **I** *subst* **1** datum;
out of ~ omodern; *up to* ~ à
jour **2** vard. träff; *blind* ~
blindträff **II** *verb* **1** datera
2 vard. vara ihop med
dated ['dejtəd] *adj* gammal-
modig

daub [dɑ:b] *verb* kladda
daughter ['dɑ:tər] *subst* dotter
daughter-in-law ['dɑ:tərinlɑ:]
subst svärdotter
dawdle ['dɑ:dl] *verb* söla, såsa
dawn [då:n] **I** *verb* gry **II** *subst*
gryning
day [dej] *subst* **1** dag; *the ~*
after tomorrow i övermor-
gon; *the ~ before yesterday* i
förrgår; *some ~* en dag; en
vacker dag; *~ by ~* dag för
dag; *~ off* ledig dag **2** *days*
tid; *in those days* på den
tiden
daybreak ['dejbrejk] *subst*
gryning
day care ['dej kerr] *subst*
barnomsorg; *~ center* dagis,
daghem
daydream ['dejdri:m] **I** *subst*
dagdröm **II** *verb* dagdrömma
daylight ['dejlajt] *subst* dags-
ljus; gryning; *see ~* se dagens
ljus; *~ savings time* som-
martid
daytime ['dejtajm] *subst* dag i
motsats till natt; *in (during) the*
~ på dagtid, om (på) dagen,
om (på) dagarna
day-to-day [ˌdejtə'dej] *adj*
daglig; alldaglig; *~ loan*
dagslån
daze [dejz] *verb* bedöva;
förvirra
dazzle ['däzzl] *verb* blända
DC [ˌdi:'si:] **1** (förk. för *direct*

current) likström **2** förk. för
District of Columbia
dead [dedd] **I** *adj* **1** död; *~ in*
the water slang lätt byte
2 tvär, plötslig **II** *adv* **1** vard.
döds-; *~ wrong* alldeles fel
2 tvärt
deaden ['deddn] *verb* dämpa,
lindra
dead end [ˌdedd 'ennd] *subst*
återvändsgränd
deadline ['deddlajn] *subst*
tidsgräns, deadline
deadlock ['deddlɑ:k] *subst*
dödläge
deadly ['deddli] **I** *adj* dödlig
II *adv* döds-
deaf [deff] *adj* döv
deafen ['deffn] *verb* göra döv
deaf-mute [ˌdeff'mjo:t] *subst*
dövstum
deal [di:l] **I** *subst* **1** affär;
avtal; *make a ~* göra en
affär; göra upp **2** *a great ~*
ganska mycket; åtskilligt
3 tur att ge (i kortspel) **II** *verb*
1 *~ in* handla med **2** *~ with*
handskas med; ta itu med;
behandla **3** ge i kortspel
dealer ['di:lər] *subst* handla-
re; i kortspel den som ger
dean [di:n] *subst* **1** dekanus
2 domprost
dear [diər] **I** *adj* kär; käre,
kära **II** *subst* isht i tilltal kära
du **III** *adv* kärt **IV** *interj, oh*
~! kära nån!

dearly ['diərli] *adv* **1** innerligt
2 dyrt
death [deθ] *subst* död;
dödsfall
deathly ['deθli] *adj* dödlig;
dödslik; ~ *pale* likblek
death rate ['deθ rejt] *subst*
dödlighet
death sentence ['deθ
senntəns] *subst* dödsdom
debar [di'ba:r] *verb* utesluta
debase [di'bejs] *verb* försäm-
ra; förnedra
debatable [di'bejtəbl] *adj*
diskutabel
debate [di'bejt] **I** *verb* disku-
tera **II** *subst* debatt
debt [dett] *subst* skuld; *be in*
~ vara skuldsatt; stå i
tacksamhetsskuld
debtor ['dettər] *subst* gäldenär
debut ['dejbjo:] *subst* debut
decade ['dekkejd] *subst* de-
cennium
decadence ['dekkədəns] *subst*
dekadans, förfall
decaf ['di:käff] *subst* koffein-
fritt kaffe
decanter [di'känntər] *subst*
karaff
decay [di'kej] **I** *verb* förfalla
II *subst* förfall
deceased [di'si:st] **I** *adj* avli-
den **II** *subst, the* ~ den
avlidne
deceit [di'si:t] *subst* bedrägeri;
svek

deceive [di'si:v] *verb* bedra
December [di'semmbər] *subst*
december
decent ['di:snt] *adj* anständig
deception [di'seppschən]
subst bedrägeri
deceptive [di'sepptivv] *adj*
bedräglig
decide [di'sajd] *verb* bestäm-
ma, besluta; bestämma sig
för
decided [di'sajdidd] *adj* be-
stämd, avgjord
decimal ['dessimməl] **I** *adj*
decimal- **II** *subst* decimal-
bråk
decipher [di'sajfər] *verb* de-
chiffrera
decision [di'siʒən] *subst* av-
görande; beslut
decisive [di'sajsivv] *adj* **1** av-
görande **2** beslutsam
deck [dekk] *subst* **1** däck på
båt; våning i buss o.d.; utomhus
altan **2** kortlek
deckchair ['dekktchärr] *subst*
fällstol, vilstol
declare [di'kläər] *verb* **1** till-
kännage **2** förtulla
decline [di'klajn] **I** *verb* **1** av-
ta, minska **2** avböja, tacka
nej **II** *subst* nedgång
decoder [,di:'koudər] *subst*
dekoder
decorate ['dekkərejt] *verb*
1 dekorera, klä **2** inreda

decoration [,dekkə'rejschən] *subst* **1** dekoration **2** medalj

decorator ['dekkərejtər] *subst* målare hantverkare; *interior* ~ inredare

decoy ['di:kåj] *subst* lockfågel

decrease [di'kri:s] *verb* minska, avta

decree [di'kri:] **I** *subst* dekret **II** *verb* kungöra

dedicate ['deddikejt] *verb* **1** tillägna **2** ägna

dedication [,deddi'kejschən] *subst* **1** hängivenhet **2** dedikation

deduce [di'do:s] *verb* sluta sig till

deduct [di'dakkt] *verb* dra (räkna) ifrån; vid deklaration dra av

deductible [di'dakktəbəl] *adj* **1** som självrisk **2** avdragsgill

deduction [di'dakkschən] *subst* **1** avdrag **2** slutsats

deed [di:d] *subst* **1** handling, gärning **2** bragd, stordåd **3** dokument, urkund

deep [di:p] **I** *adj* djup; *go (jump) off the ~ end* förhasta sig; *the Deep South* den djupa Södern i USA **II** *adv* djupt **III** *subst* havsdjup

deepen ['di:pən] *verb* fördjupa, fördjupas

deep-freeze [,di:p'fri:z] **I** *verb* djupfrysa **II** *subst* frys

deep-fry [,di:p'fraj] *verb* fritera

deep-seated [,di:p'si:tidd] *adj* djupt inrotad

deer [diər] *subst* hjort; rådjur

deface [di'fejs] *verb* vanställa, förstöra

default [di'fa:lt] **I** *subst* försummelse; *win by* ~ vinna på walkover **II** *verb* försumma, uraktlåta; inte kunna återbetala

defeat [di'fi:t] **I** *subst* nederlag **II** *verb* besegra; *be defeated* äv. förlora

defect ['di:fekkt] *subst* brist; defekt

defective [di'fekktivv] *adj* bristfällig; felaktig

defend [di'fennd] *verb* försvara

defendant [di'fenndənt] *subst* i domstol svarande

defender [di'fenndər] *subst* försvarare; i sporter försvarsspelare

defense [di'fenns] *subst* försvar

defenseless [di'fennsləs] *adj* försvarslös, värnlös

defer [di'fö:r] *verb* skjuta upp

defiance [di'fajəns] *subst* utmaning; trots

defiant [di'fajənt] *adj* utmanande; trotsig

deficiency [di'fischənsi] *subst* bristfällighet

deficient [di'fischənt] *adj* bristfällig, ofullständig

deficit ['deffəsitt] *subst* underskott
defile [di'fajl] *verb* besudla
define [di'fajn] *verb* definiera, bestämma
definite ['deffinnət] *adj* bestämd, definitiv
definitely ['deffinnətli] *adv* absolut, definitivt
definition [,deffi'nischən] *subst* definition
deflate [di'flejt] *verb* **1** släppa luften ur **2** bildligt platta till
deflect [di'flekkt] *verb* avleda
deformed [di'få:rmd] *adj* vanställd; vanskapt
defraud [di'fra:d] *verb* bedra
defrost [,di:'fra:st] *verb* tina upp mat; frosta av
defroster [,di:'fra:stər] *subst* defroster
deft [defft] *adj* flink, händig
defunct [di'fangkt] *adj* inte längre gällande
defuse [,di:'fjo:z] *verb* desarmera
defy [di'faj] *verb* **1** trotsa **2** utmana
degenerate I [di'dʒennərejt] *verb* degenerera
II [di'dʒennərət] *adj* urartad, fördärvad
degree [di'gri:] *subst* grad; *to a certain ~* i viss mån; *murder in the first ~* överlagt mord
de-ice [,di:'ajs] *verb* isa av

delay [di'lej] **I** *verb* **1** skjuta upp planer o.d. **2** försena
II *subst* dröjsmål; försening
delectable [di'lekktəbl] *adj* nöjsam, behaglig
delegate I ['delligejt] *verb* delegera **II** ['delligət] *subst* ombud, representant
delete [di'li:t] *verb* stryka
deli ['delli] *subst* vard., kortform för *delicatessen*
deliberate [di'libbərət] *adj* överlagd, avsiktlig
delicacy ['dellikəsi] *subst* **1** finhet, skirhet **2** delikatess
delicate ['dellikət] *adj* utsökt; delikat; *~ fabrics* tvättråd fintvätt
delicatessen [,dellikə'tessn] *subst* delikatessaffär; närköp
delicious [di'lischəs] *adj* läcker, delikat
delight [di'lajt] **I** *subst* glädje **II** *verb*, *~ in* finna nöje i; njuta av
delighted [di'lajtəd] *adj* glad, förtjust; *~ to meet you* så trevligt att träffas
delightful [di'lajtfəl] *adj* förtjusande
delirious [di'lirriəs] *adj* **1** yrande **2** ifrån sig
deliver [di'livvər] *verb* **1** leverera; dela ut **2** förlösa
delivery [di,livvəri] *subst* **1** leverans; *collect on ~* mot

103

postförskott; *special* ~ express 2 förlossning
delta ['dellta] *subst* floddelta
delude [di'lo:d] *verb* vilseleda
delusion [di'lo:ʒən] *subst* självbedrägeri
delve [dellv] *verb,* ~ *into* forska (gräva) i
demand [di'männd] I *verb* kräva; yrka II *subst* 1 krav 2 efterfrågan
demanding [di'männding] *adj* krävande
demeanor [di'mi:nər] *subst* uppförande
demented [di'menntəd] *adj* sinnessjuk; heltokig
demise [di'majz] *subst* frånfälle
demister [di:'misstər] *subst* defroster på t.ex. bil
democracy [di'ma:krəsi] *subst* demokrati
democrat ['demməkrätt] *subst* demokrat
democratic [ˌdemmə'krättikk] *adj* demokratisk
demolish [di'ma:lisch] *verb* rasera, riva
demon ['di:mən] *subst* demon, djävul
demonstrate ['demmənstrejt] *verb* demonstrera; visa
demonstration [ˌdemmən'strejschən] *subst* demonstration; uppvisande

department

demonstrator ['demmənstrejtər] *subst* demonstrant
demote [di'mout] *verb* degradera
demure [di'mjoər] *adj* stillsam, försynt
den [denn] *subst* 1 djurs håla, lya 2 mysrum, TV-rum
denial [di'najəl] *subst* förnekande
denim ['dennimm] *subst* denim jeanstyg; *denims* jeans
Denmark ['dennma:rk] Danmark
denounce [di'naons] *verb* peka ut; fördöma
dense [denns] *adj* 1 tät 2 dum, tjockskallig
density ['dennsəti] *subst* täthet
dent [dennt] I *subst* buckla II *verb* buckla till
dental ['denntl] *adj,* ~ *care* tandvård; ~ *floss* tandtråd
dentist ['denntisst] *subst* tandläkare
denunciation [diˌnannsi'ejschən] *subst* fördömande
deny [di'naj] *verb* neka, bestrida
deodorant [di'oudərənt] *subst* deodorant
depart [di'pa:rt] *verb* om tåg o.d. avgå; om person resa
department [di'pa:rtmənt]

subst **1** avdelning; *that's not my* ~ det är inte mitt bord **2** departement, ministerium
department store [di'pa:rtmənt stå:r] *subst* varuhus
departure [di'pa:rtchər] *subst* avresa; avgång
depend [di'pennd] *verb,* ~ *on* bero på; vara beroende av; lita på
dependable [di'penndəbl] *adj* pålitlig
dependent [di'penndənt] *adj* beroende
depict [di'pikkt] *verb* skildra
deplorable [di'plå:rəbl] *adj* bedrövlig; beklaglig
deport [di'på:rt] *verb* utvisa ur land
deposit [di'pa:zət] I *verb* deponera, lämna i förvar II *subst* **1** handpenning; depositionsavgift **2** pant; *no* ~ på tomflaska ingen retur
depot ['di:pou] *subst* **1** mindre järnvägsstation, busstation **2** depå
depraved [di'prejvd] *adj* fördärvad
depress [di'press] *verb* deprimera
depressed [di'presst] *adj* nere, deprimerad
depression [di'preschən] *subst* depression
deprive [di'prajv] *verb* beröva

deprived [di'prajvd] *adj* underprivilegierad, behövande
depth [deppθ] *subst* djup; djupsinne; *in* ~ ingående, grundlig
deputy ['deppjəti] *subst* **1** ställföreträdare **2** i titlar vice-, ställföreträdande **3** sheriffs undersheriff
derail [di'rejl] *verb* om tåg o.d. spåra ur; bildligt få att spåra ur
derby ['dö:rbi] *subst* **1** plommonstop, kubb **2** *Kentucky Derby* årlig hästkapplöpning som hålls i Kentucky
derelict ['derrəlikkt] *adj* förfallen, öde-
derive [di'rajv] *verb* **1** erhålla **2** härstamma
derogatory [di'ra:gətå:ri] *adj* nedsättande
descend [di'sennd] *verb* stiga (gå) nedför, fara utför; härstamma
descendant [di'senndənt] *subst* ättling
descent [di'sennt] *subst* **1** nedfärd; nedgång **2** härkomst
describe [di'skrajb] *verb* beskriva
description [di'skrippschən] *subst* beskrivning
desecrate ['dessikrejt] *verb* vanhelga
desert I ['dezzərt] *subst* öken

II [di'zö:rt] *verb* **1** överge; *deserted* folktom, öde **2** desertera

deserter [di'zö:rtər] *subst* desertör

deserts [di'zörts] *subst pl, get one's just* ~ få precis vad man förtjänar

deserve [di'zö:rv] *verb* förtjäna, vara värd

deserving [di'zö:rving] *adj* förtjänt, värd

design [di'zajn] **I** *verb* **1** formge, designa **2** planera **II** *subst* **1** formgivning, design **2** plan; avsikt

designation [dezzigg'nejschən] *subst* beteckning

designer [di'zajnər] *subst* formgivare, designer

desirable [di'zajrəbl] *subst* åtråvärd; önskvärd

desire [di'zajər] **I** *verb* begära; önska **II** *subst* begär; önskan

desk [dessk] *subst* **1** skrivbord **2** kassa i butik; reception på hotell; ~ *clerk* portier, receptionist

desolate ['dessələt] *adj* **1** ödslig **2** bedrövad

despair [di'späər] **I** *subst* förtvivlan **II** *verb* förtvivla

desperate ['desspərət] *adj* desperat, förtvivlad

desperation [,desspə'rejschən] *subst* desperation

despicable [di'spikkəbl] *adj* föraktlig

despise [di'spajz] *verb* förakta

despite [di'spajt] *prep* trots, oaktat

despondent [di'spa:ndənt] *adj* missmodig

dessert [di'zö:rt] *subst* dessert, efterrätt

dessertspoon [di'zö:rtspo:n] *subst* dessertsked

destination [,dessti'nejschən] *subst* destination

destiny ['desstinni] *subst* öde

destitute ['desstitjo:t] *adj* utfattig

destroy [di'stråj] *verb* förstöra; ha sönder

destruction [di'strakkschən] *subst* förstörelse

detach [di'tättch] *verb* ta loss, avskilja

detached [di'tättcht] *adj* **1** fristående; ~ *house* villa **2** objektiv

detachment [di'tättchmənt] *subst* objektivitet

detail [di:'tejl, 'di:tejl] *subst* **1** detalj **2** kommendering; handräckning

detailed [di'tejld] *adj* utförlig; omständlig

detain [di'tejn] *verb* uppehålla; hålla kvar i häkte

detect [di'tekkt] *verb* upptäcka

detection [di'tekkschən] *subst*
upptäckt
detective [di'tekktivv] *subst*
detektiv, kriminalare
detector [di'tekktər] *subst,*
smoke ~ brandvarnare; rök-
detektor
detention [di'tennschən]
subst **1** internering **2** kvar-
sittning
deter [di'tö:r] *verb* avskräcka
detergent [di'tö:rdʒənt] *subst*
tvättmedel, diskmedel
deteriorate [di'tirriərejt] *verb*
försämras
determine [di'tö:rminn] *verb*
bestämma; fastställa
determined [di'tö:rminnd] *adj*
bestämd, fast besluten
deterrent [di'tö:rənt] **I** *adj*
avskräckande **II** *subst* av-
skräckningsmedel; *act as a* ~
verka avskräckande
detonate ['dettənejt] *verb*
detonera, explodera
detour ['di:torr] *subst* omväg;
tillfällig trafikomläggning
detriment ['dettrimənt] *subst*
skada; nackdel
detrimental [‚dettri'menntl]
adj skadlig, menlig
devaluation [di:‚välljo'ejschən]
subst devalvering
devastating ['devvəstejting]
adj förödande
develop [di'velləp] *verb* **1** ut-

veckla; utveckla sig **2** fram-
kalla film
developer [di'velləpər] *subst*
ung. byggherre
development [di'velləpmənt]
subst **1** utveckling; ~ *area*
stödområde **2** *housing* ~
bostadsområde
deviation [di:vi'ejschən] *subst*
avvikelse
device [di'vajs] *subst* **1** medel
2 anordning, apparat
devil ['devvəl] *subst* djävul;
sate; *the Devil* djävulen
deviled eggs ['devvld ‚eggz]
subst pl djävulsägg starkt
kryddade ägghalvor
devil's food cake ['devvlz fo:d
kejk] *subst* slags mörk cho-
kladkaka
devious ['di:vjəs] *adj* **1** be-
dräglig **2** ~ *ways* omvägar,
avvägar
devise [di'vajz] *verb* hitta på
devoid [di'våjd] *adj,* ~ *of* tom
på; utan
devote [di'vout] *verb* ägna
devoted [di'voutəd] *adj* hän-
given; tillgiven
devotee [‚devvə'ti:] *subst* hän-
given person; fantast
devotion [di'vouschən] *subst*
tillgivenhet; hängivenhet
devour [di'vaoər] *verb* sluka
devout [di'vaot] *adj* from
dew [do:] *subst* dagg

diabetes [ˌdajə'bi:təz] *subst*
diabetes
diabetic [ˌdajə'bettikk] **I** *subst*
diabetiker **II** *adj* för diabeti-
ker
diabolical [ˌdajə'ba:likkəl] *adj*
vard. avskyvärd, djävulsk
diagnosis [ˌdajəg'nousiss]
subst diagnos
diagonal [daj'äggənl] *adj* o.
subst diagonal
diagram ['dajəgrämm] *subst*
diagram
dial ['dajəl] **I** *subst* **1** urtavla
2 nummerskiva på telefon; ~
tone kopplingston, svarston
II *verb* slå telefonnummer
dialect ['dajəlekkt] *subst* dia-
lekt
dialogue ['dajəla:g] *subst* dia-
log
diameter [daj'ämmitər] *subst*
diameter
diamond ['dajmənd] *subst*
1 diamant **2** *diamonds* ruter
3 i baseboll innerplan
diaper ['dajəpər] **I** *subst* blöja
II *verb* byta blöja på
diaphragm ['dajəfrämm] *subst*
1 mellangärde **2** bländare i
kamera **3** pessar
diarrhea [ˌdajə'ri:ə] *subst* diar-
ré
diary ['dajəri] *subst* dagbok;
almanacka
dice [dajs] **I** *subst pl* tärning-

ar; *play* ~ spela tärning
II *verb* tärna grönsaker o.d.
dick [dikk] *subst* **1** vulgärt pitt,
kuk **2** slang detektiv
dictate ['dikktejt] *verb* dikte-
ra; föreskriva
dictator [dikk'tejtər] *subst*
diktator
dictatorship
[dikk'tejtərschipp] *subst* dik-
tatur
dictionary ['dikkschəneri]
subst ordbok
did [didd] *verb* imperf. av *do*
didn't ['diddnt] = *did not*
die [daj] *verb* dö; *I'm dying
for a cup of coffee* jag är
fruktansvärt kaffesugen; ~
out dö ut
diesel ['di:səl] *subst* diesel
diet ['dajət] *subst* diet; *be on a*
~ hålla diet; banta
differ ['diffər] *verb* skilja sig åt
difference ['diffərəns] *subst*
olikhet; *make a* ~ göra
skillnad; betyda något
different ['diffərənt] *adj* olik,
olika, annorlunda; ~ *from*
(*to, than*) olik, skild från,
annorlunda (annan) än
differentiate
[ˌdiffə'rennschiejt] *verb* skilja
mellan (på)
difficult ['diffikkəlt] *adj* **1** svår
2 besvärlig
difficulty ['diffikkəlti] *subst*

svårighet, svårigheter; *difficulties* äv. penningknipa
diffident ['diffiddənt] *adj* osäker; försagd
dig [digg] *verb* **1** gräva; böka **2** slang gilla, digga; ~ *in* ta för sig; sätta igång
digest [daj'dʒesst] *verb* smälta maten; smälta kunskaper o.d.
digestion [daj'dʒesstchən] *subst* matsmältning
digit ['diddʒitt] *subst* **1** siffra **2** finger; tå
digital ['diddʒətl] *adj* digital; ~ *clock* digitalur; *go* ~ datorisera
dignified ['diggnifajd] *adj* värdig
dignity ['diggnəti] *subst* värdighet
digress [daj'gress] *verb* göra en utvikning
dilapidated [di'läppidejtəd] *adj* fallfärdig
dilemma [di'lemmə] *subst* dilemma, problem
diligent ['dillidʒənt] *adj* flitig
dilute [daj'lo:t] *verb* spä, spä ut
dim [dimm] **I** *adj* dunkel; vag **II** *verb* **1** fördunkla **2** ~ *the headlights* blända av billjus
dime [dajm] *subst* tiocentare; *not worth a* ~ vard. inte värd ett ruttet lingon; *they are a* ~ *a dozen* ung. det går tretton på dussinet av dem

dimension [də'mennschən] *subst* dimension
diminish [di'minnisch] *verb* förminska
diminutive [di'minnjətivv] *adj* mycket liten
dimple ['dimmpl] *subst* smilgrop
din [dinn] *subst* dån, buller
dine [dajn] *verb* äta middag; ~ *out* äta ute
diner ['dajnə] *subst* vägkrog, matställe, fik
dinghy ['dinggi] *subst* jolle
dingy ['dindʒi] *adj* sjaskig, sjabbig
dining-car ['dajningka:r] *subst* restaurangvagn på tåg
dining-room ['dajningro:m] *subst* matsal
dinner ['dinnər] *subst* middag måltid; *for* ~ till middag
dinner jacket ['dinnər ˌdʒäkitt] *subst* smoking
dinner party ['dinnər ˌpa:rti] *subst* middag bjudning
dinner plate ['dinnər plejt] *subst* flat tallrik
dinnertime ['dinnərtajm] *subst* middagsdags
dint [dinnt] *subst, by* ~ *of* med hjälp av, genom
dip [dipp] **I** *verb* doppa, sänka ned **II** *subst* **1** dopp, bad **2** dipsås
diploma [di'ploumə] *subst* diplom; examen

diplomacy [di'plouməsi] *subst* diplomati

diplomat ['dippləmätt] *subst* diplomat

diplomatic [,dipplə'mättikk] *adj* diplomatisk

dipstick ['dippstikk] *subst* oljemätsticka

dire ['dajər] *adj* hemsk; ödesdiger

direct [di'rekkt] **I** *verb* **1** rikta **2** dirigera; regissera **II** *adj* direkt i olika betydelser; rak; rakt på sak; ~ *current* likström; ~ *hit* fullträff

direction [di'rekkschən] *subst* **1** riktning; ~ *indicator* blinker på bil; *sense of* ~ lokalsinne **2** regi **3** *directions* bruksanvisning; föreskrifter

directly [də'rekktli] *adv* direkt; rakt; genast

director [də'rekktər] *subst* **1** ledare **2** regissör; dirigent **3** styrelsemedlem; *board of directors* bolags styrelse

directory [də'rekktəri] *subst* telefonkatalog; ~ *assistance* nummerupplysning

dirt [dö:rt] *subst* smuts; ~ *cheap* vard. jättebillig; ~ *farmer* vard. bonde som sköter arbetet själv; ~ *road* ung. grusväg, skogsväg

dirty ['dö:rti] *adj* **1** smutsig; ~ *wash* smutstvätt **2** snuskig; ~

pool ojust spel; ~ *trick* fult spratt, fult trick

disability [,dissə'billəti] *subst* handikapp

disabled [diss'ejbld] *adj* handikappad

disadvantage [,dissəd'vänntiddʒ] *subst* nackdel; *be at a* ~ vara i underläge

disagree [,dissə'gri:] *verb* vara oense, vara av olika mening; *I* ~ äv. det håller jag inte med om

disagreeable [,dissə'gri:əbl] *adj* obehaglig

disagreement [,dissə'gri:mənt] *subst* oenighet; gräl

disappear [,dissə'piər] *verb* försvinna

disappearance [,dissə'pirrəns] *subst* försvinnande

disappoint [,dissə'påjnt] *verb* göra besviken; *be disappointed* vara (bli) besviken

disappointing [,dissə'påjnting] *adj* misslyckad; *the film was* ~ filmen var en besvikelse

disappointment [,dissə'påjntmənt] *subst* besvikelse

disapproval [,dissə'pro:vəl] *subst* ogillande

disapprove [,dissə'pro:v] *verb*, ~ *of* ogilla, förkasta

disarmament
[diss'a:rməmənt] *subst* nedrustning
disarray [ˌdissə'rej] *subst* oreda
disaster [di'zässtər] *subst* katastrof
disastrous [di'zässtrəs] *adj* katastrofal
disband [diss'bännd] *verb* upplösa
disbelief [ˌdissbi'li:f] *subst* tvivel
disc [dissk] *subst* skiva; bricka
discard [diss'ka:rd] *verb* kasta bort; i kortspel saka
discern [di'sö:rn] *verb* urskilja
discerning [di'sö:rning] *adj* omdömesgill
discharge I [diss'tcha:rdʒ] *verb* 1 tömma, släppa ut 2 *to be discharged* släppas ut från fängelse; skrivas ut från sjukhus; hemförlovas II ['disstcha:rdʒ] *subst* 1 utsläpp; urladdning 2 flytning; utsöndring 3 frigivning; utskrivning; hemförlovning
discipline ['dissiplinn] I *subst* disciplin; ordning II *verb* straffa; disciplinera
disc jockey ['dissk ˌdʒa:ki] *subst* diskjockey
disclaim [diss'klejm] *verb*, ~ *all responsibility* frånsäga sig allt ansvar

disclose [diss'klouz] *verb* avslöja
disclosure [diss'klouʒər] *subst* avslöjande
disco ['disskou] *subst* vard. disco
discomfort [diss'kammfərt] *subst* obehag; smärta
disconcert [ˌdisskən'sö:rt] *verb* förvirra
disconcerting [disskən'sö:rting] *adj* oroväckande
disconnect [ˌdisskə'nekkt] *verb* 1 ta loss 2 koppla ur (bort, ifrån), stänga av
discontent [ˌdisskən'tennt] *subst* missnöje
discontented [ˌdisskən'tenntidd] *adj* missnöjd
discontinue [ˌdisskən'tinnjo] *verb* avbryta; sluta med; avbeställa prenumeration o.d.
discord ['disskå:rd] *subst* missämja
discotheque ['disskətekk] *subst* diskotek
discount ['disskaont] I *subst* rabatt; *cash* ~ kassarabatt; ~ *store* (*house*) lågprisvaruhus, lågprisaffär II *verb* bortse ifrån
discourage [diss'kö:ridʒ] *verb* 1 göra modfälld 2 motarbeta
discouraging [diss'kö:ridʒing] *adj* nedslående

discover [di'skavvər] *verb*
upptäcka; finna
discovery [di'skavvəri] *subst*
upptäckt
discreet [di'skri:t] *adj* diskret,
taktfull
discrepancy [diss'kreppənsi]
subst avvikelse
discretion [di'skreschən] *subst*
omdömesförmåga; takt
discriminate [di'skrimminejt]
verb **1** ~ *between* skilja på
2 ~ *against* diskriminera
discriminating
[di'skrimminejting] *adj* krä-
sen
discrimination
[di,skrimmi'nejschən] *subst*
1 diskriminering **2** omdöme
discuss [di'skass] *verb* disku-
tera
discussion [di'skaschən] *subst*
diskussion
disdain [diss'dejn] **I** *subst*
förakt **II** *verb* förakta
disease [di'zi:z] *subst* sjuk-
dom; bildligt ont
disembark [,dissimm'ba:rk]
verb landsätta; gå i land
disengage [,dissinn'gejdʒ]
verb lösgöra, lösgöra sig;
koppla ur växel
disentangle [,dissinn'tänggl]
verb **1** lösgöra **2** reda ut
härva o.d.
disfigure [diss'figgjər] *verb*
vanställa

disgrace [diss'grejs] **I** *subst*
skamfläck **II** *verb* skämma ut
disgraceful [diss'grejsfoll] *adj*
skamlig
disgruntled [diss'granntld] *adj*
missnöjd
disguise [diss'gajz] **I** *verb* **1** ~
oneself förkläda sig **2** för-
ställa **II** *subst* förklädnad; *in*
~ förklädd
disgust [diss'gasst] **I** *subst*
avsky **II** *verb, be disgusted*
äcklas
disgusting [diss'gassting] *adj*
äcklig, vämjelig
dish [disch] *subst* **1** fat;
karott; *dishes* odiskad disk;
do the dishes diska **2** mat-
rätt; *hot* ~ varmrätt **3** ~ el.
satellite ~ parabolantenn
4 slang goding, snygging
dishcloth ['dischkla:θ] *subst*
disktrasa; kökshandduk
dishearten [diss'ha:rtn] *verb*
göra modfälld
disheveled [di'schevvəld] *adj*
ovårdad, rufsig; slarvigt
klädd
dishonest [diss'a:nisst] *adj*
oärlig
dishonor [diss'a:nər] *subst* o.
verb vanära
dishonorable [diss'a:nərəbl]
adj vanhedrande
dishtowel ['dischtaoəl] *subst*
kökshandduk

dishwasher ['disch,wa:schər]
subst **1** diskmaskin **2** diskare
disillusion [,dissi'lo:ʒən] *verb*
desillusionera; beröva ngn
hans (hennes) illusioner
disinfect [,dissin'fekkt] *verb*
desinficera
disinfectant [,dissin'fekktənt]
subst desinfektionsmedel
disintegrate [diss'inntəgrejt]
verb sönderdelas, falla sön-
der (isär), rämna
disinterested [diss'inntrəstəd]
adj opartisk
disjointed [diss'dʒåjntəd] *adj*
osammanhängande
disk [dissk] *subst* **1** skiva
2 diskett **3** disk mellan ryggko-
torna; *slipped* ~ diskbråck
diskette [di'skett] *subst* dis-
kett
dislike [diss'lajk] **I** *verb* ogilla
II *subst* motvilja; *likes and
dislikes* sympatier och anti-
patier
dislocate ['dissloukejt] *verb*
vricka, sträcka; *dislocated
shoulder* axel som är ur led
dislodge [diss'la:dʒ] *verb* driva
(peta) bort; rycka loss
disloyal [diss'låjəl] *adj* illojal
dismal ['dizzməl] *adj* dyster,
trist
dismantle [diss'männtl] *verb*
montera ned; nedrusta
dismay [diss'mej] **I** *subst* be-
störtning **II** *verb* göra bestört

dismiss [diss'miss] *verb* **1** av-
skeda **2** slå ur tankarna;
avfärda
dismissal [diss'missəl] *subst*
1 avskedande **2** avvisande,
avspisande
dismount [,diss'maont] *verb*
stiga av
disobedient [,dissə'bi:djənt]
adj olydig
disobey [,dissə'bej] *verb* inte
lyda, vägra lyda
disorder [diss'å:rdər] *subst*
1 oreda **2** störning
disorderly [diss'å:rdəli] *adj*
1 oordentlig **2** oregerlig; ~
conduct förargelseväckande
beteende
disown [diss'oun] *verb* ta
avstånd från
dispassionate
[diss'päschənət] *adj* lidelsefri
dispatch [di'spättch] **I** *verb*
skicka i väg **II** *subst, by* ~
med ilbud
dispel [di'spell] *verb* fördriva,
skingra
dispense [di'spenns] *verb*
1 dela ut, ge **2** ~ *with*
avvara, hoppa över
dispenser [di'spennsər] *subst*
varuautomat
disperse [di'spö:rs] *verb* upp-
lösa; sprida; skingra
dispirited [di'spirrətəd] *adj*
modfälld

displace [diss'plejs] *verb* förskjuta; ersätta
display [di'splej] **I** *verb* visa upp; ställa ut **II** *subst* uppvisning; *window* ~ fönsterskyltning
displease [diss'pli:z] *verb* misshaga; *be displeased* vara missnöjd
disposable [di'spouzəbl] *adj* engångs-
disposal [di'spouzəl] *subst* 1 avyttrande; ~ *chute* sopnedkast 2 *be at sb.'s* ~ stå till ngns förfogande
dispose [di'spouz] *verb,* ~ *of* avyttra; göra sig av med
disposed [di'spouzd] *adj* benägen
disposition [ˌdisspə'zischən] *subst* 1 läggning 2 benägenhet 3 uppställning
dispute [di'spjo:t] **I** *verb* tvista om, debattera; ifrågasätta **II** *subst* dispyt; strid
disqualify [diss'kwa:lifaj] *verb* diskvalificera; diska
disregard [ˌdissri'ga:rd] **I** *verb* ignorera, nonchalera **II** *subst,* *in* ~ *of* utan att ta hänsyn till
disreputable [diss'reppjətəbl] *adj* illa beryktad
disrespectful [ˌdissri'spekktfəl] *adj* respektlös
disrupt [diss'rappt] *verb* splittra; störa

dissatisfied [ˌdis'sättisfajd] *adj* missnöjd; otillfredsställd
dissect [di'sekkt] *verb* dissekera
dissent [di'sennt] **I** *verb* ha en annan mening **II** *subst* opposition
dissertation [ˌdisə'rtejschən] *subst* doktorsavhandling
disservice [ˌdis'sö:rvis] *subst* björntjänst
dissimilar [ˌdi'simmilər] *adj* olik, olika
dissipate ['dissipejt] *verb* 1 upplösa 2 slösa bort
dissipated [dissi'pejtəd] *adj* utsvävande; härjad
dissolute ['dissəlo:t] *adj* utsvävande
dissolve [di'za:lv] *verb* upplösa; upplösas
distance ['disstəns] *subst* avstånd; *in the* ~ på håll; långt borta; *keep one's* ~ vara reserverad
distant ['disstənt] *adj* 1 avlägsen 2 reserverad
distaste [ˌdiss'tejst] *subst* avsmak
distasteful [diss'tejstfəl] *adj* osmaklig; motbjudande
distil [di'still] *verb* destillera
distillery [di'stilləri] *subst* spritfabrik
distinct [di'stingkt] *adj* 1 tydlig 2 olika; *be* ~ *from* vara

olik, skilja sig från; as ~
from till skillnad från
distinction [di'stingkschən]
subst **1** distinktion; *without*
~ utan åtskillnad; *make a ~
between* skilja mellan **2** ut-
märkelse; *a man of* ~ en
framstående man
distinctive [di'stingktivv] *adj*
utpräglad
distinguish [di'stinggwisch]
verb **1** ~ *between* skilja på
2 urskilja
distinguished
[di'stinggwischt] *adj* **1** fram-
stående **2** distingerad
distinguishing
[di'stinggwisching] *adj* ut-
märkande
distort [di'stå:rt] *verb* förvri-
da, förvränga
distract [di'sträkkt] *verb* dis-
trahera
distracted [di'sträkktidd] *adj*
distraherad; disträ; förvirrad
distraction [di'sträkkschən]
subst **1** distraktion; störande
moment **2** avkoppling
3 *drive sb. to* ~ göra ngn
vansinnig
distraught [di'stra:t] *adj* ifrån
sig, utom sig
distress [di'stress] **I** *subst*
1 nöd **2** kval **II** *verb* plåga
distressing [di'stressing] *adj*
plågsam

distribute [di'stribbjət] *verb*
dela ut; distribuera
distribution [ˌdisstri'bjo:schən]
subst distribution
distributor [di'stribbjətər]
subst **1** distributör; grossist;
återförsäljare **2** fördelare i
motor
district ['disstrikkt] *subst* di-
strikt; valdistrikt; ~ *heating*
fjärrvärme
district attorney [ˌdisstrikkt
ə'tö:rni] *subst* åklagare
District of Columbia
[ˌdisstrikkt əv kə'lammbjə]
delstat bestående endast av staden
Washington
distrust [diss'trasst] *subst* o.
verb misstro
disturb [di'stö:rb] *verb* **1** störa
2 oroa
disturbance [di'stö:rbəns]
subst **1** störning **2** orolighet,
bråk
disused [ˌdis'jo:zd] *adj* oan-
vänd
ditch [dittch] **I** *subst* dike
II *verb* bli av med oönskat
sällskap; spola ngn
dither ['diðər] **I** *verb* **1** tveka,
vela **2** vara nervös **II** *subst,*
be in a ~ vara hispig
dive [dajv] **I** *verb* dyka **II** *subst*
1 dykning **2** slang sylta
diver ['dajvər] *subst* dykare
diversion [də'vö:rschən] *subst*

1 förströelse **2** avlednings-
manöver
divert [dəˈvöːrt] *verb* avleda;
dirigera (lägga) om
divide [diˈvajd] **I** *verb* dela;
fördela; dela sig; ~ *by 5* dela
med 5 **II** *subst* vattendelare;
bildligt klyfta
divided highway [diˈvajdidd
ˌhajwej] *subst* motorväg med
skilda körbanor
divine [diˈvajn] **I** *adj* gudom-
lig; vard. underbar; ~ *service*
gudstjänst **II** *verb* gissa sig
till
diving [ˈdajving] *subst* dyk-
ning; simhopp
diving-board [ˈdajvingbåːrd]
subst trampolin, svikt
divinity [diˈvinnəti] *subst*
gudomlighet; ~ *school* el.
school of ~ teologisk fakul-
tet, prästseminarium
division [diˈviʒən] *subst*
1 delning; fördelning **2** divi-
sion **3** avdelning; rotel
divorce [diˈvåːrs] **I** *subst* skils-
mässa **II** *verb, get divorced*
skilja sig
divorcée [dəˌvåːrˈsej, dəˈvåːrsiː]
subst frånskild kvinna
Dixie [dikksi] **1** sydstaterna
2 sydstatssången Dixie
dizzy [ˈdizzi] *adj* **1** yr **2** svind-
lande **3** förvirrad; virrig
DJ [ˌdiːˈdʒej] förk. för *disc
jockey*

do* [doː] *verb* **1** göra; utföra;
bära sig åt; *what can I* ~ *for
you?* vad kan jag stå till
tjänst med?; till kund i butik
vad får det lov att vara?
2 syssla med **3** må; *how do
you* ~? hälsningsformel god dag
4 passa; vara nog; *that'll* ~
det är bra så; förmanande sluta
upp med det **5** *you saw it,
didn't you?* du såg det, eller
hur?; ~ *you like it?* tycker du
om det?; *I don't dance* jag
dansar inte **6** ~ *away with*
göra slut på; göra sig av
med; ~ *for* duga till (som); ~
up slå (packa) in; ~ *up one's
hair* sätta upp håret; *all
done up* utstyrd till max; ~
with göra (ta sig till) med;
have to ~ *with* ha att göra
med; *I could* ~ *with a drink*
det skulle smaka bra med en
drink; *let's have done with it*
låt oss få slut på det; ~
without klara sig utan
dock [daːk] **I** *subst* **1** skepps-
docka **2** lastkaj, lastnings-
plats; *docks* hamnområde;
varv **II** *verb* docka
docker [ˈdaːkər] *subst* hamn-
arbetare
dockyard [ˈdaːkjaːrd] *subst*
skeppsvarv
doctor [ˈdaːktər] *subst* läkare,
doktor; *doctor's certificate*
läkarintyg

document ['da:kjomənt] *subst*
dokument, handling
documentary
[,da:kjo'menntəri] *adj* o.
subst dokumentär
dodge [da:dʒ] *verb* vika
undan för; undvika
doe [dou] *subst* hind
does [daz] *verb, he (she, it)* ~
han (hon, den, det) gör, se äv.
do
doesn't ['daznt] = *does not*
dog [da:g] **I** *subst* **1** hund;
lucky ~ lyckans ost **2** slang
subba; ingen hit, skräp
II *verb* förfölja
dog collar ['da:g ,ka:lər] *subst*
hundhalsband
dogged ['da:gid] *adj* envis;
hårdnackad
dog tag ['da:g tägg] *subst*
soldats ID-bricka
do-it-yourself [,do:ətschər'sellf]
adj gör-det-själv-, hobby-; ~
kit byggsats
doldrums ['douldrəmz] *subst*
pl stiltje; *in the* ~ deprime-
rad; utan energi
doleful ['doulfəl] *adj* sorgsen
doll [da:l] *subst* docka leksak;
slang snygging
dollar ['da:lər] *subst* dollar
dollhouse ['da:lhaos] *subst*
dockskåp
dolphin ['da:lfinn] *subst* delfin
dome [dəom] *subst* kupol
domestic [də'messtikk] *adj*

1 hushålls-; ~ *appliances*
hushållsmaskiner; ~ *help*
hemhjälp; ~ *life* hemliv
2 inrikes **3** ~ *animal* hus-
djur; tamdjur **4** hemhjälp,
hembiträde
dominate ['da:minejt] *verb*
dominera
domineering [,da:mi'nirring]
adj dominerande; tyrannisk
dominion [də'minnjən] *subst*
herravälde
dominoes ['da:mənouz] *subst*
pl dominospel
donate [dou'nejt] *verb* skän-
ka; donera; ~ *blood* ge blod
done [dann] **I** *verb* perf.p. av *do*
II *adj, well* ~ genomstekt
donkey ['da:ngki] *subst* åsna
donor ['dounər] *subst* dona-
tor; givare
don't [dount] = *do not*
donut ['dounatt] *subst* munk
bakverk
doodle ['do:dl] *subst* krumelur
doom [do:m] **I** *subst* under-
gång **II** *verb, be doomed* vara
förutbestämd; vara dömd att
misslyckas
doomsday ['do:mzdej] *subst*
domedag
door [då:r] *subst* dörr
doorbell ['då:rbell] *subst* ring-
klocka på dörr
doorknob ['då:rna:b] *subst*
dörrhandtag

doorman ['då:rmən] *subst*
dörrvakt, vaktmästare
doormat ['då:rmätt] *subst*
dörrmatta
doorstep ['då:rstepp] *subst*
tröskel
doorway ['då:rwej] *subst*
dörröppning
dope [doup] **I** *subst* vard.
1 idiot, dummer **2** knark
II *verb* dopa
dorm [då:rm] *subst* vard.,
kortform för *dormitory*
dormant ['då:rmənt] *adj* i
dvala; slumrande
dormitory ['då:rmətå:ri] *subst*
1 studenthem **2** sovsal
dose [dous] *subst* dos
dot [da:t] **I** *subst* punkt; prick
II *verb* pricka
dote [dout] *verb*, ~ *on*
avguda; vara mycket svag
för
double ['dabbl] **I** *adj* dubbel; ~
duty extrastark; ~ *standard*
dubbelmoral **II** *adv* dubbelt
III *subst* **1** dubbelgångare
2 *doubles* dubbel i tennis o.d.
IV *verb* fördubbla, dubblera
double bass [ˌdabbl 'bejs]
subst kontrabas
double-breasted
[ˌdabbl'bresstidd] *adj* om plagg
dubbelknäppt
double-cross [ˌdabbl'kra:s]
vard. **I** *verb* lura; förråda
II *subst* dubbelspel

doubly ['dabbli] *adv* dubbelt
doubt [daot] **I** *subst* tvivel; *no*
~ otvivelaktigt **II** *verb* tvivla
doubtful ['daotfəl] *adj* tvivel-
aktig; tveksam
doubtless ['daotləs] *adv* utan
tvivel
dough [dou] *subst* **1** deg
2 slang stålar
doughnut ['dounatt] *subst*
munk bakverk
douse [daos] *verb* släcka
dove [davv] *subst* duva
dovetail ['davvtejl] *verb* passa
in, passa in i varandra
dowdy ['daodi] *adj* gammal-
modig, tantaktig
1 down [daon] *subst* dun; ~
quilt duntäcke
2 down [daon] **I** *adv* o. *adj*
1 ned, ner; utför **2** *be* ~ vara
nere; *be* ~ *with the flu* ligga i
influensa **3** ~ *payment*
handpenning **II** *prep* nedför,
utför; längs med, utefter
down-and-out [ˌdaonən'aot]
adj utslagen
downcast ['daonkässt] *adj*
nedslagen, nedstämd
downer ['daonər] *subst* slang
nedåttjack
downfall ['daonfa:l] *subst* fall,
fördärv
downhearted [ˌdaon'ha:rtəd]
adj nedstämd
downhill [ˌdaon'hill] **I** *adj*
sluttande; ~ *run* (*skiing*)

utförsåkning **II** *adv* nedför
backen, utför; *go* ~ bildligt
förfalla, gå tillbaka
downpour ['daonpå:r] *subst*
störtregn
downright ['daonrajt] *adv*
riktigt; fullkomligt
downstairs [,daon'stäərz] *adv*
nedför trappan; i nedre
våningen
downstream [,daon'stri:m]
adv o. *adj* med strömmen
down-to-earth [,daonto'ö:rθ]
adj praktisk; jordnära
downtown [,daon'taon] *subst*
stads centrum; ~ *Manhattan*
centrala Manhattan
downturn ['daontö:rn] *subst*
ekonomisk svacka, nedgång
downward ['daonwərd] *adj*
som går utför
downwards ['daonwərdz] *adv*
nedåt, utför
dowry ['daoəri] *subst* hemgift
doze [douz] **I** *verb* slumra; ~
off nicka till **II** *subst* tupplur
dozen ['dazzn] *subst* dussin;
dozens of dussintals
Dr. ['da:ktər] förk. för *Doctor*
drab [dräbb] *adj* trist
draft [dräfft] **I** *subst* **1** utkast
till tal, bok o.d. **2** drag luftström
3 ~ *beer* fatöl **4** *the* ~
rekryteringen till militär-
tjänsten; ~ *board* inkallelse-
myndigheten; ~ *resister* va-
penvägrare **II** *verb* **1** ta ut för

särskilt uppdrag; kalla in till
militärtjänst **2** skriva ett utkast
till
draftee [dräff'ti:] *subst* värn-
pliktig
draftsman ['dräfftsmən] *subst*
ritare
drag [drägg] **I** *verb* **1** släpa,
dra **2** dragga **II** *subst*, *it's a* ~
slang det är dötråkigt
dragon ['dräggən] *subst* drake
dragonfly ['dräggənflaj] *subst*
trollslända
drain [drejn] **I** *verb* **1** dränera
2 bildligt tömma **II** *subst*
1 avloppstrumma; avlopp
2 bildligt åderlåtning
drainage ['drejnidd3] *subst*
1 dränering **2** avloppssystem
draining-board
['drejningbå:rd] *subst* tork-
bräda på diskbänk
drainpipe ['drejnpajp] *subst*
stuprör
drama ['drämmə, 'dra:mə]
subst drama, skådespel
dramatic [drə'mättikk] *adj*
dramatisk
dramatist ['drämmətəst] *subst*
dramatiker
dramatize ['drämmətajz] *verb*
dramatisera
drank [drängk] *verb* imperf. av
drink
drape [drejp] **I** *verb* drapera
II *subst* **1** draperi; tyngre för-

hänge, gardin **2** drapering;
fall
drastic ['drässtikk] *adj* drastisk
draw* [dra:] **I** *verb* **1** dra; dra
till sig **2** rita **3** ta ut pengar
4 ~ *near* närma sig, nalkas
5 ~ *into* dra in i, delta; ~ *on*
(*upon*) dra växlar på,
utnyttja; ~ *up* utarbeta,
skissa; upprätta; stanna
II *subst* oavgjord match
drawback ['dra:bäkk] *subst*
nackdel
drawbridge ['dra:briddʒ] *subst*
klaffbro
drawer [drå:r] *subst* byrålåda
drawers [drå:rz] *subst pl* vard.
kalsingar
drawing ['dra:ing] *subst* ritning, teckning
drawing-board ['dra:ingbå:rd]
subst ritbord; *back to the* ~
vi får börja om
drawing-room ['dra:ingro:m]
subst salong rum
drawl [dra:l] **I** *verb* tala släpigt
II *subst* släpigt tal; *Southern*
~ sydstatsuttal
drawn [dra:n] **I** *verb* perf.p. av
draw **II** *adj* **1** ~ *curtains*
fördragna gardiner **2** tärd
dread [dredd] **I** *verb* frukta
II *subst* stark fruktan
dreadful ['dreddfəl] *adj* förskräcklig; hemsk
dream* [dri:m] **I** *subst* dröm;

sweet dreams! sov gott!
II *verb* drömma
dreamt [dremmt] *verb* imperf.
o. perf.p. av *dream*
dreamy ['dri:mi] *adj* drömmande; drömlik
dreary ['drirri] *adj* dyster
dredge [dreddʒ] *verb* muddra;
bottenskrapa
drenched [drenntscht] *adj*
genomblöt, dyblöt
dress [dress] **I** *verb* **1** klä; klä
sig, klä på sig; ~ *up* klä ut
sig; klä upp sig **2** lägga om
II *subst* klänning; *full* ~ gala;
högtidsdräkt
dresser ['dressər] *subst*
1 skänk; byrå ofta med spegel;
toalettbord **2** *he is a careful*
~ han klär sig noga
dressing ['dressing] *subst*
1 salladssås, dressing **2** förband för sår o.d.
dressing-room ['dressingro:m]
subst omklädningsrum;
klädloge
dressmaker ['dress,mejkər]
subst sömmerska
dress rehearsal [,dress
ri'hö:rsəl] *subst* generalrepetition på teater o.d.
drew [dro:] *verb* imperf. av
draw
dribble ['dribbl] **I** *verb*
1 droppa; sippra **2** dribbla
II *subst* **1** droppe **2** dribbling
drift [drifft] **I** *subst* **1** snödriva

2 tendens; mening **II** *verb*
driva; ~ *apart* glida ifrån
varandra
driftwood ['drifftwodd] *subst*
drivved
drill [drill] **I** *verb* **1** borra
2 drilla, öva **II** *subst* **1** borr-
maskin **2** exercis
drink* [dringk] **I** *verb*
1 dricka; ~ *to sb.* skåla för
ngn **2** supa **II** *subst* **1** klunk;
glas, järn; *a ~ of water* ett
glas vatten; lite vatten
2 dryck; sprit
drinker ['dringkər] *subst*,
heavy ~ storsupare
drinking-water
['dringking,wa:tər] *subst*
dricksvatten
drip [dripp] **I** *verb* droppa
II *subst* **1** läcka från kran o.d.
2 intravenöst dropp **3** slang
nolla, nörd
drip-dry [,dripp'draj] *verb*
dropptorka
dripping ['dripping] *adv* dry-
pande; ~ *wet* dyblöt
drive* [drajv] **I** *verb* **1** köra
bil, köra **2** driva; drivas; ~
sb. crazy göra ngn galen
II *subst* **1** bilresa **2** kampanj,
drive
drivel ['drivvl] *subst* dravel
driven ['drivvən] *verb* perf.p. av
drive
driver ['drajvər] *subst* bilföra-
re, chaufför

driver education ['drajvər
eddjo,kejschən] *subst* kör-
kortsutbildning
driver's license ['drajvərz
,lajsəns] *subst* körkort
driveway ['drajvwej] *subst*
privat uppfartsväg; infart till
garage
driving instructor ['drajving
in,strakktər] *subst* bilskollä-
rare
driving school ['drajving sko:l]
subst bilskola
driving test ['drajving tesst]
subst körkortsprov
drizzle ['drizzl] **I** *subst* dugg-
regn **II** *verb* dugga, småregna
drone [droun] **I** *subst* **1** drö-
nare hanbi **2** surr, brumman-
de **II** *verb* surra, brumma
drool [dro:l] *verb* dregla
droop [dro:p] *verb* sloka
drop [dra:p] **I** *subst* **1** droppe
2 slags karamell; *cough ~*
hosttablett **3** nedgång;
minskning **4** *letter ~* brevlå-
da **II** *verb* **1** droppa **2** falla,
sjunka **3** sluta med **4** ~ *me a*
line! skriv ett par rader! **5** ~
by titta 'in, komma förbi; ~
in titta 'in; ~ *off* släppa av;
somna till; ~ *out* dra sig ur
tävling, hoppa av studier
dropout ['dra:paot] *subst* av-
hoppare från studier o.d.
droppings ['dra:pingz] *subst pl*
spillning av djur

drought [draot] *subst* torka
drove [drouv] *verb* imperf. av
drive
drown [draon] *verb* drunkna;
dränka
drowsy ['draozi] *adj* dåsig;
yrvaken
drudgery ['draddʒəri] *subst*
slit; kneg
drug [dragg] I *subst* drog,
läkemedel; *drugs* äv. narkoti-
ka; *take drugs* om idrottsmän
dopa sig II *verb* droga
drug addict ['dragg ,äddikkt]
subst narkoman
druggist ['draggisst] *subst*
apotekare; farmaceut
drugstore ['draggstå:r] *subst*
drugstore, apotek ofta med
enklare servering och försäljning av
vissa andra varor
drum [dramm] I *subst* trumma
II *verb* trumma; ~ *up cus-
tomers* värva kunder (an-
hängare)
drummer ['drammər] *subst*
trumslagare
drunk [drangk] I *verb* perf.p. av
drink II *adj* full berusad
drunken ['drangkən] *adj* **1** full
berusad; ~ *driving* rattfylleri
2 fylle-
dry [draj] I *adj* torr II *verb*
torka
dry cleaners [,draj 'kli:nərz]
subst pl kemtvätt inrättning

dryer ['drajər] *subst* torktum-
lare
dry goods ['draj goddz] *subst
pl* textilvaror; kläder
dryness ['drajnəs] *subst* torka;
torrhet
dual ['do:əl] *adj* tvåfaldig,
dubbel; ~ *citizen* medborga-
re i två länder
dubious ['do:bjəs] *adj* tvivel-
aktig
duchess ['dattchəs] *subst*
hertiginna
duck [dakk] I *subst* anka; and;
dead ~ lätt byte (offer)
II *verb* ducka; undvika t.ex. en
fråga
duckling ['dakkling] *subst*
ankunge
duct [dakkt] *subst* **1** rörled-
ning; ~ *tape* kraftig isolertejp
2 i kroppen gång, kanal
dude [do:d] *subst* vard. **1** turist
på ranch **2** snubbe
due [do:] I *adj* **1** förfallen till
betalning **2** *after* ~ *considera-
tion* efter moget övervägan-
de; *in* ~ *course* i sinom tid
3 *be* ~ *to* bero på; ~ *to arrive*
ska komma, väntas II *subst,
membership dues* medlems-
avgifter
duet [do:ett] *subst* duett, duo
dug [dagg] *verb* imperf. o. perf.p.
av *dig*
duke [do:k] *subst* hertig
dull [dall] I *adj* **1** matt; mulen

2 tråkig; trög **II** *verb* matta,
dämpa; bedöva
duly ['do:li] *adv* vederbörligen;
i rätt tid
dumb [damm] *adj* stum; vard.
dum
dummy ['dammi] *subst* skylt-
docka
dump [dammp] **I** *verb* tippa,
dumpa **II** *subst* soptipp; sjas-
kigt ställe
dumpling ['dammpling] *subst*
slags klimp
Dumpster® ['dammpstər]
subst container
dumpy ['dammpi] *adj* kort
och tjock
dunce [danns] *subst* dum-
merjöns
dune [do:n] *subst* sanddyn; ~
buggy strandjeep
dung [dang] *subst* dynga
dungeon ['dandʒən] *subst*
underjordisk fängelsehåla
duplex ['do:plekks] **I** *adj* två-
faldig **II** *subst* etagevåning;
tvåfamiljshus, parvilla
duplicate I ['do:plikkət] *adj*
dubblett-; om avskrift i två
exemplar **II** ['do:plikkət]
subst dubblett; två likaly-
dande exemplar
III ['do:plikejt] *verb* upprepa;
kopiera
durable ['dorəbl] *adj* varaktig,
bestående

duration [do'rejschən] *subst,*
for the ~ så länge det varar
duress [do'ress] *subst,* **under** ~
under tvång (hot)
during ['dorring] *prep* under,
under loppet av
dusk [dassk] *subst* skymning
dust [dasst] **I** *subst* damm,
stoft **II** *verb* damma
dustcloth ['dasstkla:θ] *subst*
dammtrasa
duster ['dasstər] *subst* damm-
trasa, dammvippa
dusty ['dassti] *adj* dammig
Dutch [dattch] **I** *adj* **1** hol-
ländsk, nederländsk; *Penn-*
sylvania ~ ättlingar till tyskta-
lande i Pennsylvania **2** *go* ~ vard.
betala var och en för sig
II *subst* nederländska språk
dutiful ['do:tifəl] *adj* plikt-
trogen
duty ['do:ti] *subst* **1** plikt **2** *off*
~ inte i tjänst; ledig; *on* ~ i
tjänst; tjänstgörande; vakt-
havande, jourhavande
3 skatt; tull
duty-free [,do:ti'fri:] *adj* tullfri
dwarf [dwå:rf] **I** *subst* dvärg
II *verb* överskugga
dwell [dwell] *verb,* ~ *on*
uppehålla sig vid; bre ut sig
över
dwelling ['dwelling] *subst*
boning; hem
dwindle ['dwinndl] *verb*
krympa ihop, försvinna

dye [daj] **I** *subst* färgmedel
II *verb* färga hår, kläder o.d.
dying ['dajing] *adj* döende
dynamic [daj'nämmikk] *adj*
dynamisk
dynamite ['dajnəmajt] **I** *subst*
dynamit **II** *adj*, ~ *idea* slang
jättebra idé
dynamo ['dajnəmou] *subst*
generator

E, e [i:] *subst* E, e
each [i:tch] *pron* var, var för
sig; varje; vardera; ~ *other*
varandra
eager ['i:gər] *adj* ivrig, ange-
lägen
eagle ['i:gl] *subst* örn
1 ear [iər] *subst* sädesax; ~ *of
corn* majskolv
2 ear [iər] *subst* öra; ~
infection öroninflammation;
be all ears vara idel öra;
have an ~ for music ha
musiköra
earache ['irrejk] *subst* ör-
språng; *have an ~* äv. ha ont i
öronen
eardrum ['irrdramm] *subst*
trumhinna
early ['ö:rli] **I** *adv* tidigt; för
tidigt **II** *adj* tidig; för tidig;
första; *as ~ as* redan; ~
tomorrow morning i morgon
bitti; *be an ~ riser* vara
morgonpigg; *tomorrow at
the earliest* tidigast i morgon
earmark ['irrma:rk] *verb* sätta
av, öronmärka
earn [ö:rn] *verb* tjäna, förtjä-
na
earnest ['ö:rnisst] *adj* allvarlig

earnings ['ö:rningz] *subst pl* inkomster

earphones ['irrfounz] *subst pl* hörlurar

earplug ['irrplagg] *subst* öronpropp

earring ['irring] *subst* örhänge; örring

earshot ['irrscha:t] *subst* hörhåll

earth [ö:rθ] *subst* **1** jord, mark **2** jorden

earthenware ['ö:rθənwerr] *subst* lergods

earthquake ['ö:rθkwejk] *subst* jordbävning

earthworm ['ö:rθwö:rm] *subst* daggmask

earthy ['ö:rθi] *adj* **1** jordaktig **2** jordnära; mustig

ease [i:z] **I** *subst* **1** välbefinnande; *at ~* väl till mods; obesvärad; *ill at ~* illa till mods; besvärad **2** lätthet **II** *verb* **1** lindra **2** lätta på; minska; tumma på

easel ['i:zl] *subst* staffli

easily ['i:zəli] *adv* lätt, med lätthet

east [i:st] **I** *subst* öster; *the East* Orienten **II** *adj* östra **III** *adv* österut

Easter ['i:stər] *subst* påsk

easterly ['i:stərli] *adj* östlig

eastern ['i:stərn] *adj* östlig; *Eastern* orientalisk

eastward ['i:stwərd] *adv* mot (åt) öster

easy ['i:zi] *adj* **1** lätt, enkel **2** lugn, sorglös

easy chair ['i:zi tchäər] *subst* länstol, fåtölj

easy-going ['i:zi‚gouing] *adj* lättsam

eat* [i:t] *verb* äta

eaten ['i:tən] *verb* perf.p. av *eat*

eavesdrop ['i:vzdra:p] *verb* tjuvlyssna

ebb [ebb] **I** *subst* ebb; lågvatten; *~ and flow* ebb och flod; bildligt uppgång och nedgång **II** *verb* bildligt ebba ut

ebony ['ebbəni] *subst* ebenholts

eccentric [ikk'senntrikk] *adj* excentrisk; säregen

echo ['ekkou] **I** *subst* eko **II** *verb* eka

eclipse [i'klipps] *subst* förmörkelse, eklips; *lunar ~* månförmörkelse

ecology [i:'ka:lədʒi] *subst* ekologi

economic [‚i:kə'na:mikk] *adj* ekonomisk

economical [‚i:kə'na:mikkəl] *adj* ekonomisk, sparsam

economics [‚i:kə'na:mikks] *subst* nationalekonomi; *home ~* hushållslära

economize [i'ka:nəmajz] *verb* spara, hushålla med

economy [i'ka:nəmi] *subst*

ekonomi; hushållning; ~
class ekonomiklass
economy-size [i'ka:nəmisajz]
o. **economy-sized**
[i'ka:nəmisajzd] *adj* i stor-
pack
ecstasy ['ekkstəsi] *subst* **1** ex-
tas **2** ecstasy slags narkotika
ecstatic [ekk'stättikk] *adj*
extatisk; hänförd
eczema ['iggzi:mə] *subst* ek-
sem
edge [eddʒ] *subst* **1** egg; *on* ~
på helspänn; lättretad
2 kant, rand
edgewise ['eddʒwajz] *adv* på
tvären; *get a word in* ~ få en
syl i vädret
edgy ['eddʒi] *adj* nervös,
lättretad
edible ['eddəbl] *adj* ätlig ej
giftig
edict ['i:dikkt] *subst* påbud;
kungörelse
edit ['edditt] *verb* redigera;
klippa film
edition [i'dischən] *subst* upp-
laga
editor ['eddətər] *subst* redak-
tör
editorial [ˌeddi'tå:riəl] **I** *adj*
redaktionell **II** *subst* ledare i
tidning
educate ['eddʒəkejt] *verb*
utbilda; *educated guess* kva-
lificerad gissning

education [ˌeddʒə'kejschən]
subst utbildning; fostran
educational [ˌeddʒə'kejschənl]
adj utbildnings-; pedagogisk
eel [i:l] *subst* ål
eerie ['irri] *adj* kuslig
effect [i'fekkt] **I** *subst* effekt i
olika betydelser; *in* ~ i själva
verket **II** *verb* verkställa
effective [i'fekktivv] *adj* **1** ef-
fektiv **2** i kraft; ~ *immedia-
tely* effektivt omgående
effectively [i'fekktivvli] *adv*
1 effektivt **2** i själva verket
effeminate [i'femminət] *adj*
feminin nedsättande om man;
vek
effervescent [ˌeffər'vessnt] *adj*
1 mousserande **2** upprymd
efficiency [i'fischənsi] *subst*
effektivitet; ~ *apartment*
enrummare med kokvrå och
badrum
efficient [i'fischənt] *adj* effek-
tiv
effort ['effərt] *subst* ansträng-
ning; *make an* ~ anstränga
sig
effortless ['effərtləs] *adj* obe-
svärad, otvungen
effusive [i'fjo:siv] *adj* över-
svallande
e.g. [ˌi:'dʒi:] t.ex.
1 egg [egg] *verb*, ~ *on* egga
2 egg [egg] *subst* ägg; *bad* ~
rötägg

eggplant ['eggplännt] *subst*
äggplanta, aubergine
ego ['i:gou] *subst* ego; själv-
känsla
egotism ['i:gətizzəm] *subst*
egoism
egotist ['i:gətəst] *subst* egoist;
självupptagen person
eiderdown ['ajdərdaon] *subst*
ejderdun
eight [ejt] *räkn* **1** åtta **2** *be
behind the ~ ball* vard. ligga
illa till
eighteen [,ej'ti:n] *räkn* arton
eighth [ejtθ] **I** *räkn* åttonde
II *subst* åttondel
eighty ['ejti] *räkn* åttio
either ['i:ðər] **I** *pron* vilken
(vilket) som helst **II** *adv*
heller **III** *konj*, *~...or* anting-
en...eller; varken...eller
eject [i'dʒekkt] *verb* skjuta
(stöta) ut; kasta ut
eke [i:k] *verb*, *~ out* dryga ut;
få att räcka till
elaborate I [i'läbbərət] *adj* i
detalj utarbetad
II [i'läbbərejt] *verb* gå in på
detaljer
elapse [i'läpps] *verb* förflyta,
gå
elastic [i'lässtikk] **I** *adj* elas-
tisk **II** *subst* resår
elated [i'lejtəd] *adj* upprymd
elbow ['ellbou] *subst* armbå-
ge; *~ grease* vard. hårt arbete;
~ room svängrum

1 elder ['elldər] **I** *adj* äldre
II *subst* äldste
2 elder ['elldər] *subst* fläder
buske
elderly ['elldərli] *adj* äldre, till
åren kommen
eldest ['elldisst] *adj* äldst
elect [i'lekkt] *verb* välja genom
röstning; utse
election [i'lekkschən] *subst*
val; *a general ~* allmänna val
elective [i'lekktivv] *subst*
valfri kurs
elector [i'lekktər] *subst* väljare
electorate [i'lekktərət] *subst*
väljarkår
electric [i'lekktrikk] *adj*
1 elektrisk, el-; *~ stove* elspis
2 bildligt laddad
electrician [ilekk'trischən]
subst elektriker
electricity [ilekk'trissəti] *subst*
elektricitet, ström
electrify [i'lekktrifaj] *verb*
1 elektrifiera **2** bildligt elda
electronic [ilekk'tra:nikk] *adj*
elektronisk
electronics [ilekk'tra:nikks]
subst elektronik
elegant ['elligənt] *adj* elegant
element ['ellimənt] *subst*
beståndsdel; element; grund-
ämne; *the human ~* den
mänskliga faktorn
elementary [,elli'menntəri] *adj*
elementär; *~ school* ung.
grundskola

elephant ['elləfənt] *subst* elefant; *white* ~ onödig pryl
elevation [ˌelli'vejschən] *subst* **1** upphöjelse **2** höjd över havet
elevator ['ellivejtər] *subst* **1** hiss **2** spannmålsmagasin
eleven [i'levvn] *räkn* elva
eleventh [i'levvnθ] **I** *räkn* elfte **II** *subst* elftedel
elicit [i'lissət] *verb* framkalla, väcka
eligible ['ellidʒəbl] *adj* kvalificerad; berättigad, lämplig
elm [ellm] *subst* alm
elope [i'loup] *verb* rymma för att gifta sig
eloquent ['elləkwənt] *adj* vältalig
else [ells] *adv* **1** annars **2** annan, mer, fler, annat; *everywhere* ~ på alla andra ställen; *little* ~ inte mycket mer (annat); *not anywhere* ~ inte någon annanstans
elsewhere [ˌells'hwer] *adv* någon annanstans
elude [i'lo:d] *verb* undslippa, undfly
elusive [i'lo:sivv] *adj* gäckande; ogripbar
emancipate [i'männsipejt] *verb* frigöra, emancipera
embark [im'ba:rk] *verb* gå ombord
embarrass [im'berrəs] *verb* göra generad

embarrassed [im'berrəst] *adj* förlägen, generad
embarrassing [im'berrəsing] *adj* pinsam
embarrassment [im'berrəsmənt] *subst* förlägenhet
embassy ['emmbəssi] *subst* ambassad
embellish [im'bellisch] *verb* försköna, pryda
embezzle [im'bezzl] *verb* förskingra
embezzlement [im'bezzlmənt] *subst* förskingring
embody [im'ba:di] *verb* ge uttryck åt
embrace [im'brejs] **I** *verb* krama; bildligt stödja **II** *subst* kram
embroider [im'bråjdər] *verb* brodera
emerald ['emmərəld] *subst* smaragd
emerge [i'mö:rdʒ] *verb* uppstå; dyka upp; framgå
emergency [i'mö:rdʒənsi] *subst, in case of* ~ i nödläge; ~ *brake* nödbroms; ~ *exit* (*door*) nödutgång; ~ *ward* akutmottagning
emergent [i'mö:rdʒənt] *adj* frambrytande; utvecklings-
emery board ['emməri bå:rd] *subst* nagelfil
emigrate ['emmigrejt] *verb* emigrera, utvandra

eminent ['emminənt] *adj* framstående
emit [i'mitt] *verb* avge, utstöta
emotion [i'mouschən] *subst* känsla, stark känsla
emotional [i'mouschənl] *adj* känslomässig, emotionell
emotive [i'moutivv] *adj* känslobetonad
emperor ['emmpərər] *subst* kejsare
emphasis ['emmfəsis] *subst* eftertryck, emfas
emphasize ['emmfəsajz] *verb* framhäva
emphatic [im'fättikk] *adj* eftertrycklig, bestämd
empire ['emmpajər] *subst* **1** kejsardöme **2** imperium
employ [im'plåj] *verb* **1** anställa **2** använda, använda sig av
employee [,empl'åji:] *subst* arbetstagare; anställd
employer [im'plåjər] *subst* arbetsgivare
employment [im'plåjmənt] *subst* arbete; anställning; ~ *agency* privat arbetsförmedling
empower [im'paoər] *verb* bemyndiga; ge politisk makt till
empowerment [im'paoərmənt] *subst* självbestämmande makt

empress ['emmprəs] *subst* kejsarinna
emptiness ['emmptinnəs] *subst* tomhet
empty ['emmpti] **I** *adj* tom i olika betydelser; innehållslös **II** *verb* tömma **III** *subst* tomglas
empty-handed [,emmpti'hänndidd] *adj* tomhänt
emulate ['emmjəlejt] *verb* söka efterlikna
enable [i'nejbl] *verb*, ~ *sb. to* göra det möjligt för ngn att
enamel [i'nämməl] **I** *subst* **1** emalj **2** lack **II** *verb* emaljera
enamoured [i'nämmərd] *adj* förälskad; förtjust
enchant [in'tchännt] *verb* förtrolla; hänföra
enchanting [in'tchännting] *adj* bedårande, förtrollande
enclose [in'klouz] *verb* **1** inhägna; omge **2** i brev o.d. bifoga
enclosure [in'klouʒər] *subst* **1** inhägnad **2** bilaga
encompass [in'ka:mpəs] *verb* **1** omge **2** omfatta
encore ['a:nkå:r] **I** *interj* en gång till!, mera! **II** *subst* extranummer
encounter [in'kaontər] **I** *verb* möta, stöta 'på **II** *subst* möte

encourage [in'kö:ridʒ] *verb* uppmuntra
encouragement [in'kö:riddʒmənt] *subst* uppmuntran
encroach [in'kroutch] *verb* inkräkta
encyclopedia [enn‚sajklə'pi:djə] *subst* encyklopedi, uppslagsbok
end [ennd] **I** *subst* **1** slut; ände; *year's* ~ årsskifte; *put an ~ to* sätta stopp för; *in the ~* till slut; *när allt kommer omkring*; *come to an ~* ta slut **2** mål, syfte **3** amer. fotboll ytterspelare **II** *verb* sluta, avsluta; göra slut på
endanger [in'dejndʒər] *verb* äventyra; *endangered species* hotad art
endearing [in'dirring] *adj* älskvärd
endeavor [in'devvər] *subst* strävan, ansträngning
ending ['ennding] *subst* slut, avslutning
endive ['enndajv] *subst* endiv
endless ['enndləs] *adj* oändlig
endorse [inn'då:rs] *verb* **1** skriva på check **2** skriva under på, stödja
endorsement [inn'då:rsmənt] *subst* bildligt stöd, bekräftelse
endow [in'dao] *verb* donera; begåva

endowment [in'daomənt] *subst* **1** donationspengar **2** kapitalbelopp vid försäkring
endure [in'doər] *verb* uthärda
enduring [in'dorring] *adj* bestående
enema ['ennəmə] *subst* lavemang
enemy ['ennəmi] *subst* fiende
energetic [‚ennər'dʒettikk] *adj* energisk
energy ['ennərdʒi] *subst* energi; *nuclear ~* kärnkraft
energy-saving ['ennərdʒi sejving] *adj* energisnål
engage [in'gejdʒ] *verb* engagera; *~ in* engagera sig i, ägna sig åt
engaged [in'gejdʒd] *adj* **1** upptagen **2** förlovad
engagement [in'gejdʒmənt] *subst* **1** förlovning **2** engagemang
engaging [in'gejdʒing] *adj* intagande
engine ['enndʒinn] *subst* motor
engineer [‚endʒi'niər] *subst* **1** ingenjör **2** lokförare
England ['inggländ] England
English ['ingglisch] **I** *adj* engelsk **II** *subst* engelska språk
Englishman ['ingglischmən] *subst* engelsman
engraving [in'grejving] *subst* gravyr

enhance [in'hänns] *verb* förhöja
enjoy [in'dʒåj] *verb* **1** njuta av; ~*!* ha det så kul!
2 åtnjuta
enjoyable [in'dʒåjəbl] *adj* njutbar
enjoyment [in'dʒåjmənt] *subst* njutning; nöje
enlarge [in'la:rdʒ] *verb* förstora; bygga ut; ~ *on* breda ut sig över
enlighten [in'lajtn] *verb* upplysa
enlightened [in'lajtnd] *adj* upplyst
enlightenment [in'lajtnmənt] *subst* upplysning
enlist [in'lisst] *verb* ta värvning; *enlisted man* menig
enmity ['ennməti] *subst* fiendskap
enormous [i'nå:rməs] *adj* enorm, jätte-
enough [i'naff] *adj* o. *pron* o. *adv* nog, tillräckligt
enrage [in'rejdʒ] *verb* göra rasande
enrich [in'rittch] *verb* berika
enroll [in'roul] *verb* skriva in sig; ta värvning
enrollment [in'roulmənt] *subst* inskrivning
ensure [in'schor] *verb* säkerställa; ~ *that* se till att
entail [in'tejl] *verb* medföra

enter ['enntər] *verb* **1** gå in i
2 anmäla sig till
enterprise ['enntərprajz] *subst* företag
enterprising ['enntərprajzing] *adj* företagsam
entertain [ˌenntər'tejn] *verb* underhålla; ~ *some friends at dinner* ha några vänner hemma på middag
entertainer [ˌenntər'tejnər] *subst* underhållare
entertaining [ˌenntər'tejning] *adj* underhållande
entertainment [ˌenntər'tejnmənt] *subst* underhållning
enthusiasm [in'θo:ziäzzəm] *subst* entusiasm
enthusiast [in'θo:ziässt] *subst* entusiast
enthusiastic [inˌθo:zi'ässtikk] *adj* entusiastisk
entice [in'tajs] *verb* locka, lura
entire [in'tajər] *adj* hel
entirely [in'tajərli] *adv* helt och hållet
entitle [in'tajtl] *verb* berättiga
entrance ['enntrəns] *subst* **1** ingång **2** inträde
entrance examination ['enntrəns igˌzämmi'nejschən] *subst* inträdesprov
entrance fee ['enntrəns fi:]

subst **1** inträdesavgift **2** anmälningsavgift

entrepreneur [,a:ntrəprə'nö:r] *subst* företagare

entrust [in'trasst] *verb*, ~ *sb. with sth.* anförtro ngn ngt

entry ['entri] *subst* **1** ingång, dörr, port; farstu; infartsväg **2** inträde **3** tävlande; tävlingsbidrag

entry code ['enntri koud] *subst* portkod

entry permit ['enntri pö:rmitt] *subst* inresetillstånd

entry phone ['enntri foun] *subst* porttelefon

envelop [in'velləp] *verb* svepa in

envelope ['ennvəloup] *subst* kuvert

envious ['ennviəs] *adj* avundsjuk

environment [in'vajərənmənt] *subst* miljö

environmental [in,vajərən'menntl] *adj* miljö-; ~ *pollution* miljöförstöring; ~ *protection* naturvård

environment-friendly [in'vajərənmənt,frenndli] *subst* miljövänlig

envisage [in'viziddʒ] *verb* föreställa sig

envoy ['a:nvåj] *subst* sändebud

envy ['ennvi] **I** *subst* avund **II** *verb* avundas

epidemic [,eppi'demmikk] *subst* epidemi, farsot

epilepsy ['eppileppsi] *subst* epilepsi

epiphany [i'piffəni] *subst* **1** *Epiphany* trettondagen **2** uppenbarelse; intensiv upplevelse

episode ['eppisoud] *subst* episod; avsnitt av TV-serie

epoch ['eppək] *subst* epok, tidevarv

equal ['i:kwəl] **I** *adj* lika; lika stor; jämlik; ~ *rights* jämlikhet **II** *subst* like; jämlike **III** *verb* kunna mäta sig med; vara lika med

equality [i'kwa:ləti] *subst* jämlikhet

equalize ['i:kwəlajz] *verb* utjämna

equally ['i:kwəli] *adv* lika; likaså

equals sign ['i:kwəlz sajn] *subst* likhetstecken

equanimity [,ekkwə'nimməti] *subst* jämnmod

equate [i'kwejt] *verb* jämställa

equation [i'kwejʒən] *subst* ekvation

equator [i'kwejtər] *subst* ekvator

equestrian sports [i'kwesstriən spå:rts] *subst pl* hästsport

equilibrium [,i:kwi'libbriəm] *subst* jämvikt

equip [i'kwipp] *verb* utrusta
equipment [i'kwippmənt] *subst* utrustning
equivalent [i'kwivvələnt] **I** *adj* likvärdig **II** *subst* motsvarighet
equivocal [i'kwivvəkəl] *adj* tvetydig
era ['irrə] *subst* era, epok
eradicate [i'räddikejt] *verb* utrota
erase [i'rejs] *verb* radera
eraser [i'rejsər] *subst* suddgummi
erect [i'rekkt] **I** *adj* upprätt **II** *verb* resa, uppföra
erection [i'rekkschən] *subst* stånd, erektion
erode [i'roud] *verb* **1** fräta bort **2** undergräva
erosion [i'rouʒən] *subst* erosion
erotic [i'ra:tikk] *adj* erotisk
err [ö:r] *verb* fela
errand ['errənd] *subst* ärende; ~ *boy* springpojke
erratic [i'rättikk] *adj* planlös; oberäknelig
error ['errər] *subst* fel; misstag
erupt [i'rappt] *verb* bryta ut; om vulkan, vrede få ett utbrott
eruption [i'rappschən] *subst* utbrott
escalate ['esskəlejt] *verb* trappa upp
escalator ['esskəlejtər] *subst* rulltrappa

escapade [ˌesskəpejd] *subst* eskapad
escape [i'skejp] **I** *verb* fly, rymma **II** *subst* rymning, flykt
escapism [i'skejpizzəm] *subst* verklighetsflykt
escort ['esskå:rt] **I** *subst* **1** eskort **2** kavaljer **II** *verb* ledsaga
especially [i'speschəli] *adv* särskilt
espionage ['esspiəna:ʒ] *subst* spioneri
essay ['essej] *subst* essä; uppsats
essence ['essns] *subst* innersta väsen; *in* ~ i huvudsak
essential [i'sennschəl] *adj* väsentlig, nyckel-; avgörande
essentially [i'sennschəli] *adv* i huvudsak
establish [i'stäbblisch] *verb* **1** etablera **2** fastställa
established [i'stäbblischt] *adj* fastställd; vedertagen
establishment [i'stäbblischmənt] *subst* **1** företag; butik **2** *the Establishment* etablissemanget
estate [i'stejt] *subst* lantegendom; *real* ~ fast egendom; ~ *tax* arvsskatt
esteem [i'sti:m] *subst* högaktning; *hold in high* ~ högakta

esthetic [essθ'ettikk] *adj*
estetisk
estimate I ['esstimmət] *subst*
1 kostnadsförslag **2** uppfatt-
ning **II** ['esstimmejt] *verb*
uppskatta
estranged [i'strejndʒd] *adj*
separerad om makar
etching ['ettching] *subst* ets-
ning
eternal [i'tö:rnl] *adj* evig
eternity [i'tö:rnəti] *subst* evig-
het
ethical ['eθikkəl] *adj* etisk
ethics ['eθikks] *subst* etik
ethnic ['eθnikk] *adj* etnisk
etiquette ['ettikkət] *subst*
etikett, god ton
EU [i:'jo:] (förk. för *the
European Union*) EU (förk.
för Europeiska Unionen)
Europe ['jorrəp] Europa
European [jorrə'pi:ən] **I** *adj*
europeisk; *the ~ Union*
Europeiska unionen **II** *subst*
europé
evacuate [i'väkkjoejt] *verb*
evakuera
evade [i'vejd] *verb* undvika
evaluate [i'välljoejt] *verb*
utvärdera
evaporate [i'väppərejt] *verb*
dunsta bort
evasion [i'vejʒən] *subst* und-
vikande; *tax ~* skattesmit-
ning
eve [i:v] *subst, on the ~ of*

kvällen (dagen) före; strax
före, inför
even ['i:vən] **I** *adj* jämn i olika
betydelser **II** *adv* även, också,
till och med; *not ~* inte ens; *~
if* även om; *~ so* i alla fall,
trots det
evening ['i:vning] *subst* kväll;
~ class kvällskurs; *~ gown*
aftonklänning; *this ~* i kväll;
make an ~ of it göra sig en
helkväll; *~ off* ledig kväll
event [i'vennt] *subst* händelse
eventful [i'venntfoll] *adj* hän-
delserik
eventual [i'venntchoəl] *adj*
slutgiltig
eventuality [i,venntcho'älləti]
subst eventualitet
eventually [i'venntchoəli] *adv*
slutligen; till sist
ever ['evvər] *adv* någonsin; *for
~* för alltid; *~ since* ända
sedan
evergreen ['evvərgri:n] *subst*
1 vintergrön växt **2** ever-
green schlager
everlasting [,evvə'rlässting]
adj beständig; evig
every ['evvri] *pron* varje, var,
varenda; *~ two days* varan-
nan dag; *~ which way* vard.
åt alla håll; huller om buller
everybody ['evvri,ba:di] *pron*
var och en, alla; *~ else* alla
andra

everyday ['evvridej] *adj* vardaglig
everyone ['evvriwann] *pron* se *everybody*
everything ['evvriθing] *pron* allt, allting; alltsammans; ~ *but* allt möjligt utom
everywhere ['evvrihwärr] *adv* överallt
evict [i'vikkt] *verb* vräka från bostad
evidence ['evviddəns] *subst* bevis
evident ['eviddənt] *adj* tydlig, uppenbar
evil ['i:vl] I *adj* ond, elak II *subst* ondskan
evoke [i'vouk] *verb* väcka minnen o.d.
evolution [,evvə'lo:schən] *subst* utveckling
evolve [i'va:lv] *verb* utvecklas
ewe [jo:] *subst* tacka får
ex [ekks] *subst*, *her* ~ hennes före detta man, hennes före detta
exact [ig'zäkkt] *adj* exakt; noggrann; ~ *change* jämna pengar
exacting [ig'zäkkting] *adj* fordrande
exactly [ig'zäkktli] *adv* 1 exakt; ~! just precis! 2 noga
exaggerate [ig'zäddʒərejt] *verb* överdriva

exaggeration [ig,zäddʒə'rejschən] *subst* överdrift
exalted [ig'za:ltəd] *adj* hänförd
exam [ig'zämm] *subst* vard. tenta
examination [ig,zämmi'nejschən] *subst* 1 undersökning 2 tentamen
examine [ig'zämminn] *verb* undersöka
example [ig'zämmpl] *subst* exempel; *for* ~ till exempel; *make an* ~ statuera ett exempel
exasperate [ig'zässpərejt] *verb* göra rasande (förtvivlad)
exasperation [ig,zässpə'rejschən] *subst* ursinne; förtvivlan
excavate ['ekkskəvejt] *verb* gräva ut
excavation [,ekkskə'vejschən] *subst* utgrävning; schaktning
exceed [ikk'si:d] *verb* överskrida; ~ *one's authority* överskrida sina befogenheter
excellent ['ekksələnt] *adj* utmärkt; betyg, ung. väl godkänt
except [ik'seppt] *prep* o. *konj* utom, förutom
exception [ik'seppschən] *subst* undantag
exceptional [ik'seppschənl]

adj **1** ytterst ovanlig **2** begåvad

excerpt ['ekksö:rpt] *subst* utdrag

excess [ik'sess] *subst* **1** överdrift, excess **2** ~ *luggage* (*baggage*) övervikt bagage

excessive [ik'sessivv] *adj* överdriven

exchange [iks'tchejnd3] **I** *subst* **1** byte, utbyte **2** växlingskontor; ~ *rate* växelkurs **3** *stock* ~ fondbörs **II** *verb* **1** byta, utbyta **2** växla

excite [ik'sajt] *verb* tända, upphetsa

excitement [ik'sajtmənt] *subst* upphetsning; uppståndelse

exciting [ik'sajting] *adj* spännande

exclaim [ik'sklejm] *verb* utropa

exclamation mark [ˌeksklə'mejschən ˌma:rk] *subst* utropstecken

exclude [ik'sklo:d] *verb* utesluta; undanta

excluding [ik'sklo:ding] *prep* med undantag för; ~ *tax* exklusive moms

exclusive [ik'sklo:siv] *adj* exklusiv; lyx-

exclusively [ik'sklo:sivvli] *adv* uteslutande, enbart

excruciating [ik'skro:schiejting] *adj* olidlig; ytterst rolig

excursion [ekk'skö:rschən] *subst* utflykt; ~ *ticket* billigare utflyktsbiljett

excuse I [ik'skjo:z] *verb* förlåta, ursäkta; ~ *me* förlåt, ursäkta **II** [ik'skjo:s] *subst* ursäkt; undanflykt

execute ['ekksikjo:t] *verb* **1** avrätta **2** utföra

execution [ˌekksi'kjo:schən] *subst* avrättning

executive [ig'zekkjətivv] **I** *adj* verkställande; chefs-; *chief* ~ *officer* verkställande direktör **II** *subst* chef; *chief* ~ delstats guvernör; *the Chief Executive* USA:s president

exemplify [ig'zemmplifaj] *verb* exemplifiera

exempt [ig'zemmpt] *adj* befriad, frikallad

exemption [ig'zemmpschən] *subst* dispens, undantag

exercise ['ekksəsajz] **I** *subst* **1** träning; motion **2** övning **II** *verb* öva, träna; motionera

exercise book ['ekksəsajz bokk] *subst* skrivbok

exert [ig'zö:rt] *verb* utöva

exhaust [ig'za:st] **I** *verb* **1** uttömma **2** utmatta **II** *subst* avgasrör

exhausted [ig'za:stidd] *adj* utmattad, slut

exhaustion [ig'za:stchən] *subst* utmattning
exhaustive [ig'za:stivv] *adj* uttömmande
exhibit [ig'zibbitt] *verb* 1 visa 2 ställa ut tavlor o.d.
exhibition [ˌekksi'bischən] *subst* utställning
exhort [ig'zå:rt] *verb* uppmana, egga
exile ['ekksajl] *subst* exil
exist [ig'zisst] *verb* existera; finnas till
existence [ig'zisstəns] *subst* tillvaro, existens
existing [ig'zissting] *adj* befintlig
exit ['ekksət] I *verb* gå ut II *subst* utgång; avfart från motorväg
exonerate [ig'za:nərejt] *verb* rentvå
exotic [ig'za:tikk] *adj* exotisk
expand [ik'spännd] *verb* 1 utvidga 2 ~ *on* utveckla resonemang o.d.
expansion [ik'spännschən] *subst* expansion, utvidgning
expect [ik'spekkt] *verb* 1 förvänta sig 2 *be expecting* vänta barn
expectation [ˌekkspekk'tejschən] *subst* förväntan
expedient [ik'spi:djənt] I *adj* ändamålsenlig II *subst* medel

expedition [ˌekkspi'dischən] *subst* expedition
expel [ik'spell] *verb* utesluta; relegera från skola
expend [ik'spennd] *verb* lägga ner, lägga ut pengar; offra
expenditure [ik'spenndittchər] *subst* utgift, utgifter
expense [ik'spenns] *subst* utgift, utlägg; *travelling expenses* resekostnader; *at sb.'s* ~ på ngns bekostnad
expense account [ik'spenns əˌkaont] *subst* representationskonto
expensive [ik'spennsivv] *adj* dyr
experience [ik'spirriəns] I *subst* 1 erfarenhet 2 upplevelse II *verb* uppleva, erfara; ~ *religion* bli omvänd
experienced [ik'spirriənst] *adj* erfaren
experiment [ik'spirrimənt] *subst* experiment
expert ['ekkspö:rt] *subst* expert, specialist
expertise [ˌekkspər'ti:z] *subst* expertis
expire [ik'spajər] *verb* 1 upphöra att gälla 2 dö
expiry date [ik'spajri dejt] *subst* förfallodatum; sista förbrukningsdag
explain [ik'splejn] *verb* förklara

explanation
[‚ekksplə'nejschən] *subst*
förklaring
explanatory [ik'splännətå:ri]
adj förklarande
explicit [ik'splissitt] *adj* tydlig,
klar
explode [ik'sploud] *verb* ex-
plodera
1 exploit ['eksplåjt] *subst*
bedrift
2 exploit [ik'splåjt] *verb*
exploatera, utnyttja
exploitation [‚eksplåj'tejschən]
subst exploatering
explore [ik'splå:r] *verb* ut-
forska
explorer [ik'splå:rər] *subst*
upptäcktsresande
explosion [ik'splouʒən] *subst*
1 explosion **2** bildligt utbrott
explosive [ik'splousivv] **I** *adj*
explosiv **II** *subst* sprängämne
exponent [ek'spounənt] *subst*
representant; anhängare
export I [ekk'spå:rt] *verb* ex-
portera **II** ['ekkspå:rt] *subst*
export
expose [ik'spouz] *verb* **1** ut-
sätta **2** avslöja
exposé [ekk'spouzej] *subst*
exposé
exposed [ik'spouzd] *adj* ut-
satt; oskyddad
exposure [ik'spouʒər] *subst*
1 utsatthet **2** kort på filmrulle

3 avslöjande **4** *have a south-
ern* ~ vetta mot söder
express [ik'spress] **I** *adj* **1** ut-
. trycklig **2** express-, il-; ~
letter expressbrev **II** *subst*
1 expressbefordran **2** ex-
presståg **III** *verb* uttrycka
expression [ik'spreschən]
subst yttrande; uttryck
expressly [ik'spressli] *adv*
uttryckligen
expressway [ik'spresswej]
subst motorväg
expulsion [ik'spallschən] *subst*
utvisning; relegering från skola
exquisite [ekk'skwizzitt] *adj*
utsökt, fin
extend [ik'stennd] *verb*
sträcka sig; breda ut sig
extension [ik'stennschən]
subst **1** förlängning; utvidg-
ning; ~ *cord* skarvsladd
2 tillbyggnad **3** telefonan-
knytning
extensive [ik'stennsivv] *adj*
vidsträckt; omfattande
extensively [ik'stennsivvli]
adv i stor utsträckning
extent [ik'stennt] *subst* om-
fattning; *to a great* ~ i hög
grad; *to some* ~ i viss mån
exterior [ekk'stirriər] **I** *adj*
yttre **II** *subst* utsida
external [ik'stö:rnl] *adj* yttre;
extern; *for* ~ *use* för utvärtes
bruk

extinct [ik'stingkt] *adj* utdöd;
utslocknad
extinguish [ik'stinggwisch]
verb släcka
extinguisher
[ik'stinggwischər] *subst*
brandsläckare
extort [ik'stå:rt] *verb*, ~ *sth.*
from sb. pressa ngn på ngt; ~
a confession pressa fram en
bekännelse
extortion [ik'stå:rschən] *subst*
utpressning
extra ['ekkstrə] *adj* extra; ~
charge pålägg på t.ex. pris
extract [ik'sträkkt] *verb* dra
ur; dra (ta) upp
extradite ['ekkstrədajt] *verb*
utlämna brottsling till annan stat
extramarital [,ekkstrə'märrətl]
adj, ~ *relations* utomäkten-
skapliga förbindelser
extraordinary [ik'strå:rdəneri]
adj märklig, otrolig
extravagance [ik'strävvəgəns]
subst överdåd; onödig lyx
extravagant [ik'strävvəgənt]
adj extravagant
extreme [ik'stri:m] **I** *adj* **1** yt-
terst **2** extrem **II** *subst, go to
extremes* gå till ytterligheter
extremely [ik'stri:mli] *adv*
ytterst; extremt
extricate ['ekkstrikkejt] *verb*
lösgöra, frigöra
extrovert ['ekkstrəvö:rt] *adj*
utåtvänd, extrovert

exuberant [ig'zo:bərənt] *adj*
sprudlande, på strålande
humör
eye [aj] *subst* öga; *have an ~
for* ha blick (sinne) för; *make
eyes at* flörta med
eyeball ['ajba:l] **I** *subst* ögon-
glob **II** *verb* vard. uppskatta,
gissa
eyebrow ['ajbrao] *subst* ögon-
bryn
eyelash ['ajläsch] *subst* ögon-
frans
eyelid ['ajlidd] *subst* ögonlock
eyeliner ['aj,lajnər] *subst* eye-
liner
eye-opener ['aj,oupnər] *subst*
tankeställare; 'väckarklocka'
eyeshadow ['aj,schäddou]
subst ögonskugga
eyesight ['ajsajt] *subst* syn,
synförmåga
eyesore ['ajså:r] *subst* an-
skrämlig syn
eyewitness ['aj,wittnəs] *subst*
ögonvittne

F

F, f [eff] *subst* F, f
fable ['fejbl] *subst* fabel, saga;
lögn
fabric ['fäbbrikk] *subst* tyg,
textil
fabrication [‚fäbbri'kejschən]
subst dikt, påhitt
fabulous ['fäbbjələs] *adj* sago-
lik; vard. fantastisk
facade o. **façade** [fə'sa:d]
subst fasad
face [fejs] **I** *subst* ansikte; min
II *verb* **1** stå inför; möta; se i
vitögat; *be faced with* stå
(vara ställd) inför **2** stå
(vara) vänd mot; vetta mot
face cloth ['fejs kla:θ] *subst*
tvättlapp
face cream ['fejs kri:m] *subst*
ansiktskräm
face-lift ['fejslifft] *subst* an-
siktslyftning
face mask ['fejs mässk] *subst*
cyklopöga
face value ['fejs ‚välljə] *subst*
nominellt värde
facial tissue [‚feischəl 'tischo:]
subst näsduk
facilitate [fə'sillətejt] *verb*
underlätta
facsimile [fäkk'simməli] *subst*
faksimil, kopia

fact [fäkkt] *subst* faktum,
realitet; *as a matter of* ~ i
själva verket; faktiskt;
egentligen
factor ['fäkktər] *subst* faktor
factory ['fäkktri] *subst* fabrik
factual ['fäkktchoəl] *adj* verk-
lig, faktisk
faculty ['fäkkəlti] *subst* **1** för-
måga, skicklighet **2** lärar-
kollegium, lärarkår **3** fakul-
tet
fad [fädd] *subst* modefluga
fade [fejd] *verb* blekna; *faded*
vissen; blekt; ~ *away* (*out*) så
småningom försvinna; tona
bort; tyna bort
fag [fägg] *subst* slang bög
Fahrenheit ['ferrənhajt], *32
degrees* ~ 32 grader Fahren-
heit
fail [fejl] *verb* misslyckas; bli
underkänd; ~ *sb.* underkän-
na ngn
failing ['fejling] *subst* fel, brist
failure ['fejljər] *subst* **1** miss-
lyckande; misslyckad person
(sak); underkänt betyg **2** ur-
aktlåtenhet **3** *engine* ~ mo-
torstopp; *heart* ~ hjärtsvikt;
power ~ strömavbrott
faint [fejnt] **I** *adj* svag, vag
II *verb* svimma
1 fair [fäər] *subst* **1** marknad;
mässa **2** tivoli
2 fair [fäər] **I** *adj* **1** rättvis; i
sporter just **2** ganska stor;

rimlig **3** ljushårig **4** ~ *weather* vackert väder; ~ *weather friend* vän i medgång **II** *adv* rättvist

fairground ['ferrgraond] *subst* nöjesfält, marknadsplats

fair-haired ['ferrhäərd] *adj*, ~ *boy* påläggskalv, gunstling

fairly ['ferrli] *adv* **1** rättvist **2** ganska

fairness ['ferrnəs] *subst* rättvisa; *in* ~ el. *in all* ~ i rättvisans namn

fairy ['ferri] *subst* **1** fe; älva; ~ *tale* saga, barnsaga; lögn **2** vard. bög

faith [fejθ] *subst* **1** tro; tillit; *have* ~ *in* ha förtroende för **2** troslära

faithful ['fejθfəl] *adj* trogen, trofast

fake [fejk] **I** *verb* **1** förfalska; fejka **2** låtsas **II** *subst* förfalskning; bluff

falcon ['fällkən] *subst* falk

fall* [fa:l] **I** *verb* **1** falla; ramla **2** stupa **3** störtas **4** ~ *apart* gå sönder (i bitar); bildligt rasa samman; ~ *back* dra sig tillbaka; ~ *back on* bildligt falla tillbaka på; ~ *behind* bli efter; ~ *for* falla för; gå 'på; ~ *in* störta in; ~ *out* bli osams; om hår tappa; ~ *over* falla över ända; ~ *through* gå om intet **II** *subst* **1** fall; nedgång **2** höst; *last* ~ förra hösten, i höstas

fallacy ['fälləsi] *subst* villfarelse

fallen ['fa:lən] *verb* perf.p. av *fall*

fallout ['fa:laot] *subst* **1** radioaktivt nedfall **2** följder

false [fa:ls] *adj* falsk; ~ *teeth* löständer; ~ *start* tjuvstart

falsify ['fa:lsifaj] *verb* förfalska; fuska

falter ['fa:ltər] *verb* **1** stappla **2** staka sig

fame [fejm] *subst* rykte; berömmelse

familiar [fə'milljər] *adj* **1** förtrolig; *be* ~ *with* känna till, vara insatt i **2** välkänd

family ['fämməli] *subst* familj; *a wife and* ~ hustru och barn; ~ *doctor* husläkare; ~ *guidance* familjerådgivning

famine ['fämminn] *subst* hungersnöd

famished ['fämmischt] *adj* utsvulten

famous ['fejməs] *adj* berömd, omtalad

1 fan [fänn] *subst* **1** solfjäder **2** fläkt

2 fan [fänn] *subst* vard. fan, supporter

fanatic [fə'nättikk] **I** *adj* fanatisk **II** *subst* fanatiker

fan belt ['fänn bellt] *subst* fläktrem

fanciful ['fännsifəl] *adj* inbillad, fantasi-
fancy ['fännsi] **I** *subst* **1** fantasi **2** infall; nyck **3** lust; tycke **II** *adj* fin; snobbig **III** *verb* **1** inbilla sig, tycka **2** tycka om; fatta tycke för; vilja ha
fancy-dress [,fännsi'dress] *adj*, ~ *ball* maskerad
fang [fäng] *subst* orms gifttand; rovdjurs huggtand
fanny ['fänni] *subst* vard. rumpa
fantastic [fänn'tässtikk] *adj* fantastisk
fantasy ['fänntəsi] *subst* fantasi
far [fa:r] **I** *adj* **1** avlägsen; *the Far East* Fjärran Östern **2** bortre **II** *adv* **1** långt; långt bort (borta); *as* (*so*) ~ *as* ända till; så vitt; *so* ~ hittills **2** vida, mycket; ~ *too much* alldeles för mycket
far-away ['fa:rəwej] *adj* fjärran
farce [fa:rs] *subst* fars
farcical ['fa:rsikkəl] *adj* komisk
fare [fäər] *subst* **1** biljettpris, biljett, taxa **2** kost
farewell [,ferr'well] *interj* o. *subst* farväl
far-fetched [,fa:r'fettcht] *adj* långsökt
farm [fa:rm] *subst* bondgård
farmer ['fa:rmər] *subst* bonde

farmhand ['fa:rmhännd] *subst* lantarbetare; dräng
farmhouse ['fa:rmhaos] *subst* mangårdsbyggnad
farming ['fa:rming] *subst* jordbruk
far-reaching [,fa:r'ri:tching] *adj* långtgående
farther ['fa:rðər] **I** *adj* bortre **II** *adv* längre bort
farthest ['fa:rðisst] **I** *adj* borterst **II** *adv* längst bort
fascinate ['fässinejt] *verb* fascinera
fashion ['fäschən] **I** *subst* **1** sätt, vis **2** mode; ~ *show* modevisning; *in* ~ på modet, inne; *out of* ~ omodernt **II** *verb* forma, göra
fashionable ['fäschənəbl] *adj* **1** på modet **2** fashionabel
1 fast [fässt] *subst* o. *verb* fasta
2 fast [fässt] **I** *adj* **1** snabb, hastig; ~ *food* snabbmat; ~ *lane* omkörningsfil **2** *lead a* ~ *life* leva rullan **II** *adv* fort; snabbt
fasten ['fässən] *verb* fästa, binda fast; häfta, knyta
fastening ['fässəning] *subst* knäppning; band; spänne
fastidious [fə'stiddiəs] *adj* kräsen, nogräknad
fat [fätt] **I** *adj* fet; tjock **II** *subst* **1** fett; *cooking* ~

matfett 2 ~ *cat* slang rik
kändis; bidragsgivare
fatal ['fejtl] *adj* **1** dödlig; ~
accident dödsolycka **2** ödes-
diger
fatality [fej'tälləti] *subst*
dödsolycka
fate [fejt] *subst* ödet
father ['fa:ðər] **I** *subst* fader;
far, pappa; *Father Christmas*
jultomten **II** *verb* avla; ge
upphov till
father-in-law ['fa:ðərənlå:]
subst svärfar
fatherly ['fa:ðərli] *adj* faderlig
fathom ['fäðəm] **I** *subst* famn
mått **II** *verb* förstå, begripa
fatigue [fə'ti:g] *subst* **1** trött-
het **2** *fatigues* militära arbets-
kläder; stridskläder
fatten ['fättn] *verb* göda
fatty ['fätti] *adj* fet; oljig
fatuous ['fättschoəs] *adj* en-
faldig
faucet ['fa:sitt] *subst* vatten-
kran
fault [fa:lt] *subst* **1** fel; *find* ~
with finna fel hos, klandra
2 tennis o.d. fel, felserve
faulty ['fa:lti] *adj* felaktig;
trasig
fauna ['fa:nə] *subst* fauna
faux pas [ˌfou 'pa:] *subst*
fadäs, tabbe
favor ['fejvər] **I** *subst* ynnest;
favör; *in* ~ *of* till förmån för

II *verb* gilla; gynna; favorise-
ra
favorable ['fejvərəbl] *adj*
gynnsam, bra
favorite ['fejvərət] *subst* favo-
rit, gunstling
1 fawn [fa:n] *subst* hjortkalv;
rådjurskid
2 fawn [fa:n] *verb* svansa,
krypa
fax [fäkks] **I** *subst* fax **II** *verb*
faxa
FBI [ˌeffbi:'aj] (förk. för *Federal
Bureau of Investigation*) FBI
fear [fiər] **I** *subst* fruktan
II *verb* frukta; vara rädd för
fearful ['firrfəl] *adj* **1** rädd
2 fruktansvärd
fearless ['firrləs] *adj* orädd
feasible ['fi:zəbl] *adj* möjlig,
görlig; genomförbar
feast [fi:st] **I** *subst* **1** festmål-
tid; kalas **2** helgdag till minne
av helgon **II** *verb* festa, kalasa
feat [fi:t] *subst* bragd
feather ['feðər] *subst* fjäder
feature ['fi:tchər] **I** *subst*
1 *features* anletsdrag **2** drag;
inslag **3** långfilm; ~ *article*
reportage i tidning **II** *verb*
presentera som nyhet el. särskild
attraktion
February ['febbroerri] *subst*
februari
Fed [fedd] *subst* **1** (kortform för
Federal) vard. FBI-agent; *the
Feds* FBI **2** (kortform för

Federal Reserve Bank); the ~ ung. Centralbanken i USA

fed [fedd] verb imperf. o. perf.p. av feed

federal ['feddǝrǝl] adj förbunds-, federal, nordstats- (1861-1865); ~ agent FBI- -agent; the Federal Bureau of Investigation den federala polisen, FBI; make a ~ case out of sth. vard. göra stor affär av ngt; the ~ government regeringen, staten

fed up [ˌfedd 'app] adj, be ~ with vard. vara trött (utled) på

fee [fiː] subst avgift; arvode

feeble ['fiːbl] adj svag

feed [fiːd] verb 1 mata 2 kunna livnära

feedback ['fiːdbäkk] subst 1 gensvar 2 återkoppling

feeding-bottle ['fiːdingˌbaːtl] subst nappflaska

feel* [fiːl] I verb 1 känna 2 känna sig, må; ~ ashamed skämmas; ~ like känna sig som; ha lust med; ~ sorry for tycka synd om II subst känsla

feeler ['fiːlǝr] subst 1 insekts känselspröt 2 trevare

feeling ['fiːling] subst 1 känsel 2 känsla; hard feelings agg; no hard feelings? ta inte illa upp!

feet [fiːt] subst pl. av foot

---

feign [fejn] verb 1 hitta på, dikta upp 2 låtsas; hyckla

1 fell [fell] verb imperf. av fall

2 fell [fell] verb fälla träd

fellow ['fellou] subst 1 vard. karl 2 ~ human being medmänniska; ~ teacher lärarkollega

fellowship ['fellouschipp] subst 1 kamratskap 2 forskarstipendium

felony ['fellǝni] subst grövre brott

1 felt [fellt] verb imperf. o. perf.p. av feel

2 felt [fellt] subst filt tyg

female ['fiːmejl] I adj kvinno-, kvinnlig II subst 1 kvinna 2 hona

feminine ['femmininn] adj kvinnlig, feminin

feminist ['femminisst] subst feminist

fence [fenns] I subst 1 stängsel, staket 2 slang hälare II verb 1 inhägna 2 fäkta

fencing ['fennsing] subst fäktning

fend [fennd] verb, ~ off avvärja; parera

fender [fenndǝr] subst på bil flygel; på cykel stänkskärm

ferment [fǝr'mennt] verb jäsa

fern [föːrn] subst ormbunke

ferocious [fǝ'rouschǝs] adj våldsam; blodtörstig

ferret ['ferrət] *verb*, ~ *out*
snoka (luska) reda på
ferris wheel ['ferriss wi:l] *subst*
pariserhjul
ferry ['ferri] *subst* färja; ~
service färjförbindelse
fertile ['fö:rtəl] *adj* **1** bördig
2 fertil
fertilize ['fö:rtəlajz] *verb* **1** be-
frukta **2** gödsla
fertilizer ['fö:rtəlajzər] *subst*
gödningsmedel
fester ['fesstər] *verb* **1** vara sig
om sår **2** bildligt fräta
festival ['fesstəvəl] *subst* festi-
val
festive ['fesstivv] *adj* festlig,
fest-; *the ~ season* julen
festoon [fe'sto:n] *subst* gir-
land
fetch [fettch] *verb* hämta
fete o. **fête** [fett] *subst* basar
fetish ['fettisch] *subst* fetisch
fetus ['fi:təs] *subst* foster
feud [fjo:d] **I** *subst* fejd **II** *verb*
ligga i fejd
fever ['fi:vər] *subst* hög feber
feverish ['fi:vərisch] *adj*
1 febrig **2** febril
few [fjo:] *adj* o. *pron* få; *a ~*
några stycken
fewer ['fjo:ər] *adj* o. *subst*
färre; *no ~ than* inte mindre
än
fewest ['fjo:isst] *adj* o. *subst*
fåtaligast, minst

fiancé [ˌfi:an'sej] *subst* fäst-
man
fiancée [ˌfi:an'sej] *subst* fäst-
mö
fib [fibb] *subst* vard. liten
(oskyldig) lögn
fiber ['fajbər] *subst* fiber; tråd i
t.ex. kött
fiberglass ['fajbərgläss] *subst*
glasfiber
fickle ['fikkl] *adj* ombytlig
fiction ['fikkschən] *subst*
1 skönlitteratur **2** fantasi,
dikt
fictional ['fikkschənl] *adj*
uppdiktad; skönlitterär
fictitious [fikk'tischəs] *adj*
påhittad
fiddle ['fiddl] *subst* fiol
fidget ['fiddʒət] *verb* inte
kunna sitta stilla
fidgity ['fiddʒəti] *adj* nervös,
orolig
field [fi:ld] *subst* **1** fält; plan
för idrott; plats **2** område,
fack
field day ['fi:ld dej] *subst*
friluftsdag; *have a ~* härja
fritt
fieldgoal ['fi:ldgoul] *subst*
amer. fotboll sparkmål ger tre
poäng
field hockey ['fi:ld ˌha:ki]
subst landhockey
fieldwork ['fi:ldwö:rk] *subst*
fältarbete
fiend [fi:nd] *subst* **1** odjur,

djävul **2** *be a golf* ~ vard.
vara golfbiten
fiendish ['fi:ndisch] *adj* ondskefull
fierce [fiərs] *adj* våldsam, häftig; vild, vildsint
fiery ['fajəri] *adj* glödande; eldig
fifteen [ˌfiff'ti:n] *räkn* femton
fifth [fifθ] **I** *räkn* femte; ~ *part* femtedel **II** *subst* **1** femtedel **2** helflaska, 75:a
fifty ['fiffti] *räkn* femtio
fig [figg] *subst* fikon; *not give a* ~ inte bry sig ett dugg
fight [fajt] **I** *verb* slåss; gräla; boxas **II** *subst* slagsmål; kamp; gräl; boxningsmatch
fighter ['fajtər] *subst* **1** slagskämpe; fighter **2** boxare
fighting ['fajting] *subst* kamp; strid
figment ['figgmənt] *subst*, ~ *of one's imagination* fantasifoster
figurative ['figgjərətivv] *adj* **1** bildlig **2** figurativ
figure ['figgjər] **I** *subst* **1** siffra **2** figur; ~ *skating* konståkning **II** *verb* vard. anta, förmoda; ~ *on* räkna med; lita på; ~ *out* räkna ut; förstå; *that* (*it*) *figures* det stämmer; naturligtvis
figurehead ['figgjərhedd] *subst* bildligt galjonsfigur

1 file [fajl] **I** *subst* fil verktyg **II** *verb* fila
2 file [fajl] **I** *subst* **1** mapp, arkiv **2** dossier, akt; *files* sjukjournal **II** *verb* **1** arkivera **2** lämna in skrivelse; ~ *a complaint* göra en polisanmälan
3 file [fajl] *subst* rad, led
fill [fill] *verb* fylla; fyllas; ~ *in* (*out*) fylla i blankett o.d.; ~ *in for* vikariera för; ~ *up* fylla i (på)
fillet [fi'lej] *subst* filé
filling ['filling] *subst* **1** fyllning **2** plomb
filling station ['filling ˌstejschən] *subst* bensinstation
film [fillm] **I** *subst* **1** hinna **2** film; filmrulle; ~ *director* filmregissör **II** *verb* filma
filter ['filltər] **I** *subst* filter **II** *verb* filtrera; sila
filter-tipped ['filltərtippt] *adj* filter-
filth [filθ] *subst* **1** smuts **2** snusk
filthy ['filθi] **I** *adj* **1** smutsig **2** snuskig **II** *adv*, ~ *rich* vard. äckligt rik
fin [finn] *subst* fena
finagle [fi'nejgl] *verb* mygla till sig
final ['fajnl] **I** *adj* slutlig, sista; ~ *whistle* slutsignal **II** *subst*, ~ el. *finals* final

finale [fi'nälli] *subst* final;
grand ~ storslagen avslutning
finalize ['fajnəlajz] *verb* avsluta; slutligen fastställa
finally ['fajnəli] *adv* slutligen; äntligen
finance ['fajnänns] **I** *subst,*
finances stats finanser; enskilds ekonomi **II** *verb* finansiera
financial [faj'nännschəl] *adj* ekonomisk
find* [fajnd] **I** *verb* **1** finna; hitta, få tid, tillfälle o.d.; tycka ngn (ngt) vara; *be found* finnas; påträffas; ~ *out* ta reda på; upptäcka; ~ *sb. out* genomskåda ngn **2** ~ *sb.*
guilty förklara ngn skyldig **II** *subst* fynd
1 fine [fajn] **I** *subst* böter **II** *verb* bötfälla
2 fine [fajn] **I** *adj* fin; utmärkt; utsökt; *I feel* ~ jag mår bra; *the* ~ *print* det finstilta **II** *adv* fint
finery ['fajnəri] *subst* finkläder
finger ['finggər] *subst* finger; *give sb. the* ~ ge ngn fingret
fingernail ['finggərnejl] *subst* fingernagel
fingerprint ['finggərprinnt] *subst* fingeravtryck
fingertip ['finggərtipp] *subst* fingerspets
finish ['finnisch] **I** *verb* **1** sluta, avsluta; äta (dricka) upp **2** ge en finish; finputsa

II *subst* **1** slut; upplopp i sporter **2** glans; finputs
finite ['fajnajt] *adj* begränsad
fink [fingk] *subst* **1** strejkbrytare **2** vard. typ, pottsork; skit
Finland ['finnlənd] Finland
Finn [finn] *subst* finne, finländare
Finnish ['finnisch] **I** *adj* finsk, finländsk **II** *subst* finska språk
fir [fö:r] *subst* gran; tall
fir-cone ['fö:rkoun] *subst* kotte
fire ['fajər] **I** *subst* eld; eldsvåda **II** *verb* **1** avlossa skott, skjuta; bildligt fyra av **2** vard. sparka avskeda **3** ~ *up* entusiasmera; *get fired up* bli entusiastisk
fire alarm ['fajər ə,la:rm] *subst* brandalarm
firearms ['fajəra:rmz] *subst pl* skjutvapen
firecracker ['fajərkräkkər] *subst* smällare
fire department ['fajər di,pa:rtmənt] *subst* brandkår
fire engine ['fajər ,enndʒinn] *subst* brandbil
fire escape ['fajər i,skejp] *subst* brandstege
fire extinguisher ['fajər ikk,stinggwischər] *subst* brandsläckare
firehouse ['fajər,haos] *subst* brandstation
fire hydrant ['fajər ,hajdrənt] *subst* brandpost

fireman ['fajǝrmǝn] *subst*
brandman
fireplace ['fajǝrplejs] *subst*
eldstad, öppen spis
firewood ['fajǝrwodd] *subst*
ved
fireworks ['fajǝrwö:rks] *subst*
pl **1** fyrverkeri **2** ståhej
firing range ['fajǝring rejndʒ]
subst skjutbana
firing squad ['fajǝring skwa:d]
subst exekutionspluton
1 firm [fö:rm] *subst* firma
2 firm [fö:rm] *adj* o. *adv* fast
first [fö:rst] **I** *adj* o. *räkn*
första, förste; ~ *floor* botten-
våning; ~ *lady* presidentens
fru; ~ *name* förnamn; ~
night premiärkväll; *at* ~
sight vid första anblicken
II *adv* först; ~ *of all* först och
främst **III** *subst* första, förste;
at ~ först, i början
first-aid [ˌfö:rst'ejd] *adj,* ~ *kit*
förbandslåda
first-class [ˌfö:rst'kläss] **I** *adj*
förstaklass- **II** *adv* första
klass
first-hand [ˌfö:rst'hännd] *adj* o.
adv i första hand
firstly ['fö:rstli] *adv* för det
första
first-rate [ˌfö:rst'rejt] *adj* o. *adv*
förstklassig
fiscal year [ˌfisskǝl 'jiǝr] *subst*
budgetår

fish [fisch] **I** *subst* fisk **II** *verb*
fiska
fisherman ['fischǝrmǝn] *subst*
fiskare yrkesman
fish farm ['fisch fa:rm] *subst*
fiskodling
fishing line ['fisching lajn]
subst metrev
fishing rod ['fisching ra:d]
subst metspö
fishy ['fischi] *adj* **1** fisk-
2 *there's something* ~ *here*
det är något som är skumt
med det här
fist [fisst] *subst* knytnäve;
make a ~ knyta näven
1 fit [fitt] *subst* anfall av
sjukdom, skratt o.d.
2 fit [fitt] **I** *adj* **1** lämplig
2 spänstig; kry **II** *verb* passa,
om kläder sitta
fitful ['fittfǝl] *adj* ryckig,
ojämn
fitness ['fittnǝs] *subst* **1** kon-
dition **2** lämplighet
fitter ['fittǝr] *subst* montör,
installatör
fitting ['fitting] **I** *adj* passande,
lämplig; ~ *room* provrum
II *subst, fittings* tillbehör,
inredning; beslag
five [fajv] **I** *räkn* fem **II** *subst,*
take ~ ta en paus
five-digit ['fajvdiddʒitt] *adj*
femsiffrig
five-speed [ˌfajv'spi:d] *adj*
femväxlad

five-story [ˌfajvstå:ri] *adj* fem-
vånings-
fix [fikks] **I** *verb* **1** fästa
2 bestämma **3** ordna, fixa;
laga; ~ *up with* ordna träff
med **4** *I'll* ~ *him!* han ska få
igen! **II** *subst* knipa
fixation [fikk'sejschən] *subst*
fixering
fixture ['fikkstchər] *subst* fast
inventarium
fizzle ['fizzl] *verb* pysa; ~ *out*
vard. rinna ut i sanden
fizzy ['fizzi] *adj* brusande,
mousserande
flabby ['fläbbi] *adj* fet och
slapp
1 flag [flägg] *subst* flagga;
fana
2 flag [flägg] *verb* börja dala
(sina); ~ *down* stoppa, hejda
flagpole ['fläggpoul] *subst*
flaggstång
flagship ['fläggschipp] *subst*
flaggskepp
flair [fläər] *subst, have a ~ for*
ha sinne för
flak [fläkk] *subst* vard. hård
kritik
flake [flejk] **I** *subst* flaga;
flinga; flisa **II** *verb* flisa, flaga
flaky ['flejki] *adj* **1** smördegs-,
frasig **2** slang knäpp, egen-
domlig
flamboyant [flämm'båjənt]
adj **1** grann, prålig **2** över-
svallande

flame [flejm] *subst* flamma,
låga
flammable ['flämməbl] *adj*
lättantändlig
flan [fla:n] *subst* mördeg; *fruit*
~ frukttårta
flank [flängk] **I** *subst* flank
II *verb* flankera
flannel ['flännl] *subst* flanell
flap [fläpp] **I** *verb* flaxa
II *subst* flik, klaff
flapjack ['fläppdʒäkk] *subst*
slags pannkaka
flare [fläər] **I** *verb* flamma
upp; ~ *up* brusa upp **II** *subst*
låga; signalljus; lysgranat
flash [fläsch] **I** *verb* blixtra
till; blinka **II** *subst* blinkande
ljus; blixt; ~ *of lightning*
blixt
flashbulb ['fläschballb] *subst*
blixtljuslampa
flashcube ['fläschkjo:b] *subst*
blixtkub
flashlight ['fläschlajt] *subst*
ficklampa
flashy ['fläschi] *adj* vräkig
flask [flässk] *subst* plunta
flat [flätt] **I** *adj* plan, platt;
slät; ~ *tire* punktering
II *subst* b-förtecken
flat-bed ['flättbedd] *subst* flak
på lastbil
flatly ['flättli] *adv* **1** uttryckli-
gen; ~ *refuse* vägra blankt
2 avmätt

flatten ['flättn] *verb* göra (bli) plan; jämna med marken

flatter ['flättər] *verb* smickra

flattery ['flättəri] *subst* smicker

flaunt [fla:nt] *verb* snobba (skylta) med

flavor ['flejvər] **I** *subst* smak **II** *verb* smaksätta

flavoring ['flejvəring] *subst* krydda; smaktillsats

flaw [fla:] *subst* fel; brist

flawless ['fla:ləs] *adj* felfri

flax [fläkks] *subst* lin

flaxen ['fläkksən] *adj* lin-; ljusblond

flea [fli:] *subst* loppa; ~ *market* loppmarknad

fleck [flekk] *subst* fläck, stänk

flee [fli:] *verb* fly, ta till flykten

fleece [fli:s] **I** *subst* fårskinn **II** *verb* skörta upp, lura

fleet [fli:t] *subst* flotta

fleeting ['fli:ting] *adj* hastig; flyktig

flesh [flesch] *subst* kött; *in the* ~ i egen hög person

flesh wound ['flesch wo:nd] *subst* köttsår

flew [flo:] *verb* imperf. av 2 *fly*

flexible ['flekksəbl] *adj* **1** smidig, mjuk **2** flexibel

flick [flikk] *verb* **1** snärta till **2** ~ *away* slå bort med en knäpp

flicker ['flikkər] *verb* flämta, fladdra

1 flight [flajt] *subst* **1** flygning, flyg; ~ *attendant* flygvärdinna **2** fågels el. tankes flykt **3** ~ *of stairs* trappa

2 flight [flajt] *subst* flykt, flyende

flimsy ['flimmzi] *adj* tunn, sladdrig; svag; ~ *excuse* dålig ursäkt

flinch [flinntch] *verb* rygga tillbaka

fling [fling] **I** *verb* kasta, slänga **II** *subst, have a* ~ slå runt; ha en affär

flint [flinnt] *subst* flinta

flip [flipp] *verb* **1** knäppa iväg; slå upp (av, på, till); ~ *a coin* singla slant **2** slang, ~ *out* el. ~ *one's lid* bli urförbannad; smälla av

flippant ['flippənt] *adj* nonchalant, lättsinnig

flipper ['flippər] *subst* **1** grodmans m.m. simfot **2** spel flipper

flirt [flö:rt] **I** *verb* flörta **II** *subst* flört

flit [flitt] *verb* fladdra; flacka

float [flout] **I** *verb* flyta; driva på vattnet **II** *subst* **1** flotte; simdyna **2** slags glassdryck

flock [fla:k] **I** *subst* flock; hjord **II** *verb* flockas

flog [fla:g] *verb* prygla, piska

flood [fladd] **I** *subst* **1** högvatten, flod; ~ *tide* flod

2 översvämning **II** *verb* översvämma

floodlight ['fladdlajt] *subst* strålkastare

floor [flå:r] **I** *subst* **1** golv **2** våning våningsplan; *the ground ~* bottenvåningen **II** *verb* golva

floorboard ['flå:rbå:rd] *subst* golvtilja

floorshow ['flå:rschou] *subst* kabaré; krogshow

flop [fla:p] **I** *verb* **1** dimpa (dunsa) ner **2** vard. göra fiasko **II** *subst* vard. fiasko, flopp

flophouse ['fla:phaos] *subst* sjaskigt ungkarlshotell

floppy ['fla:pi] *adj* som hänger och slänger; *~ disk* diskett; *~ hat* slokhatt

flora ['flå:rə] *subst* flora

floral ['flå:rəl] *adj* blomster-

florid ['fla:ridd] *adj* **1** rödlätt **2** yppig, grann; utsirad

florist ['fla:risst] *subst* blomsterhandlare; *florist's* blomsteraffär

flounce [flaons] **I** *verb* rusa **II** *subst* volang

1 flounder ['flaondər] *subst* flundra, rödspätta

2 flounder ['flaondər] *verb* **1** irra omkring **2** prata strunt

flour ['flaoər] *subst* mjöl; vetemjöl

flourish ['flö:risch] *verb* blomstra

flout [flaot] *verb* trotsa; öppet strunta i

flow [flou] **I** *verb* flyta; strömma **II** *subst* flöde, ström

flowchart ['floutcha:rt] *subst* flödesschema

flower ['flaoər] **I** *subst* blomma **II** *verb* blomma; bildligt blomstra

flower bed ['flaoər bedd] *subst* blomrabatt

flowerpot ['flaoərpa:t] *subst* blomkruka; *hanging ~* ampel

flowery ['flaoəri] *adj* bildligt blomstrande

flown [floun] *verb* perf.p. av 2 *fly*

flu [flo:] *subst* vard. influensa

flub [flabb] *verb* vard. sumpa, misslyckas

fluctuate ['flakktjoejt] *verb* gå upp och ned

fluent ['flo:ənt] *adj* ledig; flytande om tal el. språk

fluff [flaff] **I** *subst* ludd, dammtuss **II** *verb* **1** ludda upp **2** vard. göra bort sig

fluffy ['flaffi] *adj* luddig; luftig

fluid ['flo:id] **I** *adj* flytande **II** *subst* vätska

flung [flang] *verb* imperf. o. perf.p. av *fling*

flunk [flangk] *verb* vard. köra, bli underkänd; kugga

fluorescent [flå:'ressənt] *adj* självlysande; lysrörs-
fluoride ['florajd] *subst* fluor
flurry ['flö:rri] *subst* **1** kastby; snöby **2** uppståndelse; hets
1 flush [flasch] **I** *verb* **1** spola ner **2** rodna **II** *subst, hot* ~ blodvallning
2 flush [flasch] *adj* **1** jämn; ~ *against the wall* tätt intill väggen **2** vard. rik
flute [flo:t] *subst* flöjt, tvärflöjt
flutter ['flattər] **I** *verb* fladdra **II** *subst* **1** fladder **2** oro, ängslan; *be in a* ~ vara på helspänn; vara förvirrad
flux [flakks] *subst* ständig förändring
1 fly [flaj] *subst* fluga
2 fly* [flaj] **I** *verb* **1** flyga **2** ~ *a flag* flagga **II** *subst* **1** gylf **2** i baseboll högt slag
flying ['flajing] *adj* **1** flygande; flyg- **2** ~ *squad* piket; ~ *visit* snabbvisit
flysheet ['flajschi:t] *subst* flygblad
foal [foul] *subst* föl
foam [foum] **I** *subst* skum, fradga; ~ *bath* skumbad **II** *verb* skumma; ~ *at the mouth* skumma av raseri
focus ['foukəs] **I** *subst* **1** fokus; *out of* ~ oskarp **2** bildligt medelpunkt **II** *verb* **1** foku-

sera **2** ställa in skärpan på kamera
fodder ['fa:dər] *subst* torrfoder
fog [fa:g] *subst* dimma
foggy ['fa:gi] *adj* dimmig
fog light ['fa:g lajt] *subst* dimstrålkastare på bil
foil [fåjl] **I** *subst* folie **II** *verb* stoppa, hindra
fold [fould] **I** *verb* **1** vika, vika ihop **2** fälla ihop **II** *subst* veck
folder ['fouldər] *subst* **1** mapp **2** broschyr
folding ['foulding] *adj* hopfällbar; ~ *chair* fällstol
foliage ['fouliidd3] *subst* lövverk
folk [fouk] *subst*, ~ el. *folks* folk, människor; *my* (*the*) *folks* mina föräldrar; mina anhöriga
folklore ['fouklå:r] *subst* folklore; folktro
folk song ['fouk sa:ng] *subst* folkvisa
follow ['fa:lou] *verb* **1** följa; komma efter **2** förfölja **3** *as follows* på följande sätt; som följer, följande; ~ *through* fullfölja, genomföra; ~ *up* fullfölja, driva vidare
follower ['fa:louər] *subst* anhängare
following ['fa:louing] **I** *adj* följande **II** *prep* till följd av **III** *subst* följe, anhängarskara

follow-up ['fa:louapp] *subst*
uppföljning; efterbehandling
folly ['fa:li] *subst* dårskap
fond [fa:nd] *adj* kärleksfull; *be*
~ *of* tycka om; vara fäst vid
fondle ['fa:ndl] *verb* kela med;
tafsa på
font [fa:nt] *subst* **1** dopfunt
2 typsnitt
food [fo:d] *subst* mat
food processor ['fo:d
,pra:sessər] *subst* matberedare
food stamp ['fo:d stämmp]
subst matkupong utdelas av
socialbyrån
fool [fo:l] **I** *subst* dåre, dumbom; *make a* ~ *of oneself*
göra bort sig **II** *verb* lura; ~
around larva sig; vänsterprassla
foolish ['fo:lisch] *adj* dåraktig,
dum
foolproof ['fo:lpro:f] *adj* idiotsäker
foot [fott] *subst* fot; *by* ~ till
fots; *put one's* ~ *down* slå
näven i bordet
football ['fottba:l] *subst* amerikansk fotboll
footbrake ['fottbrejk] *subst*
fotbroms
footbridge ['fottbriddʒ] *subst*
gångbro
foothold ['fotthould] *subst*
fotfäste; *get a* ~ få in en fot
footing ['fotting] *subst* **1** fot-

fäste **2** *be on an equal* ~
with vara jämställd med
footman ['fottmən] *subst* betjänt
footnote ['fottnout] *subst*
fotnot
footprint ['fottprinnt] *subst*
fotspår
footsie ['fottsi] *subst*, *play* ~
tåflörta
footstep ['fottstepp] *subst* steg
footwear ['fottwärr] *subst*
skodon
for [få:r] *prep* **1** för, åt; för att
få; på; till **2** *as* ~ vad
beträffar; *as* ~ *me* för min
del; ~ *instance* (*example*) till
exempel; ~ *now* för tillfället,
tills vidare
foray ['fårej] *subst* räd
forbid [fər'bidd] *verb* förbjuda
forbidding [fər'bidding] *adj*
avskräckande
force [få:rs] **I** *subst* **1** styrka,
kraft **2** *by* ~ med våld **3** *the*
Force polisen; *air* ~ flygvapen **II** *verb* tvinga, tvinga
fram
force-feed ['få:rsfi:d] *verb*
tvångsmata
forceful ['få:rsfəl] *adj* kraftfull
forcibly ['få:rsəbli] *adv* med
våld
ford [få:rd] *subst* vadställe
fore [få:r] *subst*, *come to the* ~
komma på tapeten; bli
aktuell

forearm ['få:ra:rm] *subst* underarm

foreboding [få:r'bouding] *subst* ond aning

forecast ['få:rkässt] **I** *verb* förutsäga **II** *subst* prognos

forecourt ['få:rkå:rt] *subst* yttergård

forefinger ['få:r‚finggǝr] *subst* pekfinger

forefront ['få:rfrannt] *subst* främsta del; *be in the ~* vara högaktuell

foreground ['få:rgraond] *subst* förgrund

forehead ['fa:rǝd, 'få:rhedd] *subst* panna

foreign ['fa:rǝn] *adj* utländsk; utrikes; främmande; *~ exchange* utländsk valuta

foreigner ['fa:rǝnǝr] *subst* utlänning, främling

foreleg ['få:rlegg] *subst* framben

foreman ['få:rmǝn] *subst* förman, arbetsledare

foremost ['få:rmoust] *adj* o. *adv* främst, först

forensic [fǝ'rennsikk] *adj* rättsmedicinsk

forerunner ['få:r‚rannǝr] *subst* förelöpare, föregångare

foresee [få:r'si:] *verb* förutse

foreseeable [få:r'si:ǝbl] *adj* förutsebar; *in the ~ future* inom överskådlig framtid

foreshadow [få:r'schäddou] *verb* förebåda; antyda

foresight ['få:rsajt] *subst* förutseende

forest ['fa:rǝst] *subst* skog

forestall [få:r'stå:l] *verb* förekomma

forestry ['fa:rǝstri] *subst* skogsvård

foretaste ['få:rtejst] *subst* försmak

foretell [få:r'tell] *verb* förutsäga

forever [fǝr'evvǝr] *adv* för alltid, evigt; jämt

foreword ['få:rwö:rd] *subst* förord

forfeit ['få:rfǝt] *verb* förverka

forgave [fǝrg'ejv] *verb* imperf. av *forgive*

1 forge [få:rdʒ] *verb, ~ ahead* kämpa (arbeta) sig fram

2 forge [få:rdʒ] **I** *subst* smedja **II** *verb* **1** smida **2** förfalska

forgery ['få:rdʒǝri] *subst* förfalskning

forget* [fǝr'gett] *verb* glömma

forgetful [fǝr'gettfǝl] *adj* glömsk

forget-me-not [fǝr'gettminna:t] *subst* förgätmigej

forgive* [fǝr'givv] *verb* förlåta

forgiven [fǝr'givvǝn] *verb* perf.p. av *forgive*

forgiveness [fǝr'givvnǝs] *subst* förlåtelse

forgo [få:r'gou] *verb* avstå från
forgot [fər'ga:t] *verb* imperf. av
forget
forgotten [fər'ga:tn] *verb*
perf.p. av *forget*
fork [få:rk] I *subst* gaffel
II *verb* förgrena sig
forklift ['få:rklifft] *subst* gaffel-
truck
forlorn [fər'lå:rn] *adj* 1 övergi-
ven 2 ömklig
form [få:rm] I *subst* 1 form
2 blankett II *verb* bilda; for-
ma; utforma
formal ['få:rməl] *adj* formell; ~
dress högtidsdräkt
formally ['få:rməli] *adv* for-
mellt
format ['få:rmätt] I *subst* boks
format II *verb* formattera
formation [få:r'mejschən]
subst utformning; gruppe-
ring
formative ['få:rmətivv] *adj*
formande, danande
former ['få:rmər] *adj* tidigare;
före detta
formerly ['få:rmərli] *adv* förut
formidable ['få:rmiddəbl] *adj*
1 fruktansvärd, svår 2 for-
midabel
formula ['få:rmjələ] *subst*
1 formel 2 modersmjölkser-
sättning
forsake [fər'sejk] *verb* överge
fort [få:rt] *subst* fort, fäste

forte ['få:rt] *subst* stark sida,
styrka
forth [få:rθ] *adv* 1 fram, ut
2 *back and* ~ fram och
tillbaka; *and so* ~ och så
vidare
forthcoming [få:rθ'kamming]
adj kommande
forthright ['få:rθrajt] *adj* rätt-
fram
fortify ['få:rtəfaj] *verb* 1 befäs-
ta stad o.d. 2 stärka
fortitude ['få:rtəto:d] *subst*
tapperhet
fortnight ['få:rtnajt] *subst*
fjorton dagar
fortress ['få:rtrəs] *subst* fäst-
ning
fortunate ['få:rtchənət] *adj, be*
~ ha tur
fortunately ['få:rtchənətli] *adv*
lyckligtvis
fortune ['få:rtchən] *subst*
1 öde; tur; *try one's* ~ pröva
lyckan 2 förmögenhet
fortune-teller ['få:rtchən‚tellər]
subst spåkvinna; spåman
forty ['få:rti] *räkn* 1 fyrtio
2 *catch* ~ *winks* ta sig en
tupplur
forward ['få:rwərd] I *adj* som
för framåt, fram- II *subst*
forward III *adv* framåt, fram
IV *verb* vidarebefordra, ef-
tersända
forwards ['få:rwərdz] *adv*

framåt; *backwards and* ~
fram och tillbaka, hit och dit
fossil ['fa:sl] *adj* o. *subst* fossil
foster ['fa:stər] *verb* **1** fostra
2 stödja
fosterchild ['fa:stər,tchajld]
subst fosterbarn
fought [fa:t] *verb* imperf. o.
perf.p. av *fight*
foul [faol] **I** *adj* **1** illaluktande;
förpestad **2** ojust, regelvidrig
II *subst* ojust spel **III** *verb*
smutsa ned
1 found [faond] *verb* imperf. o.
perf.p. av *find*
2 found [faond] *verb* grunda
foundation [faon'dejschən]
subst **1** stiftelse **2** grund;
grundval
1 founder ['faondər] *subst*
grundare, grundläggare
2 founder ['faondər] *verb*
1 sjunka om båt **2** bildligt
stranda
foundry ['faondri] *subst* gjuteri
fountain ['faontən] *subst*
1 fontän **2** *soda* ~ glassbar
fountain pen ['faontən penn]
subst reservoarpenna
four [få:r] *räkn* fyra
four-letter ['få:rlettər] *adj*, ~
word runt ord
four-poster [,få:r'poustər] *subst*
himmelssäng
foursome ['få:rsəm] *subst*
sällskap på fyra personer; i
golf, bridge spelgrupp

fourteen [,få:r'ti:n] *räkn* fjor-
ton
fourth [få:rθ] **I** *räkn* fjärde
II *subst* fjärdedel
fowl [faol] *subst* fågel, fåglar
fox [fa:ks] *subst* **1** räv **2** slang
sexig tjej
foyer ['fåjər] *subst* foajé
fraction ['fräkkschən] *subst*
bråkdel
fracture ['fräkktchər] **I** *subst*
lättare benbrott **II** *verb* bryta
ben
fragile ['fräddʒill] *adj* bräcklig;
ömtålig
fragment ['fräggmənt] *subst*
litet stycke; fragment
fragrant ['frejgrənt] *adj* väl-
luktande
frail [frejl] *adj* bräcklig, skör
frame [frejm] **I** *verb* rama in
II *subst* **1** ram **2** *frames* glas-
ögonbågar
framework ['frejmwö:rk] *subst*
1 stomme **2** bildligt ram
France [fränns] Frankrike
franchise ['fränntschajz] *subst*
1 *the* ~ rösträtt **2** franchise,
koncession
frank [frängk] **I** *adj* uppriktig,
ärlig; öppet **II** *subst* vard.
varmkorv
frankly ['frängkli] *adv* upp-
riktigt; uppriktigt sagt
frantic ['fränntikk] *adj* despe-
rat; i upplösningstillstånd
fraternity [frə'tö:rnəti] *subst*

1 manlig studentförening vid college **2** broderskap; samfund
fraud [fra:d] *subst* **1** bedrägeri **2** bedragare
fraught [fra:t] *adj*, ~ *with* åtföljd av; full av; ~ *with danger* farofylld
fray [frej] *verb* bli nött (trådsliten)
freak [fri:k] **I** *subst* missfoster **II** *adj* udda; slump-
freckle ['frekkl] *subst* fräkne
free [fri:] **I** *adj* **1** fri; ledig **2** gratis **3** ~ *kick* frispark **II** *verb* befria; frige
freebee ['fri:bi] *subst* slang gratisgrej, gratisex; fringis
freedom ['fri:dəm] *subst* frihet; ~ *of the press* tryckfrihet; ~ *of speech* det fria ordet
freelance ['fri:länns] **I** *subst* frilans **II** *verb* frilansa
freely ['fri:li] *adv* fritt; obehindrat
freemason ['fri:ˌmejsn] *subst* frimurare
free-range ['fri:rejndʒ] *adj*, ~ *eggs* sprättägg, lantägg
free trade [ˌfri: 'trejd] *subst* frihandel
freeway ['fri:wej] *subst* motorväg
free-will [ˌfri:'will] *subst* fri vilja
freeze [fri:z] **I** *verb* frysa; frysa

in; *freeze!* slang stå still!, stanna! **II** *subst* **1** frost **2** frys **3** bildligt frysning
freezer ['fri:zər] *subst* frys
freezing ['fri:zing] *adj* iskall; jättekall
freezing-point ['fri:zingpåjnt] *subst* fryspunkt
freight [frejt] *subst* frakt, last; ~ *car* godsvagn; ~ *train* godståg
French [frenntch] **I** *adj* fransk; ~ *bread* baguette; ~ *fries* pommes frites; ~ *horn* valthorn; ~ *kiss* kyss med tungan **II** *subst* franska språk
frenzy ['frennzi] *subst* ursinne; vansinne
frequency ['fri:kwənsi] *subst* frekvens
frequent ['fri:kwənt] *adj* ofta förekommande
frequently ['fri:kwəntli] *adv* ofta
fresh [fresch] *adj* **1** ny **2** färsk; fräsch **3** oförskämd, fräck
freshen ['freschn] *verb*, ~ *up* friska upp; snygga till sig
freshly ['freschli] *adv* nyligen
freshman ['freschmən] *subst* förstaårsstudent på college o. ibland på highschool
freshness ['freschnəs] *subst* fräschör
freshwater ['freschˌwa:tər] *adj* sötvattens-

fret [frett] *verb* gräma sig,
oroa sig
friar ['frajər] *subst* munk,
tiggarmunk
friction ['frikkschən] *subst*
friktion
Friday ['frajdej] *subst* fredag;
Good ~ långfredagen
fridge [friddʒ] *subst* vard.
kylskåp
friend [frennd] *subst* vän,
väninna; *make friends* skaffa
sig vänner; bli vänner
friendly ['frenndli] *adj* vänlig
friendship ['frenndschipp]
subst vänskap
fright [frajt] *subst* skräck; *look
a* ~ se förskräcklig ut; *take* ~
bli skrämd (förskräckt)
frighten ['frajtn] *verb* skräm-
ma; *frightened of* rädd för
frightful ['frajtfəl] *adj* för-
skräcklig
frigid ['friddʒidd] *adj* iskall;
frigid
frill [frill] *subst, frills* grannlåt,
krusiduller
fringe [frinndʒ] *subst* **1** frans;
lugg hårfrisyr **2** utkant **3** ~
benefit förmån, rabatt för
anställd; fringis
frisk [frissk] *verb* vard. mudd-
ra, kroppsvisitera
frisky ['frisski] *adj* sprallig,
lekfull
fritter ['frittər] *verb*, ~ *away*
plottra bort; kasta bort

fritz [fritts] *subst, on the* ~
slang trasig
frivolous ['frivvələs] *adj* lätt-
sinnig
frog [fra:g] *subst* groda
frogman ['fra:gmən] *subst*
grodman
frolic ['fra:likk] **I** *subst* muntert
upptåg **II** *verb* leka, skutta
from [framm] *prep* från; ur;
av; på grund av; ~ *above*
ovanifrån; ~ *behind* bak-
ifrån; ~ *within* inifrån; ~
without utifrån
front [frannt] **I** *subst* **1** fram-
sida, främre del; fasad; *in* ~
of framför; inför **2** front i
olika betydelser **II** *adj* front-,
första; ~ *door* ytterdörr; ~
room rum åt gatan; ~ *seat*
framsäte **III** *verb* vetta mot
frontier ['franntiər] *subst* stats
gräns; *the* ~ ung. vilda västern
front-page ['franntpejdʒ] *adj*,
~ *news* förstasidesnyheter
frost [fra:st] *subst* frost
frostbite ['fra:stbajt] *subst*
köldskada
frosty ['fra:sti] *adj* frost-, kylig
froth [fra:θ] **I** *subst* fradga,
skum **II** *verb* skumma
frown [fraon] **I** *verb* rynka
pannan **II** *subst* rynkad pan-
na
froze [frouz] *verb* imperf. av
freeze

frozen ['frouzn] **I** *verb* perf.p. av
freeze **II** *adj* djupfryst
fruit [fro:t] *subst* **1** frukt, bär;
~ *stand* fruktstånd **2** slang
fikus, bög
fruitful ['fro:tfəl] *adj* fruktbar
fruition [fro'ischən] *subst,*
come to ~ förverkligas
fruitless ['fro:tləs] *adj* resultatlös
fruit machine ['fro:t məˌschi:n]
subst spelautomat
frustrate ['frasstrejt] *verb*
1 korsa, gäcka **2** frustrera
1 fry [fraj] *verb* steka i panna;
deep ~ fritera
2 fry [fraj] *subst* yngel
frying-pan ['frajingpänn] *subst*
stekpanna
ft. förk. för *foot* o. *feet*
fuck [fakk] vulgärt **I** *verb*
knulla; ~ *off!* dra åt helvete!
II *subst* knull **III** *interj* fan!,
helvete!
fuck-off ['fakka:f] *subst* vulgärt
latmask
fuck-up ['fakkapp] *subst* vulgärt
jävla soppa (röra)
fudge [faddʒ] **I** *subst* **1** fudge
slags mjuk kola; *hot* ~ varm
chokladsås **2** ~ *factor* slang
fusk, frisering **II** *verb* fuska
med data
fuel [fjo:əl] **I** *subst* bränsle;
bildligt näring **II** *verb* **1** tanka;
driva **2** bildligt underblåsa

fugitive ['fjo:dʒətivv] *subst*
flykting; rymling
fulfill [foll'fill] *verb* **1** uppfylla
2 ~ *oneself* förverkliga sig
själv
fulfillment [foll'fillmənt] *subst*
förverkligande; tillfredsställelse
full [foll] *adj* **1** full; fullsatt,
fullbelagd; *I'm* ~ jag är mätt
2 fyllig **3** ~ *professor* professor
full-blown [ˌfoll'bloun] o. **full-
-fledged** [ˌfoll'fleddʒd] *adj*
fullt utvecklad; ~ *crisis*
fullständig kris
full-length [ˌfol'lengθ] *adj*
hellång; oavkortad
full-scale ['follskejl] *adj* fullskalig
full-time ['folltajm] **I** *adj* heltids- **II** *adv* på heltid
fully ['folli] *adv* till fullo, helt;
~ *automatic* helautomatisk
fumble ['fammbl] **I** *verb*
1 fumla **2** tappa bollen
II *subst* lös boll
fume [fjo:m] **I** *subst, fumes*
rök; gaser; stank **II** *verb* vara
rasande
fun [fann] *subst* nöje; skoj;
have ~ ha roligt
function ['fangkschən] **I** *subst*
funktion, uppgift **II** *verb*
fungera
functional ['fangkschənl] *adj*
funktionell

fund [fannd] **I** *subst* fond; *raise funds* samla in pengar **II** *verb* finansiera

fundamental [ˌfanndə'menntl] *adj* fundamental; grundläggande, bas-

funeral ['fjo:nərəl] *subst* begravning; ~ *parlor* (*home*) begravningsbyrå; ~ *service* jordfästning

fungus ['fanggəs] *subst* svamp

funhouse ['fannhaos] *subst* lustiga huset

funk [fangk] *subst*, *be in a* ~ vard. vara rädd; vara nere

funnel ['fannl] *subst* **1** tratt **2** skorsten på båt el. lok

funny ['fanni] **I** *adj* rolig, skojig; konstig; ~ *farm* dårhus **II** *subst*, *funnies* tecknade serier

fur [fö:r] *subst* päls

furious ['fjorriəs] *adj* rasande

furlough ['fö:rlou] *subst* permission

furnace ['fö:rniss] *subst* **1** värmepanna **2** smältugn

furnish ['fö:rnisch] *verb* **1** förse **2** möblera; *furnished apartment* möblerad lägenhet

furniture ['fö:rnittchər] *subst* möbler; *a piece of* ~ en möbel t.ex. soffa; ~ *van* flyttbil

furrow ['fö:rrou] *subst* **1** plogfåra **2** fåra i ansiktet

further ['fö:rðər] **I** *adj* bortre; ytterligare **II** *adv* längre, längre bort; ytterligare; ~ *on* längre fram **III** *verb* gynna

furthermore [ˌfö:rðər'må:r] *adv* dessutom

furthest ['fö:rðisst] **I** *adj* borterst; ytterst **II** *adv* längst bort; ytterst

fury ['fjorri] *subst* raseri

1 fuse [fjo:z] **I** *verb* smälta samman **II** *subst* säkring, propp

2 fuse [fjo:z] *subst* stubintråd

fuss [fass] **I** *subst* bråk, väsen; *make a* ~ bråka **II** *verb* tjafsa; fjanta sig

fussy ['fassi] *adj* tjafsig; petig; kinkig

futile [fjo:tl] *adj* futil, lönlös

future ['fjo:tchər] **I** *adj* framtida **II** *subst* framtid

fuzzy ['fazzi] *adj* suddig; oredig

G

1 G, g [dʒi:] *subst* **1** G, g
2 slang lakan 1.000 dollar
2 G [dʒi:] (förk. för *general*)
barntillåten om film
gable ['gejbl] *subst* gavel
gadfly ['gäddflaj] *subst*
1 broms **2** retsticka; kritiker
gadget ['gäddʒitt] *subst* vard.
grej, pryl
gag [gägg] **I** *subst* **1** munkavle
2 vard. skämt, gag **II** *verb*, ~
on få kväljningar av, inte
kunna svälja
gaiety ['gejəti] *subst* munterhet
gain [gejn] **I** *subst* vinst
II *verb* **1** vinna **2** ~ *2 pounds*
gå upp 1 kilo
gait [gejt] *subst* gång, sätt att
gå
gale [gejl] *subst* hård vind;
slags storm
gall [ga:l] *verb* reta, göra arg
gallant ['gällənt] *adj* **1** tapper
2 ridderlig
gall bladder ['ga:l ˌbläddər]
subst gallblåsa
gallery ['gälləri] *subst* **1** galleri
2 läktare
galley ['gälli] *subst* kabyss
gallon ['gällən] *subst* ung. 4
liter

gallop ['gälləp] **I** *verb* galoppera **II** *subst* galopp
gallows ['gällouz] *subst* galge
för hängning
gallstone ['ga:lstoun] *subst*
gallsten
galore [gə'lå:r] *adj* i massor;
she has brains ~ hon är hur
smart som helst
gambit ['gämmbitt] *subst*
bildligt utspel
gamble ['gämmbl] **I** *verb* spela
på hästar o.d.; chansa; ~ *on sb.*
satsa på ngn **II** *subst* chansning; *take a* ~ chansa
gambler ['gämmblər] *subst*
storspelare; chanstagare
gambling ['gämmbling] *subst*
hasardspel
game [gejm] *subst* **1** spel; lek;
games äv. sport, idrott
2 match **3** villebråd, vilt
gamekeeper ['gejmˌki:pər]
subst skogvaktare
gamut ['gämmət] *subst* bildligt
skala
gang [gäng] **I** *subst* gäng; liga
II *verb*, ~ *up* gadda ihop sig
gangster ['gängstər] *subst*
gangster
gangway ['gängwej] *interj* se
upp!
gap [gäp] *subst* **1** hål, gap
2 bildligt lucka; klyfta
gape [gejp] *verb* gapa
garage [gə'ra:ʒ] *subst* garage;
bilverkstad

garbage ['ga:rbiddʒ] *subst* sopor; smörja; skräp; ~ *can* soptunna

garden ['ga:rdn] *subst* trädgård; *gardens* offentlig park; *lead up the ~ path* lura, vilseleda

gardener ['ga:rdnər] *subst* trädgårdsmästare, trädgårdsarbetare

gardening ['ga:rdning] *subst* trädgårdsskötsel

gargle ['ga:rgl] *verb* gurgla sig

garish ['gerrisch] *adj* gräll

garland ['ga:rlənd] *subst* krans av blommor o.d.; segerkrans

garlic ['ga:rlikk] *subst* vitlök

garment ['ga:rmənt] *subst* klädesplagg

garnish ['ga:rnisch] *verb* garnera

garrison ['gerrisən] *subst* garnison

garrulous ['gerrələs] *adj* pratsam

garter ['ga:rtər] *subst* strumpeband runt benet; ~ *belt* strumpebandshållare

gas [gäss] I *subst* gas; vard. bensin; *step on the ~* sätta fart, skynda på II *verb*, ~ *up* tanka, fylla på bensin

gas can ['gäss känn] *subst* bensindunk

gas gauge ['gäss gejdʒ] *subst* gasmätare

gash [gäsch] I *verb* skära djupt i II *subst* djup skåra, jack

gasket ['gässkitt] *subst* packning i kran o.d.

gasoline ['gässəli:n] *subst* bensin

gasp [gässp] I *verb* flämta II *subst* flämtning; *last ~* sista andetag

gas range ['gäss ˌreindʒ] *subst* gasspis

gas station ['gäs ˌstejschən] *subst* bensinstation

gas stove ['gäss stouv] *subst* gasspis

gastric ['gässtrikk] *adj* mag-; ~ *ulcer* magsår

gate [gejt] *subst* port; grind; spärr; på flygplats gate

gatecrasher ['gejtkräschər] *subst* snyltgäst, plankare

gateway ['gejtwej] *subst* 1 port 2 bildligt nyckel

gather ['gäðər] *verb* samla; samla ihop; samlas

gathering ['gäðəring] I *subst* sammankomst, möte II *adj*, ~ *gloom* tilltagande mörker; ~ *storm* annalkande storm

gaudy ['ga:di] *adj* färggrann, prålig

gauge [gejdʒ] I *verb* bildligt bedöma II *subst* 1 mätinstrument 2 bildligt måttstock

gaunt [ga:nt] *adj* utmärglad, tärd

gauze [ga:z] *subst* gasväv; ~
bandage gasbinda
gave [gejv] *verb* imperf. av *give*
gay [gej] **I** *adj* homosexuell,
bög- **II** *subst* bög, homosex-
uell
gaze [gejz] **I** *verb* stirra
II *subst* blick
gear [giǝr] **I** *subst* **1** utrust-
ning; grejer **2** växel på bil,
cykel etc.; *change (shift) gears*
växla; *reverse* ~ backväxel
II *verb, be geared to* vara
inriktad på (anpassad till)
gearbox ['giǝrba:ks] *subst*
växellåda
gearshift ['giǝr‚schifft] *subst*
växelspak
gee [dʒi:] *interj* å!, oj!, jösses!
geese [gi:s] *subst* pl. av *goose*
gel [dʒell] **I** *verb* bildligt ta
form **II** *subst* hårgelé
gem [dʒemm] *subst* **1** ädel-
sten **2** bildligt pärla
Gemini ['dʒemminnaj] *subst*
Tvillingarna stjärntecken
gender ['dʒenndǝr] *subst* kön;
genus
general ['dʒennǝrǝl] **I** *adj*
allmän; generell; ~ *delivery*
poste restante; ~ *practitioner*
allmänpraktiserande läkare
II *subst* general
generally ['dʒennǝrǝli] *adv* i
allmänhet
generate ['dʒennǝrejt] *verb*
alstra, framkalla

generation [‚dʒennǝ'rejschǝn]
subst generation
generator ['dʒennǝrejtǝr]
subst generator
generosity [‚dʒennǝ'ra:sǝti]
subst generositet
generous ['dʒennǝrǝs] *adj*
generös
genetics [dʒǝ'nettikks] *subst*
genetik
genial ['dʒi:njǝl] *adj* glad och
vänlig
genie ['dʒi:ni] *subst* anden i
flaskan
genitals ['dʒennǝtlz] *subst pl*
genitalier
genius ['dʒi:njǝs] *subst* **1** geni
2 ande, genie
genteel [dʒenn'ti:l] *adj* fin,
förnäm; struntförnäm
gentle ['dʒenntl] *adj* mild,
blid
gentleman ['dʒenntlmǝn]
subst **1** herre **2** gentleman
gently ['dʒenntli] *adv* var-
samt; vänligt
gents [dʒennts] *subst* **1** herr-
toa **2** ~*!* mina herrar!
genuine ['dʒennjoinn] *adj*
äkta
geography [dʒi'a:grǝfi] *subst*
geografi
geology [dʒi'a:lǝdʒi] *subst*
geologi
geometry [dʒi'a:mǝtri] *subst*
geometri

geranium [dʒə'rejnjəm] *subst*
1 pelargonia **2** geranium
geriatric [ˌdʒerri'ättrikk] *adj*
åldrings-
germ [dʒö:rm] *subst* **1** bakterie **2** bildligt frö
German ['dʒö:rmən] **I** *adj*
tysk; ~ *measles* röda hund; ~
shepherd schäfer **II** *subst*
1 tysk **2** tyska språk
Germany ['dʒö:rməni] Tyskland
gesture ['dʒesstchər] **I** *subst*
gest **II** *verb* visa med en gest
gesundheit [gə'zonndhajt]
interj prosit!
get* [gett] *verb* **1** få; lyckas
få, skaffa sig; ordna **2** vard.
uppfatta **3** *have got to* vara
(bli) tvungen att **4** ~ *going*
komma i gång **5** ~ *across*
bildligt gå hem hos; ~ *along*
dra jämnt; ~ *along with you!*
sluta!; ~ *at* syfta på; ~ *away*
komma undan; ~ *behind*
komma (bli) efter; ~ *by* klara
sig; ~ *into* råka (komma) i;
komma in i; ~ *off* klara sig
undan; slang bli exalterad
(hög); ~ *on* dra jämnt; ~ *on*
with it fortsätta; ~ *out*
komma ut; ~ *over* bildligt
komma över; ~ *through* gå
(ta sig) igenom; bildligt
komma fram; ~ *together*
samlas, träffas; ~ *up* resa sig;
gå upp

getaway ['gettəwej] *subst* vard.
flykt; ~ *car* flyktbil; ~
weekend weekendresa
ghastly ['gässtli] *adj* hemsk,
ohygglig
gherkin ['gö:rkinn] *subst* liten
gurka; *pickled* ~ slags inlagd
gurka
ghost [goust] *subst* spöke; *the*
Holy Ghost den Helige Ande
giant ['dʒajənt] **I** *subst* jätte
II *adj* jättestor, jätte-
gibberish ['dʒibbərisch] *subst*
rappakalja
giblets ['dʒibbləts] *subst pl*
kycklings o.d. inkråm
giddy ['giddi] *adj* yr
gift [gifft] *subst* **1** gåva; ~
certificate ung. presentkort
2 talang; *the* ~ *of speech*
talets gåva
gifted ['gifftidd] *adj* begåvad
gigantic [dʒaj'gänntikk] *adj*
gigantisk, enorm
giggle ['giggl] **I** *verb* fnissa
II *subst* fnitter
gills [gillz] *subst pl* gälar
gilt [gillt] **I** *adj* förgylld
II *subst* förgyllning
gilt-edged ['gillteddʒd] *adj*, ~
bonds guldkantade obligationer
gimmick ['gimmikk] *subst*
jippo; grej
gin [dʒinn] *subst* gin
ginger ['dʒinndʒər] **I** *subst*
ingefära **II** *adj* rödgul

gingerbread
['dʒinndʒərbredd] *subst* pep-
parkaka
gingerly ['dʒinndʒərli] *adv*
ytterst försiktigt
gingersnap ['dʒinndʒərsnäpp]
subst pepparkaka
gipsy ['dʒippsi] *subst* se *gypsy*
giraffe [dʒi'räff] *subst* giraff
girder ['gö:rdər] *subst* balk ofta
av järn
girdle ['gö:rdl] *subst* gördel
girl [gö:rl] *subst* flicka,
flickvän
girlfriend ['gö:rlfrennd] *subst*
flickvän; väninna
girlish ['gö:rlisch] *adj* flick-
aktig
girth [gö:rθ] *subst* omkrets
gist [dʒisst] *subst* kärnpunkt;
kontenta
give* [givv] *verb* **1** ge; räcka;
överlåta **2** framföra hälsning
3 hålla tal o.d.; avge, lämna
svar o.d. **4** ~ *way* ge efter; ge
plats, väja undan **5** ~ *away*
ge bort; avslöja; ~ *back* ge
tillbaka; ~ *in* ge vika, falla
till föga; ~ *up* ge upp; sluta
med; avstå från; ~ *oneself up*
överlämna sig till polisen
giveaway ['givvəwej] *subst*
oavsiktligt förrådande, avslö-
jande
given ['givvn] **I** *verb* perf.p. av
give **II** *adj* **1** ~ *to* fallen för

2 bestämd, given **III** *prep* o.
konj givet att; förutsatt att
glacier ['glejschər] *subst* gla-
ciär, jökel
glad [glädd] *adj* glad, lycklig
gladly ['gläddli] *adv* med
glädje
glamorous ['glämmərəs] *adj*
glamorös
glamour ['glämmər] *subst*
glamour
glance [glänns] **I** *verb* titta
hastigt (flyktigt) **II** *subst*
ögonkast
gland [glännd] *subst* körtel
glare [gläər] **I** *verb* blänga
II *subst* **1** ilsken blick **2** blän-
dande ljussken
glaring ['gläəring] *adj* påfal-
lande; uppenbar; om solsken
skarp
glass [gläss] *subst* glas;
glasses glasögon
glassware ['glässwerr] *subst*
föremål av glas
glaze [glejz] **I** *verb* glasera;
glazed earthenware fajans
II *subst* glasyr
glazier ['glejʒər] *subst* glas-
mästare
gleam [gli:m] *verb* glimma,
skimra svagt
glean [gli:n] *verb* samla
(skrapa) ihop
glee [gli:] *subst* glädje; ~ *club*
sångförening

glib [glibb] *adj* munvig;
lättvindig

glide [glajd] *verb* glida

glider ['glajdər] *subst* segel-
flygplan

glimmer ['glimmər] **I** *verb*
glimma **II** *subst* glimt; aning

glimpse [glimmps] **I** *subst*
skymt **II** *verb* se en glimt av

glisten ['glissn] *verb* glittra,
glänsa

glitch [glittch] *subst* vard. fel,
hake

glitter ['glittər] **I** *verb* glittra
II *subst* glitter

gloat [glout] *verb*, ~ *over* vara
skadeglad över

global ['gloubəl] *adj* global

globe [gloub] *subst* jordglob;
the ~ jordklotet

gloom [glo:m] *subst* **1** dunkel
2 dysterhet

gloomy ['glo:mi] *adj* dyster;
trist; mörk

glorious ['glå:riəs] *adj* strålan-
de; härlig; ärorik

glory ['glå:ri] *subst* ära

gloss [gla:s] **I** *subst* glans
II *verb*, ~ *over* släta över

glossary ['gla:səri] *subst* ord-
lista

glossy ['gla:si] *adj* glansig; ~
magazine modetidning

glove [glavv] *subst* handske; ~
compartment handskfack

glow [glou] **I** *verb* glöda
II *subst* glöd

glower ['glaoər] *verb* blänga
ilsket

glue [glo:] **I** *subst* lim **II** *verb*
limma

glum [glamm] *adj* trumpen;
dyster

glut [glatt] *subst* överflöd

glutton ['glattn] *subst* **1** mat-
vrak **2** järv

gnarled [na:rld] *adj* knotig

gnat [nätt] *subst* knott

gnaw [na:] *verb* gnaga

go* [gou] *verb* **1** resa, åka,
köra **2** gå i olika betydelser
3 bli; ~ *blind* (*crazy*) bli
blind (galen) **4** försvinna; gå
över **5** ~ *to* om pengar o.d. gå
(användas) till att **6** ~ *about*
ta itu med; ~ *against* strida
(vara) emot; ~ *along with*
instämma med, acceptera; ~
away gå bort, försvinna; ~
back gå (åka) tillbaka; ~
back on bryta, svika; ~
beyond gå utöver; ~ *by*
förflyta, gå; döma (gå) efter;
~ *down* gå ner; sjunka; ~ *for*
gå lös på, anfalla; gälla för; ~
off explodera, om skott gå av;
om väckarklocka börja ringa; ~
on fortsätta; pågå, hålla på;
~ *out* slockna; dö ut; ~ *out*
with vard. träffa; vara ihop
med; ~ *over* gå igenom,
granska; ~ *through* gå
igenom; ~ *through with*
genomföra, fullfölja; ~ *to-*

gether gå väl ihop, passa; ~
under gå under; göra
konkurs; ~ *up* gå upp, stiga;
~ *with* passa (gå) till; ~
without få vara (reda sig)
utan
goad [goud] *verb* egga, sporra
go-ahead ['gouəhedd] *subst*
vard. klarsignal
goal [goul] *subst* mål; *score a*
~ göra mål
goalie ['gouli] o. **goalkeeper**
['goul̩ki:pər] *subst* målvakt
goalpost ['goulpoust] *subst*
målstolpe
goat [gout] *subst* get; *get sb.'s*
~ reta ngn
gobble ['ga:bl] *verb*, ~ *up*
(*down*) glufsa i sig
go-between ['goubi̩twi:n]
subst mellanhand
god [ga:d] *subst* gud; *God*
Gud
godchild ['ga:dtchajld] *subst*
gudbarn
goddaughter ['ga:d̩da:tər]
subst guddotter
goddess ['ga:dəs] *subst* gud-
inna
godfather ['ga:d̩fa:ðər] *subst*
gudfar
godforsaken ['ga:dfərsejkn]
adj gudsförgäten
godmother ['ga:d̩maðər] *subst*
gudmor
godsend ['ga:dsennd] *subst*
gudagåva

godson ['ga:dsann] *subst*
gudson
goggles ['ga:glz] *subst pl*
skyddsglasögon; dykarglas-
ögon
going ['gouing] *verb, it's* ~ *to*
rain det blir snart regn; *be* ~
to tänka, ämna; *get* ~
komma i gång; sätta i gång
gold [gould] *subst* guld
golden ['gouldən] *adj* guld-,
gyllene; ~ *oldie* gammal
goding
goldfish ['gouldfisch] *subst*
guldfisk
gold-plated ['gould̩plejtəd]
adj guldpläterad
goldsmith ['gouldsmiθ] *subst*
guldsmed
golf [ga:lf] *subst* golf
golf club ['ga:lf klabb] *subst*
1 golfklubba 2 golfklubb
golf course ['ga:lf kå:rs] o. **golf
links** ['ga:lf lingks] *subst*
golfbana
gone [ga:n] I *verb* perf.p. av *go*
II *adj* borta, försvunnen
gong [ga:ng] *subst* gonggong
good [godd] I *adj* 1 god, bra
2 nyttig 3 duktig 4 vänlig,
snäll 5 moraliskt god, bra 6 ~
afternoon god dag; adjö; ~
day adjö; god dag; ~ *evening*
god afton; god dag; adjö; ~
morning god morgon; god
dag; adjö; ~ *night* god natt,
god afton, adjö 7 *make* ~

gottgöra, ersätta; lyckas
ll *subst* **1** det goda **2** *for ~*
för gott, för alltid
goodbye [godd'baj] *subst* o.
interj adjö
good-looking [,godd'lokking]
adj snygg
good-natured
[,godd'nejtchərd] *adj* god-
modig
goodness ['goddnəs] *subst*
godhet
goods [goddz] *subst pl* varor,
artiklar
goodwill [,godd'will] *subst* god
vilja, välvilja; företags good-
will
goof [go:f] *verb* klanta sig;
sumpa; *~ off* vard. slappa
goon [go:n] *subst* slang torped,
hejduk
goose [go:s] *subst* gås; *his ~ is
cooked now* nu kan han
hälsa hem
gooseberry ['go:sberri] *subst*
krusbär
gooseflesh ['go:sflesch] *subst*
gåshud på huden
gopher ['goufər] *subst* kind-
påsråtta
1 gore [gå:r] *subst* levrat blod
2 gore [gå:r] *verb* stånga,
stånga ihjäl
gorge [gå:rdʒ] **l** *subst* trångt
pass mellan branta klippor
ll *verb*, *~ oneself on* proppa i
sig, frossa i

gorgeous ['gå:rdʒəs] *adj* vard.
underbar, härlig; snygg
gorilla [gə'rillə] *subst* gorilla
äv. livvakt o.d.
gory ['gå:ri] *adj* blodig;
bloddrypande
gospel ['ga:spəl] *subst* evan-
gelium; *the ~ truth* rena
rama sanningen
gossip ['ga:səp] **l** *subst*
1 skvaller **2** skvallerbytta
ll *verb* skvallra
got [ga:t] *verb* imperf. o. perf.p.
av *get*
gotten [ga:tn] *verb* perf.p. av
get
gourmet ['gorrmej] *subst*
gourmet
gout [gaot] *subst* gikt
govern ['gavvərn] *verb* styra,
regera
governess ['gavvərnəs] *subst*
guvernant
government ['gavvərnmənt]
subst regering; *state ~*
delstatsregering
governor ['gavvənər] *subst*
1 guvernör **2** *board of gov-
ernors* styrelse; ledning
gown [gaon] *subst* finare
långklänning
GP [,dʒi:'pi:] (förk. för *general
practitioner*) allmänprakti-
serande läkare
grab [gräbb] *verb* hugga,
gripa; *~ bag* ung. fiskdamm;
sammelsurium

grace [grejs] *subst* **1** behagfullhet, grace **2** nåd; *30 days* ~ 30 dagars anstånd **3** *Your Grace* Ers nåd
graceful ['grejsfəl] *adj* behagfull, graciös
gracious ['grejschəs] *adj* älskvärd; nedlåtande; *good* ~! du milde!, herre gud!
grade [grejd] **I** *subst* **1** grad; rang **2** kvalitetsklass **3** klass, årskurs; ~ *school* ung. grundskola lägre stadier **4** betyg, poäng **5** ~ *crossing* plankorsning **II** *verb* **1** gradera; sortera **2** betygsätta, sätta betyg på, rätta
gradual ['gräddʒoəl] *adj* gradvis
gradually ['gräddʒoəli] *adv* gradvis, undan för undan; så småningom
graduate I ['gräddʒoət] *adj*, ~ *student* forskarstuderande **II** ['gräddʒoət] *subst, college* ~ akademiker; *high school* ~ person med gymnasieutbildning **III** ['gräddjoejt] *verb* **1** avsluta akademisk grundutbildning, ta examen **2** avsluta sina studier, gå ut skolan; kvalificera sig
graduation [ˌgräddʒo'ejschən] *subst* utexaminering; avgångsklass skolavslutning; ~ *ceremony* högtidlig avslutning för avgående klassen

graffiti [grə'fiːti] *subst* klotter; konst graffiti
graft [gräfft] **I** *subst* **1** muta; korruption **2** transplantat **3** ympkvist **II** *verb* **1** ympa **2** transplantera
grain [grejn] *subst* **1** sädeskorn; spannmål **2** grand, uns **3** ådring; *go against the* ~ bära (bjuda) emot
gram [grämm] *subst* gram
grammar ['grämmər] *subst* grammatik
grand [ännd] **I** *adj* stor; storslagen; underbar; ~ *piano* flygel **II** *subst* vard. tusen dollar
granddad ['ännndädd] *subst* vard. farfar; morfar
granddaughter ['ännnˌdaːtər] *subst* sondotter; dotterdotter
grandfather ['ännnˌfaːðər] *subst* farfar; morfar
grandma ['ännnmaː] *subst* vard. farmor; mormor
grandmother ['ännnˌmaðər] *subst* farmor; mormor
grandpa ['ännnpaː] *subst* vard. farfar; morfar
grandson ['ännnsann] *subst* sonson; dotterson
grandstand ['ännndstännd] **I** *subst* sittplatsläktare vid tävlingar o.d. **II** *verb* vard. spela för galleriet
granite ['ännnitt] *subst* granit

granny ['gränni] *subst* vard. farmor; mormor; gumma

granola [grə'noulə] *subst* ung. müsli

grant [grännt] **I** *verb* **1** bevilja, anslå pengar **2** medge; *granted* (*granting*) *that* förutsatt att, även om; *take sth. for granted* ta ngt för givet **II** *subst* anslag, stipendium; *government* ~ statsanslag, statsbidrag

grape [grejp] *subst* vindruva; ~ *juice* druvsaft

grapefruit ['grejpfro:t] *subst* grapefrukt

graph [gräff] *subst* diagram

graphic ['gräffikk] *adj* **1** grafisk **2** bildligt målande

graphics ['gräffikks] *subst pl* grafik

grapple ['gräppl] *verb,* ~ *with* brottas med

grasp [grässp] **I** *verb* **1** gripa **2** begripa **II** *subst* **1** grepp; *beyond* (*within*) *sb.'s* ~ utom (inom) räckhåll för ngn **2** förståelse

grasping ['grässping] *adj* girig

grass [gräss] *subst* **1** gräs; gräsmatta; ~ *court* tennis gräsbana **2** slang marijuana

grasshopper ['gräss,ha:pər] *subst* gräshoppa

grass roots [,gräss 'ro:ts] *subst pl, the* ~ bildligt gräsrötterna

1 grate [grejt] *verb* **1** riva ost

o.d. **2** gnissla; *it grates on me* det retar (irriterar) mig

2 grate [grejt] *subst* galler

grateful ['grejtfəl] *adj* tacksam

grater ['grejtər] *subst* rivjärn

gratifying ['grättifajing] *adj* tillfredsställande

gratin ['grättn] *subst, potatoes au* ~ potatisgratäng

grating ['grejting] *subst* galler

gratitude ['grättəto:d] *subst* tacksamhet

gratuity [grə'to:əti] *subst* **1** drickspengar **2** gratifikation

1 grave [grejv] *adj* allvarlig

2 grave [grejv] *subst* grav

gravel ['grävvəl] *subst* grus; ~ *path* grusgång

graveyard ['grejvja:rd] *subst* kyrkogård; ~ *shift* nattskift

gravity ['grävvəti] *subst* **1** allvar **2** tyngdkraft

gravy ['grejvi] *subst* sås

gray [grej] *adj* grå

1 graze [grejz] **I** *verb* skrapa **II** *subst* skrubbsår

2 graze [grejz] *verb* beta, gå på bete

grease [gri:s] **I** *subst* **1** fett **2** smörjmedel; ~ *monkey* slang bilmekaniker **II** *verb* smörja, olja; ~ *sb.'s palm* muta ngn

greasy ['gri:si] *adj* flottig; oljig; ~ *spoon* slang sjaskig sylta

great [grejt] *adj* stor; viktig; framstående; väldig; vard. utmärkt; *Great Britain* Storbritannien

great-aunt [ˌgrejt'ännt] *subst* fars (mors) faster (moster)

great-grandfather [ˌgrejt'grännd.fa:ðər] *subst* gammelfarfar; gammelmorfar

great-grandmother [ˌgrejt'grännd.maðər] *subst* gammelfarmor; gammelmormor

greatly ['grejtli] *adv* mycket, i hög grad

greatness ['grejtnəs] *subst* storhet

great-uncle [ˌgrejt'angkl] *subst* fars (mors) farbror (morbror)

Greece [gri:s] Grekland

greed [gri:d] *subst* girighet

greedy ['gri:di] *adj* girig

Greek [gri:k] I *subst* 1 grek 2 grekiska språk II *adj* grekisk

green [gri:n] I *adj* 1 grön; grönskande; ~ *card* permanent uppehållstillstånd; *have a ~ thumb* vard. ha gröna fingrar 2 oerfaren II *subst* 1 green för golf; *village ~* byallmänning 2 *greens* bladgrönsaker

greenery ['gri:nəri] *subst* grönska

greenhouse ['gri:nhaos] *subst* växthus

Greenland ['gri:nlənd] Grönland

greet [gri:t] *verb* hälsa; ta emot gäst, nyhet o.d.

greeting ['gri:ting] *subst* hälsning

gregarious [gri'gerriəs] *adj* sällskaplig; flock-

grenade [gri'nejd] *subst* handgranat, gevärsgranat

grew [gro:] *verb* imperf. av *grow*

grey [grej] *adj* se *gray*

greyhound ['grejhaond] *subst* 1 vinthund 2 *Greyhound* Greyhoundbuss långfärdsbuss

grid [gridd] *subst* galler

gridlock ['griddla:k] *subst* 1 trafikstockning 2 dödläge

grief [gri:f] *subst* sorg; *good ~!* jösses!

grievance ['gri:vəns] *subst* klagomål

grievous ['gri:vəs] *adj* sorglig, smärtsam; svår

grill [grill] I *verb* grilla II *subst* grill

grille [grill] *subst* 1 galler 2 grill på bil

grim [grimm] *adj* hård; dyster; barsk, bister

grimace ['grimməs] *subst* grimas

grime [grajm] *subst* ingrodd svart smuts

grin [grinn] **I** *verb* flina
II *subst* flin
grind [grajnd] **I** *verb* **1** mala;
krossa **2** gnissla **II** *subst*
1 slit **2** slang plugghäst
grip [gripp] **I** *subst* **1** grepp;
get a ~ on få grepp om; ta
kontroll **2** resväska **II** *verb*
gripa
gripping ['gripping] *adj* gri-
pande, fängslande
grisly ['grizzli] *adj* hemsk,
kuslig
grit [gritt] **I** *subst* sand, grus
II *verb*, *~ one's teeth* bita
ihop tänderna
groan [groun] **I** *verb* stöna,
jämra sig **II** *subst* stön
grocer ['grousər] *subst* spece-
rihandlare; *grocer's* speceri-
affär, livsmedelsaffär
groceries ['grousərizz] *subst*
pl livsmedel
grocery store ['grousəri ˌstå:r]
subst speceriaffär
groin [gråjn] *subst* skrev
groom [gro:m] **I** *subst* **1** stall-
dräng **2** brudgum **II** *verb*
rykta; *~ for* förbereda (träna)
för arbete
groove [gro:v] *subst* fåra,
räffla; *be in the ~* vard. vara
häftig, vara kul; vara i
toppform
grope [group] *verb* **1** treva,
famla **2** tafsa på grovt
gross [grous] **I** *adj* **1** grov,

plump; *~ negligence* grov
oaktsamhet **2** total- **II** *verb*,
~ out äckla
grossly ['grousli] *adv* grovt,
starkt
grotto ['gra:tou] *subst* grotta
1 ground [graond] **I** *verb*
imperf. o. perf.p. av *grind*
II *subst*, *grounds* kaffesump
2 ground [graond] **I** *subst*
1 mark; jord **2** område,
plan; *gain ~* vinna terräng
3 grund, grundval; orsak
II *verb* **1** grunda, basera
2 jorda kontakt o.d.
ground chuck ['graond
tchakk] *subst* köttfärs
ground floor [ˌgraond 'flå:r]
subst bottenvåning, botten-
plan
grounding ['graonding] *subst*
baskunskaper
groundless ['graondləs] *adj*
ogrundad, utan orsak
ground rules ['graond ro:lz]
subst pl regler; lokala
bestämmelser
groundsheet ['graondschi:t]
subst liggunderlag
ground staff ['graond stäff]
subst markpersonal
groundwork ['graondwö:rk]
subst förarbete
group [gro:p] **I** *subst* grupp
II *verb* gruppera
1 grouse [graos] *subst* moripa

2 grouse [graos] *verb* knorra, klaga
grove [grouv] *subst* dunge; lund
grovel ['gravvl] *verb* kräla i stoftet, krypa
grow* [grou] *verb* **1** växa; ~ *up* växa upp; bli stor **2** odla **3** bli
growing ['grouing] *adj* växande, tilltagande
growl [graol] *verb* morra; mullra
grown [groun] **I** *verb* perf.p. av *grow* **II** *adj* vuxen
grown-up ['grounapp] *adj* o. *subst* vuxen
growth [grouθ] *subst* tillväxt; utveckling; *3 days'* ~ 3 dagars skäggstubb
grub [grabb] *subst* **1** larv djur **2** vard. käk
grubby ['grabbi] *adj* smutsig
grudge [gradʒ] **I** *verb* missunna, avundas **II** *subst, bear a ~ against sb.* hysa agg till ngn
gruelling ['gro:əling] *adj* vard. mycket ansträngande, strapatsrik
gruesome ['gro:səm] *adj* hemsk, ohygglig
grumble ['grammbl] *verb* knota, klaga
grumpy ['grammpi] *adj* vresig; på dåligt humör
grunt [grannt] **I** *verb* grymta **II** *subst* **1** grymtning **2** slang basse, infanterisoldat
guarantee [ˌgerrən'ti:] **I** *subst* garanti **II** *verb* garantera; gå i borgen för
guard [ga:rd] **I** *verb* **1** bevaka **2** skydda **II** *subst* **1** vakt; väktare; *be on ~ duty* ha vakt; *be on one's ~* vara på sin vakt **2** bevakning; skydd
guarded ['ga:rdəd] *adj* **1** bevakad, skyddad **2** försiktig, reserverad
guardian ['ga:rdjən] *subst* **1** väktare; ~ *angel* skyddsängel **2** vårdnadshavare
gubernatorial [goːbəˈrnətå:riəl] *adj* guvernörs-
guess [gess] **I** *verb* **1** gissa **2** vard. tro, förmoda; *I guessed as much* var det inte det jag trodde; ~ *what!* vet du vad? **II** *subst* gissning; *lucky ~* lyckoträff
guesswork ['gesswö:rk] *subst* spekulationer
guest [gesst] *subst* gäst; ~ *of honor* hedersgäst
guffaw [ga'fa:] **I** *subst* gapskratt **II** *verb* gapskratta
guidance ['gajdəns] *subst* ledning; vägledning
guide [gajd] **I** *verb* **1** visa vägen; guida **2** vägleda **II** *subst* **1** guide, reseledare **2** handbok; resehandbok

guidebook ['gajdbokk] *subst*
resehandbok
guide dog ['gajd da:g] *subst*
ledarhund för blinda
guild [gilld] *subst* gille, skrå
guillotine ['gilləti:n] *subst*
giljotin
guilt [gillt] *subst* skuld
guilty ['gillti] *adj* **1** skyldig
2 skuldmedveten
guinea pig ['ginni pigg] *subst*
1 marsvin **2** försökskanin
guise [gajz] *subst* sken, mask;
form, skepnad
guitar [gi'ta:r] *subst* gitarr
gulch [galltch] *subst* smal brant
ravin
gulf [gallf] *subst* **1** golf, bukt
2 bildligt klyfta
gull [gall] *subst* mås
gullet ['gallitt] *subst* matstru-
pe
gullible ['galləbl] *adj* lätt-
trogen, lättlurad
gully ['galli] *subst* klyfta, ravin
gulp [gallp] **I** *verb* stjälpa
(slänga) i sig **II** *subst* stor
klunk
gum [gamm] *subst* tuggummi
gums [gammz] *subst pl*
tandkött
gun [gann] **I** *subst* kanon;
gevär; pistol **II** *verb*, ~ *down*
skjuta ner
gunboat ['gannbəot] *subst*
kanonbåt

gunfire ['gann,fajər] *subst*
skottlossning
gung ho [,gang 'hou] *adj*
gåpåig; övernitisk
gunman ['gannmən] *subst*
beväpnad gangster
gunpoint ['gannpåjnt] *subst*,
at ~ under pistolhot
gunpowder ['gann,paodər]
subst krut
gunshot ['gannscha:t] *subst*
skott; skotthåll
gurgle ['gö:rgl] *verb* **1** klucka
2 gurgla
gush [gasch] *verb* **1** välla
fram, forsa ut **2** tala över-
svallande och sentimentalt
gust [gasst] *subst* vindil;
stormby
gusto ['gasstou] *subst, with* ~
med stor förtjusning
gut [gatt] *adj,* ~ *feeling*
instinktiv känsla, instinkt
guts [gatts] *subst pl* vard.
1 inälvor, tarmar **2** mod,
stake
gutter ['gattər] *subst* rännsten;
takränna; ~ *mind* snuskig
fantasi
guy [gaj] *subst* vard. karl, kille
guzzle ['gazzl] *verb* vräka i sig
gym [dʒimm] *subst* **1** gym-
nastiksal; gym **2** gympa
gymnast ['dʒimmnässt] *subst*
gymnast
gymnastics [dʒimm'nässtikks]
subst gymnastik

gym suit ['dʒimm so:t] *subst*
gymnastikdräkt, gympaklä-
der
gynecologist
[ˌgajni'ka:lədʒisst] *subst* gy-
nekolog
gypsy ['dʒippsi] *subst* zigenare

H, h [eitch] *subst* H, h
haberdashery
['häbbərdäschəri] *subst* herr-
ekiperingsartiklar
habit ['häbbitt] *subst* vana
habitual [hə'bittschoəl] *adj*
invand, vane-; ~ *smoker*
inbiten rökare
1 hack [häkk] *verb* **1** hacka
2 ~ *it* klara av det
2 hack [häkk] *subst*, ~ el. ~
writer dussinförfattare
hackneyed ['häkknidd] *adj*
sliten, banal
had [hädd] *verb* imperf. o.
perf.p. av *have*
haddock ['häddək] *subst* kolja
hadn't ['häddnt] = *had not*
haggle ['häggl] *verb* pruta;
köpslå
1 hail [hejl] **I** *subst* hagel
II *verb* hagla
2 hail [hejl] *verb* kalla på;
ropa till sig; ~ *a taxi* vinka
till sig en taxi
hailstone ['hejlstoun] *subst*
hagelkorn
hair [häär] *subst* hår
hairbrush ['herrbrasch] *subst*
hårborste
haircut ['herrkatt] *subst*

klippning; frisyr; *get a* ~
klippa sig
hairdo ['herrdo:] *subst* vard.
frisyr
hairdresser ['herr͵dressər]
subst frisör; hårfrisörska;
hairdresser's damfrisering
hairpin ['herrpinn] *subst* hår-
nål
hair-raising ['her͵rejzing] *adj*
vard. hårresande
hairstyle ['herrstajl] *subst*
frisyr
hairy ['herri] *adj* **1** hårig;
luden **2** slang skrämmande,
svår
half [häff] **I** *subst* halva; ~ *and*
~ mjölk och grädde blandat i
lika delar **II** *adj* halv **III** *adv*
halvt; *at* ~ *past five* halv sex
half-baked [͵häff'bejkt] *adj*
halvfärdig
half-hearted [͵häff'ha:rtəd] *adj*
halvhjärtad
half-mast [͵häff'mässt] *subst,*
at ~ på halv stång
half-price [͵häff'prajs] *adj* till
(för) halva priset
half-slip ['häffslipp] *subst*
underkjol
half-time ['häff'tajm] *subst*
halvtid
halfway [͵häff'wej] *adv* halv-
vägs; ~ *house* rehabilite-
ringshem för t.ex. f.d. missbru-
kare
hall [ha:l] *subst* **1** entré, hall

2 sal; *banquet* ~ festsal
3 *town* (*city*) ~ stadshus **4** ~
of residence studenthem
hallmark ['hå:lma:rk] *subst*
1 kontrollstämpel på guld o.d.
2 kännetecken
Halloween [͵hälloui:n] *subst*
allhelgonaafton 31 oktober
hallucination
[hə͵lo:si'nejschən] *subst* hal-
lucination
hallway ['ha:lwej] *subst* **1** en-
tré, hall, vestibul **2** korridor
halo ['hejlou] *subst* gloria
halt [ha:lt] **I** *subst, come to a*
~ stanna **II** *verb* stanna
halve [hävv] *verb* halvera
halves [hävvz] *subst* pl. av *half*
1 ham [hämm] *subst* skinka
2 ham [hämm] **I** *subst* buskis
II *verb,* ~ *it up* spela buskis
hamburger ['hämmbö:rgər]
subst hamburgare; ~ *meat*
köttfärs
hamlet ['hämmlət] *subst* liten
by
hammer ['hämmər] **I** *subst*
1 hammare **2** *come* (*go*)
under the ~ gå under
klubban på auktion **II** *verb*
hamra, bulta; ~ *home*
inpränta
hammock ['hämmək] *subst*
hängmatta
1 hamper ['hämmpər] *subst*
tvättkorg

2 hamper ['hämmpər] *verb*
hindra, hämma
hamster ['hämmstər] *subst*
hamster
hand [hännd] **I** *subst* **1** hand;
close at ~ för handen; till
hands; *by* ~ för hand; *off* ~
på rak arm; *out of* ~ ur
kontroll **2** sida; *on the one*
~...*on the other* ~ å ena
sidan...å andra sidan; *on the*
right ~ till höger **3** arbetare;
sjöman **II** *verb* räcka, ge; ~
down lämna i arv; ~ *in*
lämna in; ~ *out* dela ut; ~
over överräcka
handbag ['hänndbägg] *subst*
handväska
handbook ['hänndbokk] *subst*
handbok; manual
handbrake ['hänndbrejk]
subst handbroms
handful ['hänndfəl] *subst*
handfull; litet antal
handicap ['hänndikäpp]
I *subst* handikapp **II** *verb*
handikappa; *handicapped*
handikappad
handicraft ['hänndikräfft]
subst hantverk
handiwork ['hänndiwö:rk]
subst skapelse; verk
handkerchief ['hängkərtchiff]
subst näsduk
handle ['hänndl] **I** *verb* han-
tera; handskas med **II** *subst*
handtag

handlebars ['hänndlba:rs]
subst pl cykelstyre
handmade [ˌhännd'mejd] *adj*
tillverkad för hand
hand-me-downs
['hänndmiddaonz] *subst pl*
ärvda kläder
handout ['hänndaot] *subst*
1 reklamlapp; stencil som
delas ut **2** allmosa
handrail ['hänndrejl] *subst*
ledstång
handshake ['hänndschejk]
subst handslag
handsome ['hännsəm] *adj*
1 snygg, stilig, vacker, fin
2 ansenlig **3** skicklig, duktig
handwriting ['hänndˌrajting]
subst handstil
handy ['hänndi] *adj* **1** händig
2 till hands; *come in* ~
komma väl till pass
handyman ['hänndimänn]
subst allt i allo; tusenkonst-
när
hang [häng] *verb* **1** hänga;
hänga upp; ~ *about* el. ~
around stå och hänga
2 sväva **3** ~ *in there!* slang stå
'på dig!; ~ *on* klamra sig fast
vid; ~ *on a moment!* vard.
vänta lite!; dröj ett ögon-
blick!; ~ *out* vard. hålla till;
let it all ~ *out* vard. slappna
av; ~ *up* lägga på luren
hangar ['hängər] *subst* hangar

hanger ['häŋər] *subst* galge
för kläder
hanger-on [ˌhäŋər'aːn] *subst*
vard. påhäng
hang-gliding ['häŋˌglajding]
subst hängflygning
hangover ['häŋˌouvər] *subst*
1 kvarleva **2** baksmälla
hangup ['häŋapp] *subst* vard.
komplex, fix idé
hanker ['häŋkər] *verb*, ~ *for*
längta efter, tråna efter
haphazard [ˌhäpp'häzzərd] *adj*
slumpmässig
happen ['häppən] *verb* **1** hända; komma sig **2** råka
happening ['häppəning] *subst*
1 händelse **2** happening
happily ['häppili] *adv* **1** lyckligt **2** lyckligtvis
happiness ['häppinəs] *subst*
lycka
happy ['häppi] *adj* **1** lycklig;
nöjd; ~ *birthday* grattis!, har
den äran!; *Happy New Year!*
Gott nytt år! **2** ~ *thought*
lycklig ingivelse
happy-go-lucky
[ˌhäppigou'lakki] *adj* sorglös
harass [hə'räss] *verb* **1** jäkta;
oroa **2** trakassera
harassment [hə'rässmənt]
subst trakasseri
harbor ['haːrbər] **I** *subst* hamn
II *verb* **1** ge skydd åt **2** bildligt
hysa
hard [haːrd] **I** *adj* hård; svår; ~

drinker storsupare; ~ *drug*
tung narkotika; ~ *labor*
straffarbete; ~ *sell* aggressiv
försäljningsmetod **II** *adv*
hårt; *try* ~ verkligen försöka,
anstränga sig
hardback ['haːrdbäkk] *subst*
inbunden bok
hardball ['haːrdbaːl] *subst*,
play ~ spela tuff
hard-core ['haːrd'kåːr] *adj*
hårdnackad; hård
harden ['haːrdn] *verb* hårdna;
härdas; förhärdas
hard hat ['haːrd hätt] *subst*
1 ordentlig skyddshjälm
2 konservativ och inskränkt
person ur arbetarklassen
hard-headed [ˌhaːrd'heddidd]
adj kall, förslagen
hardly ['haːrdli] *adv* knappast
hard-nosed [ˌhaːrd'nouzd] *adj*
tuff; omedgörlig
hard-on ['haːrda:n] *subst* slang
stånd, ståkuk
hardship ['haːrdschipp] *subst*
vedermöda
hardware ['haːrdwerr] *subst*
järnvaror; ~ *store* järnhandel
hardwearing [ˌhaːrd'werring]
adj slitstark
hard-working ['haːrdˌwöːrking]
adj hårt arbetande, strävsam
hardy ['haːrdi] *adj* härdad,
tålig
hare [häər] *subst* hare

hare-brained ['herrbrejnd] *adj*
tanklös; snurrig
harm [ha:rm] **I** *subst* skada,
ont **II** *verb* skada; ~ *sb.* göra
ngn illa
harmful ['ha:rmfəl] *adj* skadlig
harmless ['ha:rmləs] *adj*
oskadlig; oförarglig
harmonica [ha:rma:nikka]
subst munspel
harmony ['ha:rməni] *subst*
harmoni
harness ['ha:rniss] **I** *subst* sele
II *verb* utnyttja; tämja
harp [ha:rp] *subst* harpa
harpsichord ['ha:rpsikå:rd]
subst cembalo
harrowing ['härrouing] *adj*
upprörande; hemsk
harsh [ha:rsch] *adj* hård,
sträng
harvest ['ha:rvisst] **I** *subst*
skörd **II** *verb* skörda
has [häzz] *verb* (presens av
have), *he* (*she*, *it*) ~ han
(hon, den, det) har etc.
1 hash [häsch] *subst* slags
stuvad pyttipanna; ~ *browns*
grovskuren stekt potatis
2 hash [häsch] *subst* vard.
hasch
hasn't ['häzznt] = *has not*
hassle ['hässl] vard. **I** *subst*
käbbel; besvär, strul **II** *verb*
trakassera; bråka med
haste [hejst] *subst* hast

hasten ['hejsn] *verb* påskynda; skynda
hastily ['hejstilli] *adv* i största
hast
hasty ['hejsti] *adj* hastig;
förhastad
hat [hätt] *subst* hatt; mössa;
pass the ~ göra en insamling;
keep sth. under one's ~ hålla
tyst om ngt
1 hatch [hättch] *subst* lucka
2 hatch [hättch] *verb* kläcka
hatchback ['hättchbäkk] *subst*
halvkombi
hatchet ['hättchitt] *subst*
handyxa; *bury the* ~ gräva
ned stridsyxan
hate [hejt] **I** *subst* hat **II** *verb*
hata
hateful ['hejtfəl] *adj* avskyvärd
hatred ['hejtridd] *subst* hat
haughty ['ha:ti] *adj* högdragen
haul [ha:l] *verb* hala, dra
haulier ['ha:ljər] *subst* **1** åkare
2 långtradarchaufför
haunch [ha:ntsch] *subst* höft,
länd
haunt [ha:nt] *verb* **1** spöka i
2 om tankar o.d. förfölja
have* [hävv] **I** *verb* **1** ha; *I* ~
been ill jag har varit sjuk
2 ha, äga; hysa **3** ~ *a bath* (*a
drink*) ta sig ett bad (ett
glas); ~ *dinner* äta middag
4 ~ *it made* ha sitt på det
torra, ha lyckats; ~ *it your*

own way! gör som du vill!; *I won't ~ it* jag tänker inte finna mig i det **5** *~ to* vara (bli) tvungen att, behöva; *I ~ to go* jag måste gå; *you (I) had better* det är bäst att du (jag) **6** *~ on* ha på sig kläder **II** *subst,* **the haves and the have-nots** de rika och de fattiga
haven ['hejvn] *subst* **1** hamn **2** tillflyktsort
haven't ['hävvnt] = *have not*
havoc ['hävvək] *subst* förstörelse
1 hawk [ha:k] *subst* hök
2 hawk [ha:k] *verb* bjuda ut varor på gatan
hay [hej] *subst* hö
hay fever ['hej ,fi:vər] *subst* hösnuva
haystack ['hejstäkk] *subst* höstack
haywire ['hejwajər] *adj* vard. **1** trasig **2** knasig; *go ~* gå åt skogen, trassla till sig
hazard ['häzzərd] **I** *subst* risk, fara **II** *verb* riskera
haze [hejz] **I** *subst* dis, töcken **II** *verb* trakassera, köra med nykomlingar
hazelnut ['hejzlnatt] *subst* hasselnöt
hazy ['hejzi] *adj* **1** disig **2** bildligt dunkel
he [hi:, i] *pron* han
head [hedd] **I** *subst* **1** huvud

2 chef, direktör; *~ of state* statsöverhuvud **3** person; antal; *a ~* per man (styck) **4** övre ända **II** *adj* huvud-; främsta **III** *verb* **1** anföra, leda **2** i fotboll nicka **3** *~ for* styra kosan mot; *be heading for* gå till mötes
headache ['heddejk] *subst* huvudvärk
headdress ['heddress] *subst* huvudbonad
header ['heddər] *subst* **1** i fotboll nick **2** fall på huvudet
heading ['hedding] *subst* rubrik, titel
headland ['heddlənd] *subst* hög udde
headlight ['heddlajt] *subst* strålkastare, lykta på bil
headline ['heddlajn] *subst* rubrik; *headlines* i radio el. TV nyhetssammandrag
headlong ['heddla:ng] *adv* huvudstupa; i blindo
head-on [,hedd'a:n] *adj* frontal; *~ collision* frontalkrock
headquarters [,hedd'kwå:rtərz] *subst* högkvarter; huvudkontor
headrest ['heddresst] *subst* nackstöd i bil
headroom ['heddro:m] *subst* på vägskylt fri höjd
headscarf ['heddska:rf] *subst* sjalett

headstrong ['heddstra:ng] *adj*
halsstarrig
heads-up [heddz'app] *adj*
smart, alert
head walter [,hedd 'wejtər]
subst hovmästare
headway ['heddwej] *subst*
framsteg
headwind ['heddwinnd] *subst*
motvind
heady ['heddi] *adj* bildligt
berusande
heal [hi:l] *verb* bota; läka
health [helθ] *subst* hälsa; ~
hazard (*risk*) hälsorisk; ~
insurance sjukförsäkring; ~
service hälsovård
health food ['helθ fo:d] *subst*
hälsokost
healthy ['helθi] *adj* **1** frisk
2 hälsosam
heap [hi:p] **I** *subst* hög, hop;
heaps of vard. massvis med
II *verb* lägga i en hög
heaping ['hi:ping] *adj* rågad
hear* [hiər] *verb* **1** höra; få
höra; ~ *from* höra 'av; ~ *of*
höra talas om **2** lyssna på
heard [hö:rd] *verb* imperf. o.
perf.p. av *hear*
hearing ['hirring] *subst*
1 hörsel; *be hard of* ~ ha
nedsatt hörsel **2** utfrågning,
hearing
hearing aid ['hirring ejd]
subst hörapparat

hearsay ['hirrsej] *subst* hörsä-
gen, rykten
hearse [hö:rs] *subst* likvagn
heart [ha:rt] *subst* **1** hjärta; *at*
~ i själ och hjärta, i grund
och botten; *by* ~ utantill, ur
minnet **2** *hearts* hjärter
heartbeat ['ha:rtbi:t] *subst*
hjärtslag pulsslag
heartbreaking ['ha:rt,brejking]
adj hjärtslitande
heartbroken ['ha:rt,broukən]
adj förtvivlad
heartburn ['ha:rtbö:rn] *subst*
halsbränna
heart failure ['ha:rt ,fejljər]
subst hjärtsvikt
heartfelt ['ha:rtfellt] *adj* djupt
känd, innerlig
hearth [ha:rθ] *subst* härd
heartily ['ha:rtilli] *adv*
1 hjärtligt **2** med god aptit
hearty ['ha:rti] *adj* **1** hjärtlig
2 hurtfrisk
heat [hi:t] **I** *subst* **1** hetta;
värme; ~ *rash* värmeutslag
2 heat i tävlingar **3** *be in* ~ om
djur löpa **II** *verb*, ~ *up* värma
upp mat
heated ['hi:tidd] *adj* hetsig,
livlig
heater ['hi:tər] *subst* värme-
element; varmvattenberedare
heath [hi:θ] *subst* hed
heather ['heðər] *subst* ljung
heating ['hi:ting] *subst* upp-

värmning; **central** ~ central-
värme
heatstroke ['hi:tstrouk] *subst*
värmeslag
heat wave ['hi:t wejv] *subst*
värmebölja
heave [hi:v] *verb* **1** lyfta, häva
2 dra; ~ *a sigh* dra en suck,
sucka
heaven ['hevvn] *subst* **1** *heav-*
ens himmel konkret; *the*
heavens opened det började
ösregna **2** himlen
heavenly ['hevvnli] *adj* him-
melsk; vard. gudomlig
heavily ['hevvili] *adv* **1** tungt;
kraftigt **2** i hög grad
heavy ['hevvi] *adj* tung;
kraftig; slang viktig, allvarlig;
~ *eater* storätare
heavyweight ['hevviwejt]
subst **1** tungvikt **2** tungvik-
tare
Hebrew ['hi:bro:] *subst* he-
breiska
heck [hekk] *interj* sjutton!,
jäklar!
hectic ['hekktikk] *adj* hektisk
he'd [hi:d] = *he had*; *he would*
hedge [heddʒ] **I** *subst* häck
II *verb* omgärda; ~ *one's bets*
gardera sig, vara helgarderad
hedgehog ['heddʒha:g] *subst*
igelkott
heed [hi:d] *subst, take* ~ *of*
lyssna till, fästa avseende vid

heel [hi:l] *subst* **1** häl; klack
2 slang knöl, kräk
height [hajt] *subst* **1** höjd
2 kulle **3** höjdpunkt; *the* ~ *of*
fashion högsta mode
heighten ['hajtn] *verb* höja;
förhöja
heir [äər] *subst* arvinge,
arvtagare
heiress ['errəs] *subst* arvinge,
arvtagerska
heist [hajst] **I** *verb* vard. råna
II *subst* stöt rån o.d.
held [helld] *verb* imperf. o.
perf.p. av *hold*
helicopter ['helləka:ptər] *subst*
helikopter
hell [hell] *subst* helvete; *go to*
~*!* dra åt helvete!
he'll [hi:l] = *he will*, *he shall*
hellish ['hellisch] *adj* helve-
tisk; *a* ~ *problem* ett helvetes
problem
hello [ˌhe'lou] *interj* hallå!;
hej!
helm [hellm] *subst* roder
helmet ['hellmət] *subst* hjälm
help [hellp] *verb* **1** hjälpa; ~
yourself! var så god och ta!;
~ *out* hjälpa till **2** *I can't* ~ *it*
jag rår inte för det
helper ['hellpər] *subst* med-
hjälpare, hjälpreda
helpful ['hellpfəl] *adj* hjälpsam
helping ['hellping] *subst* por-
tion

helpless ['hellpləs] *adj* hjälplös
1 hem [hemm] **I** *subst* fåll
II *verb* fålla
2 hem [hemm] *verb*, ~ *and haw* humma, dra på orden
hemorrhage ['hemməridʒ] **I** *subst* blödning **II** *verb* blöda svårt
hen [henn] *subst* höna; *mother* ~ vard. hönsmamma
hence [henns] *adv* följaktligen
henceforth [‚henns'få:rθ] *adv* hädanefter
henchman ['henntschmən] *subst* hejduk, hantlangare
henpecked ['hennpekkt] *adj*, ~ *husband* toffelhjälte
her [hö:r] *pron* **1** henne **2** hennes; sin, sina
herald ['herrəld] **I** *subst* budbärare; förebud **II** *verb* förebåda
herb [hö:rb] *subst* ört; örtkrydda
herd [hö:rd] *subst* hjord, flock
here [hiər] *adv* här; hit; ~ *you are!* här har du!, var så god!
hereby [‚hirr'baj] *adv* härmed
hereditary [hə'reddəterri] *adj* ärftlig
heresy ['herrəsi] *subst* kätteri
heritage ['herritiddʒ] *subst* arv
hermit ['hö:rmitt] *subst* eremit
hernia ['hö:rnjə] *subst* bråck

hero ['hi:rou] *subst* hjälte; ~ *sandwich* ung. dubbel landgång
heroin ['herrouən] *subst* heroin
heroine ['herrouən] *subst* hjältinna
heron ['herrən] *subst* häger
herring ['herring] *subst* sill; *red* ~ falskt spår, villospår
hers [hö:rz] *pron* hennes; sin, sina
herself [hər'self] *pron* sig, sig själv; hon själv, själv
he's [hi:z] = *he is*; *he has*
hesitant ['hezzitənt] *adj* tveksam
hesitate ['hezzitejt] *verb* tveka
hew [hjo:] *verb* hugga i ngt
hex [hekks] *verb* vard. förtrolla
heyday ['hejdej] *subst* glansdagar
hi [haj] *interj*, ~! el. ~ *there!* hej!, hejsan!, tjänare!
hiatus [haj'ejtəs] *subst* paus; lucka, gap
hibernate ['hajbərnejt] *verb* gå i ide
hick [hikk] *subst* lantis
1 hide [hajd] *subst* djurhud; *tan sb.'s* ~ ge ngn på huden
2 hide [hajd] *verb* gömma; gömma sig
hide-and-seek [‚hajdən'si:k] *subst* kurragömma

hide-away ['hajdə,wej] *subst*
vard. gömställe
hideous ['hiddiəs] *adj* otäck;
hemskt ful
1 hiding ['hajding] *subst* stryk
2 hiding ['hajding] *subst, go
into* ~ gömma sig; söka
skydd
hierarchy ['hajra:rki] *subst*
hierarki
high [haj] **I** *adj* **1** hög; högre
2 upprymd; påtänd av droger
II *subst* topp, rekord
highbrow ['hajbrao] *adj* kul-
tursnobbig
high chair ['haj ,tcher] *subst*
hög barnstol
high-heeled [,haj'hi:ld] *adj*
högklackad
high jump ['haj dʒammp]
subst höjdhopp
highlight ['hajlajt] **I** *subst*
1 höjdpunkt **2** *highlights*
slingor i håret **II** *verb* framhä-
va
highly ['hajli] *adv* högst, i hög
grad
highly-strung [,hajli'strang]
adj överspänd
Highness ['hajnəs] *subst,
Your* ~ Ers Höghet
high-pitched [,haj'pittcht] *adj*
gäll
high-rise ['hajrajz] *adj,* ~
building höghus
high school ['haj sko:l] *subst*

gymnasiet; *junior* ~ ung.
högstadiet
highway ['hajwej] *subst* hu-
vudväg, stor landsväg; *divid-
ed (dual)* ~ väg med skilda
körbanor
hijack ['hajdʒäkk] *verb* kapa
t.ex. flygplan
hijacker ['haj,dʒäkkər] *subst*
kapare av t.ex. flygplan
hike [hajk] **I** *subst* **1** vandring
i t.ex. bergen **2** *price* ~ stor
prisökning **II** *verb* vandra i
t.ex. bergen
hilarious [hi'lerriəs] *adj* festlig,
dråplig
hill [hill] *subst* kulle, berg
hillside ['hillsajd] *subst* bergs-
sluttning
hilly ['hilli] *adj* bergig, kullig
him [himm] *pron* honom
himself [himm'self] *pron* sig,
sig själv; han själv, själv
hind [hajnd] *adj* bakre, bak-
hinder ['hinndər] *verb* hindra
hindrance ['hinndrəns] *subst*
hinder
hindsight ['hajndsajt] *subst*
efterklokhet
Hindu ['hinndo:] **I** *subst* hindu
II *adj* hinduisk
hinge [hinndʒ] **I** *subst* gång-
järn **II** *verb,* ~ *on (upon)*
bero på
hint [hinnt] **I** *subst* vink; *hints*
äv. råd, tips **II** *verb,* ~ *at*
antyda

1 hip [hipp] *interj*, ~, ~,
hurray! hipp hipp hurra!
2 hip [hipp] *subst* höft
3 hip [hipp] *adj*, *be* ~ *to sth.*
slang fatta ngt
hippie o. **hippy** ['hippi] *subst*
bohem, hippie
hippopotamus
[ˌhippə'pa:təməs] *subst* flod-
häst
hire ['hajər] I *subst* hyra; *for* ~
att hyra; på taxibil ledig
II *verb* hyra; anställa, enga-
gera, anlita
his [hizz] *pron* hans; sin, sina
hiss [hiss] I *verb* **1** väsa
2 vissla ut II *subst* fräsande
historic [hi'stå:rikk] *adj* histo-
risk minnesvärd
historical [hi'stå:rikəl] *adj*
historisk som tillhör historien
history ['hisstri] *subst* historia
hit* [hitt] I *verb* **1** slå; träffa
2 köra på; ~ *and run* smita
från olycksplatsen **3** komma 'på
II *subst* **1** träff **2** succé; hit
3 slang mord på uppdrag
hitch [hittch] I *verb* fästa; *get*
hitched vard. gifta sig II *subst*
hake, aber
hitchhike ['hittchhajk] *verb*
lifta
HIV [ˌejtchaj'vi:] hiv
hive [hajv] *subst* bikupa
hoagy ['hougi] *subst* ung.
dubbel landgång

hoard [hå:rd] I *subst* förråd,
lager II *verb* hamstra
hoarse [hå:rs] *adj* hes, skrov-
lig
hoax [houks] *subst* bluff
hobble ['ha:bl] *verb* halta
hobby ['ha:bi] *subst* hobby
hobby-horse ['ha:bihå:rs] *subst*
bildligt käpphäst
hobo ['houbou] *subst* vaga-
bond, luffare
hockey ['ha:ki] *subst* is-
hockey; *field* ~ landhockey
hoe [hou] *subst* o. *verb* hacka
hog [ha:g] I *subst* svin II *verb*
breda ut sig
hogan ['hougən] *subst* hydda
Navajoindianernas bostad
hoist [håjst] I *verb* hissa; lyfta
upp II *subst* lyftanordning
hold* [hould] I *verb* **1** hålla,
hålla i; hålla fast **2** innehålla
3 inneha **4** ~ *sth. against sb.*
lägga ngn ngt till last; ~ *back*
hålla tillbaka, hejda; ha i
reserv; ~ *off* hålla på
avstånd; ~ *on!* vänta ett tag;
~ *on to* hålla (klamra) sig
fast vid; ~ *together* hålla
ihop; ~ *up* försena II *subst*
tag, grepp
holder ['houldər] *subst* **1** in-
nehavare **2** behållare; mun-
stycke
holdings ['houldings] *subst pl*
aktieinnehav
hold-up ['houldapp] *subst* rån

hole [houl] *subst* **1** hål; *be in the* ~ vara skuldsatt **2** håla
holiday ['ha:lədej] *subst* helg; ledig dag; *take a* ~ ta en ledig dag; ~ *mood* feststämning; ~ *season* semestertider; stor helg t.ex. jul
holler-than-thou [ˌhouliərðən'ðao] *adj* självgod
Holland ['ha:lənd] Holland
holler ['ha:lər] *verb* hojta; ropa
hollow ['ha:lou] **I** *adj* ihålig **II** *subst* **1** urholkning **2** liten dal **III** *verb* holka ur
holly ['ha:li] *subst* järnek
holster ['houlstər] *subst* pistolhölster
holy ['houli] *adj* helig
homage ['ha:midʒ] *subst, pay* ~ *to* hylla, betyga sin vördnad
home [houm] **I** *subst* **1** hem; *at* ~ hemma; hemmastadd **2** i baseboll hemplatta **II** *adj* **1** hem-; hemma- **2** ~ *and dry* i hamn, helt klar **III** *verb*, ~ *in on* sikta på
homeland ['houmlännd] *subst* hemland
homeless ['houmləs] *adj* hemlös; bostadslös
homely ['houmli] *adj* tämligen ful; charmlös
home-made [ˌhoum'mejd] *adj* hemmagjord; hemlagad

homemaker ['houmˌmejkər] *subst* hemmafru
homer ['houmər] o. **home run** ['houm rann] *subst* **1** i baseboll frivarvsslag **2** bildligt fullträff
homesick ['houmsikk] *adj, be* ~ ha hemlängtan
homestead ['houmstedd] *subst* bondgård; hemman
homeward ['houmwərd] *adv* hemåt; *be* ~ *bound* vara på hemväg
homework ['houmwö:rk] *subst* läxor
homo ['houmou] *subst* vard. bög, fikus
homosexual [ˌhoumə'sekksjoəl] *adj* o. *subst* homosexuell
honest ['a:nəst] *adj* ärlig; uppriktig
honestly ['a:nəstli] *adv* **1** ärligt **2** uppriktigt sagt
honesty ['a:nəsti] *subst* ärlighet; uppriktighet
honey ['hanni] *subst* honung
honeycomb ['hannikoum] *subst* vaxkaka
honeymoon ['hannimo:n] *subst* smekmånad
honeysuckle ['hanniˌsakkl] *subst* kaprifol
honk [ha:ngk] *verb* om bil tuta; om gås snattra
honor ['a:nər] **I** *subst* **1** ära, heder; *in* ~ *of* med anledning

av **2** *Your Honor* tilltal till
domare, ung. herr (fru) domare
II *verb* hedra
honorable ['a:nərəbl] *adj* he-
dervärd; redbar; ärlig
honorary ['a:nəreri] *adj* he-
ders-
hood [hodd] *subst* **1** kapu-
schong **2** huv; spiskåpa
3 motorhuv **4** vard. tonårs-
ligist; gangster
hoof [ho:f] *subst* hov
hook [hokk] **I** *subst* hake,
krok; *off the* ~ avlagd om
telefonlur; ur knipan **II** *verb*
kroka; bildligt fånga
hooker ['hokkər] *subst* vard.
fnask, hora
hooligan ['ho:ligən] *subst*
huligan, ligist
hooray [ho'rej] *interj* hurra!
hoot [ho:t] **I** *verb* **1** hoa om
uggla **2** tjuta; tuta **II** *subst*
1 ugglas hoande **2** tjut; tutan-
de
hooves [ho:vz] *subst* pl. av
hoof
hop [ha:p] **I** *verb* hoppa
II *subst* hopp, skutt
hope [houp] **I** *subst* hopp,
förhoppning **II** *verb* hoppas;
hoppas på; ~ *for the best*
hoppas på det bästa; *I* ~ *so*
det hoppas jag
hopeful ['houpfəl] **I** *adj* hopp-
full, förhoppningsfull

II *subst*, *a young* ~ en ung
förmåga
hopefully ['houpfəli] *adv*
1 förhoppningsfullt **2** för-
hoppningsvis
hopeless ['houpləs] *adj* hopp-
lös; ohjälplig; obotlig
hops [ha:ps] *subst pl* humle
horizon [hə'rajzn] *subst* hori-
sont
horizontal [ˌhå:rə'za:ntl] *adj*
horisontal, vågrätt; ~ *bar*
bom
horn [hå:rn] *subst* **1** horn
2 tuta
horny [hå:rni] *adj* slang kåt
horoscope ['hå:rəskoup] *subst*
horoskop
horrendous [hå:'renndəs] *adj*
fasansfull; vard. jätte-
horrible ['hå:rəbl] *adj* fruk-
tansvärd; förskräcklig
horrid ['hå:rəd] *adj* avskyvärd
horrify ['hå:rifaj] *verb, horri-
fied* skräckslagen; förfärad
horror ['hå:rər] *subst* fasa,
skräck
horse [hå:rs] **I** *subst* häst
II *verb*, ~ *around* slang skoja,
busa
horseback ['hå:rsbäkk] *subst,*
on ~ till häst
horseman ['hå:rsmən] *subst*
ryttare, skicklig ryttare
horsepower ['hå:rsˌpaoər]
subst hästkraft

horse-racing ['hå:rs,rejsing]
subst hästkapplöpning
horseradish ['hå:rs,räddisch]
subst pepparrot
horseshoe ['hå:rsscho:] *subst*
hästsko
hose [houz] **I** *subst* vatten-
slang **II** *verb*, ~ *down* skölja
av, tvätta
hospitable [ha:'spətəbl] *adj*
gästvänlig
hospital ['ha:spittl] *subst*
sjukhus
hospitality [,ha:spə'tälləti]
subst gästfrihet
1 host [houst] *subst* massa,
mängd
2 host [houst] **I** *subst* **1** värd
2 programledare **II** *verb* vara
värd för; vara programledare
för
hostage ['ha:stiddʒ] *subst*
gisslan
hostel ['ha:stəl] *subst* härbär-
ge; *youth* ~ vandrarhem
hostess ['houstəs] *subst* vär-
dinna
hostile ['ha:stəl] *adj* fientlig
hostility [ha:'stilləti] *subst*
fientlighet
hot [ha:t] *adj* **1** het, varm; *a* ~
meal lagad mat **2** stark,
kryddstark **3** hetsig
hotbed ['ha:tbedd] *subst* bild-
ligt grogrund
hot dog [,ha:t 'da:g] *subst*
varmkorv

hotel [hou'tell] *subst* hotell
hot-headed [,ha:t'heddidd] *adj*
hetlevrad
hothouse ['ha:thaos] *subst*
växthus
hot plate ['ha:t plejt] *subst*
kokplatta
hot rod ['ha:t ra:d] *subst*
hotrod trimmad äldre bil
hound [haond] **I** *subst* **1** jakt-
hund; ~ *dog* ung. byracka
2 slang fantast, entusiast
II *verb* jaga, förfölja
hour ['aoər] *subst* **1** timme;
twenty-four hours ett dygn
2 *hours* arbetstid
hourly ['aoərli] *adj* en gång i
timmen; tim-
house I [haos] *subst* **1** hus;
vard. hem **2** teatersalong
II [haoz] *verb* bo; härbärgera
housebreaking
['haos,brejking] *subst* inbrott
i hus
household ['haoshould] *subst*
hushåll; ~ *utensils* husgeråd
housekeeper ['haos,ki:pər]
subst hushållerska
housekeeping ['haos,ki:ping]
subst hushållsskötsel; ~ *cot-*
tage hyrstuga med självhushåll
house-warming
['haos,wå:rming] *adj*, ~ *party*
inflyttningsfest
housewife ['haoswajf] *subst*
hemmafru

housework ['haoswö:rk] *subst* hushållsarbete

housing ['haozing] *subst* bostäder

hovel ['havvǝl] *subst* skjul, ruckel

hover ['havvǝr] *verb* sväva

hovercraft ['havvǝrkräfft] *subst* svävare

how [hao] *adv* **1** hur; ~ *do you do?* god dag!; ~ *are you?* hur står det till? **2** i utrop så, vad

however [hao'evvǝr] **I** *adv* hur...än **II** *konj* emellertid

howl [haol] **I** *verb* tjuta; yla **II** *subst* tjut; ylande

hub [habb] *subst* **1** nav **2** centrum

hubbub ['habbabb] *subst* tumult, uppståndelse

hub-cap ['habbkäpp] *subst* navkapsel

huckleberry ['hakkǝlberri] *subst* slags blåbär

huddle ['haddl] **I** *verb* kura ihop sig **II** *subst* **1** massa, hög **2** taktikmöte

hue [hjo:] *subst* färg; nyans

hue and cry [ˌhjo: ǝn 'kraj] *subst* ramaskri

hug [hagg] **I** *verb* krama, kramas **II** *subst* kram

huge [hjo:dʒ] *adj* väldig, enorm, ofantlig

hulk [hallk] *subst* åbäke, hulk

hull [hall] *subst* skrov på fartyg

hum [hamm] *verb* **1** surra **2** gnola

human ['hjo:mǝn] **I** *adj* mänsklig; ~ *being* människa **II** *subst* människa

humane [hjo'mejn] *adj* human, mänsklig

humanitarian [hjoˌmänni'terriǝn] *subst* människovän

humanity [hjo'männǝti] *subst* mänskligheten

humble ['hammbl] *adj* ödmjuk

humdrum ['hammdramm] *adj* enahanda, vardaglig

humid ['hjo:midd] *adj* fuktig

humiliate [hjo'milliejt] *verb* förödmjuka

humiliation [hjoˌmilli'ejschǝn] *subst* förödmjukelse

humor ['hjo:mǝr] **I** *subst* **1** humor **2** humör **II** *verb* blidka

humorous ['hjo:mǝrǝs] *adj* humoristisk

hump [hammp] *subst* puckel

hunch [hanntch] *subst,* *have a* ~ ha på känn

hunchback ['hantchbäkk] *subst* puckelrygg

hundred ['hanndrǝd] **I** *räkn* hundra **II** *subst* hundratal; *hundreds of* hundratals

hung [hang] **I** *verb* imperf. o. perf.p. av *hang* **II** *adj,* ~ *jury* oenig jury

Hungary ['hanggəri] Ungern
hunger ['hanggər] I *subst*
hunger II *verb* bildligt hungra
hungry ['hanggri] *adj* hungrig;
be ~ for hungra efter
hunk [hangk] *subst* 1 tjockt
stycke t.ex. kött 2 vard., stor och
stark attraktiv man
hunt [hannt] I *verb* jaga
II *subst* jakt
hunter ['hanntər] *subst* jägare
hurdle ['hö:rdl] *subst* 1 *hurdles* häck tävlingsgren 2 bildligt
hinder
hurl [hö:rl] *verb* slunga
hurrah [ho'ra:] o. **hurray**
[hə'rej] *interj* hurra!
hurricane ['hö:rəkejn] *subst*
orkan
hurried ['hö:rid] *adj* bråd;
skyndsam
hurry ['hö:ri] I *verb* skynda
sig, jäkta; ~ *up!* skynda dig!
II *subst* brådska, jäkt; *be in a*
~ ha bråttom
hurt [hö:rt] I *verb* 1 skada,
skada sig i 2 göra ont
3 bildligt såra; skada II *subst*
oförrätt
hurtful ['hö:rtfəl] *adj* sårande
hurtle ['hö:rtl] *verb* susa fram;
rusa
husband ['hazzbənd] *subst*
man, make
hush [hasch] *verb* hyssja; ~ *up*
tysta ner
husk [hassk] *subst* skal, skida

husky ['hasski] *adj* om röst hes,
skrovlig; om kropp stor och
stark
hustle ['hassl] I *verb* 1 skynda
på; knuffa 2 vard. fixa pengar
(grejer) oftast olagligt; slang gå
på gatan II *subst*, ~ *and*
bustle liv och rörelse
hut [hatt] *subst* koja; hytt
hyacinth ['hajəsinθ] *subst*
hyacint
hydrant ['hajdrənt] *subst* vattenpost
hydraulic [haj'dra:likk] *adj*
hydraulisk
hydrocarbon [,hajdrə'ka:rbən]
subst kolväte
hydroelectric power
[,hajdroui'lekktrikk ,paoər]
subst vattenkraft
hydrofoil ['hajdrəfåjl] *subst*
bärplansbåt
hydrogen ['hajdrədʒən] *subst*
väte
hyena [haj'i:nə] *subst* hyena
hygiene ['hajdʒi:n] *subst* hygien
hymn [himm] *subst* hymn,
lovsång
hyphen ['hajfən] *subst* bindestreck
hypnotize ['hippnətajz] *verb*
hypnotisera
hypocrisy [hi'pa:krəsi] *subst*
hyckleri
hypocrite ['hippəkritt] *subst*
hycklare

hypocritical [ˌhippə'krittikəl]
adj hycklande
hypothesis [haj'pa:θəsiss]
subst hypotes
hysteria [hi'sstirriə] *subst*
hysteri
hysterics [hi'ssterrikks] *subst*,
go into ~ bli hysterisk

I

I, i [aj] *subst* I, i
I [aj] *pron* jag
ice [ajs] **I** *subst* is **II** *verb*
1 kyla ner **2** glasera
iceberg ['ajsbö:rg] *subst* is-
berg; ~ *lettuce* isbergssallad
icebox ['ajsba:ks] *subst* kyl-
skåp
ice cream [ˌajs 'kri:m] *subst*
glass; ~ *cone* glasstrut; ~
parlor glassbar
ice cube ['ajs kjo:b] *subst*
istärning
ice hockey ['ajs ˌha:ki] *subst*
ishockey
Iceland ['ajslənd] Island
icicle ['ajsikkl] *subst* istapp
icing ['ajsing] *subst* glasyr
icy ['ajsi] *adj* iskall; isig; ~
roads halt väglag
ID [ˌaj'di:] *subst* ID-kort,
legitimation
I'd [ajd] = I had, I would; I
should
idea [aj'di:ə] *subst* idé
ideal [aj'di:əl] **I** *adj* idealisk;
mönstergill **II** *subst* ideal
identical [aj'denntikkəl] *adj*
identisk; ~ *twins* enäggstvil-
lingar
identification
[ajˌdenntiffi'kejschən] *subst*

1 identifiering; identifikation
2 legitimation
identify [aj'denntifaj] *verb*
identifiera; ~ *oneself* legitimera sig; ~ *with* identifiera sig med·
identity [aj'denntəti] *subst*
identitet; ~ *card* ID-kort, legitimation
ideology [ˌajdi'a:lədʒi] *subst*
ideologi
idiosyncrasy [ˌidiə'singkrəsi] *subst* egenhet
idiot ['idiət] *subst* idiot
idiotic [ˌidi'a:tikk] *adj* idiotisk
idle ['ajdl] I *adj* **1** sysslolös
2 lat **3** gagnlös II *verb* om maskin gå på tomgång
idol ['ajdl] *subst* **1** avgud
2 idol
idolize ['ajdəlajz] *verb* idolisera; dyrka
i.e. [ˌaj'i:] dvs.
if [iff] *konj* **1** om; även om; *as* ~ som om; ~ *not* om inte; annars; ~ *only* om bara
2 om, huruvida
iffy [iffi] *adj* osäker
ignite [igg'najt] *verb* tända, sätta eld på
ignition [igg'nischən] *subst*
tändning; ~ *key* startnyckel
ignorant ['iggnərənt] *adj* okunnig
ignore [igg'nå:r] *verb* ignorera; strunta i

ill [ill] *adj* **1** sjuk; *be taken* ~ el. *fall* ~ bli sjuk **2** dålig
I'll [ajl] = *I will*; *I shall*
ill-advised [ˌilləd'vajzd] *adj*
oklok; förhastad
illegal [i'li:gəl] *adj* illegal
illegible [i'leddʒəbl] *adj* oläslig
illegitimate [ˌillə'dʒittəmət] *adj* **1** illegitim **2** utomäktenskaplig
ill-fated [ˌill'fejtəd] *adj*
olycksalig
illiterate [i'littərət] I *adj* inte läs- och skrivkunnig II *subst* analfabet
ill-mannered [ˌill'männərd] *adj*
ohyfsad, råbarkad
ill-matched [ˌill'mättcht] *adj* omaka
illness ['illnəs] *subst* sjukdom
ill-tempered [ˌill'temmpərd] *adj* argsint
illuminate [i'lo:minejt] *verb* belysa
illumination [iˌlo:mi'nejschən] *subst* belysning
illusion [i'lo:ʒən] *subst* illusion; *optical* ~ synvilla
illustrate ['illəstrejt] *verb* illustrera; åskådliggöra
illustration [ˌillə'strejschən] *subst* illustration; bild
ill-will [ˌill'will] *subst* illvilja
I'm [ajm] = *I am*
image ['immidʒ] *subst* **1** bild
2 image, profil

imagery ['immidʒəri] *subst*
bilder, bildspråk
imaginary [i'mäddʒəneri] *adj*
inbillad; fantasi-
imagination
[i,mäddʒi'nejschən] *subst*
1 fantasi 2 inbillning
imaginative [i'mäddʒənətivv]
adj fantasirik; uppfinningsrik
imagine [i'mäddʒinn] *verb*
1 föreställa sig 2 gissa, anta
3 få för sig
imbue [imm'bjo:] *verb* ge-
nomsyra
imitate ['immitejt] *verb* imi-
tera; härma
imitation [,immi'tejschən]
subst imitation; kopia
immaculate [i'mäkjələt] *adj*
fläckfri, ren; perfekt
immaterial [,immə'tirriəl] *adj*
oväsentlig; irrelevant
immature [,immə'toər] *adj*
omogen
immediate [i'mi:djət] *adj*
1 omedelbar 2 närmaste
immediately [i'mi:djətli] I *adv*
omedelbart II *konj* så snart
som
immense [i'menns] *adj* ofant-
lig
immerse [i'mö:rs] *verb* lägga i
vätska; ~ oneself in fördjupa
sig i
immigration [,immi'grejschən]
subst invandring; passkon-
troll

imminent ['imminənt] *adj*
hotande, nära förestående
immobile [i'moubl] *adj* orörlig
immoral [i'må:rəl] *adj* omora-
lisk; sedeslös
immortal [i'må:rtl] *adj* odöd-
lig; oförgänglig
immune [i'mjo:n] *adj* immun;
oemottaglig
immunity [i'mjo:nəti] *subst*
immunitet
impact ['impäkkt] *subst*
1 sammanstötning, kollision
2 inverkan
impair [im'päər] *verb* försäm-
ra
impartial [im'pa:rschəl] *adj*
opartisk
impassable [im'pässəbl] *adj*
oframkomlig
impasse ['impäss] *subst*, reach
an ~ hamna i en återvänds-
gränd
impassive [im'pässivv] *adj*
känslolös, livlös
impatient [im'pejschənt] *adj*
otålig
impeccable [im'pekkəbl] *adj*
oklanderlig
impediment [im'peddimənt]
subst hinder; speech ~ talfel
impending [im'pennding] *adj*
hotande, nära förestående
impenetrable [im'pennitrəbl]
adj ogenomtränglig
imperative [im'perrətivv] *adj*
absolut nödvändig

imperfect [im'pö:rfikkt] *adj* ofullkomlig, defekt
imperial [im'pirriəl] *adj* **1** kejserlig **2** imperie-
impersonal [im'pö:rsnəl] *adj* opersonlig
impersonate [im'pö:rsənejt] *verb* imitera; uppträda som
impertinent [im'pö:rtənənt] *adj* oförskämd
impervious [im'pö:rvjəs] *adj* oemottaglig
impetuous [im'pettchoəs] *adj* impulsiv
impinge [im'pinndʒ] *verb* inkräkta
implement I ['implimennt] *verb* utföra, förverkliga **II** ['implimənt] *subst* föremål; verktyg, redskap
implicit [im'plissitt] *adj* **1** underförstådd **2** blind, obetingad
imply [im'plaj] *verb* **1** medföra **2** antyda
impolite [ˌimpə'lajt] *adj* oartig
import I ['impå:rt] *subst* import **II** [im'på:rt] *verb* importera
importance [im'på:rtəns] *subst* vikt, betydelse
important [im'på:rtənt] *adj* viktig
impose [im'pouz] *verb* införa; ~ *sth. on sb.* tvinga på ngn ngt

imposing [im'pouzing] *adj* imponerande
imposition [ˌimpə'zischən] *subst* börda
impossible [im'pa:səbl] *adj* omöjlig, ogörlig
impotent ['impətənt] *adj* **1** maktlös **2** impotent
impractical [im'präkktikkəl] *adj* opraktisk
impregnate [im'preggnejt] *verb* **1** befrukta **2** impregnera trä
impress [im'press] *verb* göra intryck på
impression [im'preschən] *subst* **1** intryck **2** imitation
impressionist [im'preschənist] *subst* imitatör
impressive [im'pressivv] *adj* imponerande
imprint ['imprinnt] *subst* avtryck; bildligt prägel
imprison [im'prizzn] *verb* sätta i fängelse
improbable [im'pra:bəbl] *adj* osannolik
improper [im'pra:pər] *adj* opassande; ~ *use* missbruk
improve [im'pro:v] *verb* förbättra; göra framsteg
improvement [im'pro:vmənt] *subst* förbättring
improvise ['imprəvajz] *verb* improvisera
impudent ['impjədənt] *adj* oförskämd; fräck

Impulse ['impalls] *subst* impuls, ingivelse
Impulsive [im'pallsivv] *adj* impulsiv
In [inn] **I** *prep* **1** i, på, vid **2** ~ *an hour* om (inom) en timma; på en timma **II** *adv* **1** in **2** inne, hemma; framme; *be* ~ *for* kunna vänta sig; *be* ~ *on* vara med i (om)
Inability [,inə'billəti] *subst* oförmåga
Inaccessible [,inək'sessəbl] *adj* oåtkomlig; otillgänglig
Inaccurate [in'äkkjərət] *adj* felaktig, oriktig
Inadequate [in'äddikwət] *adj* bristfällig
Inadvertently [,inəd'vö:rtəntli] *adv* av misstag
Inadvisable [,inəd'vajzəbl] *adj* inte tillrådlig
Inane [i'nejn] *adj* idiotisk, fånig
Inanimate [in'ännimət] *adj* inte levande
Inappropriate [,inə'proupriət] *adj* olämplig
Inarticulate [,ina:r'tikjələt] *adj* oredig; mållös
Inattentive [,inə'tenntivv] *adj* ouppmärksam
Inaugural [i'na:gjərəl] *adj* invignings-, öppnings-
Inauguration [i,na:gjə'rejschən] *subst* **1** invigning **2** installation; *Inau-*

guration Day installationsdagen 20 januari, tillträdesdag för nyvald president
Inbred [,in'bredd] *adj* inavlad
Inc. [ingk] (förk. för *Incorporated*) AB, aktiebolag
Incapable [in'kejpəbl] *adj* oduglig; oförmögen till
Incapacitate [,inkə'pässitejt] *verb* göra tillfälligt arbetsoförmögen
1 Incense ['insenns] *subst* rökelse
2 Incense [in'senns] *verb* reta upp; göra rasande
Incentive [in'senntivv] *subst* sporre
Incessant [in'sessnt] *adj* oavbruten
Inch [inntch] *subst* tum 2,54 cm; bildligt grand; ~ *by* ~ sakta men säkert
Incident ['insidənt] *subst* händelse; incident
Incidental [,insi'denntl] **I** *adj* tillfällig **II** *subst, incidentals* små oförutsedda utgifter
Incidentally [,insi'denntəli] *adv* i förbigående
Inclination [,inkli'nejschən] *subst* benägenhet, lust
Incline [in'klajn] *verb* luta
Inclined [in'klajnd] *adj* benägen
Include [in'klo:d] *verb* inbegripa

including [in'klo:ding] *prep* inklusive

inclusive [in'klo:sivv] *adj* inberäknad; ~ *terms* fast pris med allt inberäknat

incoherent [ˌinkou'hirrənt] *adj* osammanhängande

income ['inkamm] *subst* inkomst, inkomster

income tax ['inkamm täkks] *subst* inkomstskatt

income-tax return ['inkammtäkks ri'tö:rn] *subst* självdeklaration

incoming ['inˌkamming] *adj* inkommande, ankommande

incompetent [in'ka:mpətənt] *adj* inkompetent

incomplete [ˌinkəm'pli:t] *adj* ofullständig

incomprehensible [inˌka:mpri'hennsəbl] *adj* obegriplig; ofattbar

inconceivable ['inkən'si:vəbl] *adj* otänkbar

incongruous [in'ka:nggroəs] *adj* oförenlig

inconsiderate [ˌinkən'siddərət] *adj* obetänksam; taktlös

inconsistency [ˌinkən'sisstənsi] *subst* inkonsekvens

inconsistent [ˌinkən'sisstənt] *adj* inkonsekvent; självmotsägande

inconspicuous [ˌinkən'spikkjoəs] *adj* föga iögonenfallande

inconvenience [ˌinkən'vi:njəns] *subst* olägenhet

inconvenient [ˌinkən'vi:njənt] *adj* oläglig

incorporate [in'kå:rpərejt] *verb* införliva; *incorporated company* aktiebolag

incorrect [ˌinkə'rekkt] *adj* oriktig, felaktig

increase I [in'kri:s] *verb* öka, tillta **II** ['inkri:s] *subst* ökning; *be on the* ~ vara i tilltagande, öka

increasingly [in'kri:singli] *adv* mer och mer; ~ *difficult* allt svårare

incredible [in'kreddəbl] *adj* otrolig

incredulous [in'kreddʒələs] *adj* klentrogen

incubator ['inkjəbejtər] *subst* kuvös

incur [in'kö:r] *verb* ådra sig

incurable [in'kjorrəbl] *adj* obotlig

indebted [in'dettəd] *adj, be* ~ *to sb.* känna stor tacksamhet mot ngn, stå i tacksamhetsskuld till ngn

indecent [in'di:snt] *adj* oanständig

indecisive [ˌindi'sajsivv] *adj* obeslutsam

indeed [in'di:d] *adv* verkligen, faktiskt

indefinitely [in'deffənətli] *adv* på obestämd tid

indemnity [in'demmnəti] *subst* skadeersättning

independence [,indi'penndəns] *subst* oberoende, självständighet; *Independence Day* 4 juli firas till minne av oavhängighetsförklaringen

independent [,indi'penndənt] *adj* oberoende, självständig

index ['indekks] *subst* index

index finger ['indekks ,finggər] *subst* pekfinger

India ['indjə] Indien; ~ *ink* tusch

Indian ['indjən] **I** *adj* indisk; indiansk; ~ *corn* majs; *in* ~ *file* i gåsmarsch **II** *subst* **1** indier **2** indian

indicate ['indikejt] *verb* visa på, tyda på

indication [,indi'kejschən] *subst* tecken, indikation

indicative [in'dikkətivv] *subst*, *be* ~ *of* tyda på, vittna om

indicator ['indikejtər] *subst* **1** ~ *of* tecken på **2** blinker på bil

indices ['indisi:z] *subst* pl. av *index*

indict [in'dajt] *verb* åtala

indictment [in'dajtmənt] *subst* åtal

indifferent [in'diffrənt] *adj* likgiltig

indigenous [in'diddʒənəs] *adj* infödd; inhemsk

indigestion [,indi'dʒestchən] *subst* dålig matsmältning

indignant [in'diggnənt] *adj* indignerad, harmsen

indignity [in'diggnəti] *subst* kränkning, skymf

indirect [,ində'rekkt] *adj* indirekt

indiscreet [,indi'skri:t] *adj* tanklös; taktlös

indiscriminate [,indi'skrimminət] *adj* urskillningslös

indisputable [,indi'spjo:təbl] *adj* obestridlig

individual [,indi'vidʒoəl] **I** *adj* individuell, enskild **II** *subst* individ

indoctrination [in,da:ktri'nejschən] *subst* indoktrinering

indoor ['indå:r] *adj* inomhus-

indoors [,in'då:rz] *adv* inomhus

inducement [in'djo:smənt] *subst* motivation; uppmuntran

indulge [in'dalldʒ] *verb* **1** skämma bort **2** ~ *in* hänge sig åt, tillåta sig njutningen av

indulgent [in'dalldʒənt] *adj* överseende

industrial [in'dasstriəl] *adj* industriell, industri-; ~ *action* strejk; stridsåtgärder

industrious [in'dasstriəs] *adj* flitig, arbetsam

industry ['indəstri] *subst* **1** flit **2** industri

inedible [in'eddəbl] *adj* oätlig

ineffective [,inni'fekktivv] *adj* ineffektiv

inefficient [,inni'fischənt] *adj* ineffektiv

inequality [,inni'kwa:ləti] *subst* ojämlikhet

inescapable [,inni'skejpəbl] *adj* oundviklig

inevitable [inn'evvitəbl] *adj* oundviklig

inexhaustible [,innig'za:stəbl] *adj* outtömlig

inexorable [inn'ekksərəbl] *adj* oundviklig

inexpensive [,innikk'spennsivv] *adj* prisvärd; billig

inexperienced [,innik'spiriənst] *adj* oerfaren

infallible [in'fälləbl] *adj* ofelbar

infamous ['infəməs] *adj* ökänd

infancy ['infənsi] *subst* **1** tidiga barnaår **2** barndom

infant ['infənt] *subst* spädbarn

infatuated [in'fättchoejtəd] *adj* förälskad

infatuation [in,fättcho'ejschən] *subst* förälskelse

infect [in'fekkt] *verb* infektera, smitta

infection [in'fekkschən] *subst* infektion

infectious [in'fekkschəs] *adj* smittsam

infer [in'fö:r] *verb* sluta sig till; dra slutsatsen

inferior [in'firriər] *adj* underordnad; mindervärdig; ~ *quality* dålig kvalité

inferiority [in,firri'å:rəti] *subst,* ~ *complex* mindervärdeskomplex

inferno [in'fö:rnou] *subst* inferno, helvete

infertile [in'fö:rtəl] *adj* ofruktbar

infighting ['in,fajting] *subst* närkamp

infinite ['infinnət] *adj* oändlig

infinity [in'finnəti] *subst* **1** oändlighet **2** oändligheten

inflammable [in'flämməbl] *adj* lättantändlig

inflammation [,inflə'mejschən] *subst* inflammation

inflatable [in'flejtəbl] *adj* uppblåsbar

inflated [in'flejtəd] *adj* **1** uppblåst **2** inflaterad, över-

inflation [in'flejschən] *subst* inflation; ~ *rate* inflationstakt

inflationary [in'flejschnəri] adj
inflationsdrivande
inflict [in'flikkt] verb tillfoga,
tilldela
influence ['infloəns] I subst
inflytande; driving under the
~ rattfylleri II verb ha
inflytande på
influential [,inflo'enschəl] adj
inflytelserik
influenza [,inflo'enzə] subst
influensa
influx ['inflakks] subst till-
strömning
inform [in'få:rm] verb infor-
mera; berätta
informal [in'få:rml] adj infor-
mell
informality [,infå:r'mälləti]
subst informell karaktär
informant [in'få:rmənt] subst
källa person
information [,infər'mejschən]
subst information
informative [in'få:rmətivv] adj
upplysande
informer [in'få:rmər] subst
angivare, tjallare
infringe [in'frinndʒ] verb
överträda, kränka
infringement [in'frinndʒmənt]
subst överträdelse, kränk-
ning
infuriating [in'fjoriejting] adj
fruktansvärt irriterande
ingenious [in'dʒi:njəs] adj
fyndig; genialisk

ingenuous [in'dʒennjoəs] adj
uppriktig; naiv
ingot ['inggət] subst tacka av
guld o.d.
ingrained [in'grejnd] adj in-
rotad; oförbätterlig
ingredient [in'gri:djənt] subst
ingrediens; inslag
inhabit [in'häbbət] verb bebo,
befolka
inhabitant [in'häbbətənt]
subst invånare
inhale [in'hejl] verb andas in;
dra halsbloss
inherent [in'hirrənt] adj inne-
boende; medfödd
inherit [in'herrət] verb ärva; få
i arv
inheritance [in'herrətəns]
subst arv
inhibit [in'hibbət] verb häm-
ma
inhibition [,inhi'bischən] subst
hämning
inhospitable [,inha:'spittəbl]
adj ogästvänlig
inhuman [in'hjo:mən] adj
omänsklig
initial [i'nischəl] I adj begyn-
nelse-, initial-; ~ capital
startkapital II subst, initials
initialer III verb signera med
initialer
initially [i'nischəli] adv i
början
initiate [i'nischiejt] verb 1 ta
initiativet till 2 initiera

initiative [i'nischətivv] *subst*
1 initiativ; *on one's own* ~
på eget initiativ **2** initiativ-
kraft
injection [in'dʒekkschən]
subst injektion
injure ['indʒər] *verb* skada;
skada sig
injury ['indʒəri] *subst* skada; ~
time i fotboll o.d. förlängning
på grund av skada
injustice [inn'dʒasstiss] *subst*
orättvisa
ink [ingk] *subst* bläck
inkling ['ingkling] *subst*
aning, hum
inlaid [,in'lejd] *adj* inlagd,
mosaik-
inland ['inlənd] **I** *subst* inland
II *adj* inlands-
inlet ['inlət] *subst* inlopp
inmate ['inmejt] *subst* intern;
intagen på institution
inn [inn] *subst* värdshus
innate [,i'nejt] *adj* medfödd
inner ['innər] *adj* inre; inner-
innermost ['innərmoust] *adj*
innersta
innocent ['innəsənt] *adj*
1 oskuldsfull **2** oskyldig
innocuous [i'na:kjoəs] *adj*
oskadlig
innuendo [,innjo'enndou]
subst insinuation; elak an-
spelning, gliring
innumerable [i'no:mərəbl] *adj*
oräknelig

in-patient ['in,pejschənt] *subst*
inlagd patient, sjukhus-
patient
input ['inpott] *subst* **1** insats
2 in-, ingångs-
inquest ['ingkwesst] *subst*
rättslig undersökning
inquire [in'kwajər] *verb* fråga;
~ *into* undersöka, utreda
inquiry [in'kwajəri, 'inkoəri]
subst **1** förfrågan **2** efter-
forskning; utredning
inquisitive [in'kwizzətivv] *adj*
frågvis, nyfiken
insane [in'sejn] *adj* **1** sinnes-
sjuk **2** sanslös
insanity [in'sännəti] *subst*
1 sinnessjukdom **2** vanvett
inscription [in'skrippschən]
subst inskription, inskrift
inscrutable [in'skro:təbl] *adj*
outgrundlig
insect ['insekt] *subst* insekt
insecticide [in'sekktisajd]
subst insektsmedel
insecure [,insi'kjoər] *adj* osä-
ker, otrygg
insensitive [in'sennsətivv] *adj*
okänslig
inseparable [in'seppərəbl] *adj*
oskiljaktig
insert [in'sö:rt] *verb* infoga;
sticka in
in-service ['in,sö:rvis] *adj,* ~
training internutbildning
inside [,in'sajd] **I** *subst* insida;
~ *out* med avigsidan ut **II** *adj*

inre, inner-; intern; ~ *lane*
innerfil; innerbana **III** *adv* o.
prep inuti, inne i; där inne
insight ['insajt] *subst* insikt
insignificant [,insigg'niffikənt]
adj betydelselös
insincere [,insinn'siər] *adj*
falsk, hycklande
insinuate [in'sinnjoejt] *verb*
insinuera; antyda
insist [in'sisst] *verb* **1** insiste-
ra, kräva **2** vidhålla stånd-
punkt
insistent [in'sisstənt] *adj* en-
vis, enträgen
insolent ['insələnt] *adj* oför-
skämd
insolvent [in'sa:lvənt] *adj*
insolvent, konkursmässig
insomnia [in'sa:mniə] *subst*
sömnlöshet
inspect [in'spekkt] *verb* in-
spektera, besiktiga
inspection [in'spekkschən]
subst undersökning, besikt-
ning; *for* ~ till påseende; ~
sticker besiktningsbevis
inspector [in'spekktər] *subst*
inspektör; granskare, kon-
trollant
inspire [in'spajər] *verb* inspi-
rera; besjäla
installation [,instə'lejschən]
subst installation
installment [in'sta:lmənt]
subst avbetalning; *purchase*

on the ~ *plan* köpa på
avbetalning
instance ['instəns] *subst* ex-
empel; *for* ~ till exempel
instant ['instənt] **I** *adj* **1** ome-
delbar **2** ~ *coffee* snabbkaffe;
~ *replay* repris i TV, ofta i
ultrarapid **II** *subst* ögonblick
instantly ['instəntli] *adv* ome-
delbart; genast
instead [in'stedd] *adv* i stället;
~ *of* i stället för
instep ['instepp] *subst* vrist
instigate ['instigejt] *verb* an-
stifta
instinct ['instingkt] *subst*
instinkt; ingivelse; *act on* ~
handla instinktivt
institute ['instito:t] **I** *subst*
institut; ~ *of higher learning*
högskola, universitet **II** *verb*
inrätta, stifta
institution [,insti'to:schən]
subst institution; anstalt;
stiftelse
instruct [in'strakkt] *verb*
1 undervisa **2** instruera
instruction [in'strakkschən]
subst instruktion; *instruc-
tions* bruksanvisning
instructive [in'strakktivv] *adj*
lärorik
instructor [in'strakktər] *subst*
lärare, ung. högskolelektor
instrument ['instrəmənt] *subst*
instrument; redskap; ~ *panel*
instrumentbräda

instrumental [,instrə'menntl]
adj **1** instrumental **2** *be* ~ *in*
bidra till
insufficient [,insə'fischənt] *adj*
otillräcklig
insular ['insələr] *adj* trångsynt
insulation [,insə'lejschən]
subst isolering
insulin ['insələn] *subst* insulin
insult I ['insallt] *subst* för-
olämpning **II** [in'sallt] *verb*
förolämpa
insurance [in'schorəns] *subst*
försäkring; ~ *company* för-
säkringsbolag; ~ *policy* för-
säkringsbrev
insure [in'schoər] *verb* för-
säkra; *insured letter* assure-
rat brev
insurmountable
[,insər'maontəbl] *adj* oöver-
stiglig
intact [in'täkkt] *adj* orörd,
intakt
intake ['intejk] *subst* **1** intag
2 intagning
integral ['intiggrəl] *adj* nöd-
vändig, väsentlig
integrate ['intəgrejt] *verb*
integrera
intellect ['intəlekkt] *subst*
intellekt, förstånd; person
begåvning
intellectual [,intə'lekktchoəl]
adj o. *subst* intellektuell
intelligence [in'tellidʒəns]

subst **1** intelligens **2** ~ *service*
underrättelsetjänst
intelligent [in'tellidʒənt] *adj*
intelligent, begåvad
intend [in'tennd] *verb* avse,
ämna
intended [in'tenndidd] **I** *adj*
avsedd, planerad **II** *subst, her*
~ hennes fästman; *his* ~ hans
fästmö
intense [in'tenns] *adj* inten-
siv; häftig
intensive [in'tennsivv] *adj*
intensiv; ~ *care unit* (*ward*)
intensivvårdsavdelning
intent [in'tennt] **I** *adj* spänt
uppmärksam **II** *subst* avsikt
intention [in'tennschən] *subst*
avsikt, syfte
intentional [in'tennschənl]
adj avsiktlig
intently [in'tenntli] *adv* med
spänd uppmärksamhet
interactive [,intər'äktivv] *adj*
interaktiv
interchange ['intərtchejndʒ]
subst **1** utbyte **2** trafikplats,
motorvägskorsning
interchangeable
[,intər'tchejndʒəbl] *adj* ut-
bytbar
intercom ['intərka:m] *subst*
snabbtelefon
intercourse ['intərkå:rs] *subst*
umgänge; ~ el. *sexual* ~
samlag
interest ['intrəst] **I** *subst* **1** in-

tresse; *take an ~ in* intressera sig för 2 ränta **II** *verb* intressera
interesting ['intrǝsting] *adj* intressant
interface ['intǝrfejs] *subst* gränssnitt; bildligt kontaktyta
interfere [,intǝr'fiǝr] *verb* lägga sig i; störa
interference [,intǝr'firrǝns] *subst* inblandning; störning
interim ['intǝrimm] *adj* interims-, gällande tillsvidare
interior [in'tirriǝr] *adj* **1** inre; invändig; inomhus-; *~ decoration* heminredning **2** *the Department of the Interior* inrikesdepartementet
interjection [,intǝr'dʒekkschǝn] *subst* utrop, interjektion
interlude ['intǝrlo:d] *subst* mellanspel
intermediate [,intǝr'mi:djǝt] *adj* mellan-; *~ course* fortsättningskurs, kurs på B--nivå; *~ landing* mellanlandning
intermission [,intǝr'mischǝn] *subst* paus, mellanakt
intern ['intö:rn] *subst* ung. AT-läkare
internal [in'tö:rnl] *adj* inre; invärtes; inrikes-; *~ medicine* invärtes medicin
international [,intǝr'näschǝnǝl] *adj* inter-

nationell; *~ call* utrikessamtal
interplay ['intǝrplej] *subst* samspel
interpret [in'tö:rprǝt] *verb* tolka
interpreter [in'tö:rprǝtǝr] *subst* tolk
interrogate [in'terrǝgejt] *verb* förhöra
interrogation [in,terrǝ'gejschǝn] *subst* förhör
interrupt [,intǝ'rappt] *verb* avbryta
interruption [,intǝ'rappschǝn] *subst* avbrott
intersect [,intǝr'sekkt] *verb* skära, korsa
intersection [,intǝr'sekkschǝn] *subst* gatukorsning, vägkorsning
intersperse [,intǝr'spö:rs] *verb* blanda in; blanda upp
interstate ['intǝrstejt] *subst* motorväg mellan delstater
intertwine [,intǝr'twajn] *verb* fläta samman
interval ['intǝrvǝl] *subst* **1** intervall **2** mellanakt, paus
intervene [,intǝr'vi:n] *verb* ingripa; intervenera
intervention [,intǝr'vennschǝn] *subst* intervention
interview ['intǝrvjo:] **I** *subst* intervju **II** *verb* intervjua

intestines [in'tesstinns] *subst*
pl tarmar; inälvor
intimacy ['intəməsi] *subst*
förtrolighet; intimitet
intimate ['intəmət] *adj* för-
trolig, intim
into ['into:] *prep* in i; ned i;
upp i; ut i; i
intolerant [in'ta:lərənt] *adj*
intolerant
intonation [ˌintə'nejschən]
subst tonfall; intonation
intoxicated [in'ta:ksikejtəd]
adj berusad
intoxication
[inˌta:ksi'kejschən] *subst*
1 berusning **2** förgiftning
intravenous [ˌintrə'vi:nəs] *adj*
intravenös
intricate ['intrikkət] *adj* in-
vecklad
intrigue [in'tri:g] **I** *subst* intrig
II *verb* **1** intrigera **2** väcka
intresse
intriguing [in'tri:ging] *adj*
fängslande
intrinsic [in'trinnsikk] *adj*
inre; verklig
introduce [ˌintrə'do:s] *verb*
1 introducera **2** presentera
introduction
[ˌintrə'dakkschən] *subst* in-
troduktion; inledning
introductory [ˌintrə'dakktəri]
adj inledande, introduktions-
intrude [in'tro:d] *verb* inkräk-
ta

intruder [in'tro:dər] *subst*
inkräktare; vard. inbrottstjuv
intuition [ˌinto'ischən] *subst*
intuition
invade [in'vejd] *verb* invadera
1 invalid ['invələd] **I** *subst*
sjukling; invalid **II** *adj* sjuk-
lig; invalid-
2 invalid [in'vällidd] *adj*
ogiltig
invaluable [in'välljoəbl] *adj*
ovärderlig
invariably [in'verriəbli] *adv*
1 oföränderligt **2** jämt, alltid
invent [in'vennt] *verb* **1** upp-
finna **2** hitta på
invention [in'vennschən]
subst **1** uppfinning **2** ren
dikt
inventive [in'venntivv] *adj*
uppfinningsrik
inventor [in'venntər] *subst*
uppfinnare
inventory ['invəntå:ri] *subst*
inventarieförteckning; *take ~*
göra inventering
invert [in'vö:rt] *verb* vända
upp och ned på
invest [in'vesst] *verb* investera
investigate [in'vesstigejt] *verb*
undersöka; utreda
investigation
[inˌvessti'gejschən] *subst* ut-
redning
investment [in'vesstmənt]
subst investering

Investor [in'vesstər] *subst*
investerare
invisible [in'vizəbl] *adj* osynlig
invitation [‚invi'tejschən]
subst **1** inbjudan; inbjud-
ningskort **2** invit
invite [in'vajt] *verb* **1** bjuda
hem, på lunch o.d.; ~ *out* bjuda
ut på restaurang **2** inbjuda till
inviting [in'vajting] *adj* inbju-
dande
invoice ['invåjs] *subst* faktura
involuntary [in'va:lənteri] *adj*
ofrivillig
involve [in'va:lv] *verb* **1** dra
in, involvera **2** innebära
involved [in'va:lvd] *adj* in-
blandad; engagerad
involvement [in'va:lvmənt]
subst engagemang
inward ['inwərd] **I** *adj* inre
II *adv* inåt
iodine ['ajədajn] *subst* jod
iota [aj'outə] *subst* jota
IQ [‚aj'kjo:] (förk. för *intelli-
gence quotient*) IQ
Ireland ['ajərlənd] Irland
iris ['ajəriss] *subst* iris
Irish ['ajərisch] **I** *adj* irländsk
II *subst* irländska språk
iron ['ajərn] **I** *subst* **1** järn
2 strykjärn; *steam* ~ ång-
strykjärn **II** *adj* järn-; järn-
hård **III** *verb* stryka kläder
ironic [aj'ra:nikk] *adj* ironisk
ironing ['ajərning] *subst*
strykning med strykjärn

ironing board ['ajərning bå:rd]
subst strykbräde
irony ['ajrəni] *subst* ironi
irrational [i'räschənl] *adj* irra-
tionell
irregular [i'reggjələr] *adj*
1 oregelbunden **2** inkorrekt;
mot reglerna
irrelevant [i'relləvənt] *adj*
irrelevant
irresistible [‚irri'zisstəbl] *adj*
oemotståndlig
irrespective [‚irri'spekktivv]
adj, ~ *of* utan hänsyn till
irresponsible [‚irri'spa:nsəbl]
adj ansvarslös
irrevocable [i'revvəkəbl] *adj*
oåterkallelig
irrigate ['irrigejt] *verb* konst-
bevattna
irrigation [‚irri'gejschən] *subst*
konstbevattning
irritate ['irritejt] *verb* irritera,
reta
irritation [‚irri'tejschən] *subst*
irritation, retning
is [izz] *verb* (presens av *be*), *he*
(*she, it*) ~ han (hon, det) är
etc.
Islam ['izzla:m] *subst* islam
island ['ajlənd] *subst* ö
islander ['ajləndər] *subst* öbo
isle [ajl] *subst* ö
isn't ['izznt] = *is not*
isolate ['ajsəlejt] *verb* isolera
isolated ['ajsəlejtəd] *adj* isole-
rad; enstaka

isolation [ˌajsəˈlejschən] *subst*
isolering
Israel [ˈizzriəl] Israel
Israeli [izzˈrejli] **I** *adj* israelisk
II *subst* israel
issue [ˈischoː] **I** *verb* utfärda
II *subst* **1** fråga; *make an ~
of sth.* göra stor affär av ngt;
the point at ~ själva
sakfrågan **2** upplaga, num-
mer
IT [ˌajˈtiː] (förk. för *information
technology*) IT, informa-
tionsteknologi
it [itt] *pron* den, det; sig
Italian [iˈtälljən] **I** *adj* italiensk
II *subst* **1** italienare **2** ita-
lienska språk
italics [iˈtällikks] *subst pl*
kursivstil
Italy [ˈitəli] Italien
itch [ittch] **I** *subst* klåda
II *verb* klia
itchy [ˈittchi] *adj, ~ clothes*
stickiga kläder; *have ~ feet*
vara reslysten
item [ˈajtəm] *subst* punkt på
lista, program o.d.; *news ~* notis
i tidning
itinerary [ajˈtinnərerri] *subst*
reseguide; resplan
it'll [ˈittl] = *it will*
its [itts] *pron* dess; sin, sina
it's [itts] = *it is*
itself [ittˈsellf] *pron* sig, sig
själv; själv; *by ~* av sig själv,
automatiskt; *in ~* i sig själv

IUD [ˌajoːˈdi] (förk. för *intra-
uterine device*) *subst* spiral
I've [ajv] = *I have*
ivory [ˈajvəri] **I** *subst* elfenben
II *adj* elfenbensvit
ivy [ˈajvi] *subst* murgröna
Ivy League [ˌajvi ˈliːg], *the ~* en
grupp högt ansedda universitet i
östra USA

J

J, j [dʒej] *subst* J, j
jab [dʒäbb] *verb* sticka, stöta
jack [dʒäkk] **I** *subst* **1** knekt i
kortlek **2** domkraft **II** *verb*, ~
off slang runka; ~ *up* trissa
upp priser
jackal ['dʒäkkəl] *subst* sjakal
jackass ['dʒäkkäss] *subst* vard.
idiot
jacket ['dʒäkkitt] *subst* jacka;
kavaj
jackhammer ['dʒäkkˌhämmər]
subst tryckluftsborr
jackknife ['dʒäkknajf] *subst*
stor fällkniv
jackpot ['dʒäkkpaːt] *subst*
jackpot
jackrabbit ['dʒäkkˌräbbitt]
subst stor hare
Jacuzzi® [dʒə'koːzi] *subst*
bubbelpool
jaded ['dʒejdidd] *adj* blaserad,
avtrubbad
jagged ['dʒäggidd] *adj* tand-
ad, naggad; spetsig
jail [dʒejl] *subst* fängelse
jailbait ['dʒejlbejt] *subst* slang
lammkött minderårig flicka
jailbird ['dʒejlböːrd] *subst* slang
kåkfarare
1 jam [dʒämm] *subst* sylt,
marmelad

206

2 jam [dʒämm] **I** *subst*
1 *traffic* ~ trafikstockning
2 stopp i maskin o.d. **II** *verb*
1 trycka, pressa; *be jammed*
vara smockfull **2** blockera;
hänga upp sig; *be jammed*
ha gått i baklås
jangle ['dʒänggl] *verb* skramla
janitor ['dʒännətər] *subst* fas-
tighetsskötare; vaktmästare
January ['dʒännjoerri] *subst*
januari
JAP [dʒäpp] (förk. för *Jewish
American princess*) slang
bortskämd judisk överklass-
flicka
Jap [dʒäpp] *subst* jappe,
guling japan
Japan [dʒə'pänn] Japan
Japanese [ˌdʒäppə'niːz] **I** *adj*
japansk **II** *subst* **1** japan
2 japanska språk
1 jar [dʒaːr] *subst* kruka; burk
2 jar [dʒaːr] *verb* **1** gnissla;
låta illa; skära sig **2** ~ *on* gå
på nerverna
jargon ['dʒaːrgən] *subst* jar-
gong
jasmine ['dʒäzzminn] *subst*
jasmin
jaundice ['dʒaːndəs] *subst*
gulsot
javelin ['dʒävvəlinn] *subst*
spjut
jaw [dʒåː] **I** *subst* käke **II** *verb*,
~ *at* tjata på, skälla på

jay-walk ['dʒejˌwaːk] *verb* vard.
gå över gatan på fel ställe
jazz [dʒäzz] **I** *subst* **1** jazz
2 vard. snack, nonsens
II *verb*, ~ *up* piffa upp
jealous ['dʒelləs] *adj* svartsjuk; avundsjuk
jealousy ['dʒelləsi] *subst*
svartsjuka; avundsjuka
jeer [dʒiər] **I** *verb* håna,
skratta ut; vara spydig mot
II *subst* gliring
Jell-O® ['dʒellou] *subst* gelé
dessert
jelly ['dʒelli] *subst* gelé;
fruktgelé; ~ *roll* rulltårta
jellyfish ['dʒellifisch] *subst*
manet
jeopardy ['dʒepərdi] *subst*
fara, risk
jerk [dʒöːrk] **I** *subst* **1** ryck,
knyck **2** slang tönt; odåga
II *verb* **1** rycka till **2** ~ *off*
slang runka
jersey ['dʒöːrzi] *subst* **1** stickad
tröja **2** jersey tyg
jet [dʒett] *subst* **1** stråle
2 jetplan
jet-black [ˌdʒett'bläkk] *adj*
kolsvart
jet lag ['dʒett lägg] *subst*
jet-lag, rubbad dygnsrytm
efter längre flygning
jettison ['dʒettissn] *verb* göra
sig av med
jetty ['dʒetti] *subst* vågbrytare; angöringsbrygga

Jew [dʒoː] *subst* jude
jewel ['dʒoːəl] *subst* juvel;
bildligt klenod, pärla; *jewels*
äv. smycken
jeweler ['dʒoːələr] *subst* juvelerare; *jeweler's shop* guldsmedsaffär
jewelery ['dʒoːəlri] *subst*
smycken
Jewess ['dʒoːəs] *subst* judinna
Jewish ['dʒoːisch] *adj* judisk
jigsaw ['dʒiggsaː] *subst*, ~ el. ~
puzzle pussel
jilt [dʒillt] *verb* ge på båten
jingle ['dʒinggl] **I** *verb* pingla
II *subst* melodisnutt i reklam
jinx [dʒingks] *subst* vard.
olycksfågel, olycka; trolldom
jive [dʒajv] *subst* tomt prat,
svada
job [dʒaːb] *subst* jobb; göra;
be out of a ~ vara arbetslös;
put-up ~ beställningsjobb
jobless ['dʒaːbləs] *adj* arbetslös
jock [dʒaːk] *subst* **1** idrottare,
sportig typ **2** suspensoar
jockey ['dʒaːki] **I** *subst* jockey
II *verb* manipulera; manövrera för att få en bättre position
jocular ['dʒaːkjələr] *adj*
skämtsam
jog [dʒaːg] *verb* **1** ~ *sb.'s*
memory friska upp ngns
minne **2** jogga
jogging ['dʒaːging] *subst*
joggning

john [dʒaːn] *subst, the* ~ vard.
toa, muggen
join [dʒåjn] *verb* **1** förena
2 ansluta sig till; ~ *in* vara
med, delta; ~ *up* ta värvning
joint [dʒåjnt] **I** *subst* **1** fog,
skarv **2** led i kroppen; *out of* ~
ur led; i olag **3** slang joint
marijuanacigarett **II** *adj* gemen-
sam
joke [dʒouk] **I** *subst* skämt
II *verb* skämta
joker ['dʒoukər] *subst*
1 skämtare; lustigkurre
2 joker
jolly ['dʒaːli] *adj* glad
jolt [dʒoult] **I** *verb* skaka;
skaka om; ge en chock
II *subst* skakning; omskak-
ning; chock
jostle ['dʒaːsl] *verb* knuffas; ~
one's way armbåga sig fram
jot [dʒaːt] *verb*, ~ *down* krafsa
ned
journal ['dʒöːrnl] *subst* **1** tid-
skrift **2** dagbok
journalism ['dʒöːrnəlizzəm]
subst journalistik
journey ['dʒöːrni] *subst* o. *verb*
resa
joy [dʒåj] *subst* glädje
joyful ['dʒåjfəl] *adj* glädjande;
lycklig
joystick ['dʒåjstikk] *subst*
styrspak, joystick
jubilant ['dʒoːbillənt] *adj* jub-
lande

Judaism ['dʒoːdejˌizzəm] *subst*
judendomen
judge [dʒaddʒ] **I** *subst* domare
II *verb* döma; bedöma
judgment ['dʒaddʒmənt] *subst*
1 dom **2** omdöme; omdö-
mesförmåga; *against one's
better* ~ mot bättre vetande;
Day of Judgment domeda-
gen; *error of* ~ felbedömning
judicial [dʒoˈdischəl] *adj*
rättslig; ~ *system* rättsväsen
judo ['dʒoːdou] *subst* judo
jug [dʒagg] *subst* kanna;
tillbringare
juggernaut ['dʒaggərnaːt]
subst bildligt ångvält
juggle ['dʒaggl] *verb* jonglera
juice [dʒoːs] *subst* **1** saft; juice
2 slang dricka sprit **3** slang,
elektrisk ström
juicy ['dʒoːsi] *adj* **1** saftig
2 lönsam, fördelaktig
July [dʒoˈlaj] *subst* juli
jumble ['dʒammbl] *subst* röra
jumbo ['dʒammbou] *adj* jätte-
jump [dʒammp] **I** *verb* hoppa;
hoppa till; ~ *the light* köra
innan det blir grönt; ~ *rope*
hoppa hopprep; ~ *start* putta
igång **II** *subst* **1** hopp; *have
the* ~ *on* vard. ha försprång
framför **2** plötslig höjning
jumper ['dʒammpər] *subst*
1 ärmlös klänning **2** ~ *cable*
startkabel

jumpy ['dʒammpi] *adj* vard.
nervös
junction ['dʒangkschən] *subst*
järnvägsknut; vägkorsning
June [dʒo:n] *subst* juni
jungle ['dʒanggl] *subst* djung-
el; ~ *gym* klätterställning
junior ['dʒo:njər] **I** *adj* yngre;
underordnad; ~ *college* 2-årigt
college **II** *subst* **1** person som
är yngre; junior; den yngre
2 tredjeårsstudent
juniper ['dʒo:nippər] *subst* en
junk [dʒangk] *subst* skräp;
lump; ~ *food* skräpmat; *the*
~ *yard* skroten
jurisdiction
[ˌdʒorriss'dikkschən] *subst*
jurisdiktion
juror ['dʒorər] *subst* juryleda-
mot
jury ['dʒori] *subst* jury; *grand*
~ åtalsjury
just [dʒasst] **I** *adj* rättvis,
rättskaffens **II** *adv* **1** just;
precis **2** nyss; strax; ~ *now*
just nu; alldeles nyss **3** bara
justice ['dʒasstiss] *subst* rätt-
visa; *bring to* ~ dra inför
rätta
justification
[ˌdʒasstifi'kejschən] *subst* be-
rättigande; motivering
justify ['dʒasstifaj] *verb* för-
svara; urskulda
jut [dʒatt] *verb* sticka ut
juvenile ['dʒo:vənəl] **I** *subst*,

juveniles minderåriga; ung-
domar **II** *adj* **1** ungdoms-; ~
delinquent ungdomsbrotts-
ling **2** omogen

K

K, k [kej] *subst* K, k
kale [kejl] *subst* grönkål
kangaroo [ˌkänggə'ro:] *subst* känguru
kayak ['käjjäkk] *subst* kajak
keel [ki:l] *subst* köl
keen [ki:n] *adj* skarp; intensiv; ivrig; ~ *on* pigg på
keep* [ki:p] **I** *verb* **1** hålla; hålla sig **2** behålla; förvara **3** försörja **4** ~ *doing* fortsätta att göra **5** ~ *away* hålla på avstånd; ~ *back* hålla inne med; ~ *down* hålla nere; ~ *from* avhålla från; ~ *off* stänga ute; ~ *on* hålla i sig; fortsätta med; ~ *out of* hålla sig borta ifrån; ~ *to* hålla sig till **II** *subst* uppehälle; *for keeps* för gott; på allvar
keeper ['ki:pər] *subst* **1** djurskötare **2** intendent vid museum
keepsake ['ki:psejk] *subst* minnesgåva
kennel ['kennl] *subst* hundkoja; *kennels* kennel
kept [keppt] *verb* imperf. o. perf.p. av *keep*
kernel ['kö:rnl] *subst* kärna
kerosene ['kerrasi:n] *subst* fotogen

kettle ['kettl] *subst* vattenkokare
key [ki:] *subst* **1** nyckel **2** tangent **3** tonart
keyboard ['ki:bå:rd] *subst* klaviatur; tangentbord; keyboard instrument
keyhole ['ki:houl] *subst* nyckelhål; ~ *surgery* titthålskirurgi
keynote ['ki:nout] *subst* grundton; ~ *address* inledningsanförande
key ring ['ki: ring] *subst* nyckelring
khaki ['käkki] *subst* kaki
kibbitz ['kibbitts] *verb* vard. titta på och kommentera
kick [kikk] **I** *verb* sparka; ~ *off* sparka i gång; göra avspark; *be kicked out* bli utkastad; få sparken; ~ *up a fuss* ställa till bråk **II** *subst* spark; *penalty* ~ straffspark
kickback ['kikkbäkk] *subst* mutor vid försäljning
kicker ['kikkər] *subst* amer. fotboll sparkspecialist
kick-off ['kikka:f] *subst* avspark
1 kid [kidd] *subst* vard. barn, unge
2 kid [kidd] *verb* lura; *no kidding!* det är säkert!
kid gloves [ˌkidd 'glavvz] *subst pl, treat with* ~ behandla med silkesvantar

kidnap ['kiddnäpp] *verb* kidnappa
kidney ['kiddni] *subst* njure
kill [kill] **I** *verb* döda, mörda; bildligt ta död på; *be killed* äv. omkomma **II** *subst* jaktbyte; *be in on the* ~ vara med när det händer
killer ['killər] *subst* **1** mördare; ~ *whale* späckhuggare **2** slang häftig person (sak)
killing ['killing] *subst* mord; *make a* ~ göra ett klipp
kill-joy ['killdʒåj] *subst* glädjedödare
kiln [killn] *subst* brännugn
kilo ['killou] *subst* kilo
kilogram ['killəgrämm] *subst* kilogram
kilometer [kə'la:mətər] *subst* kilometer
kilowatt ['killəwa:t] *subst* kilowatt
kilt [killt] *subst* kilt
1 kind [kajnd] *subst* **1** slag, sort; ~ *of* slags, sorts; vard. liksom; ~ *of cute* rätt så söt **2** *in* ~ in natura; *repay in* ~ betala med samma mynt
2 kind [kajnd] *adj* vänlig, snäll
kindergarten ['kinndər‚ga:rtn] *subst* lekskola för 5-åringar
kind-hearted [‚kajnd'ha:rtəd] *adj* godhjärtad
kindle ['kinndl] *verb* tända eld

kindly ['kajndli] **I** *adj* vänlig **II** *adv* vänligt
kindness ['kajndnəs] *subst* vänlighet
kindred ['kinndrəd] *adj* besläktad
king [king] *subst* kung
kingdom ['kingdəm] *subst* **1** kungarike **2** bildligt rike; ~ *come* livet efter detta
king-size ['kingsajz] *adj* extra stor (lång)
kinky ['kingki] *adj* vard. **1** bisarr; pervers **2** krulligt om hår
kiosk ['ki:ask] *subst* kiosk
kiss [kiss] **I** *verb* kyssa; kyssas **II** *subst* kyss, puss
kit [kitt] *subst* uppsättning; byggsats; *make-up* ~ sminkväska
kitchen ['kittchən] *subst* kök
kitchen sink [‚kittchən 'singk] *subst* diskbänk; *everything but the* ~ vard. rubbet
kite [kajt] *subst* drake av papper o.d.
kitten ['kittn] *subst* kattunge
kitty ['kitti] *subst* **1** kissekatt **2** pott; kassa
kleenex® ['kli:nekks] *subst* pappersnäsduk
knack [näkk] *subst, get the* ~ *of* få kläm på
knapsack ['näppsäkk] *subst* ryggsäck
knead [ni:d] *verb* knåda

knee [ni:] *subst* knä
kneecap ['ni:käpp] *subst* knä-
skål
kneel [ni:l] *verb* falla (ligga)
på knä
knew [no:] *verb* imperf. av
know
knife [najf] I *subst* kniv II *verb*
knivhugga
knight [najt] I *subst* **1** riddare
2 häst i schack II *verb* adla
knit [nitt] *verb* sticka t.ex.
strumpor
knitting ['nitting] *subst* stick-
ning
knitting-needle ['nitting,ni:dl]
subst sticka för stickning
knitwear ['nittwerr] *subst*
stickade plagg
knives [najvz] *subst* pl. av
knife
knob [na:b] *subst* knopp,
knapp
knock [na:k] I *verb* **1** knacka
2 slå, slå till **3** ~ *about*
misshandla; ~ *back* vard.
svepa i sig; ~ *down* köra på;
slå ner; riva ned; ~ *off* slå av
på priset; sluta för dagen; ~ *it*
off! lägg av!; ~ *out* knocka; ~
up slang göra på smällen
II *subst* slag; knackning
knocker ['na:kər] *subst* port-
klapp
knock-out ['na:kaot] I *adj*
knockout- II *subst* knockout

knot [na:t] I *subst* **1** knut
2 knop II *verb* knyta knut
knotty ['na:ti] *adj* kvistig; ~
pine furu-
know* [nou] *verb* **1** veta; ~
about känna till **2** kunna
3 känna vara bekant med; *get*
to ~ lära känna
know-all ['noua:l] *subst* vard.
besserwisser
know-how ['nouhao] *subst*
vard. know-how, expertis
knowing ['nouing] *adj* in-
siktsfull; menande
knowingly ['nouingli] *adv*
1 medvetet **2** menande
knowledge ['na:liddʒ] *subst*
kunskap; kännedom
knowledgeable ['na:liddʒəbl]
adj kunnig; klyftig; välun-
derrättad
known [noun] *verb* perf.p. av
know
knuckle ['nakkl] *subst* knoge;
brass knuckles knogjärn

L

L, I [ell] *subst* L, l
lab [läbb] *subst* vard., kortform
för *laboratory*
label ['lejbl] **I** *subst* etikett
II *verb* sätta etikett på
labor ['lejbər] **I** *subst* **1** arbete
2 arbetskraft; facket; *Labor
Day* helgdag tidigt i september; ~
union fackförening **3** värkar
vid förlossning **II** *verb* anstränga sig; arbeta hårt
laboratory ['läbbrətå:ri] *subst*
laboratorium
labored ['lejbərd] *adj* överarbetad, krystad; mödosam
laborer ['lejbərər] *subst* arbetare
labyrinth ['läbbərinnθ] *subst*
labyrint
lace [lejs] **I** *subst* **1** snöre
2 spets **II** *verb* **1** snöra
2 spetsa kaffe o.d.
lack [läkk] **I** *subst* brist **II** *verb*
sakna; *be lacking in* sakna
lacquer ['läkkər] **I** *subst* fernissa **II** *verb* lackera
lad [lädd] *subst* grabb
ladder ['läddər] *subst* stege
ladle ['lejdl] **I** *subst* slev **II** *verb*
ösa med slev
lady ['lejdi] *subst* dam; *ladies'*
ofta dam-

ladybug ['lejdibagg] *subst*
nyckelpiga
ladylike ['lejdilajk] *adj* elegant
lag [lägg] **I** *verb*, ~ *behind*
ligga (sacka) efter **II** *subst*
försening; *time* ~ tidsfördröjning; försening
lagoon [lə'go:n] *subst* lagun
laid [lejd] *verb* imperf. o. perf.p.
av *3 lay*
laid-back [,lejd'bäkk] *adj* vard.
avspänd, tillbakalutad
lain [lejn] *verb* perf.p. av *2 lie*
lake [lejk] *subst* sjö
lamb [lämm] *subst* lamm;
roast ~ lammstek
lame [lejm] *adj* **1** halt **2** bildligt
lam; ~ *duck* politiker som sitter
kvar under en övergångsperiod
lamé [la:'mej] *subst* lamé
lament [lə'mennt] *subst* klagan
lamp [lämmp] *subst* lampa
lamppost ['lämmppoust] *subst*
lyktstolpe
lampshade ['lämmpschejd]
subst lampskärm
lance [länns] **I** *subst* lans
II *verb* sticka hål på böld
land [lännd] **I** *subst* land;
mark **II** *verb* **1** landa; landsätta **2** ~ *up in* hamna i
landing ['lännding] *subst*
1 landning; ~ *gear* landningsställ **2** trappavsats
landing-strip ['lännding strippp]
subst landningsbana

landlady ['lännd‚lejdi] *subst*
hyresvärdinna
landlocked ['länndla:kt] *adj*
omgiven av land
landlord ['länndlå:rd] *subst*
hyresvärd
landmark ['länndma:rk] *subst*
hållpunkt; bildligt milstolpe
landowner ['lännd‚ounər]
subst jordägare
landscape ['länndskejp] *subst*
landskap; natur
landslide ['länndslajd] *subst*
jordskred
lane [lejn] *subst* **1** smal väg
2 fil; *fast* ~ vard. gräddfil
3 bana vid tävlingar
language ['länggwiddʒ] *subst*
språk
lanky ['längki] *adj* lång och
gänglig
lantern ['länntərn] *subst* lan-
terna
1 lap [läpp] *subst* knä; *on her
(his) lap* i knät
2 lap [läpp] **I** *verb* varva
II *subst* varv
3 lap [läpp] *verb* lapa; ~ *up*
slicka i sig
lapel [lə'pell] *subst* slag på
kavaj o.d.
lapse [läpps] *subst* **1** *the* ~ *of
time* tidens gång; *after a* ~ *of
time* efter en tid **2** *a* ~ *of the
pen* ett skrivfel
laptop ['läppta:p] *subst* port-
följdator, laptop

larceny ['la:rsəni] *subst* stöld;
grand ~ grov stöld; *petty* ~
snatteri, småstöld
larch [la:rtch] *subst* lärkträd
lard [la:rd] *subst* ister; *tub of* ~
slang tjockis
larder ['la:rdər] *subst* skafferi
large [la:rdʒ] **I** *adj* stor
II *subst, at* ~ i stort; på fri fot
III *adv, by and* ~ i stort sett
largely ['la:rdʒli] *adv* till stor
del
large-scale ['la:rdʒskejl] *adj*
storskalig
lark [la:rk] *subst* lärka
laser ['lejzər] *subst* laser
lash [läsch] **I** *verb* piska; ~ *out
at* bildligt fara ut mot **II** *subst*
1 piskrapp **2** ögonfrans
lass [läss] *subst* tös
1 last [lässt] *adj* sist; senast;
till sist; ~ *evening* i går kväll;
~ *name* efternamn; ~ *time*
förra gången; ~ *year* i fjol
2 last [lässt] *verb* vara; räcka;
hålla
lasting ['lässting] *adj* bestående
de
lastly ['lässtli] *adv* till sist
last-minute ['lässt‚minnitt] *adj*
i sista minuten
latch [lättch] **I** *subst* dörr-
klinka **II** *verb*, ~ *on to* vard. få
tag i
late [lejt] **I** *adj* **1** sen; förse-
nad; långt framskriden
2 framliden; förre, förra;

före detta **II** *adv* sent; för
sent
latecomer ['lejt‚kammər] *subst*
eftersläntrare
lately ['lejtli] *adv* på sistone
later ['lejtər] *adj* o. *adv* senare
latest ['lejtisst] *adj* o. *adv*
senast, sist
lathe [lejð] *subst* svarv
lather ['läðər] *subst* lödder;
raklödder
Latin ['lättən] **I** *adj* latinsk
II *subst* latin
Latin-American
[‚lättənə'merrikkən] o. **Latino**
[lät'ti:nou] **I** *adj* latinameri-
kansk **II** *subst* latinamerikan
latitude ['lättəto:d] *subst*
1 breddgrad **2** spelrum,
handlingsfrihet
latter ['lättər] *adj* sista, senare
latterly ['lättərli] *adv* på sista
tiden
laudable ['la:dəbl] *adj* lovvärd
laugh [läff] **I** *verb* skratta;
don't make me ~! lägg av!
II *subst* skratt
laughable ['läffəbl] *adj* skratt-
retande
laughing-stock ['läffingsta:k]
subst föremål för åtlöje
laughter ['läfftər] *subst* skratt
1 launch [la:ntsch] *verb*
1 sjösätta; skjuta upp
2 lansera; starta
2 launch [la:ntsch] *subst* större
motorbåt

laundromat® ['la:ndrəmätt]
subst tvättomat
laundry ['la:ndri] *subst* tvätt; *~
room* tvättstuga
laureate ['la:riət] **I** *adj* lager-
krönt **II** *subst, Nobel ~*
nobelpristagare
laurel ['la:rəl] *subst* lagerträd
lava ['la:və] *subst* lava
lavatory ['lävvətå:ri] *subst*
toalett
lavender ['lävvəndər] **I** *subst*
lavendel **II** *adj* lavendelblå
lavish ['lävvisch] **I** *adj* frikos-
tig **II** *verb* slösa med
law [la:] *subst* **1** lag; *~ of
nature* naturlag **2** juridik;
court of ~ domstol
law-abiding ['la:ə‚bajding] *adj*
laglydig
law court ['la: kå:rt] *subst*
domstol
lawful ['la:fəl] *adj* laglig
lawless ['la:ləs] *adj* laglös
lawn [la:n] *subst* gräsmatta
lawn mower ['la:n ‚mouər]
subst gräsklippare
lawn tennis ['la:n ‚tenniss]
subst grästennis
lawsuit ['la:so:t] *subst* civil-
process
lawyer ['la:jər] *subst* advokat
lax [läkks] *adj* slapp
laxative ['läkksətivv] *subst*
laxermedel
1 lay [lej] *adj* lekmanna-
2 lay [lej] *verb* imperf. av **2** *lie*

3 lay* [lej] *verb* **1** lägga; ~ *by* lägga undan **2** duka **3** värpa **4** slang knulla **5** ~ *down* fastslå; ~ *down the law* tala om hur saker och ting skall vara; ~ *off* friställa; lägga av
layer ['lejər] *subst* lager, skikt; ~ *cake* tårta med flera bottnar
layman ['lejmən] *subst* lekman
layoff ['leja:f] *subst* friställning
layout ['lejaot] *subst* **1** anläggning **2** layout; arrangemang
laze [lejz] *verb,* ~ *around* lata sig
laziness ['lejzinnəs] *subst* lättja
lazy ['lejzi] *adj* lat
lb. [paond] pund 454 gram
1 lead [ledd] *subst* **1** bly **2** blyerts
2 lead [li:d] **I** *verb* **1** leda, föra; ~ *astray* föra vilse **2** ~ *to* leda till, medföra **3** leva **II** *subst* **1** ledning; försprång **2** ledtråd **3** huvudroll **4** kabel, sladd
leaden ['leddn] *adj* blytung
leader ['li:dər] *subst* **1** ledare **2** dirigent; konsertmästare
leadership ['li:dərschipp] *subst* ledning ledarskap
leading ['li:ding] *adj* ledande; ~ *part* huvudroll
leaf [li:f] *subst* löv

leaflet ['li:flət] *subst* flygblad, reklamlapp
league [li:g] *subst* **1** förbund; *in* ~ *with* i maskopi med **2** serie i sportsammanhang
leak [li:k] *subst* o. *verb* läcka
1 lean [li:n] *adj* smal; om kött mager
2 lean [li:n] *verb* luta, stödja
leaning ['li:ning] *subst* **1** lutning **2** böjelse, tendens, sympati
leap [li:p] **I** *verb* hoppa **II** *subst* hopp, språng
leapfrog ['li:pfra:g] *verb* bildligt komma förbi, passera språngvis
leap year ['li:p jiər] *subst* skottår
learn [lö:rn] *verb* **1** lära sig **2** få veta
learned ['lö:rnəd] *adj* lärd
learner ['lö:rnər] *subst* elev; nybörjare
learning ['lö:rning] *subst* bildning kunnande
lease [li:s] **I** *subst* **1** hyreskontrakt **2** uthyrning **II** *verb* hyra ut; hyra
leash [li:sch] *subst* hundkoppel; *on a* ~ i koppel
least [li:st] **I** *adj* o. *adv* minst **II** *pron, the* ~ det minsta; *at* ~ åtminstone
leather ['leðər] *subst* läder; ~ *jacket* skinnjacka

lend

leatherneck ['leðərnekk] *subst*
vard. marinsoldat
leave* [li:v] **I** *verb* **1** lämna;
lämna kvar; överge; ~
behind lämna, lämna för
gott **2** resa; avgå **3** ge sig av;
sluta **4** ~ *aside* bortse ifrån;
~ *off* avbryta; ~ *out*
utelämna **II** *subst*, ~ el. ~ *of*
absence tjänstledighet; per-
mission
leaves [li:vz] *subst* pl. av *leaf*
lecherous ['lettchərəs] *adj*
liderlig
lecture ['lekktchər] **I** *subst*
föreläsning; ~ *hall* hörsal
II *verb* föreläsa
lecturer ['lekktchərər] *subst*
1 föreläsare **2** ung. högskole-
lektor
led [ledd] *verb* imperf. o. perf.p.
av 2 *lead*
ledge [leddʒ] *subst* klippav-
sats
leech [li:tch] *subst* blodigel
leek [li:k] *subst* purjolök
leer [liər] **I** *subst* lömsk
(lysten) blick **II** *verb* snegla
lömskt (lystet)
leeway ['li:wej] *subst* vard.
spelrum; marginal
1 left [lefft] *verb* imperf. o.
perf.p. av *leave*
2 left [lefft] **I** *adj* vänster
II *subst* vänster sida; *the Left*
vänstern politiskt

left-handed [ˌlefft'hänndidd]
adj vänsterhänt
leftover ['lefftouvər] **I** *subst*,
leftovers matrester **II** *adj*
överbliven
left-wing ['lefftwing] *adj* väns-
ter-
leg [legg] *subst* ben; byxben
legacy ['leggəsi] *subst* arv
legal ['li:gəl] *adj* laglig;
rättslig; ~ *aid* rättshjälp; ~
holiday allmän helgdag
legend ['leddʒənd] *subst* le-
gend; sägen
legible ['leddʒəbl] *adj* läslig
legislation [ˌleddʒi'slejschən]
subst lagstiftning
legislature ['leddʒəslejtchər]
subst lagstiftande församling
legitimate [li'dʒittəmət] *adj*
1 legitim **2** befogad
legroom ['leggro:m] *subst*
plats för benen
leisure ['li:ʒər] *subst* fritid; ~
occupation fritidssysselsätt-
ning; ~ *wear* fritidskläder
leisurely ['li:ʒərli] **I** *adj* lugn,
maklig **II** *adv* utan brådska
lemon ['lemmən] **I** *subst* **1** ci-
tron **2** slang måndagsexem-
plar **II** *adj* citrongul
lemonade [ˌlemmə'nejd] *subst*
lemonad
lend* [lennd] *verb* låna, låna
ut; ~ *itself to abuse* inbjuda
till missbruk; ~ *an ear* lyssna

length [lengθ] *subst* **1** längd
2 *at* ~ länge; utförligt
lengthen ['lengθən] *verb* för-
länga
lengthy ['lengθi] *adj* långvarig
lenient ['li:njənt] *adj* mild; *be*
~ *with* ha överseende med
lens [lennz] *subst* objektiv på
kamera
Lent [lennt] *subst* fastan,
fastlagen
lent [lennt] *verb* imperf. o.
perf.p. av *lend*
lentil ['lenntl] *subst* lins
baljväxt
Leo ['li:ou] *subst* Lejonet
stjärntecken
leopard ['leppərd] *subst* leo-
pard
leper ['leppər] *subst* spetälsk;
utstött
leprosy ['lepprəsi] *subst* lepra
lesbian ['lezzbiən] **I** *adj* lesbisk
II *subst* lesbisk kvinna
less [less] *adj* o. *adv* mindre
lessen ['lessn] *verb* minska
lesser ['lessər] *adj* mindre
lesson ['lessn] *subst* **1** lektion
2 bildligt läxa
let* [lett] *verb* **1** låta; tillåta
2 hyra ut **3** ~ *alone* låta vara
i fred; ~ *be* låta bli; ~ *down*
svika; ~ *go* släppa taget; ~ *in*
släppa in; ~ *into* låta få veta;
~ *loose* släppa lös; *get* ~ *off*
slippa undan; ~ *out* släppa

ut; ge ifrån sig; ~ *through*
släppa igenom
letdown ['lettdaon] *subst* be-
svikelse
lethal ['li:θəl] *adj* dödlig
letter ['lettər] *subst* **1** bokstav
2 brev
letter bomb ['lettər ba:m]
subst brevbomb
letterbox ['lettərba:ks] *subst*
brevlåda
lettering ['lettəring] *subst*
textning
letter-perfect [,lettər'pö:rfikkt]
adj perfekt; utantill
lettuce ['lettəs] *subst* sallad
grönsak; *head of* ~ salladshu-
vud
leukemia [lo'ki:miə] *subst*
leukemi
levee ['levvi] *subst* skyddsvall
längs Mississippifloden
level ['levvl] **I** *subst* nivå **II** *adj*
1 plan **2** på samma plan; i
jämnhöjd **III** *verb* jämna;
jämna ut
level-headed [,levvl'heddidd]
adj sansad
lever ['levvər] *subst* hävstång;
spak
leverage ['levvəriddʒ] *subst*
inflytande
levy ['levvi] *verb* uttaxera; ~
war börja föra krig
lewd [lo:d] *adj* liderlig;
oanständig

liability [ˌlajə'billəti] *subst*
1 ansvar **2** bildligt belastning
liable ['lajəbl] *adj* **1** ansvarig
2 benägen
liaison ['li:əza:n] *subst* förbindelse
liar ['lajər] *subst* lögnare
libel ['lajbəl] *subst* ärekränkning
liberal ['libbərəl] *adj* **1** frikostig **2** frisinnad; politiskt liberal
liberation [ˌlibbə'rejschən] *subst* befrielse
liberty ['libbərti] *subst* frihet
Libra ['li:brə] *subst* Vågen stjärntecken
librarian [laj'brerriən] *subst* bibliotekarie
library ['lajbrerri] *subst* bibliotek; ~ *card* lånekort
lice [lajs] *subst* pl. av *louse*
license ['lajsəns] **I** *subst* licens; tillstånd; *driver's* ~ körkort; ~ *plate* registreringsskylt **II** *verb* bevilja licens (tillstånd)
licensed ['lajsənst] *adj* behörig; med spriträttigheter
lick [likk] **I** *verb* slicka **II** *subst* slickning
licorice ['likkəris] *subst* lakrits
lid [lidd] *subst* **1** lock **2** ögonlock
1 lie [laj] **I** *subst* lögn; *tell a* ~ ljuga **II** *verb* ljuga
2 lie* [laj] *verb* ligga; ~ *about* el. ~ *around* ligga och

skräpa; ~ *down* lägga sig och vila
lieutenant [lo:'tennənt] *subst* löjtnant
life [lajf] *subst* **1** liv **2** livstid dom
lifeboat ['lajfbout] *subst* livbåt
lifebuoy ['lajfbåj] *subst* livboj
lifeguard ['lajfga:rd] *subst* badvakt
life insurance ['lajf inˌschorrəns] *subst* livförsäkring
life jacket ['lajf ˌdʒäkkitt] *subst* flytväst
lifeless ['lajfləs] *adj* livlös
lifelike ['lajflajk] *adj* verklighetstrogen
lifeline ['lajflajn] *subst* **1** livlina **2** räddningslina; räddning
lifelong ['lajfla:ng] *adj* livslång
life-preserver ['lajfpriˌzö:rvər] *subst* flytväst
life sentence ['lajf ˌsenntəns] *subst* livstid dom
life-size [ˌlajf'sajz] o. **life-sized** [ˌlajf'sajzd] *adj* i naturlig storlek
life span ['lajf spänn] *subst* livslängd
lifestyle ['lajfstajl] *subst* livsföring, livsstil
lifetime ['lajftajm] *subst* livstid
lift [lifft] **I** *verb* lyfta **II** *subst* **1** lift skjuts **2** skidlift
1 light [lajt] **I** *subst* ljus; dagsljus; trafikljus; *fluores-*

cent ~ lysrör; *get the green* ~
få klartecken; *can I have a*
~? kan jag få eld? **II** *adj* ljus
III *verb* tända
2 light [lajt] *adj* lätt; lätt- med
låg halt av fett o.d.
light bulb ['lajt ballb] *subst*
glödlampa
1 lighten ['lajtn] *verb* lätta,
göra lättare
2 lighten ['lajtn] *verb* ljusna,
klarna
lighter ['lajtər] *subst* tändare
light-headed [ˌlajt'heddidd]
adj yr i huvudet
light-hearted [ˌlajt'ha:rtəd] *adj*
glad, sorglös
lighthouse ['lajthaos] *subst* fyr
lighting ['lajting] *subst* belys-
ning; *fluorescent* ~ lysrörs-
belysning
lightly ['lajtli] *adv* **1** lätt; ~
done lättstekt **2** lättsinnigt
lightness ['lajtnəs] *subst* lätt-
het; lättnad, sorglöshet
lightning ['lajtning] *subst*
blixt; *a flash of* ~ en blixt;
like greased ~ som en oljad
blixt; ~ *bug* eldfluga
lightning conductor ['lajtning
kənˌdakktər] *subst* åskledare
lightweight ['lajtwejt] *subst*
lättvikt; lättviktare
1 like [lajk] **I** *adj* lik; liknande
II *prep* **1** som, såsom **2** likt
3 *nothing* ~ inte alls; *some-*

thing ~ ungefär **III** *adv* vard.
liksom, 'ba'
2 like [lajk] *verb* tycka om;
vilja ha
likeable ['lajkəbl] *adj* sympa-
tisk
likelihood ['lajklihodd] *subst*
sannolikhet
likely ['lajkli] **I** *adj* trolig
II *adv, very* ~ el. *most* ~
troligtvis
likeness ['lajknəs] *subst* **1** lik-
het **2** porträtt, avbild
likewise ['lajkwajz] *adv* **1** li-
kaledes **2** också
liking ['lajking] *subst* tycke
lilac ['lajlək] **I** *subst* syren
II *adj* lila
lily ['lilli] *subst* lilja
lily of the valley [ˌlilli əv ðə
'välli] *subst* liljekonvalj
limb [limm] *subst* lem; *tear* ~
from ~ slita i stycken; *out on*
a ~ illa ute, i knipa
1 lime [lajm] *subst* lime frukt
2 lime [lajm] *subst* lind
3 lime [lajm] *subst* kalk;
slaked ~ släckt kalk
limelight ['lajmlajt] *subst* bild-
ligt rampljus
limestone ['lajmstoun] *subst*
kalksten
limit ['limmitt] **I** *subst* gräns;
off limits förbjudet område;
över gränsen för det tillåtna
II *verb* begränsa

limited ['limmətəd] *adj* begränsad
1 limp [limmp] *adj* slapp, lealös; *go* ~ sloka
2 limp [limmp] **I** *verb* linka **II** *subst*, *walk with a* ~ halta
1 line [lajn] *subst* **1** linje; lina; ledning; *power* ~ kraftledning; *hand sb. a* ~ dra en vals för ngn; *hold the* ~, *please!* var god och dröj!
**2 rad; kö; *wait in* ~ köa
2 line [lajn] *verb* **1** fodra **2** fylla
1 lined [lajnd] *adj* linjerad
2 lined [lajnd] *adj* fodrad
linen ['linninn] *subst* **1** linne **2** sänglinne
linesman ['lajnzmən] *subst* **1** linjeman i t.ex. fotboll **2** linjearbetare; kabelläggare
line-up ['lajnapp] *subst* **1** uppställning; startfält **2** vittneskonfrontation
linger ['linggər] *verb* dröja sig kvar
linguist ['linggwisst] *subst* lingvist
linguistics [ling'gwisstikks] *subst* språkvetenskap
lining ['lajning] *subst* foder
link [lingk] **I** *subst* länk; förbindelse **II** *verb* förbinda; ~ *up* länka (koppla) ihop
links [lingks] *subst pl* golfbana

linoleum [li'nouljəm] *subst* linoleum
lion ['lajən] *subst* lejon
lioness ['lajənəs] *subst* lejoninna
lip [lipp] *subst* läpp; *none of your* ~! slang tyst med dig!
lip-read ['lippri:d] *verb* läsa på läpparna
lip service ['lipp ,sö:rvəs] *subst* tomma ord
lipstick ['lippstikk] *subst* läppstift
liqueur [li'kö:] *subst* likör
liquid ['likkwidd] **I** *adj* flytande **II** *subst* vätska
liquidation [,likkwi'dejschən] *subst* **1** avveckling **2** undanröjande
liquor ['likkər] *subst* sprit drycker
lisp [lissp] *verb* läspa
list [lisst] *subst* o. *verb* lista
listen ['lissn] *verb* lyssna; ~ *to* lyssna på
listless ['lisstləs] *adj* håglös
lit [litt] *verb* imperf. o. perf.p. av *1 light*
liter ['li:tə] *subst* liter
literacy ['littərəsi] *subst* läs- och skrivkunnighet
literal ['littərəl] *adj* bokstavlig; *have a* ~ *mind* sakna fantasi
literally ['littərəli] *adv* bokstavligen; faktiskt
literary ['littərerri] *adj* litterär

literature ['littərətchər] *subst*
litteratur

lithe [lajð] *adj* vig

litigation [ˌlitti'gejschən] *subst*
rättstvist; processande

litter ['littər] **I** *subst* **1** skräp
2 kull ungar **II** *verb* skräpa
ner

litterbug ['littərbagg] *subst*
vard. typ som skräpar ner

little ['littl] **I** *adj* liten; små;
lill- **II** *adj* o. *adv* o. *pron* lite,
litet; ~ *by* ~ litet i sänder

1 live [lajv] *adj* **1** levande
2 direktsänd

2 live [livv] *verb* **1** leva; ~ *off*
leva av (på); ~ *on* leva på;
leva vidare; ~ *together*
sammanbo **2** bo

livelihood ['lajvlihodd] *subst*
levebröd

lively ['lajvli] *adj* livlig

liver ['livvər] *subst* lever

lives [lajvz] *subst* pl. av *life*

livestock ['lajvsta:k] *subst*
kreatursbesättning

livid ['livvidd] *adj* blygrå; ~
with rage vit av ilska

living ['livving] **I** *adj* levande;
levnads- **II** *subst* liv; uppe-
hälle

living room ['livving ro:m]
subst vardagsrum

lizard ['lizzərd] *subst* ödla

load [loud] **I** *subst* last; börda
II *verb* lasta

loaded ['loudidd] *adj* **1** lastad
2 bildligt laddad **3** vard. sten-
rik **4** vard. packad berusad

1 loaf [louf] *subst* limpa

2 loaf [louf] *verb* stå och
hänga; slöa

loafers ['loufərz] *subst pl*
loafers lågskor

loan [loun] **I** *subst* lån **II** *verb*
låna ut

loath [louθ] *adj* ovillig

loathe [louð] *verb* avsky

loaves [louvz] *subst* pl. av *loaf*
1

lobby ['la:bi] **I** *subst* **1** entré-
hall, lobby **2** intressegrupp,
lobbygrupp **II** *verb* bedriva
lobbyverksamhet

lobster ['la:bstər] *subst* hum-
mer

local ['loukəl] **I** *adj* lokal,
orts-; *the* ~ *authorities* de
lokala myndigheterna
II *subst* **1** ortsbo **2** lokaltåg,
lokalbuss

locality [lou'källəti] *subst*
plats, ställe

locate [lou'kejt] *verb* **1** lokal-
isera; leta reda på, spåra
2 om företag etablera sig

location [lou'kejschən] *subst*
läge, plats

1 lock [la:k] *subst* lock av hår

2 lock [la:k] **I** *subst* lås **II** *verb*
låsa; ~ *up* låsa efter sig,
stänga

locker ['la:kər] *subst* låsbart

skåp; ~ *room* omklädnings-
rum
locket ['la:kitt] *subst* medal-
jong
lockout ['la:kaot] *subst* lock-
out
locksmith ['la:ksmiθ] *subst*
låssmed
loco ['loukou] *adj* slang tokig,
vild
lodge [la:dʒ] I *subst* **1** stuga
2 loge avdelning av ordenssäll-
skap II *verb*, ~ *a complaint*
framföra ett klagomål
lodging ['la:dʒing] *subst* hus-
rum, logi
loft [la:ft] *subst* vind, loft
log [la:g] *subst* timmerstock;
vedträ
logbook ['la:gbokk] *subst*
loggbok
logic ['la:dʒikk] *subst* logik
logical ['la:dʒikəl] *adj* logisk
loins [låjnz] *subst pl* länder på
kroppen
loiter ['låjtər] *verb* söla; gå och
driva; *no loitering!* på skylt,
ung. förbjudet för obehöriga
att uppehålla sig på området
loll [la:l] *verb* ligga (sitta) och
slappa
lollipop ['la:lipa:p] *subst* klub-
ba slickepinne
lone [loun] *adj* ensam
loneliness ['lounlinəs] *subst*
ensamhet

lonely ['lounli] *adj* ensam;
enslig
Lone-Star State ['lounsta:r
ˌstejt] *subst* Texas
1 long [la:ng] *verb* längta
2 long [la:ng] I *adj* lång; ~
jump längdhopp II *adv*
länge; ~ *ago* för länge sedan
III *before* ~ inom kort
long-distance [ˌla:ng'disstəns]
adj långdistans-, fjärr-
longing ['la:nging] *subst* läng-
tan
longitude ['la:ndʒəto:d] *subst*
longitud, längdgrad
long-range [ˌla:ng'rejndʒ] *adj*
långsiktig
longshoreman
['la:ngschå:rmən] *subst*
hamnarbetare, stuvare
long-standing
['la:ngˌstännding] *adj* mång-
årig
long-suffering [ˌla:ng'saffəring]
adj tålmodig
long-term ['la:ngtö:rm] *adj*
långsiktig; ~ *care* långvård
long-winded [ˌla:ng'winndidd]
adj långrandig
look [lokk] I *verb* **1** se, titta
2 se ut, verka **3** vetta **4** ~
after se efter, passa; ~ *at* titta
på; ~ *for* leta efter; ~ *into*
undersöka; ~ *out!* se upp!; ~
over se (gå) igenom; ~ *round*
se sig omkring; ~ *upon*

betrakta **II** *subst* **1** titt **2** ut-
seende
lookout ['lokkaot] *subst* utkik
1 loom [lo:m] *subst* vävstol
2 loom [lo:m] *verb* hotfullt
framträda
loony ['lo:ni] vard. **I** *adj* galen
II *subst* galning
loop [lo:p] **I** *subst* ögla; *be in
the ~* slang hänga med, vara
välinformerad **II** *verb* **1** göra
en ögla **2** cirkla
loophole ['lo:phoul] *subst*
bildligt kryphål
loose [lo:s] **I** *adj* **1** lös; slapp;
come ~ lossna; *set ~* släppa
lös (fri) **2** lösaktig **II** *subst,
be on the ~* vara på fri fot
looseleaf binder ['lo:sli:f
'bajndər] *subst* pärm
loosen ['lo:sn] *verb* **1** lossa,
lossna **2** lätta på
loot [lo:t] **I** *subst* byte **II** *verb*
plundra
lop-sided [,la:p'sajdidd] *adj*
sned, skev
lord [lå:rd] *subst* herre; *the
Lord* Herren, Gud
lore [lå:r] *subst* **1** folksagor
och sägner **2** kunskap, kän-
nedom
lose* [lo:z] *verb* förlora;
tappa; missa
loser ['lo:zər] *subst* förlorare
loss [la:s] *subst* **1** förlust **2** *be
at a ~* vara villrådig
lost [la:st] **I** *verb* imperf. o.

perf.p. av *lose* **II** *adj, get ~* gå
(köra) vilse; *get ~!* försvinn!
lost and found ['la:st ənd
'faond] *subst* hittegods
lot [la:t] *subst* **1** lott **2** tomt,
plats; *vacant ~* rivningstomt;
obebyggd tomt **3** *a ~* myck-
et; *lots of* el. *a ~ of* en massa
lottery ['la:təri] *subst* lotteri
loud [laod] **I** *adj* hög; högljudd
II *adv* högt
loudmouth ['laodmaoθ] *subst*
gaphals
loudspeaker [,laod'spi:kər]
subst högtalare
lounge [laondʒ] **I** *verb, ~
around* slöa **II** *subst* på hotell
sällskapsrum; på flygplats
vänthall; bar, restaurang
louse [laos] *subst* lus
lousy ['laozi] *adj* vard. urdålig,
botten-
lout [laot] *subst* slyngel
love [lavv] **I** *subst* **1** kärlek;
make ~ to älska (ligga) med;
fall in ~ bli kär **2** i brevslut
hälsningar, kram **3** i tennis
o.d. noll **II** *verb* älska; tycka
om
love affair ['lavv ə,fäər] *subst*
kärlekshistoria
lovely ['lavvli] *adj* förtjusande
lover ['lavvər] *subst* älskare; *~
boy* snygging
loving ['lavving] *adj* kärleks-
full, öm
low [lou] **I** *adj* **1** låg **2** nere,

deppig **II** *adv* lågt; *lie* ~ vard.
ligga lågt **III** *subst* **1** botten-
läge **2** lågtryck
low-cut [ˌloukatt] *adj* urringad
lower ['louər] **I** *adj* o. *adv* lägre
II *verb* sänka
low-fat [ˌlou'fätt] *adj* lätt-, med
låg fetthalt
lox [la:ks] *subst* rökt lax
loyalty ['låjəlti] *subst* lojalitet
lube job ['lo:b dʒa:b] *subst*
vard. rundsmörjning
lubricant ['lo:brikənt] *subst*
smörjmedel
lubricate ['lo:brikejt] *verb*
smörja; olja
luck [lakk] **I** *subst* tur; *bad* ~
otur; *good* ~*!* lycka till!
II *verb*, ~ *out* ha tur
luckily ['lakkəli] *adv* lyckligt-
vis, som tur var
lucky ['lakki] *adj* som har tur;
lyckosam
ludicrous ['lo:dikrəs] *adj* löjlig
luggage ['laggiddʒ] *subst*
bagage
luggage rack ['laggiddʒ räkk]
subst bagagehylla
lukewarm ['lo:kwå:rm] *adj*
ljum
lull [lall] **I** *verb*, ~ *to sleep*
vyssja till sömns **II** *subst*
paus, uppehåll
lullaby ['lalləbaj] *subst* vagg-
visa
lumbago [lamm'bejgou] *subst*
ryggskott

1 lumber ['lammbər] *verb*
lufsa
2 lumber ['lammbər] *subst*
timmer, virke; ~ *yard*
brädgård
lumberjack ['lammbərdʒäkk]
subst skogsarbetare
luminous ['lo:minəs] *adj* ly-
sande
lump [lammp] **I** *subst*
1 klump; *a* ~ *of sugar* en
sockerbit **2** knöl utväxt; bula
II *verb*, ~ *together* bunta
ihop
lunar ['lo:nər] *adj* mån-
lunatic ['lo:nətikk] *subst* gal-
ning
lunch [lantch] **I** *subst* lunch; ~
box matlåda; ~ *hour* lunch-
rast, lunchdags; *out to* ~ slang
blåst, töntig **II** *verb* äta lunch
luncheon ['lantchən] *subst*
lunch med möte; affärslunch
lung [lang] *subst* lunga
lunge [lanndʒ] **I** *subst* utfall
II *verb* göra ett utfall
lurch [lö:rtch] *subst, leave in
the* ~ lämna i sticket
lure [loər] **I** *subst* **1** lockbete
2 lockelse **II** *verb* locka
lurid ['lorrəd] *adj* **1** gräll
2 makaber, otäck
lurk [lö:rk] *verb* stå (ligga) på
lur
luscious ['laschəs] *adj* läcker,
delikat

lush [lasch] **I** *adj* **1** frodig
2 lyxig **II** *subst* suput
lust [lasst] **I** *subst* lusta, åtrå
II *verb*, ~ *for* åtrå
lusty ['lassti] *adj* kraftfull,
livskraftig; hjärtlig
luxurious [lagg'ʒorriəs] *adj*
1 luxuös **2** njutningsfylld
luxury ['lakkschəri] *subst* lyx,
överflöd; ~ *goods* lyxartik-
lar; ~ *liner* lyxkryssare
lying ['lajing] *adj* lögnaktig
lyrical ['lirrikkəl] *adj* lyrisk

M

M, m [emm] *subst* M, m
ma [ma:] *subst* vard. mamma
macaroni [ˌmäkkə'rouni] *subst*
makaroner
macaroon [ˌmäkkə'ro:n] *subst*
biskvi
Mace® [mejs] *subst* slags
tårgas
machine [mə'schi:n] *subst*
maskin
machine gun [mə'schi:n
gann] *subst* kulspruta
machinery [mə'schi:nəri]
subst **1** maskiner **2** maskine-
ri
mackerel ['mäkkrəl] *subst*
makrill
mad [mädd] *adj* **1** galen,
tokig; *drive sb.* ~ göra ngn
tokig **2** arg, förbannad
madam ['mäddəm] *subst*, ~ el.
Madam frun, fröken tilltal,
ofta utan motsvarighet i sv.
madden ['mäddn] *verb* göra
rasande
made [mejd] *verb* imperf. o.
perf.p. av *make*
madman ['mäddmən] *subst*
dåre
madness ['mäddnəs] *subst*
vansinne

magazine ['mäggəzi:n] *subst* veckotidning; månadstidning

maggot ['mäggət] *subst* fluglarv

magic ['mäddʒikk] **I** *adj* magisk; trolsk **II** *subst* magi; trolleri

magical ['mäddʒikkəl] *adj* magisk; trolsk

magician [mə'dʒischən] *subst* trollkarl

magistrate ['mäddʒistrejt] *subst* domare

magnet ['mäggnət] *subst* magnet

magnetic [mägg'nettikk] *adj* magnetisk

magnificent [mägg'niffisnt] *adj* magnifik

magnify ['mäggnifaj] *verb* förstora; *magnifying glass* förstoringsglas

magnitude ['mäggnito:d] *subst* omfattning; storlek

magpie ['mäggpaj] *subst* skata

mahogany [mə'ha:gəni] *subst* mahogny

maid [mejd] *subst* hembiträde; ~ *of honor* viktigaste brudtärna; *old* ~ gammal ungmö

maiden ['mejdn] *adj* allra första, jungfru-; ~ *name* flicknamn

mail [mejl] **I** *subst* post försändelser; ~ *carrier* brevbärare **II** *verb* skicka, posta

mailbox ['mejlba:ks] *subst* brevlåda; brevfack

mailman ['mejlmänn] *subst* brevbärare

mail-order ['mejl‚å:rdər] *adj* postorder-

maim [mejm] *verb* lemlästa

main [mejn] **I** *adj* huvud-; *the ~ floor* bottenvåningen, gatuplanet i varuhus; ~ *highway* riksväg; ~ *street* huvudgata **II** *subst* huvudledning för vatten, gas, elektricitet

mainframe ['mejnfrejm] *subst* stordator

mainland ['mejnlənd] *subst* fastland

mainly ['mejnli] *adv* huvudsakligen

mainstay ['mejnstej] *subst* bildligt stöttepelare

mainstream ['mejnstri:m] **I** *subst* huvudströmning **II** *adj* konventionell

maintain [mejn'tejn] *verb* **1** upprätthålla **2** underhålla **3** hävda

maintenance ['mejntənəns] *subst* underhåll

maître d' [mejtrə 'di:] *subst* hovmästare

majesty ['mäddʒəsti] *subst* majestät

major ['mejdʒər] **I** *adj* större, viktigare; ~ *league* högsta serie; ~ *road* huvudled **II** *subst* **1** major **2** dur **3** hu-

vudämne; student med visst huvudämne **III** *verb*, ~ *in sth.* ha ngt som huvudämne
majority [məˈdʒåːrəti] *subst* majoritet
make* [mejk] **I** *verb* **1** göra; tillverka; laga till, koka, brygga; sy; ~ *the bed* bädda; ~ *a phone call* ringa ett samtal **2** få att, tvinga att **3** tjäna; skaffa sig **4** bli, vara **5** ~ *sb.* slang få ngn i säng **6** ~ *believe* låtsas; ~ *do* klara sig; ~ *it* vard. hinna; lyckas **7** ~ *out* skriva ut; förstå; påstå; vard. hångla; ~ *up* utgöra; hitta på; bli sams igen; ~ *oneself up* måla sig; ~ *up for* ersätta; ta igen **II** *subst* märke fabrikat
make-believe [ˈmejkbiˌliːv] *subst* inbillning; *it is only* ~ äv. det är bara spelat
maker [ˈmejkər] *subst* **1** tillverkare **2** *meet one's maker* dö
makeshift [ˈmejkschifft] *adj* provisorisk; ~ *solution* nödlösning
make-up [ˈmejkapp] *subst* **1** smink **2** beskaffenhet
making [ˈmejking] *subst, in the* ~ i vardande; *have the makings of...* ha goda förutsättningar att bli...
malaria [məˈlärriə] *subst* malaria

male [mejl] **I** *adj* manlig; han- **II** *subst* **1** man **2** hane
malevolent [məˈlevvələnt] *adj* illvillig
malfunction [ˌmällˈfangkschən] **I** *subst* tekniskt fel **II** *verb* inte fungera
malice [ˈmälliss] *subst* illvilja
malicious [məˈlischəs] *adj* illvillig
malignant [məˈlignənt] *adj* ondskefull; elakartad
mall [maːl] *subst* **1** esplanad **2** köpcenter
mallet [ˈmällit] *subst* klubba för krocket och polo
malpractice [ˌmällˈpräkktiss] *subst* tjänstefel; läkares felbehandling
malt [måːlt] *subst* malt
mammal [ˈmämməl] *subst* däggdjur
mammoth [ˈmämməθ] *adj* kolossal
man [männ] **I** *subst* **1** man, karl; i tilltal du, hörru, grabben, polarn; *men's* herr- **2** människan **3** *men* meniga; matroser; *the men* äv. manskapet **II** *verb* bemanna
manage [ˈmänniddʒ] *verb* **1** sköta, leda **2** lyckas med; klara sig
manageable [ˈmänniddʒəbl] *adj* hanterlig

management
['männiddʒmənt] *subst*
1 förvaltning **2** ledning, direktion
manager ['männiddʒər] *subst*
1 chef, direktör **2** manager; lagledare
mandarin ['männdərinn]
subst, ~ el. ~ *orange*
mandarin
mandatory ['männdətå:ri] *adj*
obligatorisk, påbjuden
mane [mejn] *subst* man på djur
maneuver [mə'no:vər] **I** *subst*
manöver; drag **II** *verb*
manövrera; manipulera
manger ['mejndʒər] *subst*
krubba
1 mangle ['mänggl] *subst*
mangel
2 mangle ['mänggl] *verb* illa
tilltyga
mangy ['mejndʒi] *adj* skabbig
manhandle ['männ,hänndl]
verb illa tilltyga
manhattan [männ'hättn]
subst manhattan cocktail
manhole ['männhoul] *subst*
inspektionsbrunn i gata o.d.
manhood ['männhodd] *subst*
manlighet
man-hour ['männ,aoər] *subst*
arbetstimme
manhunt ['männhannt] *subst*
människojakt, klappjakt
mania ['mejnjə] *subst* mani

maniac ['mejniäkk] *subst*
galning
manicure ['männikjor] *subst*
manikyr
manifest ['männifesst] *verb*
visa
manifesto [,männi'fesstou]
subst manifest
manipulate [mə'nippjəlejt]
verb manipulera
mankind [männ'kajnd] *subst*
mänskligheten
manly ['männli] *adj* manlig
manner ['mänər] *subst* **1** sätt
2 beteende; *he has good
manners* han är väluppfostrad
mannerism ['männərizzəm]
subst manér
manor ['männər] *subst* gods
lantegendom
manpower ['männ,paoər]
subst arbetskraft
mansion ['männschən] *subst*
herrgårdshus
manslaughter ['männ,sla:tər]
subst dråp
mantelpiece ['männtlpi:s]
subst spiselhylla
manual ['männjoəl] **I** *adj* manuell; ~ *labor* kroppsarbete
II *subst* handbok
manufacture
[,männjə'fäkktchər] **I** *subst*
tillverkning **II** *verb* tillverka

manufacturer
[ˌmännjə'fäkktchərər] *subst*
tillverkare
manure [mə'noər] *subst* göd-
sel; *horse* ~ vard. skitsnack
manuscript ['männjəskrippt]
subst manuskript
many ['menni] *adj* o. *pron*
många; mycket; *a great* ~ en
massa, en hel del
map [mäpp] **I** *subst* karta
II *verb*, ~ *out* kartlägga
maple ['mejpl] *subst* lönn träd;
~ *syrup* lönnsirap
mar [ma:r] *verb* fördärva;
skada
marathon ['märrəθən] *subst*
maraton
marble ['ma:rbl] *subst* mar-
mor
March [ma:rtch] *subst* mars
march [ma:rtch] **I** *verb* mar-
schera **II** *subst* marsch
mare [mäər] *subst* sto, märr
margarine [ˌma:rdʒə'rən] *subst*
margarin
margin ['ma:rdʒinn] *subst*
marginal
marginal ['ma:rdʒinnəl] *adj*
marginell
marigold ['märrəgould] *subst*
ringblomma
marijuana [ˌmärri'wa:nə] *subst*
marijuana
marina [mə'ri:nə] *subst* små-
båtshamn

marinate ['märrinejt] *verb*
marinera
marine [mə'ri:n] **I** *adj* marin;
havs-; *the Marine Corps*
marinsoldatkåren **II** *subst*
marinsoldat
marital ['märrətl] *adj* äkten-
skaps-; ~ *status* civilstånd
maritime ['märritajm] *adj* sjö-;
~ *forecast* sjörapport
marjoram ['ma:rdʒərəm] *subst*
mejram
mark [ma:rk] **I** *subst* märke;
tecken **II** *verb* **1** märka; mar-
kera; stryka för **2** rätta prov
marker ['ma:rkər] *subst* mar-
kör; ~ *pen* färgpenna
market ['ma:rkət] **I** *subst* torg;
marknad; *the black* ~ svarta
börsen **II** *verb* marknadsföra
market garden [ˌma:rkət
'ga:rdn] *subst* handelsträd-
gård
marketing ['ma:rkəting] *subst*
marknadsföring
marketplace ['ma:rkətplejs]
subst marknad
marksman ['ma:rksmən] *subst*
skicklig skytt
marmalade ['ma:rməlejd]
subst marmelad av citrusfrukter
1 maroon [mə'ro:n] *adj*
rödbrun
2 maroon [mə'ro:n] *verb*
strandsätta
marquee [ma:r'ki:] *subst*

mate

1 stort tält **2** skärmtak, baldakin över entré o.d.
marriage ['märridʒ] *subst* äktenskap; ~ *counselling* (*guidance*) äktenskapsrådgivning; ~ *settlement* äktenskapsförord
married ['märridd] *adj* gift; ~ *couple* äkta par
marrow ['märrou] *subst* märg
marry ['märri] *verb* gifta sig
marsh [ma:rsch] *subst* sumpmark
marshal ['ma:rschəl] *subst* **1** marskalk **2** ung. sheriff, polischef **3** *fire* ~ brandchef
marshy ['ma:rschi] *adj* sumpig
martyr ['ma:rtər] *subst* martyr
martyrdom ['ma:rtərdəm] *subst* martyrskap
marvel ['ma:rvəl] *subst* underverk
marvellous ['ma:rvələs] *adj* underbar
Mary Jane ['merri 'dʒejn] *subst* slang marijuana
mascara [mä'skärrə] *subst* mascara
masculine ['mässkjələn] *adj* maskulin
mash [mäsch] *verb* mosa; *mashed potatoes* potatismos
mask [mässk] **I** *subst* mask **II** *verb* maskera
mason ['mejsn] *subst* stenhuggare

masquerade [ˌmässkə'rejd] *subst* maskerad
1 mass o. **Mass** [mäss] *subst* mässa
2 mass [mäss] **I** *subst* massa **II** *verb* samlas
massacre ['mässəkər] **I** *subst* massaker **II** *verb* massakrera
massage ['məsa:ʒ] **I** *subst* massage **II** *verb* massera
massive ['mässivv] *adj* massiv
mast [mässt] *subst* mast
master ['mässtər] **I** *subst* **1** mästare **2** djurs husse **3** lärare **II** *adj* mästar- **III** *verb* behärska
mastermind ['mässtərmajnd] *verb* vara hjärnan bakom
masterpiece ['mässtərpi:s] *subst* mästerverk
mastery ['mässtəri] *subst* herravälde
masturbation [ˌmässtər'bejschən] *subst* onani
mat [mätt] *subst* liten matta
1 match [mättch] *subst* tändsticka
2 match [mättch] **I** *subst* **1** match **2** like **II** *verb* **1** kunna mäta sig med **2** matcha
matchbook ['mättchbokk] *subst* ung. tändsticksask
1 mate [mejt] *subst* styrman
2 mate [mejt] *verb* om djur para sig

material [mə'tirriəl] **I** *adj* ma-
teriell **II** *subst* **1** material
2 tyg
maternal [mə'tö:rnl] *adj* mo-
derlig
maternity [mə'tö:rnəti] *adj*, ~
leave mammaledighet; ~
ward BB-avdelning
math [mäθ] (kortform för
mathematics) *subst* vard.
matte, matematik
mathematics [‚mäθə'mättikks]
subst matematik
matinée [‚mättən'ej] *subst*
matiné
matrimonial [‚mättri'mounjəl]
adj äktenskaplig
matrimony ['mättrəmouni]
subst äktenskap
matron ['mejtrən] *subst* mo-
gen kvinna, gift dam
matt [mätt] *adj* matt
matted ['mättidd] *adj* tovig
matter ['mättər] **I** *subst* **1** äm-
ne **2** sak; fråga; *a ~ of fact*
ett faktum **3** *no ~!* det spelar
ingen roll! **II** *verb* vara av
betydelse
matter-of-fact
[‚mättərəv'fäkkt] *adj* saklig
mattress ['mättrəs] *subst* ma-
drass
mature [mə'toər] **I** *adj* mogen
II *verb* mogna
maul [ma:l] *verb* klösa; ge ett
kok stryk

mausoleum [‚ma:sə'li:əm]
subst mausoleum
mauve [mouv] *adj* ljuslila
maverick ['mävvərikk] *subst*
partilös person; politisk vilde
max [mäkks] *subst, to the ~*
slang till max, helt
maximum ['mäkksiməm]
I *subst* maximum **II** *adj*
högst; maximal
May [mej] *subst* maj
may [mej] *verb* **1** kan kanske,
kan tänkas **2** ~ *I?* får jag?
3 må, måtte
maybe ['mejbi] *adv* kanske
mayday ['mejdej] *subst* nöd-
läge; nöd
mayhem ['mejhemm] *subst*
förödelse; storbråk
mayonnaise [‚mejə'nejz] *subst*
majonnäs
mayor [mejər] *subst* borg-
mästare
maze [mejz] *subst* labyrint
MC [‚emm'si:] (förk. för *Master
of Ceremonies*) konferencier;
programledare
MCP [‚emmsi:'pi:] (förk. för
male chauvinist pig) mans-
gris
MD [‚emm'di:] (förk. för
Medical Doctor) leg. läk.,
legitimerad läkare
me [mi:] *pron* mig
meadow ['meddou] *subst* äng
meager ['mi:gər] *adj* mager
meal [mi:l] *subst* måltid; ~

ticket vard. födkrok; för-
sörjare
mealtime ['mi:ltajm] *subst*
måltid
1 mean [mi:n] *adj* **1** snål;
gemen **2** vard. elak; *feel ~*
skämmas
2 mean [mi:n] **I** *adj* medel-
II *subst* medelvärde
3 mean* [mi:n] *verb* **1** betyda
2 mena
meander [mi' änndər] *verb*
snirkla sig fram
meaning ['mi:ning] *subst*
mening; betydelse
meaningless ['mi:ningləs] *adj*
meningslös
meanness ['mi:nnəs] *subst*
snålhet; gemenhet
means [mi:nz] *subst* **1** medel;
by ~ of med hjälp av; *by no*
~ inte alls, långtifrån **2** till-
gångar, medel
meant [mennt] *verb* imperf. o.
perf.p. av **3** *mean*
meantime ['mi:ntajm] *subst,*
in the ~ under tiden
meanwhile ['mi:nhwajl] *adv*
under tiden
measles [mi:zlz] *subst* mäss-
lingen
measly ['mi:zli] *adj* vard. futtig
measure ['meʒər] **I** *subst*
1 mått **2** åtgärd **3** takt musik
II *verb* mäta
meat [mi:t] *subst* kött; *cold ~*
kallskuret

meatball ['mi:tba:l] *subst*
köttbulle
mechanic [mə'kännikk] *subst*
mekaniker
mechanical [mi'kännikəl] *adj*
mekanisk
mechanism ['mekkənizzəm]
subst mekanism
medal [meddl] *subst* medalj;
Medal of Honor USA:s högsta
tapperhetsmedalj
medallion [mə'dälljən] *subst*
medaljong
meddle [meddl] *verb* lägga sig
'i
media ['mi:djə] *subst* media
mediate ['mi:diejt] *verb* medla
mediation [,mi:di'ejschən]
subst medling
Medicaid ['meddikejd] *subst*
sjukvårdsprogram för lågin-
komsttagare
medical ['meddikkəl] *adj*
medicinsk; *~ care* läkarvård;
~ certificate friskintyg; lä-
karintyg vid sjukdom; *~*
examination (check-up) häl-
soundersökning; läkarun-
dersökning
Medicare ['meddikäər] *subst*
offentlig sjukförsäkring för pensio-
närer
medication [,meddi'kejschən]
subst medicin läkemedel
medicine ['meddsən] *subst*
medicin

medieval [ˌmiːˈdiːvəl] *adj* medeltida
mediocre [ˌmiːdiˈoukər] *adj* medelmåttig
meditate [ˈmedditejt] *verb* meditera; fundera
Mediterranean [ˌmedditəˈrejnjən], *the* ~ Medelhavet
medium [ˈmiːdjəm] *subst* o. *adj* medium
medium-priced [ˈmiːdjəmˌprajst] *adj* i mellanprisklass
medley [ˈmeddli] *subst* potpurri
meek [miːk] *adj* foglig; saktmodig
meet* [miːt] I *verb* **1** möta; träffa **2** bemöta **3** tävla mot II *subst* tävling; *track* ~ friluftsmöte
meeting [ˈmiːting] *subst* möte; sammanträde
meeting-place [ˈmiːtingplejs] *subst* samlingsplats
megaphone [ˈmeggəfoun] *subst* megafon utan förstärkare
melancholy [ˈmellənkaːli] *subst* melankoli
mellow [ˈmellou] I *adj* **1** fyllig, djup **2** slang avspänd; på lyran II *verb* **1** mildra **2** slang spänna av
melody [ˈmellədi] *subst* melodi
melon [ˈmellən] *subst* melon

melt [mellt] *verb* smälta
meltdown [ˈmelltdaon] *subst* härdsmälta
melting-pot [ˈmelltingpaːt] *subst* smältdegel
member [ˈmemmbər] *subst* medlem, ledamot
membership [ˈmemmbərschipp] *subst* medlemskap; ~ *card* medlemskort
memento [miˈmenntou] *subst* minnessak
memo [ˈmemmou] *subst* PM
memorandum [ˌmemməˈränndəm] *subst* promemoria
memorial [məˈmåːriəl] *subst* minnesmärke; *Memorial Day* minnesdagen i USA till minne av stupade soldater, 30 maj; ~ *park* parkliknande kyrkogård
memorize [ˈmemmərajz] *verb* memorera; lära sig utantill
memory [ˈmemməri] *subst* minne
men [menn] *subst* pl. av *man*
menace [ˈmennəs] I *subst* hot II *verb* hota
mend [mennd] *verb* laga, reparera
menial [ˈmiːnjəl] *adj* enkel, simpel, tarvlig
meningitis [ˌmenninˈdʒajtəs] *subst* hjärnhinneinflammation

menopause ['mennəpa:z] *subst* klimakterium

menstruation [ˌmennstro'ejschən] *subst* menstruation

mental [menntl] *adj* mental; ~ *disorder* psykisk störning; ~ *state* sinnestillstånd

mentality [menn'tälləti] *subst* mentalitet; sinnesstämning

mentally ['menntəli] *adv*, ~ *handicapped* utvecklingsstörd; ~ *ill* sinnessjuk

mention ['mennschən] *verb* nämna; *don't* ~ *it!* ingen orsak!

menu ['mennjo:] *subst* meny

mercenary ['mö:rsənerri] *subst* legosoldat

merchandise ['mö:rtchəndajz] *subst* vara, varor

merchant ['mö:rtchənt] *subst* detaljhandlare

merciful ['mör:sifəl] *adj* barmhärtig

merciless ['mö:rsiləs] *adj* obarmhärtig

mercury ['mö:rkjəri] *subst* kvicksilver

mercy ['mö:rsi] *subst* nåd

mere [miər] *adj* blott

merely ['mirrli] *adv* endast

merge [mö:rdʒ] *verb* slå ihop

merger ['mö:rdʒər] *subst* sammanslagning

meringue [mə'räng] *subst* maräng

merit ['merrət] I *subst* förtjänst, merit II *verb* förtjäna

mermaid ['mö:rmejd] *subst* sjöjungfru

merry ['merri] *adj* munter; *Merry Christmas!* God Jul!

merry-go-round ['merrigouraond] *subst* karusell

mesa ['mejsə] *subst* mesa, högplatå

mesh [mesch] *subst* nät; ~ *stocking* nätstrumpa

mesmerize ['mezzmərajz] *verb* hypnotisera; trollbinda

mess [mess] I *subst* 1 röra; knipa 2 mäss II *verb*, ~ *about (around)* slå dank; ~ *up* stöka till; sabba; ~ *with* djävlas med

message ['messiddʒ] *subst* meddelande; budskap

messenger ['messəndʒər] *subst* budbärare

messy ['messi] *adj* stökig

Met [mett], *the* ~ New Yorks operahus

met [mett] *verb* imperf. o. perf.p. av *meet*

metal [mettl] I *subst* metall II *adj* metall-

metallic [me'tällikk] *adj* metall-

meteorology [ˌmi:tjə'ra:lədʒi] *subst* meteorologi

1 meter ['mi:tər] *subst* meter

2 meter ['mi:tər] *subst*

mätare; taxameter; ~ *maid*
lapplisa
method ['meθəd] *subst* metod
metric ['mettrikk] *adj* meter-
metropolitan
[ˌmettrə'pɑ:lətən] *adj* stor-
stads-
mettle [mettl] *subst* mod;
livlighet
mew [mjo:] **I** *verb* jama
II *subst* jamande
mezzanine ['mezzəni:n] *subst*
främre första raden
mice [majs] *subst* pl. av *mouse*
Mickey Mouse [ˌmikki 'maos]
I Musse Pigg **II** *adj* ynklig;
futtig
microchip ['majkroutchipp]
subst mikrochips
microphone ['majkrəfoun]
subst mikrofon
microscope ['majkrəskoup]
subst mikroskop
microwave ['majkrəwejv]
subst mikrovåg
mid [midd] *adj* mitt-, i mitten
av
midday ['middej] *subst* mid-
dag, klockan tolv på dagen
middle [middl] **I** *adj* mellersta;
~ *age* medelålder; *the Middle
Ages* medeltiden; *the Middle
East* Mellersta Östern
II *subst* **1** *in the ~ of* i mitten
av **2** midja
middle-aged [ˌmiddl'ejdʒd] *adj*
medelålders

middle-class [ˌmiddl'kläss] *adj*
medelklass-
middleman ['middlmänn]
subst mellanhand
middleweight ['middlwejt]
subst mellanvikt; mellanvik-
tare
Mideast [ˌmidd'i:st], *the* ~
Mellanöstern
midget ['middʒitt] *subst* dvärg
midnight ['middnajt] *subst*
midnatt
midriff ['middriff] *subst* mel-
langärde
midsummer ['middˌsammər]
subst midsommar
midway [ˌmidd'wej] *adv* halv-
vägs
Midwest [ˌmidd'wesst], *the* ~
Mellanvästern i USA
midwife ['middwajf] *subst*
barnmorska
midwinter [ˌmidd'winntər]
subst midvinter
might [majt] **I** *verb* **1** skulle
kanske kunna **2** fick **II** *subst*
kraft, makt
mighty ['majti] *adj* mäktig
migraine ['majgrejn] *subst*
migrän
migrant ['majgrənt] *subst*, ~
worker säsongsarbetare
migrate ['majgrejt] *verb* flytta
mike [majk] *subst* vard. mick
mikrofon
mild [majld] *adj* mild

mildew ['milldo:] *subst* mögel, mögelfläck; mjöldagg

mile [majl] *subst* engelsk mil 1,6 km

mileage ['majliddʒ] *subst* antal körda 'miles'; mått på bensinförbrukning

milestone ['majlstoun] *subst* milstolpe

militant ['millitənt] *adj* militant

military ['millətərri] I *adj* militär- II *subst, the* ~ militären

militia [mi'lischə] *subst* milis

milk [millk] I *subst* mjölk; *skim* ~ skummjölk; ~ *run* lätt uppgift II *verb* mjölka

milkman ['millkmən] *subst* mjölkbud

milkshake ['millkˌschejk] *subst* milkshake dryck

milky ['millki] *adj* mjölkaktig

mill [mill] *subst* kvarn

millenium [mi'lennjəm] *subst* årtusende

miller ['millər] *subst* mjölnare

milligram ['milligrämm] *subst* milligram

millimeter ['milləˌmi:tər] *subst* millimeter

million ['milljən] *subst* miljon

millionaire [ˌmilljə'neər] *subst* miljonär

mime [majm] I *subst* pantomim II *verb* mima

mimic ['mimmikk] I *subst* imitatör II *verb* härma

mince [minns] *verb* hacka fint

mind [majnd] I *subst* sinne II *verb* bry sig om; ~ *your head!* akta huvudet!; *I don't* ~ gärna för mig; *never* ~! strunt i det!; bry dig inte om det!

mindful ['majndfəl] *adj* uppmärksam

mindless ['majndləs] *adj* meningslös

1 mine [majn] *pron* min, mina

2 mine [majn] I *subst* **1** gruva **2** mina II *verb* bryta malm o.d.

minefield ['majnfi:ld] *subst* minfält; bildligt krutdurk

miner ['majnər] *subst* gruvarbetare

mineral ['minnərəl] *subst* mineral

mingle [minggl] *verb* blanda, blanda sig

miniature ['minnjətchər] *subst* miniatyr

minibus ['minnibass] *subst* minibuss

minimal ['minniməl] *adj* minimal

minimize ['minnimajz] *verb* begränsa till ett minimum

minimum ['minniməm] *subst* minimum

mining ['majning] *subst* gruvdrift

miniskirt ['minniskö:rt] *subst* kort-kort kjol

minister ['minnistər] *subst*
1 minister **2** präst, pastor
ministerial [‚minni'stirriəl] *adj*
minister-
ministry ['minnistri] *subst*
1 prästämbete; *enter the ~*
bli präst **2** ministär; departement
mink [mingk] *subst* mink
minor ['majnər] **I** *adj* mindre,
mindre betydande; *~ league*
lägre serie **II** *subst* **1** minderårig **2** moll **3** tillvalsämne,
mindre kurs **4** *the minors*
lägre serier i sportsammanhang
minority [mə'nå:rəti] *subst*
minoritet
1 mint [minnt] *subst* **1** mynta; *~ julep* whiskydrink med
mynta, socker och is; *~ sauce*
mintsås **2** mintkaramell
2 mint [minnt] **I** *subst*
myntverk **II** *verb* mynta
minus ['majnəs] *subst* minus
1 minute [maj'no:t] *adj* ytterst
liten
2 minute ['minnət] *subst*
1 minut; *just a ~!* ett
ögonblick bara! **2** *the minutes* mötesprotokoll
miracle ['mirrəkl] *subst* mirakel
mirage ['məra:ʒ] *subst* hägring
mirror ['mirrər] **I** *subst* spegel
II *verb* spegla
mirth [mö:rθ] *subst* munterhet

misadventure
[‚missəd'venntchər] *subst*
missöde
misapprehension
['miss‚äppri'hennschən] *subst*
missuppfattning
misbehave [‚missbi'hejv] *verb*
bära sig illa åt
miscalculate [‚miss'källkjəlejt]
verb **1** räkna fel **2** felbedöma
miscarriage ['miss‚kärriddʒ]
subst missfall
miscellaneous [‚missə'lejnjəs]
adj blandad; varjehanda
mischief ['misstchiff] *subst*
ofog
mischievous ['misstchivvəs]
adj busig, rackar-
misconception
[‚misskən'seppschən] *subst*
missuppfattning
misconduct [miss'ka:ndakkt]
subst, professional ~ tjänstefel
misdemeanor [‚missdi'mi:nər]
subst förseelse, mindre lagöverträdelse (brott) där straffet
understiger ett år
miser ['majzər] *subst* girigbuk
miserable ['mizzərəbl] *adj*
olycklig; bedrövlig
miserly ['majzərli] *adj* girig
misery ['mizzəri] *subst* elände;
misär
misfire [‚miss'fajər] *verb* slå
slint

misfit ['missfitt] *subst* missanpassad person
misfortune [miss'få:rtchən] *subst* olycka
misgiving [miss'givving] *subst* farhåga
misguided [‚miss'gajdidd] *adj* vilseförd
mishap ['misshäpp] *subst* missöde
misinform [‚missin'få:rm] *verb* felunderrätta
misinterpret [‚missin'tö:rprət] *verb* feltolka
misjudge [‚miss'dʒaddʒ] *verb* felbedöma
mislay [miss'lej] *verb* förlägga
mislead [miss'li:d] *verb* vilseleda
mismanage [‚miss'männiddʒ] *verb* missköta
misplaced [‚miss'plejst] *adj* malplacerad; missriktad
misprint ['missprinnt] *subst* tryckfel
Miss [miss] *subst* **1** fröken före namn **2** skönhetsmiss
miss [miss] **I** *verb* **1** missa; gå miste om **2** sakna **II** *subst* miss
misshapen [‚mis'schejpən] *adj* missbildad, vanskapt
missile ['missill] *subst* robot, missil
missing ['missing] *adj* saknad; *be* ~ saknas, fattas

mission ['mischən] *subst* uppdrag
missionary ['mischənerri] *subst* missionär
mist [misst] *subst* dis; imma
mistake [mi'stejk] **I** *verb* ta miste på **II** *subst* misstag; *make a* ~ missta sig, begå ett misstag
mistaken [mi'stejkən] *adj* felaktig
mister ['misstər] *subst* herr, herrn
mistletoe ['missltou] *subst* mistel
mistress ['misstrəs] *subst* älskarinna
mistrust [‚miss'trasst] *subst* o. *verb* misstro
misty ['missti] *adj* disig; immig
misunderstand [‚missanndər'stännd] *verb* missförstå
misunderstanding [‚missanndər'stännding] *subst* missförstånd
mitigate ['mittigejt] *verb* lindra; *mitigating circumstances* förmildrande omständigheter
mitt [mitt] *subst* basebollhandske
mitten [mittn] *subst* tumvante
mix [mikks] **I** *verb* **1** blanda; mixa; *be mixed up in* vara

insyltad i **2** umgås **II** *subst*
blandning; kakmix
mixed [mikkst] *adj* **1** blandad
2 gemensam, sam-
mixed-up [‚mikkst'app] *adj*
förvirrad
mixer ['mikksər] *subst* **1** *hand*
~ elvisp; *food* ~ mixer
2 groggvirke **3** skoldans
4 *good* ~ sällskapsmänniska
mixture ['mikkstchər] *subst*
blandning
mix-up ['mikksapp] *subst* vard.
förväxling
moan [moun] **I** *verb* jämra sig
II *subst* jämmer
moat [mout] *subst* vallgrav
mob [ma:b] **I** *subst, the* ~
maffian; pöbeln; folkmassan
II *verb* **1** ansätta **2** invadera,
översvämma
mobile ['moubəl] *adj* rörlig; ~
home husvagn som permanent
bostad; ~ *telephone* mobilte-
lefon
mock [ma:k] **I** *verb* driva med
II *adj* falsk; sken-
mockery ['ma:kəri] *subst* hån
mocking bird ['ma:king bö:rd]
subst härmtrast
mock-up ['ma:kapp] *subst*
modell
mode [moud] *subst* sätt; ~ *of*
payment betalningssätt
model [ma:dl] **I** *subst* modell
II *adj* mönster-; perfekt
III *verb* forma

modem ['moudemm] *subst*
modem
moderate I ['ma:dərət] *adj*
måttlig; moderat
II ['ma:dərejt] *verb* mildra,
dämpa
modern ['ma:dərn] *adj* mo-
dern
modernize ['ma:dərnajz] *verb*
modernisera
modest ['ma:dəst] *adj* an-
språkslös
modesty ['ma:dəsti] *subst*
1 anspråkslöshet, blygsam-
het **2** anständighet
modify ['ma:difaj] *verb* modi-
fiera
mogul ['mougəl] *subst* puck-
elpist
mohair ['mouhärr] *subst* mo-
hair
moist [måjst] *adj* fuktig
moisten [måjsn] *verb* fukta
moisture ['måjstchər] *subst*
fuktighet
moisturizer ['måjstchərajzər]
subst fuktkräm
molar ['moulər] *subst* oxel-
tand
molasses [mə'lässizz] *subst*
1 melass **2** sirap
1 mold [mould] **I** *subst* form,
mall **II** *verb* gjuta; forma,
dana
2 mold [mould] *subst* mögel
moldy ['mouldi] *adj* möglig

1 mole [moul] *subst* födelsemärke

2 mole [moul] *subst* mullvad

molecule ['ma:likjo:l] *subst* molekyl

molest [mə'lesst] *verb* antasta

mollusc ['ma:ləsk] *subst* blötdjur

mollycoddle ['ma:lika:dl] *verb* pjoska med

molt [moult] *verb* rugga; fälla hår

molten ['moultən] *adj* smält; flytande

mom [ma:m] *subst* vard. mamma

moment ['moumənt] *subst* ögonblick; *just a* ~ ett ögonblick; *at the* ~ för tillfället

momentary ['moumənterri] *adj* en kort stunds

momentous [mou'menntəs] *adj* mycket viktig

momentum [mou'menntəm] *subst* fart; styrka

monarch ['ma:nərk] *subst* monark

monarchy ['ma:nərki] *subst* monarki

monastery ['ma:nəsterri] *subst* munkkloster

Monday ['manndej] *subst* måndag

monetary ['ma:nəterri] *adj* penning-; valuta-

money ['manni] *subst* pengar

money order ['manni å:rdər] *subst* postanvisning

mongrel ['manggrəl] *subst* byracka

monitor ['ma:nətər] **I** *subst* monitor; datorskärm **II** *verb* övervaka

monk [mangk] *subst* munk

monkey ['mangki] *subst* apa

monkey wrench ['mangki renntch] *subst* skiftnyckel

monopoly [mə'na:pəli] *subst* monopol

monotonous [mə'na:tənəs] *adj* monoton

monsoon [ma:n'so:n] *subst* monsun

monster ['ma:nstər] *subst* monster

monstrous ['ma:nstrəs] *adj* monstruös; ohygglig

month [manθ] *subst* månad; *by the* ~ månadsvis

monthly ['manθli] *adj* månatlig; ~ *salary* månadslön; ~ *ticket* (*pass*) månadskort

monument ['ma:njəmənt] *subst* monument; *historic* ~ ung. kulturminnesmärke

moo [mo:] **I** *verb* säga 'mu', råma **II** *subst* mu

mood [mo:d] *subst* sinnesstämning; *be in the* ~ ha lust

moody ['mo:di] *adj* lynnig

moon [mo:n] *subst* måne

moonlight ['mo:nlajt] **I** *subst*

månsken **II** *verb* vard. extra-
knäcka
moonlit ['mo:nlitt] *adj* mån-
belyst
moonshine [mo:nschajn]
subst **1** månsken **2** vard.
hembränt
1 moor [moər] *subst* hed
2 moor [moər] *verb* förtöja
moose [mo:s] *subst* amerikansk
älg
mop [ma:p] **I** *subst* mopp
II *verb* moppa
mope [moup] *verb* tjura; vara
ledsen
moral ['må:rəl] **I** *adj* moralisk
II *subst* **1** sensmoral **2** *mo-*
rals moral
morale [mə'räll] *subst* moral,
kampanda
morality [mə'rälləti] *subst*
moral
morass [mə'räss] *subst* träsk
more [må:r] *adj* o. *pron* o. *adv*
1 mer, mera; *no ~* el. *not any*
~ inte mer **2** fler, flera
3 ytterligare; *once ~* en gång
till
moreover [må:'rouvər] *adv*
dessutom
morning ['må:rning] *subst*
morgon, förmiddag; *this ~* i
morse, i förmiddags
moron ['må:ra:n] *subst* vard.
idiot
morsel ['må:rsəl] *subst* muns-
bit; smula

mortality [må:r'tälləti] *subst*
dödlighet; *~ rate* dödstal
1 mortar ['må:rtər] *subst*
mortel
2 mortar ['må:rtər] *subst*
murbruk
mortgage ['må:rgiddʒ] **I** *subst*
inteckning; bolån **II** *verb*
inteckna
mortician [må:r'tischən] *subst*
begravningsentreprenör
mortuary ['må:rtchoerri] *subst*
bårhus
mosaic [mou'zejikk] *subst*
mosaik
Moscow ['ma:skao] Moskva
mosque [ma:sk] *subst* moské
mosquito [mə'ski:tou] *subst*
mygga
moss [ma:s] *subst* mossa
most [moust] **I** *adj* o. *pron*
mest, flest, den (det) mesta,
de flesta **II** *adv* mest
mostly ['moustli] *adv* mesta-
dels
motel [mou'tell] *subst* motell
moth [ma:θ] *subst* mal, mott
mothball ['ma:θbå:l] *subst*
malkula; *in mothballs* bildligt
i malpåse
mother ['maðər] **I** *subst* mo-
der, mamma; *~ tongue*
modersmål; *Mother's Day*
mors dag andra söndagen i maj
II *verb* vara som en mor för
motherhood ['maðərhodd]
subst moderskap

mother-in-law ['maðərənla:] *subst* svärmor
motherly ['maðərli] *adj* moderlig
mother-of-pearl [,maðərəv'pö:rl] *subst* pärlemor
motion ['mouschən] *subst* rörelse; *in* ~ i rörelse, i gång; ~ *sickness* åksjuka
motionless ['mouschənləs] *adj* orörlig
motive ['moutivv] *subst* motiv; anledning
motley ['ma:tli] *adj* brokig; ~ *crew* brokig skara
motor ['moutər] *subst* motor
motorbike ['moutərbajk] *subst* motorcykel
motorboat ['moutərbout] *subst* motorbåt
motorcycle ['moutər,sajkl] *subst* motorcykel
motorist ['moutərisst] *subst* bilist
motorman ['moutərmən] *subst* tunnelbaneförare
motto ['ma:tou] *subst* motto; ordspråk
mound [maond] *subst* hög, kulle
mount [maont] *verb* **1** montera; sätta upp **2** sitta upp på *häst*
mountain ['maontən] *subst* berg; ~ *range* bergskedja

mountaineer [,maontə'niər] *subst* bergsbestigare
mountainous ['maontənəs] *adj* bergig
mountainside ['maontənsajd] *subst* bergssluttning
mounting ['maonting] *subst* beslag handtag o.d.
mourn [må:rn] *verb* sörja
mourning ['må:rning] *subst* sorg; *in* ~ sorgklädd
mouse [maos] *subst* mus
mousetrap ['maosträpp] *subst* råttfälla
mousse [mo:s] *subst* mousse
moustache ['masstäsch] *subst* mustasch
mousy ['maosi] *adj* musgrå; råttfärgad
mouth [maoθ] *subst* **1** mun; *shut your* ~! håll mun! **2** mynning
mouthful ['maoθfoll] *subst* munfull
mouth organ ['maoθ ,å:rgən] *subst* munspel
mouthpiece ['maoθpi:s] *subst* **1** munstycke **2** språkrör
mouthwash ['maoθwa:sch] *subst* munvatten
mouth-watering ['maoθ,wa:təring] *adj* aptitretande
movable ['mo:vəbl] *adj* flyttbar
move [mo:v] **I** *verb* **1** flytta, flytta på **2** röra sig **3** göra

rörd; *be moved* bli rörd
4 yrka på **II** *subst* **1** flyttning
2 bildligt drag; *a wrong* ~ ett
feldrag
movement ['mo:vmənt] *subst*
rörelse
movers [mo:vərz] *subst pl*
stadsbud
movie ['mo:vi] *subst* vard. film;
go to the movies gå på bio
movie camera ['mo:vi
‚kämmərə] *subst* filmkamera
movie star ['mo:vi sta:r] *subst*
filmstjärna
moving ['mo:ving] *adj* **1** rörande **2** ~ *van* flyttbil
mow [mou] *verb* klippa
gräsmatta; slå äng
mower ['mouər] *subst* gräsklippare
MP [‚emm'pi:] (förk. för
military police) militärpolis
mph (förk. för *miles per hour*)
'miles' i timmen, jfr *mile*
Mr. ['misstər] hr, herr före namn
Mrs. ['missizz] fru före namn
Ms. [mizz] frk, fröken; fru före
namn
much [mattch] *adj* o. *adv* o.
pron mycket; *how* ~ *is this?*
vad kostar den här?; *thank
you very* ~ tack så mycket
muck [makk] *subst* gödsel;
vard. skit
mucus ['mjo:kəs] *subst* slem
mud [madd] *subst* gyttja; lera
muddle [maddl] *verb* **1** röra

ihop; ~ *it up* ställa till oreda
2 förvirra
muddy ['maddi] *adj* lerig;
gyttjig
mudguard ['maddga:rd] *subst*
stänkskärm på bil
muffin ['maffinn] *subst* muffin; *English* ~ slags tebröd
muffle [maffl] *verb* dämpa
muffler ['mafflər] *subst*
1 halsduk **2** ljuddämpare
mug [magg] **I** *subst* **1** mugg
2 slang tryne, fejs; ~ *shot* bild
för polisarkiv **II** *verb* vard.
överfalla och råna
mugging ['magging] *subst*
vard. rånöverfall
muggy ['maggi] *adj* kvav
mule [mjo:l] *subst* mula,
mulåsna
multiple ['malltippl] *adj*
mångfaldig; ~ *collision* seriekrock
multiplication
[‚malltippli'kejschən] *subst*
multiplikation
multiply ['malltiplaj] *verb*
1 multiplicera **2** öka
multistory [‚mallti'stå:ri] *adj*
flervånings-
mum [mamm] *adj* vard. tyst;
mum's the word! säg inte ett
knäpp!
mumble [mammbl] **I** *verb*
mumla **II** *subst* mummel
mummy ['mammi] *subst* mumie

mumps [mammps] *subst* pås-
sjuka
munch [mantch] *verb* mumsa;
knapra
mundane ['manndejn] *adj*
vardaglig
municipal [mjo'nissippəl] *adj*
kommunal; stads-
murder ['mö:rdər] I *subst*
mord II *verb* mörda
murderer ['mö:rdərər] *subst*
mördare
murderous ['mö:rdərəs] *adj*
mordisk
murky ['mö:rki] *adj* mörk,
skum
murmur ['mö:rmər] I *subst*
mummel II *verb* mumla
muscle [massl] *subst* muskel
musclebound ['masslbaond]
adj muskulös
muscular ['masskjələr] *adj*
muskulös
1 muse [mjo:z] *subst* musa
2 muse [mjo:z] *verb* fundera,
grunna
museum [mjo'zi:əm] *subst*
museum
mushroom ['maschro:m] *subst*
svamp; champinjon
music ['mjo:zikk] *subst* musik
musical ['mjo:zikkl] I *adj* mu-
sikalisk; musik- II *subst* mu-
sikal
musician [mjo'zischən] *subst*
musiker

muskrat ['masskrätt] *subst*
bisamråtta
Muslim ['mozzləm] I *subst*
muslim II *adj* muslimsk
muslin ['mazzlinn] *subst* mus-
lin; bomullslärft
mussel [massl] *subst* mussla
must [masst] *verb* måste, är
tvungen att; ~ *not* får inte,
bör inte
mustache ['masstäsch] *subst*
mustasch
mustard ['masstərd] *subst*
senap; *cut the* ~ vard.
motsvara förväntningarna,
lyckas
muster ['masstər] *verb* upp-
båda
mustn't [massnt] = *must not*
musty ['massti] *adj* unken,
sur; möglig; mossig
mute [mjo:t] I *adj* stum
II *subst* sordin
mutilate ['mjo:təlejt] *verb*
stympa, vanställa
mutiny ['mjo:tinni] *subst* my-
teri
mutt [matt] *subst* hundracka
mutter ['mattər] *verb* muttra
mutton [mattn] *subst* fårkött
mutual ['mjo:tchoəl] *adj*
1 ömsesidig **2** ~ *fund* aktie-
fond
muzzle [mazzl] *subst* **1** nos
2 munkorg
my [maj] *pron* min, mina

myself [maj'sellf] *pron* mig, mig själv; jag själv, själv
mysterious [mi'stirriəs] *adj* mystisk
mystery ['misstri] *subst* mysterium, gåta
mystify ['misstifaj] *verb* förbrylla
myth [miθ] *subst* myt
mythology [mi'θa:ledʒi] *subst* mytologi

N

N, n [enn] *subst* N, n
nag [nägg] *verb* tjata
nail [nejl] **I** *subst* **1** nagel **2** spik **II** *verb* spika
nail file ['nejl fajl] *subst* nagelfil
nail polish ['nejl ˌpa:lisch] *subst* nagellack
nail scissors ['nejl ˌsizzərz] *subst pl* nagelsax
naive [na'i:v] *adj* naiv
naked ['nejkidd] *adj* naken; *the ~ eye* blotta ögat
name [nejm] **I** *subst* namn; *the ~ of the game* vard. vad det handlar om **II** *verb* **1** kalla för; *~ after* uppkalla efter **2** namnge; nämna
nameless ['nejmləs] *adj* namnlös
namely ['nejmli] *adv* nämligen
namesake ['nejmsejk] *subst* namne
nap [näpp] *subst* tupplur
nape [nejp] *subst* nacke
napkin ['näppkinn] *subst* servett
narcissus [na:r'sissəs] *subst* pingstlilja
narcotic [na:r'ka:tikk] *subst* narkotiskt preparat; *narcotics* äv. narkotika

narrative ['närrətivv] *subst*
berättelse

narrow ['närrou] **I** *adj* **1** smal,
trång **2** *have a ~ escape*
undkomma med knapp nöd
II *verb* smalna av; *~ down*
begränsa

narrowly ['närrouli] *adv* med
knapp nöd

narrow-minded
[,närrou'majndidd] *adj*
trångsynt

nasty ['nässti] *adj* otäck; elak;
besvärlig; *~ surprise* kall-
dusch

natch [nättch] *adv* vard. så
klart, förstås

nation ['nejschən] *subst* na-
tion

national ['näschnəl] *adj* na-
tionell; *~ guard* nationalgar-
det militära reservförband; *~
hero* folkhjälte; *~ holiday*
nationaldag; landsomfattande
helgdag

nationalism ['näschnəlizzəm]
subst nationalism

nationalist ['näschnəlisst]
I *subst* nationalist **II** *adj* na-
tionalistisk

nationality [,näschə'nälləti]
subst nationalitet

nationalize ['näschnəlajz] *verb*
förstatliga

nationwide ['nejschnwajd] *adj*
landsomfattande

native ['nejtivv] **I** *adj* **1** födel-
se- **2** infödd; *Native Ameri-
can* indian- **II** *subst* infödd;
inföding; *~ country* foster-
land

natural ['nättchrəl] **I** *adj* na-
turlig; *~ resources* naturtill-
gångar; *~ science* naturve-
tenskap **II** *subst* vard. natur-
begåvning

naturalized ['nättchrəlajzd]
adj naturaliserad; *become ~*
få amerikanskt medborgarskap

naturally ['nättchrəli] *adv*
naturligtvis

nature ['nejtchər] *subst* natur;
by ~ till sin natur; av
naturen; *~ preserve* el. *~
reserve* naturreservat

naughty ['na:ti] *adj* **1** om barn
stygg; olydig **2** oanständig

nausea ['na:zjə] *subst* kvälj-
ningar

nauseate ['na:ziejt] *verb*
kvälja; äckla

nautical ['na:tikkl] *adj* sjö-;
nautisk

naval [nejvl] *adj* marin-

nave [nejv] *subst* nav

navel [nejvl] *subst* navel

navigate ['nävvigejt] *verb*
navigera

navigation [,nävvi'gejschən]
subst navigering

navy ['nejvi] *subst, the ~*
flottan

navy-blue [,nejvi'blo:] *adj* ma-
rinblå

near [niər] *adj* o. *adv* o. *prep*
nära; *come (get)* ~ närma sig
nearby I ['nirrbaj] *adj* närbe-
lägen **II** [niər'baj] *adv* i
närheten
nearly ['nirrli] *adv* nästan
near-sighted [,nirr'sajtəd] *adj*
närsynt
neat [ni:t] *adj* **1** ordentlig;
prydlig **2** om whisky outspädd
3 vard. kul, häftig
necessarily ['nessəserrəli] *adv*
nödvändigtvis
necessary ['nessəserri] *adj*
nödvändig
necessity [nə'sessəti] *subst*
nödvändighet; *the necessities
of life* livets nödtorft
neck [nekk] *subst* hals; *back
of the* ~ nacke; *save one's* ~
rädda skinnet
necklace ['nekkləs] *subst*
halsband
neckline ['nekklajn] *subst*
halsringning; *plunging* ~
djup urringning
necktie ['nekktaj] *subst* slips
need [ni:d] **I** *subst* behov
II *verb* behöva
needle [ni:dl] **I** *subst* **1** nål
2 kanyl **II** *verb* tråka, retas
med
needless ['ni:dləs] *adj* onödig
needlework ['ni:dlwö:rk] *subst*
handarbete
needn't [ni:dnt] = *need not*
needy ['ni:di] *adj* behövande

negative ['neggətivv] *adj* o.
subst negativ
neglect [ni'glekkt] **I** *verb* för-
summa **II** *subst* försummelse
negligee ['negglə3ej] *subst*
negligé
negligence ['negglid3əns]
subst försumlighet
negotiate [ni'gouschiejt] *verb*
förhandla
negotiation
[ni,gouschi'ejschən] *subst*
förhandling
Negro ['ni:grou] *subst* neger
neigh [nej] *verb* gnägga
neighbor ['nejbər] *subst* gran-
ne
neighborhood ['nejbərhodd]
subst grannskap; kvarter
neighboring ['nejbəring] *adj*
grann-
neighborly ['nejbərli] *adj* som
det anstår en god granne;
sällskaplig, vänskaplig
neither [ni:ðr] **I** *pron* ingen
II *konj* inte heller; ~ *she nor I*
varken hon eller jag
neon ['nia:n] *subst* neon
nephew ['neffjo:] *subst* bror-
son, systerson
nerd [nö:rd] *subst* nörd, tönt,
nolla
nerve [nö:rv] *subst* **1** nerv
2 mod
nerve-racking ['nö:rv,räkking]
adj nervpåfrestande
nervous ['nö:rvəs] *adj* nervös;

orolig, ängslig; *a ~ break-down* ett nervsammanbrott
nest [nesst] *subst* rede; näste, bo; *hornet's ~* bildligt getingbo
nest egg ['nesst egg] *subst* sparad slant
nestle ['nessl] *verb, ~ down* kura ihop sig; krypa ner
1 net [nett] **I** *subst* nät; håv **II** *verb* i tennis o.d. slå bollen i nät
2 net [nett] *adj* netto; *~ profit* nettovinst
Netherlands ['neðərləndz], *the ~* Nederländerna
nettle [nettl] **I** *subst* nässla **II** *verb* irritera, reta
network ['nettwö:rk] **I** *subst* **1** nätverk **2** TV-bolag **II** *verb* använda sina kontakter
neurotic [ˌno'ra:tikk] *adj* neurotisk
neuter ['no:tər] **I** *adj* könlös **II** *verb* kastrera, sterilisera
neutral ['no:trəl] *adj* neutral
neutralize ['no:trəlajz] *verb* neutralisera
never ['nevvər] *adv* aldrig; *~ again* aldrig mera
nevertheless [ˌnevvərðə'less] *adv* likväl, ändå
new [no:] *adj* **1** ny; *~ mother* nybliven mor **2** färsk
newborn ['no:bå:rn] *adj* nyfödd

newcomer ['no:ˌkammər] *subst* nykomling
newfangled [ˌno:'fänggld] *adj* nymodig
newly ['no:li] *adv* nyligen
newly-weds ['no:liweddz] *subst pl, the ~* vard. de nygifta
news [no:z] *subst* nyheter
news agency ['no:z ˌejdʒənsi] *subst* nyhetsbyrå
newsboy ['no:zbåj] *subst* tidningsbud
newscaster ['no:zˌkässtər] *subst* nyhetsuppläsare
newsdealer ['no:zˌdi:lər] *subst* innehavare av tidningskiosk
newsflash ['no:zfläsch] *subst* extra nyhetssändning
newsletter ['no:zˌlettər] *subst* informationsblad
newsman ['no:zmänn] *subst* journalist
newspaper ['no:zˌpejpər] *subst* tidning
newsreader ['no:zˌri:dər] *subst* nyhetsuppläsare
newsreel ['no:zri:l] *subst* journalfilm
newsstand ['no:zstännd] *subst* tidningskiosk
newt [no:t] *subst* vattenödla
New Year [ˌno: 'jiər] *subst* nyår; *Happy ~!* Gott nytt år!; *New Year's Day* nyårsdagen; *New Year's Eve* nyårsafton

New Zealand [ˌno: 'zi:lənd]
Nya Zeeland
New Zealander [ˌno:
'zi:ləndər] *subst* nyzeeländare
next [nekkst] **I** *adj* nästa; *the
girl ~ door* en alldeles vanlig
flicka; *~ Sunday* nu på
söndag **II** *adv* **1** därefter
2 näst
next door [ˌnekks 'då:r] **I** *adj*
närmast **II** *adv, live ~ to* vara
granne med
next of kin [ˌnekkst əv 'kinn]
subst närmaste anhörig
nib [nibb] *subst* stift på
reservoarpenna
nibble [nibbl] *verb* knapra på;
nafsa
nice [najs] *adj* trevlig; snäll;
skön
nicely ['najsli] *adv* utmärkt
niche [nittch] *subst* nisch
nick [nikk] *subst* hack
nickel [nikkl] *subst* **1** femcent-
are mynt **2** nickel
nickname ['nikknejm] *subst*
smeknamn; öknamn
niece [ni:s] *subst* brorsdotter,
systerdotter
night [najt] *subst* natt; *first ~*
premiär; *last ~* i går kväll; i
natt; *make a ~ of it* vard.
göra sig en helkväll; *by ~*
nattetid
nightcap ['najtkäpp] *subst*
vard. sängfösare

night clerk ['najt ˌklö:rk] *subst*
nattportier
nightclub ['najtklabb] *subst*
nattklubb
night crawler ['najt kra:lər]
subst mask för metning
nightfall ['najtfa:l] *subst* mörk-
rets inbrott
nightgown ['najtgaon] *subst*
nattlinne
nightie ['najti] *subst* nattlinne
nightingale ['najtəngejl] *subst*
näktergal
nightly ['najtli] *adj* nattlig
nightmare ['najtmärr] *subst*
mardröm
night school ['najt sko:l] *subst*
kvällskurs
nightstick ['najtstikk] *subst*
batong
night-time ['najttajm] *subst,
in the ~* nattetid
night watchman [ˌnajt
'wa:tchmən] *subst* nattvakt
nil [nill] *subst* ingenting; noll
nimble [nimmbl] *adj* kvick,
flink
nine [najn] *räkn* nio
nineteen [ˌnajn'ti:n] *räkn*
nitton
ninety ['najnti] *räkn* nitti
ninth [najnθ] **I** *räkn* nionde
II *subst* niondel
nip [nipp] *verb* nypa; nafsa
nipple [nippl] *subst* bröstvår-
ta; dinapp
Nisei ['ni:sej] *subst* andra

generationens invandrare
från Japan till USA
nitrogen ['najtrədʒən] *subst*
kväve
nitty-gritty [‚nitti'gritti] *subst,*
the ~ det viktigaste, de svåra
detaljerna
1 no [nou] *adj* ingen, inte
någon; *~ one* ingen, inte
någon; *~ man's land* ingen-
mansland; *~ smoking* rök-
ning förbjuden; *~ way!* vard.
aldrig i livet!
2 no [nou] *adv* nej
nobility [nou'billəti] *subst*
1 adel **2** ädelhet
noble [noubl] *adj* **1** adlig
2 ädel
nobody ['noubədi] *pron* ingen,
inte någon
nod [na:d] **I** *verb* nicka; *~ off*
nicka till **II** *verb* nick
noise [nåjz] *subst* ljud; oljud
noisy ['nåjzi] *adj* bullrig,
bråkig
nominate ['na:minnejt] *verb*
föreslå; utnämna
nominee [‚na:mi'ni:] *subst*
kandidat
non-alcoholic
['na:n‚ällkə'ha:likk] *adj* alko-
holfri
non-committal [‚na:nkə'mittl]
adj till intet förpliktande
nondescript ['na:ndisskrippt]
adj obestämbar

none [nann] *pron* ingen, inte
någon
nonentity [na:'nenntəti] *subst*
obetydlig person
nonetheless [‚nannðə'less]
adv likväl, ändå
non-existent
[‚na:nigg'zisstənt] *adj* obe-
fintlig
non-fiction [‚na:n'fikkschn]
subst sakprosa
no-no ['nounou] *subst, be a ~*
vara förbjuden
nonsense ['na:nsenns] *subst*
nonsens
non-smoker [‚na:n'smoukər]
subst icke-rökare
non-stick [‚na:n'stikk] *adj*
teflonbehandlad
non-stop [‚na:n'sta:p] *adj* o.
adv utan uppehåll, i ett
noodle [no:dl] *subst* **1** nudel
2 slang skalle
nook [nokk] *subst* vrå
noon [no:n] *subst* klockan
tolv på dagen
noose [no:s] *subst* snara
nor [nå:r] *konj* och inte heller;
neither she ~ I varken hon
eller jag
norm [nå:rm] *subst* norm
normal ['nå:rməl] *adj* normal
normally ['nå:rməli] *adv* nor-
malt sett
north [nå:rθ] **I** *subst* norr
II *adj* norra **III** *adv* norrut

north-east [ˌnå:rθ'i:st] *subst*
nordost
northerly ['nå:rðərli] *adj*
nordlig
northern ['nå:rðərn] *adj*
1 nordlig; ~ *lights* norrsken
2 nordisk
northward ['nå:rθwərd] *adv*
mot (åt) norr
north-west [ˌnå:rθ'wesst] *subst*
nordväst
Norway ['nå:rwej] Norge
Norwegian [nå:r'wi:dʒən] I *adj*
norsk II *subst* **1** norrman
2 norska språk
nose [nouz] *subst* näsa
nose-bleed ['nouzˌbli:d] *subst*
näsblod
nosedive ['nouzdajv] *subst*
störtdykning
nosey ['nouzi] *adj* vard.
nyfiken; närgången
no-smoking ['nouˌsmouking]
adj, ~ *section* rökfri avdel-
ning
nostalgia [na:'ställdʒə] *subst*
nostalgi
nostril ['na:strəl] *subst* näs-
borre
nosy ['nouzi] *adj* vard. nyfiken;
närgången
not [na:t] *adv* inte; ~ *until*
then först då
notably ['noutəbli] *adv* i
synnerhet
notary public [ˌnoutəri

'pabblikk] *subst* notarius
publicus
notch [na:tch] *subst* **1** hack,
skåra **2** vard. pinnhål, grad
note [nout] I *subst* **1** anteck-
ning; *make a* ~ *of* anteckna;
~ *pad* kollegieblock **2** not;
quarter ~ fjärdedelsnot
II *verb* **1** lägga märke till **2** ~
down anteckna
notebook ['noutbokk] *subst*
anteckningsbok
noted ['noutəd] *adj*, ~ *for*
känd för
notepaper ['noutˌpejpər] *subst*
brevpapper
nothing ['naθing] *pron* ingen-
ting, inget; ~ *but* ingenting
annat än; ~ *much* inte
särskilt mycket; *for* ~ till
ingen nytta
notice ['noutəs] I *subst*
1 meddelande; *give public* ~
meddela, kungöra **2** upp-
märksamhet **3** *give* ~ säga
upp sig II *verb* märka
noticeable ['noutəsəbl] *adj*
märkbar
notice board ['noutəs bå:rd]
subst anslagstavla
notify ['noutəfaj] *verb* tillkän-
nage
notion [nouschn] *subst*
1 uppfattning **2** infall
notorious [nou'tå:riəs] *adj*
ökänd

nought [na:t] *subst* noll; *all for ~* förgäves
noun [naon] *subst* substantiv
nourishing ['nö:risching] *adj* närande
nourishment ['nö:rischmənt] *subst* näring, föda
novel ['na:vəl] I *adj* ny II *subst* roman
novelist ['na:vəlisst] *subst* romanförfattare
novelty ['na:vəlti] *subst* 1 nyhet 2 *novelties* krimskrams
November [nou'vemmbər] *subst* november
now [nao] I *adv* nu; *every ~ and then* då och då; *by ~* vid det här laget; *for ~* tillsvidare II *konj* nu då, när
nowadays ['naoədejz] *adv* nuförtiden
no-waiting ['nou‚wejting] *adj*, *~ zone* plats där det råder stoppförbud
nowhere ['nouhwärr] *adv* ingenstans
nozzle ['na:zl] *subst* munstycke, pip
nuclear ['no:kliər] *adj* kärn-; atom-; *~ bomb* atombomb; *~ family* kärnfamilj; *~ power* kärnkraft
nude [no:d] *adj* naken, bar
nudge [naddʒ] *verb* knuffa, puffa
nudist ['no:dəst] *subst* nudist

nuisance [no:sns] *subst* otyg, elände
null [nall] *adj*, *~ and void* ogiltig
numb [namm] I *adj* domnad; stelfrusen II *verb* bildligt förlama
number ['nammbər] I *subst* 1 antal 2 nummer; *~ one* en själv II *verb* numrera
numerical [no'merrikkəl] *adj* siffer-
numerous ['no:mərəs] *adj* talrik
nun [nann] *subst* nunna
nurse [nö:rs] I *subst* sjuksköterska II *verb* sköta barn el. sjuka
nursery ['nö:rsəri] *subst* barnkammare; *~ school* förskola för barn under 5 år
nursing ['nö:rsing] *subst* sjukvård
nursing home ['nö:rsing houm] *subst* sjukhem, vårdhem
nut [natt] *subst* 1 nöt 2 vard. tokstolle, knäppis
nutmeg ['nattmegg] *subst* muskotnöt
nutritious [no'trischəs] *adj* näringsrik
nuts [natts] *adj* vard. knäpp
nutshell ['nattschell] *subst* nötskal
nylon ['najla:n] *subst* nylon

O

O, o [ou] *subst* O, o
oak [ouk] *subst* ek
oar [å:r] *subst* åra
oasis [ou'ejsiss] *subst* oas
oath [ouθ] *subst* ed; svordom
oatmeal ['outmi:l] *subst* havregryn; gröt
oats [outs] *subst pl* havre
obedience [ou'bi:djəns] *subst* lydnad
obedient [ou'bi:djənt] *adj* lydig
obesity [ou'bi:səti] *subst* fetma
obey [ou'bej] *verb* lyda
obituary [ə'bittchoeri] *subst* dödsruna
object I ['a:bdʒikkt] *subst* 1 föremål; objekt 2 syfte, mål 3 ~ *lesson* statuerat exempel **II** [əb'dʒekkt] *verb* invända
objection [əb'dʒekkschn] *subst* invändning, protest
objective [əb'dʒekktivv] **I** *adj* objektiv **II** *subst* mål
obligation [ˌa:bli'gejschn] *subst* förpliktelse
oblige [ə'blajdʒ] *verb* 1 förpliktiga 2 tillmötesgå; *much obliged* vard. tusen tack!

254

obliging [ə'blajdʒing] *adj* tjänstvillig
oblique [ə'bli:k] *adj* 1 sned 2 indirekt
obliterate [ə'blittərejt] *verb* utplåna
oblivion [ə'blivviən] *subst* glömska; *sink into* ~ råka i glömska
oblivious [ə'blivviəs] *adj* omedveten
obnoxious [a:b'na:kschəs] *adj* motbjudande; vidrig; om barn odräglig
obscene [əb'si:n] *adj* oanständig; vidrig
obscure [əb'skjoər] **I** *adj* dunkel; svårfattlig **II** *verb* fördunkla
observant [əb'zö:rvənt] *adj* uppmärksam
observation [ˌa:bzər'vejschən] *subst* 1 observation 2 anmärkning
observatory [əb'zö:rvətå:ri] *subst* observatorium
observe [əb'zö:rv] *verb* observera; iaktta; ~ *a holiday* fira en helg
obsess [əb'sess] *verb, be obsessed with* vara besatt av
obsessive [əb'sessivv] *adj* tvångsmässig
obsolete [ˌa:bsə'li:t] o. **obsolescent** [ˌa:bsə'lessnt] *adj* föråldrad

obstacle ['a:bstəkl] *subst* hinder

obstinate ['a:bstinnət] *adj* envis

obstruct [əb'strakkt] *verb* **1** blockera **2** hindra

obtain [əb'tejn] *verb* lyckas få; skaffa sig; erhålla

obvious ['a:bviəs] *adj* tydlig; uppenbar

occasion [ə'kejʒən] *subst* tillfälle; anledning; *on ~* då och då

occasional [ə'kejʒənl] *adj* enstaka

occasionally [ə'kejʒnəli] *adv* emellanåt

occupation [‚a:kjə'pejschn] *subst* **1** ockupation **2** yrke

occupational [‚a:kjə'pejschnəl] *adj, ~ hazard* yrkessjukdom

occupy ['a:kjəpaj] *verb* **1** ockupera; besätta **2** sysselsätta **3** *be occupied* om plats o.d. vara upptagen

occur [ə'kö:r] *verb* inträffa; hända

occurrence [ə'kö:rəns] *subst* händelse; förekomst

ocean ['ouschən] *subst* ocean

o'clock [ə'kla:k] *adv, it is ten ~* klockan är tio

October [a:k'toubər] *subst* oktober

octopus ['a:ktəpəs] *subst* bläckfisk

odd [a:d] *adj* **1** udda **2** enstaka **3** underlig

oddball ['a:dba:l] *subst* kuf, underlig typ

oddity ['a:dəti] *subst* underlighet

oddly ['a:dli] *adv, ~ enough* konstigt nog

odds [a:dz] *subst* odds; *against the ~* mot alla odds; *at ~ with sb.* osams med ngn

odor ['oudər] *subst* doft; odör, lukt

of [avv] *prep* om; av; från; med; *a cup ~ tea* en kopp te; *a boy ~ ten* en pojke på tio år; *five minutes ~ twelve* fem minuter i tolv

off [a:f] **I** *adv* o. *adj* **1** bort; av **2** *be ~* vara av; ha lossnat; ge sig av; vara ledig; *my night ~* min lediga kväll **II** *prep* borta från

off-color [‚a:f'kallər] *adj* **1** lite krasslig **2** slipprig, tvetydig

offend [ə'fennd] *verb* stöta; förolämpa

offender [ə'fenndər] *subst* lagbrytare

offense [ə'fenns] *subst* **1** förseelse **2** anstöt **3** *the ~* anfallet i sporter

offensive [ə'fennsivv] **I** *adj* **1** anfalls- **2** stötande **II** *subst* offensiv

offer ['a:fər] **I** *verb* erbjuda

II *subst* erbjudande; offert, bud

offhand [ˌaːfˈhännd] *adv* o. *adj* på rak arm; lätt nonchalant

office [ˈaːfəs] *subst* **1** kontor; ~ *hours* kontorstid **2** läkares mottagningsrum **3** ämbete

officer [ˈaːfəsər] *subst* officer; polis; befäl

office worker [ˈaːfəs ˌwöːrkər] *subst* kontorist

official [əˈfischəl] *adj* officiell

officiate [əˈfischiejt] *verb* tjänstgöra

officious [əˈfischəs] *adj* beskäftig

offing [ˈaːfing] *subst, in the* ~ under uppsegling, på gång

off-peak [ˈaːfpiːk] *adj* låg-; *at* ~ *hours* vid lågtrafik

offputting [ˈaːfˌpotting] *adj* frånstötande, motbjudande

off-season [ˈaːfˌsiːzn] *adj* lågsäsong-

offset [ˈaːfsett] *verb* uppväga

offshoot [ˈaːfschoːt] *subst* sidoskott; oväntad effekt, följd

offshore [ˌaːfˈschåːr] *adj* o. *adv* utanför kusten; utlandsbaserad om verksamhet, särskilt av skattetekniska skäl

offside [ˌaːfˈsajd] *subst* offside

offspring [ˈaːfspring] *subst* avkomma

offstage [ˌaːfˈstejdʒ] *adj* o. *adv* utanför scenen

off-white [ˌaːfˈhwajt] *adj* benvit

often [ˈaːfn] *adv* ofta

ogle [ˈougl] *verb* glo; snegla; kasta ögon

oil [åjl] *subst* olja; *burn the midnight* ~ jobba sent; *strike* ~ ha framgång

oil painting [ˈåjl ˌpejnting] *subst* oljemålning

oilskins [ˈåjlskinnz] *subst pl* kraftigt regnställ

oily [ˈåjli] *adj* oljig

ointment [ˈåjntmənt] *subst* salva

OK [ˌouˈkej] vard. **I** *adj* o. *adv* OK **II** *verb* godkänna

old [ould] *adj* gammal; ~ *people's home* ålderdomshem

old-fashioned [ˌouldˈfäschənd] **I** *adj* gammalmodig **II** *subst* slags cocktail

Old Glory [ˌould ˈglåːri] *subst, the* ~ stjärnbaneret USA:s flagga

olive [ˈaːlivv] **I** *subst* oliv **II** *adj* olivgrön; ~ *drab* militärgrön

olive oil [ˌaːlivv ˈåjl] *subst* olivolja

Olympic [əˈlimmpikk] *adj, the* ~ *Games* olympiska spelen

Olympics [əˈlimmpikks] *subst pl, the* ~ olympiska spelen

omelette [ˈaːmlət] *subst* omelett

omen [ˈoumen] *subst* omen, förebud

ominous ['a:minəs] *adj* illavarslande
omit [ou'mitt] *verb* utelämna
on [a:n] **I** *prep* på; vid; i; om;
this is ~ *me* vard. det är jag
som bjuder **II** *adv* o. *adj* **1** på
sig **2** på, vidare **3** *be* ~ vara
på; spelas
once [wanns] *adv* en gång; *at*
~ med detsamma
oncoming ['a:n‚kamming] *adj*
förestående t.ex. storm; mötande trafik
one [wann] **I** *räkn* o. *adj* en,
ett **II** *pron* man; ~ *another*
varandra
one-horse [‚wannhå:rs] *adj*, ~
town landsortshåla
one-man [‚wann'männ] *adj*
enmans-
one-off ['wanna:f] **I** *adj* enstaka **II** *subst* engångsföreteelse
oneself [wann'sellf] *pron* sig;
sig själv; själv; en själv
one-sided [‚wann'sajdidd] *adj*
ensidig
one-way ['wannwej] *adj* **1** enkelriktad **2** ~ *ticket* enkel
biljett
ongoing ['a:n‚gouing] *adj* pågående
onion ['annjən] *subst* lök
on-line ['a:nlajn] *adj* direktansluten, on-line
onlooker ['a:n‚lokkər] *subst*
åskådare

only ['ounli] **I** *adj* enda **II** *adv*
1 bara **2** först; senast
onset ['a:nsett] *subst* början
onshore [‚a:n'schå:r] *adj* o. *adv*
på kusten
onslaught ['a:nslå:t] *subst*
våldsamt angrepp
on-the-job ['a:nðə‚dʒa:b] *adj*, ~
training internutbildning på
verkstadsgolvet
onto ['a:ntə] *prep* på
onward ['a:nwərd] *adj* framåt-
onwards ['a:nwərdz] *adv*
framåt, vidare
ooze [o:z] **I** *verb* sippra fram
II *subst* gyttja, dy
opaque [ou'pejk] *adj* ogenomskinlig; dunkel, oklar
op-ed page ['a:pedd ‚peidʒ]
subst tidnings debattsida
open ['oupən] **I** *adj* öppen; ~
evenings kvällsöppen; *in the*
~ *air* i det fria, under bar
himmel **II** *verb* **1** öppna;
öppna sig **2** börja; ha
premiär
opening ['oupəning] **I** *adj*
öppnings-; ~ *hours* öppettid;
~ *night* premiär **II** *subst*
öppning; premiär; vernissage
openly ['oupənli] *adv* öppet
open-minded
[‚oupən'majndidd] *adj* öppen
för nya idéer
opera ['a:prə] *subst* opera
operate ['a:pərejt] *verb* **1** verka **2** operera **3** sköta

operating ['a:parejting] *adj*, ~
instruction bruksanvisning
operation [‚a:pə'rejschən]
subst **1** operation **2** *be in* ~
vara i gång
operative ['a:pərətivv] **I** *adj*
verkande **II** *subst* vard. detek-
tiv; hemlig agent
operator ['a:pərejtər] *subst*
1 telefonist **2** driftsledare;
ägare
ophthalmologist
[‚a:fθäll'ma:lədჳisst] *subst*
ögonläkare
opinion [ə'pinnjən] *subst*
åsikt; ~ *poll* opinionsunder-
sökning
opinionated [ə'pinnjənejtəd]
adj påstridig; envis
opponent [ə'pounənt] *subst*
motståndare
opportunity [‚a:pər'to:nəti]
subst tillfälle, chans
oppose [ə'pouz] *verb* motsätta
sig
opposite ['a:pəzitt] **I** *adv* o.
prep mitt emot **II** *subst*
motsats
opposition [‚a:pə'zischən]
subst motstånd
oppress [ə'press] *verb* för-
trycka
oppressive [ə'pressivv] *adj*
1 förtryckande **2** om luft,
värme kvalmig, tryckande
opt [a:pt] *verb* välja; ~ *out*
vard. hoppa av

optical ['a:ptikkəl] *adj* optisk;
syn-
optician [a:p'tischən] *subst*
optiker
optimist ['a:ptimmisst] *subst*
optimist
optimistic [‚a:pti'misstikk] *adj*
optimistisk
option ['a:pschən] *subst* val;
alternativ
optional ['a:pschənəl] *adj*
valfri
or [å:r] *konj* eller; ~ *else*
annars så
oral ['å:rəl] *adj* muntlig; mun-
orange ['å:rindჳ] *subst* apelsin
orbit ['å:rbət] *subst* bana
orchard ['å:rtchərd] *subst*
fruktträdgård
orchestra ['å:rkisstrə] *subst*
1 orkester **2** främre parkett
orchid ['å:rkəd] *subst* orkidé
ordain [å:r'dejn] *verb* prästvi-
ga
ordeal [å:r'di:l] *subst* eldprov;
pärs, prövning
order ['å:rdər] **I** *subst* **1** ord-
ning; *out of* ~ ur funktion;
opassande **2** order **II** *verb*
1 beordra **2** beställa
orderly ['å:rdərli] **I** *adj* välord-
nad **II** *subst* manligt sjuk-
vårdsbiträde
ordinance ['å:rdənəns] *subst*
lokal förordning
ordinary ['å:rdənerri] *adj* van-
lig

ore [å:r] *subst* malm
Oregon Trail ['å:riggən ,trejl] *subst* rutt västerut som användes av nybyggare
organ ['å:rgən] *subst* **1** organ **2** orgel
organic [å:r'gännikk] *adj* organisk
organization [,å:rgənə'zejschən] *subst* organisation
organize ['å:rgənajz] *verb* organisera
orgasm ['å:rgäzzəm] *subst* orgasm
orgy ['å:rdʒi] *subst* orgie
orient I ['å:riənt] *subst, the Orient* Orienten **II** ['å:riennt] *verb* orientera; rikta in
Oriental [,å:ri'enntl] *adj* österländsk
origin ['å:riddʒinn] *subst* ursprung; *country of ~* ursprungsland
original [ə'riddʒənəl] **I** *adj* **1** ursprunglig **2** originell **II** *subst* original; förlaga
originally [ə'riddʒənəli] *adv* ursprungligen
originate [ə'riddʒənejt] *verb* härröra; uppstå; ge upphov till
ornament ['å:rnəmənt] *subst* ornament; prydnad
ornamental [,å:rnə'menntl] *adj* prydnads-
ornate [å:r'nejt] *adj* utsirad

ornery ['å:rnəri] *adj* vard. grinig; påstridig
orphan ['å:rfən] *subst* föräldralöst barn
orphanage ['å:rfəniddʒ] *subst* barnhem
orthopedic [,å:rθə'pi:dikk] *adj* ortopedisk
ostensibly [a:'stennsəbli] *adv* till synes; skenbart
ostentatious [,a:stenn'tejschəs] *adj* prålig; skrytsam
ostracize ['a:strəsajz] *verb* frysa ut
ostrich ['a:strittch] *subst* struts
other ['aðər] *pron* annan, annat, andra; *the ~ day* häromdagen; *every ~ week* varannan vecka; *among ~ things* bland annat
otherwise ['aðərwajz] *adv* **1** annorlunda, på annat sätt **2** annars
otter ['a:tər] *subst* utter
ouch [aotch] *interj* aj!
ought [a:t] *verb* bör, borde
ounce [aons] *subst* **1** uns 28,35 gram **2** gnutta
our [aor] *pron* vår, våra
ours [aorz] *pron* vår, våra
ourselves [,aor'sellvz] *pron* oss, oss själva; vi själva, själva
out [aot] *adv* o. *adj* **1** ute, borta; ut, bort **2** *be ~ after*

vara ute efter; ~ *of* ut ur;
borta från; utav; *be ~ of sth.*
ha slut på ngt; ~ *with it!* ut
med språket!
out-and-out [ˌaotnˈaot] *adj*
vard. tvättäkta
outboard [ˈaotbåːrd] *adj* ut-
ombords-
outbreak [ˈaotbrejk] *subst*
utbrott
outburst [ˈaotböːrst] *subst*
utbrott, anfall
outcast [ˈaotkässt] *subst* ut-
stött person
outcome [ˈaotkamm] *subst*
utgång resultat
outcry [ˈaotkraj] *subst* rama-
skri
outdated [ˌaotˈdejtəd] *adj*
omodern
outdo [ˌaotˈdoː] *verb* överträf-
fa
outdoor [ˈaotdåːr] *adj* utom-
hus-; ~ *clothes* ytterkläder
outdoors [ˌaotˈdåːrz] *adv* ut-
omhus
outer [ˈaotər] *adj* yttre, ytter-
outfit [ˈaotfitt] *subst* **1** kläder
2 vard. företag
outgoing [ˌaotˈgouing] *adj*
1 utgående **2** utåtriktad
outgrow [ˌaotˈgrou] *verb* växa
ifrån; växa ur kläder
outhouse [ˈaothaos] *subst*
utedass
outing [ˈaoting] *subst* utflykt

outlandish [ˌaotˈlänndisch] *adj*
besynnerlig; löjeväckande
outlaw [ˈaotlaː] *subst* bandit
outlet [ˈaotlett] *subst* **1** utlopp
2 uttag **3** ~ *store* filial;
fabriksförsäljning
outline [ˈaotlajn] **I** *subst*
1 kontur **2** utkast **II** *verb*
skissera
outlive [ˌaotˈlivv] *verb* överle-
va
outlook [ˈaotlokk] *subst* utsikt;
bildligt sätt att se, inställning
outlying [ˈaotˌlajing] *adj* av-
lägsen
outmoded [ˌaotˈmoudidd] *adj*
omodern
outnumber [ˌaotˈnammbər]
verb vara numerärt överläg-
sen
out-of-date [ˌaotəvˈdejt] *adj*
omodern
out-of-the-way [ˌaotəvðəˈwej]
adj avlägsen
out-patient [ˈaotˌpejschənt]
subst dagpatient
outpost [ˈaotpoust] *subst*
1 utpost **2** bas i utlandet
output [ˈaotpott] *subst* pro-
duktion
outrage [ˈaotrejdʒ] **I** *subst*
1 skandal **2** indignation
II *verb* chockera, uppröra
outrageous [ˌaotˈrejdʒəs] *adj*
skandalös
outright [ˈaotrajt] *adj* fullstän-
dig, total

outset ['aotsett] *subst* början
outside [ˌaot'sajd] **I** *subst* utsida **II** *adj* utvändig, yttre; utomhus- **III** *adv* ute; ut **IV** *prep* utanför
outsider [ˌaot'sajdər] *subst* outsider
outskirts ['aotskö:rts] *subst pl* utkanter av stad
outspoken [ˌaot'spoukən] *adj* frispråkig
outstanding [ˌaot'stännding] *adj* framstående
outstrip [ˌaot'stripp] *verb* distansera; överträffa
outward ['aotwərd] **I** *adj* **1** utgående **2** yttre **II** *adv* utåt
outwardly ['aotwərdli] *adv* till det yttre
outweigh [ˌaot'wej] *verb* uppväga
outwit [ˌaot'witt] *verb* överlista
oval ['ouvəl] *adj* oval
ovary ['ouvəri] *subst* äggstock
oven [avvn] *subst* ugn
ovenproof ['avvnpro:f] *adj* ugnseldfast
over ['ouvər] **I** *prep* **1** över; ovanför **2** på andra sidan **3** ~ *the years* genom åren **II** *adv* **1** över **2** slut **3** ~ *and* ~ om och om igen
overall ['ouvəra:l] **I** *subst*, *overalls* blåställ, overall **II** *adj* helhets-

overbearing [ˌouvər'bärring] *adj* högdragen
overboard ['ouvərbå:rd] *adv* överbord
overcast [ˌouvər'kässt] *adj* mulen
overcharge [ˌouvər'tcha:rdʒ] *verb* ta för mycket betalt
overcoat ['ouvərkout] *subst* överrock
overcome [ˌouvər'kamm] **I** *verb* övervinna **II** *adj* överväldigad
overcrowded [ˌouvər'kraodidd] *adj* överbefolkad
overdo [ˌouvər'do:] *verb* överdriva
overdose I ['ouvərdous] *subst* överdos **II** [ˌouvər'dous] *verb* överdosera
overdraft ['ouvərdräfft] *subst* övertrassering
overdrawn [ˌouvər'dra:n] *adj* övertrasserad
overdue [ˌouvər'do:] *adj* **1** förfallen till betalning **2** försenad; *she's ten days* ~ hon har gått tio dagar över tiden
overestimate [ˌouvər'esstimejt] *verb* övervärdera
overflow [ˌouvər'flou] *verb* svämma över; bildligt svalla över

overgrown [ˌouvər'groun] *adj*
igenvuxen
overhaul ['ouvərha:l] *subst*
översyn
overhead ['ouvərhedd] *subst*
fasta utgifter
overhear [ˌouvər'hiər] *verb*
råka få höra
overheat [ˌouvər'hi:t] *verb*
överhetta; om bil koka över
overjoyed [ˌouvər'dʒåjd] *adj*
utom sig av glädje
overland ['ouvərlännd] *adv* o.
adj till lands
overlap [ˌouvər'läpp] *verb*
överlappa varandra
overload [ˌouvər'loud] **I** *verb*
överbelasta **II** *subst* överbe-
lastning
overlook [ˌouvər'lokk] *verb*
1 ha utsikt över **2** förbise
overnight [ˌouvər'najt] *adv*
1 över natten **2** över en natt
overpass ['ouvərˌpäss] *subst*
planskild korsning
overpowering
[ˌouvər'paoəring] *adj* över-
väldigande
overrate [ˌouvər'rejt] *verb*
övervärdera
override [ˌouvər'rajd] *verb*
bildligt köra över
overrule [ˌouvər'ro:l] *verb*
åsidosätta; ogilla, upphäva
overrun [ˌouvər'rann] *verb*
invadera; översvämma

overseas ['ouvərsi:z] **I** *adj*
utländsk **II** *adv* utomlands
overshadow [ˌouvər'schäddou]
verb överskugga
oversight ['ouvərsajt] *subst*
förbiseende
oversleep [ˌouvər'sli:p] *verb*
försova sig
overstate [ˌouvər'stejt] *verb*
överdriva
overstep [ˌouvər'stepp] *verb*
överskrida
overt [ou'vö:rt] *adj* öppen
overtake [ˌouvər'tejk] *verb*
köra om
overthrow [ˌouvər'θrou] *verb*
störta, fälla
overtime ['ouvərtajm] *subst*
övertid
overtone ['ouvərtoun] *subst*
överton; biklang
overture ['ouvərtcho] *subst*
ouvertyr
overturn [ˌouvər'tö:rn] *verb*
välta; bildligt störta
overweight ['ouvərwejt] *subst*
övervikt
overwhelm [ˌouvər'hwellm]
verb överväldiga
overwork [ˌouvər'wö:rk] *verb*
arbeta för mycket
overwrought [ˌouvər'ra:t] *adj*
överspänd
owe [ou] *verb* vara skyldig
owl [aol] *subst* uggla, uv
own [oun] **I** *verb* äga **II** *adj*
egen; *on one's* ~ ensam; själv

owner ['ounər] *subst* ägare
ownership ['ounərschipp]
subst äganderätt
ox [a:ks] *subst* oxe
oxygen ['a:ksiddʒən] *subst*
syre
oyster ['åjstər] *subst* ostron
oz. (förk. för *ounce*) uns 28,35
gram

P

P, p [pi:] *subst* P, p
pa [pa:] *subst* vard. pappa
pace [pejs] **I** *subst* **1** steg
2 tempo, fart **II** *verb* gå av
och an i
Pacific [pə'siffikk], *the ~
Ocean* Stilla havet
pacifier ['pässifajər] *subst*
tröstnapp
pack [päkk] **I** *subst* **1** packe
2 hop **3** paket **4** kortlek
II *verb* packa; *~ it in* ge upp;
lägga sig; *~ off* skicka iväg
package ['päkkiddʒ] *subst*
paket
packing ['päkking] *subst*
packning; emballage
packing case ['päkking kejs]
subst packlår
pact [päkkt] *subst* fördrag
pad [pädd] *subst* **1** anteck-
ningsblock **2** *shoulder ~*
axelvadd
padding ['pädding] *subst* vad-
dering
1 paddle [päddl] **I** *subst*
1 paddel **2** pingisracket
II *verb* paddla
2 paddle [päddl] *verb* plaska
omkring
paddock ['päddək] *subst* pad-
dock

padlock ['päddla:k] **I** *subst*
hänglås **II** *verb* låsa med
hänglås
pagan ['pejgən] **I** *subst* hed-
ning **II** *adj* hednisk
1 page [pejdʒ] *subst* sida
2 page [pejdʒ] *verb* söka med
personsökare o.d.
pageant ['päddʒənt] *subst*
historiskt festspel; parad
pageantry ['päddʒəntri] *subst*
pompa och ståt
pager ['pejdʒər] *subst* person-
sökare mottagare
paid [pejd] *verb* imperf. o.
perf.p. av *pay*
pail [pejl] *subst* hink, spann
pain [pejn] **I** *subst* **1** värk; *he's
a ~ in the neck* (vulgärt *ass*)
vard. han är en riktig pest
2 *pains* besvär **II** *verb* smärta
painful ['pejnfəl] *adj* smärtsam
painkiller ['pejn,killər] *subst*
smärtstillande medel
painless ['pejnləs] *adj* smärtfri
painstaking ['pejnz,tejking]
adj noggrann
paint [pejnt] **I** *subst* målarfärg
II *verb* måla
paintbrush ['pejntbrasch]
subst målarpensel
painting ['pejnting] *subst*
tavla, målning
pair [päər] *subst* par
pajamas [pə'dʒa:məz] *subst pl*
pyjamas
pal [päll] *subst* kompis

palace ['pälləs] *subst* slott,
palats
palatable ['pällətəbl] *adj*
1 acceptabel **2** smaklig
palate ['pällət] *subst* gom
1 pale [pejl] *subst* påle;
beyond the ~ otänkbar,
bortom alla rimliga gränser
2 pale [pejl] **I** *adj* blek; *~ ale*
ljust öl; *go (turn) ~* blekna
II *verb* blekna
palette ['pällət] *subst* palett
palisades [,pälli'sejdz] *subst pl*
klippor i New York el.
Kalifornien
pall [pa:l] *verb* förlora sin
dragningskraft
pallbearer ['pa:lberrər] *subst*
kistbärare
pallid ['pällidd] *adj* blek
1 palm [pa:m] *subst* handflata
2 palm [pa:m] *subst* palm
palomino [,pällə'mi:nou] *subst*
gulvit häst
palpable ['pällpəbl] *adj* påtag-
lig; kännbar
paltry ['pa:ltri] *adj* futtig
pamper ['pämmpər] *verb* dalta
med; skämma bort
pamphlet ['pämmflət] *subst*
broschyr
pan [pänn] *subst* stekpanna
pancake ['pännkejk] *subst*
pannkaka
pandemonium
[,pänndi'mounjəm] *subst* tu-
mult

pander ['pänndər] *verb*, ~ *to* uppmuntra; ge efter för
pane [pejn] *subst* glasruta
panel ['pännəl] *subst* **1** panel **2** instrumentbräda
paneling ['pännəling] *subst* träpanel
pang [päng] *subst* sting; kval; *pangs of conscience* samvetskval
panhandle ['pännhänndl] *verb* slang tigga på gatan
panic ['pännikk] **I** *subst* panik **II** *verb* gripas av panik
panic-stricken ['pännikk,strikkən] *adj* panikslagen
pansy ['pännzi] *subst* **1** pensé växt **2** slang bög
pant [pännt] *verb* flämta
panties ['pänntizz] *subst pl* trosor
pantomime ['pänntəmajm] *subst* pantomim
pantry ['pänntri] *subst* skafferi
pants [pännts] *subst pl* byxor, brallor
pantyhose ['pänntihouz] *subst* strumpbyxor
paper ['pejpər] **I** *subst* **1** papper **2** tidning **II** *verb* tapetsera
paperback ['pejpərbäkk] *subst* paperback
paper bag [,pejpər 'bägg] *subst* papperskasse

paper clip ['pejpər klipp] *subst* gem
paper cup [,pejpər 'kapp] *subst* pappersmugg
paper towel ['pejper ,taoəl] *subst* hushållspapper
paperweight ['pejpərwejt] *subst* brevpress
paperwork ['pejpərwö:rk] *subst* pappersarbete
par [pa:r] *subst* **1** *on a* ~ *with* lika (jämställd) med **2** i golf par
parable ['pärrəbl] *subst* liknelse
parachute ['pärrəscho:t] *subst* fallskärm; *golden* ~ fallskärmsavtal
parade [pə'rejd] **I** *subst* parad **II** *verb* **1** tåga genom **2** skylta med
paradise ['pärrədajs] *subst* paradis
paradox ['pärrəda:ks] *subst* paradox
paraffin ['pärrəfinn] *subst* paraffin
paragon ['pärrəgən] *subst* förebild; fulländat mönster
paragraph ['pärrəgräff] *subst* stycke av text
parakeet ['pärrəki:t] *subst* parakit; undulat
parallel ['pärrəlell] *subst* o. *adj* parallell
paralysis [pə'rälləsiss] *subst* förlamning

paralyze ['pärrəlajz] *verb* för-
lama; lamslå
paramount ['pärrəmaont] *adj*
ytterst viktig; främst, högst
paranoid ['pärrənåjd] *adj* pa-
ranoid
paraphernalia [,pärrəfər'nejljə]
subst grejer; tillbehör
parasite ['pärrəsajt] *subst*
parasit
parasol ['pärrəsa:l] *subst* pa-
rasoll
paratrooper ['pärrə,tro:pər]
subst fallskärmsjägare
parcel [pa:rsl] *subst* paket
parch [pa:rtch] *verb* sveda; *be
parched* vara jättetörstig
parchment ['pa:rtchmənt]
subst pergament
pardon [pa:rdn] **I** *subst*, ~ el.
I beg your ~! förlåt!; hur sa?
II *verb* **1** förlåta **2** benåda
parent ['pärrənt] *subst* föräl-
der
parenthesis [pə'rennθəsiss]
subst o. **parentheses**
[pə'rennθəsi:z] *subst pl* pa-
rentes
parish ['pärrisch] *subst* kyrklig
församling
park [pa:rk] **I** *subst* park
II *verb* parkera
parka ['pa:rkə] *subst* parkas,
anorak
parking ['pa:rking] *subst* par-
kering; *No Parking* Parke-
ring förbjuden; ~ *garage*

parkeringshus; ~ *lot* parke-
ringsplats, parkeringsområ-
de; ~ *meter* parkeringsauto-
mat; ~ *space* parkeringsplats;
~ *ticket* parkeringsböter lapp;
~ *violation* felparkering
parkway ['pa:rkwej] *subst*
genomfartsled, motorväg med
planteringar
parlay ['pa:rlej] *subst* över-
läggningar
parliament ['pa:rləmənt] *subst*
parlament
parliamentary
[,pa:rlə'menntəri] *adj* parla-
mentarisk
parlor ['pa:rlər] *subst* **1** fin-
rum; extra vardagsrum; mindre
salong **2** salong; *funeral* ~
begravningsbyrå
parochial [pə'roukjəl] *adj*
församlings-; ~ *school* katolsk
privatskola
parody ['pärrədi] *subst* parodi
parole [pə'roul] *subst* villkor-
lig frigivning
parquet [pa:r'kej] *subst* par-
kett golv
parrot ['pärrət] **I** *subst* pape-
goja **II** *verb* imitera; säga
efter
parry ['pärri] *verb* parera
parsley ['pa:rsli] *subst* persilja
parsnip ['pa:rsnipp] *subst*
palsternacka
parson [pa:rsn] *subst* kyrko-
herde

part [paːrt] **I** *subst* **1** del **2** roll
3 *take* ~ deltaga **4** bena
II *verb* **1** skiljas åt **2** dela
partial [ˈpaːrschəl] *adj* **1** partisk **2** partiell, del- **3** *be* ~ *to*
vara svag för
partially [ˈpaːrschəli] *adv* delvis; ~ *deaf* hörselskadad; ~
sighted synskadad
participate [paːrˈtissipejt] *verb*
delta
participation
[paːrˌtissiˈpejschən] *subst*
deltagande
particle [ˈpaːrtikkl] *subst* partikel; dammkorn
particular [pərˈtikkjələr] *adj*
1 särskild; *in* ~ i synnerhet
2 nogräknad
particularly [pərˈtikkjələrli]
adv särskilt
parting [ˈpaːrting] *subst* avsked
partisan [ˈpaːrtəzən] *subst*
1 partisan **2** anhängare
partition [paːrˈtischən] **I** *subst*
skiljevägg; delning **II** *verb*
dela
partly [ˈpaːrtli] *adv* delvis;
~...~... dels...dels...
partner [ˈpaːrtnər] *subst* kompanjon; partner
partridge [ˈpaːrtriddʒ] *subst*
rapphöna
part-time [ˈpaːrttajm] *adj* deltids-
party [ˈpaːrti] **I** *subst* **1** parti

2 fest; kalas **II** *verb* vard.
festa, slå runt
party line [ˈpaːrti lajn] *subst*
partilinje; ståndpunkt
pass [päss] **I** *verb* **1** passera,
gå (fara osv.) förbi; ~ *by* gå
(fara) förbi **2** om tid o.d. gå
3 godkänna; klara prov
4 tillbringa **5** i sporter passa
6 ~ *away* dö; ~ *on* skicka
vidare; ~ *out* svimma; ~
round skicka runt **II** *subst*
1 godkännande i prov **2** i
sporter passning **3** bergspass
4 *make a* ~ *at sb.* vard. stöta
på ngn göra närmanden
passable [ˈpässəbl] *adj*
1 framkomlig **2** godtagbar
passage [ˈpässiddʒ] *subst*
1 överfart **2** passage; korridor
passbook [ˈpässbokk] *subst*
bankbok
passenger [ˈpässindʒər] *subst*
passagerare; ~ *plane* trafikflygplan
passer-by [ˌpässərˈbaj] *subst*
förbipasserande
passing [ˈpässing] *adj* övergående; *no* ~ omkörning
förbjuden
passion [ˈpäschən] *subst* passion; lidelse; glöd
passionate [ˈpäschənət] *adj*
passionerad
passive [ˈpässivv] *adj* passiv

Passover ['päss,ouvər] *subst*
judarnas påskhögtid
passport ['pässpå:rt] *subst*
pass
password ['pässwö:rd] *subst*
lösenord
past [pässt] **I** *adj* förfluten
II *subst, the* ~ det förflutna;
in the ~ förr i tiden **III** *prep*
förbi; bortom; om tid o.d.
över; *at half* ~ *one* klockan
halv två **IV** *adv* förbi
pasta ['pa:stə] *subst* pasta
spaghetti o.d.
paste [pejst] *subst* **1** deg;
tomato ~ tomatpuré **2** bred-
bar pastej
pastime ['pässtajm] *subst*
tidsfördriv
pastry ['pejstri] *subst* bakelse,
bakverk
pasture ['pässtchər] *subst*
betesmark; *put out to* ~ slang
pensionera
pasty ['pejsti] *adj* blekfet
pat [pätt] **I** *subst* klapp **II** *verb*
klappa
patch [pättch] **I** *subst* **1** lapp
2 fläck, bit; *bad* ~ nedgångs-
period **II** *verb* lappa
patchy ['pättchi] *adj* ojämn
pâté [pa:'tej] *subst* paté
1 patent ['pättənt] **I** *subst*
patent **II** *verb* patentera
2 patent ['pejtənt] *adj* uppen-
bar, klar

patent leather [,pättənt 'leðər]
subst lack; ~ *shoes* lackskor
paternal [pə'tö:rnl] *adj* fader-
lig
path [päθ] *subst* stig
pathetic [pə'θettikk] *adj* pa-
tetisk
pathological [,päθə'la:dʒikkəl]
adj patologisk
pathos ['pejθa:s] *subst* patos
pathway ['päθwej] *subst* stig;
bildligt bana
patience ['pejschəns] *subst*
tålamod
patient ['pejschənt] **I** *adj* tålig,
tålmodig **II** *subst* patient
patriotic [,pejtri'a:tikk] *adj*
patriotisk
patrol [pə'troul] **I** *subst* pa-
trull; ~ *car* polisbil **II** *verb*
patrullera
patrolman [pə'troulmänn]
subst patrullerande polis
patron ['pejtrən] *subst* mece-
nat; beskyddare
patronize ['pejtrənajz] *verb*
behandla nedlåtande
patsy ['pättsi] *subst* slang lätt
byte; syndabock
1 patter ['pättər] **I** *verb* om
regn smattra **II** *subst* **1** smatt-
rande **2** tassande ljud
2 patter ['pättər] *subst* svada
pattern ['pättərn] *subst*
1 mönster; modell **2** varu-
prov

paunch [pa:ntsch] *subst* vard.
ölmage
pause [pa:z] **I** *subst* paus,
uppehåll **II** *verb* göra en paus
pave [pejv] *verb* belägga gata;
~ *the way for* bana väg för
pavement ['pejvmənt] *subst*
körbana
pavilion [pə'villjən] *subst*
1 stort tält **2** lusthus **3** sjuk-
huspaviljong
paw [pa:] **I** *subst* djurs tass
II *verb* tafsa på
1 pawn [pa:n] *subst* bonde i
schack
2 pawn [pa:n] **I** *subst* pant
II *verb* pantsätta
pawnbroker ['pa:nˌbroukər]
subst pantlånare
pawnshop ['pa:nscha:p] *subst*
pantbank
pay* [pej] **I** *verb* **1** betala
2 löna sig **3** ~ *for* få sota för
4 ~ *back* betala tillbaka;
bildligt ge igen; ~ *off* betala
färdigt; bildligt löna sig; slang
muta **II** *subst* lön
payable ['pejəbl] *adj* om växel
o.d. att betalas
pay dirt ['pej dö:rt] *subst, hit*
~ göra storsuccé, lyckas stort
payment ['pejmənt] *subst*
betalning; *down* ~ hand-
penning
payoff ['peja:f] *subst* **1** betal-
ning **2** utdelning

pay phone ['pej foun] *subst*
telefonkiosk
payroll ['pejroul] *subst* löneli-
sta
pay-TV ['pejˌti:vi:] *subst* be-
tal-TV
pea [pi:] *subst* ärta
peace [pi:s] *subst* fred; lugn
peaceful ['pi:sfəl] *adj* fridfull;
fredlig
peach [pi:tch] *subst* persika
peacock ['pi:ka:k] *subst* påfå-
gel
peak [pi:k] *subst* **1** bergstopp
2 höjdpunkt; *at* ~ *hours*
under högtrafik; ~ *load*
toppbelastning
peal [pi:l] **I** *subst* klockspel
II *verb* runga
peanut ['pi:natt] *subst* jordnöt
pear [päər] *subst* päron
pearl [pö:rl] *subst* pärla
peasant ['pezzənt] *subst* bon-
de
peat [pi:t] *subst* torv; ~ *moss*
torv för trädgården
pebble [pebbl] *subst* småsten
pecan [pi'ka:n] *subst* pecan-
nöt
1 peck [pekk] *subst* ung. 9
liter
2 peck [pekk] *verb* **1** om fåglar
picka **2** kyssa lätt
peculiar [pi'kjo:ljər] *adj*
märklig, egendomlig
pedal [peddl] *subst* pedal

pedantic [pi'dänntikk] *adj*
pedantisk
peddler ['peddlər] *subst* **1** ga-
tuförsäljare, dörrknackare
2 knarklangare
pedestal ['peddistl] *subst*
piedestal
pedestrian [pə'desstriən] **I** *adj,*
~ *crossing* övergångsställe; ~
street gågata **II** *subst* fot-
gängare
pediatrician [‚pi:diə'trischən]
subst barnläkare
pediatrics [‚pi:di'ättrikks]
subst pediatrik
pedigree ['peddigri:] *subst*
stamträd
pee [pi:] vard. *verb* kissa
peek [pi:k] **I** *verb* kika **II** *subst*
titt
peel [pi:l] **I** *subst* skal på frukt
o.d. **II** *verb* skala frukt o.d.
1 peep [pi:p] *subst* knyst
2 peep [pi:p] **I** *verb* kika
II *subst* titt
peephole ['pi:phoul] *subst*
titthål
1 peer [piər] *verb* kisa; kika
2 peer [piər] *subst* **1** jämlike;
~ *group* kamratgrupp **2** pär
peg [pegg] *subst* hängare
Pekinese [‚pi:ki'ni:z] *subst*
pekines hund
pellet ['pellət] *subst* liten kula
av papper, bröd osv.
pelt [pellt] *verb* **1** bombarde-

ra **2** ~ *down* om regn vräka
ner
pelvis ['pellviss] *subst* bäcken-
ben
1 pen [penn] *subst* fålla, kätte
2 pen [penn] *subst* penna
3 pen [penn] (kortform för
penitentiary) *subst* vard., *the*
~ kåken fängelse
penal ['pi:nl] *adj* straff-;
fångvårds-; ~ *code* brotts-
balk
penalize ['pi:nəlajz] *verb*
straffa
penalty ['pennəlti] *subst* straff
penance ['pennəns] *subst* bot
pencil [pennsl] *subst* blyerts-
penna
pencil sharpener ['pennsl
‚scha:rpnər] *subst* pennväs-
sare
pendant ['penndənt] *subst*
hängsmycke
pendulum ['penndʒələm]
subst pendel
penetrate ['pennətrejt] *verb*
tränga igenom; tränga in i
penguin ['penggwinn] *subst*
pingvin
penicillin [‚pennə'sillinn]
subst penicillin
peninsula [pə'ninnsjələ] *subst*
halvö
penis ['pi:niss] *subst* penis
penitentiary
[‚penni'tennschəri] *subst*
straffanstalt; fängelse

penknife ['pennajf] *subst*
pennkniv, mindre fickkniv
pen name ['penn nejm] *subst*
pseudonym
pennant ['pənnənt] *subst, win*
the ~ i baseboll vinna den
ordinarie serien
penniless ['penniləs] *adj* utan
ett öre
penny ['penni] *subst* penny,
encentare
pen pal ['penn päll] *subst*
brevvän
pension ['pennschən] I *subst*
pension II *verb, ~ off* avske-
da med pension
pensioner ['pennschənər]
subst pensionär
penthouse ['pennthåos] *subst*
lyxig takvåning
pent-up ['penntapp] *adj* un-
dertryckt, uppdämd
penultimate [pə'nalltimət] *adj*
näst sista
peony ['pi:əni] *subst* pion
people ['pi:pl] I *subst* folk
II *verb* befolka
pep [pepp] *verb, ~ up* vard.
pigga (elda) upp
pepper ['peppər] I *subst*
1 peppar 2 ~ el. *sweet ~*
paprika II *verb* peppra
peppermint ['peppərminnt]
subst pepparmint
per [pö:r] *prep* per; ~ *diem*
per dag; traktamente

perceive [pər'si:v] *verb* upp-
fatta; märka; inse
percent [pö:r'sennt] *subst*
procent
percentage [pər'senntiddʒ]
subst procent
perception [pər'seppschən]
subst uppfattningsförmåga
perceptive [pər'sepptivv] *adj*
insiktsfull
1 perch [pö:rtch] *subst*
abborre
2 perch [pö:rtch] I *subst*
pinne för höns o.d. II *verb* sitta
uppflugen
percolator ['pö:rkəlejtər] *subst*
kaffebryggare
perennial [pə'rennjəl] I *adj*
evig II *subst* perenn flerårig
växt
perfect ['pö:rfekkt] *adj* 1 per-
fekt 2 fullkomlig
perforated ['pö:rfərejtidd] *adj*
perforerad; genomborrad
perform [pər'få:rm] *verb* 1 ut-
föra 2 uppträda
performance [pər'få:rməns]
subst 1 föreställning 2 pres-
tation; prestanda
performer [pər'få:rmər] *subst*
artist
perfume ['pö:rfjo:m] *subst*
parfym
perfunctory [pər'fangktəri] *adj*
oengagerad
perhaps [pər'häpps] *adv* kan-
ske

perimeter [pə'rimmətər] *subst*
omkrets
period ['pirriəd] *subst* **1** period
2 menstruation; *get one's* ~
få mens **3** ~*!* punkt slut!
periodic [,pirri'a:dikk] *adj*
periodisk
periodical [,pirri'a:dikkəl]
subst tidskrift
peripheral [pə'riffərəl] **I** *adj*
perifer **II** *subst, peripherals*
kringutrustning
perish ['perrisch] *verb* gå
under
perishable ['perrischəbl] **I** *adj*
lättförstörbar **II** *subst, per-
ishables* färskvaror
perjury ['pö:rdʒəri] *subst* me-
ned; *commit* ~ begå mened
1 perk [pö:rk] *verb,* ~ *up*
piggna till; pigga upp
2 perk [pö:rk] *subst* vard.
löneförmån
perky ['pö:rki] *adj* pigg
perm [pö:rm] **I** *subst* perma-
nent; *have (get) a* ~
permanenta sig **II** *verb* per-
manenta hår
permanent ['pö:rmənənt] *adj*
bestående; ~ *job* fast anställ-
ning
permeate ['pö:rmiejt] *verb*
1 tränga in i **2** genomsyra
permissible [pər'missəbl] *adj*
tillåtlig
permission [pər'mischən]
subst tillåtelse

permissive [pər'missivv] *adj*
tolerant; släpphänt
permit I [pər'mitt] *verb* tillåta
II ['pö:rmitt] *subst* tillstånd;
licens; *residence* ~ uppe-
hållstillstånd; *work* ~ arbets-
tillstånd
perpendicular
[,pö:rpən'dikkjələr] *adj* lod-
rät; vinkelrät
perpetrate ['pö:rpətrejt] *verb*
begå brott
perpetrator ['pö:rpətrejtər]
subst gärningsman
perplex [pər'plekks] *verb* för-
brylla
persecute ['pö:rsikjo:t] *verb*
förfölja
persevere [,pö:rsə'viər] *verb*
framhärda
persimmon [pər'simmən]
subst persimonfrukt
persist [pər'sisst] *verb* fram-
härda; bestå
persistent [pər'sisstənt] *adj*
ihärdig
person [pö:rsn] *subst* person;
in ~ personligen
personal ['pö:rsənl] *adj* per-
sonlig; privat
personality [,pö:rsə'nälləti]
subst personlighet
personally ['pö:rsnəli] *adv*
personligen
personnel [,pö:rsə'nell] *subst*
personal

perspective [pər'spekktivv] *subst* perspektiv
perspiration [ˌpö:rspə'rejschən] *subst* svett
persuade [pər'swejd] *verb* 1 övertyga 2 övertala
persuasion [pər'swejʒən] *subst* övertalning
perturb [pər'tö:rb] *verb* oroa; förvirra
peruse [pə'ro:z] *verb* läsa igenom
pervade [pər'vejd] *verb* genomsyra
perverse [pər'vö:rs] *adj* egensinnig; onaturlig, pervers
pervert I [pər'vö:rt] *verb* förvränga **II** ['pö:rvö:rt] *subst* pervers person
pesky ['pesski] *adj* vard. förbaskad; envist störande
pessimist ['pessəmisst] *subst* pessimist
pessimistic [ˌpessə'misstikk] *adj* pessimistisk
pest [pesst] *subst* plåga
pester ['pesstər] *verb* plåga; tjata på
pet [pett] **I** *subst* 1 sällskapsdjur; ~ shop zoologisk affär 2 favorit; ~ name smeknamn **II** *verb* kela med; hångla med
petal [pettl] *subst* blomblad
petite [pə'ti:t] *adj* liten och nätt om kvinna
petition [pə'tischən] *subst* petition

petroleum [pə'trouljəm] *subst* petroleum
petticoat ['pettikout] *subst* underkjol
petty ['petti] *adj* obetydlig
petulant ['petchələnt] *adj* retlig
pew [pjo:] *subst* kyrkbänk
pewter ['pjo:tər] *subst* tenn
phantom ['fänntəm] *subst* spöke; the Phantom Fantomen
pharmacy ['fa:rməsi] *subst* apotek
phase [fejz] *subst* fas; go through a ~ vara inne i en besvärlig period
pheasant ['fezznt] *subst* fasan
phenomenon [fə'na:məna:n] *subst* fenomen
philosophical [ˌfillə'sa:fikkəl] *adj* filosofisk
philosophy [fi'la:səfi] *subst* filosofi
phobia ['foubjə] *subst* fobi
phone [foun] **I** *subst* telefon **II** *verb* ringa till
phone book ['foun bokk] *subst* telefonkatalog
phone booth ['foun bo:θ] *subst* telefonkiosk
phone card ['foun ka:rd] *subst* telefonkort
phone-in ['founinn] *subst* telefonväktarprogram
phonetics [fə'nettikks] *subst* fonetik

phony ['founi] vard. I *adj* falsk, bluff-, låtsas- II *subst* bluff
photo ['foutou] *subst* foto
photocopier ['foutou‚ka:piər] *subst* kopieringsapparat
photograph ['foutəgräff] *subst* fotografi
photographer [fə'ta:grəfər] *subst* fotograf
photography [fə'ta:grəfi] *subst* fotografi som konst
phrase [frejz] I *subst* fras; set ~ stående uttryck II *verb* formulera
phrase book ['frejz bokk] *subst* parlör
physical ['fizzikəl] I *adj* fysisk; kroppslig II *subst* vard. hälsokontroll
physical education [‚fizzikkl eddʒə'kejschən] *subst* skolämne idrott; gymnastik
physician [fi'zischən] *subst* läkare
physicist ['fizzisisst] *subst* fysiker
physics ['fizzikks] *subst* fysik vetenskap
physiotherapy [‚fizziou'θerrəpi] *subst* sjukgymnastik
physique [fi'zi:k] *subst* fysik kroppsbyggnad
pianist ['piännisst] *subst* pianist
piano [pi'ännou] *subst* piano
pick [pikk] I *verb* **1** plocka

2 välja **3** ~ *out* handplocka; ~ *up* plocka upp; hämta; lägga sig till med; vard. ragga; ~ *up the tab* vard. betala, stå för notan II *subst, take your* ~ varsågod och välj
picket ['pikkət] *subst* strejkvakt
pickle [pikkl] I *subst* inlagd gurka; *in a* ~ i knipa II *verb* sylta; marinera
pickpocket ['pikk‚pa:kət] *subst* ficktjuv
pick-up ['pikkapp] *subst* **1** varubil, pickup **2** mikrofon
picky ['pikki] *adj* kräsen; kinkig
picnic ['pikknikk] I *subst* picknick II *verb* picknicka
picture ['pikktchər] I *subst* **1** bild **2** film II *verb* föreställa sig
picture book ['pikktchər bokk] *subst* bilderbok
picturesque [‚pikktchə'ressk] *adj* pittoresk
pie [paj] *subst* paj
piece [pi:s] I *subst* bit, stycke; del; *a* ~ *of advice* ett råd; *a* ~ *of furniture* en enstaka möbel; *come (go) to pieces* gå i kras II *verb*, ~ *together* laga, lappa ihop
piecemeal ['pi:smi:l] *adv* o. *adj* gradvis; bit för bit
piecework ['pi:swö:rk] *subst* ackordsarbete

pie chart ['paj tcha:rt] *subst* tårtdiagram
pier [piər] *subst* pir
pierce [piərs] *verb* genomborra; *have one's ears pierced* göra hål i öronen
pig [pigg] *subst* gris
pigeon ['piddʒən] *subst* duva
pigeonhole ['piddʒənhoul] I *subst* postfack i hylla o.d. II *verb* bildligt placera i ett fack
piggyback ['piggibäkk] *adv*, *ride* ~ rida på ryggen (axlarna)
piggy bank ['piggi bängk] *subst* spargris
piglet ['pigglət] *subst* spädgris
pigskin ['piggskinn] *subst* svinläder; slang, amer. fotboll boll
pigsty ['piggstaj] *subst* svinstia
pigtail ['piggtejl] *subst* hårfläta
pike [pajk] *subst* gädda
1 pile [pajl] I *subst* hög, stapel II *verb* stapla; ~ *up* hopa sig; dra på sig
2 pile [pajl] *subst* lugg på mattor o.d.
piles [pajlz] *subst pl* hemorrojder
pile-up ['pajlapp] *subst* seriekrock
pilfer ['pillfər] *verb* snatta
pilgrim ['pillgrimm] *subst*

1 pilgrim 2 1600-talets invandrare i New England
pill [pill] *subst* piller; *be on the* ~ äta p-piller
pillage ['pilliddʒ] I *subst* plundring II *verb* plundra
pillar ['pillər] *subst* 1 pelare 2 bildligt stöttepelare
pillow ['pillou] *subst* kudde; ~ *case* örngott
pilot ['pajlət] *subst* pilot
pilot light ['pajlət lajt] *subst* tändlåga på gasspis o.d.
pimp [pimmp] *subst* hallick
pimple [pimmpl] *subst* finne
PIN [pinn] personlig kod till t.ex. kreditkort
pin [pinn] I *subst* knappnål II *verb* 1 nåla fast 2 ~ *down* fastställa; ~ *up* sätta upp
pinball ['pinnba:l] *subst* flipperspel
pincers ['pinnsərz] *subst pl* kniptång
pinch [pinntsch] I *verb* 1 nypa 2 klämma, dra ner på resurser II *subst* nypa; ~ *of salt* nypa salt
pinched [pinntcht] *adj* tärd, infallen om ansikte
pinch hit [ˌpinntch 'hitt] *verb* vikariera
pincushion ['pinnˌkoschən] *subst* nåldyna
1 pine [pajn] *verb* 1 ~ *away* tyna bort 2 tråna
2 pine [pajn] *subst* tall

pineapple ['pajn,äppl] *subst*
ananas
pine cone ['pajn koun] *subst*
tallkotte
ping [ping] *subst* pling
ping-pong ['pingpa:ng] *subst*
pingpong
pink [pingk] **I** *adj* skär; ~ *slip*
varsel om avsked **II** *subst, be in
the* ~ må prima, se strålande
ut
pinkie ['pingki] *subst* vard.
lillfinger
pinpoint ['pinnpåjnt] *verb*
precisera
pint [pajnt] *subst* ung. halvliter
pint-size ['pajntsajz] o. **pint-
-sized** ['pajntsajzd] *adj* små-
växt, liten
pioneer [,pajǝ'niǝr] **I** *subst*
pionjär **II** *verb* bana väg för
pious ['pajǝs] *adj* from
pipe [pajp] *subst* **1** ledning
2 pipa
pipe dream ['pajp dri:m] *subst*
önskedröm
pipeline ['pajplajn] *subst* pi-
peline
piper ['pajpǝr] *subst* säckpip-
blåsare; *pay the* ~ stå för
fiolerna
pique [pi:k] *subst* förtrytelse
pirate ['pajǝrǝt] *subst* pirat
Pisces ['pajsi:z] *subst* Fiskar-
na stjärntecken
piss [piss] *verb* vard. pinka,
pissa

pissed [pisst] *adj*, ~ el. ~ *off*
vard. skitförbannad
pistol [pisstl] *subst* pistol
piston ['pisstǝn] *subst* pistong
pit [pitt] *subst* **1** grop; gruv-
schakt **2** avgrund **3** *orches-
tra* ~ orkesterdike
pitch [pittch] **I** *verb* **1** sätta
upp **2** kasta **II** *subst* **1** tonlä-
ge **2** vard. säljsnack **3** lutning
pitch-black [,pittch'bläkk] *adj*
kolsvart
pitcher ['pittchǝr] *subst*
1 kastare i baseboll **2** till-
bringare
pitfall ['pittfa:l] *subst* fallgrop;
fälla
pithy ['piθi] *adj* kärnfull
pitiful ['pittifoll] *adj* ömklig
pitiless ['pittilǝs] *adj* sko-
ningslös
pittance ['pittǝns] *subst*
spottstyver
pity ['pitti] **I** *subst* medlidan-
de; *what a* ~! vad synd!
II *verb* tycka synd om
pizazz [pǝ'zäzz] *subst* fart,
schvung
pizza ['pi:tsǝ] *subst* pizza
pj's ['pi:dʒeiz] *subst pl* vard.
pyjamas
placard ['pläkka:rd] *subst*
plakat
placate [plǝ'kejt] *verb* blidka
place [plejs] **I** *subst* ställe,
plats; *in* ~ *of* i stället för; *out
of* ~ inte på sin plats;

olämplig; *any* *(some)* ~
någonstans; *take* ~ hända,
ske **II** *verb* placera
place mat ['plejs mätt] *subst*
tablett
place setting ['plejs ,setting]
subst bordskuvert
plagiarism ['plejdʒərizzəm]
subst plagiat
plague [plejg] **I** *subst* pest;
farsot **II** *verb* plåga
plaid [plädd] **I** *adj* skotskrutig
II *subst* pläd
plain [plejn] **I** *adj* **1** tydlig
2 enkel; alldaglig **II** *subst*
slätt; jämn mark
plain-clothes ['plejnklouðz]
adj civilklädd
plain-Jane [plejndʒein] *adj*
alldaglig, vanlig
plaintiff ['plejntiff] *subst* kä-
rande
plait [plejt] *verb* o. *subst* fläta
plan [plänn] **I** *subst* plan
II *verb* planera
1 plane [plejn] *subst* plan
2 plane [plejn] **I** *subst* hyvel
II *verb* hyvla
planet ['plännitt] *subst* planet
plank [plängk] *subst* **1** planka
2 programpunkt
planner ['plännər] *subst* pla-
nerare
plant [plännt] **I** *subst* **1** planta
2 fabrik; *nuclear* ~ kärn-
kraftverk **II** *verb* plantera, så

plantation [plänn'tejschən]
subst plantage
plaster ['plässtər] *subst*
1 murbruk **2** ~ *of Paris* gips
plastered ['plässtərd] *adj* pack-
ad berusad
plastic ['plässtikk] **I** *adj*
1 plast-; ~ *bag* plastkasse **2** ~
surgery plastikkirurgi
II *subst* plast
plate [plejt] *subst* **1** tallrik;
kuvert **2** platta
plateau [plä'tou] *subst* platå;
högplatå
plate-glass window
[‚plejt'gläss winndou] *subst*
skyltfönster
platform ['plättfå:rm] *subst*
plattform; ~ *shoe* platåsko
platinum ['plättənəm] *subst*
platina
platter ['plättər] *subst* stort
uppläggningsfat
plausible ['pla:zəbl] *adj* rimlig,
plausibel
play [plej] **I** *verb* **1** leka
2 spela **3** ~ *along with* gå
med på; ~ *down* tona ner; ~
hooky vard. skolka **II** *subst*
1 lek **2** pjäs
player ['plejər] *subst* spelare
playful ['plejfoll] *adj* lekfull
playground ['plejgraond] *subst*
lekplats
playgroup ['plejgro:p] *subst*
lekskola

playing card ['plejing ka:rd]
subst spelkort
playing field ['plejing fi:ld]
subst idrottsplan
playmate ['plejmejt] *subst*
lekkamrat
play-off ['pleja:f] *subst* i sporter
omspel; *play-offs* slutspels-
serie
playpen ['plejpenn] *subst*
lekhage
plaything ['plejθing] *subst*
leksak
playtime ['plejtajm] *subst*
lekstund
playwright ['plejrajt] *subst*
dramatiker
plea [pli:] *subst* vädjan; ~
bargaining förhandling om
erkännande som ger lindrigare
straff
plead [pli:d] *verb* **1** vädja **2** ~
guilty erkänna; ~ *not guilty*
neka
pleasant [plezznt] *adj* ange-
näm; ~ *dreams!* sov gott!
please [pli:z] *verb* **1** behaga
2 *coffee,* ~ kan jag få kaffe,
tack; *yes* ~ ja tack; *come in,*
~*!* var så god och kom in!
pleased [pli:zd] *adj* belåten,
glad
pleasing ['pli:zing] *adj* behag-
lig
pleasure ['pleʒər] *subst* nöje;
njutning; *with* ~ gärna
pleat [pli:t] *subst* veck

pledge [pleddʒ] **I** *subst* löfte;
~ *of allegiance* trohetslöfte
II *verb* lova
plentiful ['plenntifoll] *adj*
riklig
plenty ['plennti] **I** *subst* mas-
sor; ~ *of* gott om **II** *adv* vard.
ganska så
pliable ['plajəbl] *adj* böjlig
pliers ['plajərz] *subst* tång
plight [plajt] *subst* svår
situation
plod [pla:d] *verb* lunka
plonk [pla:ngk] *verb* ställa ner
med en duns
1 plot [pla:t] *subst* **1** liten
jordbit **2** diagram
2 plot [pla:t] **I** *subst* **1** kom-
plott **2** handling i roman o.d.
II *verb* konspirera
plough o. **plow** [plao] **I** *subst*
plog **II** *verb* plöja; ploga
ploy [plåj] *subst* trick
pluck [plakk] **I** *verb* plocka
II *subst* mod; styrka
plug [plagg] **I** *subst* **1** gummi-
propp **2** stickkontakt **II** *verb*
1 plugga igen **2** slang skjuta,
knäppa
plum [plamm] *subst* plommon
plumb [plamm] *adv* vard. hel-,
rakt-; alldeles
plumber ['plammər] *adj* rör-
mokare
plumbing ['plamming] *subst*
rör i hus

plummet ['plammitt] *verb* sjunka kraftigt

plump [plammp] *adj* knubbig

plunder ['planndər] *subst* plundring

plunge [planndʒ] **I** *verb* störta; dyka ner **II** *subst, take the* ~ våga språnget; ofta gifta sig

plunger ['planndʒər] *subst* vaskrensare sugklocka med skaft

plural ['plorrəl] *subst* plural

plurality [plo'rälləti] *subst* röstövervikt, majoritet

plus [plass] *subst* o. *prep* plus

plush [plasch] *adj* vräkig, lyxig

ply [plaj] *verb* trafikera; bedriva

plywood ['plajwodd] *subst* plywood

p.m. o. **P.M.** [ˌpi:'emm] (förk. för *post meridiem*) på eftermiddagen, e.m.

pneumonia [no'mounjə] *subst* lunginflammation

1 poach [poutch] *verb* pochera

2 poach [poutch] *verb* tjuvjaga, tjuvfiska

pocket ['pa:kitt] *subst* ficka

pocketbook ['pa:kətbokk] *subst* handväska

pocket book ['pa:kət bokk] *subst* pocketbok

pocket calculator [ˌpa:kət 'källkjollejtər] *subst* miniräknare

pocketknife ['pa:kətnajf] *subst* fickkniv

pocket money ['pa:kət ˌmanni] *subst* fickpengar

pod [pa:d] *subst* skida, balja

poem ['pouəm] *subst* dikt

poet ['pouitt] *subst* poet

poetry ['pouətri] *subst* poesi

poignant ['påjnənt] *adj* gripande, intensiv; rörande

point [påjnt] **I** *subst* **1** punkt **2** tidpunkt **3** spets **4** *at the* ~ *of* på vippen att **5** poäng; *the* ~ *is that* saken är den att; *get the* ~ förstå vad saken gäller; *get to the* ~*!* kom till saken!; *what's the* ~*?* vad är det för mening med det? **II** *verb* peka; ~ *out* påpeka

point-blank [ˌpåjnt'blängk] *adj* o. *adv* rakt på sak

pointed ['påjntidd] *adj* spetsig

pointer ['påjntər] *subst* **1** fingervisning **2** visare **3** fågelhund

pointless ['påjntləs] *adj* meningslös

poise [påjz] *subst* värdighet; upphöjt lugn

poison ['påjzn] **I** *subst* gift **II** *verb* förgifta

poisonous ['påjzənəs] *adj* giftig, gift-

poke [pouk] *verb* **1** peta **2** röra om i eld o.d.

1 poker ['poukər] *subst* poker

2 poker ['poukər] *subst*
eldgaffel
pokey ['pouki] *adj* vard.
långsam, trög
Poland ['poulənd] Polen
polar ['poulər] *adj* polar; ~
bear isbjörn
Pole [poul] *subst* polack
1 pole [poul] *subst* stolpe;
skidstav
2 pole [poul] *subst* pol; ~ *star*
polstjärna
pole vault ['poul va:lt] *subst*
stavhopp
police [pə'li:s] *subst* polis; ~
department el. ~ *force*
poliskår; ~ *investigation*
polisutredning; *a* ~ *officer* en
polis
policeman [pə'li:smən] *subst*
polis person
policewoman
[pə'li:swommən] *subst*
kvinnlig polis
1 policy ['pa:lissi] *subst*
politik; policy
2 policy ['pa:lissi] *subst*
försäkringsbrev
Polish ['poulisch] **I** *adj* polsk
II *subst* polska språk
polish ['pa:lisch] **I** *subst* po-
lermedel; polish **II** *verb* pole-
ra
polished ['pa:lischt] *adj* förfi-
nad
polite [pə'lajt] *adj* artig

political [pə'littikəl] *adj* poli-
tisk; ~ *science* statsvetenskap
politician [,pa:li'tischən] *subst*
politiker
politics ['pa:littikks] *subst*
politik
poll [poul] *subst* **1** *the polls*
politiskt val **2** opinionsunder-
sökning
pollen ['pa:lən] *subst* pollen
polling-booth ['pouling,bo:θ]
subst valbås
pollute [pə'lo:t] *verb* förorena
pollution [pə'lo:schən] *subst*
miljöförstöring; *air* ~ luft-
förorening
Pollyanna [,pa:li'änna] *subst*
evig optimist
polo ['poulou] *subst* polo sport
polyester [,pa:li'esstər] *subst*
polyester
polytechnic [,pa:li'tekknikk]
subst, ~ *institute* teknisk
högskola
pomegranate ['pa:mi,grännitt]
subst granatäpple
pomp [pa:mp] *subst* pomp
pompous ['pa:mpəs] *adj* upp-
blåst, pompös
pond [pa:nd] *subst* damm;
mindre sjö
ponder ['pa:ndər] *verb* be-
grunda
pony ['pouni] *subst* **1** ponny
2 slang lathund
ponytail ['pouitejl] *subst*
hästsvans frisyr

poodle [po:dl] *subst* pudel
1 pool [po:l] *subst* **1** pöl
2 simbassäng, pool
2 pool [po:l] *subst* pool slags
biljard
poop [po:p] *subst* barnspråk
bajs; *dog* ~ hundbajs
poor [poər] *adj* fattig
poorly ['poərli] *adv* illa
1 pop [pa:p] I *subst* **1** smäll
2 vard. läsk II *verb* **1** smälla
2 ~ *up* dyka upp
2 pop [pa:p] *subst* pop
pope [poup] *subst, the Pope*
påven
poplar ['pa:plər] *subst* poppel
poppy ['pa:pi] *subst* vallmo
Popsicle® ['pa:psikkəl] *subst*
isglass pinne
popular ['pa:pjolər] *adj* populär
population [ˌpa:pjo'lejschən]
subst befolkning
porcelain ['på:rsəlinn] *subst*
finare porslin
porch [på:rtch] *subst* veranda
porcupine ['på:rkjəpajn] *subst*
piggsvin
1 pore [på:r] *subst* por
2 pore [på:r] *verb*, ~ *over*
hänga med näsan över;
lusläsa
pork [på:rk] *subst* griskött
pork barrel ['på:rk bärrəl]
subst ung. valfläsk
pork chop [ˌpå:rk 'tcha:p]
subst fläskkotlett

porn [på:rn] *subst* vard. porr
pornography [på:r'na:grəfi]
subst pornografi
porous ['på:rəs] *adj* porös
1 port [på:rt] *subst* portvin
2 port [på:rt] *subst* hamn
3 port [på:rt] *subst* babord
portable ['på:rtəbl] *adj* bärbar
1 porter ['på:rtər] *subst*
vaktmästare
2 porter ['på:rtər] *subst*
1 bärare vid järnvägsstation o.d.
2 städare
portfolio [ˌpå:rt'fouljou] *subst*
portfölj
porthole ['på:rthoul] *subst*
hyttventil
portion ['på:rschən] I *subst*
1 del **2** portion II *verb*, ~ *out*
fördela
portrait ['på:rtrət] *subst* porträtt
portray [på:r'trej] *verb* porträttera; framställa
portrayal [på:r'trejəl] *subst*
framställning, porträtt
Portuguese [ˌpå:rtcho'gi:z]
I *adj* portugisisk II *subst*
1 portugis **2** portugisiska
språk
pose [pouz] I *subst* pose;
ställning II *verb* **1** posera **2** ~
a threat utgöra ett hot **3** ~ *as*
ge sig ut för att vara
posh [pa:sch] *adj* vard. flott,
fin
position [pə'zischən] I *subst*

1 position, läge **2** befattning **3** ståndpunkt **II** *verb* placera
positive ['pa:zətivv] *adj* positiv; absolut; säker
posse ['pa:si] *subst* uppbåd lett av sheriff; slang gäng, grupp
possess [pə'zess] *verb* äga, ha
possession [pə'zeschən] *subst* besittning, ägo; *possessions* ägodelar
possibility [ˌpa:sə'billəti] *subst* möjlighet
possible ['pa:səbl] *adj* möjlig
possibly ['pa:səbli] *adv* möjligtvis
possum ['pa:səm] *subst* pungråtta; *play* ~ spela sjuk (död), simulera
1 post [poust] *subst* stolpe
2 post [poust] *subst* befattning
postage ['poustiddʒ] *subst* porto
postcard ['poustka:rd] *subst* vykort
postcollege ['ka:lidʒ] *subst* college; ~ *graduate* akademiker; *go to* ~ läsa på universitet
poster ['poustər] *subst* affisch
postgraduate [ˌpoust'gräddʒoət] *subst* forskarstuderande
posthumous ['pa:stchəməs] *adj* postum
postmark ['poustma:rk] *subst* poststämpel

postmortem [ˌpoust'må:rtəm] *subst* obduktion
post office ['poust ˌa:fiss] *subst* **1** postkontor **2** vard. ryska posten
postpone [poust'poun] *verb* skjuta upp i tiden
posture ['pa:stchər] *subst* **1** kroppshållning **2** konstlad attityd
postwar [ˌpoust'wå:r] *adj* efterkrigs-
1 pot [pa:t] *subst* burk; kruka; gryta; kanna
2 pot [pa:t] *subst* slang marijuana
potato [pə'tejtou] *subst* potatis
potato chips [pəˌtejtou 'tchipps] *subst pl* potatischips
potent ['poutənt] *adj* mäktig; stark
potential [pə'tennschəl] **I** *adj* potentiell, möjlig; slumrande **II** *subst* potential
pothole ['pa:thoul] *subst* grop i gata
pot luck [ˌpa:t 'lakk] *subst*, ~ *supper* ung. knytkalas
pot roast ['pa:t roust] *subst* grytstek
potted ['pa:təd] *adj* **1** ~ *plant* krukväxt **2** slang packad berusad
potter ['pa:tər] *subst* krukmakare

pottery ['pa:təri] *subst* keramik; lergods
potty ['pa:ti] *subst, go* ~ bajsa
pouch [paotch] *subst* pung påse
poultry ['poultri] *subst* fjäderfä
pounce [paons] *verb* slå ner på
1 pound [paond] *subst* **1** vikt pund 454 gram **2** myntenhet pund
2 pound [paond] *verb* dunka, bulta
pour [på:r] *verb* **1** hälla **2** strömma; *pouring rain* ösregn
pout [paot] *verb* pluta med munnen
poverty ['pa:vərti] *subst* fattigdom
poverty-stricken ['pa:vərti‚strikkn] *adj* utfattig
POW [‚pi:ou'dabbljo:] (förk. för *prisoner of war*) krigsfånge
pow [pao] *interj* pang!, smock!, smack!
powder ['paodər] **I** *subst* **1** pulver **2** puder **II** *verb* pudra
powder puff ['paodər paff] *subst* pudervippa
power ['paoər] *subst* **1** makt; *be in* ~ sitta vid makten **2** kraft
power failure ['paoər ‚fejljər] *subst* strömavbrott

powerful ['paoərfoll] *adj* mäktig
power saw [paoər sa:] *subst* motorsåg
power station ['paoər ‚stejschən] *subst* kraftverk
power tool ['paoər to:l] *subst* elverktyg
pow-wow o. **powwow** ['paowao] **I** *subst* möte, rådslag **II** *verb* rådslå
practical ['präkktikkəl] *adj* praktisk; ~ *nurse* undersköterska
practicality [‚präkkti'källəti] *subst* praktisk möjlighet; *practicalities* praktiska frågor
practically ['präkktikkli] *adv* så gott som
practice ['präkktiss] **I** *subst* **1** praktik; *in* ~ i praktiken **2** träning; ~ *run* övning; *out of* ~ otränad **II** *verb* **1** tillämpa **2** öva
prairie ['prerri] *subst* prärie
praise [prejz] **I** *verb* berömma **II** *subst* beröm
praiseworthy ['prejz‚wö:rði] *adj* lovvärd
prance [pränns] *verb* kråma sig
prank [prängk] *subst* upptåg; busstreck
prawn [pra:n] *subst* räka
pray [prej] *verb* be en bön
prayer ['preər] *subst* bön

preach [pri:tch] *verb* predika
preacher ['pri:tchər] *subst*
vard., protestantisk präst; pre-
dikant
precarious [pri'kerrjəs] *adj*
vansklig, betänklig; farlig
precaution [pri'ka:schən]
subst försiktighet; försiktig-
hetsåtgärd
precede [pri'si:d] *verb* föregå,
komma före
precedent ['pressidənt] *subst*
precedensfall
precinct ['pri:singkt] *subst*
1 polisdistrikt; ~ *house* po-
lisstation 2 valdistrikt
precious ['preschəs] *adj* dyr-
bar; ~ *stone* ädelsten
precipice ['pressəpiss] *subst*
brant, stup
precipitate [pri'sippitejt] *verb*
påskynda, framkalla
precipitation
[pri,sippi'tejschən] *subst* ne-
derbörd
precise [pri'sajs] *adj* exakt
precocious [pri'kouschəs] *adj*
brådmogen
precondition
[,pri:kən'dischən] *subst* för-
utsättning
predator ['preddətər] *subst*
rovdjur
predecessor ['preddəsessər]
subst företrädare
predicament [pri'dikkəmənt]

subst besvärlig situation;
belägenhet
predict [pri'dikkt] *verb* förut-
säga
predictable [pri'dikktəbl] *adj*
förutsägbar
predominantly
[pri'da:minnəntli] *adv* hu-
vudsakligen
pre-empt [pri'emmpt] *verb*
förekomma, föregripa
preen [pri:n] *verb*, ~ *oneself*
kråma sig, berömma sig
prefab ['pri:fäbb] *adj* element-;
monteringsfärdigt
preface ['preffəs] *subst* förord
prefer [pri'fö:r] *verb* föredra
preferably ['preffərəbli] *adv*
helst
preference ['preffərəns] *subst*,
have a ~ for föredra; *in ~ to*
hellre än
preferential [,preffə'renschəl]
adj förmåns-, prioriterad
pregnancy ['preggnənsi] *subst*
graviditet
pregnant ['preggnənt] *adj*
gravid
prehistoric [,pri:hi'stå:rikk] *adj*
förhistorisk, urtids-; ~ *monu-
ment* fornminne
prejudice ['preddʒədəs] *subst*
fördom, fördomar
prejudiced ['preddʒədəst] *adj*
fördomsfull
prelude ['prelljo:d] *subst* för-
spel; upptakt

premarital [pri'märritəl] *adj*
föräktenskaplig
premature [ˌpri:mə'tchoər] *adj*
för tidig
premier ['pri'miər] *subst* pre-
miärminister
première [pri'miər] *subst* pre-
miär
premise ['premmiss] *subst*
antagande
premises ['premmissizz] *subst*
pl, on the ~ på området, i
lokalerna
premium ['pri:mjəm] **I** *subst*
försäkringspremie **II** *adj* bät-
tre, av hög kvalitet
premonition
[ˌpremmə'nischən] *subst*
föraning; förvarning
preoccupied [pri'a:kjopajd]
adj helt upptagen
prepaid [ˌpri:'pejd] *adj* på
svarsbrev o.d. frankerat
preparation [ˌpreppə'rejschən]
subst förberedelse
preparatory [pri'pärrətå:ri] *adj*
förberedande
prepare [pri'päər] *verb* förbe-
reda
preponderance
[pri'pa:ndərəns] *subst* slagsi-
da, övervikt
preposition [ˌpreppə'zischən]
subst preposition
preposterous [pri'pa:stərəs]
adj befängd; löjlig
preppy ['preppi] **I** *adj* i colle-

gestil **II** *subst* student vid *prep
school*
prep school ['prepp sko:l]
(kortform för *preparatory
school*) *subst* privat internat-
skola
prerequisite [ˌpri:'rekkwəzitt]
subst förutsättning
prescribe [pri'skrajb] *verb*
ordinera medicin; föreskriva
prescription [pri'skrippschən]
subst recept; *on* ~ receptbe-
lagd
presence [prezzns] *subst* när-
varo
1 present [prezznt] *adj*
1 närvarande; *those* ~ de
närvarande **2** nuvarande
2 present I [prezznt] *subst*
present **II** [pri'zennt] *verb*
1 presentera **2** lägga fram
present-day ['prezzntdej] *adj*
nutidens
presently ['prezzntli] *adv*
snart; kort därefter
preservative [pri'zö:rvətivv]
subst konserveringsmedel
preserve [pri'zö:rv] **I** *verb*
1 bevara **2** konservera
II *subst, preserves* sylt; mar-
melad
president ['prezzidənt] *subst*
1 president **2** verkställande
direktör **3** rektor vid universi-
tet
press [press] **I** *subst* **1** tryck-

ning; press, jäkt **2** *the* ~
pressen **II** *verb* pressa; trycka
pressing ['pressing] *adj* bråd-
skande
pressure ['preschər] **I** *subst*
tryck; påtryckning; *under* ~ i
trångmål **II** *verb* pressa
pressure gauge ['preschər
gejdʒ] *subst* tryckmätare
pressure group ['preschər
gro:p] *subst* påtrycknings-
grupp
prestige [pre'sti:ʒ] *subst* pre-
stige; status, anseende
presumably [pri'zo:məbli] *adv*
antagligen
presume [pri'zo:m] *verb* för-
moda
pretence [pri'tenns] *subst*
förespegling; svepskäl
pretend [pri'tennd] *verb* låtsas
pretext ['pri:tekkst] *subst*
förevändning
pretty ['pritti] **I** *adj* söt **II** *adv*
vard. ganska, rätt så; ~ *much*
så gott som
pretzel ['prettsl] *subst* salt-
kringla; ~ *sticks* salta pinnar
prevail [pri'vejl] *verb* **1** segra,
ha framgång **2** vara rådande
3 ~ *upon* förmå, övertala
prevailing [pri'vejling] *adj*
rådande
prevalent ['prevvələnt] *adj*
rådande; utbredd
prevent [pri'vennt] *verb* för-
hindra

preventive [pri'venntivv] *adj*
förebyggande
preview ['pri:vjo:] *subst* för-
handsvisning
previous ['pri:vjəs] *adj* före-
gående
previously ['pri:vjəsli] *adv*
förut
prewar [ˌpri:'wå:r] *adj* förkrigs-
prey [prej] *subst* rov; *bird of* ~
rovfågel
price [prajs] *subst* pris; *at any*
~ till varje pris
price freeze ['prajs fri:z] *subst*
prisstopp
priceless ['prajsləs] *adj* ovär-
derlig
price list ['prajs lisst] *subst*
prislista
price tag ['prajs tägg] *subst*
prislapp
prick [prikk] **I** *subst* **1** stick
2 slang pitt, kuk **3** skällsord
skit, skitstövel **II** *verb* sticka
hål i
prickle [prikkl] **I** *subst* tagg
II *verb* knottra sig
prickly ['prikkli] *adj* taggig;
retlig
pride [prajd] *subst* stolthet
priest [pri:st] *subst* präst
priesthood ['pri:sthodd] *subst*
prästerskap
prim [primm] *adj* pryd
primarily [praj'merrəli] *adv*
först och främst
primary ['prajmerri] **I** *adj*

1 huvud- **2** ~ *school* låg- och mellanstadiet **II** *subst* primärval

prime [prajm] **I** *adj* främsta; ~ *minister* premiärminister; ~ *time* bästa sändningstid i TV **II** *subst, in one's* ~ i sina bästa år

primeval [praj'mi:vəl] *adj* urtids-, ur-

primitive ['primmitivv] *adj* primitiv

primrose ['primmrouz] *subst* primula

prince [prinns] *subst* prins; *Prince Charming* drömprinsen

princess [prinn'sess] *subst* prinsessa

principal ['prinnsəpəl] **I** *adj* huvudsaklig, huvud- **II** *subst* rektor

principle ['prinnsəpəl] *subst* princip

print [prinnt] **I** *subst* tryck; konst plansch; reproduktion; *in* ~ i tryck; *out of* ~ utgången på förlaget **II** *verb* trycka

printer ['prinntər] *subst* **1** tryckeri **2** skrivare

print-out ['prinntaot] *subst* utskrift

prior ['prajər] **I** *adj* tidigare **II** *prep,* ~ *to starting the motor* innan man startar motorn

priority [praj'å:rəti] *subst* prioritet

prise [prajz] *verb* bända

prison [prizzn] *subst* fängelse

prisoner ['prizznər] *subst* fånge; ~ *of war* krigsfånge

privacy ['prajvəsi] *subst* avskildhet; privatliv; *in* ~ mellan fyra ögon

private ['prajvət] **I** *adj* privat; enskild; ~ *parts* könsdelar; *in* ~ mellan fyra ögon **II** *subst* menig

private eye [ˌprajvət 'aj] *subst* privatdetektiv

privatize ['prajvətajz] *verb* privatisera

privilege ['privvəliddʒ] *subst* privilegium

prize [prajz] **I** *subst* pris; ~ *ceremony* prisutdelning **II** *adj* prisbelönt

prizewinner ['prajzˌwinnər] *subst* pristagare

1 pro [prou] *subst, the pros and cons* för- och nackdelarna

2 pro [prou] *subst* vard. proffs

probability [ˌpra:bə'billəti] *subst* sannolikhet

probable ['pra:bəbl] *adj* trolig

probably ['pra:bəbli] *adv* sannolikt

probation [prou'bejschən] *subst* skyddstillsyn; *released on* ~ villkorligt frigiven

probe [proub] **I** *subst* sond
II *verb* sondera; undersöka
problem ['pra:bləm] *subst*
problem; *what's your* ~?
vard. vad tjafsar du om?, vad
är det?
procedure [prə'si:dʒər] *subst*
procedur
proceed [prə'si:d] *verb* fort-
sätta
proceeds ['prousi:dz] *subst pl*
intäkter
process ['pra:sess] **I** *subst*
process; *be in* ~ pågå **II** *verb*
behandla; bearbeta
procession [prə'seschən] *subst*
procession
proclaim [prə'klejm] *verb*
proklamera
proctor ['pra:ktər] *subst* skriv-
vakt
procure [prə'kjoər] *verb* skaffa
prod [pra:d] **I** *verb* stöta till
II *subst* stöt
prodigy ['pra:dədʒi] *subst*
underbarn
produce [prə'do:s] *verb* pro-
ducera
producer [prə'do:sər] *subst*
producent; *executive* ~ pro-
duktionsledare; teaterchef
product ['pra:dakkt] *subst*
produkt
production [prə'dakkschən]
subst produktion

productivity
[ˌproudakk'tivvəti] *subst*
produktivitet
profession [prə'feschən] *subst*
yrke; *by* ~ till yrket
professional [prə'feschənl]
I *adj* **1** yrkes- **2** professionell
II *subst* yrkesman; proffs
professor [prə'fessər] *subst*
professor
proficiency [prə'fischənsi]
subst färdighet
profile ['proufajl] *subst* **1** pro-
fil **2** porträtt levnadsbeskrivning
profit ['pra:fət] *subst* vinst
profitable ['pra:fətəbl] *adj*
vinstgivande; givande
profound [prə'faond] *adj* djup
profuse [prə'fjo:s] *adj* riklig,
översvallande
prognosis [pra:g'nousəs] *subst*
prognos
program ['prougrämm] **I** *subst*
program **II** *verb* programme-
ra
programmer ['prougrämmər]
subst programmerare
progress I ['pra:grəs] *subst*
framsteg; *be in* ~ pågå
II [prə'gress] *verb* göra fram-
steg
progressive [prə'gressivv] *adj*
progressiv
prohibit [prou'hibbitt] *verb*
förbjuda
Prohibition [ˌprouə'bischən]
subst spritförbudet på 30-talet

project I [prə'dʒekkt] *verb*
1 projektera, planera **2** pro-
jicera II ['pra:dʒekkt] *subst*
projekt
projector [prə'dʒekktər] *subst*
projektor
prolong [prə'la:ng] *verb* för-
länga
prom [pra:m] *subst* vard.
studentbal, skolbal
promenade [ˌpra:mə'nejd]
subst strandpromenad
prominent ['pra:minnənt] *adj*
framstående
promiscuous [prə'misskjoəs]
adj lösaktig, promiskuös
promise ['pra:məs] I *subst*
löfte; *show ~* verka lovande
II *verb* lova
promote [prə'mout] *verb*
1 främja **2** *be promoted* bli
befordrad
promoter [prə'moutər] *subst*
1 främjare, gynnare **2** pro-
motor
promotion [prə'mouschən]
subst **1** befordran **2** mark-
nadsföring
prompt [pra:mpt] I *adj* snabb
II *adv* på slaget III *verb* mana
prone [proun] *adj* **1** benägen;
hemfallen **2** framstupa; på
magen
prong [pra:ng] *subst* på gaffel
o.d. klo, spets
pronoun ['prounaon] *subst*
pronomen

pronounce [prə'naons] *verb*
uttala; *pronounced* uttalad;
utpräglad
pronunciation
[prəˌnannsi'ejschən] *subst*
uttal
proof [pro:f] *subst* **1** bevis
2 korrektur
prop [pra:p] I *subst* stöd
II *verb*, *~ up* stötta upp,
stödja
propaganda [ˌpra:pə'gänndə]
subst propaganda
propel [prə'pell] *verb* driva
framåt
propeller [prə'pellər] *subst*
propeller
propensity [prə'pennsəti]
subst benägenhet
proper ['pra:pər] *adj* **1** rätt,
riktig **2** *in the ~ sense* i
egentlig betydelse
properly ['pra:pərli] *adv* rik-
tigt; ordentligt
property ['pra:pərti] *subst*
1 egendom; *personal ~* lös-
öre **2** *properties* rekvisita
prophecy ['pra:fəsi] *subst* pro-
fetia
prophet ['pra:fət] *subst* profet
proportion [prə'på:rschən]
subst proportion; *out of ~*
oproportionerlig
proposal [prə'pouzəl] *subst*
1 förslag **2** frieri
propose [prə'pouz] *verb* **1** fö-
reslå **2** *~ to* fria till

proposition [ˌpraːpəˈzischən]
I *subst* förslag; sats, påståen-
de **II** *verb* komma med
skamliga förslag
propriety [prəˈprajəti] *subst*
anständighet
prose [prouz] *subst* prosa
prosecute [ˈpraːsikjoːt] *verb*
åtala
prosecution [ˌpraːsiˈkjoːschən]
subst åtal; *the* ~ åklagarsidan
prosecutor [ˈpraːsikjoːtər]
subst åklagare; *public* ~
allmän åklagare
prospect [ˈpraːspekkt] **I** *subst*
bildligt utsikt **II** *verb*, ~ *for*
leta efter guld, olja o.d.
prospective [prəˈspekktivv]
adj eventuell; ~ *son-in-law*
blivande måg
prospectus [prəˈspekktəs]
subst broschyr
prosperity [praːˈsperrəti] *subst*
välstånd
prostitute [ˈpraːstətoːt] *subst*
prostituerad
protect [prəˈtekkt] *verb* skyd-
da
protection [prəˈtekkschən]
subst skydd; ~ *money*
beskyddarpengar
protective [prəˈtekktivv] *adj*
skydds-
protein [ˈproutiːn] *subst* pro-
tein
protest I [ˈproutest] *subst*

protest II [prəˈtest] *verb* pro-
testera, protestera mot
Protestant [ˈpraːtisstənt] *subst*
protestant
protrude [prəˈtroːd] *verb*
sticka fram (ut)
proud [praod] *adj* stolt; ~ *of*
stolt över
prove [proːv] *verb* bevisa; ~
oneself visa vad man duger
till
proverb [ˈpraːvöːrb] *subst* ord-
språk
provide [prəˈvajd] *verb* skaffa,
sörja för; ~ *for* försörja
provided [prəˈvajdidd] o. **pro-
viding** [prəˈvajding] *konj*, ~
that förutsatt att
province [ˈpraːvinns] *subst*
provins; *the provinces*
landsorten
provincial [prəˈvinnschəl] *adj*
1 regional **2** provinsiell, in-
skränkt
provision [prəˈviʒən] *subst*
1 åtgärd, förberedelse
2 *provisions* livsmedel, pro-
viant
provisional [prəˈviʒənl] *adj*
provisorisk
proviso [prəˈvajzou] *subst*
förbehåll
provocative [prəˈvaːkətivv] *adj*
provocerande; utmanande
provoke [prəˈvouk] *verb*
1 provocera, reta **2** utlösa
prow [prao] *subst* för på båt

prowl [praol] *verb* stryka omkring

proxy ['pra:ksi] *subst, by ~* genom fullmakt (ombud)

prudent ['pro:dənt] *adj* klok, försiktig

1 prune [pro:n] *subst* katrinplommon

2 prune [pro:n] *verb* beskära

1 pry [praj] *verb* snoka

2 pry [praj] *verb* bända

psalm [sa:m] *subst* psalm i Psaltaren

pseudo- ['so:dou] *prefix* pseudo-, kvasi-

pseudonym ['so:dənimm] *subst* pseudonym

psych [sajk] *verb, ~ out* psyka motståndare; *get psyched up* komma upp i varv

psyche ['sajki] *subst* psyke

psychiatrist [saj'kajətrisst] *subst* psykiater

psychic ['sajkikk] *adj* **1** psykisk **2** *be ~* vara synsk

psychoanalyst [‚sajkou'ännəlisst] *subst* psykoanalytiker

psychological [‚sajkə'la:dʒikkəl] *adj* psykologisk

psychologist [saj'ka:lədʒisst] *subst* psykolog

psychology [saj'ka:lədʒi] *subst* psykologi

pub [pabb] *subst* pub

puberty ['pjo:bərti] *subst* pubertet

public ['pabblikk] **I** *adj* **1** offentlig, allmän; *~ address system* högtalaranläggning; *~ convenience* offentlig toalett; *~ debt* statsskuld; *~ enemy* samhällsfiende; *~ services* offentliga sektorn; *~ transportation* kollektivtrafik **2** *go ~* bli börsnoterad **II** *subst* allmänhet

publicity [pabb'lissəti] *subst* publicitet

publicize ['pabblissajz] *verb* offentliggöra; göra reklam för

publish ['pabblisch] *verb* publicera; ge ut

publisher ['pabblischər] *subst* bokförläggare

publishing ['pabblisching] *subst* förlagsbranschen; *~ house* bokförlag

pucker ['pakkər] *verb* snörpa ihop; rynka

pudding ['podding] *subst* pudding

puddle [paddl] *subst* pöl, göl

pudgy ['pa:dʒi] *adj* vard. knubbig

puff [paff] **I** *subst* puff; bloss **II** *verb* **1** pusta **2** bolma på

puffy ['paffi] *adj* uppsvälld, pösig

pull [poll] *verb* **1** dra **2** sträcka en muskel **3** *~ down* riva; *~*

in köra in; ~ *off* vard. greja; ~
off the road stanna vid
vägkanten; ~ *out* köra ut;
bildligt backa ur; ~ *over* köra
åt sidan och stanna; ~ *through*
klara sig igenom krisen; ~
oneself together ta sig
samman
pulley ['polli] *subst* trissa;
talja
pullover ['poll,ouvər] *subst*
pullover
pulp [pallp] **I** *subst* **1** mos
2 fruktkött **II** *verb* mosa
pulpit ['pollpitt] *subst* predik-
stol
pulsate ['pallsejt] *verb* pulsera
pulse [palls] *subst* puls
pump [pammp] **I** *subst* pump
II *verb* pumpa
pumpkin ['pammpkinn] *subst*
pumpa
pumps [pammps] *subst pl*
pumps
pun [pann] *subst* ordlek
1 punch [panntch] **I** *subst*
hålslag **II** *verb* slå hål i,
klippa
2 punch [panntch] **I** *subst*
knytnävsslag **II** *verb* klippa
till
3 punch [panntch] *subst* bål
dryck
punch line ['panntch lajn]
subst poäng i rolig historia
punctual ['pangktchoəl] *adj*
punktlig

punctuation
[,pangktcho'ejschən] *subst*
interpunktion
puncture ['pangktchər] **I** *subst*
punktering **II** *verb* punktera
pundit ['pannditt] *subst* vard.
förståsigpåare; mediaorakel
pungent ['panndʒənt] *adj*
skarp, frän; stickande
punish ['pannisch] *verb*
straffa
punishment ['pannischmənt]
subst straff
punk [pangk] *subst* **1** ligist
2 punk musik m.m.
punt [pannt] **I** *verb* **1** amer.
fotboll punta sparka till
motståndaren på 4:e down **2** slang
ge upp; göra bort sig **II** *subst*
spark
puny ['pjo:ni] *adj* ynklig
pup [papp] *subst* hundvalp
1 pupil [pjo:pl] *subst* elev
2 pupil [pjo:pl] *subst* pupill
puppet ['pappitt] *subst* ma-
rionett
puppy ['pappi] *subst* hundvalp
purchase ['pö:rtchəs] **I** *subst*
köp **II** *verb* köpa
purchaser ['pö:rtchəsər] *subst*
köpare
pure [pjoər] *adj* ren
purely ['pjoərli] *adv* rent, bara
purge [pö:rdʒ] *verb* rensa,
rena; rensa ut
purple [pö:rpl] *adj* mörklila

purport [pər'på:rt] *verb* påstå sig; påstås

purpose ['pö:rpəs] *subst* syfte, avsikt; *on* ~ med avsikt (flit)

purposeful ['pö:rpəsfəl] *adj* målmedveten

purr [pö:r] *verb* spinna

purse [pö:rs] *subst* portmonnä; handväska

purser ['pö:rsər] *subst* purser

pursue [pər'so:] *verb* **1** sträva efter **2** fortsätta

pursuit [pər'so:t] *subst* **1** jakt; strävan **2** syssla

pus [pass] *subst* var i sår

push [posch] **I** *verb* **1** skjuta; trycka på; ~ *sb. around* vard. köra med ngn **2** pressa; tvinga **II** *subst* knuff

pusher ['poschər] *subst* vard. knarklangare

pushover ['posch‚ouvər] *subst* vard. barnlek

push-up ['poschapp] *subst* armhävning från golvet

pushy ['poschi] *adj* vard. framfusig; gåpåig

1 pussy ['possi] o. **pussy-cat** ['possikätt] *subst* kissekatt

2 pussy ['possi] *subst* vulgärt mus, fitta

put* [pott] *verb* **1** lägga, sätta, ställa **2** säga; *to* ~ *it briefly* för att fatta mig kort **3** ~ *aside* lägga ifrån sig; lägga undan; ~ *back* skjuta upp; försena; ~ *by* spara; ~

down slå ned; ~ *sb. down* slang racka ner på ngn; ~ *forward* föreslå; ~ *in* lägga ner tid o.d.; ~ *off* skjuta upp; hindra; få att tappa lusten; ~ *on* ta på sig; sätta på; ~ *on weight* gå upp i vikt; ~ *out* släcka; ~ *through* koppla telefonsamtal; ~ *together* lägga ihop; ~ *up* sätta upp; betala; ~ *up with* stå ut med

putt [patt] **I** *verb* putta **II** *subst* putt

putter ['pattər] *verb*, ~ *about* pyssla

putting-green ['pattinggri:n] *subst* green i golf

putty ['patti] *subst* fönsterkitt

puzzle [pazzl] **I** *verb* förbrylla **II** *subst* **1** gåta **2** pussel

pyramid ['pirrəmidd] *subst* pyramid

Q

Q, q [kjo:] *subst* Q, q
1 quack [kwäkk] **I** *verb*
snattra **II** *subst* snatter
2 quack [kwäkk] *subst*
kvacksalvare
quad [kwa:d] *subst* **1** inhägnad
gård på college **2** vard. fyrling
quadrangle ['kwa:dränggl]
subst fyrhörning
quadruple [kwa:'dro:pl] *adj*
fyrfaldig
quadruplet [kwa:'dro:plət]
subst fyrling
quagmire ['kwäggmajər] *subst*
gungfly, moras
1 quail [kwejl] *subst* vaktel
2 quail [kwejl] *verb* rygga
tillbaka; tappa modet
quaint [kwejnt] *adj* lustig
quake [kwejk] **I** *verb* skaka
II *subst* skalv, jordskalv
qualification
[ˌkwa:lifi'kejschən] *subst*
kvalifikation, merit
qualified ['kwa:lifajd] *adj* kva-
lificerad, meriterad
qualify ['kwa:lifaj] *verb* **1** kva-
lificera, berättiga **2** modifie-
ra; inskränka
quality ['kwa:ləti] *subst* kvali-
tet

294

qualm [kwa:m] *subst* skrupel,
betänklighet
quandary ['kwa:ndəri] *subst*
bryderi
quantity ['kwa:ntəti] *subst*
kvantitet
quarantine ['kwå:rənti:n]
subst karantän
quarrel ['kwå:rəl] **I** *subst* gräl;
pick a ~ mucka gräl **II** *verb*
gräla
quarrelsome ['kå:rəlsəm] *adj*
grälsjuk
1 quarry ['kwå:ri] *subst*
villebråd
2 quarry ['kwå:ri] *subst*
stenbrott
quart [kwå:rt] *subst* ung. liter
quarter ['kwå:rtər] *subst*
1 fjärdedel; *~ note* fjärde-
delsnot **2** kvart; *~ after ten*
kvart över tio; *~ of (to, till)
ten* kvart i tio **3** 25-centare
quarterback ['kwå:rtərbäkk]
subst amer. fotboll kvartsback
quarterfinal [ˌkwå:rtər'fajnl] o.
quarterfinals
[ˌkwå:rtərfajnlz] *subst*
kvartsfinal
quarterly ['kwå:rtərli] **I** *adj*
kvartals- **II** *subst* kvartalstid-
skrift
quartet [kwå:r'tett] *subst*
kvartett
quartz [kwå:rts] *subst* kvarts
quaver ['kweivər] **I** *verb* darra
II *subst* skälvning

quay [ki:] *subst* kaj

queasy ['kwi:zi] *adj* kväljande; kräsen mage

queen [kwi:n] *subst* **1** drottning **2** dam i kortlek **3** bög; *drag* ~ transvestit

queer [kwiər] **I** *adj* konstig **II** *subst* vard. bög

quench [kwenntch] *verb* släcka

querulous ['kwerrələs] *adj* grinig

query ['kwirri] **I** *subst* fråga, förfrågan **II** *verb* **1** fråga, förhöra sig hos **2** ifrågasätta

quest [kwesst] *subst* sökande; strävan

question ['kwesstchən] **I** *subst* fråga; *it is out of the* ~ det kommer aldrig på fråga **II** *verb* **1** fråga **2** ifrågasätta

questionable ['kwesstchənəbl] *adj* tvivelaktig

question mark ['kwesstchən ma:rk] *subst* frågetecken

questionnaire [‚kwesstchə'näər] *subst* frågeformulär

quibble [kwibbl] *verb* gnabbas om småsaker; anmärka på petitesser

quick [kwikk] **I** *adj* **1** snabb, rapp **2** levande **II** *subst*, *cut to the* ~ såra djupt

quicken ['kwikkən] *verb* påskynda; öka

quicksand ['kwikksännd] *subst* kvicksand

quiet ['kwajət] **I** *adj* lugn, tyst; *be* ~! var tyst! **II** *subst* tystnad **III** *verb* lugna, få tyst på

quietness ['kwajətnəs] *subst* stillhet

quilt [kwillt] **I** *subst* täcke; ~ *cover* påslakan **II** *verb* vaddera

quip [kwipp] **I** *verb* skämta, vara spydig **II** *subst* spydighet, vits

quirk [kwö:rk] *subst* besynnerlighet

quit [kwitt] *verb* sluta; lägga av

quite [kwajt] *adv* **1** helt, helt och hållet **2** ganska

quits [kwitts] *adj* kvitt

quiver ['kwivvər] *verb* darra

quiz [kwizz] **I** *subst* **1** frågesport **2** muntligt förhör; litet prov **II** *verb* hålla förhör med; ge litet prov

quotation [kwou'tejschən] *subst* citat; ~ *mark* citationstecken

quote [kwout] **I** *verb* citera **II** *subst* citat

quotient ['kwouʃənt] *subst* kvot

R

R, r [a:r] *subst* R, r
rabbi ['räbbaj] *subst* rabbin
rabbit ['räbbət] *subst* kanin;
  hare
rabbit ears ['räbbət irrz] *subst*
  pl teleskopantenn
rabbit hutch ['räbbət hattch]
  subst kaninbur
rabble-rouser ['räbblraozər]
  subst uppviglare
rabies ['rejbi:z] *subst* rabies
1 race [rejs] *subst* ras; *the
  human ~* människosläktet
2 race [rejs] I *subst* lopp;
  kapplöpning, kappkörning
  o.d. II *verb* springa (köra,
  rida, o.d.) i kapp
racehorse ['rejsshå:rs] *subst*
  kapplöpningshäst
racetrack ['rejsträkk] *subst*
  kapplöpningsbana; racerba-
  na
racial ['rejschəl] *adj* ras-, folk-
racing ['rejsing] *subst* täv-
  lings-, racer-
racism ['rejsizzəm] *subst* ra-
  sism
racist ['rejsisst] *subst* rasist
rack [räkk] I *subst* diskställ;
  bagagehylla II *verb*, *~ one's
  brains* tänka efter
1 racket ['räkkət] *subst* racket

2 racket ['räkkət] *subst*
1 oväsen 2 skumraskaffär,
  skoj
racketeer ['räkkətirr] *subst*
  gangster; svindlare, skojare
racquet ['räkkitt] *subst* racket
racy ['rejsi] *adj* mustig, pikant
radar ['rejda:r] *subst* radar
radial ['rejdjəl] *subst* radial-
  däck
radiant ['rejdjənt] *adj* strålan-
  de
radiate ['rejdiejt] *verb* stråla;
  utstråla
radiation [,rejdi'ejschən] *subst*
  strålning
radiator ['rejdiejtər] *subst*
  värmeelement
radical ['räddikkəl] *subst* o. *adj*
  radikal
radio ['rejdiou] *subst* radio
radioactive [,rejdiou'äkktivv]
  adj radioaktiv
radish ['räddisch] *subst* rädisa
radius ['rejdjəs] *subst* radie
raffle ['räffl] I *subst* lotteri
  II *verb*, *~ off* lotta ut
raft [räfft] *subst* flotte
rafter ['räfftər] *subst* taksparre
rag [rägg] *subst* trasa; *be on
  the ~* vara arg; ha mens
rage [rejdʒ] I *subst* raseri
  II *verb* vara rasande
ragged ['räggidd] *adj* trasig;
  klädd i trasor; *run sb. ~* köra
  slut på ngn

raid [rejd] I *subst* räd; razzia
II *verb* göra en räd (razzia)
rail [rejl] *subst* **1** ledstång
2 skena; *go by* ~ ta tåget
railing ['rejling] *subst*, ~ el.
railings järnstaket
railroad ['rejlroud] I *subst*
järnväg II *verb* vard. forcera
igenom; fälla med falska bevis
railway ['rejlwej] *subst* järnväg
rain [rejn] I *subst* regn II *verb*
regna; *be rained out* inställas
på grund av regn
rainbow ['rejnbou] *subst*
regnbåge
rain check ['reint chekk] *subst*
ersättningsbiljett; *take a* ~
vard. ha ngt innestående, be
att få återkomma
raincoat ['rejnkout] *subst*
regnrock
raindrop ['rejndra:p] *subst*
regndroppe
rainfall ['rejnfa:l] *subst* neder-
börd
rainy ['rejni] *adj* regnig
raise [rejz] I *verb* **1** resa upp
2 höja **3** föda upp; uppfost-
ra; ~ *a family* skaffa
(uppfostra) barn **4** samla
ihop II *subst* löneförhöjning
raisin [rejzn] *subst* russin
rake [rejk] *subst* o. *verb* kratta
rally ['rälli] I *verb* samla ihop;
samlas; återhämta sig
II *subst* **1** massmöte **2** rally

ram [rämm] I *subst* bagge
II *verb* ramma
ramble [rämmbl] I *verb*
1 ströva omkring **2** prata
osammanhängande; ~ *on*
pladdra på II *subst* vandring
utan mål
rambler ['rämmblər] *subst*
klängväxt, klätterros
rambunctuous
[rämm'bangkschəs] *adj* sto-
jande; oregerlig, småvild
ramp [rämmp] *subst* **1** ramp;
avfart; påfart **2** *parking* ~
platta för flygplan
rampage ['rämmpejdʒ]
I *subst, go on the* ~ leva
rövare II *verb* härja
rampant ['rämmpənt] *adj, be*
~ frodas
ramshackle ['rämm,schäkkl]
adj fallfärdig; ~ *house* ruckel
ran [ränn] *verb* imperf. av *run*
ranch house ['ränntch haos]
subst större enplansvilla
rancid ['rännsidd] *adj* härsken
rancor ['rängkər] *subst* hätsk-
het, hat; agg
random ['ränndəm] *subst, at* ~
på måfå
randy ['ränndi] *adj* vard. kåt
rang [räng] *verb* imperf. av **1**
ring
range [rejndʒ] I *subst* **1** räck-
vidd; avstånd **2** urval, sorti-
ment **3** vidsträckt betesmark;

öppet landområde **4** köks-
spis **II** *verb* sträcka sig
ranger ['rejndʒər] *subst*
1 skogvaktare; parkvakt i
nationalpark **2** polis i vissa
lantdistrikt
1 rank [rängk] **I** *subst* **1** led;
close ranks sluta leden
2 rang II *verb* **1** ranka **2** ha
högre grad (rang) än; ~ *with*
vara jämställd med **3** slang
tråka
2 rank [rängk] *adj* **1** över-
vuxen **2** illaluktande; vidrig
rankle [rängkl] *verb* ligga och
gnaga i sinnet
ransack ['rännsäkk] *verb* söka
igenom
ransom ['rännsəm] *subst*
lösensumma
rap [räpp] **I** *subst* **1** knackning
2 slang, *a murder* ~ en
mordanklagelse; *beat the* ~
klara sig undan; *take the* ~
få (ta på sig) skulden för brott
o.d. **II** *verb* knacka på
1 rape [rejp] **I** *verb* våldta
II *subst* våldtäkt; *date* ~
våldtäkt i samband med en träff,
påtvingat samlag
2 rape [rejp] *subst* raps
rapid ['räppidd] **I** *adj* hastig
II *subst*, *rapids* fors
rapist ['rejpisst] *subst* våld-
täktsman
rapport [rä'på:r] *subst* god
relation

rapture ['räpptchər] *subst*
hänryckning
1 rare [räər] *adj* sällsynt
2 rare [räər] *adj* blodig om kött
rascal ['rässkəl] *subst* rackare,
busunge
1 rash [räsch] *subst* hudutslag
2 rash [räsch] *adj* överilad
raspberry ['räzzberri] *subst*
hallon
rat [rätt] *subst* råtta
rate [rejt] **I** *subst* **1** takt; tal;
at any ~ i alla fall **2** sats; ~
of interest ränta **II** *verb*
1 räkna, anse **2** vara berätti-
gad till; vara värd **3** ha
betydelse
rather ['räðər] *adv* **1** ganska
2 *I'd* ~ *not* helst inte
rating ['rejting] *subst* **1** rank-
ing **2** *ratings* tittarsiffror
3 *octane* ~ oktantal
ratio ['rejschiou] *subst* förhål-
lande
ration ['räschən] **I** *subst* ran-
son **II** *verb* ransonera
rational ['räschənəl] *adj* ratio-
nell
rationalize ['räschnəlajz] *verb*
rationalisera
rat race ['rätt rejs] *subst* vard.
karriärjakt
rattle [rättl] **I** *subst* skallra
II *verb* **1** skramla **2** ~ *off*
rabbla; ~ *on* pladdra 'på
raucous ['ra:kəs] *adj* **1** upp-
sluppen och högljudd **2** hes

raunchy ['ra:ntchi] *adj* kåt;
slipprig

ravaged ['rävvidd3d] *adj* härjad

rave [rejv] *verb* yra

raven ['rejvn] *subst* korp

ravenous ['rävvənəs] *adj* hungrig som en varg

ravine [rə'vi:n] *subst* ravin,
bergsklyfta

raving ['rejving] I *adj* yrande
II *subst, ravings* galna fantasier

ravishing ['rävvisching] *adj*
hänförande

raw [ra:] *adj* rå

ray [rej] *subst* stråle

raze [rejz] *verb, ~ to the
ground* jämna med marken

razor ['rejzər] *subst* rakhyvel;
rakapparat

razor blade ['rejzər blejd]
subst rakblad

reach [ri:tch] I *verb* **1** sträcka
2 räcka; nå II *subst* räckhåll;
out of ~ utom räckhåll

react [ri'äkkt] *verb* reagera

reaction [ri'äkkschən] *subst*
reaktion; bakslag

reactor [ri'äkktər] *subst* reaktor

read* [ri:d] *verb* läsa

reader ['ri:dər] *subst* läsare

readership ['ri:dərschipp]
subst läsekrets

readily ['reddəli] *adv* **1** gärna
2 med lätthet

readiness ['reddinəs] *subst*
beredvillighet

reading ['ri:ding] *subst* läsning

ready ['reddi] *adj* färdig, redo;
~ cash reda pengar; *get ~*
göra sig i ordning

ready-made [,reddi'mejd] I *adj*
färdigsydd; färdiggjord; bildligt packad och klar II *subst*
konfektion

ready-to-wear [,redditə'wäər]
adj färdigsydd; konfektionssydd

real [riəl] I *adj* verklig; *the ~
thing* vard. äkta vara II *subst,
for ~* vard. på riktigt III *adv*
vard. verkligen, riktigt

real estate ['ri:əl i,stejt] *subst*
fast egendom; *~ agent*
fastighetsmäklare

realistic [ri:ə'lisstikk] *adj* realistisk

reality [ri'älləti] *subst* verklighet; *in ~* i verkligheten

realization [,ri:ələ'ze:jschən]
subst insikt

realize ['ri:əlajz] *verb* **1** inse,
fatta **2** förverkliga

really ['ri:əli] *adv* verkligen,
faktiskt

realm [rellm] *subst* rike; sfär,
värld

realtor ['riəltə] *subst* fastighetsmäklare

reap [ri:p] *verb* skörda

reappear [,ri:ə'piər] *verb* åter
visa sig

1 rear [riər] *verb* uppfostra
2 rear [riər] *subst* **1** baksida; ~
door bakdörr **2** vard. bak,
rumpa
rear-view ['rirrvjo:] *adj*, ~
mirror backspegel
reason [ri:zn] **I** *subst* **1** orsak;
without ~ utan anledning
2 förnuft **II** *verb* resonera,
diskutera
reasonable ['ri:zənəbl] *adj*
1 förnuftig **2** rimlig
reasonably ['ri:zənəbli] *adv*
skäligen
reasoning ['ri:zəning] *subst*
tankegång
reassurance [ˌri:əˈschorrəns]
subst uppmuntran
reassure [ˌri:əˈschoər] *verb*
uppmuntra
rebate ['ri:bejt] *subst* återbä-
ring
rebel **I** [rebbl] *subst* rebell
II [ri'bell] *verb* göra uppror
rebellious [ri'belljəs] *adj* upp-
rorisk
rebound ['ri:baond] *subst, on*
the ~ som plåster på såren
rebuff [ri'baff] **I** *subst* avsnäs-
ning **II** *verb* snäsa av
rebuke [ri'bjo:k] *verb* tillrät-
tavisa
rebut [ri'batt] *verb* motbevisa
recall [ri'ka:l] *verb* erinra sig
recant [ri'kännt] *verb* ta
tillbaka sina ord

recede [ri'si:d] *verb* avta;
försvinna
receipt [ri'si:t] *subst* kvitto;
mottagandebevis
receive [ri'si:v] *verb* ta emot
receiver [ri'si:vər] *subst* mot-
tagare
recent ['ri:snt] *adj* nyare,
senare
recently ['ri:sntli] *adv* nyligen
receptacle [ri'sepptəkl] *subst*
förvaringskärl
reception [ri'seppschən] *subst*
mottagning fest; ~ *desk*
reception på hotell
receptionist [ri'seppschənisst]
subst receptionist
recess ['ri:sess] **I** *subst* **1** rast;
uppehåll **2** vrå **II** *verb* ta rast;
göra uppehåll
recession [ri'sesschən] *subst*
konjunkturnedgång
recipe ['ressəpi] *subst* recept
recipient [ri'sippjənt] *subst*
mottagare
recital [ri'sajtl] *subst* solokon-
sert; recitation
recite [ri'sajt] *verb* **1** citera,
upprepa **2** recitera
reckless ['rekkləs] *adj* hän-
synslös; vårdslös
reckon ['rekkən] *verb* **1** räkna
2 räkna med, anta **3** vard.
tycka, tro
reckoning ['rekkəning] *subst*
beräkning; *day of* ~ bildligt
räkenskapens dag

recline [ri'klajn] *verb* luta sig tillbaka
recluse ['rekklo:s] *subst* enstöring
recognition [ˌrekkəg'nischən] *subst* 1 erkännande 2 igenkännande; *beyond* ~ till oigenkännlighet
recognize ['rekkəgnajz] *verb* 1 känna igen 2 erkänna
recoil [ri'kåjl] *verb* rygga tillbaka
recollect [ˌrekkə'lekkt] *verb* erinra sig; vard. tro, anse
recollection [ˌrekkə'lekkschən] *subst* hågkomst
recommend [ˌrekkə'mennd] *verb* rekommendera; förorda
recon [ri'ka:n] *subst* spaning; ~ *mission* spaningsuppdrag
reconcile ['rekkənsajl] *verb* försona; ~ *oneself to* finna sig i; *be reconciled* försonas
recondition [ˌri:kən'dischən] *verb* renovera
reconnaissance [ri'ka:nəzəns] *subst* spaning
reconstruct [ˌri:kən'strakkt] *verb* rekonstruera, återuppbygga
record I ['rekkərd] *subst* 1 register; *records* äv. arkiv 2 ngns förflutna 3 rekord 4 grammofonskiva; ~ *player* skivspelare **II** [ri'kå:rd] *verb* 1 registrera 2 spela in
recorder [ri'kå:rdər] *subst*

1 inspelningsapparat 2 blockflöjt
recording [ri'kå:rding] *subst* inspelning
1 recount [ri'kaont] *verb* berätta, förtälja
2 recount ['ri:kaont] *subst* omräkning
recoup [ri'ko:p] *verb*, ~ *one's losses* ta skadan igen
recourse ['ri:kå:rs] *subst, have* ~ *to* tillgripa
recover [ri'kavvər] *verb* återhämta sig
recovery [ri'kavvəri] *subst* tillfrisknande
recreation [ˌrekkri'ejschən] *subst* fritidssysselsättning; ~ *area* fritidsområde; ~ *room* gillestuga
recreational [ˌrekkri'ejschənl] *adj* fritids-
recruit [ri'kro:t] **I** *subst* rekryt **II** *verb* värva
rectangle ['rekktänggl] *subst* rektangel
rectify ['rekktifaj] *verb* rätta till
rector ['rekktər] *subst* 1 kyrkoherde 2 rektor
recuperate [ri'ko:pərejt] *verb* bli frisk igen; återfå krafterna
recur [ri'kö:r] *verb* återkomma
recurrence [ri'karrəns] *subst* återkomst

recurrent [ri'karrənt] *adj* återkommande

recycle [,ri:'sajkl] *verb* återvinna

red [redd] **I** *adj* röd; ~ *alert* högsta larmberedskap; *a* ~ *cent* vard. ett rött öre; *the Red Cross* Röda korset; ~ *pepper* rödpeppar; röd paprika **II** *subst, be in the* ~ ha övertrasserat

reddish ['reddisch] *adj* rödaktig

redeem [ri'di:m] *verb* gottgöra, sona

redeploy [,ri:di'plåj] *verb* gruppera om

red-handed [,redd'hänndidd] *adj, catch sb.* ~ ta ngn på bar gärning

redhead ['reddhedd] *subst* vard. rödhårig person

red-hot [,redd'ha:t] *adj* glödhet; vard. passionerad, sexig

redirect [,ri:də'rekkt] *verb* dirigera om

red-light ['reddlajt] *adj,* ~ *district* glädjekvarter

redneck ['reddnekk] *subst* vard., vit sydstatsbo; fördomsfull lantbo

redo [,ri:'do:] *verb* göra om

redolent ['reddələnt] *adj* doftande; ~ *of* som påminner om

redress [ri'dress] **I** *verb* gottgöra **II** *subst* gottgörelse

red tape [,redd 'tejp] *subst* vard. byråkrati

reduce [ri'do:s] *verb* reducera; skära ned; *reduced price* nedsatt pris

reduction [ri'dakkschən] *subst* reducering, minskning

redundancy [ri'danndənsi] *subst* överflöd; onödig upprepning

redundant [ri'danndənt] *adj* överflödig

reed [ri:d] *subst* vasstrå; *reeds* vass

reef [ri:f] *subst* rev

reek [ri:k] **I** *subst* stank **II** *verb* stinka

reel [ri:l] **I** *subst* rulle, spole **II** *verb* ragla, vingla

ref [reff] *subst* vard. domare i sporter

refer [ri'fö:r] *verb* hänvisa till; syfta på

referee [,reffə'ri:] *subst* domare i sporter

reference ['reffərəns] *subst* **1** hänvisning **2** referens **3** ~ *work* uppslagsbok

referendum [,reffə'renndəm] *subst* folkomröstning

referral [ri'fö:ral] *subst* läkares remiss

refill I [,ri:'fill] *verb* fylla på **II** ['ri:fill] *subst* **1** påfyllning **2** patron till penna

refine [ri'fajn] *verb* raffinera

refined [ri'fajnd] *adj* raffinerad; elegant
reflect [ri'flekkt] *verb* **1** reflektera, spegla **2** ~ *on* begrunda
reflection [ri'flekkschən] *subst* spegelbild; reflexion
reflex ['ri:flekks] *subst* reflex
reform [ri'få:rm] **I** *verb* reformera **II** *subst* reform
reformation [ˌreffər'mejschən] *subst* reformation
reformatory [ri'få:rmətəri] *subst* ungdomsvårdsskola
reform school [ri'få:rm ˌsko:l] *subst* ungdomsvårdskola
1 refrain [ri'frejn] *subst* refräng
2 refrain [ri'frejn] *verb* avhålla sig, avstå
refresh [ri'fresch] *verb* friska upp; *refreshed* äv. utvilad
refreshing [ri'fresching] *adj* uppfriskande
refreshments [ri'freschmənts] *subst pl* förfriskningar
refrigerator [ri'friddʒərejtər] *subst* kylskåp
refuel [ˌri:'fjo:əl] *verb* tanka
refuge ['reffjo:dʒ] *subst* tillflykt, fristad
refugee [ˌreffjo'dʒi:] *subst* flykting; ~ *camp* flyktingläger
refund ['ri:fannd] *subst* återbetalning

refurbish [ˌri:'fö:rbisch] *verb* snygga upp, renovera
refusal [ri'fjo:zəl] *subst* vägran
refuse I [ri'fjo:z] *verb* vägra **II** ['reffjo:s] *subst* avfall; ~ *dump* soptipp
regain [ri'gejn] *verb* återfå
regal ['ri:gəl] *adj* kunglig
regard [ri'ga:rd] **I** *verb* **1** anse **2** *as regards...* vad...beträffar **II** *subst* **1** aktning **2** *regards* hälsningar
regarding [ri'ga:rding] *prep* beträffande
regardless [ri'ga:rdləs] *adj*, ~ *of* oavsett
regime [rə'ʒi:m] *subst* regim; ordning
regiment ['reddʒimənt] *subst* regemente
regimental [ˌreddʒi'menntl] *adj* regements-
region ['ri:dʒən] *subst* region
regional ['ri:dʒənl] *adj* regional
register ['reddʒisstər] **I** *subst* register **II** *verb* **1** registrera **2** *registered letter* rekommenderat brev; ~ *nurse* legitimerad sjuksköterska
registrar [ˌreddʒə'stra:r] *subst* registrator
registration [ˌreddʒi'strejschən] *subst* ung. folkbokföring
registry ['reddʒisstri] *subst* lista, register

regret [ri'grett] **I** *verb* ångra;
we ~ to inform you vi måste
tyvärr meddela **II** *subst* ånger
regretfully [ri'grettfəli] *adv*
1 tyvärr **2** ångerfullt
regular ['reggjələr] **I** *adj* regelbunden **II** *subst* stamkund
regulate ['reggjəleit] *verb*
reglera
regulation [,reggjə'lejschən]
subst regel, föreskrift
regulator ['reggjəlejtər] *subst*
reglage
rehabilitation
['ri:ə,billi'tejschən] *subst* rehabilitering
rehearsal [ri'hö:rsəl] *subst*
repetition; *dress ~* generalrepetition
rehearse [ri'hö:rs] *verb* repetera
reign [rejn] **I** *subst* regeringstid **II** *verb* regera
reimburse [,ri:imm'bö:rs] *verb*
återbetala; ersätta
rein [rejn] **I** *subst* tygel **II** *verb*,
~ in tygla, bromsa
reindeer ['rejndirr] *subst* ren
reinforce [,ri:inn'få:rs] *verb*
förstärka
reinstate [,ri:inn'stejt] *verb*
återinsätta
reject [ri'dʒekkt] *verb* förkasta
rejection [ri'dʒekkschən]
subst förkastande; avslag

rejoice [ri'dʒåjs] *verb* jubla;
glädjas
rejuvenate [ri'dʒo:vənejt] *verb*
föryngra
relapse [ri'läpps] **I** *verb* återfalla **II** *subst* återfall
relate [ri'lejt] *verb*, *~ to*
relatera till; sätta i samband
med; slang förstå
related [ri'lejtidd] *adj* besläktad
relation [ri'lejschən] *subst*
1 relation; samband **2** släkting
relationship
[ri'lejschənschipp] *subst* förhållande
relative ['rellətivv] **I** *adj* relativ
II *subst* släkting
relatively ['rellətivvli] *adv*
förhållandevis
relax [ri'läkks] *verb* koppla av;
relaxed avslappnad
relaxation [,ri:läkk'sejschən]
subst avkoppling
relaxing [ri'läkksing] *adj* avkopplande
relay ['ri:lej] *subst* **1** ~ el. ~
race stafett **2** relä
release [ri'li:s] **I** *subst* **1** frigivning **2** ~ *button* utlösningsknapp; *press ~* pressmeddelande **II** *verb* **1** frige
2 släppa ut
relegate ['relləgejt] *verb*
1 hänskjuta **2** förvisa

relentless [ri'lenntləs] *adj*
obeveklig
relevant ['relləvənt] *adj* rele-
vant
reliable [ri'lajəbl] *adj* pålitlig
relic ['rellik] *subst* **1** relik
2 kvarleva
relief [ri'li:f] *subst* **1** lättnad
2 bistånd; socialhjälp; *be on*
~ få socialhjälp
relieve [ri'li:v] *verb* lätta,
lugna; ~ *oneself* uträtta sina
behov
religion [ri'liddʒən] *subst* reli-
gion
religious [ri'liddʒəs] *adj* reli-
giös
relish ['rellisch] **I** *subst* **1** väl-
behag **2** slags pickles **II** *verb*
njuta av
relocate [ˌri:'loukejt] *verb*
omlokalisera
reluctance [ri'lakktəns] *subst*
motvilja
reluctant [ri'lakktənt] *adj*
motvillig
rely [ri'laj] *verb*, ~ *on* lita på;
vara beroende av
remain [ri'mejn] *verb* återstå;
förbli
remainder [ri'mejndər] *subst*
återstod
remains [ri'mejnz] *subst pl*
kvarlevor
remark [ri'ma:rk] **I** *subst* an-
märkning **II** *verb* säga

remarkable [ri'ma:rkəbl] *adj*
anmärkningsvärd
remedy ['remmədi] *subst* bo-
temedel
remember [ri'memmbər] *verb*
minnas
remembrance
[ri'memmbrəns] *subst* minne
remind [ri'majnd] *verb* på-
minna
reminder [ri'majndər] *subst*
påminnelse
reminisce [ˌremmi'niss] *verb*
minnas; prata gamla minnen
reminiscent [ˌremmi'nissnt]
adj, ~ *of* som påminner om
remiss [ri'miss] *adj* försumlig
remnant ['remmnənt] *subst*
rest
remold [ˌri:'mould] *verb* stöpa
om
remorse [ri'må:rs] *subst* sam-
vetskval
remorseful [ri'må:rsfəl] *adj*
ångerfull
remorseless [ri'må:rsləs] *adj*
1 samvetslös **2** obeveklig
remote [ri'mout] *adj* avlägsen;
~ *control* fjärrkontroll
removable [ri'mo:vəbl] *adj*
1 avsättlig **2** flyttbar **3** lös-
tagbar
remove [ri'mo:v] *verb* ta bort;
ta av
render ['renndər] *verb* återge
t.ex. roll

rendering ['renndəring] *subst* tolkning
rendezvous ['ra:ndejvo:] *subst* rendezvous, möte
renew [ri'no:] *verb* förnya
renewal [ri'no:əl] *subst* förnyelse; *urban* ~ sanering i stad
renounce [ri'naons] *verb* avsäga sig
renovate ['rennəvejt] *verb* renovera
renown [ri'naon] *subst* rykte
renowned [ri'naond] *adj* berömd
rent [rennt] *subst* o. *verb* hyra
rental [renntl] *adj* uthyrnings-; ~ *car* hyrbil
rep [repp] *subst* vard. rykte
repair [ri'päər] **I** *verb* reparera, laga **II** *subst* reparation, lagning; ~ *shop* bilverkstad
repatriate [ri:'pejtriejt] *verb* repatriera, sända hem
repay [ri'pej] *verb* betala tillbaka
repayment [ri'pejmənt] *subst* återbetalning
repeal [ri'pi:l] *verb* upphäva
repeat [ri'pi:t] **I** *verb* **1** upprepa **2** sända i repris **II** *subst* repris
repeatedly [ri'pi:tədli] *adv* upprepade gånger
repel [ri'pell] *verb* verka motbjudande
repellent [ri'pellənt] **I** *adj*

motbjudande **II** *subst, insect* ~ insektsmedel
repent [ri'pennt] *verb* ångra
repentance [ri'penntəns] *subst* ånger
repercussions [,ri:pər'kaschənz] *subst pl* återverkningar
repertory ['reppərtå:ri] *subst* repertoar
repetition [,reppə'tischən] *subst* upprepning
repetitive [ri'pettətivv] *adj* enformig
replace [ri'plejs] *verb* ersätta
replacement [ri'plejsmənt] *subst* ersättare
replay I [,ri:'plej] *verb* spela om **II** ['ri:ple:j] *subst* omspel i sporter
replenish [ri'plennisch] *verb* fylla på
replica ['repplikkə] *subst* kopia
reply [ri'plaj] **I** *verb* svara **II** *subst* svar
report [ri'på:rt] **I** *verb* rapportera **II** *subst* **1** rapport **2** ~ *card* terminsbetyg
reporter [ri'på:rtər] *subst* reporter
repose [ri'pouz] *subst* vila
represent [,reppri'zennt] *verb* representera; företräda
representative [,reppri'zenntətivv] **I** *adj* representativ **II** *subst* represen-

tant; *Representative* medlem
i representanthuset
repress [ri'press] *verb* under-
trycka; *repressed* äv. hämmad
repression [ri'preschən] *subst*
förtryck
reprieve [ri'pri:v] **I** *verb* ge
uppskov **II** *subst* uppskov
reprisal [ri'prajzəl] *subst* ve-
dergällning; *reprisals* repres-
salier
reproach [ri'proutch] **I** *subst*
förebråelse **II** *verb* förebrå
reproachful [ri'proutchfəl] *adj*
förebrående
reproduce [‚ri:prə'do:s] *verb*
1 reproducera **2** fortplanta
sig
reproduction
[‚ri:prə'dakkschən] *subst*
1 reproduktion **2** fortplant-
ning
reproof [ri'pro:f] *subst* före-
bråelse
reptile ['reptəl] *subst* reptil
republic [ri'pabblikk] *subst*
republik
republican [ri'pabblikkən]
I *adj* republikansk **II** *subst*
republikan
repudiate [ri'pjo:diejt] *verb*
förkasta
repulsive [ri'pallsivv] *adj*
frånstötande
reputable ['reppjətəbl] *adj*
aktningsvärd

reputation [‚reppjə'tejschən]
subst rykte
reputedly [ri'pjo:tədli] *adv*
enligt allmänna omdömet
request [ri'kwesst] **I** *subst*
begäran **II** *verb* anhålla om
require [ri'kwajər] *verb* kräva;
required nödvändig
requirement [ri'kwajərmənt]
subst krav
requisite ['rekkwizitt] *adj*
erforderlig
rerun ['ri:rann] *subst* repris på
TV
rescue ['resskjo:] **I** *verb* rädda
II *subst* räddning; ~ *party*
räddningsmanskap
research [ri'sö:rtch] **I** *subst*
forskning **II** *verb* forska
resemblance [ri'zemmbləns]
subst likhet
resemble [ri'zemmbl] *verb*
likna
resent [ri'zennt] *verb* bli
förbittrad över
resentful [ri'zenntfəl] *adj*
harmsen
resentment [ri'zenntmənt]
subst förtrytelse
reservation [‚rezər'vejschən]
subst **1** reservation **2** *make a*
~ beställa plats (rum, bord)
3 *Indian* ~ indianreservat
reserve [ri'zö:rv] **I** *verb* **1** re-
servera **2** lägga undan, spara
II *subst* **1** reserv; ~ *team*

B-lag **2** *nature* ~ naturreservat
reserved [ri'zö:rvd] *adj* reserverad
reshuffle [ˌri:'schaffl] *verb* blanda om
residence ['rezzidəns] *subst* bostad; *place of* ~ hemvist
resident ['rezzidənt] *subst, be a* ~ vara bosatt; bo
residential [ˌrezzi'dennschəl] *adj*, ~ *area* bostadsområde
residue ['rezzido:] *subst* rest
resign [ri'zajn] *verb* **1** avgå från tjänst o.d. **2** resignera; ~ *oneself to* foga sig i
resignation [ˌrezzigg'nejschən] *subst* **1** avskedsansökan **2** resignation, uppgivenhet
resigned [ri'zajnd] *adj* resignerad, uppgiven
resilient [ri'zilljənt] *adj* som har lätt för att återhämta sig
resin ['rezzin] *subst* kåda; harts
resist [ri'zisst] *verb* göra motstånd; motstå
resistance [ri'zisstəns] *subst* motstånd
resolution [ˌrezzə'lo:schən] *subst* **1** beslutsamhet; *New Year's* ~ nyårslöfte **2** upplösning
resolve [ri'za:lv] **I** *verb* besluta sig **II** *subst* beslut; beslutsamhet
resort [ri'zå:rt] **I** *verb*, ~ *to*

tillgripa **II** *subst, seaside* ~ badort
resound [ri'zaond] *verb* genljuda
resource [ri'så:rs] *subst, resources* resurser; *natural resources* naturtillgångar
resourceful [ri'så:rsfəl] *adj* rådig
respect [ri'spekkt] **I** *subst* respekt **II** *verb* respektera
respectable [ri'spekktəbl] *adj* respektabel; aktningsvärd
respectful [ri'spekktfəl] *adj* aktningsfull
respectively [ri'spekktivvli] *adv* respektive
respite ['resspət] *subst* respit, anstånd
resplendent [ri'splenndənt] *adj* praktfull
respond [ri'spa:nd] *verb* svara
response [ri'spa:ns] *subst* svar; gensvar
responsibility [risˌpa:nsə'billəti] *subst* ansvar; *on one's own* ~ på eget ansvar
responsible [ri'spa:nsəbl] *adj* ansvarig; ansvarsfull
responsive [ri'spa:nsivv] *adj* mottaglig, lyhörd
1 rest [resst] **I** *verb* förbli **II** *subst, the* ~ resten
2 rest [resst] **I** *subst* vila; ~ *area* rastplats **II** *verb* vila sig

309

restaurant ['resstərənt] subst
restaurang
restful ['resstfəl] adj vilsam
restless ['resstləs] adj rastlös
restoration [,resstə'rejschən]
subst renovering
restore [ri'stå:r] verb 1 åter-
ställa 2 restaurera
restrain [ri'strejn] verb hindra,
avhålla
restrained [ri'strejnd] adj
återhållen, behärskad
restraint [ri'strejnt] subst
inskränkning, hinder
restrict [ri'strikkt] verb in-
skränka
restriction [ri'strikkschən]
subst restriktion
rest room ['rest ro:m] subst
toalett på restaurang m.m.
result [ri'zallt] I verb vara (bli)
resultatet II subst resultat
resume [ri'zɔ:m] verb åter-
uppta
résumé ['rezzjomej] subst
1 meritförteckning 2 sam-
manfattning
resumption [ri'zammpschən]
subst återupptagande
resurgence [ri'sö:rdʒəns]
subst återuppblomstring
resurrection [,rezzə'rekkschən]
subst återuppståndelse
resuscitate [ri'sassitejt] verb
återuppliva
retail ['ri:tejl] I subst detalj-
handel; at ~ i minut II adj, ~

retrieval

price detaljhandelspris; rec-
ommended ~ price rekom-
menderat cirkapris
retain [ri'tejn] verb behålla
retaliate [ri'tälliejt] verb ve-
dergälla
retaliation [ri,tälli'ejschən]
subst vedergällning
retch [rettch] verb försöka
kräkas
retentive [ri'tenntivv] adj, ~
memory gott minne
retina ['rettənə] subst ögats
näthinna
retire [ri'tajər] verb gå i
pension; dra sig tillbaka
retired [ri'tajərd] adj pensio-
nerad
retirement [ri'tajərmənt] subst
pensionering; early ~ för-
tidspension
retiring [ri'tajəring] adj tillba-
kadragen
retort [ri'tå:rt] I verb svara
skarpt II subst skarpt svar
retrace [ri'trejs] verb följa
tillbaka spår m.m.
retract [ri'träkkt] verb ta
tillbaka ord o.d.
retread ['ri:tredd] subst re-
gummerat bildäck
retreat [ri'tri:t] I subst reträtt
II verb retirera
retribution [,rettri'bjo:schən]
subst vedergällning
retrieval [ri'tri:vəl] subst åter-
vinnande

retrieve

retrieve [ri'tri:v] *verb* återfå
retriever [ri'tri:vər] *subst* retriever hundras
retrospect ['rettrəspekt]
subst, in ~ i efterhand
retrospective
[‚rettrə'spekktivv] *adj* retrospektiv, tillbakablickande
return [ri'tö:rn] I *verb* 1 återvända 2 returnera; lämna (skicka) tillbaka 3 besvara
II *subst* 1 återkomst; *in* ~ i gengäld; i retur 2 återgång 3 i sporter retur
reunion [‚ri:'jo:njən] *subst*
1 återförening 2 möte; *class* ~ klassträff
reunite [‚ri:jo:'najt] *verb* återförena
re-use I [ri:'jo:z] *verb* återanvända II [‚ri:'jo:s] *subst* återanvändning
reveal [ri'vi:l] *verb* avslöja; yppa
revealing [ri'vi:ling] *adj* avslöjande
reveille ['revvəli] *subst* revelj
revel [revvl] *verb*, ~ *in* frossa i
revenge [ri'venndʒ] I *verb* hämnas II *subst* hämnd
revenue ['revvənjo:] *subst* statsinkomster; skatteinkomster
reverberate [ri'vö:rbərejt] *verb* genljuda
reverence ['revvərəns] *subst* vördnad

310

Reverend ['revvərənd] pastor i titel
reversal [ri'vö:rsəl] *subst* omkastning
reverse [ri'vö:rs] I *adj* motsatt
II *subst* 1 motsats 2 baksida
3 *put the car in* ~ lägga i backen III *verb* 1 vända på; ~ *one's opinion* ändra uppfattning 2 backa
revert [ri'vö:rt] *verb* återgå
review [ri'vjo:] I *subst* 1 recension 2 repetition inför prov
II *verb* 1 recensera 2 repetera inför prov
reviewer [ri'vjo:ər] *subst* recensent
revile [ri'vajl] *verb* smäda
revise [ri'vajz] *verb* omarbeta
revision [ri'viʒən] *subst* omarbetning
revival [ri'vajvəl] *subst* 1 återupplivning, förnyelse
2 väckelsemöte
revive [ri'vajv] *verb* återuppliva
revoke [ri'vouk] *verb* återkalla; ~ *sb.'s driver's license* dra in ngns körkort
revolt [ri'voult] I *verb* revoltera II *subst* revolt
revolting [ri'voulting] *adj* motbjudande
revolution [‚revvə'lo:schən]
subst revolution

revolutionary
[ˌrevvəˈloːschənerri] *subst* o.
adj revolutionär
revolve [riˈvaːlv] *verb* rotera
revolver [riˈvaːlvər] *subst* revolver
revolving [riˈvaːlving] *adj*, ~ *chair* kontorsstol; ~ *door* svängdörr
revulsion [riˈvallschən] *subst* motvilja
reward [riˈwåːrd] I *subst* belöning II *verb* belöna
rewarding [riˈwåːrding] *adj* givande
rewind [riːˈwajnd] *verb* spola tillbaka band m.m.
rheumatism [ˈroːmətizzəm] *subst* reumatism
rheumatoid arthritis [ˌroːmətåjd aːrˈθrajtiss] *subst* ledgångsreumatism
rhino [ˈrajnou] o. **rhinoceros** [rajˈnaːsərəs] *subst* noshörning
rhubarb [ˈroːbaːrb] *subst* **1** rabarber **2** slang bråk
rhyme [rajm] I *subst* rim; *nursery* ~ barnramsa II *verb* rimma
rhythm [ˈriðəm] *subst* rytm
rib [ribb] I *subst* revben II *verb* slang retas lite med
ribbon [ˈribbən] *subst* band hårband o.d.
rice [rajs] *subst* ris; *brown* ~ råris

rich [rittch] *adj* rik
riches [ˈrittchizz] *subst pl* rikedomar
richly [ˈrittchli] *adv* rikt; rikligt
rickety [ˈrikkəti] *adj* skraltig, vinglig
rid [ridd] *verb*, *get* ~ *of* göra sig av med
riddle [riddl] *subst* gåta
ride [rajd] I *verb* **1** rida **2** köra **3** slang köra med II *subst* ridtur; åktur; lift
rider [ˈrajdər] *subst* **1** ryttare **2** tillägg till lag
ridge [riddʒ] *subst* **1** bergkam **2** *high pressure* ~ högtrycksrygg
ridicule [ˈriddikjoːl] I *subst* åtlöje II *verb* förlöjliga
ridiculous [riˈdikkjələs] *adj* löjlig, fånig
riding-school [ˈrajdingskoːl] *subst* ridskola
rife [rajf] *adj* utbredd, talrik
riff-raff [ˈriffräff] *subst* slödder
1 rifle [rajfl] *verb* plundra, länsa
2 rifle [rajfl] *subst* gevär; ~ *range* skjutbana
rift [rifft] *subst* spricka, klyfta
1 rig [rigg] *verb* göra upp på förhand
2 rig [rigg] *subst* **1** rigg **2** vard. långtradare
rigging [ˈrigging] *subst* rigg
right [rajt] I *adj* **1** rätt, riktig

2 höger **II** *adv* **1** precis; genast, strax; ~ *now* just nu; ~ *off* genast, med detsamma; utan vidare, direkt **2** vard. mycket, hemskt **III** *subst* **1** rätt **2** rättighet **3** höger sida; *the Right* högern
righteous ['rajtchəs] *adj* rättfärdig
rightful ['rajtfəl] *adj* rättmätig
right-handed [ˌrajt'hänndidd] *adj* högerhänt
rightly ['rajtli] *adv* med rätta
right of way [ˌrajt əv 'wej] *subst* förkörsrätt
right-wing ['rajtwing] *adj* höger-
rigid ['riddʒidd] *adj* rigid; sträng
rigmarole ['riggmərəoul] *subst* svammel
rigorous ['riggərəs] *adj* sträng
rile [rajl] *verb* vard. reta
rim [rimm] *subst* kant
rind [rajnd] *subst* kant, skalk
1 ring [ring] **I** *verb* ringa; ~ *back* ringa upp igen **II** *subst* ringning
2 ring [ring] *subst* **1** ring **2** liga
ringer ['ringər] *subst* vard. **1** *be a dead ~ for sb.* vara ngns dubbelgångare **2** proffs som uppträder som amatör
ringing ['ringing] *adj* klingande

ringleader ['ringˌliːdər] *subst* ligaledare
rink [ringk] *subst* ishall; hall för rullskridskoåkning
rinse [rinns] *verb* skölja
riot ['rajət] *subst* upplopp
riotous ['rajətəs] *adj* tygellös
rip [ripp] **I** *verb* riva, slita, fläka, skära; ~ *off* slang blåsa lura; ~ *open* sprätta upp **II** *subst* lång reva
ripe [rajp] *adj* mogen
ripen ['rajpən] *verb* mogna
ripple [rippl] **I** *verb* krusa sig **II** *subst* krusning
rise [rajz] **I** *verb* **1** resa sig **2** stiga; tillta **II** *subst* ökning
risk [rissk] **I** *subst* risk; *be at ~* vara i farozonen; *at one's own ~* på egen risk **II** *verb* riskera
risky ['risski] *adj* riskabel
rite [rajt] *subst* rit
ritual ['rittchoəl] **I** *adj* rituell **II** *subst* ritual
rival ['rajvəl] **I** *subst* rival **II** *adj* rivaliserande **III** *verb* tävla med
rivalry ['rajvəlri] *subst* rivalitet
river ['rivvər] *subst* flod
rivet ['rivvət] **I** *subst* nit av metall **II** *verb* nita fast; fånga uppmärksamheten
roach [routch] *subst* **1** kackerlacka **2** slang marijuanacigarett **3** mört
road [roud] *subst* väg

roadblock ['roudbla:k] *subst*
vägspärr
road map ['roud mäpp] *subst*
vägkarta
road safety ['roud sejfti] *subst*
trafiksäkerhet
roadside ['roudsajd] *subst*
vägkant
road sign ['roud sajn] *subst*
trafikskylt, trafikmärke
roadway ['roudwej] *subst* väg
roadwork ['roudwö:rk] *subst*
vägarbete
roam [roum] *verb* ströva
(flacka) omkring
roar [rå:r] **I** *subst* rytande
II *verb* ryta; ~ *with laughter*
gapskratta
roast [roust] **I** *verb* steka i ugn
el. på spett; rosta **II** *subst*
1 stek **2** grillparty utomhus
rob [ra:b] *verb* råna
robber ['ra:bər] *subst* rånare
robbery ['ra:bəri] *subst* rån
robe [roub] *subst* **1** badkappa;
morgonrock **2** *robes* äm-
betsdräkt
robust [rou'basst] *adj* robust
1 rock [ra:k] *subst* klippa;
sten
2 rock [ra:k] *verb* vagga
3 rock [ra:k] *subst*, ~ *music*
rockmusik
rock-and-roll [ˌra:kn'roul] *subst*
rock'n'roll
rock-bottom [ˌra:k'ba:təm]
subst vard. absoluta botten

romance

rocket ['ra:kət] *subst* raket
rocking chair ['ra:king tchäər]
subst gungstol
rocking horse ['ra:king hå:rs]
subst gunghäst
rocky ['ra:ki] *adj* klippig; *the*
Rocky Mountains Klippiga
bergen
rod [ra:d] *subst* käpp; stång
rode [roud] *verb* imperf. av *ride*
rodent ['roudənt] *subst*
gnagare
rodeo [rou'dejou, 'roudiou]
subst rodeo
roe [rou] *subst* fiskrom
rogue [roug] *subst* skurk;
rackare
role [roul] *subst* roll
roll [roul] **I** *subst* **1** rulle
2 småfranska **II** *verb* rulla
roll call ['roul ka:l] *subst*
upprop
roller ['roulər] *subst* hårspole
roller-coaster ['roulərˌkoustər]
subst berg- och dalbana
roller skate ['roulər skejt]
subst rullskridsko
rolling pin ['rouling pinn]
subst brödkavel
rolling stock ['rouling sta:k]
subst rullande materiel;
vagnpark
Roman ['roumən] *adj*, ~
Catholic katolsk; katolik; ~
numerals romerska siffror
romance [rou'männs] *subst*
1 romantik **2** romans

romantic [rou'männtikk] *adj*
romantisk
Rome [roum] Rom
romp [ra:mp] *verb* isht om barn
stoja
roof [ro:f] *subst* tak
roofing ['ro:fing] *subst* tak-
täckningsmaterial
roof rack ['ro:f räkk] *subst*
takräcke
1 rook [rokk] *verb* slang lura;
skinna
2 rook [rokk] *subst* torn i
schack
rookie ['rokki] *subst* nybörjare
room [ro:m] **I** *subst* **1** rum
2 plats **II** *verb, they ~*
together de delar bostad
(rum)
roommate ['ro:mmejt] *subst*
rumskamrat
room service ['ro:m ,sö:rviss]
subst rumservice
roomy ['ro:mi] *adj* rymlig
rooster ['ro:stər] *subst* tupp
1 root [ro:t] **I** *subst* rot; ~
canal work rotfyllning; *put*
down roots rota sig **II** *verb,*
rooted rotad; inrotad
2 root [ro:t] *verb* rota, böka
3 root [ro:t] *verb* heja på
rope [roup] *subst* rep; lasso;
be at the end of one's ~ inte
orka mer; *know the ropes*
vard. känna till knepen
rosary ['rouzəri] *subst* rad-
band

1 rose [rouz] *verb* imperf. av
rise
2 rose [rouz] **I** *subst* ros **II** *adj*
rosa
rosebud ['rouzbadd] *subst*
rosenknopp
rosemary ['rouzmerri] *subst*
rosmarin
roster ['ra:stər] *subst* tjänstgö-
ringslista
rostrum ['ra:strəm] *subst* po-
dium
rosy ['rouzi] *adj* rosenröd
rot [ra:t] **I** *verb* ruttna **II** *subst*
röta
rotary ['routəri] **I** *adj* roteran-
de **II** *subst* **1** cirkulations-
plats, rondell **2** *Rotary* rota-
ryklubb
rotate [rou'tejt] *verb* rotera; ~
crops idka växelbruk
rote [rout] *subst, by ~* utantill
rotten ['ra:tn] *adj* rutten; ~ *to*
the core genomrutten
rotund [rou'tannd] *adj* rund
rough [raff] *adj* grov; rå;
obehandlad; *have a ~ time*
ha det svårt
roughage ['raffidʒ] *subst*
kostfibrer
rough-and-ready [,raffnd'reddi]
adj om person otvungen; om
metod enkel
roughhouse ['raffhaos] *verb*
tumla omkring, busa
roughly ['raffli] *adv* **1** grovt
2 på ett ungefär

roulette [ro'lett] *subst* roulett
round [raond] **I** *adj* rund; ~
trip tur och retur-resa **II** *adv*
o. *prep* runt, omkring
III *subst* rond, runda; *buy a*
~ *of drinks* bjuda laget runt
roundly ['raondli] *adv* rent ut,
öppet
round-shouldered
[,raond'schouldərd] *adj* kut-
ryggig
round-trip ['raondtripp] *adj*
tur och retur-
roundup ['raondapp] *subst*
sammandrag
rouse [raoz] *verb* väcka; egga
rousing ['raozing] *adj* eldande
rout [raot] **I** *subst* nederlag
II *verb* fullständigt besegra
route [ro:t, raot] *subst* rutt,
väg; huvudväg; sträcka; linje
för trafik; *paper* ~ tidningsbuds
rutt
routine [ro:'ti:n] **I** *subst* rutin
II *adj* rutinmässig
1 row [rou] *subst* rad; *in a* ~ i
följd; ~ *house* radhus
2 row [rou] *verb* ro
3 row [rao] *subst* gräl, bråk
rowboat ['roubout] *subst*
roddbåt
rowdy ['raodi] *adj* bråkig
royal ['råjəl] *adj* kunglig
royalty ['råjəlti] *subst* **1** kung-
ligheter **2** royalty
RSVP [,a:ressvi:'pi:] på bjud-
ningskort o.s.a

rub [rabb] *verb* gnida; polera;
~ *the wrong way* irritera; ~
out sudda ut
rubber ['rabbər] *subst* **1** gum-
mi; *rubbers* galoscher **2** slang
gummi kondom
rubber band [,rabbər 'bännd]
subst gummiband
rubbing alcohol ['rabbing
,ällkəha:l] *subst* ung. alsolsprit
rubbish ['rabbisch] *subst* skräp
rubble [rabbl] *subst* spillror
ruby ['ro:bi] *subst* rubin
rudder ['raddər] *subst* roder
ruddy ['raddi] *adj* röd, röd-
blommig
rude [ro:d] *adj* ohyfsad; grov;
~ *awakening* smärtsamt
uppvaknande
ruffle [raffl] **I** *verb* rufsa till; ~
sb.'s feathers förarga ngn
II *subst* krås, krus
rug [ragg] *subst* liten matta
rugby ['raggbi] *subst* rugby
rugged ['raggid] *adj* ojämn;
oländig
ruin ['ro:inn] **I** *subst* ruin
II *verb* **1** förstöra **2** ruinera
rule [ro:l] **I** *subst* regel; *as a* ~ i
regel **II** *verb* **1** regera **2** ~ *out*
sth. utesluta ngt
ruler ['ro:lər] *subst* **1** härskare
2 linjal
ruling ['ro:ling] **I** *adj* härskan-
de **II** *subst* domstolsutslag
rum [ramm] *subst* rom dryck

rumble [rammbl] **I** *verb* mullra **II** *subst* mullrande
rummage ['rammiddʒ] *verb* leta, rota; ~ *sale* loppmarknad
rumor ['roːmər] **I** *subst* rykte **II** *verb*, *it is rumored that* det ryktas att
rump [rammp] *subst* bakdel, rumpa
rumpsteak [ˌrammp'stejk] *subst* rumpstek
rumpus ['rammpəs] *subst* vard. bråk
run* [rann] **I** *verb* **1** springa; löpa **2** fly **3** om maskin, tid, buss o.d. gå; *it runs in the family* det ligger i släkten **4** rinna; tappa; ~ *high* bildligt svalla **5** ~ *for* kandidera till **6** driva; leda **7** ~ *about* (*around*) springa omkring; ~ *against sb.* ställa upp mot ngn; ~ *away* rymma; ~ *down* köra i botten; ~ *into* kollidera med; stöta 'på; ~ *on* fortsätta; ~ *out* gå ut; hålla på att ta slut; ~ *over* köra över; ~ *through* genomsyra; ~ *up* dra på sig skulder; ~ *up against* stöta 'på **II** *subst* **1** löpning **2** resa **3** serie; *in the long* ~ i det långa loppet **4** maska på nylonstrumpa
runaway ['rannəwej] **I** *subst* rymling **II** *adj* bildligt skenande

run-down ['ranndaon] *adj* **1** slutkörd **2** förfallen
1 rung [rang] *verb* perf.p. av 1 *ring*
2 rung [rang] *subst* pinne på stege
run-in ['rannin] *subst* i hästsport o.d. upplopp
runner ['rannər] *subst* löpare
runner-up [ˌrannər'app] *subst* andra plats i tävling
running ['ranning] *adj* **1** rinnande; ~ *mate* parhäst, vicepresidentkandidat **2** fortlöpande
runny ['ranni] *adj*, ~ *nose* vard. rinnande näsa
run-off ['rannåf] *adj*, ~ *primary* nytt primärval, omval
run-of-the-mill [ˌrannəvðə'mill] *adj* ordinär
runt [rannt] *subst* puttefnask; minsting
run-through ['rannθroː] *subst* snabbgenomgång
runway ['rannwej] *subst* landningsbana
rupture ['rapptchər] **I** *subst* bristning; bildligt brytning **II** *verb* brista
rural ['rorrəl] *adj* lantlig
rush [rasch] **I** *verb* **1** rusa **2** skynda 'på; jäkta **II** *subst* **1** rusning **2** *no* ~ ingen brådska **3** *get a* ~ slang bli hög på droger

rush hour ['rasch ˌaoər] *subst* rusningstid
Russia ['raschə] Ryssland
Russian ['raschən] I *adj* rysk
II *subst* 1 ryss 2 ryska språk
rust [rasst] I *subst* rost II *verb* rosta
rustic ['rasstikk] *adj* lantlig; primitiv
rustle [rassl] I *verb* 1 rassla
2 ~ *up* laga mat II *subst* rassel
rustproof ['rasstproːf] *adj* rostfri
rusty ['rassti] *adj* 1 rostig
2 ringrostig
rut [ratt] *subst* hjulspår; *get into a* ~ fastna i slentrian
ruthless ['roːθləs] *adj* hänsynslös
rye [raj] *subst* råg; ~ *whiskey* whisky av amerikansk typ

S

S, s [ess] *subst* S, s
Sabbath ['säbbəθ] *subst* sabbat
sabbatical [sə'bättikl] *subst* sabbatsår; längre tjänstledighet
sabotage ['säbbəta:ʒ] I *subst* sabotage II *verb* sabotera
saccharin ['säkkərinn] *subst* sackarin
sack [säkk] I *subst* 1 säck; påse, plastkasse 2 *get the* ~ vard. få sparken; *hit the* ~ vard. knyta sig sova II *verb* vard. sparka avskeda
sacking ['säkking] *subst* säckväv
sacrament ['säkkrəmənt] *subst* sakrament
sacred ['sejkridd] *adj* helig
sacrifice ['säkkrifajs] I *subst* offer II *verb* offra
sad [sädd] *adj* 1 ledsen
2 sorglig; ~ *sack* slang förlorare
saddle ['säddl] I *subst* sadel; ~ *horse* ridhäst II *verb* sadla
saddlebag ['säddlbägg] *subst* 1 sadelficka 2 cykelväska
sadistic [sə'disstikk] *adj* sadistisk

sadness ['säddnəs] *subst*
sorgsenhet
safe [sejf] **I** *adj* **1** säker;
ofarlig; pålitlig; *better ~ than
sorry* det är bäst att ta det
säkra före det osäkra **2** *~
and sound* välbehållen
II *subst* kassaskåp
safe conduct [,sejf 'ka:ndakkt]
subst fri lejd
safe-deposit ['sejfdi,pa:zət]
subst, ~ box bankfack
safeguard ['sejfga:rd] **I** *subst*
garanti **II** *verb* skydda
safekeeping [,sejf'ki:ping]
subst säkert förvar
safely ['sejfli] *adv* säkert;
lyckligt och väl
safety ['sejfti] *subst* **1** säkerhet
2 *release the ~* osäkra vapen
safety belt ['sejfti bellt] *subst*
säkerhetsbälte
safety pin ['sejfti pinn] *subst*
säkerhetsnål
safety razor ['sejfti ,reijzər]
subst rakhyvel
saffron ['säffrən] *subst* saffran
sag [sägg] *verb* svikta; dala;
hänga
1 sage [sejdʒ] *subst* salvia
2 sage [sejdʒ] *subst* vis man
Sagittarius [,säddʒi'tärrjəs]
subst Skytten stjärntecken
said [sedd] *verb* imperf. o.
perf.p. av *say*
sail [sejl] **I** *subst* segel **II** *verb*
segla

sail-boat ['sejlbout] *subst* se-
gelbåt
sailing-ship ['sejlingschipp]
subst segelfartyg
sailor ['sejlər] *subst* sjöman;
be a bad ~ ha lätt för att bli
sjösjuk; *be a good ~* tåla sjön
bra
saint [sejnt] *subst* helgon
sake [sejk] *subst, for the ~ of
sth.* för ngts skull
salad ['sälləd] *subst* sallad rätt
salad dressing ['sälləd
,dressing] *subst* salladsdres-
sing
salary ['sälləri] *subst* månads-
lön; *annual ~* årslön
sale [sejl] *subst* försäljning;
rea; *for ~* till salu; *on ~* på
rea; till salu
sales clerk ['sejlz klö:rk] *subst*
expedit, affärsbiträde
salesman ['sejlzmən] *subst*
försäljare; expedit
salesroom ['sejlzro:m] *subst*
försäljningslokal
sales tax ['sejlz täkks] *subst*
moms
saleswoman ['sejlz,wommən]
subst kvinnlig försäljare; ex-
pedit
sallow ['sällou] *adj* gulblek,
om hy
salmon ['sämmən] *subst* lax
saloon [sə'lo:n] *subst* saloon,
krog

salt [sa:lt] **I** *subst* salt **II** *verb* salta

saltcellar ['sa:lt,sellər] *subst* saltkar

salt shaker ['sa:lt schejkər] *subst* saltströare

salty ['sa:lti] *adj* salt

salute [sə'lo:t] **I** *subst* **1** honnör **2** salut **II** *verb* göra honnör

salvage ['sällviddʒ] **I** *subst* bärgning **II** *verb* bärga, rädda

salvation [säll'vejschən] *subst* frälsning; *the Salvation Army* Frälsningsarmén

same [sejm] *adj* o. *adv* o. *pron, the ~* samma; samma sak; likadan; *all the ~* ändå; i alla fall; *the ~ to you!* tack detsamma!

sample [sämmpl] *subst* prov; varuprov

sanctimonious [,sängkti'mounjəs] *adj* skenhelig

sanction ['sängkschən] **I** *subst* **1** tillstånd **2** *sanctions* sanktioner **II** *verb* godkänna, sanktionera

sanctity ['sängktəti] *subst* **1** okränkbarhet **2** fromhet

sanctuary ['sängktjo,erri] *subst* fristad; reservat

sand [sännd] **I** *subst* sand; *sands* dyner **II** *verb* sanda, putsa

sandal ['sänndl] *subst* sandal

sandbag ['sänndbägg] **I** *subst* sandsäck **II** *verb* slå till överraskande

sandbox ['sänndba:ks] *subst* sandlåda för barn

sand castle ['sännd ,kässl] *subst* sandslott

sandpaper ['sännd,pejpər] *subst* sandpapper

sandstone ['sänndstoun] *subst* sandsten

sandwich ['sännwiddʒ, 'sänndwittch] *subst* dubbel lunchsmörgås

sandy ['sänndi] *adj* **1** sandig **2** rödblond

sane [sejn] *adj* själsligt sund; vid sina sinnens fulla bruk

sang [säng] *verb* imperf. av *sing*

sanitary ['sännəterri] *adj* hygienisk; *~ napkin* dambinda

sanitation [,sänni'tejschən] *subst* sanitär utrustning; *~ department* renhållningsavdelning

sanity ['sännəti] *subst* mental hälsa

sank [sängk] *verb* imperf. av *sink*

Santa Claus ['sänntə kla:z] *subst* jultomten

1 sap [säpp] *subst* **1** sav **2** slang dumbom, nöt

2 sap [säpp] *verb* tära på

sapling ['säppling] *subst* ungt träd

sapphire ['säffajər] *subst* safir
saranwrap [sə'rännräpp] *subst* plastfolie
sarcasm ['sa:rkäzzəm] *subst* sarkasm
sardine [sa:r'di:n] *subst* sardin
1 sash [säsch] *subst* skärp
2 sash [säsch] *subst* fönsterram
SAT [‚essej'ti:] (förk. för *Scholastic Aptitude Test*), *the SATs* ung. högskoleprovet
sat [sätt] *verb* imperf. o. perf.p. av *sit*
satchel ['sättchəl] *subst* axelväska
satellite ['sättəlajt] *subst* satellit; ~ *broadcast* satellitsändning; ~ *dish* parabolantenn
satin ['sättən] *subst* siden
satire ['sättajər] *subst* satir
satisfaction [‚sättiss'fäkkschən] *subst* tillfredsställelse
satisfactory [‚sättiss'fäkktəri] *adj* tillfredsställande
satisfy ['sättissfaj] *verb* tillfredsställa
Saturday ['sättərdej] *subst* lördag; ~ *night special* liten pistol
sauce [sa:s] *subst* sås; mos, sylt; bildligt krydda
saucepan ['sa:spən] *subst* kastrull
saucer ['sa:sər] *subst* tefat

saucy ['sa:si] *adj* vard. uppnosig
sauerkraut ['sauərkraot] *subst* surkål
sauna ['sa:nə] *subst* bastu
saunter ['sa:ntər] *verb* spankulera; flanera
sausage ['sa:siddʒ] *subst* korv
savage ['sävviddʒ] I *adj* vild; grym II *subst* vilde
save [sejv] *verb* **1** rädda **2** spara; ~ *a seat for* reservera en plats för
saving ['sejving] *subst* besparing
savings account ['sejvingz ə‚kaont] *subst* sparkonto
savings bank ['sejvingz bängk] *subst* sparbank
savior ['sejvjər] *subst* **1** frälsare **2** räddare
savor ['sejvər] *verb* njuta av; smaka på
savory ['sejvəri] *adj* välsmakande; välluktande
1 saw [sa:] *verb* imperf. av *see*
2 saw [sa:] I *subst* såg II *verb* såga
sawdust ['sa:dasst] *subst* sågspån
sawmill ['sa:mill] *subst* sågverk
sawn-off ['sa:na:ff] *adj* avsågad
saxophone ['säkksəfoun] *subst* saxofon
say* [sej] *verb* säga; *to* ~ *the*

least minst sagt; *that is to* ~ det vill säga; *you can* ~ *that again!* det kan du skriva upp!

saying ['sejing] *subst* talesätt
scab [skäbb] *subst* **1** sårskorpa **2** slang strejkbrytare
scaffold ['skäffəld] *subst* schavott
scaffolding ['skäffəlding] *subst* byggnadsställning
scald [ska:ld] *verb* skålla
1 scale [skejl] *subst* vågskål; *a pair of scales* en våg
2 scale [skejl] **I** *subst* skala **II** *verb* **1** klättra uppför **2** ~ *down* trappa ner
3 scale [skejl] *subst* fjäll på fisk m.m.
scallion ['skälljən] *subst* knipplök
scallop ['skälləp] *subst* kammussla
scalp [skällp] **I** *subst* huvudsvål **II** *verb* **1** skalpera **2** kränga biljetter till konsert, match osv.
scam [skämm] *subst* bedrägeri, skoj
scamper ['skämmpər] *verb* kila, skutta
scan [skänn] *verb* granska; avsöka
scandal [skänndl] *subst* skandal
Scandinavian [‚skänndi'nejvjən] **I** *adj* skandinavisk, nordisk **II** *subst* skandinav; nordbo
scant [skännt] o. **scanty** ['skännti] *adj* knapp, mager, torftig; minimal; lättklädd
scapegoat ['skejpgout] *subst* syndabock
scar [ska:r] **I** *subst* ärr **II** *verb* efterlämna bestående men
scarce [skäərs] *adj, be* ~ vara ont om
scarcely ['skäərsli] *adv* knappast
scarcity ['skerrsəti] *subst* brist
scare [skäər] **I** *verb* skrämma; ~ *away* (*off*) skrämma bort; ~ *the hell out of sb.* el. ~ *sb. stiff* vard. skrämma slag på ngn **II** *subst* panik; *get* (*have*) *a* ~ bli skrämd
scarecrow ['skerrkrou] *subst* fågelskrämma
scared [skäərd] *adj* rädd; ~ *stiff* livrädd
1 scarf [ska:rf] *subst* halsduk; sjal, sjalett
2 scarf [ska:rf] *verb*, ~ *down* (*up*) slang glufsa i sig
scarlet ['ska:rlət] *adj* scharlakansröd; ~ *fever* scharlakansfeber
scary ['skerri] *adj* vard. hemsk, skrämmande, kuslig
scathing ['skejðing] *adj* dräpande; svidande
scatter ['skättər] *verb* sprida; strö ut; skingra; skingras

scatterbrained
['skättərbrejnd] *adj* virrig,
blåst
scavenger ['skävvinndʒər]
subst djur asätare; person
sopletare
scene [si:n] *subst* scen;
change of ~ miljöombyte;
the ~ of the crime brotts-
platsen
scenery ['si:nəri] *subst* land-
skap
scenic ['si:nikk] *adj* naturskön
scent [sennt] I *verb* vädra byte
o.d. II *subst* 1 doft 2 parfym
schedule ['skeddʒo:l] I *subst*
tidtabell; plan; skolschema;
on ~ enligt tidtabell; som
planerat; *be ahead of ~* ha
hunnit längre än beräknat;
be behind ~ vara försenad
II *verb*, *be scheduled* plane-
ras; *scheduled flights* regul-
järt flyg
scheme [ski:m] I *subst* plan;
the ~ of things tingens
ordning II *verb* intrigera,
smida ränker
scheming ['ski:ming] *adj* in-
trigerande
schlemiel [schlə'mi:l] *subst*
slang dumbom; klumpeduns
schlep [schlepp] *verb* slang
1 kånka omkring 2 släpa sig
fram
schlock [schla:k] *subst*
krimskrams, smörja

schmaltzy ['schma:ltsi] *adj*
sliskig, tårdrypande
schmooze [schmo:z] *verb*
vard. småsnacka, kallprata
scholar ['ska:lər] *subst* forska-
re vanligen inom humaniora
scholarly ['ska:lərli] *adj* aka-
demisk; vetenskaplig
scholarship ['ska:lərschipp]
subst stipendium
1 school [sko:l] *subst* skola;
go to ~ gå i skolan
2 school [sko:l] *subst* stim,
flock
schoolboy ['sko:lbåj] *subst*
skolpojke
schoolgirl ['sko:lgö:rl] *subst*
skolflicka
schooling ['sko:ling] *subst*
bildning
schoolmate ['sko:lmejt] *subst*
skolkamrat
school year [,sko:l 'jiər] *subst*
läsår
sciatica [saj'ättikkə] *subst*
ischias
science ['sajəns] *subst* veten-
skap; naturvetenskap
science fiction [,sajəns
'fikkschən] *subst* science
fiction
scientific [,sajən'tiffikk] *adj*
vetenskaplig
scientist ['sajəntisst] *subst*
forskare
scissors ['sizzərz] *subst* sax; *a
pair of ~* en sax

scoff [ska:f] *verb* hånskratta; förhåna

scold [skould] *verb* skälla på, skälla ut

scoop [sko:p] I *subst* 1 skopa; glasskopa 2 scoop II *verb* skopa, skeda; ~ *out* gröpa ur

scooter ['sko:tər] *subst* skoter

1 scope [skoup] *subst* omfattning, spännvidd, ram

2 scope [skoup] *subst* slang teleskop; mikroskop

scorch [skå:rtch] *verb* sveda, bränna

score [skå:r] I *subst* i tävling ställning; resultat II *verb* 1 göra succé 2 i tävling få poäng, göra mål 3 slang lyckas få ett ligg 4 slang köpa droger

scoreboard ['skå:rbå:rd] *subst* resultattavla

scorn [skå:rn] I *subst* förakt II *verb* håna

Scorpio ['skå:rpjou] *subst* Skorpionen stjärntecken

Scot [ska:t] *subst* skotte

Scotch [ska:tch] I *adj* skotsk II *subst* skotsk whisky

scot-free [‚ska:t'fri:] *adj* oskadd

Scotland ['ska:tlənd] Skottland

Scots [ska:ts] I *adj* skotsk II *subst* skotska dialekt

Scotsman ['ska:tsmən] *subst* skotte

Scotswoman ['ska:ts‚wommən] *subst* skotska kvinna

Scottish ['ska:tisch] *adj* skotsk

scoundrel ['skaondrəl] *subst* skurk

scour ['skaoər] *verb* 1 skura, skrubba 2 leta igenom, söka överallt i

scourge [skö:rdʒ] *subst* gissel, plågoris

scout [skaot] I *subst* 1 spanare 2 pojkscout; flickscout II *verb* spana; ~ *out* leta upp

scrabble [skräbbl] *verb* krafsa

scram [skrämm] *verb* vard. sticka, dra

scramble [skrämmbl] *verb* 1 rusa; klättra ivrigt; kravla 2 förvränga tal i telefon 3 *scrambled eggs* äggröra

1 scrap [skräpp] I *subst* bit, lapp; *scraps* rester II *verb* kassera

2 scrap [skräpp] *subst* vard. gräl

scrapbook ['skräppbokk] *subst* minnesalbum

scrape [skrejp] *verb* skrapa; ~ *up* (*together*) skrapa ihop

scrap heap ['skräpp hi:p] *subst* skrothög

scrappy ['skräppi] *adj* stridslysten, kämpaglad

scratch [skrättch] I *verb* 1 klia; riva 2 stryka från lista II *subst* 1 skrubbsår 2 *from ~*

från början; från ingenting
3 ~ pad anteckningsblock
scrawl [skra:l] *verb* klottra,
krafsa ner
scrawny ['skra:ni] *adj* tanig,
mager
scream [skri:m] **I** *verb* skrika
II *subst* skrik
screech [skri:tch] **I** *verb* gall-
skrika; tjuta **II** *subst* gallskrik
screen [skri:n] **I** *subst* **1** bild-
skärm; *television* ~ TV-ruta
2 *the* ~ filmen **II** *verb* skyla;
avskärma
screen door ['skri:n då:r] *subst*
ytterdörr med myggnät
screenplay ['skri:nplej] *subst*
filmmanus
screw [skro:] **I** *subst* **1** skruv;
put the screws on bildligt dra
åt tumskruvarna **2** slang plit
II *verb* **1** skruva **2** ~ *up* vard.
misslyckas, göra bort sig
3 slang knulla
screwdriver ['skro:‚drajvər]
subst **1** skruvmejsel **2** drink
screwdriver
scribble [skribbl] **I** *verb* klott-
ra **II** *subst* kladd
scrimmage line ['skrimmidd3
‚lajn] *subst* amer. fotboll
bollinje
script [skrippt] *subst* manus
scripture ['skripptchər] *subst*
helig skrift; *the Scripture*
Bibeln
scroll [skroul] *subst* skriftrulle

scrounge [skraond3] *verb*, ~
around for vard. snoka efter;
~ *up* vard. lyckas leta upp
1 scrub [skrabb] *verb* skura
2 scrub [skrabb] *subst* busk-
snår; ~ *pine* småväxt tall
scruff [skraff] *subst*, *by the* ~
of the neck i nackskinnet
scruffy ['skraffi] *adj* vard.
sjaskig
scrum [skramm] o. **scrum-
mage** ['skrammidd3] *subst* i
rugby klunga
scruples ['skro:plz] *subst pl*
skrupler; *have no* ~ *about*
inte dra sig för
scrutiny ['skro:təni] *subst*
granskning
scuba-diving ['sku:bədajving]
subst sportdykning
scuff [skaff] *verb* släpa med
fötterna
scuffle [skaffl] **I** *verb* slåss
II *subst* handgemäng
sculptor ['skallptər] *subst*
skulptör
sculpture ['skallptchər] *subst*
skulptur
scum [skamm] *subst* avskum
scumbag ['skammbägg] *subst*
slang skitstövel; idiot
scurrilous ['skö:rələs] *adj*
plump, grov
scurry ['skö:ri] *verb* kila, rusa
scuttle [skattl] *verb* **1** rusa,
skutta **2** grusa planer
scythe [sajδ] *subst* lie

sea [si:] *subst* **1** hav; *at* ~ till sjöss (havs) **2** ~ *change* stor förändring, förvandling
seaboard ['si:bå:rd] *subst* strandlinje; kust; *the Eastern* ~ Östkusten i USA
seafood ['si:fo:d] *subst* fisk och skaldjur
seafront ['si:frannt] *subst* strandpromenad; ~ *hotel* strandhotell
seagull ['si:gall] *subst* fiskmås
1 seal [si:l] *subst* säl
2 seal [si:l] **I** *subst* sigill **II** *verb* försegla; ~ *one's fate* avgöra ens öde
sea level ['si: ˌlevvl] *subst* havets vattennivå
seam [si:m] *subst* söm; kol skikt
seaman ['si:mən] *subst* sjöman
seance ['seja:ns] *subst* seans
seaplane ['si:plejn] *subst* sjöflygplan
search [sö:rtch] **I** *verb* **1** söka **2** kroppsvisitera **II** *subst* sökande
searching ['sö:rtching] *adj* forskande
searchlight ['sö:rtchlajt] *subst* strålkastarljus
search party ['sö:rtch ˌpa:rti] *subst* skallgångskedja
search warrant ['sö:rtch ˌwå:rənt] *subst* husrannsakningsorder

seashore ['si:schå:r] *subst* havsstrand
seasick ['si:sikk] *adj* sjösjuk
seaside ['si:sajd] *subst* kust; ~ *resort* badort
season ['si:zn] **I** *subst* **1** årstid **2** säsong; *be in* ~ vara säsong för; ... *is out of* ~ det är inte säsong för... **II** *verb* krydda
seasonal ['si:zənəl] *adj* säsong-
seasoning [si:zəning] *subst* krydda; smaksättning
season ticket ['si:zn ˌtikkət] *subst* periodkort; abonnemangskort
seat [si:t] **I** *subst* sittplats; *take a* ~*!* sitt ned! **II** *verb* sätta sig
seat belt ['si:t bellt] *subst* säkerhetsbälte
seaweed ['si:wi:d] *subst* sjögräs; tång
seaworthy ['si:ˌwö:rði] *adj* sjöduglig
sec [sekk] *subst* vard. ögonblick; *just a* ~*!* ett ögonblick bara!
secluded [si'klo:didd] *adj* avskild
1 second ['sekkənd] **I** *räkn* o. *adj* andra, andre; *the* ~ *floor* en trappa upp; ~ *name* efternamn **II** *subst, seconds* andrasortering

2 second ['sekkənd] *subst*
sekund; ögonblick
secondary ['sekkənd‚erri] *adj*
underordnad; ~ *school*
högstadiet och gymnasiet
second-guess [‚sekkənd'gess]
verb vara efterklok; klandra
med facit i hand
second-hand
[‚sekkənd'hännd] **I** *adj* **1** be-
gagnad, second hand **2** and-
rahands- **II** *adv* i andra hand
secondly ['sekkəndli] *adv* för
det andra
second-rate [‚sekkənd'rejt] *adj*
andra klassens
secrecy ['si:krəsi] *subst* förte-
genhet
secret ['si:krət] **I** *adj* hemlig; ~
service underrättelsetjänst
II *subst* hemlighet
secretary ['sekkrəterri] *subst*
1 sekreterare **2** minister;
Secretary of State utrikes-
minister
secretive ['si:krətivv] *adj*
hemlighetsfull, förtegen
sectarian [sek'terrjən] *adj*
sekteristisk
section ['sekkschən] *subst* del;
sektion; genomskärning
sector ['sekktər] *subst* sektor
secular ['sekkjələr] *adj* världs-
lig
secure [si'kjoər] **I** *adj* säker,
trygg **II** *verb* befästa; säkra
security [si'kjorrəti] *subst*

1 trygghet; säkerhet **2** säker-
hetsavdelning; ~ *guard* port-
vakt **3** *securities* värdepap-
per
sedan [si'dänn] *subst* sedan bil
sedative ['seddətivv] **I** *adj*
lugnande **II** *subst* lugnande
medel
seduce [si'do:s] *verb* förföra
seductive [si'dakktivv] *adj*
förförisk, lockande
see* [si:] *verb* **1** se; titta på; ~
about ordna; ~ *off* vinka av;
~ *through* genomskåda; ~ *to*
ta hand om; ordna **2** förstå
3 besöka; ~ *you!* vard. vi ses!
seed [si:d] *subst* frö, säd;
upprinnelse; ~ *money* start-
kapital
seedling ['si:dling] *subst*
planta
seedy ['si:di] *adj* sjaskig
seeing ['si:ing] *konj*, ~ *that*
eftersom
seek [si:k] *verb* söka, leta
efter; ~ *asylum* söka asyl
seem [si:m] *verb* verka,
förefalla
seemingly ['si:mingli] *adv* till
synes
seen [si:n] *verb* perf.p. av *see*
seep [si:p] *verb* sippra
seesaw ['si:sa:] **I** *subst* gung-
bräde **II** *verb* bildligt pendla
seethe [si:ð] *verb* sjuda; ~
with rage koka av ilska

see-through ['si:θro:] *adj* genomskinlig
segment ['seggmənt, segg'mennt] *subst* segment
segregate ['seggrigejt] *verb* segregera, åtskilja
seize [si:z] *verb* gripa, ta; ~ *the opportunity* ta tillfället i akt
seizure ['si:ʒər] *subst* **1** övertagande **2** anfall, attack
seldom ['selldəm] *adv* sällan
select [sə'lekkt] **I** *adj* utvald **II** *verb* välja
selection [sə'lekkschən] *subst* urval
selectman [sə'lekktmən] *subst* medlem av stadsfullmäktige
self [sellf] *subst* o. *pron* jag
self-assured [ˌsellfə'schoərd] *adj* självsäker
self-centered [ˌsellf'senntərd] *adj* självupptagen
self-confidence [ˌsellf'ka:nfiddəns] *subst* självförtroende
self-conscious [ˌsellf'ka:nschəs] *adj* förlägen, osäker
self-contained [ˌsellfkən'tejnd] *adj* komplett; självständig
self-control [ˌsellfkən'troul] *subst* självbehärskning
self-deception [ˌsellfdi'seppschən] *subst* självbedrägeri

self-defense [ˌsellfdi'fens] *subst* självförsvar
self-discipline [ˌsellf'dissəplinn] *subst* självdisciplin
self-employed [ˌsellfimm'plåjd] *adj, be* ~ vara egen företagare
self-esteem [ˌsellfi'sti:m] *subst* självaktning; självkänsla
self-evident [ˌsellf'evvidənt] *adj* självklar
self-governing [ˌsellf'gavvərning] *adj* självstyrande
self-indulgent [ˌsellfinn'dalldʒənt] *adj* njutningslysten
self-interest [ˌsellf'inntrəst] *subst* egennytta
selfish ['sellfisch] *adj* självisk
selfishness ['sellfischnəs] *subst* själviskhet
selfless ['sellfləs] *adj* osjälvisk
self-pity [ˌsellf'pitti] *subst* självömkan
self-possessed [ˌsellfpə'zesst] *adj* behärskad
self-preservation ['sellfˌprezzər'vejschən] *subst* självbevarelse; *instinct of* ~ självbevarelsedrift
self-respect [ˌsellfri'spekkt] *subst* självaktning
self-righteous [ˌsellf'rajtchəs] *adj* självrättfärdig

self-satisfied [ˌsellfˈsättissfajd] *adj* självbelåten

self-service [ˌsellfˈsö:rviss] *subst* självbetjäning, självservering

self-sufficient [ˌsellfsəˈfischənt] *adj* självförsörjande

self-taught [ˌsellfˈta:t] *adj* självlärd

sell* [sell] *verb* sälja; ~ *out* förråda; sälja sig; *sold out* utsåld

seller [ˈsellər] *subst* försäljare

semblance [ˈsemmbləns] *subst* yttre sken

semen [ˈsi:mən] *subst* sädesvätska; sperma

semester [səˈmesstər] *subst* termin; *fall* ~ hösttermin

semiautomatic [ˌsemmia:təˈmättikk] I *adj* halvautomatisk II *subst* halvautomatiskt vapen

semicolon [ˌsemmiˈkoulən] *subst* semikolon

semifinal [ˌsemmiˈfajnl] o. **semifinals** [ˌsemmiˈfajnlz] *subst* semifinal

seminar [ˈsemmina:r] *subst* seminarium

seminary [ˈsemmiˌnerri] *subst* prästseminarium

semi-retirement [ˌsemmiriˈtajərmənt] *subst* ung. delpension

semiskilled [ˌsemmiˈskilld] *adj*, ~ *worker* kvalificerad tempoarbetare

senator [ˈsennətər] *subst* senator

send* [sennd] *verb* sända, skicka; ~ *for* skicka efter; ~ *off* skicka iväg; ~ *on* eftersända

sender [ˈsenndər] *subst* 1 avsändare 2 sändare

senior [ˈsi:njər] *adj* 1 äldre; högre i rang; ~ *citizen* pensionär 2 sistaårsstudent

seniority [ˌsi:nˈjå:rəti] *subst* rang, betydelse; ~ *system* 'sist in, först ut'

sensation [sennˈsejschən] *subst* 1 känsla 2 sensation, uppseende

sensational [sennˈsejschənəl] *adj* sensationell

sense [senns] I *subst* 1 sinne; *come to one's senses* sansa sig 2 känsla; ~ *of duty* pliktkänsla 3 förstånd 4 betydelse; *it makes* ~ det låter vettigt II *verb* känna på sig

senseless [ˈsennsləs] *adj* 1 meningslös 2 medvetslös

sensible [ˈsennsəbl] *adj* vettig, förståndig

sensitive [ˈsennsətivv] *adj* känslig; mottaglig

sensual [ˈsennschoəl] *adj* sensuell

sensuous [ˈsennschoəs] *adj* sinnlig

sent [sennt] *verb* imperf. o. perf.p. av *send*

sentence ['senntəns] **I** *subst* **1** dom **2** mening **II** *verb* döma

sentiment ['senntimmənt] *subst* känsla; känslosamhet

sentimental [,sennti'menntl] *adj* sentimental, gråtmild

sentry ['senntri] *subst* vaktpost; *be on (have) ~ duty* stå på vakt

separate I ['seppərət] *adj* skild, separat **II** ['seppərejt] *verb* skilja; separera; *separated* frånskild

separately ['sepərətli] *adv* separat; var för sig

separation [,seppə'rejschən] *subst* skilsmässa; separation

September [sepp'temmbər] *subst* september

septic ['sepptikk] *adj* infekterad; *~ tank* septiktank

sequel ['si:kwəl] *subst* uppföljare; följd, resultat

sequence ['si:kwəns] *subst* ordningsföljd; sekvens

sequin ['si:kwinn] *subst* paljett

serene [sə'ri:n] *adj* stilla, fridfull

sergeant ['sa:rdʒənt] *subst* sergeant; korpral inom flyget; *police ~* ung. polisinspektör

serial ['sirriəl] **I** *subst* följetong; serie **II** *adj* serie-

series ['sirri:z] *subst* serie

serious ['sirriəs] *adj* allvarlig; *are you ~?* menar du allvar?

sermon ['sö:rmən] *subst* predikan; straffpredikan, uppläxning

servant ['sö:rvənt] *subst* tjänare; *domestic ~* hembiträde, betjänt; *civil ~* statstjänsteman

serve [sö:rv] **I** *verb* **1** tjäna; avtjäna straff **2** *~ as* fungera som **3** servera **4** serva i tennis o.d. **II** *subst* serve i tennis o.d.

service ['sö:rvəs] *subst* **1** tjänst; *branch of ~* vapengren; *social ~* socialvård **2** servering; service; *~ area* utbyggd rastplats **3** servis **4** *divine ~* gudstjänst

serviceman ['sö:rvəsmən] *subst* militär

serviette [,sö:rvi'ett] *subst* servett

session ['seschən] *subst* sammanträde

set [sett] **I** *verb* **1** sätta, ställa **2** bestämma **3** gå ner om sol **4** stelna **5** duka bord **6** *~ about* ta itu med; *~ aside* bortse från; avsätta; *~ back* försena; *~ in* börja; *~ off* ge sig i väg; *~ on* hetsa; *~ out* ge sig av; föresätta sig; *~ up* upprätta, inrätta; vard. sätta dit, gillra en fälla för **II** *adj* fast; bestämd; *be ~ on* vara fast besluten **III** *subst* **1** uppsättning, sats **2** apparat **3** i tennis o.d. set

setback ['settbäkk] *subst* motgång

settee [se'ti:] *subst* mindre soffa

setting ['setting] *subst* scen, bakgrund

settle [settl] *verb* **1** slå sig ner; ~ *down* stadga sig, bosätta sig **2** klara upp; göra upp; ~ *out of court* göra upp i godo **3** fastställa; ~ *for* bestämma sig för

settlement ['settlmənt] *subst* **1** uppgörelse **2** nybygge

settler ['settlər] *subst* nybyggare

set-up ['settapp] *subst* **1** uppbyggnad, struktur **2** läge, situation **3** slang fälla

seven ['sevvən] *räkn* sju

seventeen [ˌsevvən'ti:n] *räkn* sjutton

seventh ['sevvənθ] *räkn* sjunde

seventy ['sevvənti] *räkn* sjuttio

sever ['sevvər] *verb* avskilja; klippa av

several ['sevvrəl] *adj* o. *pron* åtskilliga

severe [si'viər] *adj* **1** sträng **2** svår

sew [sou] *verb* sy; ~ *on* sy fast; ~ *up* greja, göra upp

sewage ['so:iddʒ] *subst* avloppsvatten; ~ *treatment works* reningsverk

sewer ['so:ər] *subst* kloak; ~ *pipe* avloppsrör

sewing ['souing] *subst* sömnad; ~ *circle* el. ~ *bee* syjunta

sewing machine ['souing məˌschi:n] *subst* symaskin

sewn [soun] *verb* perf.p. av *sew*

sex [sekks] *subst* **1** kön **2** sex

sexist ['sekksisst] **I** *subst* sexist **II** *adj* sexistisk

sexual ['sekkschoəl] *adj* sexuell; ~ *harassment* sexuella trakasserier; ~ *organ* könsorgan

sexy ['sekksi] *adj* vard. sexig

SF [ˌess'eff] förk. för *science fiction*

shabby ['schäbbi] *adj* sjaskig, ruffig; ynklig ursäkt

shack [schäkk] **I** *subst* skjul; kåk **II** *verb*, ~ *up with* slang bo ihop med

shade [schejd] *subst* **1** skugga **2** nyans **3** ~ el. *window* ~ rullgardin **4** *shades* vard. solglasögon

shadow ['schäddou] *subst* skugga

shadowy ['schäddoui] *adj* skuggig

shady ['schejdi] *adj* **1** skuggig **2** vard. skum

shaft [schäfft] *subst* **1** schakt;

trumma **2** skaft; *get the* ~
slang bli blåst
shaggy ['schäggi] *adj* lurvig; ~
dog story historia med
västgötaklimax
shake [schejk] **I** *verb* skaka; ~
hands skaka hand; ~ *down*
prova, testa; slang pressa
pengar av; ~ *off* skaka av sig
II *subst* skakning
shaken ['schejkən] *verb* perf.p.
av *shake*
shake-up ['schejkapp] *subst*
omorganisation, ommöble-
ring
shaky ['schejki] *adj* skakig;
osäker
shall [schäl] *verb* ska, skall
shallow ['schällou] *adj*
1 grund **2** ytlig
sham [schämm] **I** *subst* bluff,
sken **II** *adj* sken-; falsk
shambles [schämmblz] *subst*
röra, soppa
shame [schejm] *subst* skam;
what a ~! så synd!
shamefaced ['schejmfejst] *adj*
skamsen
shameful ['schejmfəl] *adj*
skamlig
shampoo [schämm'po:] *subst*
schampo
shan't [schännt] = *shall not*
shanty town ['schännti taon]
subst kåkstad
shape [schejp] **I** *subst* **1** form;

gestalt **2** tillstånd **II** *verb*
forma
shapeless ['schejpləs] *adj*
formlös
shapely ['schejpli] *adj* välfor-
mad
share [schäər] **I** *subst* **1** del
2 aktie **II** *verb* dela; ~ *and* ~
alike dela lika
sharecropper ['scherrkra:pər]
subst ung. arrendator
shareholder ['scher,houldər]
subst aktieägare
shark [scha:rk] *subst* haj
sharp [scha:rp] **I** *adj* **1** skarp
2 smart **II** *subst*, *D* ~ diss ton
III *adv* **1** på slaget **2** *look* ~
se upp; vard. se bra ut
sharpen ['scha:rpən] *verb*
skärpa; vässa, slipa
sharpshooter
['scha:rpscho:tər] *subst*
prickskytt
shatter ['schättər] *verb* för-
störa; krossa
shave [schejv] **I** *verb* raka sig
II *subst* rakning; *a close* ~
nära ögat
shaver ['schejvər] *subst* rak-
apparat
shaving ['schejving] *adj* rak-;
~ *cream* raklödder
shawl [scha:l] *subst* sjal
she [schi:] *pron* hon
sheaf [schi:f] *subst* kärve;
bunt handlingar
shear [schiər] *verb* klippa

shears [schiərz] *subst pl*
trädgårdssax; grov sax
sheath [schi:θ] *subst* slida,
balja
shebang [schi'bäng] *subst, the
whole* ~ vard. hela rasket,
rubbet
1 shed [schedd] *subst* skjul,
bod
2 shed [schedd] *verb* fälla; ~
blood gjuta blod; ~ *light on*
belysa; ~ *its needles* om
julgran barra
she'd [schi:d] = *she had*; *she
would*
sheen [schi:n] *subst* lyster
sheep [schi:p] *subst* får
sheepish ['schi:pisch] *adj*
fåraktig
sheepskin ['schi:pskinn] *subst*
fårskinn
sheer [schiər] *adj* **1** ren, idel
2 skir; mycket tunn **3** tvär-
brant
sheet [schi:t] *subst* **1** lakan
2 pappersark; *a clean* ~ ett
fläckfritt förflutet
shelf [schellf] *subst* hylla; *be
left on the* ~ bli skjuten åt
sidan; hamna på glasberget
shell [schell] *subst* **1** skal;
snäcka **2** granat
she'll [schi:l] = *she will*; *she
shall*
shellac [schə'läkk] **I** *subst*
schellack **II** *verb* vard. spöa,
ge stryk

shellfish ['schellfisch] *subst*
skaldjur
shelter ['schelltər] **I** *subst*
1 skydd **2** härbärge, tillflykt;
air-raid ~ skyddsrum **3** logi
II *verb* skydda
sheltered-living
[,schelltərd'livving] *adj*, ~
apartments ung. servicehus
shelve [schellv] *verb* bildligt
lägga på hyllan
shelves [schellvz] *subst* pl. av
shelf
shepherd ['scheppərd] *subst*
herde
sheriff ['scherriff] *subst* she-
riff, polischef
sherry ['scherri] *subst* sherry
she's [schi:z] = *she is*; *she has*
shield [schi:ld] **I** *subst* sköld;
polisbricka **II** *verb* skydda
shift [schifft] **I** *verb* **1** skifta;
flytta **2** växla; ~ *into second*
lägga i tvåan **II** *subst* **1** skifte
2 arbetsskift; *graveyard* ~
slang nattsskift
shifty ['schiffti] *adj* opålitlig; ~
eyes flackande blick
shilly-shally ['schilli,schälli]
verb vard. vela, tveka
shimmer ['schimmər] **I** *verb*
skimra **II** *subst* skimmer
shin [schinn] *subst* skenben
shine [schajn] *verb* **1** skina,
lysa **2** putsa skor
shingles [schingglz] *subst*
bältros

shiny ['schajni] *adj* glänsande
ship [schipp] **I** *subst* skepp,
fartyg **II** *verb* **1** skeppa
2 sända, skicka iväg
shipment ['schippmənt] *subst*
1 sändning, transport **2** parti, last
shipper ['schippər] *subst* speditör
shipping ['schipping] *subst*
sjöfart; ~ *company* rederi
shipwreck ['schipprekk] *subst*
skeppsbrott
shipyard ['schippja:rd] *subst*
skeppsvarv
shirk [schö:rk] *verb* smita, dra
sig undan
shirt [schö:rt] *subst* skjorta;
tröja t.ex. lagtröja
shirtwaist ['schö:rtwejst] *subst*
blus
shit [schitt] vulgärt **I** *subst* skit;
~*!* fan!; *you* ~*!* din skitstövel!
II *verb* skita
shiver ['schivvər] **I** *verb* darra
II *subst* skälvning; *it gives
me the shivers* det får mig att
rysa
shoal [schoul] *subst* grund,
sandrev; bildligt blindskär
shock [scha:k] **I** *subst* **1** chock
2 stöt **II** *verb* chockera
shock absorber ['scha:k
əb‚så:rbər] *subst* stötdämpare
shoddy ['scha:di] *adj* slarvig;
usel; sjaskig
shoe [scho:] *subst* sko; känga;

if the ~ fits om du känner
dig träffad
shoelace ['scho:lejs] *subst*
skosnöre
shoepolish ['scho:pa:lisch]
subst skokräm
shoestring ['scho:string] *subst*
skosnöre; *on a ~* med
knappa medel
shone [schoun] *verb* imperf. o.
perf.p. av *shine*
shoo [scho:] *verb* schasa iväg;
~*!* schas!
shoo-in ['scho:inn] *subst* garanterad vinnare
shook [schokk] *verb* imperf. av
shake
shoot [scho:t] **I** *verb* **1** skjuta;
~ *down* skjuta ner; vard.
krossa, förkasta idé; ~ *up*
ränna i höjden **2** filma; vard.
spela **II** *subst* **1** skott på planta
2 jakt **III** *interj* sjutton också!
shooting ['scho:ting] *subst*
skottdrama med sårade el. döda
shooting star ['scho:ting sta:r]
subst stjärnfall
shoot-out ['scho:taot] *subst*
eldstrid
shop [scha:p] **I** *subst* **1** affär
2 verkstad **II** *verb* handla,
shoppa
shop assistant ['scha:p
ə‚sisstənt] *subst* expedit
shop floor [‚schap 'flå:r] *subst*,
on the ~ på verkstadsgolvet

shopkeeper ['scha:p‚ki:pər]
subst butiksinnehavare
shoplifting ['scha:p‚liffting]
subst snatteri
shopper ['scha:pər] *subst*
shoppande person
shopping ['scha:ping] *subst*
inköp; ~ *bag* shoppingväska;
plastpåse; ~ *cart* kundvagn;
~ *mall* galleria; köpcentrum
shop steward [‚scha:p 'sto:ərd]
subst fackligt ombud
shopwindow
[‚scha:p'winndou] *subst*
skyltfönster
shore [schå:r] *subst* strand;
kust
short [schå:rt] I *adj* 1 kort
2 brysk 3 *be* ~ *of* ha ont om
II *adv, cut* ~ avbryta; *fall* ~
of understiga, inte nå; *run* ~
börja få ont om; *in* ~ kort
sagt
shortage ['schå:rtiddʒ] *subst*
brist
shortbread ['schå:rtbredd] o.
shortcake ['schå:rtkejk]
subst mördegskaka
short-circuit [‚schå:rt'sö:rkət]
I *subst* kortslutning II *verb*
kortsluta
shortcoming
[‚schå:rt'kamming] *subst*
brist, fel
shortcut ['schå:rtkatt] *subst*
genväg
shorten ['schå:rtn] *verb* för-

korta, minska; lägga upp
plagg
shortening ['schå:rtəning]
subst matfett till bakning
shortfall ['schå:rtfå:l] *subst*
brist
shorthand ['schå:rthännd]
subst stenografi
short-lived [‚schå:rt'livd] *adj*
kortlivad
shortly ['schå:rtli] *adv* 1 kort;
inom kort 2 kortfattat
shorts [schå:rts] *subst pl*
1 shorts 2 boxershorts, kal-
songer
short-sighted [‚schå:rt'sajtəd]
adj närsynt
short-staffed [‚schå:rt'stäfft]
adj underbemannad
shortstop ['schå:rtsta:p] *subst*
i baseboll mellanbasman inner-
spelare mellan 2:a och 3:e basen
short story ['schå:rt ‚stå:ri]
subst novell
short-tempered
[‚schå:rt'temmpərd] *adj* lätt-
retad
short-term ['schå:rttö:rm] *adj*
kortsiktig
short-wave ['schå:rtwejv]
subst kortvåg
shot [scha:t] I *verb* imperf. o.
perf.p. av *shoot* II *subst*
1 skott 2 foto 3 spruta injek-
tion 4 glas sprit 5 *put the* ~
stöta kula 6 *have a* ~ *at sth.*
försöka sig på ngt

shotgun ['scha:tgann] *subst* hagelgevär
shot-put ['scha:tpott] **I** *subst* kulstötning **II** *verb* stöta kula
should [schodd] *verb* skulle; borde, bör; torde
shoulder ['schouldər] *subst* skuldra, axel
shoulder bag ['schouldər bägg] *subst* axelremsväska
shoulder strap ['schouldər sträpp] *subst* axelband
shouldn't [schoddnt] = *should not*
shout [schaot] **I** *verb* skrika **II** *subst* skrik
shove [schavv] **I** *verb* knuffa, fösa; ~ *off* vard. sticka **II** *subst* knuff
shovel [schavvl] **I** *subst* skyffel **II** *verb* skyffla, skotta
show* [schou] **I** *verb* visa; synas; ~ *off* briljera, glänsa; ~ *up* vard. komma; dyka upp **II** *subst* **1** utställning; show; *get this ~ on the road* komma igång; *give the ~ away* prata bredvid mun; *on ~* utställd **2** *for ~* för syns skull
show business ['schou ,bizznəs] *subst* nöjesbranschen
showcase ['schoukejs] *subst* monter
showdown ['schoudaon] *subst* kraftmätning

shower ['schaoər] **I** *subst* **1** dusch **2** lysningsmottagning; slags möhippa **3** *baby ~* mottagning för nyfödd **4** skur **II** *verb* duscha
show-jumping ['schou,dʒammping] *subst* hinderhoppning
shown [schoun] *verb* perf.p. av *show*
showroom ['schouro:m] *subst* utställningslokal
shrank [schrängk] *verb* imperf. av *shrink*
shrapnel ['schräppnəl] *subst* granatsplitter
shred [schredd] **I** *subst* bit, stump, lapp; remsa; *no ~ of* inte en tillstymmelse till **II** *verb* strimla; riva
shredder ['schreddər] *subst* **1** rivjärn **2** dokumentförstörare
shrewd [schro:d] *adj* listig, smart, klipsk
shriek [schri:k] **I** *verb* skrika; tjuta av skratt, rädsla **II** *subst* gallskrik
shrill [schrill] *adj* gäll
shrimp [schrimmp] *subst* **1** räka **2** vard. plutt
shrine [schrajn] *subst* helgedom; altare vid landsväg
shrink* [schringk] **I** *verb* krympa; ~ *away* rygga tillbaka; ~ *from* dra sig för

II *subst* vard. hjärnskrynklare psykoanalytiker o.d.
shrinkage ['schringkiddʒ] *subst* krympning
shrivel [schrivvl] *verb* skrumpna; ~ *up* vissna bort, förtorka
shroud [schraod] **I** *subst* svepning **II** *verb, be shrouded in* vara höljd i
shrub [schrabb] *subst* buske
shrubbery ['schrabbəri] *subst* buskage
shrug [schragg] **I** *verb,* ~ *one's shoulders* rycka på axlarna **II** *subst* axelryckning
shrunk [schrangk] *verb* imperf. o. perf.p. av **shrink**
shuck [schakk] *verb* skala
shudder ['schaddər] **I** *verb* rysa; fasa **II** *subst* rysning
shuffle [schaffl] **I** *verb* **1** gå släpigt, hasa **2** blanda kortlek **II** *subst* hasande
shun [schann] *verb* undvika, sky
shunt [schannt] *verb,* ~ *to one side* vard. skjuta undan; skuffa undan
shut [schatt] **I** *verb* stänga; ~ *one's eyes* blunda; ~ *your mouth!* håll käften!; ~ *down* maskin stänga av; fabrik lägga ner; ~ *out* utestänga; ~ *up* vard. hålla mun **II** *adj* stängd
shutdown ['schattdaon] *subst*

tillfällig stängning; permanent nedläggning
shut-out ['schattaot] *subst* match där det segrande laget håller nollan
shutter ['schattər] *subst* **1** fönsterlucka **2** slutare i kamera
shuttle [schattl] *subst* pendel tåg, båt el. flyg; *space* ~ rymdfärja
shuttlecock ['schattlka:k] *subst* fjäderboll i badminton
shy [schaj] *adj* **1** blyg **2** ~ *of* så när som
sibling ['sibbling] *subst* syskon
sick [sikk] *adj* sjuk; *be* ~ kräkas; *be* ~ *to one's stomach* el. *feel* ~ må illa
sicken ['sikkən] *verb* **1** äckla; äcklas **2** tröttna, ledsna
sickening ['sikkəning] *adj* vämjelig; beklämmande
sickle [sikkl] *subst* skära
sick leave ['sikk li:v] *subst, be on* ~ vara sjukskriven
sickly ['sikkli] *adj* sjuklig; glåmig hy; osund om klimat
sickness ['sikknəs] *subst* **1** sjukdom; ~ *benefit* sjukpenning **2** kräkningar
sick pay ['sikk pej] *subst* sjuklön
side [sajd] **I** *subst* sida; *at* (*by*) *sb.'s* ~ vid ngns sida; *on the*

~ vid sidan om **II** *verb,* ~
with ta parti för
sideboard ['sajdbå:rd] *subst*
skänk, sideboard
sideburns ['sajdbö:rnz] *subst*
pl polisonger
side effect ['sajd i̯fekkt] *subst*
biverkan
sidekick ['sajdkikk] *subst*
kompis, högra hand
sidelight ['sajdlajt] *subst* **1** si-
domarkeringsljus på fordon
2 aspekt
sideline ['sajdlajn] *subst*
1 sidlinje; *be on the sidelines*
bildligt vara utanför **2** bisyssla
sidelong ['sajdla:ng] *adj* o. *adv*
från sidan
side road ['sajd roud] *subst*
avtagsväg
sidesaddle ['sajd̦säddl] *adv* i
damsadel
sideshow ['sajdschou] *subst*
stånd; show på nöjesfält o.d.
sidestep ['sajdstepp] *verb*
sidsteppa; undvika
side street ['sajd stri:t] *subst*
sidogata
sideswipe ['sajdswajp] *verb*
skrapa (smälla) emot, toucha
med bil
sidetrack ['sajdträkk] **I** *subst*
sidospår **II** *verb* bildligt leda in
på ett sidospår
sidewalk ['sajdwa:k] *subst*
trottoar
sideways ['sajdwejz] **I** *adv*

från sidan; åt sidan **II** *adj*
sido-
siding ['sajding] *subst* **1** stick-
spår **2** fasad, ytterbeklädnad
sidle [sajdl] *verb* smyga sig; ~
up to komma smygande
fram till
siege [si:dʒ] *subst* belägring;
lay ~ *to* belägra
sieve [sivv] *subst* sil, sikt
sift [sifft] *verb* sålla, sikta;
granska bevis
sigh [saj] **I** *verb* sucka **II** *subst*
suck
sight [sajt] **I** *subst* **1** syn; *at*
first ~ vid första anblicken;
be in ~ kunna ses; *be out of*
~ vara utom synhåll; *a long*
~ *better* vard. bra mycket
bättre **2** sevärdhet **II** *verb* bli
sedd
sight-read ['sajtri:d] *verb* spela
avista
sightseeing ['sajțsi:ing] *subst*
sightseeing, rundtur
sign [sajn] **I** *subst* **1** tecken
2 skylt **II** *verb* **1** underteck-
na; *signed, sealed and*
delivered klappad och klar;
~ *off* sluta sändning; ~ *on*
anmäla sig; ~ *up* ta värvning
2 teckna dövspråk
signal ['siggnəl] **I** *subst* signal
II *verb* signalera
signature ['siggnətchər] *subst*
1 signatur, namnteckning
2 förtecken i noter

signet ring ['siggnitt ring] *subst* klackring
significance [sigg'niffikəns] *subst* betydelse, innebörd; vikt
significant [sigg'niffikənt] *adj* betydande; viktig
signing ['sajning] *subst* tecknande med händerna
signpost ['sajnpoust] *subst* vägskylt
silence ['sajləns] I *subst* tystnad II *verb* tysta ned
silencer ['sajlənsər] *subst* ljuddämpare på vapen
silent ['sajlənt] *adj* tyst; ~ *film* stumfilm
silhouette [ˌsillo'ett] *subst* silhuett
silk [sillk] *subst* silke; siden
silky ['sillki] *adj* silkeslen
silly ['silli] *adj* dum, fånig; löjlig, enfaldig
silt [sillt] I *subst* bottenslam II *verb*, ~ *up* slammas igen
silver ['sillvər] *subst* silver; bordssilver; ~ *lining* oväntad fördel; ~ *wedding* silverbröllop
silver-plated [ˌsillvər'pleijtəd] *adj* försilvrad
silvery ['sillvəri] *adj* silverglänsande
similar ['simmələr] *adj* lik, liknande
similarly ['simmələrli] *adv* likaledes

simile ['simməli] *subst* liknelse
simmer ['simmər] *verb* puttra, sjuda
simple [simmpl] *adj* enkel
simplicity [simm'plissəti] *subst* enkelhet
simplistic [simm'plisstikk] *adj* onyanserad, förenklad
simply ['simmpli] *adv* helt enkelt
simultaneously [ˌsajməl'tejnjəsli] *adv* samtidigt
sin [sinn] I *subst* synd II *verb* synda
since [sinns] I *adv* sedan; *ever* ~ alltsedan dess II *prep*, ~ *1992* sedan 1992; ~ *Tuesday* sedan i tisdags III *konj* eftersom
sincere [sinn'siər] *adj* uppriktig
sincerely [sinn'siərli] *adv*, *Sincerely yours* i brevslut Med vänlig hälsning
sine qua non [ˌsinni kwa: 'na:n] *subst* nödvändig förutsättning
sinew ['sinnjo:] *subst* sena
sinful ['sinnfəll] *adj* syndig
sing* [sing] *verb* sjunga; ~ *out* vard. hojta till
singe [sinndʒ] I *verb* sveda II *subst* lätt brännskada
singer ['singər] *subst* sångare; sångerska

single [singgl] **I** *adj* **1** enda, enstaka **2** ensamstående; ogift **3** enkel; *in* ~ *file* i gåsmarsch; ~ *room* enkelrum **II** *subst* **1** *singles* singel i tennis o.d. **2** enkel biljett **III** *verb*, ~ *out* välja ut

single-breasted [‚singgl'bresstidd] *adj* enkelknäppt

single-handed [‚singgl'hänndidd] *adv* på egen hand

single-minded [‚singgl'majndidd] *adj* enkelspårig; målmedveten

single-spaced ['singglspejst] *adj* med enkelt radavstånd

singly ['singgli] *adv* **1** en och en **2** på egen hand

singular ['singgjələr] **I** *adj* enastående **II** *subst* singularis

sinister ['sinnisstər] *adj* olycksbådande

sink [singk] **I** *verb* sjunka; gå under; sänka **II** *subst*, ~ el. *kitchen* ~ diskho

sinner ['sinnər] *subst* syndare

sinus ['sajnəs] *subst*, ~ *infection* bihåleinflammation

sip [sipp] **I** *verb* smutta på **II** *subst* smutt

siphon ['sajfən] *subst* hävert

sir [sö:r] *subst* i tilltal herrn, sir vanligen utan motsvarighet i svenskan; *Sir* adlig titel sir

siren ['sajərən] *subst* siren

sirloin ['sö:rlåjn] *subst*, ~ *steak* utskuren biff

sis [siss] (kortform för *sister*) *subst* vard. syrra, lillsyrra

sissy ['sissi] *subst* vard. mes, fjolla

sister ['sisstər] *subst* syster; vard., i tilltal tjejen, hörru

sister-in-law ['sisstərinnla:] *subst* svägerska

sit* [sitt] *verb* sitta; sätta sig; ~ *down* sätta sig; ~ *in on* närvara vid; ~ *out* sitta över dans; ~ *up* sitta uppe och vänta

sitcom ['sittka:m] *subst* komediserie

sit-down ['sittdaon] *adj*, ~ *strike* sittstrejk

site [sajt] *subst* plats; tomt, byggplats

sit-in ['sittin] *subst* sittstrejk; ockupation

sitting-room ['sittingro:m] *subst* vardagsrum

situated ['sittchoejtəd] *adj* belägen

situation [‚sittcho'ejschən] *subst* **1** situation, läge **2** anställning; plats

sit-up ['sittapp] *subst* sit-up

six [sikks] *räkn* sex

sixteen [‚sikks'ti:n] *räkn* sexton

sixth [sikksθ] **I** *räkn* sjätte **II** *subst* sjättedel

sixty ['sikksti] *räkn* sextio

size [sajz] *subst* storlek

sizeable ['sajzəbl] *adj* ganska stor, rätt stor; betydande

sizzle [sizzl] *verb* fräsa; om väder vara stekhett

skate [skejt] **I** *subst* skridsko; rullskridsko **II** *verb* åka skridskor; åka rullskridskor

skateboard ['skejtbå:rd] *subst* rullbräda

skating rink ['skejting ringk] *subst* skridskobana; rullskridskobana

skeleton ['skellittən] *subst* skelett; ~ *key* huvudnyckel; ~ *staff* minimistyrka

skeptical ['skepptikkəl] *adj* skeptisk

sketch [skettch] **I** *subst* **1** skiss **2** sketch **II** *verb* skissera

sketchbook ['skettchbokk] *subst* skissblock

sketchy ['skettchi] *adj* skissartad; knapphändig

skewer [skjoər] *subst* stekspett, grillspett

ski [ski:] **I** *subst* skida **II** *verb* åka skidor

ski boot ['ski: bo:t] *subst* pjäxa

skid [skidd] **I** *subst* sladd på bil; *he hit the skids* det gick utför med honom **II** *verb* få sladd

skier ['ski:ər] *subst* skidåkare

ski jacket ['ski: dʒäkkitt] *subst* täckjacka

ski jump ['ski: dʒammp] *subst* backhoppning

skilift ['ski:lifft] *subst* skidlift

skill [skill] *subst* skicklighet

skilled [skilld] *adj* **1** skicklig **2** yrkesutbildad

skillet ['skillitt] *subst* stekpanna

skillful ['skillfəl] *adj* skicklig

skim [skimm] *verb* skumma

skim milk [ˌskimm 'millk] *subst* skummjölk; lättmjölk

skimp [skimmp] *verb* snåla med

skimpy ['skimmpi] *adj* knapp; för liten; snålt tilltagen

skin [skinn] **I** *subst* hud; skinn **II** *verb* flå; skala

skin-deep [ˌskinn'di:p] *adj* ytlig

skindiving ['skinnˌdajving] *subst* sportdykning

skinny ['skinni] *adj* mager; bara skinn och ben

skinny-dipping ['skinnidipping], *go* ~ bada näck

skintight [ˌskinn'tajt] *adj* åtsittande

skip [skipp] *verb* skutta; bildligt hoppa över

ski pole ['ski: poul] *subst* skidstav

skipper ['skippər] *subst* **1** skeppare **2** lagkapten; ledare

ski resort [‚ski: ri'zå:rt] *subst*
skidort
skirmish ['skö:rmisch] *subst*
skärmytsling; lätt sammandrabbning
skirt [skö:rt] *subst* kjol
skirting-board
['skö:rtingbå:rd] *subst* golvlist
ski slope ['ski: sloup] *subst*
skidbacke
ski tow ['ski: tou] *subst*
släplift
skulk [skallk] *verb* hålla sig
undan; smyga omkring
skull [skall] *subst* skalle; ~
and crossbones dödskalle
med korslagda ben
skunk [skangk] *subst* skunk;
om person kräk, skitstövel
sky [skaj] *subst* himmel; *the
sky's the limit* det finns
ingen övre gräns
skycap ['skajkäpp] *subst* bärare på flygplats
skylight ['skajlajt] *subst* takfönster
skyscraper ['skaj‚skrejpər]
subst skyskrapa
slab [släbb] *subst* platta; skiva
slack [släkk] **I** *adj* slö, slapp;
trög **II** *subst, take up the* ~
strama till rep o.d.
slacken ['släkkən] *verb* minska; slakna
slam [slämm] **I** *verb* slå
(smälla) igen **II** *subst* **1** i

kortspel slam; *grand* ~
storslam **2** *grand* ~ i baseboll
home run
slander ['slänndər] **I** *subst*
förtal **II** *verb* förtala
slang [släng] *subst* slang
slant [slännt] **I** *verb* **1** slutta
2 vinkla **II** *subst* vinkling
slap [släpp] **I** *verb* smälla 'till
II *subst* smäll; slag; *a* ~ *on
the back* en dunkning i
ryggen
slapdash ['släppdäsch] *adv*
vard. hafsigt
slapstick ['släppstikk] *subst*
filmfars, slapstick
slash [släsch] **I** *verb* skära
sönder; slitsa upp; kraftigt
sänka pris **II** *subst* snedstreck
slat [slätt] *subst* spjäla, lamell
i persienn o.d.
slate [slejt] *subst* **1** skiffer;
clean ~ fläckfritt förflutet
2 kandidatlista inför val
slaughter ['sla:tər] **I** *subst*
slakt; bildligt blodbad, massaker **II** *verb* slakta
slaughterhouse ['sla:tərhaos]
subst slakteri
slave [slejv] **I** *subst* slav
II *verb,* ~ *away* slita och
slava
slavish ['slejvisch] *adj* slavisk
sleaze [sli:z] *subst* vard.
1 äcklig typ **2** tarvlighet;
sjaskighet

sleazy ['sli:zi] *adj* vard. sjaskig; sliskig

sled [sledd] *subst* pulka

sledge [sledʒ] *subst* släde

sledgehammer ['sledʒhämmər] *subst* slägga

sleek [sli:k] *adj* slät, glänsande päls; elegant

sleep* [sli:p] **I** *verb* sova; ~ *with* ligga med **II** *subst* sömn; *go to* ~ somna; *put to* ~ avliva djur

sleeper ['sli:pər] *subst* **1** sovvagn **2** *be a heavy* ~ sova tungt **3** oväntad succé

sleeping bag ['sli:ping bägg] *subst* sovsäck

sleeping car ['sli:ping ka:r] *subst* sovvagn

sleeping partner [,sli:ping 'pa:rtnər] *subst* passiv delägare

sleeping pill ['sli:ping pill] *subst* sömnpiller

sleepwalker ['sli:p,wa:kər] *subst* sömngångare

sleepy ['sli:pi] *adj* sömnig

sleet [sli:t] *subst* snöblandat regn

sleeve [sli:v] *subst* ärm

sleigh [slej] *subst* släde

sleight of hand ['slajt əv 'hännd] *subst* fingerfärdighet; trick

slender ['slenndər] *adj* **1** smärt, slank **2** klen, skral

slept [sleppt] *verb* imperf. o. perf.p. av *sleep*

slice [slajs] **I** *subst* skiva; del **II** *verb* skiva

slick [slikk] *adj* glättig; hal; smart; elegant

slide [slajd] **I** *verb* glida; slinka **II** *subst* **1** rutschkana **2** diabild; *color* ~ färgdia

sliding ['slajding] *adj* glid-; ~ *door* skjutdörr

slight [slajt] **I** *adj* ringa, liten; *not in the slightest* inte det minsta **II** *verb* ringakta; förolämpa **III** *subst* skymf; glirning

slightly ['slajtli] *adv* lätt, något

slim [slimm] *adj* smal

slime [slajm] *subst* slem; gyttja, dy

sling [sling] **I** *verb* slunga, slänga **II** *subst* **1** mitella **2** gindrink

slip [slipp] **I** *verb* glida; halka; ~ *a disk* få diskbråck; ~ *off* smyga iväg; ~ *through* slinka igenom; ~ *up* göra bort sig **II** *subst* **1** misstag, tabbe **2** underklänning

slipper ['slippər] *subst* toffel

slippery ['slippəri] *adj* hal

slipshod ['slippscha:d] *adj* hafsig

slip-up ['slippapp] *subst* vard. tabbe

slit [slitt] **I** *verb* sprätta upp
II *subst* **1** snitt **2** slits
slither ['sliðər] *verb* hasa sig
fram; slingra
sliver ['slivvər] *subst* flisa;
strimla
slob [sla:b] *subst* vard. slashas;
luns
slog [sla:g] *verb* vard. traska; ~
through jobba sig igenom
slogan ['slougən] *subst* slag-
ord
slop [sla:p] *verb* spilla
slope [sloup] **I** *subst* sluttning
II *verb* slutta
sloppy ['sla:pi] *adj* vard.
slarvig, slapp
slot [sla:t] *subst* springa;
myntinkast
sloth [sla:θ] *subst* **1** lättja
2 sengångare djur
slot machine ['sla:t məˌschi:n]
subst **1** varuautomat **2** spel-
automat, enarmad bandit
slouch [slaotch] **I** *verb* **1** slo-
ka, hänga **2** hasa sig fram
II *subst, she's no ~ at* slang
hon är fena på
slovenly ['slavvnli] *adj* ovår-
dad
slow [slou] **I** *adj* långsam
II *adv* sakta **III** *verb, ~ down*
(*up*) sakta in; slå av på
takten
slow-motion [ˌslou'mouschən]
subst slow motion, ultrara-
pid

sludge [sladdʒ] *subst* gyttja;
slam, bottensats
1 slug [slagg] *subst* snigel utan
skal; latmask
2 slug [slagg] **I** *verb* slå;
drämma till **II** *subst* **1** kula
2 pollett; falskt mynt
3 slurk, sup
slugger ['slaggər] *subst* slug-
ger basebollhjälte
sluggish ['slaggisch] *adj* trög
sluice [slo:s] *subst* sluss
slum [slamm] *subst* slum
slumber ['slammbər] *verb*
slumra
slump [slammp] **I** *subst* plöts-
ligt prisfall; lågkonjunktur
II *verb* **1** rasa **2** ~ *into a*
chair sjunka ner i en stol
slung [slang] *verb* imperf. o.
perf.p. av *sling*
slur [slö:r] **I** *verb* sluddra
II *subst, racial* ~ rasistiskt
yttrande
slush [slasch] *subst* **1** snöslask
2 ~ *fund* mutkassa
slut [slatt] *subst* slampa;
subba
sly [slaj] **I** *adj* slug; skälmsk;
illmarig; ~ *dog* lurifax
II *subst, on the* ~ i smyg
smack [smäkk] **I** *subst* smäll
II *verb* **1** smälla till **2** smacka
med **III** *adv* vard. rakt, rätt
smackers ['smäkkərz] *subst pl*
slang dollar
small [sma:l] *adj* liten; små; ~

change växel pengar; ~ _talk_
kallprat
smallpox ['små:lpa:ks] _subst_
smittkoppor
smart [sma:rt] **I** _adj_ **1** skicklig;
begåvad, smart; _look_ ~_!_
raska på! **2** stilig; snygg
II _verb_ **1** svida **2** få sota
smash [smäsch] **I** _verb_ **1** slå
sönder; krossa **2** smasha
II _subst_ **1** krock, smäll, skräll
2 jättesuccé **3** smash
smattering ['smättəring]
subst, he has a ~ _of Spanish_
han kan några ord spanska
smear [smiər] **I** _subst_ fläck
II _verb_ smeta ner; smörja
smell [smell] **I** _verb_ lukta; ~
good lukta gott; ~ _a rat_ ana
oråd **II** _subst_ lukt
smile [smajl] **I** _verb_ le **II** _subst_
leende
smirk [smö:rk] **I** _verb_ hånflina
II _subst_ självbelåtet flin
smock [sma:k] _subst_ skydds-
rock
smog [sma:g] _subst_ smog
rökblandad dimma
smoke [smouk] **I** _subst_ rök
II _verb_ röka
smoke screen ['smouk skri:n]
subst rökridå
smoking ['smouking] _subst_
rökning; _no_ ~ rökning
förbjuden; ~ _gun_ slang
avgörande bevis
smoky ['smouki] _adj_ rökig

smooth [smo:ð] **I** _adj_ slät; len;
lugn; jämn; mild **II** _verb_ släta
'till; ~ _over_ släta över
smother ['smaðər] _verb_ kväva;
~ _in gravy_ dränka i sås
smoulder ['smouldər] _verb_
pyra, glöda
smudge [smaddʒ] **I** _subst_
suddigt märke; smutsfläck
II _verb_ kladda ner
smug [smagg] _adj_ självbelåten
smuggle [smaggl] _verb_
smuggla
snack [snäkk] _subst_ matbit
snack bar ['snäkk ba:r] _subst_
snackbar, lunchbar
snag [snägg] _subst_ hake, aber,
krux
snail [snejl] _subst_ snigel; _at a_
snail's pace med snigelfart
snake [snejk] _subst_ orm
snap [snäpp] **I** _verb_ **1** snäsa
2 gå av **3** knäppa med
II _subst_ **1** knäpp **2** _ginger_
snaps ung. pepparkakor
III _adj_ snabb-
snappy ['snäppi] _adj_ kvick;
make it ~_!_ skynda dig!
snapshot ['snäppscha:t] _subst_
kort, snapshot
snare [snäər] **I** _subst_ snara
II _verb_ snärja
snarl [sna:rl] _verb_ morra;
fräsa åt ngn
snatch [snättch] _verb_ rycka
till sig
sneak [sni:k] **I** _verb_ smyga

II *subst* **1** vard. skvallerbytta; skitstövel **2** *sneaks* gymnastikskor **III** *adj,* ~ *preview* förhandsvisning
sneakers ['sni:kərz] *subst pl* gymnastikskor
sneer [sniər] **I** *verb* hånle; *not to be sneered at* inte att förakta **II** *subst* hånleende
sneeze [sni:z] **I** *verb* nysa **II** *subst* nysning
sniff [sniff] **I** *verb* **1** sniffa, lukta på **2** fnysa **II** *subst* snörvling; fnysning
sniffles [snifflz] *subst, have the* ~ vard. vara förkyld
snigger ['sniggər] **I** *verb* flina åt nedlåtande **II** *subst* flin
snip [snipp] *verb* klippa (knipsa) 'av
sniper ['snajpər] *subst* krypskytt
snivel ['snivvəl] *verb* snörvla
snob [sna:b] *subst* snobb
snobbish ['sna:bisch] *adj* snobbig
snoop [sno:p] *verb* snoka, spionera
snooty ['sno:ti] *adj* snorkig, högdragen
snooze [sno:z] *subst* vard. tupplur
snore [snå:r] **I** *verb* snarka **II** *subst* snarkning
snorkel ['snå:rkəl] *subst* snorkel
snort [snå:rt] **I** *verb* **1** fnysa, frusta; gapskratta **2** vard. sniffa kokain **II** *subst* fnysning
snotty ['sna:ti] *adj* **1** snorig **2** vard. snorkig
snout [snaot] *subst* nos, tryne
snow [snou] **I** *subst* snö **II** *verb* **1** snöa; *be snowed in* vara insnöad **2** slang lura, prata omkull
snow-bound ['snoubaond] *adj* insnöad
snowdrift ['snoudrifft] *subst* snödriva
snowdrop ['snoudra:p] *subst* snödroppe
snowflake ['snouflejk] *subst* snöflinga
snowman ['snoumänn] *subst* snögubbe
snowplow ['snouplao] *subst* snöplog; ~ *turn* plogsväng
snowstorm ['snoustå:rm] *subst* snöstorm
snow tire ['snou tajər] *subst* vinterdäck
Snow White ['snou wajt] Snövit
snub-nosed ['snabbnouzd] *adj* trubbnäst
snuff [snaff] *subst* **1** luktsnus **2** *be up to* ~ vara i sin ordning, hålla måttet
snug [snagg] *adj* **1** varm och skön; hemtrevlig **2** åtsittande
snuggle [snaggl] *verb* **1** krypa ihop **2** hålla ömt
so [sou] **I** *adv* **1** så **2** på detta

sätt **II** *konj* så; ~ *as* för att; ~
that så att
soak [souk] *verb* **1** lägga i
blöt; ~ *up* suga åt sig **2** *be
soaked* vara genomvåt
soap [soup] *subst* **1** tvål
2 såpopera
soap opera ['soup ,a:pərə]
subst såpopera
soapy ['soupi] *adj* tvål-
soar [så:r] *verb* **1** sväva högt
2 stiga våldsamt
sob [sa:b] **I** *verb* snyfta **II** *subst*
snyftning; ~ *story* snyfthis-
toria
sober ['soubər] **I** *adj* **1** nykter;
~ *as a judge* spik nykter
2 saklig **II** *verb*, ~ *up* nyktra
till
so-called [,sou'ka:ld] *adj* så
kallad
soccer ['sa:kər] *subst* fotboll;
~ *field* fotbollsplan
social ['souschəl] *adj* **1** social;
~ *class* samhällsklass; ~
security socialförsäkring; *be
on* ~ *security* ha pension;
Social Security number ung.
personnummer; ~ *services*
socialtjänsten **2** sällskaplig; ~
gathering samkväm; ~ *life*
sällskapsliv
socialism ['souschəlizzəm]
subst socialism
socialist ['souschəlisst] **I** *subst*
socialist; socialdemokrat

II *adj* socialistisk; socialde-
mokratisk
socialite ['souschəlajt] *subst*
societetslejon
socialize ['souschəlajz] *verb*
1 umgås **2** *socialized med-
icine* fri offentlig sjukvård
society [sə'sajəti] *subst*
1 samhälle **2** förening
sociology [,sousi'a:lədʒi] *subst*
sociologi
sock [sa:k] **I** *subst* **1** strumpa,
socka **2** slag, smäll; snyting
II *verb* **1** slå, dänga till **2** ~
away vard. spara, lägga
undan
socket ['sa:kət] *subst* sockel;
uttag
soda ['soudə] *subst* sodavat-
ten; läsk; ice-cream soda
sodden ['sa:dn] *adj* genomblöt
sofa ['soufə] *subst* soffa
soft [sa:ft] *adj* mjuk; slapp; ~
drink alkoholfri dryck; *have
a* ~ *spot for* vara svag för
softball ['sa:ftbå:l] *subst* soft-
boll basebollsport med större,
mjukare boll
soft-boiled [,sa:ft'båjld] *adj*, ~
egg löskokt ägg
soften ['sa:fn] *verb* mjukna; ~
up knäcka motståndare
software ['sa:ftwerr] *subst*
programvara
soggy ['sa:gi] *adj* blöt
1 soil [såjl] *subst* jord,
jordmån

2 soil [såjl] *verb* smutsa ner
solace ['sa:ləs] **I** *subst* tröst
II *verb* trösta; lindra
solar ['soulər] *adj* sol-
sold [sould] *verb* imperf. o.
perf.p. av *sell*
solder ['sa:dər] *verb* löda
soldier ['souldʒər] *subst* soldat
1 sole [soul] *subst* **1** sula
2 sjötunga
2 sole [soul] *adj* enda; ~ *right*
ensamrätt
solemn ['sa:ləm] *adj* högtidlig,
allvars-
solicit [sə'lissət] *verb* enträget
be; försöka värva som kund; om
prostituerad bjuda ut sig
solicitor [sə'lissətər] *subst*
1 stadsjurist **2** insamlare av
bidrag
solid ['sa:ləd] *adj* fast; solid;
pålitlig; rejäl; ~ *gold* massivt
guld
solidarity [ˌsa:lə'därrəti] *subst*
solidaritet
solitaire ['sa:lətər] *subst, play*
~ lägga patiens
solitary ['sa:ləˌterri] *adj* ensam;
enda; ~ *confinement* isoler-
ingscell
solo ['soulou] **I** *subst* solo;
soloflygning **II** *adv* ensam
soloist ['soulouisst] *subst*
solist
soluble ['sa:ljəbl] *adj* upplös-
bar

solution [sə'lo:schən] *subst*
lösning
solve [sa:lv] *verb* lösa; klara
upp
solvent ['sa:lvənt] **I** *adj* solvent
II *subst* lösningsmedel
some [samm] *pron* någon,
något, några; lite; ~ *people*
somliga
somebody ['sammbədi] *pron*
någon
somehow ['sammhao] *adv* på
något sätt
someone ['sammwann] *pron*
någon
somersault ['sammərsa:lt]
subst kullerbytta; saltomor-
tal; volt
something ['sammθing]
I *pron* något, någonting
II *adv* något, litet
sometime ['sammtajm] *adv*
någon gång
sometimes ['sammtajmz] *adv*
ibland
somewhat ['sammhwa:t] *adv*
något, ganska
somewhere ['sammhwäər]
adv någonstans; ~ *else* någon
annanstans
son [sann] *subst* son; *he is his*
father's ~ han brås på sin far
song [sa:ng] *subst* sång; visa
son-in-law ['sannənnˌla:] *subst*
svärson, måg
soon [so:n] *adv* snart, strax
sooner ['so:nər] *adv* **1** ~ *or*

later förr eller senare; *the ~ the better* ju förr dess bättre
2 *I would ~* jag vill hellre
soot [sott] *subst* sot
soothe [so:ð] *verb* lugna; lindra
sophisticated [sə'fisstikkejtəd] *adj* sofistikerad
sophomore ['sa:fəmå:r] *subst* andraårsstudent på college
sophomoric [‚sa:fə'må:rikk] *adj* omogen; egenkär
sopping ['sa:ping] *adv,* *~ wet* genomblöt
soppy ['sa:pi] *adj* vard. fånig, sentimental
soprano [sə'prännou] *subst* sopran
sorcerer ['så:rsərər] *subst* trollkarl
sore [så:r] **I** *adj* **1** öm, ömtålig; *sight for ~ eyes* välkommen syn **2** vard. sur, på dåligt humör **II** *subst* sår, varböld
sorority [sə'rå:rəti] *subst* förening för kvinnliga studenter på college
sorrow ['så:rou] *subst* sorg
sorry ['så:ri] *adj* **1** *I'm ~* jag beklagar; *I'm ~!* förlåt!; *feel ~ for* tycka synd om **2** bedrövlig, ynklig, jämmerlig
sort [så:rt] **I** *subst* sort **II** *verb* sortera; *~ out* reda upp
so-so ['sousou] *adj* skaplig

sought [sa:t] *verb* imperf. o. perf.p. av *seek*
sought-after ['sa:täfftər] *adj* eftersökt
soul [soul] *subst* **1** själ **2** soulmusik
soul-destroying ['souldi‚stråjing] *adj* själsdödande
soulful ['soulfəl] *adj* själfull
1 sound [saond] *adj* frisk, sund; *~ sleep* god sömn
2 sound [saond] **I** *subst* ljud **II** *verb* låta, klinga, ljuda; *~ the alarm* slå larm
3 sound [saond] *verb* sondera, pejla
4 sound [saond] *subst* sund
sound barrier ['saond ‚bärriər] *subst* ljudvall; *break the ~* spränga ljudvallen
sound level ['saond levvəl] *subst* ljudstyrka
soundproof ['saondpro:f] *adj* ljudisolerad
soundtrack ['saondträkk] *subst* filmmusik
soup [so:p] **I** *subst* soppa; *thick ~* redd soppa **II** *verb,* *~ up* trimma motor o.d.; liva upp, ge en kraftinjektion
sour ['saoər] *adj* sur; *~ cream* gräddfil, crème fraiche; *go ~* surna
source [så:rs] *subst* källa
south [saoθ] **I** *subst* söder **II** *adj* södra **III** *adv* söderut

south-east [ˌsaoθ'iːst] *subst*
sydost
southerly ['saðərli] *adj* sydlig
southern ['saðərn] *adj* sydlig
southpaw ['saoθpaː] *subst*
slang vänsterhänt person
southward ['saoθwərd] *adv*
mot (åt) söder
south-west [ˌsaoθ'wesst] *subst*
sydväst
souvenir [ˌsoːvə'niər] *subst*
souvenir, minne
sovereign ['saːvrən] **I** *adj* su-
verän; högsta t.ex. makt
II *subst* monark
1 sow [sou] *verb* så
2 sow [sao] *subst* sugga
sown [soun] *verb* perf.p. av *1
sow*
soya ['såjə] *subst* soja
spa [spaː] *subst* brunnsort,
spa
space [spejs] *subst* **1** rymden;
time and ~ tid och rum **2** *~
bar* mellanslagstangent
3 utrymme; *living ~* bo-
stadsutrymme
spacecraft ['spejskräfft] *subst*
rymdskepp
spaced-out [ˌspejst'aot] *adj*
slang hög, påtänd
spaceflight ['spejsflajt] *subst*
rymdfärd
spaceman ['spejsmänn] *subst*
rymdfarare
spaceship ['spejsschipp] *subst*
rymdskepp

spacious ['spejschəs] *adj*
rymlig, med gott om utrym-
me
1 spade [spejd] *subst* **1** *spa-
des* spader **2** *in spades* slang
ordentligt **3** slang blatte, ne-
ger
2 spade [spejd] *subst* spade
Spain [spejn] Spanien
span [spänn] **I** *subst* **1** spänn-
vidd **2** tid **II** *verb* spänna
(sträcka sig) över
Spaniard ['spännjərd] *subst*
spanjor
spaniel ['spännjəl] *subst* spa-
niel; *cocker ~* cockerspaniel
Spanish ['spännisch] **I** *adj*
spansk **II** *subst* spanska språk
spank [spängk] *verb* smiska;
daska till; *be spanked* få
smisk
spar [spaːr] *verb* sparra,
träningsboxas
spare [späər] **I** *adj* extra,
reserv-; *~ bed* extrasäng; *~
parts* reservdelar; *~ time*
fritid **II** *verb* **1** avvara **2** sko-
na
spareribs ['sperribbz] *subst pl*
tunna revbensspjäll
sparing ['sperring] *adj* spar-
sam, njugg
spark [spaːrk] *subst* gnista
sparkle [spaːrkl] *verb* **1** gnist-
ra; sprudla **2** om vin moussera
spark plug ['spaːrk plagg]
subst tändstift

sparrow ['spärrou] *subst* sparv
sparse [spa:rs] *adj* gles;
tunnsådd
spartan ['spa:rtən] *adj* spar-
tansk
spasm ['späzzəm] *subst*
kramp; anfall
spasmodic [späzz'ma:dikk]
adj ryckvis; stötvis
spastic ['spässtikk] *adj* spas-
tisk
spat [spätt] *verb* imperf. o.
perf.p. av 2 *spit*
spate [spejt] *subst* bildligt flod,
skur; strid ström
spatter ['spättər] *verb* stänka
ned; stänka
spatula ['spättchələ] *subst*
1 palettkniv 2 stekspade;
slickepott
spawn [spa:n] *verb* 1 lägga
rom (ägg) 2 framkalla, ge
upphov till
speak* [spi:k] *verb* tala; *so to
~* så att säga; *speaking of* på
tal om; *~ up (out)* tala högre;
tala ut
speaker ['spi:kər] *subst* 1 ta-
lare; talman 2 högtalare
spear [spiər] I *subst* spjut
II *verb* spetsa
spearhead ['spirrhedd] *subst*
spjutspets
special ['speschəl] I *adj* speci-
ell, särskild; *~ delivery*
express brev II *subst*, *today's
~* dagens rätt på matsedel

specialist ['speschəlisst] *subst*
specialist
speciality [‚speschi'älləti]
subst specialitet
specialize ['speschəlajz] *verb*
specialisera; specialisera sig
specially ['speschəli] *adv* sär-
skilt, speciellt
species ['spi:schi:z] *subst* art;
arter; *the human ~* männi-
skosläktet
specific [spə'siffikk] *adj* spe-
cificerad; specifik; uttrycklig
specifically [spə'siffikkli] *adv*
särskilt
specification
[‚spessəfi'kejschən] *subst*
specificering; detaljerad
uppgift
specimen ['spessəminn] *subst*
exemplar; prov; *urine ~*
urinprov
speck [spekk] *subst* fläck;
dammkorn
speckled [spekkld] *adj* prickig
specs [spekks] kortform för
specifications
spectacle ['spekktəkl] *subst*
1 skådespel 2 *spectacles*
glasögon
spectacular [spekk'täkkjələr]
adj imponerande
spectator ['spekktejtər] *subst*
åskådare; *spectators* äv. pu-
blik
spectrum ['spekktrəm] *subst*
spektrum; skala

speculation [ˌspekkjə'lejschən]
subst spekulation; fundering
speech [spi:tch] *subst* tal;
freedom of ~ yttrandefrihet
speechless ['spi:tchləs] *adj*
mållös
speed [spi:d] **I** *subst* fart,
hastighet **II** *verb* köra för
fort; ~ *up* öka farten
speedboat ['spi:dbout] *subst*
racerbåt
speeding ['spi:ding] *subst*
fortkörning
speed limit ['spi:d ˌlimmət]
subst hastighetsbegränsning
speedometer [spid'da:mətər]
subst hastighetsmätare
speedway ['spi:dwej] *subst*
speedway
speedy ['spi:di] *adj* hastig,
rask; snabb
speed zone ['spi:d zoun] *subst*
vägsträcka med en hastighetsbe-
gränsning på 50 el. 70 km/tim
1 spell [spell] *verb* stava
2 spell [spell] *subst* förtroll-
ning; *be under a* ~ vara
trollbunden
3 spell [spell] *subst* period
4 spell [spell] *verb* avlösa,
byta av
spellbound ['spellbaond] *adj*
trollbunden
spelling ['spelling] *subst* stav-
ning
spend* [spennd] *verb* **1** lägga
ut; göra av med **2** tillbringa

spendthrift ['spenndθrifft]
subst slösare
spent [spennt] *verb* imperf. o.
perf.p. av *spend*
sperm [spö:rm] *subst* spermie;
sperma
spew [spjo:] *verb* spy
sphere [sfirr] *subst* sfär;
område, gebit
spic [spikk] *subst* slang
puertorican; latinamerikan
spice [spajs] **I** *subst* krydda;
kryddor **II** *verb* krydda
spick-and-span
[ˌspikkən'spänn] *adj* skinan-
de ren
spicy ['spajsi] *adj* kryddstark,
aromatisk; pikant; vågad
spider ['spajdər] *subst* spindel
spike [spajk] **I** *subst* pigg,
spets; ~ *heels* högklackade
skor **II** *verb* vard. spetsa dryck
spill [spill] *verb* spilla; ~ *the
beans* prata bredvid mun-
nen, skvallra
spin [spinn] **I** *verb* **1** spinna
2 snurra; skruva boll **II** *subst*
skruv på boll
spinach ['spinnitch] *subst*
spenat
spinal [spajnl] *adj* ryggrads-;
~ *cord* ryggmärg
spindly ['spinndli] *adj* spinkig
spin doctor ['spinn da:ktər]
subst vard. 'nyhetsfrisör'
person som skriver fördelaktigt om

politikers mindre populära beslut
och uttalanden
spine [spajn] *subst* ryggrad
spineless ['spajnləs] *adj* rygg-
radslös; mesig
spinning-wheel ['spinningwi:l]
subst spinnrock
spin-off ['spinna:f] *subst*
spin-off, biprodukt
spiral ['spajərəl] I *adj* spiral-
formad II *subst* spiral; spi-
ralfjäder
spire ['spajər] *subst* tornspira
spirit ['spirrət] *subst* 1 ande
2 anda; *high spirits* gott
humör 3 liv 4 *spirits* sprit
spirited ['spirrətəd] *adj* livlig
spiritual ['spirritchoəl] I *adj*
andlig II *subst* gospelsång
1 **spit** [spitt] *subst* grillspett
2 **spit** [spitt] I *verb* 1 spotta; ~
it out! ut med språket! 2 *be
the spitting image of sb.*
vara ngn upp i dagen II *subst*
spott
spite [spajt] I *subst* illvilja;
elakhet; *in ~ of* trots II *verb*
reta
spiteful ['spajtfəl] *adj* illvillig
spittle ['spittl] *subst* saliv
splash [spläsch] I *verb* plum-
sa, stänka; plaska II *subst*
1 plask; *make a ~* väcka
sensation 2 skvätt
spleen [spli:n] *subst* 1 mjälte
2 dåligt lynne

splendid ['splenndidd] *adj*
lysande
splendor ['splenndər] *subst*
prakt, glans
splint [splinnt] *subst* spjäla,
skena
splinter ['splinntər] I *verb* flisa
sig II *subst* flisa; *splinters* äv.
splitter; ~ *group* utbrytar-
grupp
split [splitt] I *verb* splittra;
dela; slang sticka, dra; ~ *up*
skiljas; skiljas åt; om par äv.
göra slut II *subst* spricka; *do
the splits* gå ner i spagat
split second [,splitt 'sekkənd]
subst bråkdel av en sekund
splutter ['splattər] *verb* spotta
och fräsa
spoil [spåjl] I *verb* 1 förstöra;
bli förstörd 2 skämma bort
II *subst, the spoils* rov, byte
spoilsport ['spåjlspå:rt] *subst*
vard. glädjedödare
1 **spoke** [spouk] *verb* imperf. av
speak
2 **spoke** [spouk] *subst* eker i
hjul
spoken ['spoukən] I *verb*
perf.p. av *speak* II *adj*, ~
language talspråk
spokesman ['spouksmən]
subst talesman; språkrör
sponge [spanndʒ] *subst*
tvättsvamp; *throw in the ~*
kasta in handduken

sponge cake ['spanndʒ kejk] *subst* slags sockerkaka
sponsor ['spa:nsər] **I** *subst* sponsor; fadder **II** *verb* sponsra
sponsorship ['spa:nsərschipp] *subst* sponsring
spontaneous [spa:n'tejnjəs] *adj* spontan
spooky ['spo:ki] *adj* vard. kuslig, spöklik
spool [spo:l] *subst* spole; ~ *of thread* trådrulle
spoon [spo:n] *subst* sked
spoonfeed ['spo:nfi:d] *verb* dalta med, servera färdiga lösningar åt
spoonful ['spo:nfoll] *subst* sked som mått
sport [spå:rt] *subst* sport; idrott
sporting ['spå:rting] *adj* sport-, idrotts-
sportsman ['spå:rtsmən] *subst* **1** idrottsman **2** god förlorare; hygglig prick
sportsmanship ['spå:rtsmənschipp] *subst* sportsmannaanda
sportswear ['spå:rtswerr] *subst* sportkläder
sportswoman ['spå:rts‚wommən] *subst* idrottskvinna
sporty ['spå:rti] *adj* vard. sportig
spot [spa:t] **I** *subst* **1** fläck; ~ *remover* fläckborttagningsmedel **2** plats, ställe; *in a tight* ~ i knipa; *on the* ~ på platsen; genast **3** utslag **II** *verb* få syn på, se
spot-check [‚spa:t'tchekk] *subst* stickprov
spotless ['spa:tləs] *adj* skinande ren
spotlight ['spa:tlajt] *subst* strålkastare; *be in the* ~ stå i rampljuset
spotted ['spa:təd] *adj* prickig; fläckig
spotty ['spa:ti] *adj* ojämn; sporadisk
spouse [spaos] *subst* äkta make (maka)
spout [spaot] **I** *verb* spruta; ~ *nonsense* prata strunt **II** *subst* pip; *up the* ~ borta; åt pipan
sprain [sprejn] **I** *verb* vricka, stuka **II** *subst* vrickning
sprang [spräng] *verb* imperf. av *spring*
sprawl [spra:l] **I** *verb* sträcka (breda) ut sig **II** *subst*, *suburban* ~ förorternas ohämmade tillväxt
spray [sprej] **I** *subst* sprej **II** *verb* spreja, spruta
spray-paint ['sprejpejnt] *verb* sprutmåla; måla med färgsprej
spread [spredd] **I** *verb* **1** sprida; sprida sig **2** breda

ll *subst* **1** spridning **2** bred-
bart pålägg **3** uppslag i
tidning **4** vard. ranch; flott
ställe **5** vard., flott bjudning;
put (lay) on a ~ bjuda flott
spree [spri:] *subst, go on a ~*
gå ut och festa; *shopping ~*
shoppingrunda
sprightly ['sprajtli] *adj* pigg
spring [spring] **l** *verb* **1** hoppa
2 rinna upp, spruta **3** upp-
stå; härstamma **4** *~ sth. on
sb.* överraska ngn med ngt
ll *subst* **1** vår; *last ~* förra
våren, i våras **2** källa **3** fjä-
der, resår
springboard ['springbå:rd]
subst språngbräda
springtime ['springtajm]
subst, in the ~ på (under)
våren
sprinkle ['springkl] **l** *verb* strö,
stänka **ll** *subst, sprinkles*
strössel
sprinkler ['springklər] *subst*
vattenspridare; sprinkler
sprint [sprinnt] **l** *verb* spurta
ll *subst* sprinterlopp
sprout [spraot] **l** *verb* gro; *~
up* om tonåring skjuta i höjden
ll *subst* skott; grodd
1 spruce [spro:s] **l** *adj* prydlig,
fin **ll** *verb, ~ up* piffa upp,
snofsa till
2 spruce [spro:s] *subst* gran
sprung [sprang] *verb* perf.p. av
spring

spry [spraj] *adj* pigg
spun [spann] *verb* imperf. o.
perf.p. av *spin*
spur [spö:r] **l** *subst* sporre; *on
the ~ of the moment* utan
närmare eftertanke **ll** *verb*
sporra
spurious ['spjorriəs] *adj* falsk
1 spurt [spö:rt] **l** *verb* spurta
ll *subst* spurt
2 spurt [spö:rt] *verb* spruta
spy [spaj] **l** *verb* spionera
ll *subst* spion
squabble ['skwa:bl] **l** *subst*
käbbel **ll** *verb* käbbla, kivas
squad [skwa:d] *subst* **1** grupp
del av pluton; *death ~*
dödspatrull **2** rotel; *~ car*
polisbil
squadron ['skwa:drən] *subst*
division inom flyget
squalid ['skwa:ləd] *adj* smut-
sig, eländig, snuskig
squall [skwa:l] *subst* kastby
squalor ['skwa:lər] *subst*
snusk; elände
squander ['skwa:ndər] *verb*
slösa bort
square [skwäər] **l** *subst* **1** fyr-
kant; kvadrat; ruta **2** torg
3 slang nörd, insnöad typ
ll *adj* **1** fyrkantig; kvadra-
tisk; *~ foot* kvadratfot **2** *~
deal* vard. schyst behandling
squarely ['skwäərli] *adv* rakt;
rakt på sak

squash [skwa:sch] **I** *verb* mosa **II** *subst* squash

squat [skwa:t] **I** *verb* **1** sitta på huk **2** ockupera **II** *adj* satt

squatter ['skwa:tər] *subst* **1** nyodlare, bonde utan rätt till marken **2** husockupant

squawk [skwa:k] **I** *verb* **1** skria **2** protestera högljutt **II** *subst* skri

squeak [skwi:k] **I** *verb* gnissla; knarra **II** *subst* pip; gnissel

squeal [skwi:l] *verb* **1** skrika **2** slang tjalla

squeamish ['skwi:misch] *adj* blödig

squeeze [skwi:z] *verb* krama; pressa

squelch [skwelltch] **I** *verb* **1** klafsa **2** stoppa, sätta p för **II** *subst* dräpande replik

squid [skwidd] *subst* tioarmad bläckfisk

squiggle [skwiggl] *subst* krumelur

squint [skwinnt] **I** *verb* skela **II** *subst* vindögdhet

squirm [skwö:rm] *verb* skruva på sig; våndas

squirrel ['skwö:rəl] **I** *subst* ekorre **II** *verb*, ~ *away* stoppa undan pengar

squirt [skwö:rt] *verb* spruta

stab [stäbb] **I** *verb* sticka ned; ~ *to death* knivmörda **II** *subst* sting; knivhugg

1 stable [stejbl] *adj* stabil; stadig

2 stable [stejbl] *subst* **1** stall **2** uppsättning

stack [stäkk] **I** *subst* trave; hög; *stacks of* vard. massor med **II** *verb* **1** stapla upp **2** ~ *the cards* fiffla med kortleken; *the cards are stacked against her* hon har alla odds mot sig

stadium ['stejdjəm] *subst* stadion

staff [stäff] *subst* personal

stag [stägg] *subst* **1** hjort hanne **2** ~ *night* el. ~ *party* svensexa; kväll med grabbarna

stage [stejdʒ] **I** *subst* **1** scen; ~ *fright* rampfeber **2** skede **II** *verb* sätta upp, iscensätta

stagger ['stäggər] *verb* vackla, ragla

staggering ['stäggəring] *adj* häpnadsväckande

stagnate ['stäggnejt] *verb* stagnera, stanna av

stain [stejn] **I** *verb* fläcka ned; bildligt besudla; *stained glass* blyinfattat glas **II** *subst* fläck

stainless ['stejnləs] *adj*, ~ *steel* rostfritt stål

stair [stäər] *subst* trappsteg; *stairs* trappa

staircase ['sterrkejs] *subst* trappa inomhus

stairwell ['sterrwell] *subst*
trapphus
stake [stejk] **I** *subst* intresse;
stakes insats; *be at* ~ stå på
spel **II** *verb* riskera, satsa
stale [stejl] *adj* unken,
avslagen; gammal, nött
stalemate ['stejlmejt] *subst*
dödläge
1 stalk [staːk] *subst* stjälk
2 stalk [staːk] *verb* smyga sig
på; leta efter
1 stall [staːl] *verb*, ~ *for time*
försöka vinna tid
2 stall [staːl] *subst* salustånd
3 stall [staːl] **I** *verb* tjuvstanna
II *subst* tjuvstopp; *go into a*
~ om flygplan överstegra
stallion ['ställjən] *subst* hingst
stalwart ['staːlwərt] *adj* tro-
gen, plikttrogen; ståndaktig
stamina ['stämminnə] *subst*
uthållighet; kondition
stammer ['stämmər] **I** *verb*
stamma **II** *subst* stamning
stamp [stämmp] **I** *verb*
1 stampa; ~ *out* krossa, slå
ned; utrota t.ex. sjukdom
2 stämpla **II** *subst* **1** frimärke
2 stämpel **3** bildligt prägel
stamp album ['stämmp
‚ällbəm] *subst* frimärksalbum
stampede [stämm'piːd] **I** *subst*
vild flykt **II** *verb* fly i panik;
försätta i panik
stance [stänns] *subst* inställ-
ning, hållning

1 stanch [staːntch] *verb* stilla,
hämma blödning
2 stanch [staːntch] *adj*
trofast, pålitlig
stand* [stännd] **I** *verb* **1** stå;
~ *up* resa sig **2** stå sig; stå ut
med **3** ~ *trial* stå inför rätta
4 ~ *by* ligga i beredskap; ~
by sb. stå vid ngns sida; ~
down träda tillbaka; ~ *for*
stå för; kandidera till; ~ *in*
for vikariera för; ~ *on* hålla
på; ~ *out* framhäva; utmärka
sig; ~ *up for* försvara **II** *subst*
1 ståndpunkt; *take a* ~ ta
ställning **2** ställ, hållare
3 stånd; kiosk
standard ['stänndərd] *subst*
mått; standard, nivå; ~ *of*
living levnadsstandard
standby ['stänndbaj] **I** *subst*
reserv **II** *adj* reserv-; ~ *duty*
bakjour; *fly* ~ flyga som
standby
stand-in ['stänndinn] *subst*
vikarie
standing ['stännding] **I** *adj*
stående; ~ *room* ståplats
II *subst* **1** anseende **2** *the*
standings ligatabell särskilt i
baseboll **3** *No* ~ på skylt
stoppförbud
stand-offish [‚stännd'aːfisch]
adj reserverad
standpoint ['stänndpåjnt]
subst ståndpunkt
standstill ['stänndstill] *subst,*

come to a ~ stanna av; köra
fast
stand-up ['stänndapp] *adj*, ~
comedian ståuppkomiker
stank [stängk] *verb* imperf. av
stink
1 staple [stejpl] *subst* häft-
klammer
2 staple [stejpl] **I** *adj* bas-
II *subst* basvara
stapler ['stejplər] *subst* häft-
apparat
star [sta:r] **I** *subst* stjärna; *the
Stars and Stripes* Stjärnba-
neret USA:s flagga **II** *verb* ha
huvudrollen **III** *adj* stjärn-
starboard ['sta:rbərd] *subst*
styrbord
starch [sta:rtch] **I** *subst* stär-
kelse **II** *verb* stärka t.ex. krage
stare [stäər] *verb* stirra, glo
stark [sta:rk] **I** *adj* kal; kall
II *adv*, ~ *naked* spritt naken
starling ['sta:rling] *subst* stare
starry ['sta:ri] *adj* stjärnklar
starry-eyed ['sta:riajd] *adj* full
av illusioner; romantisk
star-struck ['sta:rstrakk] *adj*
idolfixerad
start [sta:rt] **I** *verb* börja,
starta; ~ *on one's own* starta
eget; *to* ~ *with* till en början
II *subst* början, start; *make a
fresh* ~ börja om från början
starter ['sta:rtər] *subst* förrätt;
for starters vard. till att börja
med, för det första

starting-point ['sta:rtingpåjnt]
subst utgångspunkt
startle [sta:rtl] *verb* skrämma
startling ['sta:rtling] *adj* häp-
nadsväckande
starvation [sta:r'vejschən]
subst svält
starve [sta:rv] *verb* svälta; *I'm
starving* vard. jag är jätte-
hungrig
state [stejt] **I** *subst* **1** tillstånd;
~ *of emergency* nödläge; *lie
in* ~ ligga på lit de parade
2 stat; delstat; *the States*
Staterna Förenta staterna; *State
of the Union message*
presidentens årliga tal till
kongressen; *the State De-
partment* Utrikesdeparte-
mentet; ~ *university* statligt
universitet **II** *verb* uppge;
konstatera
Statehouse ['stejthaos] *subst*,
the ~ folkrepresentationens
hus i delstat
stately ['stejtli] *adj* ståtlig
statement ['stejtmənt] *subst*
uttalande
state-of-the-art [‚stejtəvði'a:rt]
adj aktuell, spjutspets-
statesman ['stejtsmən] *subst*
statsman
static ['stättikk] *adj* statisk
station ['stejschən] **I** *subst*
station; bas **II** *verb* stationera
stationary ['stejschənerri] *adj*
stillastående

stationery ['stejschnənerri]
subst skrivmateriel; brev-
papper
stationmaster
['stejschən,mässtər] *subst*
stationsföreståndare
station wagon ['stejschən
,wäggən] *subst* herrgårds-
vagn
statistics [stə'tisstikks] *subst*
statistik
statue ['stättcho:] *subst* staty
status ['stejtəs, 'stättəs] *subst*
ställning, status; ~ *quo*
oförändrat läge; normalläge
statute ['stättcho:t] *subst* lag;
stadga
statutory ['stättchətå:ri] *adj*
1 lagstadgad **2** stadgeenlig
1 staunch [sta:ntsch] *adj*
trofast, pålitlig
2 staunch [sta:ntch] *verb*
stilla, hämma blödning
stay [stej] **I** *verb* **1** stanna; ~
the night stanna kvar över
natten; ~ *away from* el. ~ *out
of* hålla sig borta från; ~ *up*
vara uppe inte lägga sig
2 tillfälligt bo **3** *staying power*
uthållighet **II** *subst* vistelse
stead [stedd] *subst, stand sb.
in good* ~ komma ngn väl till
pass
steadfast ['steddfässt] *adj*
ståndaktig, orubblig
steady ['steddi] *adj* stadig,
stabil

steak [stejk] *subst* biff
steal* [sti:l] *verb* stjäla
stealth [stellθ] *subst, by* ~ i
smyg, oförmärkt
steam [sti:m] *subst* ånga; *let
off* ~ vard. avreagera sig
steam engine ['sti:m
,enndʒinn] *subst* ånglok
steamer ['sti:mər] *subst*
1 ångfartyg **2** ångkokare
steamship ['sti:mschipp]
subst ångfartyg
steamy ['sti:mi] *adj* ångande
het; erotisk, sexuellt laddad
steel [sti:l] **I** *subst* stål **II** *verb,*
~ *oneself* stålsätta sig
steelworks ['sti:lwö:rks] *subst*
stålverk
1 steep [sti:p] *verb, be
steeped in* vara genomsyrad
av
2 steep [sti:p] *adj* **1** brant
2 orimligt hög om pris
steeple [sti:pl] *subst* spetsigt
kyrktorn
steeplechase ['sti:pltchejs]
subst **1** steeplechase **2** hin-
derlöpning
1 steer [stiər] *subst* ungtjur
2 steer [stiər] *verb* styra
steering wheel ['stirring wi:l]
subst ratt
1 stem [stemm] **I** *subst* stam;
stjälk **II** *verb,* ~ *from* stamma
från
2 stem [stemm] *verb* stämma,

hejda; ~ *the tide* hejda
utvecklingen
stench [stenntch] *subst* stank
step [stepp] **I** *subst* **1** steg
2 *take steps* vidta åtgärder
3 trappsteg **II** *verb* kliva, gå;
~ *aside (down)* träda
tillbaka; ~ *in* ingripa; ~ *out*
stiga ut; gå fortare; gå ut och
roa sig
stepbrother ['stepp̦braðər]
subst styvbror
stepdaughter ['stepp̦da:tər]
subst styvdotter
stepfather ['stepp̦fa:ðər] *subst*
styvfar
stepladder ['stepp̦läddər]
subst trappstege
stepmother ['stepp̦maðər]
subst styvmor
stepping stone ['stepping
stoun] *subst* bildligt steg
stepsister ['stepp̦sisstər] *subst*
styvsyster
stepson ['steppsann] *subst*
styvson
stereo ['stirriou] *subst* stereo
sterile ['sterrəl] *adj* steril
sterilize ['sterrəlajz] *verb* ste-
rilisera
sterling ['stö:rling] *subst* ster-
ling brittisk valuta; ~ *silver* äkta
silver
1 stern [stö:rn] *adj* sträng
2 stern [stö:rn] *subst* akter
stew [sto:] *subst* gryta maträtt;
beef ~ köttgryta

steward ['sto:ərd] *subst* ste-
ward
stewardess [̦sto:ər'dess] *subst*
flygvärdinna
1 stick [stikk] *subst* pinne;
käpp
2 stick [stikk] *verb* **1** sticka
2 klistra; fastna **3** ~ *by* förbli
lojal mot; ~ *in sb.'s mind*
fastna i ngns minne; ~ *out*
falla i ögonen; ~ *to (with)*
hålla sig till; ~ *together* hålla
ihop; ~ *up* sätta upp; ~ *up*
for försvara
sticker ['stikkər] *subst* klister-
märke; *bumper* ~ dekal på bil
stickler ['stikklər] *subst, be a*
~ *for* vara noga med
stick shift ['stikk schifft] *subst*
växelspak
sticky ['stikki] *adj* klibbig
stiff [stiff] *adj* styv, stel
stiff-arm ['stiffa:rm] *verb*
1 knuffa åt sidan **2** strunta i
stiffen ['stiffən] *verb* stelna;
hårdna; stärka kläder
stifle [stajfl] *verb* kväva;
undertrycka
stigma ['stiggmə] *subst* bildligt
stämpel; tecken
stiletto [sti'lettou] *subst* stilett
still [still] **I** *adj* stilla **II** *subst*
stillbild **III** *adv* **1** tyst och
stilla **2** ännu **IV** *konj* likväl,
ändå
stillborn ['stillbå:rn] *adj* död-
född

still life [,still 'lajf] *subst*
stilleben
stilt [stillt] *subst* stylta
stilted ['stilltidd] *adj* uppstyl-
tad, svulstig
stimulate ['stimmjəlejt] *verb*
stimulera
stimulus ['stimmjələs] *subst*
stimulans
sting [sting] I *subst* 1 stick,
sting 2 slang fälla som gillrats av
polisen II *verb* sticka, stickas
stingy ['stindʒi] *adj* knusslig,
njugg
stink [stingk] I *verb* stinka
II *subst* stank; *raise a ~* ställa
till rabalder
stinking ['stingking] *adj* vard.
avskyvärd
stint [stinnt] *subst* period,
pass, omgång
stir [stö:r] *verb* röra; *~ up*
väcka; ställa till med
stirrup ['stö:rəp] *subst* stigby-
gel
stitch [stittch] I *subst* stygn;
be in stitches skratta sig
halvt fördärvad II *verb* sy
stock [sta:k] I *subst* 1 aktier
2 lager; *out of ~* slutsåld
II *adj* kliché- III *verb* lagerfö-
ra, ha på hyllan
stockbroker ['sta:k,broukər]
subst börsmäklare
stock exchange ['sta:k
ikks,tchejndʒ] *subst* fond-
börs

stocking ['sta:king] *subst*
strumpa; *a pair of stockings*
ett par strumpor
stock market ['sta:k ,ma:rkət]
subst fondbörs
stockpile ['sta:kpajl] I *subst*
förråd II *verb* hamstra, lägga
upp lager av
stockroom ['sta:kro:m] *subst*
lager lokal
stocktaking ['sta:k,tejking]
subst inventering
stocky ['sta:ki] *adj* satt; låg
och kraftig
stodgy ['sta:dʒi] *adj* tung,
mastig; oinspirerande
stoke [stouk] *verb*, *~* el. *~ up*
lägga på ved; bildligt hetsa
upp
stole [stoul] *verb* imperf. av
steal
stolen ['stoulən] *verb* perf.p. av
steal
stolid ['sta:ləd] *adj* trög, slö
stomach ['stammək] I *subst*
mage II *verb* tåla, finna sig i
stomach ache ['stammək ejk]
subst magknip
stomp [sta:mp] *verb* 1 stampa
2 dansa 3 slang utklassa;
utplåna
stone [stoun] I *subst* sten;
ädelsten; *leave no ~ un-
turned* inte lämna något
ogjort II *verb* stena
stone-cold [,stoun'kould] *adj*
iskall

stone-deaf [‚stoun'deff] *adj* stendöv

stonewall ['stounwa:l] *verb* slang tiga som muren, vägra samarbeta

stood [stodd] *verb* imperf. o. perf.p. av *stand*

stool [sto:l] *subst* pall; ~ *pigeon* slang tjallare

stoop [sto:p] *verb* böja sig; nedlåta sig

stop [sta:p] I *verb* stoppa, stanna; hindra; sluta; ~ *dead* tvärstanna; ~ *off (by) at sb.'s place* el. ~ *in on sb.* titta in hos ngn; *stopped up* om näsa täppt II *subst* **1** stopp; uppehåll **2** hållplats

stopgap ['sta:pgäpp] *subst* tillfällig ersättning; ~ *measure* tillfällig åtgärd

stoplight ['sta:plajt] *subst* trafiksignal

stop-over ['sta:p‚ouvər] *subst* uppehåll

stoppage ['sta:piddʒ] *subst, work* ~ arbetsnedläggelse

stopper ['sta:pər] *subst* kork

stopwatch ['sta:pwa:tch] *subst* stoppur

storage ['stå:riddʒ] *subst* lagring; ~ *battery* ackumulator, batteri

store [stå:r] I *subst* **1** förråd **2** butik, affär II *verb* förvara

storeroom ['stå:rro:m] *subst* förrådsrum; lagerlokal

stork [stå:rk] *subst* stork

storm [stå:rm] I *subst* storm; *take by* ~ ta med storm; ~ *window* ytterfönster II *verb* storma; rasa

1 story ['stå:ri] *subst* **1** berättelse; *it's the same old* ~ det är samma gamla visa; *tell stories* hitta på, ljuga **2** handling, story

2 story ['stå:ri] *subst* våningsplan; *the first* ~ nedre botten

storybook ['stå:ribokk] *subst* sagobok

stout [staot] *adj* kraftig, bastant

stove [stouv] *subst* spis; kamin

stow [stou] *verb*, ~ el. ~ *away* stuva undan

stowaway ['stouəwej] *subst* fripassagerare

straddle [sträddl] *verb* sitta grensle

straggler ['strägglər] *subst* eftersläntrare

straight [strejt] I *adj* **1** rak **2** ärlig; genomgående II *adv* **1** rakt; raka vägen **2** *go* ~ vard. bli hederlig **3** vard. ej homosexuell **4** utan is om whisky

straighten [strejtn] *verb* räta; rätta till; ~ *out* reda upp

straight-faced [‚strejt'fejst] *adj* utan att röra en min

straightforward
[ˌstrejt'få:rwərd] *adj* **1** upp-
riktig **2** enkel
1 strain [strejn] **I** *verb* **1** an-
stränga **2** sträcka muskel
II *subst* **1** press, stress
2 sträckning
2 strain [strejn] *subst* **1** inslag
2 stam
strained [strejnd] *adj* spänd
strainer ['strejnər] *subst* sil;
filter
strait [strejt] *subst*, ~ el. *straits*
sund
straitjacket ['strejtˌdʒäkkitt]
subst tvångströja
1 strand [strännd] *subst* tråd
2 strand [strännd] *verb, be
stranded* stranda; stå på bar
backe
strange [strejndʒ] *adj*
1 främmande **2** egendomlig
stranger ['strejndʒər] *subst*
främling; *say,* ~! vard. hör
du!
strangle [stränggl] *verb* stry-
pa
stranglehold ['strängglhould]
subst struptag; bildligt järn-
grepp
strap [sträpp] *subst* rem,
tamp; urarmband
strapless ['sträppləs] *adj,* ~
dress axelbandslös klänning
strategic [strə'ti:dʒikk] *adj*
strategisk

strategy ['strättədʒi] *subst*
strategi
straw [stra:] **I** *subst* strå,
halmstrå; *draw straws* dra
lott; *the last* ~ droppen; ~
poll opinionspejling **II** *adj*
halm-, strå-
strawberry ['stra:berri] *subst*
jordgubbe
stray [strej] **I** *verb* förirra sig
II *adj* **1** bortsprungen **2** en-
staka
streak [stri:k] *subst* **1** strimma
2 drag
stream [stri:m] **I** *subst* **1** vat-
tendrag, å **2** ström **II** *verb*
strömma; rinna
streamer ['stri:mər] *subst*
serpentin
street [stri:t] *subst* gata; *in
the* ~ på gatan
streetcar ['stri:tka:r] *subst*
spårvagn
streetwise ['stri:twajz] *adj*
som kan storstadens knep
strength [strengθ] *subst* styr-
ka
strengthen ['strengθən] *verb*
stärka, styrka
strenuous ['strennjoəs] *adj*
1 ansträngande, påfrestande
2 ihärdig
stress [stress] **I** *subst* **1** på-
frestning; stress **2** betoning
II *verb* betona, poängtera
stretch [strettch] **I** *verb* spän-

na, sträcka **II** *subst* **1** sträcka
2 period; *at a* ~ i ett sträck
stretcher ['strettchǝr] *subst*
bår
stricken ['strikkǝn] *adj* drab-
bad
strict [strikkt] *adj* sträng;
noggrann; strikt
stride [strajd] *verb* ta långa
kliv; *take sth. in* ~ klara ngt
utan svårighet, ta ngt med
fattning
strife [strajf] *subst* stridighet;
kamp
strike [strajk] **I** *verb* **1** slå; slå
till; ~ *back* slå tillbaka
2 träffa; drabba **3** strejka
4 ~ *up* inleda **5** ~ *out* i
baseboll bli bränd **II** *subst*
1 strejk **2** i baseboll miss
3 *three strikes and out* vard.
livstidsstraff för tredje brottet
striking ['strajking] *adj* slåen-
de
string [string] *subst* **1** snöre; ~
of pearls pärlhalsband
2 sträng **3** *no strings at-
tached* utan några förbehåll
string bean [,string 'bi:n]
subst **1** skärböna **2** bildligt
flaggstång lång person
stringent ['strinndʒǝnt] *adj*
sträng; drastisk
stringer ['stringǝr] *subst* fri-
lans, extraanställd
1 strip [stripp] *verb* klä av sig;
strippa

2 strip [stripp] *subst* remsa
strip cartoon [,stripp ka:r'to:n]
subst tecknad serie
stripe [strajp] *subst* **1** rand
2 streck i gradbeteckning **3** typ,
slag; inriktning
striped [strajpt] *adj* randig
strip lighting ['stripp ,lajting]
subst lysrörsbelysning
strip mining ['stripp ,majning]
subst dagbrytning
strive [strajv] *verb* sträva;
anstränga sig
strode [stroud] *verb* imperf. av
stride
1 stroke [strouk] *subst*
1 klockslag **2** ~ *of lightning*
blixt; ~ *of luck* lyckträff
3 simsätt **4** slaganfall **5** pen-
seldrag
2 stroke [strouk] *verb* **1** stry-
ka, smeka **2** vard. smöra,
smickra
stroll [stroul] **I** *subst* prome-
nad **II** *verb* ströva omkring
stroller ['stroulǝr] *subst* **1** sitt-
vagn **2** flanör
strong [stra:ng] *adj* stark,
kraftig; stor om t.ex. sannolik-
het
stronghold ['stra:nghould]
subst fäste
strove [strouv] *verb* imperf. av
strive
struck [strakk] **I** *verb* imperf. o.
perf.p. av *strike* **II** *adj*, ~ *with*
förtjust i

structure ['strakktchər] **I** *subst* struktur **II** *verb* strukturera
struggle [straggl] **I** *verb* kämpa; strida **II** *subst* kamp, strid
strum [stramm] *verb* knäppa på gitarr
1 strut [stratt] *verb* svassa; kråma sig
2 strut [stratt] *subst* stag, tvärbjälke
stub [stabb] **I** *subst* stump; fimp **II** *verb*, ~ *out* fimpa
stubble [stabbl] *subst* stubb; skäggstubb
stubborn ['stabbərn] *adj* envis, halsstarrig
stubby ['stabbi] *adj* knubbig
stuck [stakk] **I** *verb* imperf. o. perf.p. av *2 stick* **II** *adj* fast; *be* ~ *ha* fastnat; sitta fast
stuck-up [ˌstakk'app] *adj* vard. mallig
stud [stadd] *subst* **1** stuteri **2** avelshingst **3** slang hingst; viril man
studded ['staddidd] *adj*, ~ *tire* dubbdäck
student ['sto:dənt] *subst* student; elev
studio ['sto:diou] *subst* ateljé; studio; ~ *apartment* etta lägenhet; ungkarlslya
studious ['sto:djəs] *adj* **1** flitig, studieinriktad **2** medveten, utstuderad

studiously ['sto:djəsli] *adv* omsorgsfullt; avsiktligt
study ['staddi] **I** *subst* **1** studie; studier **2** arbetsrum **II** *verb* studera; undersöka
stuff [staff] **I** *subst* material; grejor; *he knows his* ~ han kan sin sak **II** *verb* stoppa; fylla
stuffing ['staffing] *subst* stoppning; fyllning; färs
stuffy ['staffi] *adj* **1** kvalmig **2** förstockad
stumble ['stammbl] *verb* **1** snubbla; ~ *across* (*on*) stöta på **2** staka sig
stumbling block ['stammbling bla:k] *subst* stötesten
stump [stammp] *subst* stubbe; stump
stun [stann] *verb* **1** bedöva **2** chocka
stung [stang] *verb* imperf. o. perf.p. av *sting*
stunk [stangk] *verb* imperf. o. perf.p. av *stink*
stunning ['stanning] *adj* fantastisk; överväldigande
1 stunt [stannt] *subst* trick; jippo
2 stunt [stannt] *verb* hämma
stunted ['stanntəd] *adj* outvecklad
stupendous [sto'penndəs] *adj* enorm; häpnadsväckande
stupid ['sto:pəd] *adj* dum; fånig

stupidity [sto'piddəti] *subst*
dumhet; enfald
sturdy ['stö:rdi] *adj* robust,
kraftig; rejäl
stutter ['stattər] **I** *verb* stam-
ma **II** *subst* stamning
1 sty [staj] *subst* svinstia
2 sty [staj] *subst* vagel i ögat
style [stajl] **I** *subst* stil; mode,
modell; *in ~* elegant, vräkigt
II *verb* formge
stylish ['stajlisch] *adj* elegant
suave [swa:v] *adj* förbindlig,
älskvärd
sub [sabb] *subst* **1** ubåt
2 vikarie; reserv
subconscious
[ˌsabb'ka:nschəs] *subst, the ~*
det omedvetna
subdue [səbb'do:] *verb* **1** ku-
va, besegra **2** dämpa
subject I ['sabbdʒekkt] *subst*
1 undersåte **2** ämne **3** sub-
jekt **II** [səb'dʒekkt] *verb*
utsätta; *be subjected to*
drabbas av, utsättas för
subjective [səbb'dʒekktivv]
adj subjektiv
subject matter ['sabbdʒekkt
ˌmättər] *subst* innehåll, ämne
sublet [ˌsabb'lett] *verb* hyra i
andra hand; hyra ut i andra
hand
submarine [ˌsabbmə'ri:n] *subst*
ubåt
submerge [səbb'mö:rdʒ] *verb*
dyka ner; översvämma

submission [səbb'mischən]
subst underkastelse
submissive [səbb'missivv] *adj*
undergiven
submit [səbb'mitt] *verb*
1 lämna in t.ex. ansökan **2** ge
efter, falla till föga
subordinate [sə'bå:rdənət] *adj*
underordnad
subpoena [sə'pi:nə] **I** *verb*
kalla inför rätta **II** *subst*
kallelse att inställa sig inför
rätten
subscribe [səb'skrajb] *verb*
1 prenumerera, abonnera
2 *~ to* dela, ansluta sig till
t.ex. mening
subscriber [səb'skrajbər] *subst*
prenumerant, abonnent
subscription [səb'skrippschən]
subst prenumeration; abon-
nemang
subsequent ['sabbsikwənt] *adj*
efterföljande
subsequently ['sabbsikwəntli]
adv därefter
subside [səbb'sajd] *verb* avta,
lägga sig
subsidiary [səb'siddierri] **I** *adj*
hjälp-; stöd-; bi- **II** *subst*
dotterbolag
subsidize ['sabbsidajz] *verb*
subventionera
subsidy ['sabbsiddi] *subst*
subvention
substance ['sabbstəns] *subst*
substans; innehåll; underlag

substantial [səb'stännschəl]
adj väsentlig, ansenlig
substantially [səb'stännschəli]
adv huvudsakligen; väsentligt
substantiate
[səb'stännschiejt] *verb* underbygga, bevisa
substitute ['sabbstito:t] **I** *subst*
1 vikarie; reserv **2** ersättning, surrogat **II** *verb* **1** ersätta **2** vikariera
subterranean [ˌsabbtə'rejnjən]
adj underjordisk
subtitles ['sabbˌtajtlz] *subst pl*
undertext, textremsa
subtle [sattl] *adj* subtil,
hårfin; raffinerad; skarpsinnig
subtract [səb'träkkt] *verb*
subtrahera; dra av
subtraction [səb'träkkschən]
subst subtraktion
suburb ['sabbö:rb] *subst* förort
suburban [sə'bö:rbən] *adj*
1 förorts- **2** småborgerlig
suburbanite [sə'bö:rbənajt]
subst förortsbo
suburbia [sə'bö:rbjə] *subst*
förortsliv
subway ['sabbwej] *subst* tunnelbana
succeed [sək'si:d] *verb* **1** lyckas **2** efterträda
success [sək'sess] *subst* framgång; succé

successful [sək'sessfəl] *adj*
framgångsrik
succession [sək'seschən]
subst serie; *in* ~ i följd
successive [sək'sessivv] *adj*
på varandra följande; i följd,
i rad
successor [sək'sessər] *subst*
efterträdare; ~ *to the throne*
tronföljare
such [sattch] *adj* o. *pron*
sådan; liknande; *as* ~ som
sådan, i sig; ~ *as* såsom, som
till exempel
suck [sakk] *verb* **1** suga **2** *it
sucks* slang den (det) är
botten
sucker ['sakkər] *subst* vard.
typ; tönt
suction ['sakkschən] *subst*
sugning; ~ *fan* utsugsfläkt
sudden ['saddən] *adj* plötslig
suds [saddz] *subst* **1** tvållödder **2** ölskum, öl
sue [so:] *verb* stämma, åtala
suede [swejd] *subst* mocka
skinn
suffer ['saffər] *verb* lida, utstå;
drabbas av
sufferer ['saffərər] *subst* lidande person
suffering ['saffəring] *subst*
lidande
sufficient [sə'fischənt] *adj*
tillräcklig
suffocate ['saffəkejt] *verb*
kväva; kvävas

sugar ['schoggər] **I** *subst*
1 socker **2** vard. sötnos
II *verb* sockra **III** *interj* jäklar
också!
sugar cane ['schoggər kejn]
subst sockerrör
suggest [səg'dʒesst] *verb* fö-
reslå
suggestion [səg'dʒesstchən]
subst **1** förslag **2** antydan
suicide ['so:isajd] *subst* själv-
mord
suit [so:t] **I** *subst* **1** dräkt;
kostym **2** mål; *file a* ~ inleda
en process **II** *verb* passa; klä;
~ *yourself!* gör som du vill!
suitable ['so:təbl] *adj* passan-
de
suitably ['so:təbli] *adv* lämp-
ligt, som sig bör
suitcase ['so:tkejs] *subst* res-
väska
suite [swi:t] *subst* svit, följe;
rumssvit
sulfur ['sallfər] *subst* svavel
sulk [sallk] *verb* tjura, sura
sulky ['sallki] *adj* sur och
trumpen
sullen ['sallən] *adj* butter,
trumpen; vresig
sulphur ['sallfər] *subst* svavel
sultry ['salltri] *adj* kvav
sum [samm] **I** *subst* summa
II *verb*, ~ *up* sammanfatta
summarize ['sammərajz] *verb*
sammanfatta
summary ['samməri] **I** *adj*

summarisk **II** *subst* samman-
fattning
summer ['sammər] *subst*
sommar; *last* ~ förra som-
maren, i somras
summerhouse ['sammərhaos]
subst sommarställe, som-
marstuga; lusthus
summertime ['sammərtajm]
subst, *in the* ~ på (under)
sommaren
summer vacation [ˌsammər
vej'kejschən] *subst* sommar-
lov; semester
summit ['sammitt] *subst*
1 topp **2** toppmöte
summon ['sammən] *verb*
1 kalla **2** ~ *up* uppbringa;
frammana
summons ['sammənz] *subst*
1 kallelse **2** juridisk stämning
sun [sann] **I** *subst* sol **II** *verb*
sola
sunbathe ['sannbejð] *verb*
solbada
sunburn ['sannbö:rn] *subst*,
have a ~ ha bränt sig i solen
sunburned ['sannbö:rnd] *adj*
solbränd
Sunday ['sanndej] *subst* sön-
dag; ~ *driver* väglus
sundial ['sanndajəl] *subst*
solur
sundry ['sanndri] *adj* alla
möjliga
sunfactor ['sannfäkktər] *subst*
solskyddsfaktor

sunflower ['sann,flaoǝr] *subst*
solros
sung [sang] *verb* perf.p. av *sing*
sunglasses ['sann,glässǝz]
subst pl solglasögon
sunk [sangk] *verb* perf.p. av
sink
sunlight ['sannlajt] *subst* sol-
ljus
sunlit ['sannlitt] *adj* solig
sunny ['sanni] *adj* solig; sol-; ~
side up om ägg stekt på ena
sidan
sunrise ['sannrajz] *subst* sol-
uppgång
sunroof ['sannro:f] *subst* sol-
tak på bil
sunset ['sannsett] *subst* sol-
nedgång
sunstroke ['sannstrouk] *subst*
solsting
suntan ['sanntänn] *subst* sol-
bränna; ~ *lotion* solkräm; ~
oil sololja
1 super ['so:pǝr] *adj* vard.
toppen; super-, jätte-
2 super ['so:pǝr] *subst* vard.,
kortform för *superintendent*
superb [so'pö:rb] *adj* storar-
tad, utmärkt
supercilious [,so:pǝr'silliǝs] *adj*
högdragen
superficial [,so:pǝr'fischǝl] *adj*
ytlig; yt-
superfluous [so'pö:rfloǝs] *adj*
överflödig, onödig

superhighway [,so:pǝr'hajwej]
subst motorväg
superhuman [,so:pǝr'hjo:mǝn]
adj övermänsklig
superimpose
[,so:pǝrimm'pouz] *verb* lägga
ovanpå
superintendent
[,so:pǝrinn'tenndǝnt] *subst*
1 intendent; direktör **2** ~ el.
building ~ vicevärd
superior [so'pirriǝr] **I** *adj*
1 högre i rang o.d. **2** överläg-
sen **II** *subst* överordnad
superiority [so,pirri'å:rǝti]
subst överlägsenhet
superlative [so'pö:rlǝtivv]
I *subst* superlativ **II** *adj* yp-
perlig, enastående
superman ['so:pǝrmänn] *subst*
övermänniska; *Superman*
Stålmannen
supermarket ['so:pǝr'ma:rkǝt]
subst snabbköp
supernatural
[,so:pǝr'nättchrǝl] *adj* över-
naturlig
superpower ['so:pǝr,paoǝr]
subst supermakt
supersede [,so:pǝr'si:d] *verb*
ersätta
superstitious [,so:pǝr'stischǝs]
adj vidskeplig, skrockfull
supervise ['so:pǝrvajz] *verb*
övervaka; handleda
supervision [,so:pǝr'viʒǝn]
subst övervakning

supervisor ['so:pəvajzər] *subst*
1 arbetsledare **2** handledare;
tillsynslärare
supine ['so:pajn] *adj* liggande;
loj, slö
supper ['sappər] *subst* kvälls-
mat
supple [sappl] *adj* mjuk,
smidig; spänstig
supplement ['sapplimənt]
subst tillägg; bilaga
supplementary
[‚sappli'menntəri] *adj* till-
läggs-
supplier [sə'plajər] *subst* leve-
rantör
supply [sə'plaj] **I** *verb* till-
handahålla; leverera; täcka
II *subst* **1** tillgång; ~ *and*
demand tillgång och efter-
frågan **2** förråd; *supplies*
förnödenheter
support [sə'på:rt] **I** *verb*
1 stödja **2** försörja **II** *subst*
stöd i olika betydelser
supporter [sə'på:rtər] *subst*
supporter, anhängare
suppose [sə'pouz] *verb* anta,
förmoda
supposedly [sə'pouziddli] *adv*
förmodligen
supposing [sə'pouzing] *konj*
antag att
suppress [sə'press] *verb* un-
dertrycka; slå ner revolt
supreme [so'pri:m] *adj* högst;
the Supreme Court högsta

domstolen på federal nivå;
State Supreme Court högsta
domstolen på delstatlig nivå
sure [schoər] **I** *adj* säker;
make ~ of förvissa sig om
II *adv*, ~*!* el. ~ *thing!* ja visst!,
naturligtvis!, absolut!; sä-
kert!; *as ~ as* så säkert som;
vard. säkert; verkligen, mins-
ann
surely ['schorrli] *adv* **1** säkert
2 sannerligen **3** ~*!* ja (jo)
visst!, naturligtvis!
surety ['schorrəti] *subst* sä-
kerhet, borgen
surf [sö:rf] **I** *subst* bränning
II *verb* surfa
surface ['sö:rfəs] **I** *subst* yta
II *verb* dyka upp
surface mail ['sö:rfəs mejl]
subst ytpost
surfboard ['sö:rfbå:rd] *subst*
surfingbräda
surfeit ['sö:rfət] *subst* över-
mått; överflöd
surge [sö:rdʒ] **I** *verb* svalla;
välla **II** *subst* bildligt våg
surgeon ['sö:rdʒən] *subst* ki-
rurg
surgery ['sö:rdʒəri] *subst* ki-
rurgi; *it will need ~* det
måste opereras
surgical ['sö:rdʒikkəl] *adj*
kirurgisk
surly ['sö:rli] *adj* vresig, butter,
sur

surname ['sö:rnejm] *subst*
efternamn
surpass [sər'päss] *verb* över-
träffa; överstiga; trotsa
surplus ['sö:rplass] *subst* över-
skott; *army* ~ överskottsla-
ger
surprise [sər'prajz] **I** *subst*
överraskning; förvåning
II *verb* överraska; förvåna
surprising [sər'prajzing] *adj*
förvånansvärd
surrender [sə'renndər] **I** *verb*
överlämna sig; ge upp;
avträda mark **II** *subst* kapitu-
lation
surreptitious [ˌsö:rəp'tischəs]
adj förstulen, i smyg
surrogate ['sö:rəgət] *subst*
surrogat
surround [sə'raond] *verb* om-
ge; omringa; *surrounded by*
omgiven av
surrounding [sə'raonding] *adj*
omgivande; ~ *countryside*
omnejd
surroundings [sə'raondingz]
subst pl omgivning
surveillance [sər'vejləns] *subst*
bevakning; övervakning
survey I [sər'vej] *verb* över-
blicka **II** ['sö:rvej] *subst* un-
dersökning; granskning;
kartläggning
surveyor [sər'vejər] *subst* lant-
mätare

survival [sər'vajvəl] *subst*
överlevnad
survive [sər'vajv] *verb* överle-
va; *the surviving relatives* de
efterlevande
survivor [sər'vajvər] *subst*
överlevande
susceptible [sə'sepptəbl] *adj*
känslig, mottaglig; ömtålig
suspect I [sə'spekkt] *verb*
misstänka, betvivla
II ['sasspekkt] *subst* o. *adj*
misstänkt
suspend [sə'spennd] *verb*
1 hänga i luften **2** avstänga,
dra in tillfälligt; suspendera
suspenders [sə'spenndərz]
subst pl hängslen
suspense [sə'spenns] *subst*
spänd väntan
suspension [sə'spennschən]
subst **1** avstängning, indrag-
ning **2** ~ *bridge* hängbro
suspicion [sə'spischən] *subst*
misstanke
suspicious [sə'spischəs] *adj*
1 misstänksam **2** suspekt
sustain [sə'stejn] *verb* hålla i
gång, hålla vid liv
sustained [sə'stejnd] *adj* ihål-
lande, oavbruten
sustenance ['sasstənəns]
subst näring
swab [swa:b] *subst* bomulls-
topp; bakterieprov
swagger ['swäggər] *verb*
stoltsera, svassa omkring

1 swallow ['swa:lou] *subst*
svala
2 swallow ['swa:lou] *verb*
svälja
swam [swämm] *verb* imperf. av
swim
swamp [swa:mp] I *subst* träsk,
kärr, myr II *verb* översväm-
ma; *be swamped with work*
drunkna i arbete
swan [swa:n] *subst* svan; ~
dive svanhopp
swap [swa:p] I *verb* byta
II *subst* byte
swarm [swå:rm] I *subst*
svärm; myller II *verb* svärma;
myllra, krylla
swarthy ['swå:rði] *adj* svart-
muskig
swastika ['swa:stikkə] *subst*
hakkors
swat [swa:t] *verb* smälla till;
vard. plugga
SWAT team ['swa:t ˌti:m] *subst*
terroristbekämpningsstyrka
sway [swej] I *verb* svänga,
svaja; vackla II *subst, hold* ~
förhärska
swear [swäər] *verb* svära;
svära på; ~ *off* lova att
avhålla sig från; ~ *to secrecy*
låta avlägga tysthetslöfte; ~
like a trooper svära som en
borstbindare
swearword ['swerrwö:rd] *subst*
svordom
sweat [swett] I *subst* svett; *no*

~*!* inga problem!, ingen
fara!; *be in a cold* ~
kallsvettas II *verb* svettas
sweater ['swettər] *subst* tröja
Swede [swi:d] *subst* 1 svensk
2 *swede* kålrot
Sweden ['swi:dən] Sverige
Swedish ['swi:disch] I *adj*
svensk II *subst* svenska språk
sweep [swi:p] *verb* 1 sopa
2 svepa; ~ *sb. off their feet* ta
ngn med storm
sweeping ['swi:ping] *adj* sve-
pande, generaliserande
sweet [swi:t] *adj* 1 söt 2 ljuv,
rar
sweet corn [ˌswi:t 'kå:rn] *subst*
majs
sweeten [swi:tn] *verb* söta,
sockra
sweetheart ['swi:tha:rt] *subst*
flickvän, pojkvän
sweetness ['swi:tnəs] *subst*
1 sötma 2 charm
sweet pea [ˌswi:t 'pi:] *subst*
luktärt
sweet pepper [ˌswi:t 'peppər]
subst paprika
sweet potato [ˌswi:t pə'tejtou]
subst sötpotatis
swell [swell] I *verb* svälla;
svullna II *subst* dyning III *adj*
vard. flott; toppen
swelling ['swelling] *subst*
svullnad, bula
sweltering ['swelltəring] *adj*
tryckande; olidligt hett

swept [sweppt] *verb* imperf. o.
perf.p. av *sweep*
swerve [swö:rv] *verb* gira;
svänga undan
swift [swifft] **I** *adj* snabb
II *subst* tornsvala
swill [swill] *subst* skulor
swim [swimm] **I** *verb* simma
II *subst* simtur
swimming pool ['swimming
po:l] *subst* simbassäng
swimming trunks ['swimming
trangks] *subst pl* badbyxor
swimsuit ['swimmso:t] *subst*
baddräkt
swindle [swinndl] **I** *verb*
svindla; lura, bedra **II** *subst*
svindel; skoj, bluff
swine [swajn] *subst* svin
swing [swing] **I** *verb* svänga
II *subst* **1** svängning; *in full*
~ i full fart, för fullt **2** gunga
swipe [swajp] *verb* vard. stjäla,
sno
swirl [swö:rl] **I** *verb* virvla
II *subst* virvel
Swiss [swiss] **I** *adj* schweizisk;
~ *roll* rulltårta, drömtårta
II *subst* schweizare
switch [swittch] **I** *subst*
1 strömbrytare **2** omsväng-
ning **II** *verb* ändra; byta; ~
off stänga av; släcka; ~ *on*
sätta på; tända
switchblade ['swittchblejd]
subst stilett

switchboard ['swittchbå:rd]
subst telefonväxel
switch hitter [‚swittch 'hittər]
subst **1** i baseboll slagman som
slår lika bra med båda
händerna **2** slang bisexuell
Switzerland ['swittsərlənd]
Schweiz
swollen ['swoulən] **I** *verb*
perf.p. av *swell* **II** *adj* svullen
swoon [swo:n] *verb* svimma
av, dåna
swoop [swo:p] **I** *verb* slå till
II *subst* attack; *at one fell* ~
på en gång, i ett slag
sword [så:rd] *subst* svärd
swordfish ['så:rdfisch] *subst*
svärdfisk
swore [swå:r] *verb* imperf. av
swear
sworn [swå:rn] **I** *verb* perf.p. av
swear **II** *adj* svuren
swum [swamm] *verb* perf.p. av
swim
swung [swang] *verb* imperf. o.
perf.p. av *swing*
syllable ['silləbl] *subst* stavelse
syllabus ['silləbəs] *subst* kurs-
plan för visst ämne
symbol ['simmbəl] *subst* sym-
bol
symmetry ['simmətri] *subst*
symmetri
sympathetic
[‚simmpə'θettikk] *adj*
1 förstående **2** sympatisk

sympathize ['simmpəθajz] *verb*, ~ *with* känna med (för)
sympathy ['simmpəθi] *subst* sympati
symphony ['simmfəni] *subst* symfoni; symfoniorkester
symptom ['simmptəm] *subst* symtom
synagogue ['sinnəga:g] *subst* synagoga
syndicate ['sinndikkət, 'sinndikkejt] *subst* syndikat; *the* ~ slang maffian
synonym ['sinnənimm] *subst* synonym
synthetic [sinn'θettikk] *adj* syntetisk; konst-
syphilis ['siffəliss] *subst* syfilis
syringe [si'rinndʒ] *subst* injektionsspruta
syrup ['sirrəp] *subst* **1** sockerlag **2** sirap
system ['sisstəm] *subst* system
systematic [,sisstə'mättikk] *adj* systematisk

T

T, t [ti:] *subst* T, t; *it suits me to a T* det passar mig alldeles utmärkt
tab [täbb] *subst* **1** lapp, etikett **2** vard. krognota
table [tejbl] **I** *subst* **1** bord; *clear the* ~ duka av; *at the* ~ vid matbordet **2** tabell **II** *verb* bordlägga ärende
tablecloth ['tejblkla:θ] *subst* bordsduk
tablemat ['tejblmätt] *subst* tablett
table salt ['tejbl sa:lt] *subst* koksalt
tablespoon ['tejblspo:n] *subst* matsked.
tablet ['täbblət] *subst* **1** minnestavla **2** tablett, piller
table tennis ['tejbl ,tenniss] *subst* bordtennis
tabloid ['täbblåjd] *subst* sensationstidning
taboo [tə'bo:] *subst* o. *adj* tabu
tacit ['tässit] *adj* underförstådd
taciturn ['tässitö:rn] *adj* tystlåten
tack [täkk] **I** *subst* nubb, stift; *thumb* ~ häftstift **II** *verb* spika, fästa
tackle [täkkl] **I** *subst* **1** grejer

2 amer. fotboll tacklare, tackle
3 tackling **II** *verb* ta itu med;
tackla
tacky ['täkki] *adj* **1** klibbig
2 slang smaklös; sjabbig;
billig
tact [täkkt] *subst* taktfullhet
tactical ['täkktikkəl] *adj* tak-
tisk
tactics ['täkktikks] *subst* tak-
tik
tad [tädd] *subst* aning; *a ~ old*
lite gammal
tadpole ['täddpoul] *subst*
grodyngel
taffy ['täffi] *subst* seg kola
1 tag [tägg] **I** *subst* lapp,
märke **II** *verb*, *~ along* vard.
följa med; *~* el. *~ out* i baseboll
bränna
2 tag [tägg] *subst* tafatt, kull
tail [tejl] **I** *subst* **1** svans
2 *tails* frack **3** *heads or*
tails? krona eller klave?
4 *put a ~ on sb.* slang låta
skugga ngn **II** *verb* skugga
tailback ['tejlbäkk] *subst* amer.
fotboll springback
tailcoat ['tejlkout] *subst* frack
tail end [ˌtejl 'ennd] *subst*
sluttamp
tailgate ['tejlgejt] **I** *subst* bak-
dörr på halvkombi **II** *verb* inte
hålla tillräckligt avstånd
tailor ['tejlər] *subst* skräddare
tailor-made ['tejlərmejd] *adj*
skräddarsydd

tailpipe ['tejlpajp] *subst* av-
gasrör
tailwind ['tejlwinnd] *subst*
medvind
take* [tejk] *verb* **1** ta; fatta,
gripa; ta tag i **2** behövas
3 stå ut med; *I can't ~ it any*
more äv. jag orkar inte med
det längre **4** *~ after* brås på;
~ along ta med; *~ apart* ta
isär; *~ away* ta bort; *~ down*
ta ned; skriva ner; *~ in*
förstå; *be taken in* låta lura
sig; *~ off* ta av; starta; *~ a*
day off ta ledigt en dag; *~ on*
ta på sig; anställa; *~ out*
bjuda ut; *~ sth. out on sb.*
låta ngt gå ut över ngn; *~*
over ta över; *~ to* börja;
tycka om; *~ up* börja; ta upp
taken [tejkn] *verb* perf.p. av
take
takeoff ['tejkaːf] *subst* flygplans
start
takeout ['tejkaot] *adj* för
avhämtning; *~ restaurant*
restaurang med mat för
avhämtning
takeover ['tejkˌouvər] *subst*
övertagande
talc [tällk] *subst* talk
talcum powder ['tällkəm
ˌpaodər] *subst* talkpuder
tale [tejl] *subst* historia, saga;
tell tales skvallra
talent ['tällənt] *subst* talang

talented ['tälləntidd] *adj* begåvad

talk [ta:k] **I** *verb* tala, prata; ~ *shop* prata jobb; ~ *back* svara uppkäftigt; ~ *into* övertala; ~ *over* prata igenom, diskutera; ~ *to* (*with*) prata med; *talking of* på tal om; *now you're talking!* så ska det låta!; *you should ~!* och det ska du säga! **II** *subst* samtal; föredrag; *talks* förhandlingar

talkative ['ta:kətivv] *adj* pratsam

talk show ['ta:k schou] *subst* pratshow

tall [ta:l] *adj* lång; ~ *story* el. ~ *tale* rövarhistoria

tally ['tälli] **I** *subst, keep ~ of* hålla räkning på **II** *verb* stämma överens, rimma med

talon ['tällən] *subst* klo på rovfågel

tame [tejm] **I** *adj* tam; tråkig, trist **II** *verb* tämja

tamper ['tämmpər] *verb*, ~ *with* fiffla med, fingra på

tampon ['tämmpa:n] *subst* tampong

tan [tänn] *subst* solbränna

tandem ['tänndəm] *subst* tandemcykel; par; *in ~* tillsammans

tang [täng] *subst* skarp smak (lukt)

tangle [tänggl] **I** *subst* trassel;

in a ~ tilltrasslad **II** *verb* trassla till

tank [tängk] *subst* **1** tank; *fish ~* akvarium; *the ~* slang kåken **2** stridsvagn

tanker ['tängkər] *subst* tanker

tantalizing ['tänntəlajzing] *adj* lockande

tantamount ['tänntəmaont] *adj, be ~ to* vara liktydig med

tantrum ['tänntrəm] *subst* raseriutbrott

1 tap [täpp] **I** *subst* kran vattenkran o.d.; *on ~* om öl o.d. på fat **II** *verb* **1** tappa **2** avlyssna telefon

2 tap [täpp] **I** *verb* slå lätt **II** *subst* knackning; *taps* tapto

tap-dancing ['täpp,dännsing] *subst* stepp

tape [tejp] **I** *subst* **1** band; *adhesive ~* tejp **2** målsnöre **II** *verb* banda

tape deck ['tejp dekk] *subst* kassettdäck

tape measure ['tejp ,meʒər] *subst* måttband

taper ['tejpər] *verb* smalna av

tape recorder ['tejp ri,kå:rdər] *subst* bandspelare

tapestry ['täppəstri] *subst* gobeläng

tar [ta:r] *subst* tjära; asfalt

tardy ['ta:rdi] *adj* sen, försenad

target ['ta:rgət] *subst* måltav-
la; mål; ~ *group* målgrupp
tariff ['tärriff] *subst* tulltaxa;
taxa, prislista
tarmac ['ta:rmäkk] *subst*
landningsbana
tarnish ['ta:rnisch] *verb* **1** gö-
ra glanslös **2** skamfila
tarp [ta:rp] o. **tarpaulin**
[ta:r'pa:lən] *subst* presenning
tarragon ['tärrəgən] *subst*
dragon ört
1 tart [ta:rt] *subst* **1** mördegs-
tårta med frukt **2** vard. fnask
2 tart [ta:rt] *adj* sträv, besk
tartan ['ta:rtən] *adj* skotsk-
rutig
1 tartar ['ta:rtər] *subst, steak*
~ ung. råbiff
2 tartar ['ta:rtər] *subst* tand-
sten
task [tässk] *subst* uppgift;
take (call) to ~ läxa upp
task force ['tässk få:rs] *subst*
1 specialstyrka **2** arbets-
grupp; utredning
tassel ['tässəl] *subst* tofs
taste [tejst] **I** *subst* smak,
smakprov; *it is a matter of* ~
det är en smaksak **II** *verb*
smaka, provsmaka; ~ *good*
smaka bra
tasty ['tejsti] *adj* smaklig,
välsmakande; läcker
1 tattoo [tä'to:] *subst* militär-
parad

2 tattoo [tä'to:] **I** *verb* tatuera
II *subst* tatuering
taught [ta:t] *verb* imperf. o.
perf.p. av *teach*
taunt [ta:nt] **I** *verb* håna, pika
II *subst* gliring
Taurus ['tå:rəs] *subst* Oxen
stjärntecken
taut [ta:t] *adj* spänd, styv
tax [täkks] **I** *subst* skatt; ~
arrears kvarskatt; ~ *evasion*
skattefusk; ~ *exemption*
skattebefrielse; ~ *haven*
skatteparadis; ~ *rate* skatte-
sats **II** *verb* beskatta
taxable ['täkksəbl] *adj* skatte-
pliktig
taxation [täkk'sejschən] *subst*
beskattning
tax-deductible
['täkksdidakktəbl] *adj* av-
dragsgill
taxi ['täkksi] o. **taxicab**
['täkksikäbb] *subst* taxi
taxi driver ['täkksi ,drajvər]
subst taxichaufför
taxpayer ['täkks,pejər] *subst*
skattebetalare
tea [ti:] *subst* te; *have* ~
dricka te
tea bag ['ti: bägg] *subst* tepåse
teach [ti:tch] *verb* undervisa;
~ *school* vara lärare; ~ *sb.*
sth. lära ngn ngt
teacher ['ti:tchər] *subst* lärare
teaching ['ti:tching] *subst*
undervisning

teak [ti:k] *subst* teak
team [ti:m] *subst* lag; team
teamster ['ti:mstər] *subst*
lastbilschaufför, långtradar-
chaufför
teamwork ['ti:mwö:rk] *subst*
lagarbete, teamwork
teapot ['ti:pa:t] *subst* tekanna
1 tear [tiər] *subst* tår; *burst
into tears* brista i gråt
2 tear [täər] **I** *verb* slita, riva;
~ *apart* splittra; plåga; ~
open slita upp; ~ *up* riva
sönder **II** *subst* reva
tearful ['tirfəl] *adj* tårfylld
tear gas ['tir gäss] *subst* tårgas
tear-jerker ['tirrdʒö:rkər] *subst*
snyftare
tea room ['ti: ro:m] *subst*
konditori
tease [ti:z] **I** *verb* reta, retas
med **II** *subst* retsticka
teaspoon ['ti:spo:n] *subst*
tesked
teat [ti:t] *subst* **1** spene
2 dinapp
technical ['tekknikkəl] *adj*
teknisk
technicality [ˌtekkni'källəti]
subst **1** formalitet; *get off on
a* ~ klara sig tack vare ett
formellt fel **2** teknisk detalj
technician [tekk'nischən]
subst tekniker
technique [tekk'ni:k] *subst*
teknik

technological
[ˌtekknə'la:dʒikkəl] *adj* tek-
nologisk
technology [tekk'na:lədʒi]
subst teknologi; *institute of*
~ teknisk högskola
teddy ['teddi] o. **teddy bear**
['teddi bäər] *subst* nalle,
teddybjörn
tedious ['ti:djəs] *adj* långtrå-
kig
tee [ti:] **I** *subst* utslagsplats,
tee i golf **II** *verb*, ~ *off* i golf slå
ut; bildligt börja; *be teed off*
vara förbannad
teem [ti:m] *verb* vimla
teenage ['ti:nejdʒ] *adj* tonårs-
teenager ['ti:nˌejdʒər] *subst*
tonåring
teens [ti:nz] *subst pl* tonår
teeter ['ti:tər] *verb* vackla
teeter-totter ['ti:tərta:tər]
subst gungbräde
teeth [ti:θ] *subst* (pl. av *tooth*);
false ~ löständer
teethe [ti:ð] *verb* få tänder;
teething problems bildligt
barnsjukdomar
teetotaller [ti:'toutlər] *subst*
nykterist, absolutist
telegraph ['telligräff] **I** *subst*
telegraf **II** *verb* telegrafera
telephone ['telləfoun] *subst*
telefon; ~ *booth* telefon-
kiosk; ~ *call* telefonsamtal; ~
directory telefonkatalog; ~

operator telefonist; *be on the*
~ sitta i telefon

telescope ['telləskoup] *subst*
teleskop

televise ['tellivajz] *verb* sända
på TV

television ['telli͵viʒən] *subst*
television, TV; ~ *audience*
TV-tittare; ~ *set* TV-apparat

tell* [tell] *verb* **1** tala 'om,
säga **2** säga 'till ('åt) **3** *I can't*
~ *them apart* jag kan inte
skilja dem åt; ~ *the*
difference between skilja
mellan (på); ~ *off* läxa upp,
skälla ut

teller ['tellər] *subst* kassör i
bank

telling ['telling] *adj* talande;
träffande

telltale ['telltejl] *subst* skval-
lerbytta

temp [temmp] *subst* ersättare
från sekreterarpool o.d.

temper ['temmpər] *subst* hu-
mör; *in a* ~ på dåligt humör

temperament
['temmpərəmənt] *subst* tem-
perament, sinnelag; läggning

temperamental
[͵temmpərə'menntl] *adj*
temperamentsfull; nyckfull

temperate ['temmpərət] *adj*
måttlig

temperature
['temmpərətchər] *subst* tem-
peratur; *have (run) a* ~ ha
feber

1 temple [temmpl] *subst*
tempel; icke-ortodox judisk
synagoga

2 temple [temmpl] *subst*
tinning

temporary ['temmpərerri] *adj*
tillfällig; provisorisk

tempt [temmpt] *verb* fresta,
locka; förleda; ~ *fate* utmana
ödet

temptation [temmp'tejschən]
subst frestelse

ten [tenn] *räkn* tio; ~ *to one*
tio mot ett, jag slår vad om

tenacity [tə'nässəti] *subst*
ihärdighet

tenant ['tennənt] *subst* hyres-
gäst

1 tend [tennd] *verb* vårda; ~
to your own business! sköt
du ditt!

2 tend [tennd] *verb* tendera;
luta åt

tendency ['tenndənsi] *subst*
tendens, benägenhet; anlag

1 tender ['tenndər] *adj* **1** mör
2 öm, kärleksfull

2 tender ['tenndər] **I** *verb*
erbjuda; lämna in t.ex.
avskedsansökan **II** *subst* anbud,
offert

tenement ['tennəmənt] *subst*
hyreshus

tenet ['tennit] *subst* grund-
sats; trossats

tennis ['tenniss] *subst* tennis;
~ *court* tennisbana
tenor ['tennər] *subst* **1** tenor
2 innebörd, andemening
1 tense [tenns] *subst* tempus
2 tense [tenns] *adj* spänd;
nervös
tension ['tennschən] *subst*
spänning
tent [tennt] *subst* tält
tentative ['tenntətivv] *adj*
preliminär, trevande; för-
söks-
tenth [tennθ] **I** *räkn* tionde
II *subst* tiondel
tenuous ['tennjoəs] *adj* tunn,
svag
tenure ['tennjər] *subst, get*
(*have*) ~ få (ha) anställnings-
trygghet som lärare
tepid ['teppidd] *adj* ljum
term [tö:rm] *subst* **1** termin;
tidsperiod; ~ *of office*
ämbetsperiod, mandattid; *go*
to ~ föda vid beräknad
nedkomsttid; *in the short*
(*long*) ~ på kort (lång) sikt
2 term; *terms* äv. ordalag
3 *terms* villkor; ~ *of pay-*
ment betalningsvillkor; *come*
to terms with sth. acceptera
ngt
terminal ['tö:rmənəl] **I** *adj*
obotlig; ~ *care* terminalvård
II *subst* slutstation; terminal
terminate ['tö:rminnejt] *verb*
avsluta

terminus ['tö:rminnəs] *subst*
slutstation; terminal
termite ['tö:rmajt] *subst* ter-
mit
terrace ['terrəs] *subst* terrass
terrain [tə'rejn] *subst* terräng
terrible ['terrəbl] *adj* förfärlig,
förskräcklig, hemsk
terrier ['terriər] *subst* terrier
terrific [tə'riffikk] *adj* fantas-
tisk, underbar, jättebra
terrify ['terrəfaj] *verb* skräm-
ma
territory ['terrətå:ri] *subst*
territorium; outvecklat land-
område
terror ['terrər] *subst* skräck,
terror
terrorist ['terrərisst] *subst*
terrorist
terror-stricken
['terrərstrikkən] *adj* skräck-
slagen
terse [tö:rs] *adj* koncis,
kärnfull; brysk, sträv
test [tesst] **I** *subst* prov, test
II *verb* prova, pröva, under-
söka; kontrollera
Testament ['tesstəmənt]
subst, the Old (*New*) ~
Gamla (Nya) testamentet
testicle ['tesstikkl] *subst* testi-
kel
testify ['tesstifaj] *verb* vittna,
vittna om
testimony ['tesstimməni]
subst vittnesmål

test tube ['tessto:b] *subst*
provrör
tetanus ['tettənəs] *subst* stel-
kramp
tether ['teðər] *verb* tjudra; *be
at the end of one's ~* inte
orka mer, vara alldeles
förtvivlad
text [tekkst] *subst* text
textbook ['tekkstbokk] *subst*
lärobok; *~ example* skol-
exempel
textile ['tekkstajl] *subst* tyg,
textil
texture ['tekkstchər] *subst*
konsistens, struktur
than [ðänn] *konj* **1** än; *rather
~* hellre än att **2** förrän
thank [ðängk] **I** *verb* tacka
II *subst*, *~ you* el. *thanks*
tack; *thanks a million!* tusen
tack!
thankful ['ðängkfəl] *adj* tack-
sam
thankless ['ðängkləs] *adj*
otacksam
Thanksgiving Day
[ðängks'givving dej] *subst*
tacksägelsedagen fjärde torsda-
gen i november; i Canada andra
måndagen i oktober
that [ðätt] **I** *pron* **1** den där,
det där; denna, detta; den,
det; *~ is* el. *~ is to say* det vill
säga **2** som **II** *konj* att
III *adv, not ~ bad (good)* inte
så dålig (bra)

thaw [ϴa:] **I** *verb* töa **II** *subst*
töväder
the [ðə] *best art* **1** motsvaras av
bestämd slutartikel: *~ book*
boken; *~ old man* den gamle
mannen **2** utan motsvarighet i
svenskan t.ex. före floder, hotell,
popgrupper: *the Ritz* Ritz; *the
Beatles* Beatles
theater o. **theatre** ['ϴiətər]
subst teater
theatergoer ['ϴiətər‚gouər]
subst teaterbesökare
theatrical [ϴi'ättrikkəl] *adj*
1 teater- **2** teatralisk
theft [ϴefft] *subst* stöld
their [ðäər] *pron* deras, dess;
sin, sina
theirs [ðäərz] *pron* deras; sin,
sina
them [ðemm] *pron* dem
theme [ϴi:m] *subst* tema; i
skolan uppsatsämne; *~ park*
temapark fritidsanläggning
themselves [ðəm'sellvz] *pron*
sig, sig själva; själva
then [ðenn] *adv* då; sedan;
since ~ sedan dess; *till ~* till
dess
theology [ϴi'a:lədʒi] *subst*
teologi
theoretical [‚ϴiə'rettikkəl] *adj*
teoretisk
theorize ['ϴi:ərajz] *verb* teore-
tisera
theory ['ϴi:əri] *subst* teori
therapy ['ϴerrəpi] *subst* terapi

there [ðäǝr] *adv* **1** där; dit
2 det; ~ *is* (*are*) det finns
thereabouts ['ðäǝrǝbaots] *adv*
däromkring
thereby [ˌðerr'baj] *adv* där-
igenom
therefore ['ðerrfå:r] *adv* där-
för, följaktligen
there's [ðärrz] = *there is*; *there
has*
thermal ['θö:rmǝl] *adj* värme-;
termo-
thermometer [θǝr'ma:mǝtǝr]
subst termometer
thermos® ['θö:rmǝs] *subst*
termos
thermostat ['θö:rmǝstätt]
subst termostat
thesaurus [θi'så:rǝs] *subst*
synonymordbok
these [ði:z] *pron* de här;
dessa; ~ *days* nuförtiden
thesis ['θi:sis] *subst* **1** tes;
teori **2** doktorsavhandling
they [ðej] *pron* de; ~ *say* äv.
det sägs
they'd [ðejd] = *they had*; *they
would*
they'll [ðejl] = *they will*; *they
shall*
they're [ðärr] = *they are*
they've [ðejv] = *they have*
thick [θikk] **I** *adj* **1** tjock; *a bit
too* ~ lite väl magstarkt; ~ *as
thieves* såta vänner **2** dum
II *adv*, ~ *and fast* slag i slag
III *subst*, *in the* ~ *of it* mitt

third-party insurance

uppe i; *through* ~ *and thin* i
vått och torrt
thicken ['θikkǝn] *verb*
1 tjockna **2** reda
thickness ['θikknǝs] *subst*
tjocklek
thick-skinned [ˌθikk'skinnd]
adj tjockhudad
thief [θi:f] *subst* tjuv; *stop* ~*!*
ta fast tjuven!
thigh [θaj] *subst* lår kroppsdel
thimble [θimmbl] *subst* fing-
erborg
thin [θinn] **I** *adj* tunn; mager;
knapp **II** *verb* gallra; *his hair
is thinning* hans hår börjar
glesna
thing [θing] *subst* **1** sak, grej;
poor ~*!* stackare!; *the latest*
~ sista skriket **2** *things* det,
läget; *the way things are*
som det är nu
think* [θingk] *verb* **1** tänka;
tänka efter; ~ *about* fundera
på; ~ *of* tänka på; tänka sig;
komma på; ~ *over* tänka
igenom **2** tro; tycka; ~ *about*
(*of*) tycka om
think tank ['θingk tängk]
subst vard. hjärntrust
third [θö:rd] **I** *räkn* tredje
II *subst* tredjedel
thirdly ['θö:rdli] *adv* för det
tredje
third-party insurance
['θö:rdˌpa:rti inn'schorrǝns]
subst trafikförsäkring

third-rate [ˌθöːrdˈrejt] *adj*
tredje klassens
thirst [θöːrst] *subst* törst
thirteen [ˌθöːrˈtiːn] *räkn* tret-
ton
thirty [ˈθöːrti] *räkn* trettio
this [ðiss] **I** *pron* den här, det
här; denna, detta; ~ *Sunday*
nu på söndag; ~ *past Sunday*
förra söndag **II** *adv* så här
thistle [θissl] *subst* tistel
thorn [θåːrn] *subst* tagg
thorny [ˈθåːrni] *adj* kvistig,
knivig
thorough [ˈθöːrou] *adj* grund-
lig; noga, ingående
thoroughbred [ˈθöːroubredd]
subst fullblod
those [ðouz] *pron* **1** de; dem
2 de där; dessa; *in* ~ *days* på
den tiden
though [ðou] **I** *konj* men, fast;
even ~ trots att **II** *adv* ändå
thought [θaːt] **I** *subst* tanke;
tankegång; *deep (lost) in* ~
försjunken i tankar; *on
second* ~ vid närmare
eftertanke **II** *verb* imperf. o.
perf.p. av *think*
thoughtful [ˈθaːtfəl] *adj*
1 tankfull **2** omtänksam
thousand [ˈθaozənd] **I** *räkn*
tusen **II** *subst* hundratal;
thousands of tusentals
thrash [θräsch] *verb* slå, ge
stryk; ~ *about* fäkta med
armar och ben; ~ *out a*

solution jobba fram en
lösning
thread [θredd] *subst* **1** tråd;
worn to a ~ trådsliten
2 *threads* slang kläder
threadbare [ˈθreddberr] *adj*
luggsliten
threat [θrett] *subst* hot
threaten [ˈθrettn] *verb* hota
three [θriː] *räkn* tre
three-dimensional
[ˌθriːdajˈmennschənl] *adj*
tredimensionell
thresh [θresch] *verb* **1** tröska
2 se *thrash*
threshold [ˈθreschhould] *subst*
tröskel; *pain* ~ smärtgräns
threw [θroː] *verb* imperf. av
throw
thrift [θrifft] *subst* sparsamhet
thrifty [ˈθriffti] *adj* **1** sparsam
2 blomstrande, framgångsrik
thrill [θrill] **I** *verb* rysa; ~ *to
bits* göra stormförtjust
II *subst* **1** ilning **2** spänning
thriller [ˈθrillər] *subst* thriller,
rysare
thrilling [ˈθrilling] *adj* nerv-
kittlande
thrive [θrajv] *verb* frodas;
blomstra
throat [θrout] *subst* strupe,
hals
throb [θraːb] **I** *verb* bulta
II *subst* dunkande; *heart* ~
drömkille

throes [θrouz] *subst pl, in the*
~ *of* mitt uppe i
throne [θroun] *subst* tron
throttle [θraːtl] **I** *subst, at full*
~ med gasen i botten **II** *verb*
strypa
through [θroː] *prep* o. *adv*
genom, igenom; ~ *and* ~
alltigenom; *be* ~ *with* ha fått
nog av; *May* ~ *July* maj till
och med juli
throughout [θroˈaot] **I** *adv*
genomgående **II** *prep* över
hela; under hela
throve [θrouv] *verb* imperf. av
thrive
throw* [θrou] *verb* **1** kasta; ~
away kasta bort; ~ *out* kasta
ut; köra ut; ~ *together* tota
(rafsa) ihop **2** ~ *up* kräkas
3 ~ *a party* ställa till med
fest
throwaway [θrouəˌwej] *adj*
engångs-
throw-in [θrouinn] *subst* in-
kast i fotboll
thrown [θroun] *verb* perf.p. av
throw
thru [θroː] *prep* o. *adv* se
through
thrush [θrasch] *subst* trast
thrust [θrasst] **I** *verb* stoppa,
köra; ~ *aside* knuffa (skjuta)
åt sidan **II** *subst* **1** stöt
2 huvudinriktning, huvudte-
ma

thruway [θroːwej] *subst* mo-
torväg
thud [θadd] **I** *subst* duns
II *verb* dunsa
thug [θagg] *subst* ligist
thumb [θamm] **I** *subst* tumme
II *verb,* ~ *through* bläddra
igenom
thumbtack [θammtäkk] *subst*
häftstift
thump [θammp] **I** *verb* dunka
II *subst* smäll, duns
thunder [θanndər] **I** *subst*
åska **II** *verb* åska; dundra
thunderbolt [θanndərboult]
subst blixt
thunderclap [θanndərkläpp]
subst åskknall
thunderstorm
[θanndərståːrm] *subst* åsk-
väder
Thursday [θöːrzdej] *subst*
torsdag
thus [ðass] *adv* sålunda;
alltså, följaktligen
thwart [θwåːrt] *verb* korsa,
hindra
thyme [tajm] *subst* timjan
1 tick [tikk] **I** *verb* ticka
II *subst* tickande
2 tick [tikk] *subst* fästing
ticket [tikkət] *subst* **1** biljett;
get a ~ få p-böter; *that's the*
~ det är så det ska vara
2 kandidatlista

ticket-collector
['tikkətkə‚lekktər] *subst*
spärrvakt; konduktör
ticket office ['tikkət ‚a:fəs]
subst förköpsställe
tickle [tikkl] **I** *verb* kittla
II *subst* kittling
ticklish ['tikklisch] *adj* **1** kittlig **2** kinkig, knepig
tic-tac-toe o. **tick-tack-toe**
[‚tikktäkk'tou] *subst* luffarschack
tidal ['tajdl] *adj* tidvattens-; ~
wave flodvåg
tidbit ['tiddbitt] *subst* godbit,
smaskig sak för pratmakare
tiddlywinks ['tiddliwingks]
subst loppspel
tide [tajd] *subst* tidvatten; ebb
och flod; *the* ~ *is out* det är
ebb; *high* ~ högvatten; *the* ~
has turned bildligt vinden har
vänt
tidy ['tajdi] **I** *adj* städad,
ordentlig, prydlig; nätt summa
II *verb*, ~ el. ~ *up* städa
tie [taj] **I** *verb* knyta; knyta
fast; *be tied down with* vara
bunden av; ~ *in with*
stämma med; ~ *one on* vard.
ta sig en bläcka; *tied up*
upptagen **II** *subst* **1** band
2 slips **3** sliper, syll
tier [tiər] *subst* rad
tiger ['tajgər] *subst* tiger; ~
cub tigerunge

tight [tajt] *adj* **1** snäv; pressad
om t.ex. schema **2** tät
tighten [tajtn] *verb* dra åt
tight-fisted [‚tajt'fisstidd] *adj*
vard. snål
tight-fitting [‚tajt'fitting] *adj*
åtsittande
tightrope ['tajtroup] *subst*
lina; ~ *walker* lindansare;
walk a ~ gå på lina
tights [tajts] *subst pl* **1** tights
2 trikåer
tile [tajl] *subst* tegel; kakel
1 till [till] *prep* o. *konj* till, tills
2 till [till] *subst* kassa
tilt [tillt] *verb* luta; välta; *full*
~ med full fart
timber ['timmbər] *subst* timmer; timmerskog; ~ *line*
trädgräns
time [tajm] *subst* **1** tid; tiden;
any ~ när som helst; *have a
good* ~ ha roligt; *from* ~ *to* ~
då och då; *on* ~ i tid; *what* ~
is it? vad är klockan?; *take
one's* ~ ta god tid på sig
2 *one more* ~ en gång till
time bomb ['tajm ba:m] *subst*
tidsinställd bomb
time-consuming
['tajmkən‚so:ming] *adj* tidsödande
time lag ['tajm lägg] *subst*
tidsintervall
timely ['tajmli] *adj* läglig
timer ['tajmər] *subst* stoppur;
tidur

time switch ['tajm swittch]
subst tidströmställare

timetable ['tajm,tejbl] *subst*
tidtabell

timid ['timmidd] *adj* blyg

timing ['tajming] *subst* taj-
ming

timpani ['timmpəni] *subst pl*
pukor

tin [tinn] *subst* tenn

tinge [tinndʒ] *subst* nyans;
antydan

tingle [tinggl] I *verb* pirra,
sticka, svida, hetta II *subst*
pirr, susande

tinker ['tingkər] *verb* mixtra,
meka

tinkle [tingkl] I *verb* 1 plinga
2 vard. kissa om småbarn
II *subst* pling

tinsel ['tinnsəl] *subst* glitter i
julgranar o.d.

tint [tinnt] I *subst* färgton
II *verb* tona hår

tiny ['tajni] *adj* mycket liten

1 tip [tipp] *subst* spets, topp;
*have sth. on the ~ of one's
tongue* ha ngt på tungan

2 tip [tipp] I *verb* tippa; tippa
omkull II *subst* soptipp

3 tip [tipp] I *verb* 1 ge dricks
2 tipsa; *~ off* varna i förväg,
ge en vink II *subst* 1 dricks
2 tips

tip-off ['tippa:f] *subst* vard.
förvarning

tipsy ['tippsi] *adj* salongsbe-
rusad

tiptoe ['tipptou] I *verb* gå på
tå II *subst, on ~* på tå

tiptop [,tipp'ta:p] *adj* perfekt

1 tire ['tajər] *verb* trötta;
tröttna

2 tire ['tajər] *subst* däck; *snow
~* vinterdäck

tired ['tajərd] *adj* trött

tireless ['tajərləs] *adj* out-
tröttlig

tiresome ['tajərsəm] *adj* trött-
sam; besvärlig

tissue ['tischo:] *subst* 1 väv-
nad 2 ~ el. *facial ~*
pappersnäsduk

tissue paper ['tischo: ,pejpər]
subst silkespapper

tit [titt] *subst, ~ for tat* lika
för lika; *give ~ for tat* ge lika
gott igen, ge svar på tal

title [tajtl] *subst* titel; *~ role*
titelroll

title deed ['tajtl di:d] *subst*
lagfartsbevis

tits [titts] *subst pl* vard. tuttar

titter ['tittər] *verb* fnissa

to [to] *prep* till; mot; på; hos;
a quarter ~ six kvart i sex

toad [toud] *subst* padda

toadstool ['toudsto:l] *subst*
giftsvamp

toast [toust] I *subst* 1 rostat
bröd 2 skål; *propose a ~*
utbringa (föreslå) en skål;
the ~ of the town stans hjälte

(berömdhet) **II** *verb* **1** rosta
2 skåla för
toaster ['toustər] *subst* bröd-
rost
tobacco [tə'bäkkou] *subst*
tobak
toboggan [tə'ba:gən] *subst*
kälke
today [tə'dej] *adv* i dag; *the
youth of* ~ dagens ungdom
toddler ['ta:dlər] *subst* litet
barn 1-2 år
to-do [tə'do:] *subst* vard. ståhej,
väsen
toe [tou] *subst* tå
toehold ['touhould] *subst,
gain a* ~ få in en fot
toenail ['tounejl] *subst* tånagel
together [tə'geðər] **I** *adv* till-
sammans **II** *adj* slang schysst;
balanserad person
toil [tåjl] **I** *verb* arbeta hårt
II *subst* slit
toilet ['tåjlət] *subst* toalett
toilet paper ['tåjlət ,pejpər]
subst toalettpapper
toiletries ['tåjlətrizz] *subst pl*
toalettsaker
toiletry kit ['tåjlətri kitt] *subst*
necessär
token ['toukən] **I** *subst* **1** teck-
en **2** polett **II** *adj* symbolisk
told [tould] *verb* imperf. o.
perf.p. av *tell*
tolerable ['ta:lərəbl] *adj* dräg-
lig; vard. skaplig

tolerant ['ta:lərənt] *adj* tole-
rant
tolerate ['ta:lərejt] *verb* tole-
rera
1 toll [toul] *subst* avgift; ~
bridge avgiftsbelagd bro
2 toll [toul] *verb* klämta
tollbooth ['toulbo:θ] *subst*
betalstation vid väg o.d.
toll-free [,toul'fri:] *adj* utan
avgift; ~ *call* avgiftsfritt
samtal
tomahawk ['ta:məha:k] *subst*
1 tomahawk **2** kryssnings-
robot
tomato [tə'mejtou] *subst* to-
mat
tomb [to:m] *subst* grav
tomboy ['ta:måj] *subst* pojk-
flicka
tombstone ['to:mstoun] *subst*
gravsten
tomcat ['ta:mkätt] *subst* han-
katt
tomorrow [tə'må:rou] *adv* i
morgon
ton [tann] *subst* 907,2 kg;
tons of vard. massor av; *like a*
~ *of bricks* stort; ordentligt
tone [toun] *subst* ton, tonfall;
dial ~ kopplingston
tone-deaf [,toun'deff] *adj* ton-
döv
tongs [ta:ngz] *subst pl* tång
tongue [tang] *subst* tunga
tongue-tied ['tangtajd] *adj*

som lider av tunghäfta;
tystlåten

tongue-twister ['tang,twisstər]
subst tungvrickare

tonic ['ta:nikk] *subst* **1** stär-
kande medel **2** tonic
3 grundton

tonight [tə'najt] *adv* i kväll; i
natt

tonsil ['ta:nsəl] *subst* hals-
mandel, tonsill

tonsillitis [,ta:nsə'lajtəs] *subst*
halsfluss

too [to:] *adv* **1** alltför, för;
that's ~ bad! vad tråkigt!;
that's just ~ bad! lagom åt
dig! **2** också, med

took [tokk] *verb* imperf. av *take*

tool [to:l] *subst* **1** verktyg,
redskap; hjälpmedel **2** slang
snopp penis

toolbox ['to:lba:ks] *subst*
verktygslåda

toot [to:t] *verb* tuta

tooth [to:θ] *subst* tand; *have a
sweet ~* vara en gottegris

toothache ['to:θejk] *subst*
tandvärk

toothbrush ['to:θbrasch] *subst*
tandborste

toothpaste ['to:θpejst] *subst*
tandkräm

toothpick ['to:θpikk] *subst*
tandpetare

top [ta:p] **I** *subst* topp; övre
del; *at the ~* överst; *on ~*
ovanpå; *on ~ of* ovanpå;

utöver; *blow one's ~* explo-
dera, bli rasande; *at the ~ of
one's voice* högljutt; *off the ~
of my head* oförberett; på ett
ungefär; *at the ~ of the
world* i toppform, prima
II *adj* **1** översta; högsta
2 främsta, topp- **III** *verb*
toppa

top hat [,ta:p 'hätt] *subst* hög
hatt

top-heavy [,ta:p'hevvi] *adj*
ostadig, för tung upptill

topic ['ta:pikk] *subst* samtals-
ämne; ämne

topical ['ta:pikkəl] *adj* aktuell

top-level ['ta:p,levvl] *adj* på
toppnivå

topmost ['ta:pmoust] *adj*
överst

topple [ta:pl] *verb*, *~* el. *~ over*
störta, ramla

top-secret [,ta:p'si:krət] *adj*
hemligstämplad

topsoil ['ta:psåjl] *subst* mat-
jord

topsy-turvy [,ta:psi'tö:rvi] *adv*
uppochner; huller om buller

torch [tå:rtch] *subst* **1** fackla
2 *blow ~* blåslampa

tore [tå:r] *verb* imperf. av 2 *tear*

torment I ['tå:rmennt] *subst*
kval **II** [tå:r'mennt] *verb* pina

torn [tå:rn] *verb* perf.p. av 2
tear

tornado [tå:r'nejdou] *subst*
tornado

torpedo [tå:r'pi:dou] *subst* torped

torrent ['tå:rənt] *subst* störtflod, strid ström

tortoise ['tå:rtəs] *subst* sköldpadda

torture ['tå:rtchər] I *subst* tortyr II *verb* tortera

torturer ['tå:rtchərər] *subst* bödel, plågoande

Tory ['tå:ri] *subst* tory, konservativ; Englandsanhängare under befrielsekriget

toss [ta:s] *verb* 1 kasta, slänga; ~ *off* stjälpa i sig; ~ *and turn* vrida och vända sig 2 singla slant

tot [ta:t] *subst* liten pys (tös)

total [toutl] I *adj* total; ~ *impression* helhetsintryck II *subst* slutsumma III *verb* 1 uppgå till 2 slang totalkvadda bil

totter ['ta:tər] *verb* vackla; svikta

touch [tattch] I *verb* röra; beröra; ~ *bottom* nå botten; få bottenkänning II *subst* 1 beröring 2 känsel 3 *keep in ~ with* hålla kontakt med 4 aning, antydan, glimt, släng 5 *he is an easy (soft) ~* det är lätt att klämma honom på ett lån

touch-and-go [ˌtattchən'gou] *adj* osäker, farlig; *it was ~* det var nära, det hängde på ett hår

touchdown ['tattchdaon] *subst* amer. fotboll touchdown ger 6 poäng

touched [tattcht] *adj* rörd

touch football ['tattch fottba:l] *subst* touch fotboll

touching ['tattching] *adj* rörande

touchy ['tattchi] *adj* lättretlig

tough [taff] *adj* 1 seg 2 jobbig; tuff; ~ *luck!* otur!, osis!; ~ *cookie (hombre)* tuff typ

toughen [taffn] *verb* 1 tuffa till sig 2 göra segare; göra jobbigare (tuffare)

toupee [to:'pej] *subst* tupé

tour [toər] I *subst* 1 rundresa; tur 2 turné II *verb* resa runt i

tourism ['torrizzəm] *subst* turism

tournament ['torrnəmənt] *subst* turnering

tout [taot] *verb* vard. berömma; lovorda ofta för att sälja ngt

tow [tou] *verb* bogsera

toward [tå:rd] o. **towards** [tå:rdz] *prep* 1 mot, i riktning mot 2 gentemot 3 framemot

towel ['taoəl] *subst* handduk; *beach ~* badhandduk; *paper ~* hushållspapper; *throw in the ~* kasta in handduken

tower ['taoər] I *subst* torn II *verb* torna upp sig

towering ['taoəring] *adj* jätte-
hög, imponerande
town [taon] *subst* stad; *out of*
~ bortrest
tow rope ['tou roup] *subst*
bogserlina
tow truck ['tou trakk] *subst*
bärgningsbil
toxic substance ['ta:ksikk
‚sabbstəns] *subst* miljögift
toy [tåj] **I** *subst* leksak **II** *verb*,
~ *with* leka med
trace [trejs] **I** *verb* spåra
II *subst* spår
tracing-paper ['trejsing‚pejpər]
subst kalkerpapper
track [träkk] **I** *subst* **1** spår;
stig; i sporter bana; *keep ~ of*
hålla reda på; *throw off the*
~ vilseleda; *live on the*
wrong side of the tracks bo i
ett fattigt område **2** friidrott;
~ *meet* idrottstävling **II** *verb*
spåra
tracking ['träkking] *subst*
nivågruppering i skola
track shoes ['träkk scho:z]
subst pl spikskor
track suit ['träkk so:t] *subst*
träningsoverall
1 tract [träkkt] *subst* område
2 tract [träkkt] *subst* traktat
tractor ['träkktər] *subst* trak-
tor
trade [trejd] **I** *subst* **1** handel
2 yrke **3** ~ *union* fackföre-

ning **II** *verb* **1** handla **2** byta;
~ *in* lämna i byte
trademark ['trejdma:rk] *subst*
varumärke
trader ['trejdər] *subst* affärs-
man, börsmäklare
tradesman ['trejdzmən] *subst*
detaljhandlare
trade-unionist
[‚trejd'jo:njənəst] *subst* fack-
föreningsman
tradition [trə'dischən] *subst*
tradition
traditional [trə'dischənl] *adj*
traditionell
traffic ['träffikk] *subst* trafik; ~
circle rondell; ~ *light* (*signal*)
trafikljus; *through* ~ genom-
fartstrafik
tragedy ['träddʒədi] *subst*
tragedi
tragic ['träddʒikk] *adj* tragisk
trail [trejl] **I** *subst* **1** spår; *hot*
on the ~ tätt i hälarna **2** stig,
vildmarksväg **II** *verb* släpa;
släpa efter; ~ *off* dö bort
trailer ['trejlər] *subst* släpvagn;
house ~ husvagn
train [trejn] **I** *verb* öva; lära
upp; träna **II** *subst* tåg; *go by*
~ ta tåget
trained [trejnd] *adj* utbildad
trainee [trej'ni:] *subst* prakti-
kant
training ['trejning] *subst* ut-
bildning; träning; ~ *as a*
doctor läkarutbildning

traipse [trejps] *verb* traska
trait [trejt] *subst* karaktärs-
drag, egenskap
traitor ['trejtər] *subst* förräda-
re
tram [trämm] *subst* spårvagn
tramp [trämmp] **I** *verb* traska;
trampa, stampa **II** *subst* luf-
fare; vard. slampa, fnask
trample [trämmpl] *verb*, ~ *on*
trampa på; förakta; ~ *to*
death trampa ihjäl
tranquil ['trängkwill] *adj* lugn,
stilla
tranquilizer ['trängkwəlajzər]
subst lugnande medel
transact [tränn'säkkt] *verb*
göra upp; avtala
transaction [tränn'säkkschən]
subst transaktion, affärs-
uppgörelse
transfer I [tränns'fö:r] *verb*
överföra; omplacera; sälja
spelare **II** ['trännsfər] *subst*
1 omplacering; överföring
2 övergångsbiljett
transform [tränns'få:rm] *verb*
förvandla, förändra i grunden
transfusion [tränns'fjo:ʒən]
subst blodtransfusion
transient ['trännziənt] **I** *adj*
förgänglig, flyktig **II** *subst*
tillfällig gäst; luffare, utelig-
gare
transistor [trän'zisstər] *subst*
transistor
transit ['trännsət] *subst* ge-

nomresa; ~ *lounge* (*hall*)
transithall
transition [tränn'zischən]
subst övergång
translate [tränns'lejt] *verb*
översätta
translation [tränns'lejschən]
subst översättning
transmission
[tränns'mischən] *subst*
1 överföring **2** sändning i
radio el. TV
transmit [tränns'mitt] *verb*
1 sända **2** överföra
transparent [tränn'spärrənt]
adj genomskinlig
transplant I [tränn'splännt]
verb transplantera
II ['trännsplännt] *subst*
transplantation; *heart* ~
hjärttransplantation
transport [tränn'spå:rt] *verb*
transportera
transportation
[,trännspå:r'tejschən] *subst*
transportmedel
trap [träpp] **I** *subst* fälla
II *verb* fånga i en fälla
trapdoor [,träpp'då:r] *subst*
fallucka
trapeze [trä'pi:z] *subst* trapets
trappings ['träppingz] *subst pl*
symboler
trash [träsch] *subst* skräp;
white ~ fattiga vita i södra
USA

trash can ['träsch känn] *subst*
soptunna
trauma ['traomə] *subst* trauma; ~ *center* akutmottagning
traumatic [trə'mättikk] *adj*
traumatisk
travel ['trävvəl] **I** *verb* resa
II *subst*, *travels* resor
travel agency ['trävvəl
ˌejdʒənsi] *subst* resebyrå
travel agent ['trävvəl ˌejdʒənt]
subst resebyråtjänsteman
traveler ['trävvələr] *subst* resenär; *traveler's check* resecheck
travel sickness ['trävvəl
ˌsikknəs] *subst* åksjuka
traverse [trə'vö:rs] *verb* korsa,
genomkorsa; passera
travesty ['trävvəsti] *subst*
travesti
trawler ['tra:lər] *subst* trålare
tray [trej] *subst* serveringsbricka; brevkorg
treacherous ['trettchərəs] *adj*
förrädisk
treachery ['trettchərri] *subst*
förräderi; svek; trolöshet
tread [tredd] **I** *verb* trampa;
trampa på; ~ *lightly* gå
försiktigt fram; ~ *on air*
sväva på moln **II** *subst*
däckmönster
treason [tri:zn] *subst* högförräderi; landsförräderi
treasure ['treʒər] *subst* skatt
treasurer ['treʒərər] *subst*

kassör; skattmästare; finanschef
Treasury ['treʒərri] *subst, the*
~ finansdepartementet
treat [tri:t] **I** *verb* **1** behandla
2 bjuda **3** betrakta **II** *subst*
bjudning; fest; *it's my* ~ jag
bjuder!
treatment ['tri:tmənt] *subst*
behandling
treaty ['tri:ti] *subst* fördrag,
pakt
treble [trebbl] **I** *adj* **1** diskant-
2 ~ *damages* tredubblat
skadestånd **II** *subst* diskant
tree [tri:] *subst* träd
trek [trekk] *verb* fotvandra;
resa långt
tremble [tremmbl] *verb* darra,
bäva; ängslas
tremendous [trə'menndəs] *adj*
1 enorm, jättestor **2** kul,
fantastisk
tremor ['tremmər] *subst*
1 skälvning **2** jordskalv
trench [trenntsch] *subst* **1** dike, ränna **2** skyttegrav
trend [trennd] *subst* trend;
tendens
trepidation [ˌtreppi'dejschən]
subst bävan, oro
trespass ['tresspəs] *verb*, ~ *on*
inkräkta på; *No trespassing*
Tillträde förbjudet
trestle [tressl] *subst* bock som
stöd för t.ex. bord
trial ['trajəl] *subst* **1** försök; *on*

~ på prov; ~ *balloon* trevare;
~ *offer* introduktionserbju-
dande; *by* ~ *and error* genom
att pröva sig fram **2** *be on* ~
stå inför rätta
triangle ['trajänggl] *subst*
triangel
tribe [trajb] *subst* folkstam;
skämtsamt släkt, klan
tribesman ['trajbzmən] *subst*
stammedlem
tribunal [traj'bjo:nl] *subst*
tribunal
tributary ['tribbjəterri] *subst*
biflod
tribute ['tribbjo:t] *subst* hyll-
ning, tribut; *pay* ~ *to sb.*
hylla ngn
trick [trikk] **I** *subst* spratt;
trick; knep; *be up to tricks*
ha något fuffens för sig
II *verb* lura
trickery ['trikkəri] *subst* bluff;
humbug
trickle [trikkl] **I** *verb* droppa,
sippra **II** *subst* droppe; rännil
tricky ['trikki] *adj* **1** knepig,
kvistig **2** listig, slug, slipad
tricycle ['trajsikkl] *subst* tre-
hjuling
trifle [trajfl] **I** *subst* bagatell,
struntsak **II** *adj* aning, smula
trifling ['trajfling] *adj,* ~
matter struntsak
trigger ['triggər] **I** *subst* av-
tryckare **II** *verb* utlösa
trim [trimm] **I** *adj* välskött;

nätt, välbehållen figur **II** *verb*
klippa, putsa; dekorera jul-
gran; beskära fruktträd
trinket ['tringkitt] *subst* billigt
smycke
trip [tripp] **I** *verb* **1** snava,
snubbla **2** slang trippa, tända
på **3** ~ *of the tongue*
felsägning **II** *subst* **1** resa
2 slang tripp narkotikarus
tripe [trajp] *subst* **1** komage
2 skitsnack, nonsens, smörja
triple [trippl] **I** *adj* tredubbel
II *verb* tredubbla
triplet ['tripplət] *subst* **1** tril-
ling **2** triol
triplicate ['tripplikət] *subst, in*
~ i tre exemplar
tripod ['trajpa:d] *subst* stativ
trite [trajt] *adj* banal
triumph ['trajəmf] **I** *subst*
triumf, seger; segerjubel
II *verb* triumfera
trivial ['trivviəl] *adj* obetydlig,
futtig
trod [tra:d] *verb* imperf. o.
perf.p. av *tread*
trodden [tra:dn] *verb* perf.p. av
tread
trolley ['tra:li] *subst* spårvagn
trombone [tra:m'boun] *subst*
trombon
troop [tro:p] *subst* trupp;
scoutavdelning
trophy ['troufi] *subst* trofé
tropical ['tra:pikkəl] *adj* tro-
pisk

tropics ['tra:pikks] *subst pl,*
the ~ tropikerna
trot [tra:t] **I** *verb* trava; ~ *out*
komma dragande med
II *subst* trav; *have the trots*
vard. ha diarré
trouble [trabbl] **I** *verb* bekym-
ra; besvära **II** *subst* bekym-
mer; besvär; problem
troublemaker ['trabbl‚mejkər]
subst bråkstake
troubleshooter
['trabbl‚scho:tər] *subst* pro-
blemlösare
troublesome ['trabblsəm] *adj*
besvärlig
trough [tra:f] *subst* **1** tråg; ho
2 vågdal; lågtrycksområde
trousers ['traozərz] *subst pl*
långbyxor
trout [traot] *subst* forell
truant ['tro:ənt] *subst* skolka-
re; *play* ~ skolka
truce [tro:s] *subst* vapenvila
truck [trakk] *subst* lastbil; *fire*
~ brandbil; ~ *stop* lastbilsfik
trudge [traddʒ] *verb* traska,
gå mödosamt
truffle [traffl] *subst* tryffel
truly ['tro:li] *adv* verkligen;
Yours ~ i brev Högaktnings-
fullt
trump [trammp] **I** *subst* trumf;
no ~ i kortspel sang **II** *verb*
sticka med trumf; ~ *up* koka
ihop t.ex. historia
trumpet ['trammpət] *subst*

trumpet; *blow one's own* ~
slå på stora trumman för sig
själv
truncheon ['tranntchən] *subst*
batong
trundle [tranndl] *verb* rulla
trunk [trangk] *subst* **1** träd-
stam **2** koffert; bagage-
utrymme i bil **3** snabel
trust [trasst] **I** *subst* **1** för-
troende **2** förvaltning; depo-
sition **II** *verb* lita på
trustee [‚tra'sti:] *subst* **1** för-
troendeman **2** styrelsemed-
lem
trustworthy ['trasst‚wö:rði] *adj*
pålitlig
truth [tro:θ] *subst* sanning,
sanningshalt; verklighet;
home ~ besk sanning
truthful ['tro:θfəl] *adj* sann,
uppriktig
try [traj] **I** *verb* försöka;
pröva; åtala; döma; ~ *on*
prova kläder **II** *subst* försök
trying ['trajing] *adj* påfrestan-
de
T-shirt ['ti:schö:rt] *subst*
T-shirt
tub [tabb] *subst* balja; badkar
tube [to:b] *subst* **1** rör; tub;
go down the ~ gå åt pipan
2 *the* ~ vard. burken TV
tuberculosis
[to‚bö:rkjə'lousəs] *subst* tu-
berkulos
tuck [takk] *verb* stoppa in

(ner); ~ *away* stoppa undan;
~ *the children in* stoppa om
barnen
Tuesday ['to:zdej] *subst* tisdag
tuft [tafft] *subst* tofs, test
tug [tagg] I *verb* rycka; dra,
släpa på; ~ *at* rycka i II *subst*
1 ryck **2** bogserbåt
tug-of-war [ˌtaggəvˈwå:r] *subst*
dragkamp
tuition [toˈischən] *subst* un-
dervisning; undervisningsav-
gift
tulip ['to:ləp] *subst* tulpan
tumble [tammbl] I *verb* ram-
la; ~ *down* rasa II *subst* fall
tumble drier [ˌtammbl ˈdrajər]
subst torktumlare
tumbler ['tammblər] *subst*
tumlare glas
tummy ['tammi] *subst* vard.
mage
tumor ['to:mər] *subst* tumör
tuna ['to:nə] *subst* tonfisk
tune [to:n] I *subst* melodi; låt;
out of ~ ostämt; falskt; *sing*
a different ~ bildligt ändra
ton II *verb* **1** stämma instru-
ment **2** ~ *in to* ställa (ta) in
tuner ['to:nər] *subst* tuner
radiomottagare
tunnel [tannl] *subst* tunnel; ~
vision trångsynthet
turbulence ['tö:rbjələns] *subst*
oro, turbulens
tureen [təˈri:n] *subst* soppskål
turf [tö:rf] *subst* **1** grästorv

2 *the* ~ galoppbanan **3** slang
territorium, revir
turgid ['tö:rdʒidd] *adj* svulstig
turkey ['tö:rki] *subst* **1** kalkon;
cold ~ vard. abrupt avvänj-
ning; *talk* ~ vard. tala allvar
2 slang fiasko; kalkonfilm
turmoil ['tö:rmåjl] *subst* kaos,
tumult; virrvarr, röra
turn [tö:rn] I *verb* **1** vända;
vrida, snurra **2** göra **3** bli; ~
sour surna; ~ *50* fylla 50 **4** ~
against vända sig emot; ~
away vända sig bort; köra
bort; ~ *back* driva tillbaka;
återvända; ~ *down* skruva
ner; ~ *in* lägga sig;
överlämna till polisen; ~ *off*
stänga av; ~ *out* släcka;
tillverka; kasta ut; utfalla; ~
up dyka upp II *subst*
1 vändning; svängning; för-
ändring **2** tur i kö o.d. **3** krök,
sväng **4** tjänst
turning ['tö:rning] *subst* av-
tagsväg; ~ *space* vändplats
turning-point ['tö:rningpåjnt]
subst vändpunkt
turnip ['tö:rnəp] *subst* rova;
Swedish ~ kålrot
turnout ['tö:rnaot] *subst* del-
tagande
turnover ['tö:rnˌouvər] *subst*
1 omsättning **2** *apple* ~
äppelknyte
turnpike ['tö:rnpajk] *subst*
motorväg

turnstile ['tö:rnstajl] *subst*
vändkors; spärr
turpentine ['tö:rpəntajn] *subst*
terpentin
turquoise ['tö:rkwåjz] *adj* tur-
kos
turret ['tö:rət] *subst* litet torn;
torn på stridsvagn
turtle [tö:rtl] *subst* sköldpad-
da
turtleneck ['tö:rtlnekk] *subst*
polokrage; ~ el. ~ *sweater*
polotröja
tusk [tassk] *subst* bete på t.ex.
elefant
tussle [tassl] **I** *subst* kamp
II *verb* kämpa, strida; bråka
tutor ['to:tər] *subst* handleda-
re; privatlärare
tutorial [to'tå:riəl] *subst* semi-
narium i mindre grupp; enskild
undervisning
tuxedo [takk'si:dou] *subst*
smoking
TV [ˌti:'vi:] *subst* TV; *watch* ~
se på TV; *on* ~ på TV
1 twang [twäng] *subst, speak
with a* ~ tala nasalt
2 twang [twäng] *subst*
bismak
tweed [twi:d] *subst* tweed
tweezers ['twi:zərz] *subst pl*
pincett
twelfth [twellfθ] *räkn* tolfte
twelve [twellv] **I** *räkn* tolv; ~
noon klockan tolv på dagen;

~ *midnight* midnatt **II** *subst*
tolftedel
twentieth ['twenntiəθ] **I** *räkn*
tjugonde; ~ *century* nitton-
hundratalet **II** *subst* tjugon-
del
twenty ['twennti] *räkn* tjugo
twice [twajs] *adv* två gånger
twiddle [twiddl] *verb,* ~ *one's
thumbs* rulla tummarna,
sitta med armarna i kors
twig [twigg] *subst* kvist
twilight ['twajlajt] *subst*
skymning; *pre-dawn* ~ gry-
ning
twin [twinn] *subst* tvilling; ~
bill biljett för två matcher
(föreställningar)
twine [twajn] *verb* linda, vira
twin-engine
['twinnˌenndʒinn] *adj* två-
motorig
twinge [twinndʒ] *subst* sting
twinkle [twingkl] **I** *verb* tind-
ra, blinka **II** *subst* glimt i
ögat
twirl [twö:rl] *verb* snurra
twist [twisst] **I** *subst* **1** vrid-
ning; oväntad förveckling,
vändning **2** twist dans **II** *verb*
sno, vrida; snedvrida; ~ *sb.'s
arm* utöva påtryckningar på
ngn
twister ['twisstər] *subst* vard.
tornado
twit [twitt] *subst* vard. dum-
skalle

twitch [twittch] **I** *verb* rycka
II *subst* ryckning
two [to:] *räkn* två; båda,
bägge; ~ *bits* 25 cent
two-bit ['to:bitt] *adj* dussin-,
billig
two-faced [,to:'fejst] *adj* falsk,
hycklande
twofold ['to:fould] *adj* tvåfal-
dig
two-piece ['to:pi:s] *subst*
dräkt; bikini; ~ *suit* kostym
utan väst
twosome ['to:səm] *subst* två-
spel i golf
two-timing ['to:tajming] *adj*
otrogen, falsk
two-way ['to:wej] *adj* **1** två-
vägs- **2** dubbelriktad
tycoon [taj'ko:n] *subst* vard.
magnat
type [tajp] **I** *subst* typ, sort
II *verb* skriva maskin
typeface ['tajpfejs] *subst*
typsnitt
typewriter ['tajp,rajtər] *subst*
skrivmaskin
typical ['tippikkəl] *adj* typisk
typing ['tajping] *subst* ma-
skinskrivning
typist ['tajpisst] *subst* maskin-
skriverska
tyrant ['tajərənt] *subst* tyrann

U

U, u [jo] *subst* U, u
ubiquitous [jo'bikkwətəs] *adj*
allestädes närvarande
udder ['addər] *subst* juver
UFO o. **ufo** ['jo:fou] *subst* ufo
ugly ['aggli] *adj* ful; otäck
ulcer ['allsər] *subst* sår; *gastric*
~ magsår
ulterior [all'tirriər] *adj*, ~
motive baktanke
ultimate ['alltimmət] **I** *adj*
slutlig; yttersta **II** *subst, the* ~
in luxury höjden av lyx
ultimately ['alltimmətli] *adv*
till sist (slut)
ultrasound ['alltrəsaond] *subst*
ultraljud
umbrella [amm'brellə] **I** *subst*
paraply; parasoll **II** *adj* para-
ply-
umpire ['ammpajər] **I** *subst*
domare i t.ex. baseboll **II** *verb*
döma vid idrottstävling
umpteenth ['ammpti:nθ] *adj*
vard. femtielfte
UN [jo:'enn] (förk. för *United
Nations*), *the* ~ FN
unable [,ann'ejbl] *adj, be* ~ *to*
inte kunna
unaccompanied
[,annə'kammpənidd] *adj*
1 ensam; ~ *minor* obeledsa-

gat barn **2** oackompanjerad;
solo
unaccustomed
[ˌannə'kasstəmd] *adj*, ~ *to*
ovan vid
unaffected [ˌannə'fekktidd]
adj oberörd
unambiguous
[ˌannämm'biggjoəs] *adj*
otvetydig, entydig
unanimous [jo'nännimməs]
adj enhällig
unappealing [ˌannə'pi:ling]
adj oattraktiv
unarmed [ˌann'a:rmd] *adj*
obeväpnad
unashamed [ˌannə'schejmd]
adj öppen, oblyg
unassuming [ˌannə'so:ming]
adj anspråkslös
unattached [ˌannə'tättcht] *adj*
fri, oberoende
unattended [ˌannə'tenndidd]
adj utan tillsyn; ~ *to*
försummad
unattractive [ˌannə'träkktivv]
adj oattraktiv; charmlös;
osympatisk
unauthorized [ˌann'a:θərajzd]
adj inte auktoriserad; obe-
hörig
unavailable [ˌannə'vejləbl] *adj*
oanträffbar; inte tillgänglig
unavoidable [ˌannə'våjdəbl]
adj oundviklig
unaware [ˌannə'wäər] *adj*, ~ *of*
omedveten om; okunnig om

unawares [ˌannə'wäərz] *adv*,
take (catch) sb. ~ överrump-
la ngn
unbalanced [ˌann'bällənst] *adj*
obalanserad, överspänd;
ojämn
unbeatable [ˌann'bi:təbl] *adj*
oöverträffbar; oslagbar
unbelievable [ˌannbə'li:vəbl]
adj otrolig
unbend [ˌann'bennd] *verb*
bildligt släppa loss
unbiased [ˌann'bajəst] *adj*
fördomsfri; opartisk
unbreakable [ˌann'brejkəbl]
adj okrossbar; oförstörbar
unbutton [ˌann'battn] *verb*
knäppa upp
uncalled-for [ˌann'ka:ldfå:r]
adj onödig; oförskämd
uncanny [ˌann'känni] *adj*
1 kuslig, spöklik **2** häpnads-
väckande
unceasing [ˌann'si:sing] *adj*
oavbruten
unceremonious
['annˌserri'mounjəs] *adj*
otvungen, enkel
uncertain [ˌann'sö:rtn] *adj*
osäker; otrygg; ostadig om
väder
unchecked [ˌann'tchekkt] *adj*
okontrollerad; ~ *luggage*
handbagage
uncivilized [ˌann'sivvəlajzd]
adj ociviliserad
uncle [angkl] *subst* farbror;

morbror; ~*!* i barnlek jag ger
mig!; *Uncle Tom* fjäskande
typ
uncomfortable
[ˌann'kammfərtəbl] *adj*
1 obekväm **2** illa till mods;
be ~ äv. vantrivas
uncommon [ˌann'ka:mən] *adj*
ovanlig
uncompromising
[ˌann'ka:mprəmajzing] *adj*
kompromisslös
unconditional
[ˌannkən'dischənl] *adj* vill-
korslös
unconscious [ˌann'ka:nschəs]
adj **1** omedveten **2** medvets-
lös
uncontrollable
[ˌannkən'trouləbl] *adj* omöj-
lig att behärska; våldsam
ilska
unconventional
[ˌannkən'venschənl] *adj*
okonventionell; originell
uncouth [ˌann'ko:θ] *adj* ohyf-
sad; grov, ofin
uncover [ˌann'kavvər] *verb*
blotta; avslöja
undecided [ˌanndi'sajdidd] *adj*
tveksam
undeniably [ˌanndi'najəbli]
adv onekligen
under ['anndər] *prep* under;
study ~ *sb.* studera för ngn
underage [ˌanndər'ejdʒ] *adj*
minderårig

undercover ['anndərˌkavvər]
adj hemlig; under täckmantel
undercurrent ['anndərˌkö:rənt]
subst underström
undercut [ˌanndər'katt] *verb*
1 undergräva **2** bjuda under
underdog ['anndərda:g] *subst,*
the ~ den som är i underläge
underdone [ˌanndər'dann] *adj*
för lite stekt (kokt)
underestimate
[ˌanndər'esstimejt] *verb* un-
derskatta
underfed [ˌanndər'fedd] *adj*
undernärd
underfoot [ˌanndər'fott] *adv*
på marken; i vägen
undergo [ˌanndər'gou] *verb*
genomgå
undergraduate
[ˌanndər'gräddʒoət] **I** *subst*
student på universitet **II** *adj,* ~
education grundutbildning
på universitet
underground ['anndərgraond]
adj underjordisk
undergrowth ['anndərgrouθ]
subst undervegetation
underhand ['anndərhännd]
adj lömsk; under bordet; *use*
~ *methods* gå smygvägar
underlie [ˌanndər'laj] *verb*
bildligt ligga i botten på
underline [ˌanndər'lajn] *verb*
1 stryka under **2** framhäva
underling ['anndərling] *subst*
underhuggare

undermine [ˌanndər'majn]
verb underminera; under-
gräva
underneath [ˌanndər'niːθ]
prep o. *adv* under, inunder;
bildligt under ytan
underpants ['anndərpännts]
subst pl underbyxor; kal-
songer
underpass ['anndərpäss] *subst*
tunnel; gångtunnel; planskild
korsning
underprivileged
[ˌanndər'privvəliddʒd] *adj*
sämre lottad
underrate [ˌanndər'rejt] *verb*
undervärdera
undershirt ['anndərschöːrt]
subst undertröja
underside ['anndərsajd] *subst*
undersida
underskirt ['anndərsköːrt]
subst underkjol
understand [ˌanndər'stännd]
verb förstå, begripa; ha hört
understandable
[ˌanndər'stänndəbl] *adj* be-
griplig; rimlig
understanding
[ˌanndər'stännding] **I** *subst*
förståelse; *on the ~ that* på
det villkoret att **II** *adj*
förstående
understatement
[ˌanndər'stejtmənt] *subst* un-
derdrift, understatement
understood [ˌanndər'stodd]

I *verb* imperf. o. perf.p. av
understand **II** *adj, is that ~?*
är det uppfattat?
understudy ['anndərˌstaddi]
subst ersättare på teater
undertake [ˌanndər'tejk] *verb*
åta sig; förbinda sig
undertaker *subst*
1 ['anndərˌtejkər] begrav-
ningsentreprenör
2 [ˌanndər'tejkər] entrepre-
nör
undertaking [ˌanndər'tejking]
subst företag; åtagande
undertone ['anndərtoun]
subst underton
underwater ['anndərwaːtər]
adj undervattens-
underwear ['anndərwerr]
subst underkläder
underworld ['anndərwöːrld]
subst undre värld
undies ['anndizz] *subst pl* vard.
barnunderkläder
undiplomatic
['annˌdipplə'mättikk] *adj*
odiplomatisk
undo [ˌann'doː] *verb* **1** knäppa
upp **2** göra ogjord
undoing [ˌann'doːing] *subst*
fördärv
undoubted [ann'daotəd] *adj*
obestridlig
undoubtedly [ˌann'daotədli]
adv utan tvivel
undress [ann'dress] *verb* klä
av; klä av sig

undue [ˌann'do:] *adj* otillbörlig; onödig

unduly [ˌann'do:li] *adv* oskäligt

unearth [ˌann'ö:rθ] *verb* gräva fram

unearthly [ˌann'ö:rθli] *adj* överjordisk; *at an ~ hour* okristligt tidigt (sent)

uneasy [ann'i:zi] *adj* olustig, orolig; ängslig

uneconomic [ˈannˌi:kə'na:mikk] *adj* dyr, oekonomisk

uneconomical [ˈannˌi:kə'na:mikkəl] *adj* oekonomisk; odryg

uneducated [ˌann'eddʒəkejtəd] *adj* obildad

unemployed [ˌannimm'plåjd] *adj* arbetslös

unemployment [ˌannimm'plåjmənt] *subst* arbetslöshet; *~ compensation (benefits)* arbetslöshetsunderstöd

unending [ann'ennding] *adj* oändlig

unerring [ann'erring] *adj* osviklig

uneven [ˌann'i:vən] *adj* ojämn; skrovlig; udda siffra

uneventful [ˌanni'venntfəl] *adj* händelselös

unexpected [ˌannikk'spekktidd] *adj* oväntad

unfailing [ann'fejling] *adj* aldrig svikande

unfair [ˌann'fäər] *adj* orättvis, ojust

unfaithful [ˌann'fejθfəl] *adj* otrogen, falsk

unfamiliar [ˌannfə'milljər] *adj* obekant; inte förtrogen, ovan; ovanlig

unfashionable [ˌann'fäschənəbl] *adj* omodern

unfasten [ˌann'fässn] *verb* lossa; knäppa upp

unfavorable [ˌann'fejvərəbl] *adj* ogynnsam; ofördelaktig

unfeeling [ann'fi:ling] *adj* okänslig; känslokall

unfinished [ˌann'finnischt] *adj* oavslutad

unfit [ˌann'fitt] *adj* olämplig; *medically ~* inte vapenför

unfold [ˌann'fould] *verb* **1** veckla ut; öppna sig **2** uppenbara

unforeseen [ˌannfå:r'si:n] *adj* oförutsedd

unforgettable [ˌannfər'gettəbl] *adj* oförglömlig

unfortunate [ann'få:rtchənət] *adj* olycklig; *be ~* äv. ha otur

unfortunately [ann'få:rtchənətli] *adv* tyvärr

unfounded [ˌann'faondidd] *adj*
ogrundad; obefogad
unfriendly [ˌann'frenndli] *adj*
ovänlig
ungainly [ˌann'gejnli] *adj*
klumpig, otymplig
ungodly [ann'gaːdli] *adj*
ogudaktig
ungrateful [ˌann'grejtfəl] *adj*
otacksam
unhappiness [ann'häppinnəs]
subst bedrövelse, olycka;
elände
unhappy [ann'häppi] *adj*
olycklig, ledsen; eländig;
misslyckad val
unhealthy [ann'hellθi] *adj*
1 sjuklig **2** ohälsosam
unheard-of [ˌann'höːrdavv] *adj*
1 förut okänd **2** makalös
unidentified
[ˌannaj'denntifajd] *adj*
oidentifierad
uniform ['joːnifåːrm] **I** *adj*
likformig **II** *subst* uniform
uninhabited [ˌannin'häbbətəd]
adj obebodd, öde
uninhibited [ˌannin'hibbətəd]
adj hämningslös, lössläppt
unintentional
[ˌannin'tennschənl] *adj* oav-
siktlig
union ['joːnjən] *subst* **1** för-
ening **2** fackförening; *stu-
dents'* ~ studentkår
unique [joː'niːk] *adj* unik

unison ['joːnissən] *subst, in* ~
unisont; i samförstånd
unit ['joːnitt] *subst* enhet;
element; aggregat; ~ *price*
styckepris
unite [jo'najt] *verb* förena;
samlas, förena sig
united [jo'najtəd] *adj* förenad;
enad; *the United Kingdom*
Förenade kungariket Storbri-
tannien och Nordirland; *the
United Nations* Förenta
nationerna; *the United
States of America* Förenta
staterna
unity ['joːnəti] *subst* **1** enighet;
harmoni; sammanhållning
2 talet ett
universal [ˌjoːni'vöːrsəl] *adj*
allmän; världs-
universe ['joːnivöːrs] *subst*
universum
university [ˌjoːni'vöːrsəti]
subst universitet
unjust [ˌann'dʒasst] *adj* orätt-
vis; oberättigad
unjustified [ann'dʒasstifajd]
adj obefogad; omotiverad
unkempt [ˌann'kemmpt] *adj*
okammad; ovårdad
unkind [ˌann'kajnd] *adj* ovän-
lig, hård; ogästvänlig
unknown [ˌan'noun] *adj*
okänd
unlawful [ˌann'laːfəl] *adj* olag-
lig; otillåten

unleaded [ˌann'leddidd] *adj*
blyfri
unleash [ˌann'li:sch] *verb*
släppa lös (loss)
unless [ən'less] *konj* om inte;
med mindre än att
unlike [ˌann'lajk] *prep* olikt;
till skillnad från
unlikely [ˌann'lajkli] *adj* osan-
nolik
unlimited [ann'limmətəd] *adj*
obegränsad, oinskränkt
unlisted [ann'lisstidd] *adj*, ~
number hemligt telefonnum-
mer
unload [ˌann'loud] *verb* lasta
av
unlock [ˌann'la:k] *verb* låsa
upp
unlucky [ˌann'lakki] *adj*
olycklig; olycksbringande; *be*
~ *ha* otur
unmade [ˌann'mejd] *adj*
obäddad säng
unmanned [ˌann'männd] *adj*
obemannad
unmarried [ˌann'märridd] *adj*
ogift
unmistakable
[ˌannmi'stejkəbl] *adj* omiss-
kännlig
unnatural [ˌan'nättchrəl] *adj*
onaturlig; pervers
unnecessary [an'nessəserri]
adj onödig
unnoticed [ˌan'noutisst] *adj*
obemärkt

unobtainable [ˌannəb'tejnəbl]
adj oåtkomlig, ouppnåelig
unofficial [ˌannə'fischəl] *adj*
inofficiell
unorthodox [ˌann'å:rθəda:ks]
adj okonventionell; oorto-
dox
unpack [ˌann'päkk] *verb*
packa upp
unpalatable [ann'pällətəbl]
adj oaptitlig; motbjudande
unparalleled [ˌan'pärrəlelld]
adj utan like (motstycke)
unpleasant [an'plezznt] *adj*
otrevlig; obehaglig; pinsam
unplug [ˌann'plagg] *verb* dra
ur sladd o.d.; vard. spela
akustiskt utan elförstärkning; ~
the telephone dra ur jacket
unpopular [ˌann'pa:pjələr] *adj*
impopulär, illa omtyckt
unprecedented
[ann'pressədenntəd] *adj*
makalös; oöverträffad
unpredictable
[ˌannpri'dikktəbl] *adj* oförut-
sägbar
unprofessional
[ˌannprə'feschənl] *adj* opro-
fessionell; icke fackmanna-
mässig
unprotected
[ˌannprə'tekktidd] *adj*
oskyddad
unqualified [ˌann'kwa:lifajd]
adj **1** inte behörig, omerite-

rad **2** oförbehållen, fullständig
unravel [,ann'rävvəl] *verb* repa upp; bildligt nysta upp
unreasonable [,ann'ri:zənəbl] *adj* **1** oförnuftig, oresonlig **2** absurd, orimlig
unrecognizable [,ann'rekkəgnajzəbl] *adj* oigenkännlig
unrelated [,annri'lejtəd] *adj* obesläktad; utan samband
unrelenting [,annri'lennting] *adj* obeveklig; ihållande
unreliable [,annri'lajəbl] *adj* opålitlig
unreservedly [,annri'zö:rviddli] *adv* utan förbehåll
unrest [,ann'resst] *subst* oro
unroll [,ann'roul] *verb* rulla (veckla) upp; rulla ut
unruly [ann'ro:li] *adj* bångstyrig; upprorisk; vild
unsafe [,ann'sejf] *adj* inte säker; farlig
unsaid [,ann'sedd] *adj* osagd
unsatisfactory ['ann,sättiss'fäkktəri] *adj* otillfredsställande
unsavory [,ann'sejvəri] *adj* osmaklig; motbjudande; vidrig
unscathed [,ann'skej ð d] *adj* helskinnad

unscrupulous [ann'skro:pjələs] *adj* samvetslös, skrupelfri
unsettled [,ann'settld] *adj* **1** orolig, osäker; kringflackande **2** lös mage **3** obetald skuld
unshakable [,ann'schejkəbl] *adj* orubblig
unskilled [,ann'skilld] *adj* okvalificerad; outbildad
unspeakable [ann'spi:kəbl] *adj* avskyvärd; obeskrivlig
unstable [,ann'stejbl] *adj* instabil, labil; skiftande
unsteady [,ann'steddi] *adj* ostadig, ombytlig; flackande
unstuck [,ann'stakk] *adj, come* ~ lossna; slang bli galen, tappa kontrollen
unsuccessful [,annsək'sessfəl] *adj* misslyckad; *be* ~ äv. misslyckas
unsuitable [,ann'so:təbl] *adj* olämplig, inte passande
unsure [,ann'schoər] *adj, ~ of (about)* osäker på
unsuspecting [,annsə'spekkting] *adj* intet ont anande
unsweetened [,ann'swi:tənd] *adj* osockrad
unsympathetic [,ann'simmpə'θettikk] *adj* oförstående; avvisande
untapped [,ann'täppt] *adj* outnyttjad

unthinkable [ann'θingkəbl]
adj otänkbar
untidy [ˌann'tajdi] *adj* ovår-
dad, slarvig; ostädad
until [ən'till] *prep* o. *konj*
1 till, tills **2** *not* ~ inte förrän
untimely [ˌann'tajmli] *adj* för
tidig död; oläglig
untold [ˌann'tould] *adj* oändlig
unused *adj* **1** [ˌann'jo:zd] oan-
vänd **2** [ˌann'jo:st], ~ *to* ovan
vid
unusual [ann'jo:ʒəl] *adj*
ovanlig, sällsynt
unveil [ˌann'vejl] *verb* avtäcka;
avslöja
unwanted [ˌann'wa:ntəd] *adj*
oönskad
unwell [ˌann'well] *adj* sjuk
unwieldy [ˌann'wi:ldi] *adj*
klumpig; tungrodd
unwilling [ˌann'willing] *adj*
ovillig, obenägen
unwillingly [ann'willingli] *adv*
motvilligt
unwind [ˌann'wajnd] *verb*
koppla av, gå ner i varv
unwise [ˌann'wajz] *adj* oklok,
oförståndig; obetänksam
unwittingly [ˌann'wittingli]
adv oavsiktligt; ovetandes
unworkable [ˌann'wö:rkəbl]
adj ogenomförbar, outförbar
unworthy [ˌann'wö:rði] *adj*
ovärdig
unwrap [ˌann'räpp] *verb* öpp-
na paket o.d.

up [app] **I** *adv* o. *adj* **1** upp;
uppe; ~ *and down* fram och
tillbaka; ~ *there* däruppe; dit
upp **2** över, slut; *time's* ~!
tiden är ute! **3** *be* ~ vara
uppe; *be* ~ *and about* vara
på benen igen; *be* ~ *for* ställa
upp till; *be* ~ *to sb.* vara upp
till ngn; *be* ~ *to sth.* ha ngt
fuffens för sig; *feel* ~ *to*
känna för; *what's* ~? vad
står på? **4** ~ *to now* hittills; ~
close på nära håll **II** *prep*
uppför; uppåt; ~ *your ass!* el.
~ *yours!* ta dig i häcken!
III *subst, ups and downs*
med- och motgångar
up-and-coming
[ˌappən'kamming] *adj* lo-
vande
upbeat I ['appbi:t] *subst* upp-
takt **II** [app'bi:t] *adj* optimis-
tisk; glad
upbringing ['appˌbringing]
subst uppfostran
update [app'dejt] *verb* uppda-
tera
up front [ˌapp 'frannt] **I** *adj*
vard. öppen, ärlig **II** *adv* i
förskott
upgrade I ['appgrejd] *subst*
1 uppförsbacke **2** uppgrade-
ring **II** [app'grejd] *verb* för-
bättra; uppgradera
upheaval [app'hi:vəl] *subst*
omvälvning

uphold [app'hould] *verb* upp-
rätthålla
upholstery [app'houlstəri]
subst stoppade möbler
upkeep ['appki:p] *subst* un-
derhåll
upon [ə'pa:n] *prep* på; *once ~
a time there was* det var en
gång
upper ['appər] *adj* övre; över-
upper class [,appər 'kläss]
subst, the ~ överklassen
uppermost ['appərmoust] *adj*
överst; främst
upright ['apprajt] *adj* o. *adv*
1 upprätt **2** hederlig
uprising ['app,rajzing] *subst*
uppror, resning; revolt
uproar ['apprå:r] *subst* liv,
oväsen; *in an ~* i uppror
uproot [app'ro:t] *verb* rycka
upp med rötterna
upset [app'sett] **I** *verb* rubba;
göra upprörd **II** *adj* upprörd;
i olag; *have an ~ stomach*
vara magsjuk; ha magbesvär
upshot ['appscha:t] *subst* re-
sultat
upside-down [,appsajd'daon]
adv o. *adj* upp och ned
upstairs [,app'stäərz] *adv* i
övervåningen
upstart ['appsta:rt] *subst* upp-
komling
upstream [,app'stri:m] *adv* o.
adj uppåt floden; uppför
strömmen

uptight ['apptajt] *adj* vard.
spänd, nervös
up-to-date [,apptə'dejt] *adj* à
jour; fullt modern
uptown [,app'taon] *subst* övre
del av stan
upturn ['apptö:rn] *subst* upp-
åtgående trend
upward ['appwərd] *adj* upp-
åtriktad; stigande
upwards of ['appwardz avv]
adv mer än
urban ['ö:rbən] *adj* stads-; *~
area* tätort
urbane [ö:r'bejn] *adj* världs-
van
urge [ö:rdʒ] **I** *verb* **1** driva,
sporra; försöka övertala
2 yrka på, kräva **II** *subst*
1 starkt behov **2** begär, drift
urgency ['ö:rdʒənsi] *subst*
1 yttersta vikt, angelägenhet
2 enträgenhet; iver
urgent ['ö:rdʒənt] *adj* **1** bråd-
skande **2** enträgen
urinal ['jorənəl] *subst* urinoar
urine ['jorrən] *subst* urin
urn [ö:rn] *subst* urna
US [jo:'ess] (förk. för *United
States*), *the ~* USA
us [ass] *pron* oss
USA [jo:ess'ej] (förk. för *United
States of America*), *the ~*
USA
usable ['jo:zəbl] *adj* använd-
bar
use I [jo:s] *subst* användning;

nytta; *make ~ of* använda; *be in ~* vara i bruk; *be of ~* komma till nytta; *be out of ~* vara ur bruk **II** *verb* **1** [jo:z] använda **2** [jo:s], *used to* brukade
used *adj* **1** [jo:zd] använd **2** [jo:st], *~ to* van vid
useful ['jo:fəl] *adj* nyttig; användbar
usefulness ['jo:fəlnəs] *subst* nytta
useless ['jo:sləs] *adj* värdelös; lönlös
user-friendly ['jo:zər‚frenndli] *adj* användarvänlig
usher ['aschər] **I** *subst* **1** vaktmästare på bio o.d. **2** marskalk vid fest o.d. **II** *verb* **1** föra, visa **2** *~ in* inleda epok
usual ['jo:ʒəl] *adj* vanlig; *as ~* som vanligt
usually ['jo:ʒəli] *adv* vanligtvis
utensil [jo:'tennsl] *subst, household utensils* husgeråd
uterus ['jo:tərəs] *subst* livmoder
utility [jo:'tilləti] *subst* **1** nytta **2** samhällsservice
utmost ['attmoust] **I** *adj* ytterst **II** *subst, to the ~* till det yttersta
1 utter ['attər] *adj* fullständig
2 utter ['attər] *verb* ge ifrån sig ljud; tala

utterance ['attərəns] *subst* yttrande
utterly ['attərli] *adv* fullständigt
U-turn ['jo:tö:rn] *subst* **1** U-sväng **2** helomvändning

V

V, v [vi:] *subst* V, v
vacancy ['vejkənsi] *subst* vakans; ledig plats; *no* ~ på motell o.d. fullbokat
vacant ['vejkənt] *adj* tom, ledig
vacate ['vejkejt] *verb* utrymma, evakuera
vacation [vəj'kejschən] **I** *subst* lov; semester; *be on* ~ ha lov (semester) **II** *verb* **1** semestra **2** ta semester
vaccinate ['väkksinnejt] *verb* vaccinera
vacuum ['väkkjoəm] **I** *subst* **1** vakuum **2** ~ *cleaner* dammsugare **II** *verb* dammsuga
vacuum-packed ['väkkjoəmpäkkt] *adj* vakuumförpackad
vagina [və'dʒajnə] *subst* vagina
vagrant ['vejgrənt] *subst* lösdrivare; hemlös person
vague [vejg] *adj* vag, oklar, dunkel
vain [vejn] *adj* fåfäng; egenkär; gagnlös; *in* ~ förgäves
valiant ['välljənt] *adj* tapper, modig
valid ['vällidd] *adj* giltig

valley ['välli] *subst* dal; *river* ~ floddal
valuable ['välljəbl] **I** *adj* värdefull **II** *subst*, *valuables* värdesaker
valuation [ˌvälljo'ejschən] *subst* värde; värdering
value ['välljo:] **I** *subst* **1** värde **2** *values* värderingar **II** *verb* värdera
value-added tax [ˌvälljo:'äddidd täkks] *subst* moms
valued ['välljo:d] *adj* värderad; *highly* ~ högt uppskattad
valve [vällv] *subst* ventil, klaff; hjärtklaff
vamoose [və'mo:s] *verb* slang sticka, försvinna
van [vänn] *subst* skåpbil; van
vandal ['vänndəl] *subst* vandal
vandalism ['vänndəlizzəm] *subst* vandalism; förstörelse
vanguard ['vännga:rd] *subst* förtrupp; spets
vanilla [və'nillə] *subst* vanilj
vanish ['vännisch] *verb* försvinna
vanity ['vännəti] *subst* fåfänga; ~ *case* sminkväska
vapor ['vejpər] *subst* ånga; imma
variable ['verriəbl] **I** *adj* växlande, föränderlig **II** *subst* variabel

variance ['verriəns] *subst* skillnad

varied ['verridd] *adj* varierande

variety [və'rajəti] *subst* **1** mångfald **2** varieté **3** ~ *is the spice of life* ombyte förnöjer

various ['verriəs] *adj* olika; åtskilliga

varnish ['va:rnisch] *subst* o. *verb* fernissa

vary ['verri] *verb* variera, växla; *opinions* ~ meningarna går isär

vase [vejs] *subst* vas

vast [vässt] *adj* omfattande

VAT [ˌviej'ti:, vätt] (förk. för *value-added tax*) moms

vat [vätt] *subst* fat; kar

vaudeville ['va:dəvill] *subst* varieté, revy

1 vault [va:lt] *subst* valv; *family* ~ familjegrav

2 vault [va:lt] *verb* svinga sig över

VCR [ˌvi:si:'a:r] *subst* videoapparat

veal [vi:l] *subst* kalvkött; *roast* ~ kalvstek

veep [vi:p] (förk. för *vice president*) *subst* vicepresident

veer [viər] *verb* svänga; vända

vegetable ['veddʒətəbl] **I** *adj*, ~ *oil* vegetabilisk olja **II** *subst* **1** grönsak; ~ *garden* (*patch*) köksträdgård **2** slang kolli skadad person

vegetarian [ˌveddʒi'terriən] **I** *subst* vegetarian **II** *adj* vegetarisk

vehement ['vi:əmənt] *adj* häftig, våldsam

vehicle ['vi:ikl] *subst* fordon

veil [vejl] **I** *subst* slöja **II** *verb* beslöja; *veiled threat* dolt hot

vein [vejn] *subst* **1** ven **2** stämning; inslag

velvet ['vellvitt] *subst* sammet

vending machine ['vennding məˌschi:n] *subst* automat för t.ex. kaffe

veneer [və'niər] *subst* **1** faner **2** bildligt fernissa

venereal [vi'nirrjəl] *adj* venerisk, köns-

vengeance ['venndʒəns] *subst* hämnd

venison ['vennisən] *subst* vilt kött, rådjurskött

venom ['vennəm] *subst* gift

vent [vennt] *subst* **1** ventil **2** *give* ~ *to* ge utlopp för

ventilator ['venntəlejtər] *subst* fläkt

ventriloquist [venn'trilləkwisst] *subst* buktalare

venture ['venntchər] **I** *subst* vågstycke; satsning **II** *verb* våga sig på

verbal ['vö:rbǝl] *adj* språklig; verbal

verbatim [vö:r'bejtǝm] *adj* ordagrann

verdict ['vö:rdikkt] *subst* jurys utslag

verge [vö:rdʒ] **I** *subst, be on the ~ of* stå på gränsen till, vara på vippen att **II** *verb, ~ on* vara på gränsen till

verify ['verrifaj] *verb* verifiera

vermin ['vö:rmǝn] *subst* ohyra

versatile ['vö:rsǝtl] *adj* mångsidig, mångkunnig

verse [vö:rs] *subst* vers; *in ~* på vers

version ['vö:rschǝn] *subst* version

versus ['vö:rsǝs] *prep* mot

vertebra ['vö:rtibbrǝ] *subst* ryggkota

vertical ['vö:rtikkǝl] *adj* vertikal, lodrät

vertigo ['vö:rtiggou] *subst* svindel; yrsel

verve [vö:rv] *subst* schvung; fart, kläm

very ['verri] **I** *adv* **1** mycket; *not ~* inte så värst **2** allra **II** *adj, in the ~ center* i själva centrum; *the ~ idea of it* blotta tanken på det; *at that ~ moment* just i det ögonblicket

vessel [vessl] *subst* **1** båt **2** kärl

vest [vesst] *subst* väst

vested interest [,vesstidd 'inntrǝst] *subst* egenintresse; *have a ~ in* ha anledning att stödja

vet [vett] *subst* vard. veterinär

veteran ['vettǝrǝn] *subst* veteran, krigsveteran; *Veterans Day* allmän helg 11 november till minne av världskrigen

veterinarian [,vettǝrǝ'nerrjǝn] *subst* veterinär

veto ['vi:tou] *subst* veto; vetorätt

vexed [vekkst] *adj* förargad, irriterad

via ['vajǝ] *prep* via, över

viable ['vajǝbl] *adj* genomförbar; livskraftig

vibrate [vaj'brejt] *verb* vibrera

vicarious [vi'kerrjǝs] *adj* ställföreträdande

vice [vajs] *subst* last; synd; *~ squad* sedlighetsrotel

vice- [vajs] *prefix* vice-, vice

vice president [,vajs 'prezziddǝnt] *subst* vicepresident

vice versa [,vajs 'vö:rsǝ] *adv* vice versa

vicinity [vǝ'sinnǝti] *subst* omgivning; *in the ~ of* i närheten av

vicious ['vischǝs] *adj* grym; elak; *~ circle* ond cirkel; *~ habit* ful vana

victim ['vikktimm] *subst* offer

victor ['vikktǝr] *subst* segrare

Victorian [vikk'tå:riən] **I** *adj* viktoriansk **II** *subst* viktorian
victory ['vikktəri] *subst* seger
video ['viddiou] **I** *subst* video **II** *adj* vard. TV- **III** *verb* spela in på video
videotape ['viddioutejp] **I** *subst* videoband **II** *verb* spela in på video
view [vjo:] **I** *subst* **1** utsikt; *in* ~ *i* sikte **2** åsikt; syn; *point of* ~ synpunkt; *in my* ~ enligt min mening; *in* ~ *of* med tanke på **II** *verb* betrakta
viewer ['vjo:ər] *subst* TV-tittare
view-finder ['vjo:ˌfajndər] *subst* sökare i kamera
viewpoint ['vjo:påjnt] *subst* synpunkt
vigil ['viddʒill] *subst* vaka, nattvak
vigilant ['viddʒələnt] *adj* vaksam, försiktig
vigilante [ˌviddʒi'lännti] *subst* medlem av medborgargarde i västra USA
vigorous ['viggərəs] *adj* kraftig; energisk
vile [vajl] *adj* usel, eländig
villa ['villə] *subst* villa i Medelhavsområdet
village ['villiddʒ] *subst* by
villain ['villən] *subst* bov, skurk
vindicate ['vinndikkejt] *verb*

rättfärdiga; *be vindicated* få upprättelse
vindictive [vinn'dikktivv] *adj* hämndlysten, oförsonlig
vine [vajn] *subst* vinranka; klängväxt, slingerväxt
vinegar ['vinniggər] *subst* ättika; *wine* ~ vinäger
vineyard ['vinnjərd] *subst* vingård; vinodling
vintage ['vinntiddʒ] *adj*, ~ *wine* årgångsvin
viola [vaj'oulə] *subst* altfiol
violate ['vajəlejt] *verb* **1** kränka **2** våldta
violation [ˌvajə'lejschən] *subst* **1** brott, överträdelse; *moving* ~ trafikförseelse; *parking* ~ parkeringsböter **2** våldtäkt
violence ['vajələns] *subst* våld; våldsamhet; *act of* ~ våldsdåd
violent ['vajələnt] *adj* våldsam
violet ['vajələt] *subst* viol; *African* ~ saintpaulia
violin [ˌvajə'linn] *subst* fiol
VIP [ˌvi:aj'pi:] *subst* VIP, höjdare
virgin ['vö:rdʒən] **I** *subst* jungfru, oskuld **II** *adj* orörd; ~ *forest* urskog; ~ *wool* ny ull
Virgo ['vö:rgou] *subst* Jungfrun stjärntecken
virile ['virrəl] *adj* viril
virtually ['vö:rtchəli] *adv* praktiskt taget

virtue ['vö:rtcho:] *subst*
1 dygd **2** fördel, förtjänst
virus ['vajrəs] *subst* virus
visa ['vi:zə] *subst* visum; *entry*
~ inresevisum; *exit* ~ utrese-
visum; ~ *requirement* vi-
sumtvång
vise [vajs] *subst* skruvstäd
visibility [ˌvizzə'billəti] *subst*
sikt; *improved* ~ siktförbätt-
ring
visible ['vizzəbl] *adj* synlig
vision ['viʒən] *subst* syn;
synförmåga
visit ['vizzət] **I** *verb* besöka;
söka vård **II** *subst* besök; *pay*
a ~ besöka
visiting ['vizzəting] *adj* besö-
kande, gäst-; ~ *hours*
besökstid; ~ *rights* umgäng-
esrätt; ~ *team* bortalag
visitor ['vizzətər] *subst* be-
sökare; gäst
visor ['vajzər] *subst* visir
vista ['visstə] *subst* utsikt;
perspektiv
visual ['viʒjoəl] *adj* syn-;
visuell; *the* ~ *arts* bildkons-
ten
visualize ['viʒjoəlajz] *verb*
föreställa sig
vital ['vajtəl] *adj* livsviktig;
avgörande
vitamin ['vajtəminn] *subst*
vitamin; ~ *deficiency* vita-
minbrist

voltage

vivacious [vi'vejschəs] *adj*
livfull; livlig; pigg
vivid ['vivvidd] *adj* levande
V-neck ['vi:nekk] *subst*
v-ringad tröja
vocabulary [vou'käbbjəlerri]
subst vokabulär; ordförråd
vocal ['voukəl] **I** *adj* röst-,
vokal; ~ *cord* stämband
II *subst, vocals* sång
vocation [vou'kejschən] *subst*
yrke; sysselsättning; kall
vocational [vou'kejschənl] *adj*
yrkes-
vociferous [vou'siffərəs] *adj*
högljudd
vogue [voug] *subst* mode; *in*
~ på modet
voice [vajs] **I** *subst* **1** röst;
raise one's ~ höja rösten; *in*
a loud ~ med hög röst
2 talan **II** *verb* uttrycka
void [våjd] **I** *subst* tomrum
II *adj*, ~ *of* fri från; *null and*
~ ogiltig
volatile ['va:lətəl] *adj* flyktig
volcano [va:l'kejnou] *subst*
vulkan
volition [vou'lischən] *subst, of*
one's own ~ av fri vilja
volley ['va:li] *subst* volley i
tennis o.d.
volleyball ['va:liba:l] *subst*
volleyboll
volt [voult] *subst* volt
voltage ['voultiddʒ] *subst*
spänning i volt

volume ['va:ljəm] *subst* volym
voluntarily [,va:lən'terrəli] *adv*
frivilligt
voluntary ['va:lənterri] *adj*
frivillig; ~ *manslaughter*
dråp; ~ *organization* frivill-
igorganisation; ~ *worker*
volontär
volunteer [,va:lən'tiər] **I** *subst*
frivillig; volontär **II** *verb*
frivilligt anmäla sig
voluptuous [və'lapptchoəs]
adj vällustig
vomit ['va:mət] *verb* kräkas
vote [vout] **I** *subst* röst; antal
röster; ~ *of no confidence*
misstroendevotum; *get the* ~
få rösträtt **II** *verb* rösta
voucher ['vaotchər] *subst*
kupong, fribiljett
vow [vao] **I** *subst* löfte **II** *verb*
lova
vowel ['vaoəl] *subst* vokal
voyage ['våjiddʒ] *subst* färd;
resa
vulgar ['vallgər] *adj* vulgär;
tarvlig
vulnerable ['vallnərəbl] *adj*
sårbar
vulture ['valltchər] *subst* gam

W

W, w ['dabbljo:] *subst* W, w
wad [wa:d] *subst* **1** tuss
2 bunt
waddle [wa:dl] *verb* vagga
som en anka
wade [wejd] *verb* vada; ~ *in*
sätta igång; ~ *into sb.* gå lös
på ngn
wafer ['wejfər] *subst* rån; oblat
waffle [wa:fl] *subst* våffla
waft [wäfft] *verb* bäras av
vinden
wag [wägg] *verb* vifta på
(med); ~ *one's tongue* (*chin*)
pladdra på; *set tongues*
wagging sätta fart på
skvallret
wage [wejdʒ] **I** *subst, wages*
lön *ofta* veckolön; ~ *demand*
lönekrav; ~ *earner* löntagare;
familjeförsörjare; ~ *freeze*
lönestopp; ~ *talks* löneför-
handlingar **II** *verb*, ~ *war*
föra krig
waggle [wäggl] *verb* vippa
(vicka) med
wagon ['wäggən] *subst*
1 vagn; *the* ~ *vard.* polispiket
2 *go on the* ~ spola kröken
wail [wejl] **I** *verb* klaga, jämra
sig **II** *subst* jämmer

waist [wejst] *subst* **1** midja
2 skjortblus; klänningsliv
waistcoat ['wejstkout] *subst*
väst
waistline ['wejstlajn] *subst*
midja
wait [wejt] **I** *verb* **1** vänta; ~
and see se tiden an; ~ *for sb.*
vänta på ngn; ~ *up for sb.*
sitta uppe tills ngn kommer
hem **2** ~ *on* servera, vara
servitör **II** *subst* väntan
waiter ['wejtər] *subst* kypare
waiting ['wejting] *subst, No
Waiting!* på skylt stoppförbud
waiting list ['wejting lisst]
subst väntelista
waiting room ['wejting ro:m]
subst väntrum
waitress ['wejtrəs] *subst* ser-
vitris
waive [wejv] *verb* **1** bortse
från; göra undantag för **2** ~
one's rights avstå från sina
rättigheter
waiver ['wejvər] *subst* försäk-
ran om att operation o.d.
sker på egen risk
1 wake [wejk] *subst, in the* ~
of till följd av
2 wake* [wejk] *verb,* ~ *up*
vakna; väcka
wake-up call ['wejkapp ka:l]
subst telefonväckning
walk [wa:k] **I** *verb* gå; prome-
nera; ~ *away* gå sin väg; ~
away (*off*) *with* ta hem seger

o.d.; ~ *in on sb.* hälsa på ngn
oanmäld; ~ *out* gå ut; gå i
strejk; ~ *out on sb.* gå ifrån
ngn **II** *subst* promenad
walking ['wa:king] *subst* gång;
~ *papers* avsked på grått
papper
walkout ['wa:kaot] *subst* strejk
walkover ['wa:k͜ouvər] *subst*
walkover; promenadseger
walkway ['wa:kwej] *subst*
gångbana
wall [wa:l] *subst* **1** vägg **2** mur
wallet ['wa:lət] *subst* plånbok
wallflower ['wa:l͜flaoər] *subst*
panelhöna
wallop ['wa:ləp] *verb* vard.
smocka till
wallow ['wa:lou] *verb,* ~ *in*
vältra sig i
wallpaper ['wa:l͜pejpər] *subst*
tapet, tapeter
wall-to-wall carpet
[͜wa:ltəwa:l 'ka:rpət] *subst*
heltäckningsmatta
walnut ['wa:lnatt] *subst* valnöt
waltz [wa:lts] **I** *subst* vals
II *verb* dansa vals
wampum ['wa:mpəm] *subst*
slang stålar
wan [wa:n] *adj* glåmig; blek
wand [wa:nd] *subst, magic* ~
trollspö
wander ['wa:ndər] *verb* irra;
ströva omkring, vandra
wane [wejn] **I** *verb* avta
II *subst, on the* ~ i avtagande

wangle [wänggl] vard. I *verb* fiffla; mygla till sig II *subst* fiffel

want [wa:nt] I *subst* 1 ~ *of* brist på 2 *wants* behov II *verb* vilja; vilja ha; *wanted* efterlyst; ~ *in (out)* vard. vilja in (ut)

wanting ['wa:nting] *adj* bristfällig; *there's something* ~ det fattas något

wanton ['wa:ntən] *adj* 1 meningslös 2 lättfärdig

war [wå:r] *subst* 1 krig; *civil* ~ inbördeskrig; *be at* ~ vara i krig 2 ~ *chest* kampanjfond; ~ *room* högkvarter för valkampanj

ward [wå:rd] I *subst* 1 avdelning, sal på sjukhus o.d. 2 valdistrikt II *verb,* ~ *off* avvärja

warden [wå:rdn] *subst* fängelsedirektör

wardrobe ['wå:rdroub] *subst* garderob

warehouse ['werrhaoz] *subst* lagerlokal

warfare ['wå:rferr] *subst* krigföring

warhead ['wå:rhedd] *subst* stridsspets i robot

warily ['werrəlli] *adv* varsamt, försiktigt

warm [wå:rm] I *adj* varm II *verb* värma; ~ *up* värma

upp; *look like death warmed over* se ut som ett lik

warmed-over ['wårmd‚ouvər] *adj* uppvärmd mat; bildligt gammal

warmth [wå:rmθ] *subst* värme

warm-up ['wå:rmapp] *subst* uppvärmning; ~ *band* förband vid popkonsert

warn [wå:rn] *verb* varna; ~ *against* avråda från

warning ['wå:rning] *subst* varning; ~ *light* varningslampa

warp [wå:rp] *verb* 1 bukta sig; *warped* vind 2 bildligt snedvrida; *warped* slang pervers

warrant ['wå:rənt] *subst* fullmakt; häktningsorder

warranty ['wå:rənti] *subst* garanti

warren ['wå:rən] *subst* kaningård

warrior ['wå:riər] *subst* krigare

warship ['wå:rschipp] *subst* örlogsfartyg

wart [wå:rt] *subst* vårta; *warts and all* utan försköning

wartime ['wå:rtajm] *subst* krigstid

wary ['werri] *adj* på sin vakt, vaksam

was [wazz] *verb* (imperf. av *be*), *I (he, she, it)* ~ jag (han, hon, det) var etc.

wash [wa:sch] I *verb* 1 tvätta; tvätta sig; ~ *the dishes* diska;

~ off gå bort i tvätten; **~ up** diska **2** skölja; **~ away** spola bort; **~ down** skölja ner med dryck; **be all washed up** vara slut **II** *subst* **1** *have a* **~** tvätta sig **2** tvätt; *it'll all come out in the* **~** det ordnar sig till slut

washable ['wa:schəbl] *adj* tvättbar

washbasin ['wa:sch͵bejsn] *subst* tvättställ

washboard road [͵wa:schbå:rd 'roud] *subst* knagglig grusväg

washcloth ['wa:schkla:θ] *subst* disktrasa; tvättlapp

washer ['wa:schər] *subst* packning till kran o.d.

washing-machine ['wa:schingmə͵schi:n] *subst* tvättmaskin

washout ['wa:schaot] *subst* vard. fiasko

wasn't [wazznt] = *was not*

WASP [wa:sp] (förk. för *White Anglo-Saxon Protestant*) ibland nedsättande, ung. vit medelklassamerikan

wasp [wa:sp] *subst* geting

wastage ['wejstiddʒ] *subst* slöseri

waste [wejst] **I** *adj* **1** öde **2** avfalls-; **~ paper basket** papperskorg **II** *verb* **1** slösa (kasta) bort **2** slang döda våldsamt **3** *be wasted* slang vara hög; vara packad

berusad **III** *subst* **1** slöseri; *a* **~** *of time* bortkastad tid **2** avfall; sopor

wasteful ['wejstfəl] *adj* slösaktig

watch [wa:tch] **I** *subst* **1** armbandsur **2** *keep* **~** hålla vakt **II** *verb* **1** se på, titta på **2** bevaka; passa **3** **~** *the step (your head)!* akta trappsteget (huvudet)!

watchdog ['wa:tchda:g] *subst* vakthund

watchful ['wa:tchfəl] *adj* vaksam

watchmaker ['wa:tch͵mejkər] *subst* urmakare

watchman ['wa:tchmən] *subst* väktare; *night* **~** nattvakt

watchstrap ['wa:tchsträpp] *subst* klockarmband

water ['wa:tər] **I** *subst* vatten; *white* **~** fors; *make (pass)* **~** urinera; *spend money like* **~** ha spenderbyxorna på; *keep one's head above* **~** hålla sig flytande; *white* **~** fors **II** *verb* vattna; vattnas; *watered down* urvattnad; utspädd

watercolor ['wa:tər͵kallər] *subst* **1** vattenfärg **2** akvarell

watercress ['wa:tərkress] *subst* vattenkrasse

waterfall ['wa:tərfa:l] *subst* vattenfall

watering-can ['wa:təringkänn] *subst* vattenkanna

water lily ['wa:tər ˌlilli] *subst* näckros

waterline ['wa:tərlajn] *subst* vattenlinje

watermark ['wa:tərma:rk] *subst* vattenstämpel

watermelon ['wa:tərˌmellən] *subst* vattenmelon

waterproof ['wa:tərpro:f] *adj* vattentät; *make ~* impregnera

watershed ['wa:tərschedd] *subst* bildligt brytningspunkt

water-skiing ['wa:tərˌski:ing] *subst* vattenskidåkning

watertight ['wa:tərtajt] *adj* vattentät

waterway ['wa:tərwej] *subst* vattenled

waterworks ['wa:tərwö:rks] *subst* vattenverk

watery ['wa:təri] *adj* vattnig

watt [wa:t] *subst* watt

wave [wejv] **I** *subst* **1** våg; *heat ~* värmebölja **2** vinkning **II** *verb* **1** bölja **2** permanenta hår **3** vinka **4** vifta med

wavelength ['wejvlengθ] *subst* våglängd

waver ['wejvər] *verb* vackla; tveka

wavy ['wejvi] *adj* vågig

1 wax [wäkks] *verb* tillta

2 wax [wäkks] **I** *subst* vax; *~ paper* smörgåspapper **II** *verb* vaxa

way [wej] *subst* **1** väg; *know the ~* hitta, känna till vägen; *in the ~ of* i vägen för; *make way* gå ur vägen **2** sätt; *~ of life* livsstil; *that's the ~ it is* sånt är livet; *have one's own ~* få sin vilja fram; *in a ~* på sätt och vis **3** *by the ~* förresten

wayward ['wejwərd] *adj* egensinnig

we [wi:] *pron* vi

weak [wi:k] *adj* svag; *~ heart* hjärtfel

weaken ['wi:kən] *verb* försvaga; försvagas

weakling ['wi:kling] *subst* vekling

weakness ['wi:knəs] *subst* svaghet

wealth [wellθ] *subst* rikedom

wealthy ['wellθi] *adj* rik

wean [wi:n] *verb* avvänja; *be weaned on* uppfostras med

weapon ['weppən] *subst* vapen

wear* [wäər] **I** *verb* **1** vara klädd i, använda; *~ a beard* ha skägg; *~ lipstick* måla läpparna **2** nötas; *~ off* gå över (bort); *~ out* slita ut **II** *subst* **1** bruk, användning **2** kläder; *men's ~* herrkläder

weary ['wirri] *adj* trött

weasel [wi:zl] *subst* vessla; vard. filur, hal typ

weather ['weðər] *subst* väder

weather-beaten ['weðər͵bi:tn]
adj väderbiten
weathercock ['weðərka:k]
subst vindflöjel
weather forecast ['weðər
͵få:rkässt] *subst* väderprognos
weatherman ['weðərmänn]
subst vard. meteorolog
weathervane ['weðərvejn]
subst vindflöjel
weave [wi:v] I *verb* väva
II *subst* väv
web [webb] *subst* spindelväv;
nät; härva
we'd [wi:d] = *we had; we
would; we should*
wedding ['wedding] *subst*
bröllop
wedding ring ['wedding ring]
o. **wedding band** ['wedding
bännd] *subst* vigselring
wedge [weddʒ] I *subst* **1** kil
2 klyfta citron II *verb* kila fast
Wednesday ['wennzdej] *subst*
onsdag
wee [wi:] *adj* mycket liten
weed [wi:d] *subst* ogräs
weed-killer ['wi:d͵killər] *subst*
ogräsmedel
week [wi:k] *subst* vecka; *last
~* förra veckan; *this ~* den
här veckan; *by the ~*
veckovis
weekday ['wi:kdej] *subst* var-
dag
weekend [͵wi:k'ennd] *subst*

helg, veckoslut; *on the
weekends* på helgerna
weekly ['wi:kli] I *adj* vecko-; *~
allowance* veckopeng II *adv*
en gång i veckan III *subst*
veckotidning
weenie ['wi:ni] *subst* vard.
varmkorv
weep [wi:p] *verb* gråta
wee-wee ['wi:wi] *subst* barn-
språk **1** *go ~* kissa **2** vard.
snopp
weigh [wej] *verb* väga; *~
down* tynga ned; *~ on*
trycka, tynga
weight [wejt] *subst* vikt;
tyngd; *pull one's ~* göra sin
del
weightlifter ['wejt͵lifftər] *subst*
tyngdlyftare
weighty ['wejti] *adj* tung;
viktig
weir [wiər] *subst* fördämning
weird [wiərd] *adj* konstig,
kuslig
welcome ['wellkəm] I *adj*
välkommen; *you're ~!* ingen
orsak! II *subst* välkomnande,
mottagande; *roll (put) out
the ~ mat* vard. varmt
välkomna III *verb* välkomna
weld [welld] *verb* svetsa,
svetsa ihop
welfare ['wellferr] *subst* **1** väl-
färd; *the ~ state* välfärds-
samhället; *child ~* barnom-
sorg **2** *~ services* socialtjäns-

ten; ~ *worker* kurator,
socialarbetare **3** *be on* ~ leva
på bidrag; ~ *mother* ensam-
stående mor med socialbi-
drag
1 well [well] **I** *subst* brunn; *oil*
~ oljekälla **II** *verb,* ~ *up* välla
upp
2 well [well] **I** *adv* väl, bra,
gott; *not very* ~ inte så bra;
as ~ också; *as* ~ *as* såväl som
II *adj* frisk, bra **III** *interj*
nåväl!; så!; tjaa!
we'll [wi:l] = *we will*; *we shall*
well-behaved [‚wellbi'hejvd]
adj väluppfostrad, välartad
well-being [‚well'bi:ing] *subst*
välbefinnande
well-built ['wellbillt] *adj* väl-
byggd
well-deserved [‚welldi'zö:rvd]
adj välförtjänt
well-educated
[‚well'eddȝəkejtəd] *adj* bildad
well-founded [‚well'faondidd]
adj berättigad, välgrundad
well-heeled ['wellhi:ld] *adj*
vard. tät, rik
well-informed
[‚wellinn'få:rmd] *adj* välun-
derrättad; allmänbildad
well-known ['wellnoun] *adj*
känd, väl känd
well-managed
[‚well'männidȝd] *adj* väl-
skött

well-mannered
[‚well'männərd] *adj* välupp-
fostrad, välartad
well-meaning [‚well'mi:ning]
adj välmenande
well-off [‚well'a:f] *adj* välbär-
gad
well-read ['wellredd] *adj* be-
läst
well-stocked [‚wellsta:kt] *adj*
välsorterad
well-to-do [‚welltə'do:] *adj*
förmögen
Welsh [wellsch] **I** *adj* walesisk
II *subst* walesiska språk
went [wennt] *verb* imperf. av
go
wept [weppt] *verb* imperf. o.
perf.p. av *weep*
were [wö:r] *verb* (imperf. av
be), *you* ~ du (ni) var etc.; *we*
(*they*) ~ vi (de) var etc.
we're [wiər] = *we are*
weren't [wö:rnt] = *were not*
west [wesst] **I** *subst* väster;
the West västvärlden **II** *adj*
västra **III** *adv* västerut
westerly ['wesstərli] *adj* väst-
lig
western ['wesstərn] **I** *adj* väst-
lig; *Western* västerländsk
II *subst* västern; vildaväs-
ternfilm
westward ['wesstwərd] *adv*
mot (åt) väster
wet [wett] **I** *adj* våt, blöt; *Wet
Paint!* Nymålat!; ~ *behind*

the ears vard. inte torr bakom öronen II *verb* fukta; blöta ner; ~ *oneself* kissa på sig; ~ *one's whistle* vard. fukta strupen

wetback ['wettbäkk] *subst* slang, illegalt invandrad mexikanare

wet blanket [‚wett 'blängkət] *subst* vard. glädjedödare

wet suit ['wett so:t] *subst* våtdräkt

we've [wi:v] = *we have*

whack [hwäkk] *verb* vard. slå till; ~ *off* slang runka

whale [hwejl] *subst* val djur; *have a ~ of a time* ha jättekul

whammy ['hwämmi] *subst* slang, *double ~* ung. krokben; *put the ~ on* ung. dra olycka över

wharf [hwå:rf] *subst* kaj

what [hwatt] *pron* **1** vad, vilken, vilket, vilka; ~ *for?* varför?; *so ~?* än sen då? **2** vad som, det som

whatever [hwatt'evvər] o.

whatsoever [‚hwattsou'evvər] *pron* vad...än, vad som än...; i nekande sammanhang alls, överhuvudtaget; *or ~* vard. eller nåt sånt

wheat [hwi:t] *subst* vete

wheedle [hwi:dl] *verb* lirka med

wheel [hwi:l] *subst* **1** hjul **2** ratt **3** ~ *and deal* vard. handla smart; fixa, mygla

wheelbarrow ['hwi:l‚bärrou] *subst* skottkärra

wheel boot ['wi:l bo:t] *subst* hjullås vid parkeringsförseelse

wheelchair ['hwi:ltcherr] *subst* rullstol

wheel clamp ['hwi:l klämmp] *subst* hjullås vid parkeringsförseelse

wheeze [hwi:z] *verb* väsa, rossla

when [hwenn] I *adv* när, hur dags; *say ~!* säg stopp! t.ex. vid påfyllning av glas II *konj* o. *pron* då, när; som

whenever [hwenn'evvər] *konj* när...än, närhelst; ~ *you like* när som helst

where [hwäər] I *adv* **1** var **2** vart II *konj* o. *pron* **1** där **2** dit; vart

whereabouts ['hwerrəbaots] *subst* uppehållsort

whereas [hwerr'äzz] *konj* medan

whereby [hwerr'baj] *pron* varmed

whereupon [‚hwerrə'pa:n] *konj* varpå

wherever [hwerr'evvər] *adv* varhelst, var...än; varthelst, vart...än

whet [hwett] *verb* **1** bryna, slipa **2** skärpa; reta t.ex. aptit

whether ['hweðər] *konj* om, huruvida

which [hwittch] *pron* vilken, vilket, vilka, vem; vilkendera; som

whichever [hwittch'evvər] *pron* vilken...än, vilket...än

whiff [hwiff] *subst* **1** pust, fläkt **2** doft

while [hwajl] **I** *subst* stund; tid; *for a ~* en stund, ett tag; *once in a ~* då och då; *worth one's ~* mödan värt **II** *konj* medan

whim [hwimm] *subst* nyck, infall

whimper ['hwimmpər] **I** *verb* gny, gnälla **II** *subst* gnyende

whimsical ['hwimmzikkəl] *adj* nyckfull

whine [hwajn] **I** *verb* gnälla; kinka; vina **II** *subst* gnällande

whip [hwipp] **I** *verb* **1** piska; *~ off* rusa iväg **2** vispa **II** *subst* **1** piska **2** inpiskare

whipped cream [‚hwippt 'kri:m] *subst* vispgrädde

whirl [hwö:rl] **I** *verb* virvla **II** *subst* virvel; *give sth. a ~* vard. pröva på ngt

whirlpool ['hwö:rlpo:l] *subst* **1** strömvirvel **2** *~ bath* bubbelpool

whirlwind ['hwö:rlwinnd] *subst* virvelvind

whisk [hwissk] **I** *subst* visp; *~*

broom klädborste; *~ off* föra (köra) i flygande fläng **II** *verb* vispa

whiskey o. **whisky** ['hwisski] *subst* whisky

whisper ['hwisspər] **I** *verb* viska **II** *subst* viskning

whistle [hwissl] **I** *verb* vissla; *~ in the dark* spela modig; *and I'm not just whistling Dixie* och det kan du skriva upp **II** *subst* **1** vissling **2** visselpipa; *as clean as a ~* lekande lätt; *blow the ~ on* tjalla på; slå larm om

white [hwajt] **I** *adj* vit; · *elephant* onödig pryl; *~ goods* vitvaror; *at a ~ heat* vitglödgad; *great ~ hope* stora hopp; *~ lightning* slang hemkört; *~ lie* nödlögn; *~ meat* ljust kött t.ex. kalvkött; *~ sale* vit vecka; *~ water derby* forsränning **II** *subst* **1** äggvita **2** ögonvita

white-collar worker [hwajt'ka:lər ‚wö:rkər] *subst* tjänsteman

whitewash ['hwajtwa:sch] **I** *subst* kalkfärg; vard. skönmålning, bortförklaring **II** *verb* vitmena; vard. skönmåla, bortförklara

whiting ['hwajting] *subst* slags kummel

whittle [hwittl] *verb, ~ away*

bildligt kapa bort bit för bit; ~
down minska; skära ner
who [ho:] *pron* **1** vem, vilka
2 som
whodunit [ˌhoː'dannitt] *subst*
vard. deckare bok
whoever [hoː'evvər] *pron* vem
som än, vem (vilka)...än;
vem
whole [houl] **I** *adj* hel; ~ *note*
helnot; *the ~ thing* alltsam-
mans **II** *subst* helhet; *the ~ of*
hela; alla; *on the ~* på det
hela taget
whole-grain bread ['houlgrejn
ˌbredd] *subst* fullkornsbröd
wholesale ['houlsejl] *adj*
grossist-
wholesome ['houlsəm] *adj*
hälsosam
whole-wheat flour ['houlhwi:t
ˌflaoər] *subst* grahamsmjöl
wholly ['houli] *adv* helt och
hållet
whom [ho:m] *pron* vem; som;
all of ~ vilka alla
whooping cough ['ho:ping
ka:f] *subst* kikhosta
whopping ['hwa:ping] *adj* vard.
jätte-, väldig
whore [hå:r] *subst* hora
whorehouse ['hå:rhaos] *subst*
bordell
whose [ho:z] *pron* vems,
vilkens, vilkas; vars
why [hwaj] **I** *adv* varför; ~ *is
it that...?* hur kommer det

sig att...? **II** *pron* varför,
därför; *so that is* ~ jaså, det
är därför
wicked ['wikkidd] *adj* **1** ond,
elak **2** slang kul, häftig
wide [wajd] **I** *adj* vid; bred; ~
of the mark över målet,
alldeles galet **II** *adv*, ~ *open*
på vid gavel; vard. släpphänt,
laglös
wide-angle lens ['wajdänggl
ˌlenns] *subst* vidvinkelobjek-
tiv
wide-awake [ˌwajdə'wejk] *adj*
klarvaken
widely ['wajdli] *adv* vitt, vida;
brett
widen [wajdn] *verb* vidga;
vidga sig
widespread [ˌwajd'spredd] *adj*
omfattande; vitt utbredd;
allmän
widow ['widdou] *subst* änka
widower ['widdouər] *subst*
änkling
width [widdθ] *subst* bredd;
vidd
wield [wi:ld] *verb* använda;
sköta
wife [wajf] *subst* fru, hustru
wig [wigg] *subst* peruk
wiggle [wiggl] **I** *verb* vicka på
(med) **II** *subst* vickande
wild [wajld] *adj* vild; ~
weather häftigt oväder
wildcat strike [ˌwajldkätt
'strajk] *subst* vild strejk

wilderness ['willdərnəs] *subst*
vildmark
wildlife ['wajldlajf] *subst* djur-
livet
wilful ['willfəl] *adj* **1** egensin-
nig **2** avsiktlig, uppsåtlig,
medveten
will [will] **I** *verb* **1** kommer
att; ska; *that ~ do* det får
räcka (duga) **2** vill; *shut that
door, ~ you?* stäng dörren är
du snäll! **II** *subst* **1** vilja; *at ~*
fritt, efter eget gottfinnande
2 testamente
willing ['willing] *adj* villig
willingly ['willingli] *adv* gärna,
villigt
willingness ['willingnəs] *subst*
beredvillighet
willow ['willou] *subst* pil träd
willpower ['will,paoər] *subst*
viljekraft
willy-nilly [,willi'nilli] *adv* vare
sig han (hon etc.) vill eller
inte, i vilket fall som helst
wilt [willt] *verb* vissna, sloka;
tappa suget
wily ['wajli] *adj* bakslug,
förslagen
wimp [wimmp] *subst* slang
mes, tönt
win* [winn] **I** *verb* vinna
II *subst* vinst; seger
wince [winns] *verb*, *without
wincing* utan att röra en min
winch [winntch] **I** *subst*
vinsch **II** *verb* vinscha upp

1 wind [winnd] *subst* **1** vind,
blåst; *throw all caution to
the winds* slänga all försik-
tighet överbord **2** *break ~*
släppa sig **3** *winds* blåsin-
strument
2 wind [wajnd] *verb* **1** linda,
vira **2** dra upp klocka **3** *~
back* spola tillbaka; *~
forward* spola fram **4** *~ up*
avsluta; hamna till slut
windbreaker ['winndbrejkər]
subst vindtygsjacka
winded ['winndidd] *adj* and-
fådd; tröttkörd
windfall ['winndfa:l] *subst*
skänk från ovan
winding ['wajnding] *adj* sling-
rande
wind instrument ['winnd
,innstrəmennt] *subst* blåsin-
strument
windmill ['winndmill] *subst*
väderkvarn
window ['winndou] *subst*
fönster
window box ['winndou ba:ks]
subst balkonglåda för växter
window-cleaner
['winndou,kli:nər] *subst*
fönsterputsare
windowpane ['winndoupejn]
subst fönsterruta
windowsill ['winndousill]
subst fönsterbräda
windpipe ['winndpajp] *subst*
luftstrupe

windshield ['winndschi:ld]
subst vindruta på bil; ~ *wiper*
vindrutetorkare; ~ *washer*
fluid spolarvätska
windsurfing ['winndsö:rfing]
subst brädsegling, vindsur-
fing
windswept ['winndsweppt]
adj vindpinad
windy ['winndi] *adj* blåsig; *it's*
~ det blåser
wine [wajn] *subst* vin
wine cellar ['wajn ‚sellər]
subst vinkällare
wineglass ['wajngläss] *subst*
vinglas
wing [wing] I *subst* **1** vinge
2 flygel **3** flygeskader II *verb*
1 såra lätt genom skott **2** ~ *it*
improvisera
wingding ['wingding] *subst*
vard. röjarskiva
wink [wingk] I *verb* blinka
II *subst* **1** blinkning **2** *not*
sleep a ~ inte få en blund i
ögonen
winner ['winnər] *subst* segra-
re; *winner's stand* prispall
winning ['winning] I *adj* vin-
nande II *subst, winnings*
vinst
winter ['winntər] *subst* vinter;
last ~ förra vintern, i vintras
wintry ['winntri] *adj* vinter-;
kall, frostig
wipe [wajp] *verb* **1** torka;

torka bort **2** radera **3** ~ *out*
utplåna
wire ['wajər] I *subst* ståltråd;
kabel; telegram; ~ *service*
telegrambyrå; *the* ~ målsnö-
re; *under the* ~ vard. i sista
stund II *verb* dra in ledningar
i
wiry ['wajəri] *adj* **1** tagelaktig
2 senig; seg, uthållig
wisdom ['wizzdəm] *subst* vis-
dom
wise [wajz] I *adj* vis, klok; ~
guy vard. stöddig kille;
besserwisser; *get* ~ *to sth.* få
nys om ngt; *get* ~ *with sb.*
slang bli stöddig mot ngn,
sticka upp mot ngn II *verb*, ~
up slang haja förstå
wisecrack ['wajzkräkk] *subst*
spydighet; kvickhet
wish [wisch] I *verb* önska;
vilja; ~ *sth. on sb.* pracka ngt
på ngn II *subst* önskan; *best*
wishes hälsningar
wishful ['wischfəl] *adj*, ~
thinking önsketänkande
wistful ['wisstfəl] *adj* längtan-
de; tankfull
wit [witt] *subst* kvickhet; *wits*
äv. vett; *keep one's wits* hålla
huvudet kallt; *live by one's*
wits fiffla sig fram
witch [wittch] *subst* häxa
witchcraft ['wittchkräfft]
subst trolldom, magi
with [wið] *prep* med; tillsam-

mans med; av; hos; *be ~ sb.*
hålla med ngn; hänga med
förstå
withdraw [wið'dra:] *verb* **1** dra
tillbaka; dra sig tillbaka **2** ta
ut pengar
withdrawal [wið'dra:əl] *subst*
1 tillbakadragande **2** uttag
från bankkonto **3** *~ treatment*
avvänjningskur
withdrawn [wið'dra:n] **I** *verb*
perf.p. av *withdraw* **II** *adj*
tillbakadragen
wither ['wiðər] *verb* vissna; *~*
away tyna bort
withhold [wið'hould] *verb*
hålla inne med
withholding tax
[wið'houlding ˌtäkks] *subst*
källskatt
within [wið'inn] *prep* inom,
inuti, inne i, i
without [wið'aot] **I** *prep* utan
II *konj* utan att
withstand [wið'stännd] *verb*
stå emot, trotsa; tåla
witness ['wittnəs] **I** *subst* vitt-
ne; *hear a ~* förhöra ett
vittne **II** *verb* bevittna
witness box ['wittnəs ba:ks]
subst vittnesbås
witticism ['wittəsizzəm] *subst*
kvickhet
witty ['witti] *adj* kvick,
spirituell
wives [wajvz] *subst* pl. av *wife*

wizard ['wizzərd] *subst* troll-
karl; mästare, snille
wobble [wa:bl] *verb* vackla,
kränga; vicka om t.ex. bord
woke [wouk] *verb* imperf. av *2*
wake
woken ['woukən] *verb* perf.p.
av *2 wake*
wolf [wollf] *subst* varg; *cry ~*
ge falskt alarm
woman ['wommən] *subst*
kvinna; *~ doctor* kvinnlig
läkare; *woman's* el. *women's*
kvinno-; *women's lib* vard.
kvinnorörelsen
womanly ['wommənli] *adj*
kvinnlig
womb [wo:m] *subst* livmoder
women ['wimminn] *subst* pl.
av *woman*
won [wann] *verb* imperf. o.
perf.p. av *win*
wonder ['wanndər] **I** *subst*
1 under **2** förundran **II** *verb*
1 förundra sig **2** undra
wonderful ['wanndərfəl] *adj*
underbar
wonk [wångk] *subst, policy ~*
vard. expert
won't [wount] = *will not*
wood [wodd] *subst* **1** trä; ved;
knock on ~! peppar, peppar!;
~ chip flis; *~ alcohol* träsprit
2 *woods* skog; *take to the*
woods smita
wood-carving ['wodd‚ka:rving]
subst träsnideri

woodchuck ['woddtchakk]
subst skogsmurmeldjur
wooden [woddn] *adj* **1** av trä
2 träig; stel
woodpecker ['wodd‚pekkər]
subst hackspett
woodwind ['woddwinnd]
subst träblåsinstrument
woodwork ['woddwö:rk] *subst*
snickerier; *fade into the ~*
försvinna, bli osynlig
woodworm ['woddwö:rm]
subst trämask
wool [woll] *subst* ull; ylle
woollen ['wollən] **I** *adj* ylle-
II *subst, wollens* ylleplagg
woolly ['wolli] *adj* **1** ylle-
2 bildligt luddig
wop [wa:p] *subst* slang italie-
nare; dego
word [wö:rd] *subst* ord; *a ~ of
advice* ett litet råd; *stand by
one's ~* stå vid sitt ord; *my
~!* kors!; *by ~ of mouth*
muntligen; *play on words*
ordlek
wording ['wö:rding] *subst*
formulering, ordalydelse
word processor ['wö:rd
‚pra:sessər] *subst* ordbehand-
lare
wore [wå:r] *verb* imperf. av
wear
work [wö:rk] **I** *subst* **1** arbete;
at ~ på arbetet; i arbete; *out
of ~* utan arbete; *make short
~ of* göra processen kort med

2 verk; *shoot the works* göra
sitt yttersta **3** *works* fabrik;
verk **II** *verb* **1** arbeta; *~ at*
(*on*) arbeta på (med); *~ off
the books* arbeta svart
2 fungera **3** göra verkan **4** *~
out* utarbeta; avlöpa; gympa;
~ free slita sig loss; *~ up an
appetite* skaffa sig aptit; *~
sb. over* slå sönder ngn
workable ['wö:rkəbl] *adj* ge-
nomförbar
worker ['wö:rkər] *subst* arbe-
tare
work experience ['wö:rk
ikk'spirrjəns] *subst* arbetslivs-
erfarenhet
workforce ['wö:rkfå:rs] *subst*
arbetskraft
working class [‚wö:rking
'kläss] *subst, the ~* arbetar-
klassen
workman ['wö:rkmən] *subst*
arbetare; hantverkare
workmanship
['wö:rkmənschipp] *subst* yr-
kesskicklighet
work-out ['wö:rkaot] *subst*
träningspass
workshop ['wö:rkscha:p] *subst*
1 verkstad **2** workshop
world [wö:rld] *subst* värld; *~
champion* världsmästare;
World Series finalserie i
baseboll; *not for the ~* inte för
allt i världen; *give the ~ to
know* ge vad som helst för

att få veta; *think the ~ of sb.*
uppskatta ngn jättemycket
worldly ['wö:rldli] *adj* världslig
worldwide [ˌwö:rld'wajd] *adj*
världsomfattande
worm [wö:rm] *subst* mask;
can of worms bildligt ormbo,
getingbo
worn [wå:rn] **I** *verb* perf.p. av
wear **II** *adj* sliten
worn-out ['wå:rnaot] *adj* **1** ut-
sliten **2** slutkörd
worried ['wö:ridd] *adj* orolig;
bekymrad, ängslig
worry ['wö:ri] **I** *verb* oroa
(bekymra) sig; oroa; *I should
~!* vard. vad bryr jag mig om
det? **II** *subst* bekymmer
worse [wö:rs] *adj* o. *adv* värre,
sämre; *be the ~ for drink*
vara berusad; *be none the ~
for sth.* inte ta skada av ngt
worsen [wö:rsn] *verb* förvär-
ra, försämra
worship ['wö:rschəp] **I** *subst*
1 gudstjänst; dyrkan; *free-
dom of ~* religionsfrihet
2 *Your Worship* Ers nåd
II *verb* dyrka, tillbe
worst [wö:rst] **I** *adj* o. *adv*
värst, sämst **II** *subst, at ~* i
värsta fall; *if ~ comes to ~* i
sämsta fall
worth [wö:rθ] **I** *adj* värd; *~
considering* tänkvärd **II** *subst*
värde

worthwhile ['wö:rθwajl] *adj*
som är mödan värd
worthy ['wö:rði] *adj* värdig
would [wodd] *verb* **1** skulle;
how ~ I know? hur skulle jag
kunna veta det? **2** ville;
skulle vilja; *shut the door, ~
you?* stäng dörren är du
snäll!
would-be ['woddbi:] *adj* till-
tänkt, blivande; eventuell
wouldn't [woddnt] = *would
not*
1 wound [waond] *verb* imperf.
o. perf.p. av **2** *wind*
2 wound [wo:nd] **I** *subst* sår;
bullet ~ skottskada **II** *verb*
såra
wove [wouv] *verb* imperf. av
weave
woven ['wouvən] *verb* perf.p.
av *weave*
wrangler ['ränglər] *subst* cow-
boy
wrap [räpp] **I** *verb, ~ up* slå in;
avsluta **II** *subst* sjal; ytterklä-
der
wrapping-paper
['räppingˌpejpər] *subst* om-
slagspapper
wrath [räθ] *subst* vrede
wreak [ri:k] *verb* vålla; *~
havoc on* anställa förödelse
på
wreath [ri:θ] *subst* begrav-
ningskrans; *laurel ~* seger-
krans

wreck [rekk] **I** *subst* vrak
II *verb* förstöra; *be wrecked*
lida skeppsbrott; skrota, riva
wreckage ['rekkidd3] *subst*
vrakspillror
wrecker ['rekkər] *subst* bärg-
ningsbil
wren [renn] *subst* gärdsmyg
wrench [renntch] **I** *subst*
1 ryck **2** *monkey* ~ skiftnyck-
el; *pipe* ~ rörtång; *socket* ~
hylsnyckel **II** *verb* vrida;
vricka
wrestle [ressl] *verb,* ~ *with*
brottas med
wrestler ['resslər] *subst* brot-
tare
wretched ['rettchidd] *adj* vard.
förbaskad; bedrövlig, eländig
wriggle [riggl] *verb* slingra
sig; skruva på sig
wring [ring] *verb* vrida
(krama) ur; ~ *sb.'s neck*
vrida nacken av ngn
wrinkle [ringkl] **I** *subst* **1** ryn-
ka **2** idé, påhitt, uppslag
II *verb* rynka, rynka på
wrist [risst] *subst* handled
wristwatch ['risstwa:tch] *subst*
armbandsur
writ [ritt] *subst* skrivelse
write * [rajt] *verb* skriva;
skriva ut; ~ *down* anteckna;
~ *off* avskriva; efterskriva
write-off ['rajta:f] *subst* vard.
värdelös tillgång, flopp
writer ['rajtər] *subst* författare

write-up ['rajtapp] *subst* fin
recension; tidningsnotis
writhe [rajð] *verb* vrida sig av
smärta o.d.
writing ['rajting] *subst*
1 skrift; *in* ~ skriftligen
2 skrivande
writing-paper ['rajting,pejpər]
subst brevpapper
written [rittn] *verb* perf.p. av
write
wrong [ra:ng] **I** *adj* fel,
felaktig; *be* ~ ha fel; ~ *side*
out ut och in om kläder; *the* ~
way around bakvänd, bak-
fram **II** *adv* fel; *don't get me*
~*!* missförstå mig inte!,
förstå mig rätt!; *go* ~ gå
snett; gå sönder **III** *subst*
orätt; oförrätt **IV** *verb* för-
orätta
wrongful ['ra:ngfəl] *adj* orätt-
färdig
wrongly ['ra:ngli] *adv* **1** felak-
tigt **2** med orätt
wrote [rout] *verb* imperf. av
write
wrought [ra:t] *adj,* ~ *iron*
smidesjärn
wrung [rang] *verb* imperf. o.
perf.p. av *wring*
wry [raj] *adj* sned; ironisk; ~
humor torr humor
WWI (förk. för *World War*
One) första världskriget
WWII (förk. för *World War*
Two) andra världskriget

X

Y

X, x [ekks] *subst* X, x; *make an* ~ sätta ett kryss
xenophobia [ˌzennəˈfoubjə] *subst* främlingshat
xerox® [ˈzirraːks] *verb* fotokopiera
Xmas [ˈkrissməs, ˈekksməs] *subst* (kortform för *Christmas*) jul
x-rated [ˈekksrejtəd] *adj* barnförbjuden film
X-ray [ˈekksrej] **I** *subst* röntgen **II** *verb* röntga
xylophone [ˈzajləfoun] *subst* xylofon

Y, y [wai] *subst* Y, y
yacht [jaːt] *subst* lustjakt
yachting [ˈjaːting] *subst* segling
yachtsman [ˈjaːtsmən] *subst* seglare
yam [jämm] *subst* sötpotatis
Yank [jängk] *subst* vard. jänkare
yank [jängk] *verb* rycka i
Yankee [ˈjängki] **I** *subst* **1** vard. jänkare; nordstatsamerikan; New Englandsbo; historiskt nordstatssoldat **2** New Englandsdialekt **3** nordamerikan i motsats till sydamerikan **II** *adj* vard. yankee-, amerikansk; nordstats-, New Englands-
yap [jäpp] *verb* gläfsa
1 yard [jaːrd] *subst* yard 0,9 m
2 yard [jaːrd] *subst* gårdsplan; *front* (*back*) ~ gräsmatta, trädgård på framsidan (baksidan) av huset
yardbird [ˈjaːrdböːrd] *subst* slang kåkfarare
yardstick [ˈjaːrdstikk] *subst* måttstock
yarn [jaːrn] *subst* **1** garn **2** *spin a* ~ dra en rövarhistoria

yawn [ja:n] **I** *verb* gäspa
II *subst* gäspning
yeah [jää] *adv* vard. ja
year [jiər] *subst* år; årtal; ~ *of
birth* födelseår; *last* ~ i fjol;
this ~ i år; *years and years
ago* för många herrans år
sedan; *for (in) years* i (på)
åratal; ~ *off* sabbatsår
yearly ['jirrli] **I** *adj* årlig **II** *adv*
årligen
yearn [jö:rn] *verb* trängta,
tråna; ~ *for* åtrå
yeast [ji:st] *subst* jäst
yell [jell] **I** *verb* gallskrika;
tjuta; gasta **II** *subst* tjut;
hejarop
yellow ['jellou] **I** *adj* **1** gul; *the
~ pages* gula sidorna; *the ~
press* skvallertidningarna
2 vard. feg **II** *verb* gulna
yelp [jellp] *verb* gläfsa
yes [jess] *adv* o. *subst* ja
yesterday ['jesstərdi] *adv* i går
yet [jett] **I** *adv* ännu; *not just
~* inte riktigt än **II** *konj* ändå
yew [jo:] *subst* idegran
yield [ji:ld] **I** *verb* **1** ge av-
kastning **2** resultera i **3** ge
efter **4** lämna företräde i
trafiken **II** *subst* avkastning
yo [jou] *interj* hej!, hej du!
yogurt ['jougərt] *subst* yog-
hurt
yoke [jouk] *subst* ok
yolk [jouk] *subst* äggula

you [jo:] *pron* **1** du; ni; dig; er
2 man
you-all [jo:'a:l] *pron* vard., i
sydstaterna ni
you'd [jo:d] = *you had*; *you
would*
you'll [jo:l] = *you will*; *you
shall*
young [jang] **I** *adj* ung; *in my
younger days* i min ungdom
II *subst pl* ungar djur
youngster ['jangstər] *subst*
unge, ungdom
your [joər] *pron* din, dina; er,
era
you're [joər] = *you are*
yours [joərz] *pron* din, dina;
er, era
yourself [jorr'sellf] *pron* dig
(er) själv; själv; en själv
youth [jo:θ] *subst* ungdom;
ungdomlighet; ~ *hostel*
vandrarhem
youthful ['jo:θfəl] *adj* ung-
domlig
you've [jo:v] = *you have*
yo-yo ['joujou] *subst* **1** jojo
2 slang tönt, nörd

Z

zucchini [zo'ki:ni] *subst* zucchini, squash

Z, z [zi:] *subst* Z, z
zany ['zejni] *adj* smågalen, rolig
zap [zäpp] *verb* vard. **1** döda **2** bläddra mellan TV-kanaler; zappa
zapper ['zäppər] *subst* vard. fjärrkontroll för TV
zeal [zi:l] *subst* iver, nit
zebra ['zi:brə] *subst* sebra
zero ['zirrou] **I** *subst* noll **II** *verb*, ~ *in on* inrikta sig på
zest [zesst] *subst* entusiasm
zigzag ['ziggzägg] **I** *subst* sicksack **II** *verb* sicksacka
zilch [zilltch] *subst* slang noll, inget
zinc [zingk] *subst* zink
zip [zipp] **I** *subst* **1** noll **2** ~ *code* postnummer **3** ~ *gun* hemmagjord pistol **II** *verb*, ~ *up* dra upp (igen) blixtlåset
zipper ['zippər] *subst* blixtlås
zodiac ['zoudiäkk] *subst, the* ~ zodiaken, djurkretsen
zone [zoun] *subst* zon; taxezon; *industrial* ~ industriområde
zonked [za:ngkt] *adj* slang hög på droger
zoom [zo:m] **I** *subst* zoomobjektiv **II** *verb*, ~ *in* zooma in

Swedish
and
English

A

a a-et a-n **1** bokstav a [utt. ej]
2 ton A
à *prep* **1** at, @ [utt. ätt]; *3 kilo
~ 10 dollar* 3 kilos @ 10
dollars **2** or; *2 ~ 3* 2 or 3
AB (förk. för *aktiebolag*) ung.
Inc. (förk. för Incorporated)
abborr|e -en -ar perch (pl. lika)
abonnemang -et = subscription
abonnent -en -er subscriber
abonnera *verb* subscribe;
abonnerad buss chartered
bus
abort -en -er abortion; *göra ~*
have* an abortion
absolut I *adj* absolute, definite
II *adv* absolutely, certainly,
definitely
absolutist -en -er teetotaller
abstrakt I *adj* abstract **II** *adv*
in the abstract
absurd *adj* absurd, ridiculous
acceleration -en -er accelera-
tion
accelerera *verb* accelerate
accent -en -er accent
acceptabel *adj* acceptable
acceptera *verb* accept
accessoarer pl. accessories
aceton -et acetone
ackompanjera *verb* accompa-
ny

ackord -et = **1** musik chord
2 *arbeta på ~* do* piecework
acne -n acne
addera *verb* add, add up
addition -en -er addition
adel -n nobility
adels|man -mannen -män noble-
man (pl. noblemen)
adjö *interj* goodbye!; *säga ~
till ngn* say* goodbye to sb.
administration -en -er adminis-
tration, management
adoptera *verb* adopt
adoption -en -er adoption
adoptivbarn -et = adopted
child (pl. children)
adress -en -er address
adressat -en -er addressee
adressera *verb* address;
adresserad till ngn addressed
to sb.
adresslapp -en -ar label; som
knyts fast tag
Adriatiska havet the Adriatic
advent -et Advent; *första ~*
Advent Sunday
advokat -en -er lawyer, attor-
ney
affisch -en -er bill; större poster
affär -en -er **1** business; butik
store; transaktion transaction;
göra en bra ~ om affärsman
make* a good business deal;
om kund get* a good deal
2 kärleksaffär affair **3** *göra
stor ~ av ngt* make* a great
fuss about sth.

affärs|man -mannen -män businessman (pl. businessmen)
affärsres|a -an -or business trip
affärstid -en -er business hours
Afrika Africa
afrikan -en -er African
afrikansk adj African
afrikansk|a -an -or kvinna African woman (pl. women)
aft|on -onen -nar evening
aga I -n corporal punishment **II** verb beat
agent -en -er agent
agera verb act
aggregat -et -en unit
aggressiv adj aggressive
aggressivitet -en aggressiveness
agitera verb agitate
aids oböjl. AIDS
aj interj ouch!, ow!
akademi -[e]n -er academy
akademiker -n = academic; med högskoleutbildning college graduate
akademisk adj academic
akrobat -en -er acrobat
akryl -en acrylic
1 akt -en -er **1** i teaterpjäs act **2** dokument document
2 akt, ge ~ på ngt notice sth.; ta tillfället i ~ seize the opportunity
akta verb be* careful with; ~ huvudet! watch your head!; ~ sig take* care
akt|er -ern -rar på båt stern

aktie -n -r share
aktiebolag -et = corporation
aktion -en -er action
aktiv adj active
aktivera verb activate
aktivitet -en -er activity
aktning -en respect
aktuell adj current; nu rådande present
aktör -en -er skådespelare actor; t.ex. på börsen operator
akupunktur -en acupuncture
akustik -en acoustics
akut I adj acute; akuta smärtor acute pain **II** akuten emergency ward
akutmottagning -en -ar emergency ward
akvarell -en -er watercolor
akvari|um -et -er aquarium
al -en -ar alder
à la carte adv à la carte
aladåb -en -er aspic
alarm -et = alarm
alarmerande adj alarming
alban -en -er Albanian
Albanien Albania
albansk adj Albanian
albansk|a -an **1** pl. -or kvinna Albanian woman (pl. women) **2** språk Albanian
album -et = album
aldrig adv never; ~ mer never again; ~ i livet! no way!
alert adj alert
alfabet -et = alphabet
alger pl. algae

Algeriet Algeria
alibi -t -n alibi
alkohol -en -er alcohol
alkoholfri *adj* non-alcoholic
alkoholhalt -en -er alcoholic
content
alkoholist -en -er alcoholic
alkotest -et -er breathalyzer
test
alkov -en -er alcove
all *pron* all; varje every; ~
mjölk all the milk; *för* ~ *del!*
ingen orsak you're welcome!
alla *pron* fristående all; varenda
en everybody, everyone; ~
böckerna all the books; ~ *vet*
everyone knows
alldaglig *adj* everyday
alldeles *adv* quite; ~ *nyss* just
now; ~ *riktigt* quite right
allé -n -er avenue
allemansrätt -en ung. public
right of access
allergi -n -er allergy
allergiker -n = allergic person
allergisk *adj* allergic; ~ *mot*
ngt allergic to sth.
allesammans *pron* all of us
(you)
allians -en -er alliance
allierad *adj* allied
allihopa se *allesammans*
allmän *adj* general; vanlig
common; offentlig public
allmänbildad *adj* well-in-
formed

allmänhet, *i* ~ in general;
allmänheten the public
allra *adv*, *den* ~ *bästa eleven*
the very best pupil; ~ *mest*
(*minst*) most (least) of all
allriskförsäkring -en -ar com-
prehensive insurance
alls *adv*, *inte* ~ not at all
allsidig *adj* comprehensive;
vard. all-round
allt *pron* all; everything
allteftersom *konj* efter hand
som as
alltför *adv* too
alltid *adv* always
alltihop *pron* all, all of it
allting *pron* everything
alltsammans *pron* all, all of
it, all of them
alltså *adv* följaktligen accord-
ingly; det vill säga in other
words
allvar -et seriousness; *mena* ~
be* serious; *på fullt* ~ in all
seriousness
allvarlig *adj* serious, grave
alm -en -ar elm
almanack|a -an -or almanac;
fickalmanacka diary
Alperna the Alps
alpin *adj* alpine
alst|er -ret = product
alstra *verb* produce
alt -en -ar kvinnoröst contralto;
körstämma alto
altan -en -er terrace
altare -t -n altar

alternativ I -et = alternative
II *adj* alternative
aluminium -et aluminum
aluminiumfolie -n -r aluminum foil
amatör -en -er amateur
ambassad -en -er embassy
ambassadör -en -er ambassador
ambition -en -er ambition
ambitiös *adj* ambitious
ambulans -en -er ambulance
amen *interj* amen
Amerika America
amerikan -en -er American
amerikansk *adj* American
amerikansk|a -an **1** pl. -or kvinna American woman (pl. women) **2** språk American English
ametist -en -er amethyst
amma *verb* breast-feed
ammoniak -en ammonia
ammunition -en ammunition
amortera *verb* pay* off; ~ *på ett lån* pay* off a loan by installments
amp|el -eln -lar hanging flowerpot
ampull -en -er ampule
amputera *verb* amputate
amulett -en -er amulet
an, *av och* ~ to and fro
ana *verb* have* a feeling
analfabet -en -er illiterate
analys -en -er analysis (pl. analyses)
analysera *verb* analyze

analöppning -en -ar anus
ananas -en -er pineapple
anatomi -n anatomy
anblick -en sight; *vid första anblicken* at first sight
anbud -et = offer
and -en änder duck
anda -n **1** *tappa andan* lose* one's breath; *hålla andan* hold* one's breath **2** stämning spirit
andakt -en devotion
andas *verb* breathe
and|e -en -ar spirit; *anden i flaskan* the genie in the bottle
andedräkt -en breath; *dålig* ~ bad breath, halitosis
andel -en -ar share
andetag -et = breath
andfådd *adj* breathless
andlig *adj* spiritual
andning -en breathing
andnöd -en shortness of breath
andra I *räkn* second (förk. 2nd); *för det* ~ secondly; *hyra ut i* ~ *hand* sublet **II** *pron* others, other people; *alla* ~ all the others, everybody else
andraklassbiljett -en -er second-class ticket
andrum -met frist breathing-space
anemi -n anemia
anemon -en -er anemone
anfall -et = attack

anfalla *verb* attack
anförande -t -n yttrande statement; tal speech
anförtro *verb* **1** överlämna entrust **2** delge confide
ange *verb* **1** uppge state **2** ~ *ngn* report sb., inform on sb.
angelägen *adj* urgent
angelägenhet -en -er affair
angenäm *adj* pleasant
angivare -n = informer
angrepp -et = attack
angripa *verb* attack
angränsande *adj* adjacent
angå *verb* concern
angående *prep* concerning
anhålla *verb* arrest; ~ *om* ask for
anhängare -n = supporter
anhörig en ~, pl. -a relative
aning -en -ar idea; *ingen* ~ no idea
ank|a -an -or duck
ankare -t = (-n) anchor
ank|el -eln -lar ankle
anklaga *verb* accuse; ~ *ngn för ngt* accuse sb. of sth.
anklagelse -n -r accusation, charge
anknyta *verb* attach; ~ *till ngt* refer to sth.
anknytning -en -ar connection; telefonanknytning extension
ankomma *verb* arrive
ankommande *adj* om post, trafik incoming; ~ *tåg* (*flyg* etc.) arrivals

ankomst -en -er arrival; *vid min* ~ *till Chicago* on my arrival in Chicago
ankomstdag -en -ar day of arrival
ankomsthall -en -ar arrivals hall
ankomsttid -en -er time of arrival
ankra *verb* anchor
anlag -et = begåvning gift, talent
anledning -en -ar skäl reason; orsak cause
anlita *verb*, ~ *ngn* call in sb.
anlägga *verb* uppföra build*; ~ *skägg* grow* a beard
anläggning -en -ar maskinanläggning plant
anlända *verb* arrive; ~ *till New York* arrive in New York; ~ *till banken* arrive at the bank
anmäla *verb* report; ~ *sig till ngt* sign up for sth.; ~ *sig till en tävling* enter a competition
anmäl|an en ~, pl. -ningar report
anmälningsavgift -en -er entry fee
anmärka *verb* påpeka remark; ~ *på ngt* criticize sth.
anmärkning -en -ar påpekande remark; klander criticism; klagomål complaint
annan *pron*, *en* ~ another; *någon* ~ somebody else; *det*

är en helt ~ *sak* that's quite a
different matter
annanstans *adv*, *någon* ~
somewhere else
annars *adv* otherwise
annat *pron*, *ett* ~ another;
något ~ something else;
något ~? anything else?
annex -et = annex
annons -en -er advertisement;
vard. ad
annonsera *verb* advertise; ~
efter ngt advertise for sth.
annorlunda I *adv* otherwise
II *adj* different
annullera *verb* cancel
anonym *adj* anonymous
anorak -en -er parka, ski jacket
anordna *verb* organize, ar-
range
anordning -en -ar arrangement
anpassa *verb* adapt; ~ *sig till*
ngt adjust oneself to sth.
anpassning -en -ar adaptation
anropa *verb* call
ansats -en -er försök attempt
anse *verb* think*, consider
ansedd *adj* respected
anseende -t -n reputation
ansenlig *adj* considerable
ansikte -t -n face
ansiktskräm -en -er face cream
ansiktsvatt|en -net = skin
bracer
ansjovis -en -ar ung. anchovy
anslag -et = **1** affisch bill
2 pengar grant

anslagstavl|a -an -or notice
board, bulletin board
ansluta *verb*, ~ *ngt till ngt*
connect sth. with sth.; ~ *sig*
till join; t.ex. union äv. enter
anslutning -en -ar connection
anslutningsflyg -et = connect-
ing flight
anspråk -et = claim; *göra* ~ *på*
ngt claim sth.
anspråksfull *adj* pretentious
anspråkslös *adj* modest; om
måltid o.d. simple
anstalt -en -er institution
anstränga *verb* strain; ~ *sig*
make* an effort
ansträngande *adj* hard
ansträngning -en -ar effort
anstå *verb*, *det får* ~ it will
have to wait
anstånd -et = respite
anställa *verb* employ; vard.
hire
anställd I *adj* employed II en
~, pl. -a employee
anställning -en -ar employ-
ment; plats position
anständig *adj* respectable
ansvar -et responsibility
ansvara *verb*, ~ *för ngt* be*
responsible for sth.
ansvarig *adj* responsible; *den*
ansvarige the person re-
sponsible
ansvarsfull *adj* responsible
ansvarslös *adj* irresponsible

ansöka *verb*, ~ *om ngt* apply for sth.
ansök|an en ~, pl. -ningar application
ansökningsblankett -en -er application form
anta *verb* **1** förmoda suppose **2** acceptera accept
antagligen *adv* probably
antal -et = number
antasta *verb* handgripligen molest; trakassera harass
anteckna *verb* write* down
anteckning -en -ar note
antecknings|bok -boken -böcker notebook
antenn -en -er **1** radioantenn aerial **2** på TV el. hos djur antenna
antibiotika pl. antibiotics
antik *adj* antique
antikvariat -et = antiquarian bookseller's
antikvitet -en -er antique
antikvitetsaffär -en -er antique shop, antique store
antingen *konj* **1** either; ~ *bananer eller päron* either bananas or pears **2** vare sig whether
antiseptisk *adj* antiseptic
antologi -n -er anthology
anträffbar *adj* available
antyda *verb* låta förstå hint
antyd|an en ~, pl. -ningar hint
anvisa *verb* assign
anvisningar pl. instructions

använda *verb* use; t.ex. tid, pengar spend*
användbar *adj* usable; nyttig useful
användning -en -ar use
apa apan apor monkey; utan svans ape
apatisk *adj* apathetic
apelsin -en -er orange
apelsinjuice -n -r orange juice
apelsinsaft -en -er orange juice
aperitif -en -er aperitif
apostrof -en -er apostrophe
apotek -et = druggist's, drug store, pharmacy
apotekare -n = pharmacist; vard. druggist
apparat -en -er instrument apparatus; anordning device; radioapparat, TV-apparat set
applåd -en -er applause
applådera *verb* applaud
aprikos -en -er apricot
april oböjl. April; *i* ~ in April; ~, ~! April fool!
apropå *prep*, ~ *det* by the way
aptit -en appetite
aptitretare -n = appetizer
arab -en -er Arab
arabisk *adj* om t.ex. folk Arab; om t.ex. språk, siffror Arabic
arabisk|a -an **1** pl. -or kvinna Arab woman (pl. women) **2** språk Arabic
arbeta *verb* work; ~ *in tid* ung. work overtime to get time off; ~ *på ett företag*

work at a company; ~ *på ett problem* work on a problem; ~ *sig upp* work one's way up

arbetare -n = worker

arbete -t -n work; *söka* ~ look for work, look for a job

arbetsam *adj* hard-working

arbetsdag -en -ar working-day; *8 timmars* ~ eight-hour day

arbetsförmedling -en -ar ung. employment agency

arbetsgivare -n = employer

arbetskamrat -en -er fellow worker, co-worker

arbetskraft -en labor

arbetsliv -et working life

arbetslivserfarenhet -en -er work experience

arbetslös *adj* unemployed, jobless

arbetslöshet -en unemployment

arbetsmarknad -en -er labor market

arbetsplats -en -er place of work, workplace

arbetstagare -n = employee

arbetstid -en -er working hours

arbetstillstånd -et = work permit

areal -en -er area

aren|a -an -or arena

arg *adj* angry

Argentina Argentina

argsint *adj* ill-tempered

argument -et = argument

argumentera *verb* argue

ari|a -an -or aria

ark -et = sheet; sheet of paper

arkeolog -en -er archeologist

arkeologi -n archeology

arkitekt -en -er architect

arkitektur -en -er architecture

arkiv -et = archives

arkivera *verb* file

arm -en -ar arm

armband -et = bracelet; för klocka strap

armbandsur -et = wristwatch

armbrott -et = broken arm

armbåg|e -en -ar elbow

armé -n -er army

arom -en -er aroma

arrak -en arrack

arrangemang -et = arrangement

arrangera *verb* arrange

arrangör -en -er arranger, sponsor

arrendator -n -er leaseholder

arrendera *verb* lease, rent

arrest -en -er custody; *sitta i* ~ be* in custody; vard. be* under arrest

arrestera *verb* arrest

arrogant I *adj* arrogant **II** *adv* arrogantly

arsenik -en arsenic

art -en -er kind, sort; vetenskapligt species (pl. lika)

artig *adj* polite

artik|el -eln -lar article

artist -en -er artist

arton *räkn* eighteen, för

sammansättningar med arton jfr
femton med sammansättningar
artonde *räkn* eighteenth
arv -et = inheritance; *gå i ~* be*
handed down; *sjukdomen
går i ~* the disease is
hereditary; *få ngt i ~* inherit
sth.
arving|e -en -ar heir; kvinnlig
heiress
arvode -t -n fee
arvsanlag -et = gene
arvtagare -n = heir
as -et = **1** djurkropp carcass
2 skällsord swine (pl. lika),
bastard
asfalt -en -er asphalt, blacktop
asfaltera *verb* pave
asiat -en -er Asian
asiatisk *adj* Asiatic, Asian
asiatisk|a -an -or kvinna Asian
woman (pl. women)
Asien Asia
1 ask -en -ar träd ash
2 ask -en -ar låda box
aska -n ashes, ash
askfat -et = ashtray
askkopp -en -ar ashtray
asp -en -ar träd aspen
aspekt -en -er aspect
assiett -en -er small plate
assistera *verb* assist
association -en -er association
associera *verb* associate
assurera *verb* insure
aster -n astrar aster
astma -n asthma

astrologi -n astrology
astronaut -en -er astronaut
astronomi -n astronomy
asyl -en -er asylum; *söka ~* seek
asylum
asylsökande en ~, pl. = person
seeking asylum; vard. refugee
ateist -en -er atheist
ateljé -n -er studio
Aten Athens
Atlanten the Atlantic Ocean
atlas -en -er kartbok atlas
atlet -en -er good athlete,
strong man (pl. men)
atmosfär -en -er atmosphere
atom -en -er atom
atombomb -en -er atom bomb,
A-bomb
att I *infinitivmärke* to; *hon
lovade ~ inte göra det* she
promised not to do it **II** *konj*
that; *jag visste ~ det var sant*
I knew that it was true
attachéväsk|a -an -or briefcase,
attaché case
attack -en -er attack
attackera *verb* attack
attentat -et = attack
attestera *verb* certify; räkning
sign
attityd -en -er attitude
attraktiv *adj* attractive
aubergine -n -r eggplant
augusti oböjl. August; *i ~* in
August
auktion -en -er auction

auktionsförrättare -n = auctioneer
auktoritet -en -er authority
auktoritär *adj* authoritarian
aul|a -an -or auditorium
au pair, *jobba som* ~ work as an au pair; *jag har varit* ~ *i Washington* I've worked as an au pair in Washington
Australien Australia
australiensare -n = Australian
australiensisk *adj* Australian
australiensisk|a -an -or kvinna Australian woman (pl. women)
autentisk *adj* authentic
autograf -en -er autograph
automat -en -er varuautomat vending machine
automatisk *adj* automatic
automatväx|el -eln -lar, *bil med* ~ an automatic
av I *prep* **1** vanl. of; *tre* ~ *dem* three of them; *gjord* ~ *ylle* made of wool **2** by; *dödad* ~ *ett lejon* killed by a lion **3** orsak with; *darra* ~ *rädsla* tremble with fear **II** *adv* off; *borsta* ~ *smutsen* brush off the dirt
avancera *verb* advance
avancerad *adj* advanced; om utrustning m.m. sophisticated
avbeställa *verb* cancel
avbeställning -en -ar cancellation

avbeställningsskydd -et = cancellation insurance
avbetalning -en -ar belopp installment; *köpa på* ~ buy* on the installment plan
avboka *verb* cancel
avbokning -en -ar cancellation
avbrott -et = break*
avbryta *verb* break* off; samtal interrupt
avbytare -n = substitute
avböja *verb* avvisa decline, refuse
avdelning -en -ar department; på sjukhus ward
avdrag -et -en reduction; skatteavdrag deduction
avdunsta *verb* evaporate
avel -n breeding
aveny -n -er avenue
avfall -et vått garbage; torrt trash, rubbish
avfart -en -er exit, turn-off
avfärd -en -er departure
avfärda *verb* dismiss
avföring -en -ar excrement; *ha* ~ have* a BM (bowel movement)
avgaser pl. från bil exhaust fumes
avgasrör -et -en exhaust pipe, tailpipe
avge *verb* **1** värme o.d. give* off **2** löfte o.d. give*
avgift -en -er charge, fee
avgiftsfri *adj* free
avgjord *adj* decided

avgränsa *verb* mark off
avguda *verb* adore
avgå *verb* **1** om tåg, flyg etc.
leave*, depart **2** från t.ex.
tjänst resign
avgående *adj* departing; ~ *tåg*
(*flyg* etc.) departures
avgång -en -ar **1** t.ex. tågs, flygs
departure **2** från t.ex. tjänst
resignation
avgångshall -en -ar departures
hall
avgångstid -en -er time of
departure
avgöra *verb* decide
avgörande I *adj* decisive **II** -t -n
decision
avhandling -en -ar dissertation
avhjälpa *verb* remedy
avhållsamhet -en abstinence
avi -n -er notice slip
avig *adj* wrong; ovänlig
unfriendly; ~ *maska* purl
stitch
avigsid|a -an -or **1** på t.ex. tyg
wrong side **2** nackdel draw-
back
avkastning -en yield
avkoppling -en relaxation
avlastning -en -ar **1** unloading
2 lättnad relief
avleda *verb* divert
avlida *verb* die, pass away
avliva *verb* destroy; sällskaps-
djur put* to sleep
avlopp -et -en drain; i gatan
sewer pipe

avlossa *verb* fire
avlyssna *verb* listen to
avlång *adj* oblong
avlägsen *adj* distant, remote
avlägsna *verb* remove; ~ *sig*
go* away
avlöning -en -ar pay; månadslön
salary; veckolön wages
avlösa *verb* relieve
avokado -n -r avocado
avpassa *verb* suit; ~ *ngt efter*
ngt adjust sth. to sth.
avreagera *verb*, ~ *sig* let* off
steam
avres|a I *verb* depart, start
II -an -or departure
avresedag -en -ar day of
departure
avrunda *verb* round off; ~
uppåt round off upwards
avråda *verb*, ~ *ngn från ngt*
warn sb. against sth.
avrätta *verb* execute
avrättning -en -ar execution
avsats -en -er på klippa ledge; i
trappa landing
avse *verb* **1** syfta på refer to
2 ha för avsikt mean*, intend
avseende -t -n respect
avsevärd *adj* considerable
avsides I *adv* aside; *ligga* ~
lie* apart **II** *adj* distant,
remote
avsikt -en -er intention; *ha för*
~ *att* intend to; *med* ~ on
purpose
avsiktlig *adj* intentional

avsiktligen *adv* deliberately, on purpose
avskaffa *verb* abolish
avsked -et = **1** ur tjänst discharge **2** farväl leave-taking; *ta ~ av ngn* say* goodbye to sb.
avskeda *verb* dismiss; vard. fire
avskild *adj* secluded
avskildhet -en seclusion
avskilja *verb* separate
avskrift -en -er copy
avskräcka *verb* deter
avsky I *verb* loathe, detest **II** -n disgust, horror
avskyvärd *adj* abominable
avslag -et = rejection; *han fick ~ på sin ansökan* his application was turned down
avslagen *adj* flat, stale
avsluta *verb* finish, complete
avslutning -en -ar conclusion; *slut* end
avslå *verb* turn down, refuse
avslöja *verb* reveal; t.ex. brott expose
avslöjande -t -n exposure
avsmak -en dislike, distaste; *känna ~ för ngt* feel* disgusted by sth.
avsnitt -et = part; av TV-serie episode
avspegla *verb* reflect; *~ sig* be* reflected
avspänd *adj* relaxed
avstickare -n = detour; *göra*

en ~ till en stad make* a little detour to a town
avstå *verb* give* up; *~ från att göra ngt* abstain from doing sth.
avstånd -et = distance; mellanrum space
avsäga *verb*, *~ sig allt ansvar för* disclaim responsibility for
avsändare -n = sender
avta *verb* decrease
avtagsväg -en -ar side road
avtal -et = agreement, contract
avtala *verb* agree, agree on
avtjäna *verb*, *~ ett straff* serve a sentence
avtryck -et = impression
avund -en envy, jealousy
avundas *verb* envy
avundsjuk *adj* envious, jealous
avundsjuka -n envy, jealousy
avvakta *verb* await; med tvekan wait and see
avveckla *verb* wind up; *~ en verksamhet* shut down an operation
avveckling -en -ar liquidation
avvika *verb* **1** *~ skilja sig från ngt* differ from sth. **2** rymma run* away
avvikande *adj* different, divergent; om beteende deviant
avvikelse -n -r deviation
avvisa *verb* **1** vägra tillträde

turn away **2** t.ex. förslag reject, refuse
avvisande I *adj* negative **II** *adv* negatively
avväga *verb* avpassa adjust; överväga weigh
avvägning -en -ar adjustment, balance
avvänja *verb* spädbarn wean; från drogberoende o.d. detoxify
avvänjningskur -en -er withdrawal treatment
ax -et = sädesax ear
ax|el -eln -lar **1** skuldra shoulder; *rycka på axlarna* shrug, shrug one's shoulders **2** hjulaxel axle
axelremsväsk|a -an -or shoulder bag
axelryckning -en -ar shrug

B

b b-et b-n **1** bokstav b [utt. bi:] **2** ton B flat
babbla *verb* babble
babord oböjl. port
baby -n -ar (-er) baby
bacill -en -er germ; vard. bug
1 back -en -ar ölback o.d. crate
2 back I -en **1** pl. -ar i bollspel back **2** backväxel reverse; *lägga in backen* put* it into reverse **II** *adv, gå* ~ run* at a loss
backa *verb* back, reverse; ~ *upp ngn* back sb. up
back|e -en **1** pl. -ar höjd hill; sluttning slope **2** mark ground
backhoppning -en -ar ski jumping
backspeg|el -eln -lar rear-view mirror
backväx|el -eln -lar reverse, reverse gear
bacon -en (-et) bacon
bad -et = **1** i badkar bath; *ta ett* ~ have* a bath; utomhus go* for a swim **2** badplats beach
bada *verb* swim, bathe; i badkar have* a bath
badbyxor pl. swim trunks, swimming trunks
baddräkt -en -er swimsuit
badhandduk -en -ar bath towel

badhus -et = bath house
badhytt -en -er bathing hut
badkapp|a -an -or bathrobe
badkar -et = bathtub, tub
badkläder pl. beachwear
badlakan -et = bath towel, beach towel
badminton -en badminton
badmöss|a -an -or bathing cap
badort -en -er seaside resort
badplats -en -er beach
badrum -met = bathroom
bad|strand -stranden -stränder beach
badvakt -en -er lifeguard
bag -en -ar bag
bagage -t luggage, baggage
bagageinlämning -en -ar check room
bagageluck|a -an -or trunk
bagageutrymme -t -n trunk
bagare -n = baker
bagatell -en -er trifle
bageri -et -er bakery
bajsa *verb* barnspråk go* potty, do* number two
bak -en -ar stjärt behind; ~ *och fram* the wrong way round
baka *verb* bake
bakben -et = hind leg
bakdel -en -ar på ett föremål back; människas buttocks
bakdörr -en -ar back door; på bil rear door
bakelse -n -r pastry
bakfick|a -an -or på byxor hip pocket; *ha något i bakfickan*

have* something up one's sleeve
bakfram *adv* back to front
bakfull *adj, vara ~* have* a hangover
bakgrund -en -er background
bakhjul -et = rear wheel
bakifrån *adv* from behind
bakluck|a -an -or trunk
baklykt|a -an -or taillight
baklås, *dörren har gått i ~* the lock is jammed
baklänges *adv* backwards
bakom *prep* o. *adv* behind
bakplåt -en -ar cookie sheet
bakpulv|er -ret = baking powder
bakre *adj* back
bakrut|a -an -or rear window
baksid|a -an -or back
bakslag -et -en setback
baksmäll|a -an -or hangover
baksäte -t -n back seat
bakterie -n -r germ
bakverk -et = pastry; större cake
bakväg -en -ar back door; *på bakvägar* indirectly
bakvänt *adv* awkwardly; galet absurdly
bakåt *adv* backwards
1 bal -en -er dans ball; mindre dance
2 bal -en -ar packe bale
balans -en -er balance; *tappa balansen* lose* one's balance
balansera *verb* balance
balett -en -er ballet

balj|a -an -or kärl tub
balkong -en -er balcony
ballad -en -er ballad
ballong -en -er balloon
balsam -en (-et) -er balsam;
hårbalsam conditioner
balt -en -er Balt
baltisk *adj* Baltic
bambu -n bamboo
ban|a -an -or **1** väg path;
omloppsbana orbit **2** löparbana
o.d. track **3** järnväg line
banal *adj* commonplace, banal
banan -en -er banana
band -et = **1** remsa band; snöre
string; kassettband tape; hårband ribbon; *löpande* ~ i
fabrik o.d. assembly line; *på
löpande* ~ bildligt in a steady
stream; *lägga* ~ *på sig* keep*
one's temper **2** följe el.
popband o.d. band
bandage -t = bandage
bandit -en -er bandit; *enarmad*
~ one-armed bandit
bandspelare -n = tape recorder
bandy -n bandy
banjo -n -r banjo
bank -en -er bank; *ha pengar
på banken* have* money in
the bank
banka *verb* knock
bank|bok -boken -böcker passbook
bankfack -et -en safe-deposit
box

bankgiro -t -n bank giro
bankkonto -t -n bank account
banklån -et = bank loan
bankomat® -en -er ATM (förk.
för automatic teller machine)
bannlysa *verb* ban
banta *verb* diet, be* on a diet
1 bar *adj* bare; naked; *på* ~
gärning redhanded; *under* ~
himmel in the open
2 bar -en -er bar
bara I *adv* only **II** *konj* såvida
as long as
barack -en -er barracks
barbent *adj* bare-legged
bardisk -en -ar bar
barfota *adj* o. *adv* barefoot
barhuvad *adj* bare-headed
bark -en -ar på träd bark
barm -en -ar bosom, breast
barmhärtig *adj* merciful
barn -et = child (pl. children);
vard. kid; *hon är med* ~ she's
pregnant
barnbarn -et = grandchild (pl.
grandchildren)
barnbidrag -et = child benefit
barn|bok -boken -böcker children's book
barndom -en childhood
barndop -et = christening
barnfamilj -en -er family with
children
barnförbjuden *adj* for adults
only, X-rated
barnhem -met = för föräldralösa
orphanage

barnkammare -n = children's room, nursery
barnkläder pl. children's clothes
barnledig *adj*, *hon är* ~ she's on maternity leave
barnläkare -n = pediatrician
barnmisshandel -n child abuse
barnmorsk|a -an -or midwife (pl. midwives)
barnomsorg -en child care
barnsjukdom -en -ar children's disease; hos ny produkt teething problems
barnskor pl. children's shoes
barnslig *adj* childish
barnstol -en -ar high chair
barnsäker *adj* childproof
barnsäng -en -ar för spädbarn crib; för större barn child's bed
barntillåten *adj*, ~ *film* movie rated G
barnvagn -en -ar baby carriage
barnvakt -en -er baby sitter
baromet|er -ern -rar barometer
barr -et = på träd needle
barra *verb* shed its needles
barrskog -en -ar pine forest
barrträd pl. conifers; vard. pines and firs
barservering -en -ar snack bar
barsk *adj* harsh
bartend|er -ern -rar bartender
baryton -en -er baritone
1 bas -en -er grund base; bildligt foundation

2 bas -en -ar röst, stämma, sångare bass
3 bas -en -ar förman foreman (pl. foremen); vard. boss
ba-samtal -et = collect call
basar -en -er bazaar
basera *verb* base; *vara baserad på* be* based on
basfiol -en -er double bass
basilik|a -an -or växt basil
bask|er -ern -rar beret
basket -en basketball
bassäng -en -er basin; simbassäng swimming pool
bast -et bast
basta *verb* take* a sauna
bastu -n -r sauna, sauna bath
basun -en -er instrument trombone
batong -en -er nightstick; vard. billy club
batteri -et -er battery
batteridriven *adj* battery--powered
BB BB-t BB-n maternity ward
be *verb* **1** en bön pray **2** anhålla ask; ~ *ngn om ngt* ask sb. for sth.; *får jag* ~ *om notan?* check, please!; *jag ska* ~ *att få tre öl* three beers, please!
bearbeta *verb* omarbeta adapt; söka inverka på try to influence
beboelig *adj* habitable
bebyggelse -n -r houses; buildings
bedra *verb* deceive, swindle;

vara otrogen mot be* unfaithful
to; ~ *sig* be* mistaken
bedragare -n = deceiver,
swindler
bedrift -en -er exploit
bedriva *verb*, ~ *studier* study;
~ *forskning* do* research
bedrägeri -et -er brott fraud; skoj
scam, swindle
bedrövad *adj* sorrowful, sad
bedrövlig *adj* deplorable; usel
miserable
bedöma *verb* judge; uppskatta
estimate
bedöva *verb*, ~ *ngn* med
bedövningsvätska give* an
anesthetic to sb.
bedövning -en -ar med bedöv-
ningsvätska anesthesia
bedövningsmed|el -let =
anesthetic
befalla *verb* order; kommendera
command
befallning -en -ar order,
command
befattning -en -ar syssla post;
ämbete office
befinna *verb*, ~ *sig* vara be*;
känna sig feel*
befogad *adj* justified
befogenhet -en -er authority;
ha ~ be* authorized
befolkning -en -ar population
befordra *verb* upphöja promote
befordr|an en ~, pl. -ingar
avancemang promotion
befria *verb*, ~ *ngn* set sb. free;

~ *ngn från ngt* exempt sb.
from sth.; ~ *sig från ngt* free
oneself from sth.
befrielse -n -r liberation
befrukta *verb* fertilize
befruktning -en -ar fertilization;
konstgjord ~ artificial in-
semination
befäl -et = **1** kommando com-
mand **2** befälspersoner officers;
underofficer NCO (förk. för
non-commissioned officer)
begagnad *adj* used; second-
-hand
bege *verb*, ~ *sig* go*
begoni|a -an -or begonia
begrava *verb* bury
begravning -en -ar burial;
ceremoni funeral
begrepp -et = idea; *reda ut
begreppen* straighten things
out; *stå i* ~ *att göra ngt* be*
just about to do sth.
begripa *verb* understand; inse
see*; ~ *sig på ngt* understand
sth.
begriplig *adj* understandable
begränsa *verb* inskränka limit;
~ *sig* limit oneself
begränsning -en -ar limitation
begå *verb* ett brott commit; ett
misstag make*
begåvad *adj* talented
begåvning -en -ar talent
begär -et = desire; ~ *efter*
craving for

begära *verb* ask, ask for;
anhålla om request
begäran en ~, best. form =
anhållan request; ansökan ap-
plication
behag -et = välbehag pleasure;
tjusning charm; *efter* ~ as you
like
behaga *verb* tilltala please
behaglig *adj* angenäm pleasant;
tilltalande attractive
behandla *verb* treat; handla om
deal with; *bli illa behandlad*
be* badly treated
behandling -en -ar treatment
behov -et = need
behå -n = (-ar) brassiere; vard.
bra
behålla *verb* keep*
behållare -n = container
behållning -en -ar **1** återstod
remainder **2** vinst profit
behärska *verb* **1** råda över
control; vara herre över be* in
command of; ~ *sig* control
oneself **2** kunna master
behärskad *adj* restrained
behörig *adj* authorized; kom-
petent qualified; om läkare
licensed; om lärare certified
behöva *verb* need
behövas *verb* be* needed; *det*
behövs inte it is not
necessary
beige *adj* beige
bekant I *adj* välkänd well-
-known; välbekant familiar
II en ~, pl. -a acquaintance
beklaga *verb*, ~ *ngt* be* sorry
about sth.; ~ *sig* complain
beklaglig *adj* unfortunate
bekosta *verb* pay* for
bekräfta *verb* confirm
bekräftelse -n -r confirmation
bekväm *adj* comfortable; ~ *av*
sig lazy, easy-going
bekym|mer -ret = worry,
trouble
bekymra *verb*, ~ *sig* worry;
det bekymrar henne she is
worried about it
bekymrad *adj* worried
bekänna *verb* confess
bekännelse -n -r confession
belasta *verb* load, charge
belastning -en -ar load
belgare -n = Belgian
Belgien Belgium
belgisk *adj* Belgian
belgisk|a -an -or kvinna Belgian
woman (pl. women)
belopp -et = amount, sum
belysning -en -ar lighting
belåten *adj* satisfied
belägen *adj* situated; *vara* ~
be*, lie*
beläggning -en -ar covering,
coating
belöna *verb* reward
belöning -en -ar reward
bemöta *verb* behandla treat;
besvara answer; *bli illa*
bemött be* badly treated

ben -et = **1** skelettdel bone
2 kroppsdel leg; *vara på benen igen* be* up and about again
ben|a -an -or part
benbrott -et = fractured leg, fracture; svårt broken leg
benfri *adj* boneless
bensin -en gasoline; vard. gas
bensindunk -en -ar gas can
bensinmack -en -ar gas station
bensinmätare -n = gas gauge
bensinstation -en -er gas station; service station
bensintank -en -ar gas tank
benägen *adj* inclined
benägenhet -en -er tendency
benämning -en -ar name
beordra *verb* order, command
bereda *verb* **1** förbereda prepare; ~ *sig på ngt* make* ready for sth. **2** förorsaka cause
beredd *adj* prepared; *vara ~ på ngt* be* prepared for sth.
beredskap -en preparedness; *ligga (stå) i ~* stand* by
berest *adj, vara mycket ~* have* traveled a lot
berg -et = **1** mountain; mindre hill **2** berggrund rock
bergig *adj* mountainous; hilly
bergkristall -en -er rock crystal
bergskedj|a -an -or mountain chain
bergskid|a -an -or uphill ski

bergstopp -en -ar mountain peak
bergsäker *adj* dead certain
berika *verb* enrich
berlock -en -er charm
bero *verb*, ~ *på* ha sin grund i be* due to; komma an på depend on
beroende *adj* dependent
berså -n -er arbor
berusad *adj* intoxicated, drunk; *berusat tillstånd* drunken state
beryktad *adj* notorious; *illa ~* with a bad reputation
beräkna *verb* calculate; uppskatta estimate
beräkning -en -ar calculation; uppskattning estimate
berätta *verb* tell*; ~ *ngt för ngn* tell* sb. sth.
berättelse -n -r story
berättigad *adj* om person entitled; om t.ex. kritik, misstro well-founded
beröm -met praise
berömd *adj* famous
berömma *verb* praise
beröra *verb* touch
beröring -en -ar contact, touch
besatt *adj* **1** occupied **2** *vara ~ av ngt* be* obsessed by sth.
besegra *verb* defeat
besiktiga *verb* inspect; ~ *bilen* have* one's car inspected
besiktning -en -ar inspection
besinning -en self-control;

förlora besinningen lose*
one's head
besk *adj* bitter
beskatta *verb* tax
besked -et = upplysning infor-
mation; *få* ~ be* informed;
lämna ~ *om ngt* let* sb.
know about sth.
beskriva *verb* describe
beskrivning -en -ar description
beskydd -et protection
beskydda *verb* protect
beskylla *verb*, ~ *ngn för ngt*
accuse sb. of sth.
beslag -et = **1** till skydd, prydnad
mounting **2** *lägga* ~ *på* seize
beslagta *verb* confiscate
beslut -et = decision; *fatta ett*
~ come* to a decision
besluta *verb* decide; ~ *sig för*
ngt decide on sth.
beslutsam *adj* determined
besläktad *adj*, ~ *med* related
to
besparingar pl. savings
bespruta *verb* frukt o.d. spray
bestick -et = knife, fork and
spoon
bestiga *verb* climb
bestraffa *verb* punish
bestraffning -en -ar punish-
ment, penalty
bestseller -n = (-s) best-seller
bestyrka *verb* confirm; ~
identitet show* proof of
identity
bestå *verb*, ~ *av* consist of

beståndsdel -en -ar component
beställa *verb* order; boka, t.ex.
bord, resa, rum book; *får jag*
~*?* may I order, please?; ~ *tid*
hos tandläkaren make* an
appointment with the dentist
beställning -en -ar order
bestämd *adj* fastställd fixed;
orubblig determined
bestämma *verb* determine; ~
sig för ngt decide on sth.
bestämmelse -n -r regulation,
rule
besvara *verb* svara på answer;
hälsning return
besvikelse -n -r disappoint-
ment
besviken *adj* disappointed
besvär -et = trouble, bother
besvära *verb* trouble; ~ *sig*
trouble oneself
besvärlig *adj* troublesome;
svår hard
besynnerlig *adj* strange, odd
besättning -en -ar **1** manskap
crew **2** rollbesättning cast
besök -et = visit; ~ *hos* visit to;
få ~ *av ngn* have* a visit
from sb.
besöka *verb* visit
besökare -n = visitor
besökstid -en -er visiting hours
beta *verb* äta gräs graze; ~ *av*
bildligt deal with one by one
betagen *adj*, ~ *i* charmed by
betala *verb* pay*; varor pay*

for; *får jag ~?* check, please!;
~ *av* pay* off; ~ *sig* pay*
betalning -en -ar payment
betalningsvillkor -et = terms of
payment
1 bet|e -t -n betesmark pasture
2 bete -t -n vid fiske bait
3 bet|e -en -ar på t.ex. elefant tusk
4 bete *verb*, ~ *sig* behave; ~
sig som en idiot act like a
fool
beteckning -en -ar designation
beteende -t -n behavior,
conduct
betjäna *verb* serve; *vara
betjänt av* benefit from
betjäning -en service; personal
staff
betjänt -en -er servant
betona *verb* stress
betong -en concrete
betoning -en -ar stress
betrakta *verb* **1** se på look at
2 anse consider
beträffande *prep* concerning
bets|el -let = bridle
bett -et = bite*
betungande *adj* heavy
betyda *verb* mean*
betydande *adj* important; ~
förluster considerable losses
betydelse -n -r meaning
betydlig *adj* considerable
betyg -et = **1** handling el.
examensbetyg certificate; ter-
minsbetyg report **2** betygsgrad
grade

betänksam *adj* cautious,
thoughtful
beundra *verb* admire, idolize
beundran en ~, best. form =
admiration
beundransvärd *adj* admirable
beundrare -n = admirer; vard.
fan
bevaka *verb* **1** vakta guard
2 tillvarata look after
bevakning -en -ar guard
bevara *verb* bibehålla preserve
bevilja *verb* grant
bevingad *adj* winged; *be-
vingat ord* famous saying
bevis -en = proof, evidence
bevisa *verb* prove
bevittna *verb* **1** bestyrka attest;
bevittnad kopia certified
copy **2** vara vittne till witness
bh -n = (-ar) brassiere; vard. bra
bi -et -n bee
bib|el -eln -lar bible, Bible
bibliotek -et = library
bidé -n -er bidet
bidra *verb*, ~ *till* contribute to
bidrag -et = **1** tillskott contribu-
tion **2** understöd allowance
bifall -et approval
biff -en -ar steak
biffstek -en -ar beefsteak, steak
bifoga *verb* enclose; *bifogad
räkning* bill enclosed
bihål|a -an -or sinus
bihåleinflammation -en -er
sinusitis
bijouterier pl. jewelry

bikini -n = bikini
bikt -en -er confession
bikta *verb*, ~ *sig* confess
bikup|a -an -or beehive
bil -en -ar car; taxibil taxicab, taxi, vard. cab
bila *verb* go* by car
bilag|a -an -or i brev enclosure; tidningsbilaga supplement
bilbälte -t -n seat belt
bild -en **1** pl. -er picture **2** skolämne art
bilda *verb* åstadkomma form; utgöra make*; ~ *sig* skaffa sig bildning educate oneself; ~ *sig en uppfattning om* form an opinion of
bildad *adj* cultivated, well--educated
bildelar pl. auto parts
bilder|bok -boken -böcker picture book
bildlig *adj* figurative
bildning -en skolutbildning o.d. education; bildande formation
bildskärm -en -ar screen; dators monitor
bilfärj|a -an -or car ferry
bilförare -n = car driver
bilförsäkring -en -ar car insurance
bilist -en -er car driver, motorist
biljard -en -er billiards
biljett -en -er ticket
biljettautomat -en -er ticket machine

biljettkontor -et = ticket office
biljettluck|a -an -or ticket window
biljettpris -et = för inträde admission; för resa fare
bilkö -n -er line of cars
billig *adj* cheap; ej alltför dyr inexpensive
bilmekaniker -n = car mechanic
bilmärke -t -n make, make of car
bilolyck|a -an -or car accident
bilradio -n -r car radio
bilres|a -an -or journey by car
bilsjuk *adj* car-sick
bilskol|a -an -or driving school
bilstöld -en -er car theft
biltelefon -en -er car phone
biltrafik -en traffic
biltur -en -er ride; vard. spin
biltvätt -en -ar car wash
biluthyrning -en -ar car rental agency
bilverk|stad -staden -städer garage, repair shop
bind|a **I** -an -or bandage; dambinda sanitary napkin **II** *verb* bind; knyta tie; ~ *sig* el. ~ *upp sig* commit oneself
bindande *adj*, ~ *anmälan* binding application; ~ *bevis* conclusive evidence
bindestreck -et = hyphen
bingo -n bingo
bio -n -r movies; *gå på* ~ go* to the movies

biobiljett -en -er movie ticket
biodynamisk adj biodynamic;
biodynamiskt odlad mat
organic food
biograf -en -er movie theater,
cinema; vard. movies
biografi -n -er biography
biologi -n biology
biologisk adj biological
bisarr adj bizarre, odd
biskop -en -ar bishop
biskvi -n -er ung. macaroon
bismak -en -er funny taste
bister adj om min o.d. grim; om
klimat hard, harsh
bistro -n bistro, café
bistånd -et aid
bit -en -ar stycke piece; matbit
bite; vägsträcka distance; *det
är en bra ~ kvar* we have
quite a ways to go; *äta en ~*
have* a snack; *gå i bitar*
fall* to pieces
bita verb bite*; ~ *av* bite* off
bitas verb bite*
biträdande adj deputy, assistant
biträde -t -n **1** affärsbiträde clerk,
sales clerk **2** medhjälpare assistant
bitsock|er -ret sugar cubes
bitter adj bitter
bittermand|el -eln -lar bitter
almond
bitti adv early; *i morgon ~*
early tomorrow morning
bjuda verb **1** erbjuda offer;

servera serve; *jag bjuder!* this
one's on me!; *~ ngn på
middag* invite sb. to dinner;
~ upp ngn ask sb. for a
dance **2** göra anbud bid
bjudning -en -ar party
bjälk|e -en -ar beam
bjällr|a -an -or little bell
bjäss|e -en -ar big guy
björk -en -ar birch
björn -en -ar bear
blackout -en -er blackout;
drabbas av en ~ have* a
blackout
blad -et = **1** på växt leaf (pl.
leaves) **2** av papper sheet
bland prep among; *~ annat*
among other things
blanda verb mix; spelkort
shuffle; *~ sig i* butt in; *~ ihop*
mix up
blandad adj mixed
blandning -en -ar mixture; av
olika kvaliteter blend; röra mess
blank adj bright, shining
blankett -en -er form
blaz|er -ern -rar jacket, sports
jacket
blek adj pale
bleka verb bleach
blekna verb om person turn
pale; om färg fade
bli verb be*, become*; vard.
get*; *hur mycket blir det?*
kostar how much will that
be?; *det blir regn* it is going

to rain; ~ *av med ngt* lose*
sth.; ~ *över* be* left over
blick -en -ar look; hastig glance
blind *adj* blind
blindtarm -en -ar appendix
blindtarmsinflammation -en -er
appendicitis
blinka *verb* om ljus twinkle;
med ögonen blink; *utan att* ~
without batting an eye
blink|er r på bil turn signal
blivande *adj* future
blixt -en -ar **1** lightning; *en* ~ a
flash of lightning **2** kamera-
blixt flash
blixtlås -et = zipper
blixtra *verb* flash
block -et = **1** stycke block
2 skrivblock pad
blockera *verb* block
blockflöjt -en -er recorder
blod -et blood
blodbrist -en anemia
blodcirkulation -en blood cir-
culation
blodfläck -en -ar bloodstain
blodfläckad *adj* blood-stained
blodförgiftning -en -ar blood
poisoning
blodgivare -n = blood donor
blodgrupp -en -er blood group
blodig *adj* **1** blodfläckad
blood-stained, covered with
blood **2** om biff o.d. rare
blodpropp -en -ar blood clot;
sjukdom thrombosis

blodprov -et = blood test,
blood sample
blodpudding -en -ar ung. blood
sausage
blodsock|er -ret blood sugar
blodtransfusion -en -er blood
transfusion
blodtryck -et =, *högt* ~ high
blood pressure; *lågt* ~ low
blood pressure
blodvärde -t -n blood count
blom -men, *stå i* ~ be* in
bloom
blomblad -et = petal
blombukett -en -er bunch of
flowers; köpt bouquet
blomkruk|a -an -or flowerpot
blomkål -en cauliflower
blomm|a I -an -or flower **II** *verb*
bloom
blommig *adj* flowery
blomsterhand|el -eln -lar flower
shop, florist's
blomstra *verb* blossom; frodas
prosper
blomstrande *adj* flourishing
blond *adj* fair; blond; om
kvinna blonde
blondin -en -er blonde
bloss -et = **1** fackla torch **2** vid
rökning puff; drag; *dra ett* ~
take* a puff (drag)
blott I *adj* mere; *med blotta
ögat* with the naked eye
II *adv* only
blottare -n = flasher

bluff -en -ar humbug, bluff; bedragare fraud
bluffa *verb* bluff
blunda *verb* shut one's eyes
blus -en -ar blouse
bly -et lead
blyad *adj*, ~ *bensin* leaded gasoline
blyertspenn|a -an -or pencil
blyfri *adj*, ~ *bensin* unleaded gasoline
blyg *adj* shy
blygsam *adj* modest
blyhaltig *adj* containing lead
blå *adj* blue
blåbär -et = blueberry
blåklint -en -ar bachelor's button, cornflower
blåklock|a -an -or harebell, bluebell
blåmes -en -ar blue tit
blåmärke -t -n bruise
1 blås|a -an -or **1** t.ex. urinblåsa bladder **2** i huden blister
2 blåsa *verb* **1** blow; *det blåser* it is windy **2** vard., lura rip off
1 blåsig *adj* windy
2 blåsig *adj* med blåsor blistered
blåsinstrument -et = wind instrument
blåsipp|a -an -or hepatica
blåskatarr -en -er inflammation of the bladder
blåsorkest|er -ern -rar brass band

blåst -en wind
blåsväd|er -ret = **1** stormy weather **2** *ute i* ~ bildligt in hot water
blåögd *adj* blue-eyed; godtrogen etc. naive
bläck -et ink
bläckfisk -en -ar octopus
bläckpenn|a -an -or pen
bläddra *verb*, ~ *igenom* (*i*) *en bok* leaf through a book
blända *verb* blind; ~ *av* dim one's headlights
bländande *adj* dazzling
bländare -n = stop, setting
blänka *verb* shine
blöda *verb* bleed
blödning -en -ar bleeding; *inre blödningar* internal bleeding
blöj|a -an -or diaper
blöt I *adj* wet **II** *lägga* (*ligga*) *i* ~ soak
blöta *verb* soak; ~ *ner* wet; ~ *ner sig* get* all wet
bo I *verb* permanent live; tillfälligt stay; ~ *på hotell* stay at a hotel **II** -et -n fågels nest
boaorm -en -ar boa constrictor
bock -en -ar **1** get billy goat **2** stöd horse
bocka *verb* buga bow
bod -en -ar **1** marknadsstånd booth **2** skjul shed
bofast *adj* resident
bofink -en -ar chaffinch
bog -en -ar **1** på djur shoulder **2** del av fartyg bow

bogsera *verb* tow
bogserlin|a -an -or towline
bohag -et = household goods
bohem -en -er bohemian; vard.
hippy, hippie
boj -en -ar buoy
bojkott -en -er boycott
bojkotta *verb* boycott
1 bok -en böcker book
2 bok -en -ar träd beech
boka *verb* book, make* a
reservation
bokföring -en -ar bookkeeping
bokförlag -et = publishing
house
bokhand|el -eln -lar bookstore
bokhyll|a -an -or bookcase
bokklubb -en -ar book club
bokmärke -t -n bookmark
bokning -en -ar reservation
bok|stav -staven -stäver letter
bokstavera *verb* spell
bokstavsordning -en -ar alpha-
betical order
bolag -et = company, corpora-
tion
boll -en -ar ball
bollspel -et = ball game
1 bom -men -mar stång bar; på
segelbåt boom; i gymnastik o.d.
horizontal bar
2 bom -men -mar felskott miss
bomb -en -er bomb
bomba *verb* bomb
bomull -en cotton; vadd
absorbent cotton
bomullstyg -et -er cotton cloth

bona *verb* wax
bondbön|a -an -or broad bean
bonde -n bönder farmer; i schack
pawn
bondgård -en -ar farm
bonus -en bonus
bord -et = table
bordduk -en -ar tablecloth
bordeaux -en -er Bordeaux
bordell -en -er brothel; vard.
whorehouse
bordsbeställning -en -ar reser-
vation
bordsdam -en -er dinner
partner
bordskavaljer -en -er dinner
partner
bordsvatt|en -net = mineral
water
bordsvin -et -er table wine
bordtennis -en table tennis;
vard. ping-pong
borg -en -ar castle
borgare -n = bourgeois;
icke-socialist non-Socialist
borgen oböjl. security
borgens|man -mannen -män
guarantor, co-signer
borgerlig *adj* middle class,
bourgeois; icke-socialistisk
non-Socialist; ~ *vigsel* civil
marriage
borgmästare -n = mayor
borr -en -ar drill
borra *verb* bore; i tand drill
borrmaskin -en -er drill
borst -et (-en) = bristle

borsta *verb* brush; ~ *tänderna* brush one's teeth

borst|e -en -ar brush

bort *adv* away; *dit* ~ over there; *vi ska* ~ *ikväll* we are invited out tonight

borta *adv* för tillfället away; försvunnen gone; som inte går att finna missing; *där* ~ over there; *långt* ~ far away; *den är* ~ it's gone

bortbjuden *adj* invited out

bortblåst *adj, vara som* ~ have* completely vanished

bortfall -et = decline

bortförklaring -en -ar excuse

bortkastad *adj,* ~ *tid* a waste of time

bortkommen *adj* lost

bortom *prep* beyond

bortre *adj* further

bortrest *adj, hon är* ~ she's gone away, she's out of town

bortskämd *adj* spoiled

bortsprungen *adj* runaway, stray

bosatt *adj* resident; *vara* ~ *i* be* a resident of

boskap -en cattle

Bosnien Bosnia

bosnier -n = Bosnian

bosnisk *adj* Bosnian

bosnisk|a -an -or kvinna Bosnian woman (pl. women)

bo|stad -staden -städer hem place; hus house

bostadsadress -en -er permanent address

bostadsbidrag -et = housing allowance

bostadshus -et = house; större apartment house

bostadslös I *adj* homeless **II** en ~, pl. -a homeless person

bostadsrätt -en -er condominium; vard. condo

bostadsrättslägenhet -en -er condominium apartment; vard. condo

bosätta *verb,* ~ *sig* settle down

bot -en remedy

bota *verb* cure

botanik -en botany

botanisk *adj* botanical; ~ *trädgård* botanical gardens

botemed|el -let = remedy, cure

bott|en -nen -nar bottom; *på nedre* ~ on the ground floor

bottenvåning -en -ar ground floor, first floor

bottna *verb* touch bottom

boules pl. boccie, lawn bowling

boulevard -en -er boulevard

bourgogne -n -r burgundy

bov -en -ar villain; förbrytare criminal

bowling -en bowling

bowlinghall -en -ar bowling alley

box -en -ar box

boxas *verb* box

box|er -ern -rar boxer
boxning -en -ar boxing
bra I *adj* **1** good; utmärkt
excellent; *det är ~ så* that's
fine, thank you **2** frisk well
II *adv* well; *tack ~* fine,
thank you
bragd -en -er exploit
brak -et = crash
braka *verb* crash
brand -en bränder fire
brandbil -en -ar fire engine
brandfara -n risk of fire
brandfarlig *adj* inflammable
brandgul *adj* orange
brandkår -en -er fire depart-
ment
brand|man -mannen -män fire-
man (pl. firemen), firefighter
brandredskap -et = firefighting
equipment
brandsläckare -n = fire
extinguisher
brandstation -en -er fire house
brandsteg|e -en -ar fire escape
brandvarnare -n = fire alarm
bransch -en -er line of business
brant I *adj* steep **II** -en -er
precipice
bras|a -an -or fire
Brasilien Brazil
bravo *interj* bravo!
bre *verb*, *~ en smörgås* make*
a sandwich; *~ 'på* lay* it on
thick
bred *adj* broad, wide
bredbar *adj* easy-to-spread

bredd -en -er breadth
bredda *verb* broaden
breddgrad -en -er latitude
bredsid|a -an -or broadside
bredvid I *prep* beside; om hus
o.d. next door to **II** *adv* close
by; *hon bor i huset ~* she
lives next door
Bretagne Brittany
brev -et = letter
brevbärare -n = mailman (pl.
mailmen)
brevlåd|a -an -or mailbox, box
brevpapper -et = stationery
brevporto -t -n postage
brevvåg -en -ar letter scales
brevvän -nen -ner pen pal
brevväxla *verb* correspond
brick|a -an -or **1** för servering tray
2 för tekniskt bruk washer **3** för
identifiering badge **4** spelbricka
counter
bridge -n bridge
briljant I *adj* brilliant **II** *adv*
brilliantly **III** -en -er gem
briljera *verb* show* off
bring|a -an -or breast; maträtt
brisket
brinna *verb* burn*
brinnande *adj* burning
bris -en -ar (-er) breeze
brist -en -er avsaknad lack;
knapphet shortage; bristfällighet
deficiency; *det råder ~ på...*
there is a shortage of...
brista *verb* burst; *~ ut i skratt*
burst into laughter

bristfällig *adj* defective
bristningsgräns -en -er breaking point
brits -en -ar bunk
britt -en -er Briton; vard. Brit
brittisk *adj* British
bro -n -ar bridge
broccoli -n broccoli
brodera *verb* embroider
broderi -et -er embroidery
brokig *adj* motley; ~ *skara* motley crew
1 broms -en -ar på fordon o.d. brake
2 broms -en -ar insekt gadfly
bromsa *verb* brake
bromsljus -et = brake light
bromsolj|a -an -or brake fluid
bromspedal -en -er brake pedal
bromsvätsk|a -an -or brake fluid
bronkit -en -er bronchitis
brons -en bronze
bror brodern bröder brother
brors|dotter -dottern -döttrar niece
bror|son -sonen -söner nephew
brosch -en -er brooch
broschyr -en -er brochure, pamphlet
brosk -et = cartilage
brott -et = **1** förbrytelse crime; kränkning violation **2** benbrott fracture
brottas *verb* wrestle
brottning -en -ar wrestling
brottslig *adj* criminal

brottslighet -en crime
brottsling -en -ar criminal
brud -en -ar bride
brudgum -men -mar bridegroom
brudklänning -en -ar wedding dress
brudnäbb -en -ar flicka flower girl, junior bridesmaid; pojke page
brudpar -et = bridal couple
brudtärn|a -an -or bridesmaid
bruk -et = användning use; *endast för utvärtes* ~ for external use only
bruka *verb* **1** använda use **2** odla cultivate **3** *vi brukar äta vid den tiden* we usually have dinner at that time
bruksanvisning -en -ar operating instructions
brumma *verb* growl
brun *adj* brown
brunn -en -ar well
brunögd *adj* brown-eyed
brus -et havets roar; störning i radio o.d. noise
brusa *verb* roar; ~ *upp* lose* one's temper; vard. blow up
brutal *adj* brutal
brutalitet -en -er brutality
brutto *adv* gross
bry *verb*, ~ *sig om ngt* pay* attention to sth.; ~ *sig om ngn* care about sb.; *han bryr sig inte* he just doesn't care
1 brygg|a -an -or bridge; för landning dock

2 brygga *verb* brew
bryggeri -et -er brewery
bryggmalen *adj* fine-ground
brylépudding -en -ar ung. custard
bryna *verb* steka brown
Bryssel Brussels
brysselkål -en Brussels sprouts
bryta *verb* break*; förbindelse break* off; i uttal speak* with an accent; ~ *benet* break* one's leg; *samtalet bröts* the call was cut off; ~ *sig in i ngt* break* into sth.; *det har brutit ut en epidemi* an epidemic has broken out
brytning -en -ar **1** oenighet breach, estrangement **2** i uttal accent
bråck -et = hernia
brådska I -n hurry **II** *verb, det brådskar* it is urgent
brådskande *adj* urgent
1 bråk -et = **1** buller noise **2** besvär trouble
2 bråk -et = matematiskt uttryck fraction
bråka *verb* **1** väsnas be* noisy **2** krångla make* a fuss **3** gräla quarrel
bråkdel -en -ar fraction; *bråkdelen av en sekund* a split second
bråkig *adj* bullersam noisy; besvärlig troublesome
bråkstak|e -en -ar troublemaker

brås *verb*, ~ *på ngn* take* after sb.
bråttom *adv*, *ha* ~ be* in a hurry
bräcklig *adj* skör fragile; skröplig frail
bräd|a -an -or board
brädd -en -ar brim
bräde -t -r (-n) board
brädsegling -en -ar windsurfing
bränna *verb* burn*; ~ *sig* burn* oneself; ~ *hemma* vard. make* moonshine
brännas *verb* burn*; *det bränns!* du är nära you're getting close!
brännblås|a -an -or blister
brännskad|a -an -or burn
brännsår -et = burn
brännvidd -en -er focal distance
brännvin -et schnaps
brännässl|a -an -or stinging nettle
bränsle -t -n fuel
bränslesnål *adj* economical; *denna bil är* ~ this car gets good mileage
bröd -et = bread
brödkak|a -an -or round flat loaf (pl. loaves)
brödkniv -en -ar breadknife
brödrost -en -ar toaster
brödskiv|a -an -or slice of bread
bröllop -et = wedding
bröllopsdag -en -ar wedding day

bröllopsres|a -an -or honeymoon
bröst -et = breast; barm bosom; bröstkorg chest
bröstcanc|er -ern -rar breast cancer
bröstfick|a -an -or breast pocket
bröstkorg -en -ar chest
bua *verb* boo; ~ *åt ngn* boo at sb.
bubbelpool -en -er Jacuzzi®, whirlpool bath
bubbl|a I -an -or bubble **II** *verb* bubble
buckl|a -an -or dent
bucklig *adj* dented
bud -et = **1** budskap message; person från budfirma messenger; *skicka ngt med* ~ send* sth. by messenger; *skicka* ~ *till ngn* send* sb. a message **2** anbud offer; på auktion bid
buddism -en Buddhism
buddist -en -er Buddhist
budget -en -ar budget
budgetår -et = fiscal year
budskap -et = message
buffé -n -er buffet
buff|el -eln -lar djur buffalo; person lout, boor
buffert -en -ar buffer
buga *verb*, ~ *sig* bow
buk -en -ar belly
bukett -en -er bouquet; liten nosegay
bukt -en -er vik bay
bul|a -an -or bump, lump

bulgar -en -er Bulgarian
Bulgarien Bulgaria
bulgarisk *adj* Bulgarian
bulgarisk|a -an **1** pl. -or kvinna Bulgarian woman (pl. women) **2** språk Bulgarian
buljong -en -er soppa clear soup; avkok stock
buljongtärning -en -ar boullion cube
bulldogg -en -ar bulldog
bull|e -en -ar bun
bull|er -ret = noise
bullra *verb* make* a noise
bult -en -ar bolt
bulta *verb* dunka pound; om puls throb
bumerang -en -er boomerang
bums *adv* right away; vard. PDQ, ASAP
bungalow -en -er bungalow
bunk|e -en -ar av metall pan; av porslin bowl
bunt -en -ar pack; *hela bunten* the whole lot
bunta *verb*, ~ *ihop ngt* make* sth. into bundles
bur -en -ar cage; målbur goal
burk -en -ar can; av glas jar; *på* ~ canned
burköppnare -n = can opener
busa *verb* be* up to mischief; om småbarn romp, tumble
bus|e -en -ar ruffian
busig *adj* bråkig noisy; livlig lively
busk|e -en -ar bush

buss -en -ar bus; för turism coach
busschaufför -en -er bus driver
bussförbindelse -n -r bus
  connection
busshållplats -en -er bus stop
bussig *adj* nice
busslinje -n -r bus service
bussres|a -an -or bus ride; längre
  bus trip
butelj -en -er bottle
butik -en -er store
butter *adj* sullen
by -n -ar litet samhälle village
bygd -en -er area
byg|el -eln -lar loop
bygga *verb* **1** build*; ~ *om ett*
  hus renovate a house **2** *vara*
  kraftigt byggd be* power-
  fully built
bygge -t -n building project
byggnad -en -er building
byggsats -en -er do-it-yourself
  kit
byrå **1** -n -ar möbel chest of
  drawers, bureau **2** -n -er kontor
  office
byråkrati -n -er bureaucracy;
  vard. red tape
byrålåd|a -an -or drawer
byst -en -er bust
bysthållare -n = brassiere
byta *verb* change; vid bytes-
  handel trade; buss o.d. change,
  transfer; ~ *om* change; ~ *ut*
  A mot B replace A with B
byte -t -n **1** utbyte exchange
  2 rov booty; vid jakt quarry

byxfick|a -an -or pants pocket
byxkjol -en -ar culottes
byxor pl. pants, trousers
båda *pron* both; *de* ~
  flickorna the two girls
bådadera *pron* both
både *konj*, ~ *flugor och*
  getingar both flies and
  wasps
båg|e -en -ar **1** kroklinje curve
  2 pilbåge bow **3** vard., motor-
  cykel bike
1 bål -en -ar kroppsdel trunk
2 bål -en -ar dryck punch
3 bål -et = brasa bonfire
bår -en -ar stretcher
bård -en -er border
bårhus -et = mortuary
bås -et = stall
båt -en -ar boat
båtres|a -an -or voyage
båttur -en -er trip by boat
bäck -en -ar brook, creek
bäcken -et = **1** kroppsdel pelvis
  2 potta bedpan
bädd -en -ar bed
bädda *verb*, ~ *sängen* make*
  one's bed
bäddsoff|a -an -or convertible
  couch (sofa)
bägare -n = cup
bägge *pron* both; *de* ~
  flickorna the two girls
bälte -t -n belt
bända *verb* prize; ~ *upp ngt*
  prize sth. open
bänk -en -ar bench

bänkrad -en -er row
bär -et = berry
bära *verb* carry; vara klädd i wear*; ~ *in (ut) ngt* carry in (out) sth.; ~ *sig* löna sig pay*; ~ *sig dumt åt* behave badly
bärare -n = carrier; stadsbud porter; på flygplats skycap
bärga *verb* **1** rädda save; bil tow; fartyg salvage **2** ~ *sig* contain oneself
bärgningsbil -en -ar tow truck, wrecker
bärkass|e -en -ar plastic bag
bärnsten -en -ar amber
bäst I *adj* best; *det är* ~ *att stanna* we'd better stay **II** *adv* best
bästa, *göra sitt* ~ do* one's best
bättra *verb* improve; *hon har bättrat sig* she has improved; ~ *på ngt* touch up sth.
bättre *adj* o. *adv* better
bäva *verb* tremble
bävan en ~, best. form = fear
bäv|er -ern -rar beaver
böckling -en -ar smoked Baltic herring
bög -en -ar gay
böja *verb* bend; ~ *sig* bend down; ~ *av till vänster* turn left
böjelse -n -r inclination
böjning -en -ar **1** böjande bend **2** bukt curve
böld -en -er boil

bön -en -er **1** anhållan request **2** till gudom prayer
bön|a -an -or bean
bönfalla *verb* plead
böra *verb*, *du bör (borde) sluta röka* you should stop smoking; *han borde vara här snart* he should be here soon
börd|a -an -or burden
bördig *adj* fruktbar fertile
börja *verb* begin*, start; ~ *om* start all over again
början en ~, best. form = beginning; *från* ~ from the beginning
börs -en **1** pl. -er fondbörs stock exchange **2** pl. -ar portmonnä purse
böss|a -an -or gun
böta *verb* pay* a fine
böter pl. fine; *få 1.000 kronor i* ~ be* fined 1,000 crowns

C

c c-et c-n **1** bokstav c [utt. si:]
2 ton C
cabriolet -en -er convertible
café -et -er café
campa *verb* camp, go*
camping
campare -n = camper
camping -en camping
campingplats -en -er campground; för husvagnar trailer camp
Canada Canada
canc|er -ern -rar cancer
cancerframkallande *adj* carcinogenic
cancertumör -en -er tumor
cape -n -r cape
cardigan -en -er (-s) cardigan
CD-skiv|a -an -or CD
CD-spelare -n = CD player
cell -en -er cell
cellist -en -er cellist
cello -n -r cello
Celsius, *10 grader* ~ 10 degrees Celsius
cembalo -n -r harpsichord
cement -en (-et) cement
cendré *adj* ash-blond
censur -en censorship
censurera *verb* censor
Centerpartiet the Center Party

centiliter -n = centiliter
centimeter -n = centimeter
central I -en -er center **II** *adj* central, key
Centralamerika Central America
centralamerikansk *adj* Central American
centralstation -en -er central station
centralvärme -n central heating
centrifug -en -er centrifuge
centrifugera *verb* centrifuge, spin-dry
centrum -et = center, downtown
cerat -et = Chapstick®
ceremoni -n -er ceremony
certifikat -et = certificate
champagne -n -r champagne
champinjon -en -er mushroom, champignon
chans -en -er chance, opportunity
chansa *verb* take* a chance
charkdisk -en -ar meat department
charkuteriaffär -en -er the butcher's
charkuterivaror pl. delicatessen
charm -en charm
charmig *adj* charming
charterflyg -et = flygning charter flight

charterres|a -an -or charter trip (tour)
chartra *verb* charter
chassi -t -er chassis
chaufför -en -er driver; privat chauffeur
check -en -ar (-er) check; *betala med* ~ pay* by check
checka *verb* check; ~ *in* check in; ~ *ut* check out
checkhäfte -t -n checkbook
chef -en -er head; direktör manager; vard. boss
chic *adj* chic
Chile Chile
chip -et -s datachip chip
chips pl. potatischips potato chips
chock -en -er shock
chockad *adj* shocked
chockera *verb* shock
chok|e -en -ar choke
choklad -en -er chocolate
chokladask -en -ar box of chocolates
chokladkak|a -an -or godis bar of chocolate
chokladmousse -n -r chocolate mousse
chokladsås -en -er chocolate sauce, fudge sauce
cider -n engelsk hard cider; svensk low-alcohol cider
cigarett -en -er cigarette
cigarettetui -et -er (-n) cigarette case

cigarettfimp -en -ar cigarette butt
cigarettpaket -et = pack of cigarettes
cigarettändare -n = lighter
cigarill -en -er cigarillo
cigarr -en -er cigar
cirka *adv* about, roughly
cirk|el -eln -lar circle
cirkulera *verb* circulate
cirkus -en -ar circus
cistern -en -er tank
citat -et = quotation
citera *verb* quote
citron -en -er lemon
citronklyft|a -an -or wedge of lemon
citronsaft -en -er lemon juice; dryck lemonade
city -t -n center; *Stockholm* ~ downtown Stockholm
civil *adj* civil, civilian
civilbefolkning -en -ar civilian population
civilisation -en -er civilization
civilklädd *adj* ...in civilian clothes; *en* ~ *polis* a plain-clothes police officer
civilstånd -et = marital status
clementin -en -er clementine
clips -et = earclip
clown -en -er clown
c/o i adress care of
cockerspaniel -n -ar (-s) cocker spaniel
cocktail -en -ar cocktail
collie -n -r collie

Colombia Colombia
comeback -en -er comeback;
   göra ~ make* a comeback
container -ern -rar Dumpster®
copyright -en copyright
cornflakes pl. cornflakes
cortison -et cortisone
crème fraiche® -n ung. sour
   cream
crêpe -n -s crepe
Cuba Cuba
cup -en -er cup
curry -n krydda curry powder
cyk|el -eln -lar bicycle; vard. bike
cykelban|a -an -or bike path; i
   stad bike lane
cykelbyxor pl. tights
cykeldäck -et = bicycle tire
cykelhjälm -en -ar bicycle
   helmet
cykelpump -en -ar bicycle
   pump
cykelslang -en -ar inner tube
cykeltur -en -er bike ride
cykeluthyrning -en -ar bicycle
   rental service
cykla *verb* bike, cycle
cyklist -en -er biker, cyclist
cyklopög|a -at -on face mask
cylind|er -ern -rar cylinder
cymbal -en -er cymbal
Cypern Cyprus
cypress -en -er cypress

D

d d-et d-n **1** bokstav d [utt. di:]
   2 ton D
dad|el -eln -lar date
dag -en -ar day; *i* ~ today; *vad
   är det för* ~ *i* ~? what day is
   it today?; *en gång om dagen*
   once a day; *på dagen* in the
   daytime
dag|bok -boken -böcker diary
dagg -en dew
daggmask -en -ar earthworm
daghem -met = daycare center
daglig *adj* daily
dagligen *adv* daily
dagmamm|a -an -or child-
   minder
dags *adv*, *hur* ~? what time?;
   det är ~ *att åka* it's time to
   leave
dagsljus -et daylight
dagstidning -en -ar daily paper
dagtid *adv* på dagen in the
   daytime
dahil|a -an -or dahlia
dal -en -ar valley
dala *verb* sink
Dalarna Dalecarlia, Dalarna
dalskid|a -an -or downhill ski
dam -en -er **1** lady **2** i kortspel el.
   schack queen
dambind|a -an -or sanitary
   napkin

dambyxor pl. ladies' pants
damcyk|el -eln -lar lady's
bicycle
damfrisering -en -ar ladies'
hairdresser
damkläder pl. ladies' wear
damkonfektion -en -er ladies'
wear
1 damm -en -ar **1** fördämning
dam **2** vattensamling pond
2 damm -et stoft dust
damma *verb* **1** städa dust; ~ *av*
ngt dust sth. **2** röra upp damm
raise a great deal of dust
dammig *adj* dusty
dammsuga *verb* vacuum
dammsugare -n = vacuum
cleaner
dammtras|a -an -or duster,
dustcloth
damrum -met = ladies' room,
powder room
damsko -n -r lady's shoe
damtidning -en -ar ladies'
magazine
damtoalett -en -er ladies' room
Danmark Denmark
dans -en -er dance
dansa *verb* dance
dansban|a -an -or dance floor
dansk I *adj* Danish **II** -en -ar
Dane
dansk|a -an **1** pl. -or kvinna
Danish woman (pl. women)
2 språk Danish
dansmusik -en dance music
dansställe -t -n dance

dansör -en -er dancer
dansös -en -er dancer
darra *verb* tremble
dass -et = outhouse; vard. john
1 data -n datasystem o.d.
computer; *ligga på* ~ be* on
the computer
2 data pl. fakta facts
datanät -et = computer
network
dataregist|er -ret = computer-
ized data bank
dataskärm -en -ar monitor
dataspel -et = computer game
dataterminal -en -er computer
terminal
datavirus -et = computer virus
dataåldern best. form, *i* ~ in the
computer age
datera *verb* date
dator -n -er computer
datorisering -en -ar computeri-
zation
datum -et = date
datumstämp|el -eln -lar date
stamp
de *pron* they; ~ *som vet* those
who know; ~ *här är bättre*
än ~ *där* these are better
than those
debatt -en -er debate
debattera *verb* debate
debitera *verb* charge
debut -en -er debut
debutera *verb* make* one's
debut

december oböjl. December; *i* ~ in December

decenni|um -et -er decade

decibel en ~, pl. = decibel

deciliter -n = deciliter

decimal -en -er decimal

decimeter -n = decimeter

deckare -n = **1** bok el. film detective story **2** person private eye

defekt I -en -er defect **II** *adj* defective

defensiv I -en defensive **II** *adj* defensive

definiera *verb* define

definition -en -er definition

definitiv *adj* definite

defrost|er -ern -rar defroster

deg -en -ar dough; för paj pastry

deklaration -en -er declaration; självdeklaration income tax return

deklarera *verb* **1** göra sin självdeklaration do* one's tax return **2** ståndpunkt o.d. declare

dekor -en -er décor

dekoration -en -er decoration

dekorera *verb* decorate

del -en -ar **1** part **2** *en hel* ~ *människor* a lot of people; *en hel* ~ *pengar* a lot of money; *till stor* ~ to a large extent **3** andel share **4** *få* ~ *av ngt* be* informed of sth.

dela *verb* **1** divide; ~ *25 med 5* divide 25 by 5 **2** dela med

ngn share; ~ *på notan* split the check **3** ~ *sig* divide

delaktig *adj, vara* ~ *i* take* part in

delaktighet -en i brott complicity

delegation -en -er delegation

delfin -en -er dolphin

delge *verb*, ~ *ngn ngt* inform sb. of sth.

delikat *adj* om mat delicious

delikatess -en -er delicacy

delpension -en -er partial pension, semi-retirement

dels *konj*, ~ *mor*, ~ *yrkeskvinna* a mother as well as a career woman

delstat -en -er state; *delstaten Virginia* the State of Virginia

delta -t -n delta

deltaga *verb* **1** ~ *i* take* part in **2** närvara be* present

deltagare -n = participant

deltid -en -er part-time; *arbeta* ~ have* a part-time job

delvis I *adv* partly **II** *adj* partial

delägare -n = partner

dem *pron* them

dementera *verb* deny

demokrati -n -er democracy

demokratisk *adj* democratic

demon -en -er demon

demonstration -en -er demonstration

demonstrera *verb* demonstrate

den I *best art* the; ~ *blå stolen*
the blue chair **II** *pron* **1** it; ~
ligger på golvet it is on the
floor **2** *jag tycker om* ~ *här
men inte* ~ *där* I like this one
but not that one **3** *den* ~: om
speciell person, *du är* ~ *som
känner mig bäst* you are the
one who knows me best; om
alla, ~ *som vill komma* those
who want to come; om sak,
köp ~ *som är billigast* buy
the one that is cheapest
denna (*denne, detta*) *pron* den
här this; den där that; ~ *gång*
this time
densamma (*densamme*) *pron*
the same
deodorant -en -er deodorant
departement -et = department
deponera *verb* deposit
deposition -en -er deposit
deppa *verb* feel* low (blue)
deppig *adj* depressed
depression -en -er depression
deprimerad *adj* depressed
deras *pron* their; *den är* ~ it is
theirs
desamma *pron* the same
design -en design
designer -n = (-s) designer
desinfektionsmed|el -let =
disinfectant
desperat *adj* desperate
dess I *pron* its **II** *adv, innan* ~
before then; *till* ~ till then
dessa *pron* om saker these

ones; ~ *människor* these
people; ~ *ord* these words
dessert -en -er dessert
dessertsked -en -ar dessert
spoon
dessertvin -et = dessert wine
dessutom *adv* besides
desto *adv, ju förr* ~ *bättre* the
sooner the better
destruktiv *adj* destructive
det I *best art* the; ~ *blå huset*
the blue house **II** *pron* **1** it; ~
ligger på bordet it is on the
table **2** i uttryck som, ~ *regnar*
it is raining **3** när 'det' ersätter
ett subst.: there; ~ *är en tjuv i
garaget* there is a thief in the
garage **4** när 'det' är utbytbart
mot 'han', hon' el. 'de': he,
she resp. they; ~ *är en kollega
till mig* she is a colleague of
mine **5** när 'det som' är utbytbart
mot 'vad som': what; ~ *som
måste göras* what must be
done
detalj -en -er detail
detaljhandel -n retail trade
detektiv -en -er detective
detektivroman -en -er detective
story
detsamma *pron* the same
detta se *denna*
devalvering -en -ar devaluation
1 dia *verb* suck
2 di|a -an -or slide
diabetes en ~, best. form =
diabetes

diabetiker -n = diabetic
diabild -en -er slide
diagnos -en -er diagnosis (pl.
  diagnoses)
diagonal I -en -er diagonal
  II *adj* diagonal
diagram -met = diagram
dialekt -en -er dialect
dialog -en -er dialogue
diamant -en -er diamond
diamet|er -ern -rar diameter
diarré -n -er diarrhea
dieselolj|a -an -or diesel oil
diet -en -er diet; *hålla* ~ be* on
  a diet
diffus *adj* diffuse
difteri -n diphtheria
dig *pron* you
dike -t -n ditch
dikt -en -er **1** poem poem
  2 diktning m.m. fiction
dikta *verb* skriva vers write*
  poetry
diktare -n = författare writer;
  poet poet
diktator -n -er dictator
diktatur -en -er dictatorship
diktsamling -en -ar collection
  of poems
dilemma -t -n dilemma
dill -en dill
dimension -en -er dimension
dimm|a -an -or fog; lättare mist;
  dis haze
din (*ditt, dina*) *pron* your;
  dina your; *den är* ~ it is

yours; *de är dina* they are
yours
diplom -et = diploma
diplomat -en -er diplomat
diplomatisk *adj* diplomatic
direkt I *adj* direct **II** *adv*
  straight, directly
direktiv -et = instructions
direktsändning -en -ar live
  broadcast
direktör -en -er vice-president,
  manager
dirigent -en -er conductor
dirigera *verb* direct; orkester
  conduct
dis -et haze
disciplin -en discipline
disco -t -n disco
disig *adj* hazy
1 disk -en -ar i affär counter; i
  bar bar
2 disk -en -ar odiskad disk dishes
1 diska *verb* rengöra do* the
  dishes
2 diska *verb* diskvalificera
  disqualify
diskbänk -en -ar sink
diskett -en -er disk
diskmaskin -en -er dishwasher
diskmed|el -let = detergent
diskotek -et = discotheque;
  vard. disco
diskret I *adj* discreet **II** *adv*
  discreetly
diskriminera *verb*, ~ *ngn*
  discriminate against sb.

diskriminering -en -ar discrimination
disktras|a -an -or dishcloth
diskus -en -ar discus
diskussion -en -er discussion
diskutera *verb* discuss
diskvalificera *verb* disqualify
dispens -en -er exemption
disponera *verb*, ~ *över ngt* have* sth. at one's disposal
dispyt -en -er dispute
distans -en -er distance
distrahera *verb* distract; störa disturb
distribuera *verb* distribute
distribution -en -er distribution
distrikt -et = district
disträ *adj* absent-minded
dit *adv* there; ~ *bort* over there
ditt se *din*
dittills *adv* up to then
ditåt *adv* in that direction
diverse *adj* various
dividera *verb* **1** resonera discuss at length **2** ~ *med sex* divide by six
division -en -er division
djung|el -eln -ler jungle
djup I *adj* deep; ~ *tallrik* soup plate **II** -et = depth
djupfryst *adj* frozen
djur -et = animal
djurpark -en -er zoo; större wildlife conservation park
djurplågeri -et cruelty to animals

djurvän -nen -ner animal lover
djärv *adj* bold, daring
djävla *adj* o. *adv* damn, goddamn
djävlig *adj* damn; riktigt really
djävul -en djävlar devil
docent -en -er ung. associate professor
dock *adv* o. *konj* likväl yet; emellertid however
1 dock|a -an -or leksak doll
2 dock|a -an -or skeppsdocka dock
dockskåp -et = dollhouse
doft -en -er scent, fragrance
dofta *verb* smell
doktor -n -er doctor
dokument -et = document
dokumentärfilm -en -er documentary
dold *adj* hidden
dolk -en -ar dagger
dollar -n = dollar; vard. buck
1 dom se *de* resp. *dem*
2 dom -en -er kyrka cathedral
3 dom -en -ar judgment; i brottmål sentence; jurys utslag verdict; *fällande* ~ conviction; *friande* ~ acquittal
domare -n = judge; i tennis m.m. umpire; i fotboll el. boxning referee
domherr|e -en -ar bullfinch
dominera *verb* dominate
domino -t spel dominoes
domkraft -en -er jack
domkyrk|a -an -or cathedral

domna *verb* go* numb
domstol -en -ar court, court of law
Donau the Danube
donera *verb* donate
dop -et = christening
dopa *verb* dope
doping -en doping
dopp -et =, *ta sig ett* ~ have* a dip
doppa *verb* dip; ~ *sig* have* a dip
dos -en -er dose
dos|a -an -or box
dosera *verb* dose
dotter -n döttrar daughter
dotter|dotter -dottern -döttrar granddaughter
dotter|son -sonen -söner grandson
dov *adj* dull
dra *verb* **1** draw*; kraftigare pull; *det drar* there's a draft; ~ *av ngt från ngt* deduct sth. from sth.; ~ *ifrån ngt från ngt* take* away sth. from sth. **2** förbruka use **3** ~ *sig för att göra ngt* hesitate to do sth.
drabba *verb* hit*
drag -et = **1** ryck pull **2** i spel move **3** särdrag, anletsdrag feature **4** luftdrag draft **5** fiskredskap trolling spoon
dragkedj|a -an -or zipper
dragning -en -ar **1** i lotteri

drawing **2** attraktion attraction
dragningskraft -en -er attraction
dragningslist|a -an -or lottery prize list
dragon -en krydda tarragon
dragspel -et = accordion
drak|e -en -ar dragon; pappersdrake kite
dram|a -at -er drama
dramatik -en drama
dramatisk *adj* dramatic
draperi -et -er drapery
drastisk *adj* drastic
dregla *verb* drool
dressera *verb* train
drick|a I *verb* drink* **II** -an -or soft drink
dricks -en tip
dricksglas -et = drinking-glass
drickspengar pl. tip
dricksvatt|en -net drinking--water
drift -en **1** pl. -er begär drive, instinct **2** verksamhet operation; *billig i* ~ economical
drink -en -ar drink
driv|a I -an -or drift **II** *verb* **1** drive*; om moln, båt etc. drift **2** ~ *med ngn* pull sb.'s leg
drivmed|el -let = fuel
drog -en -er drug
dropp -et droppande drip; på sjukhus etc. IV
droppa *verb* drip
dropp|e -en -ar drop

drottning -en -ar queen
drummel -n drumlar lout;
skällsord clumsy idiot
drunkna *verb* be* drowned
druv|a -an -or grape
druvsaft -en -er grape juice
druvsock|er -ret dextrose
dryck -en -er drink; tillagad
beverage
dryg *adj* **1** högfärdig haughty
2 om tvål o.d. concentrated
3 väl tilltagen liberal; *en ~
kilometer* a good kilometer
4 betungande heavy
dråp -et = manslaughter
dräglig *adj* tolerable
dräkt -en -er dress; jacka och kjol
suit
dräng -en -ar farmhand
dränka *verb* drown
dräpa *verb* kill; mer formellt
slay
dröja *verb*, *var god och dröj!*
hold on, please!; *det dröjer
länge innan han är färdig* it
will be a long time before he
has finished
dröjsmål -et = delay
dröm -men -mar dream
drömma *verb* dream*; *~ om* i
sömn dream* about; vaken
dream* of
du *pron* you
dubb -en -ar stud
dubba *verb* film dub
dubbdäck -et = studded tire

dubb|el I *adj* double **II** -eln -lar i
t.ex. tennis doubles
dubbelknäppt *adj* double-
-breasted
dubbelmoral -en double stan-
dard
dubbelrum -met = double room
dubbelsäng -en -ar double bed
dubblera *verb* double
dubblett -en -er **1** extra exemplar
duplicate **2** två rum two-room
apartment
Dublin Dublin
ducka *verb* duck
duell -en -er duel
duett -en -er duet
duga *verb*, *det får ~* that'll do
dugga *verb* drizzle
duggregn -et = drizzle
duk -en -ar cloth; för segel
canvas
duka *verb*, *~ bordet* lay* the
table; *~ av* clear the table; *~
fram ngt* put* sth. on the
table
duktig *adj* good; i skolan
bright, clever
dum *adj* stupid; vard. dumb
dumhet -en -er egenskap stupid-
ity; handling stupid thing
dun -et = down
dund|er -ret = rumble; *med ~
och brak* with a crash
dundra *verb* thunder
dung|e -en -ar clump of trees
dunjack|a -an -or down jacket

1 dunk -en -ar behållare can; av plast jug

2 dunk -en -ar dunkande thumping

dunka *verb* thump; ~ *ngn i ryggen* slap sb. on the back

dunk|el I *adj* obscure **II** -let dusk

duns -en -ar thud

dunsa *verb* thud

duntäcke -t -n down quilt

dur oböjl. major

durkslag -et = colander, strainer

dusch -en -ar shower

duscha *verb* have* a shower

dussin -et = dozen

dust -en -er fight

duv|a -an -or pigeon

dvala -n torpor; onaturlig trance

dvärg -en -ar dwarf

dy -n mud

dygd -en -er virtue

dygn -et = 24 hours; *två* ~ 48 hours; *dygnet runt* around the clock

dyka *verb* dive; ~ *upp* turn up

dykare -n = diver

dykning -en -ar diving; enstaka dive

dylik *adj* ...like that

dyn|a -an -or cushion

dynamisk *adj* dynamic

dynamit -en dynamite

dynga -n dung; bildligt nonsense

dyr *adj* expensive

dyrbar *adj* **1** expensive **2** värdefull valuable

dyrgrip -en -ar valuable article; bildligt pearl, gem

1 dyrka *verb*, ~ *upp ett lås* pick a lock

2 dyrka *verb* tillbedja worship

dysenteri -n dysentery

dyster *adj* gloomy

då I *adv* then; ~ *och* ~ now and then; ~ *så!* well, then; *vem* ~? who? **II** *konj* **1** när when; ~ *jag var barn* when I was a child **2** eftersom as, because

dålig *adj* bad; krasslig poorly, ill; *hon känner sig* ~ she doesn't feel well

dån -et = roar

dåna *verb* roar

dår|e -en -ar fool

dåsa *verb* doze, be* half--asleep

dåsig *adj* drowsy

dåvarande *adj*, *den* ~ *ägaren* the then owner

däck -et = **1** på båt o.d. deck **2** på hjul tire

däggdjur -et = mammal

dämpa *verb* minska reduce; belysning lower

där *adv*, ~ *borta* over there; *så* ~ *ja!* well, that's that; ~ *hon sitter* where she is sitting

därefter *adv* after that

däremot *adv* on the other hand

därför *adv* therefore; ~ *att*
because; *det är ~ som hon
aldrig kom* that's why she
never came
däribland *adv* among them
därifrån *adv* from there
därmed *adv* with that
därutöver *adv* in addition
dö *verb* die; ~ *ut* die out
död I *adj* dead II -en -ar death
döda *verb* kill
dödlig *adj* lethal, fatal
dödlighet -en mortality
dödsannons -en -er obituary
dödsbädd -en -ar deathbed
dödsdom -en -ar death sentence
dödsfall -et = death, fatality
dödsoff|er -ret = casualty
dödsolyck|a -an -or fatal
accident
dödsstraff -et = capital pun-
ishment
dölja *verb* conceal; maskera äv.
disguise; ~ *sig* hide
döma *verb* judge; ~ *ngn till
två års fängelse* sentence sb.
to two years' imprisonment
döpa *verb* baptize; ge namn
christen
dörr -en -ar door
dörrhandtag -et = doorhandle;
runt doorknob
dörrnyck|el -eln -lar doorkey
dörrvakt -en -er doorman (pl.
doormen); utkastare bouncer
döv *adj* deaf, hard of hearing
dövstum *adj* deaf and dumb

E

e e-et e-n **1** bokstav e [utt. i:]
2 ton E
eau-de-cologne -n eau-de-Co-
logne
eau-de-toilette -n eau-de-toi-
lette
ebb -en ebb tide
ed -en -er oath
effekt -en -er effect; tekniskt o.d.
power
effektfull *adj* striking
effektförvaring -en -ar check-
room
effektiv *adj* **1** om person
efficient **2** om sak effective
effektivitet -en efficiency
efter *prep* after; *längta ~* long
for
efterbliven *adj* backward
efterforskning -en -ar invest-
igation, inquiry
efterfråg|an en ~, pl. -ningar
demand
1 efterhand *adv* gradually
2 efterhand, *i ~* afterwards
efterhängsen *adj* persistent
efterlysa *verb* look for; om
polisen put* out an APB on
efterlysning -en -ar av polisen
APB; som rubrik Wanted
efterlämna *verb* leave*

efterlängtad *adj, en ~ semester* a longed-for vacation
eftermiddag -en -ar afternoon; *i eftermiddags* this afternoon; *på eftermiddagen* in the afternoon; *klockan 4 på eftermiddagen* at 4 o'clock in the afternoon
efternamn -et = last name; surname
efterrätt -en -er dessert
efterskott, *betala i ~* pay* afterwards
efterskänka *verb* remit; vard. write* off
eftersom *konj* since, as
eftersträva *verb* aim at
eftersända *verb* forward
eftersändes *verb* please forward
eftersökt *adj* in great demand
eftertanke -n reflection
efterträda *verb* succeed
efterträdare -n = successor
eftertänksam *adj* thoughtful
efteråt *adv* afterwards
Egeiska havet the Aegean
egen *adj* **1** *ha ett eget hus* have* a house of one's own, have* one's own house; *för ~ del* as for me; *på ~ hand* on one's own **2** säregen peculiar
egendom -en -ar property; *fast ~* real estate
egendomlig *adj* strange, odd

egendomlighet -en -er peculiarity
egenkär *adj* conceited
egenskap -en -er **1** drag quality **2** ställning, roll capacity
egentlig *adj* real
egentligen *adv* really, actually
egg -en -ar edge
egga *verb* excite
egoist -en -er egoist
egoistisk *adj* egoistic
Egypten Egypt
egyptier -n = Egyptian
egyptisk *adj* Egyptian
egyptisk|a -an -or **1** kvinna Egyptian woman (pl. women) **2** forntida språk Egyptian
ek -en -ar oak
1 ek|a -an -or rowboat
2 eka *verb* echo
EKG EKG, electrocardiogram
eko -t -n echo (pl. echoes)
ekologi -n ecology
ekologisk *adj* ecological
ekonom -en -er economist
ekonomi -n economy; vetenskap economics; hushållsekonomi finances
ekonomiförpackning -en -ar, *i ~* in economy-size
ekonomisk *adj* **1** economic; finansiell financial **2** sparsam economical
ekorr|e -en -ar squirrel
eksem -et = eczema
ekvatorn best. form equator

elak *adj* naughty; ond evil, wicked
elakartad *adj* malignant
elastisk *adj* elastic
eld -en -ar fire; *fatta* ~ catch* fire; *göra upp* ~ make* a fire; *har du* ~? have you got a light?
elda *verb* göra upp eld light a fire
eldfast *adj* fireproof
eldning -en -ar för att värma upp heating
eldsläckare -n = fire extinguisher
eld|stad -staden -städer fireplace
eldsvåd|a -an -or fire
elefant -en -er elephant
elegant I *adj* smart, elegant II *adv* smartly
elektricitet -en electricity
elektriker -n = electrician
elektrisk *adj* eldriven electric; som rör elektricitet electrical
element -et = **1** element **2** för värme radiator
elementär *adj* elementary, basic
elev -en -er pupil, student
elfenben -et ivory
elfte *räkn* eleventh
elgitarr -en -er electric guitar
eliminera *verb* eliminate
elit -en -er elite
eller *konj* or; *hon vill komma,* ~ *hur?* she wants to come, doesn't she?

elspis -en -ar electric stove
elv|a I *räkn* eleven, för sammansättningar med elva jfr *fem* o. *femton* med sammansättningar II -an -or eleven
elvisp -en -ar electric mixer
elvärme -n electric heating
elände -t -n misery
eländig *adj* miserable
emalj -en -er enamel
emballage -t = packing
emellan I *prep* mellan två between; mellan flera among II *adv* between
emellanåt *adv* occasionally
emellertid *adv* o. *konj* however
emigrant -en -er emigrant
emigrera *verb* emigrate
emot *adv, mitt* ~ opposite
emotse *verb* look forward to
1 en -en -ar buske juniper
2 en (*ett*) I *räkn* one, för sammansättningar med en (ett) jfr *fem* med sammansättningar II *obest art* **1** a, framför vokalljud an **2** ~ *möbel* a piece of furniture **3** i vissa tidsuttryck one; ~ *dag* one day
1 ena *verb* unite; ~ *sig* agree
2 ena *pron, den* ~ *systern* one sister
enastående I *adj* unique II *adv* exceptionally
enbart *adv* merely
enda (*ende*) *pron* only; *den* ~ *katten utan svans* the only

cat without a tail; *inte en ~
av dem* not a single one of
them; *inte en ~ gång* not
once
endast *adv* only
endera (*ettdera*) *pron*, *~
dagen* one of these days
energi -n energy
energisk *adj* energetic
energisnål *adj* energy-saving,
economical
enfaldig *adj* silly
enformig *adj* monotonous
engagemang -et = **1** anställning
engagement **2** åtagande com-
mitment
engagera *verb* **1** anställa
engage **2** *~ sig för ngt*
become* absorbed in sth.
engelsk *adj* English; brittisk
British
engelsk|a -n **1** pl. -or kvinna
Englishwoman (pl. English-
women) **2** språk English
Engelska kanalen the English
Channel
engels|man -mannen -män Eng-
lishman (pl. Englishmen)
England England; Storbritannien
ofta Britain
engångsartik|el -eln -lar dis-
posable article
enhet -en -er **1** del unit **2** endräkt
unity
enhetlig *adj* uniform
enig *adj* unanimous

enighet -en samförstånd agree-
ment; endräkt unity
enkel *adj* simple; inte dubbel
single
enkelbiljett -en -er one-way
ticket
enkelhet -en simplicity
enkelknäppt *adj* single-
-breasted
enkelriktad *adj* one-way
enkelrum -met = single room
enkät -en -er inquiry
enligt *prep* according to
enorm *adj* enormous
ensak -en -er, *det är min ~*
that's my business
ensam *adj* allena alone; enstaka
solitary; endast en single; som
känner sig ensam lonely
ensamhet -en solitude; över-
givenhet loneliness
ensamstående *adj* single
ense *adj*, *vara ~* agree
ensidig *adj* one-sided
enskild *adj* private; särskild
separate
enslig *adj* solitary
enstaka *adj* occasional; *nå-
gon ~ gång* once in a while
entonig *adj* monotonous
entré -n -er **1** entrance **2** inträde
admission
enträgen *adj* urgent; ihärdig
insistent
entusiasm -en enthusiasm
entusiastisk *adj* enthusiastic
entydig *adj* unambiguous

envis adj obstinate
envisas verb persist
enväldig adj absolute
enäggstvillingar pl. identical twins
epidemi -n -er epidemic
epilepsi -n epilepsy
episod -en -er episode
epok -en -er epoch
er pron **1** you **2** (ert, era) your; era your; den är ~ it is yours; de är era they are yours
erbjuda verb offer
erbjudande -t -n offer
erektion -en -er erection
erfaren adj experienced
erfarenhet -en -er experience
erhålla verb receive
erkänna verb acknowledge; bekänna confess
erotik -en sex
erotisk adj sexual, erotic
ersätta verb **1** ~ ngn för ngt compensate sb. for sth. **2** byta ut replace
ersättare -n = substitute
ersättning -en -ar **1** gottgörelse compensation **2** utbyte replacement
ert se er
ertappa verb catch*
erövra verb land conquer
eskimå -n -er Eskimo
espresso -n espresso
ess -et = spelkort ace
est -en -er Estonian

estet -en -er esthete
estetisk adj esthetic
Estland Estonia
estländare -n = Estonian
estnisk adj Estonian
estnisk|a -an **1** pl. -or kvinna Estonian woman (pl. women) **2** språk Estonian
estrad -en -er platform
etablera verb establish; ~ sig establish oneself
etapp -en -er stage
etik -en ethics
etikett -en -er **1** regler etiquette **2** lapp label
Etiopien Ethiopia
etnisk adj ethnic
ett se **2** en
ett|a -an -or **1** one **2** lägenhet one-room apartment
ettårig adj **1** en ~ flicka a one-year-old girl **2** som varar i ett år one-year; om växt annual
ettåring -en -ar barn one-year--old child (pl. children)
etui -et -er (-n) case
EU (förk. för Europeiska Unionen) EU (förk. för the European Union)
Europa Europe
europamästare -n = European champion
europé -n -er European
europeisk adj European; Europeiska Unionen the European Union
evenemang -et = event

eventuell *adj* possible; *vid eventuella fel* if there are any problems, should any problems arise

evig *adj* eternal

evighet -en -er eternity; *det är evigheter sedan* it is ages since

exakt I *adj* exact **II** *adv* exactly

exam|en en ~, pl. -ina betyg degree; *ta en* ~ graduate

exemp|el -let = example; fall instance; *till* ~ for example

exemplar -et = copy

exil -en exile; *leva i* ~ live in exile

existens -en -er existence

existera *verb* exist

exklusiv *adj* exclusive

exklusive *prep* excluding

exotisk *adj* exotic

expandera *verb* expand

expansion -en expansion

expediera *verb* **1** sända send* **2** betjäna serve **3** utföra carry out

expedit -en -er clerk, sales clerk

expedition -en -er **1** lokal office **2** resa expedition

experiment -et = experiment

experimentera *verb* experiment

expert -en -er expert

explodera *verb* explode

explosion -en -er explosion

export -en -er export; varor exports

exportera *verb* export

express *adv* express

expressbrev -et =, *skicka som* ~ send* as special delivery mail

expressionism -en expressionism

expresståg -et = express train

extas -en ecstasy

exteriör -en -er exterior

extra *adj* o. *adv* extra

extrasäng -en -ar extra bed

extrem *adj* extreme

F

f f-et f **1** bokstav f [utt. eff] **2** ton
F
fabrik -en -er factory, plant; för
halvfabrikat mill
fabrikat -et = manufacture
facit ett ~, pl. = **1** bok key
2 lösning answer
fack -et = **1** i hylla compart-
ment **2** yrkesgren branch
3 vard., fackförening union
fackförening -en -ar labor
union
fackl|a -an -or torch
fack|man -mannen -män expert
fadd|er -ern -rar dopvittne
godfather, godmother; i sko-
lan etc. big brother (sister)
fadderverksamhet -en -er
sponsor (buddy) system
fader -n fäder father
fagott -en -er bassoon
Fahrenheit, 32° ~ 32° Fahr-
enheit; motsvarar 0° Celsius
faktisk adj actual
faktor -n -er factor
faktum -et = (fakta) fact; ~ är
att... the fact is that...
faktur|a -an -or invoice
fakturera verb invoice
falk -en -ar falcon
fall -et = **1** fall **2** förhållande el.
rättsfall case; i alla ~ in any

case; i bästa ~ at best; i så ~
in that case; i värsta ~ at
worst
falla verb **1** fall*; ~ ihop
break* down; ~ omkull
fall*; ~ sönder fall* to pieces
2 ~ sig happen; det föll mig
in att... it struck me that...
fallenhet -en talent
fallfärdig adj ramshackle
fallgrop -en -ar pitfall
fallskärm -en -ar parachute
falsett -en -er falsetto
falsk adj false; falskt alarm
false alarm
familj -en -er family
familjeföretag -et = family
business
familjär adj familiar
famla verb grope
famn -en -ar armar arms
famntag -et = embrace
1 fan oböjl. the Devil; fy ~!
hell!; det ger jag ~ i! I don't
give a damn!; vem ~ har
tagit mitt vinglas? who the
hell took my glass of wine?
2 fan en ~, pl. fans beundrare fan
fan|a -an -or flag
fanatiker -n = fanatic
fanatisk adj fanatic
fanfar -en -er flourish
fantasi -n -er imagination
fantasifull adj imaginative
fantasilös adj dull
fantastisk adj fantastic
fantisera verb fantasize

far fadern fäder father; vard. dad
1 far|a -an -or danger; *det är ingen ~ med honom* he'll be all right
2 fara *verb* **1** go*; *~ bort* go* away **2** rusa rush; *~ fram* carry on; *~ upp* jump up **3** *hon far illa av att...* it's bad for her to...
far|bror -brodern -bröder uncle
far|far -fadern -fäder grandfather; vard. granddad, grandpa
farföräldrar pl. grandparents
farinsock|er -ret brown sugar
farled -en -er channel
farlig *adj* dangerous; *det är väl inte så farligt?* it's not all that bad, is it?
farm -en -ar (-er) farm
farmaceut -en -er pharmacist; vard. druggist
far|mor -modern -mödrar grandmother; vard. grandma
fars -en -er farce
fars|a -an -or vard. dad
farstu -n -r hall
fart -en -er **1** hastighet speed **2** *det är ~ i henne* she's got a lot of go
fartbegränsning -en -ar speed limit
fartyg -et = vessel
farvatten pl. waters
farväl -et = goodbye
fas -en -er skede phase
fas|a I -an -or, *fasor* horrors **II** *verb*, *~ för* dread

fasad -en -er front, façade
fasan -en -er pheasant
fasansfull *adj* förfärlig horrible, terrible; ohygglig ghastly; vard. awful
fascinerad *adj* fascinated
fascist -en -er Fascist
fashionabel *adj* fashionable
fason -en -er **1** form shape **2** beteende manners
1 fast I *adj* firm; fastsatt fixed; *~ anställning* a permanent job **II** *adv* firmly; *vara ~ besluten* be* determined
2 fast *konj* although, though
fast|a I -an -or fast **II** *verb* fast
fast|er -ern -rar aunt
fastighet -en -er house
fastighetsmäklare -n = realtor, real estate agent
fastland -et mainland
fastna *verb* get* caught; klibba stick
fastslå *verb* establish
fastställa *verb* **1** bestämma fix **2** konstatera establish
fastän *konj* though, although
fat -et = **1** uppläggningsfat dish; tefat saucer; tallrik plate **2** tunna barrel
1 fatt *adj, hur är det ~?* what's the matter?
2 fatt *adv, få ~ i* get* hold of
fatta *verb* **1** begripa understand **2** gripa catch* **3** *~ ett beslut* come* to a decision
fattas *verb* inte finnas be*

lacking; saknas be* missing; *det fattades bara!* I should think so!

fattig *adj* poor

fattigdom -en poverty

fattning -en **1** grepp grip **2** behärskning composure; *tappa fattningen* lose* one's head

fatöl -et (-en) = draft beer

faun|a -an -or fauna

favorit -en -er favorite

fax -et = fax

faxa *verb* fax

fe -n -er fairy

feb|er -ern -rar fever; *ha ~ run** a temperature; *hög have** a fever

feberfri *adj* free from fever

febertermomet|er -ern -rar clinical thermometer

febrig *adj* feverish

febril *adj* feverish

februari oböjl. February; *i ~ in* February

feg *adj* cowardly

feghet -en cowardice

fejd -en -er feud

fel I -et = **1** defekt flaw **2** misstag mistake **3** skuld fault; *det är mitt ~ I* am to blame **II** *adj* wrong; *slå ~ nummer* dial the wrong number **III** *adv* wrong; *ha ~ be** wrong

felaktig *adj* wrong; med fel defective

felfri *adj* faultless

felparkering -en -ar parking violation

felstavad *adj* spelled incorrectly

felsteg -et = slip

fem *räkn* five

femhundra *räkn* five hundred

feminin *adj* feminine

feminist -en -er feminist

femkamp -en -er pentathlon

femm|a -an -or five; femkrona five-krona coin

femrumslägenhet -en -er five-room apartment with kitchen

femsidig *adj* five-sided

femsiffrig *adj* five-digit

femte *räkn* fifth

femtedel -en -ar fifth

femtiden, vid ~ at about 5 o'clock

femtio *räkn* fifty

femtionde *räkn* fiftieth

femtiotal -et = fifty; *ett ~ some* fifty

femtioårig *adj* fifty-year-old

femtioåring -en -ar man fifty-year-old man (pl. men); kvinna fifty-year-old woman (pl. women)

femtioårsdag -en -ar persons fiftieth birthday; av händelse o.d. fiftieth anniversary

femtioårsåldern best. form, *i ~* around fifty, in one's fifties

femton *räkn* fifteen

femtonde *räkn* fifteenth

femtonhundratalet best. form,
  på ~ in the sixteenth century
femtonåring -en -ar fifteen-
  -year-old
femvåningshus -et = five-story
  house
femväxlad *adj* five-speed
femårig *adj* **1** fem år gammal
  five-year-old **2** som varar i fem
  år five-year
femåring -en -ar barn five-year-
  -old child (pl. children)
femårsåldern best. form, *i ~*
  around five
fen|a -an -or fin
fenomen -et = phenomenon (pl.
  phenomena)
fenomenal *adj* phenomenal
ferier pl. vacation
ferniss|a I -an -or varnish
  II *verb* varnish
fest -en -er party
festa *verb* party; ha roligt
  have* a good time
festival -en -er festival
festlig *adj* festive; komisk
  comical
festspel pl. festival
fet *adj* fat; *~ mat* rich food
fetma -n obesity
fett -et -er fat
fetthalt -en -er fat content
flasko -t -n flop, fiasco
fib|er -ern -rer fiber
fick|a -an -or pocket
fickformat -et = pocket size

fickkniv -en -ar pocketknife (pl.
  pocketknives)
ficklamp|a -an -or flashlight
fickord|bok -boken -böcker
  pocket dictionary
fickpengar pl. pocket money
ficktjuv -en -ar pickpocket
fiende -n -r enemy
fiendskap -en hostility
fientlig *adj* hostile
fiff|el -let cheating
fiffla *verb* cheat
figur -en -er figure
fik -et = café
fika I *verb* have* some coffee
  (tea) **II** -t (-n) coffee, tea
fikapaus -en -er coffee break
fikon -et = fig
fikus -en -ar **1** växt india-rubber
  tree **2** homosexuell gay
1 fil -en -er **1** körfält lane
  2 datafil file **3** rad row
2 fil -en filmjölk sour milk
  culture
3 fil -en -ar verktyg file
fila *verb* file; *~ på ngt* bildligt
  give* the finishing touches to
  sth.
filé -n -er fillet
filial -en -er branch
Filippinerna the Philippines
film -en -er film
filma *verb* film
filminspelning -en -ar filming
filmjölk -en ung. sour milk
  culture
filmkamer|a -an -or film

camera; för smalfilm movie
camera
filmregissör -en -er film
director
filmrull|e -en -ar roll of film
filmskådespelare -n = film
actor
filmstjärn|a -an -or film star
filosof -en -er philosopher
filosofi -n -er philosophy
filt -en -ar **1** sängfilt blanket **2** tyg
felt
filt|er -ret = filter
filtrera verb filter
fimp -en -ar cigarette butt
fimpa verb cigarett stub out
fin adj fine; **en ~ middag** a
first-rate dinner; **vara i ~
form** be* in great shape
final -en -er i tävling final; **gå till
~** get* to the finals
finanser pl. finances
finansiera verb finance
finbageri -et -er fancy bakery
finess -en -er refinement
fing|er -ret -rar finger
fingeravtryck -et = fingerprint
fingerborg -en -ar thimble
fingervant|e -en -ar woollen
glove
fingra verb, **~ på ngt** avsiktligt
tamper with sth.; tanklöst
fiddle with sth.
finklädd adj dressed up
finkänslig adj tactful
Finland Finland
finländare -n = Finn

finländsk adj Finnish
finländsk|a -an -or kvinna
Finnish woman (pl. women)
finna verb find*; **~ sig i ngt**
accept sth.
finnas verb be*; **det finns**
there is, plural there are
1 finn|e -en -ar finländare Finn
2 finn|e -en -ar kvissla pimple
finsk adj Finnish
finsk|a -an **1** pl. -or kvinna
Finnish woman (pl. women)
2 språk Finnish
1 fint -en -er i sport feint; bildligt
trick
2 fint adv finely; **må ~** feel*
fine
fintvätt -en -ar tvättråd cold
wash
fiol -en -er violin
1 fira verb, **~ ner** sänka let*
down
2 fira verb celebrate
firm|a -an -or firm, business
fisk -en -ar fish (pl. vanligen lika);
Fisken stjärntecken Pisces
fiska verb fish
fiskaffär -en -er fish market
(store)
fiskare -n = fisherman (pl.
fishermen)
fiske -t -n fishing
fiskebåt -en -ar fishing boat
fiskekort -et = fishing license
fiskeredskap -et = fishing
tackle
fiskfilé -n -er fillet of fish

fiskmås -en -ar gull, seagull
fiskpinn|e -en -ar fish stick
fiskrätt -en -er fish course
fitt|a -an -or vulgärt cunt
fixa *verb* fix
fixera *verb* fix
fjol, *i* ~ last year
fjorton *räkn* fourteen, för
sammansättningar med fjorton jfr
fem o. *femton* med sammansätt-
ningar
fjortonde *räkn* fourteenth
fjun -et = down
fjäd|er -ern -rar feather; i klocka,
säng etc. spring
fjädring -en -ar på bil suspension
1 fjäll -et = berg mountain
2 fjäll -et = på fisk scale
fjälla *verb* fisk scale; om hud
peel
fjärde *räkn* fourth
fjärdedel -en -ar quarter
fjäril -en -ar butterfly
fjärran I *adj* distant **II** *adv* far
away **III** *i* ~ in the distance
fjärrkontroll -en -er remote
control; vard., för TV, video
zapper
fjäska *verb*, ~ *för ngn* suck up
to sb.
flacka *verb*, ~ *omkring* roam
about
fladder|mus -musen -möss bat
fladdra *verb* flutter
flag|a I -an -or flake **II** *verb*
flake off

flagg|a I -an -or flag **II** *verb* fly*
a flag
flagg|stång -stången -stänger
flagpole
flagna *verb* flake off
flak -et = **1** av is floe **2** på lastbil
flat-bed
flamberad *adj* flambé; *flam-
berade räkor* shrimp flambé
flamländsk *adj* Flemish
flamm|a I -an -or flame **II** *verb*
blaze; ~ *till* flare up
flammig *adj* blotchy
Flandern Flanders
flanell -en -er flannel
flanera *verb* stroll
flask|a -an -or bottle
flasköppnare -n = bottle-
-opener
flat *adj* **1** platt flat; ~ *tallrik*
dinner plate **2** häpen taken
aback; eftergiven weak
flaxa *verb* flutter
flera I *adj* ytterligare more
II *pron* åtskilliga several
flertal -et, *flertalet människor*
most people; *ett ~ gäster*
quite a few guests
flesta *adj*, *de ~* the majority;
de ~ katter most cats
flexibel *adj* flexible
flextid -en -er flex time
flick|a -an -or girl
flicknamn -et = girl's name;
som ogift maiden name
flickvän -nen -ner girlfriend

flik -en -ar på kuvert flap; hörn corner

filmra verb flicker; *det flimrar för ögonen på mig* everything is swimming before my eyes

flina verb grin

fling|a -an -or flake

flintskallig adj bald; *bli ~* grow* bald

flipperspel -et = pinball machine

flis|a -an -or chip

flit -en **1** arbetsamhet diligence **2** *med ~* on purpose

flitig adj diligent

flock -en -ar flock

flod -en -er **1** vattendrag river **2** högvatten high tide

flodhäst -en -ar hippopotamus; vard. hippo

flor|a -an -or flora

Florens Florence

1 flott I adj smart **II** adv smartly

2 flott -et grease

flott|a -an -or **1** ett lands marine; sjövapen navy **2** samling fartyg fleet

flott|e -en -ar raft

flug|a -an -or **1** insekt fly **2** rosett bow tie

flugsvamp -en -ar fly agaric

flundr|a -an -or flounder

1 fly adv, *~ förbannad* raging mad

2 fly verb run* away

flyg -et **1** flygväsen aviation **2** plan plane; *ta flyget* travel by air; vard. *go** by plane; *med ~* by air

flyga verb fly*

flygbiljett -en -er plane ticket

flygbolag -et = airline

flyg|el -eln -lar **1** byggnad wing; på bil fender **2** musikinstrument grand piano

flygförbindelse -n -r plane connection

flygning -en -ar flying; flygtur flight

flygolyck|a -an -or air crash

flygplan -et = airplane, aircraft (pl. lika)

flygplats -en -er airport

flygpost -en airmail

flygres|a -an -or plane trip

flygtrafik -en air traffic

flygvärdinn|a -an -or flight attendant

flykt -en -er flight; rymning escape

flykting -en -ar refugee

flyta verb inte sjunka float; rinna flow; *~ ihop* bli otydlig become* blurred; *~ upp* come* to the surface

flytande I adj **1** på ytan floating **2** i vätskeform liquid **3** *tala ~ engelska* speak* fluent English **II** adv obehindrat fluently

flytning -en -ar från underlivet discharge

flytta *verb* move; *kan ni ~ på
er?* could you move over a
little, please?; *~ fram* skjuta
upp put* off; *~ ihop med*
move in with; *de har flyttat
ihop* they're living together;
~ in move in
flyttbil -en -ar moving van
flyttning -en -ar move
flytväst -en -ar life jacket (vest)
flå *verb* skin
flåsa *verb* puff, be* out of
breath
fläck -en -ar spot; av smuts stain
fläcka *verb*, *~ ner ngt* stain
sth.
fläckborttagningsmed|el -let =
spot (stain) remover
fläckfri *adj* spotless, stainless
fläckig *adj* **1** smutsig spotted,
stained **2** med fläckar spotted;
spräcklig speckled
fläkt -en -ar **1** pust breeze
2 apparat fan
fläktrem -men -mar fan belt
flämta *verb* pant
fläsk -et färskt pork; saltat
bacon
fläskfilé -n -er fillet (tenderloin)
of pork
fläskkarré -n -er loin of pork
fläskkorv -en -ar ung. pork
sausage
fläskkotlett -en -er pork chop
flät|a I -an -or braid **II** *verb*
braid
flöda *verb* flow

flöjt -en -er flute
flört -en flirtation
flörta *verb* flirt
flöte -t -n float; *bakom flötet*
stupid
FN the UN
fnissa *verb* giggle
fnittra *verb* giggle
fnysa *verb* snort
fobi -n -er phobia, fear
1 fod|er -ret = i kläder lining
2 foder -ret = för djur feed
1 fodra *verb* sätta foder i line
2 fodra *verb* mata feed
fodral -et = case
fog -en -ar skarv joint
foga *verb* **1** *~ ihop* join **2** *~
sig* give* in; *~ sig i ngt* resign
oneself to sth.
fokus -en -ar focus
folie -n -r foil
folk -et = people; *det är mycket
~ ute* there are a lot of
people in the streets
folkdans -en -er folk dance
folkdräkt -en -er folk costume
folkhögskol|a -an -or folk high
school
folkmass|a -an -or crowd
folkmusik -en folk music
folkmängd -en -er population
folkomröstning -en -ar referen-
dum
folkpark -en -er concert park
Folkpartiet the Liberal Party
folksag|a -an -or legend
folksamling -en -ar crowd

folkskygg *adj* unsociable
folkslag -et = nation, people
folktom *adj* deserted
folkvis|a -an -or folk song
1 fond -en -er bakgrund
background
2 fond -en -er kapital fund
fontän -en -er fountain
fordon -et = vehicle
fordra *verb* **1** om person
demand **2** om sak require
fordr|an en ~, pl. -ingar demand
fordrande *adj* demanding,
strenuous
fordras *verb*, *det ~ tålamod*
patience is necessary
forell -en -er trout
form 1 -en -ar för gjutning mold;
för mat dish **2** -en -er form;
vara ur ~ be* out of form
forma *verb* form
formalitet -en -er formality
format -et = size
formatera *verb* diskett format
form|el -eln -ler formula
formell *adj* formal
formulera *verb* formulate
formulering -en -ar formulation
formulär -et = form
fornminne -t -n prehistoric
monument; yngre historic
monument
forntid -en prehistoric times
fors -en -ar rapids
forsa *verb* rush; *~ fram* gush
out

forska *verb* research, do*
research
forskare -n = research worker,
scientist; humanist scholar
forskning -en -ar research
forsla *verb* transport; *~ bort*
carry away
forsränning -en -ar white-water
derby (race)
fort *adv* snabbt tempo fast; *det
gick ~* it didn't take long; *så
~ jag kom in...* as soon as I
came in...
fortfarande *adv* still
fortkörning -en -ar speeding
fortplanta *verb* propagate
fortplantning -en -ar reproduc-
tion
fortsätta *verb* continue
fortsättning -en -ar continua-
tion; *i fortsättningen* from
now on; *~ följer* to be
continued
fossil -en -er fossil
fost|er -ret = fetus
fosterbarn -et = foster-child (pl.
foster-children)
fosterhem -met = foster-home
fosterland -et = native country
fostra *verb* raise
fostran en ~, best. form =
upbringing
fot -en fötter foot (pl. feet); *stå
på god ~ med ngn* be* on
good terms with sb.; *till fots*
on foot
fotboll -en -ar soccer

fotbollslag -et = soccer team
fotbollsmatch -en -er soccer game
fotbollsplan -en -er soccer field
fotbollsspelare -n = soccer player
fotbroms -en -ar footbrake
fotfäste -t -n, *få* ~ gain a foothold
fotgängare -n = pedestrian
foto -t -n photo
fotoaffär -en -er camera shop
fotoalbum -et = photo album
fotogen -en (-et) kerosene
fotograf -en -er photographer
fotografera *verb* photograph
fotografi -et -er photograph
fotspår -et = footprint
fotsteg -et = step
fotsvett -en, *ha* ~ have* sweaty feet
fotvandring -en -ar hike
fotvård -en foot care
frack -en -ar tailcoat; vard. tails
fradga -n froth
frakt -en -er freight
frakta *verb* carry
fraktur -en -er fracture
fram *adv*, *rakt* ~ straight on; *gå* ~ *till ngn* go* up to sb.; ~ *på kvällen* later on in the evening
framben -et = foreleg
framdel -en -ar front
framdörr -en -ar front door
framfusig *adj* pushy

framför *prep* before; ~ *allt* above all
framföra *verb* 1 vidarebefordra convey; *det ska jag* ~ I'll pass it on 2 uppföra present; musik perform
framgå *verb* be* clear
framgång -en -ar success
framgångsrik *adj* successful
framhjul -et = front wheel
framhålla *verb* point out
framhäva *verb* emphasize
framifrån *adv* from the front
framkalla *verb* 1 frambringa produce; förorsaka cause 2 film develop
framkallning -en -ar av film developing
framkomlig *adj* accessible
framlänges *adv* forwards
framme *adv* in front; *när är vi* ~? when will we get there?; *där* ~ over there
framsid|a -an -or front
framsteg -et = progress
framstå *verb* stand* out; *detta framstår som omöjligt* this appears impossible
framstående *adj* prominent
framställa *verb* 1 tillverka produce 2 skildra describe
framställning -en -ar 1 tillverkning production 2 beskrivning description
framsäte -t -n front seat
framtid -en -er future; *i en snar* ~ in the near future

framtida *adj* future
framtill *adv* in front
framträda *verb* appear
framträdande I -t -n appearance II *adj* prominent
framåt I *adv* ahead; *gå ~ make** progress II *prep, ~ kvällen* towards evening
franc -en = franc
frankera *verb* stamp
Frankrike France
frans -en -ar fringe
fransig *adj* frayed
fransk *adj* French
franska -n språk French
frans|man -mannen -män Frenchman (pl. Frenchmen)
fransysk|a -an -or **1** kvinna Frenchwoman (pl. Frenchwomen) **2** kött rumpsteak piece
fras -en -er phrase
frasig *adj* crisp
fred -en -er peace
fredag -en -ar Friday; *i fredags* last Friday; *på ~* on Friday
fredlig *adj* peaceful
frekvens -en -er frequency
fresta *verb* tempt
frestelse -n -r temptation
fri *adj* free; *vara ~ från* be* free of; *det står dig fritt att...* you are free to...; *i det fria* in the open
1 fria *verb* frikänna acquit; *~ ngn från misstankar* clear sb. of suspicion

2 fria *verb, ~ till ngn* propose to sb.
friare -n = suitor
frid -en peace
fridfull *adj* peaceful
fridlyst *adj* protected
frieri -et -er proposal
frige *verb* free
frigivning -en -ar release
frigjord *adj* fördomsfri open-minded; från förtryck emancipated
frigöra *verb* liberate
frigörelse -n liberation
frihandel -n free trade
frihet -en -er freedom
friidrott -en -er athletics, track and field
frikostig *adj* liberal
friktion -en -er friction
frikyrklig *adj* Free Church
frikänna *verb* acquit
friluftsliv -et outdoor life
frimärke -t -n stamp
frimärksalbum -et = stamp album
frisersalong -en -er hairdresser's
frisk *adj* well; *~ och kry* hale and hearty; *~ luft* fresh air
frispråkig *adj* outspoken
frist -en -er respite
fristående *adj* detached; av varandra oberoende independent
frisyr -en -er hair style
frisör -en -er hairdresser

fritera *verb* deep-fry
friterad *adj* deep-fried
fritid -en spare time
fritidshem -met = ung. after-
-school center
fritidskläder pl. leisure wear
fritidssysselsättning -en -ar
hobby
frivillig I *adj* voluntary; kurs
elective **II** en ~, pl. -a
volunteer; *finns det någon*
~? are there any volunteers?
frodas *verb* thrive
from *adj* pious
front -en -er front
frontalkrock -en -ar head-on
collision
1 frossa -an -or, *ha* ~ have*
the shivers
2 frossa *verb*, ~ *i* wallow in;
mat o.d. gorge oneself on
frost -en -er frost
frotté -n -er terry cloth
frottéhandduk -en -ar terry
towel
fru -n -ar hustru wife (pl. wives); ~
Berg Mrs. Berg
frukost -en -ar breakfast
frukt -en -er fruit
frukta *verb* fear
fruktaffär -en -er fruit store
fruktan en ~, best. form = fear
fruktansvärd *adj* terrible
fruktjuice -n -r fruit juice
fruktlös *adj* futile
fruktsallad -en -er fruit salad
fruktsam *adj* fertile

fruntim|mer -ret = dame; ~*!*
women!
frusen *adj* frozen; *jag känner*
mig ~ I feel cold
frys -en -ar freezer
frysa *verb* **1** till is freeze **2** om
person be* cold; *jag fryser om*
fötterna my feet are cold
frysbox -en -ar freezer
frystorka *verb* freeze-dry
fråg|a I -an -or question; *ställa*
en ~ till ngn ask sb. a
question; *det kommer aldrig*
på ~! that's out of the
question!; *i ~ om mat* as to
food **II** *verb* ask; ~ *efter ngn*
ask for sb.; ~ *ngn om vägen*
ask sb. the way
frågesport -en -er quiz
frågeteck|en -net = question
mark
frågvis *adj* inquisitive
från I *prep* from **II** *adv*
frånkopplad off
frånvarande *adj* absent; tank-
spridd absent-minded
frånvaro -n absence
fräck *adj* bold; oförskämd fresh;
om historia indecent
fräckhet -en -er impudence
fräknig *adj* freckled
frälsning -en salvation
främja *verb* promote
främling -en -ar stranger
främmande I *adj* strange **II** -t
gäst guest
främre *adj* front

främst adv first; huvudsakligen chiefly

frän adj pungent; om kritik äv. biting

fräsa verb hiss; hastigt steka fry

fräsch adj fresh

fräta verb, ~ på ngt eat* into sth.

frö -et -n seed

fröjd -en -er joy

frök|en en ~, pl. -nar **1** ~ Berg Miss (Ms.) Berg **2** lärarinna teacher; fröken! Miss!

fukt -en moisture

fuktig adj damp

ful adj ugly; om ansikte äv. homely

full adj **1** full **2** onykter drunk

fullbelagd adj full

fullbokad adj fully booked

fullborda verb complete

fullfölja verb complete

fullkomlig adj perfect

fullkornsbröd -et = whole-grain bread

fullmakt -en -er authorization

fullmån|e -en -ar full moon

fullpackad adj crammed

fullproppad adj crammed

fullsatt adj full

fullständig adj complete

fullträff -en -ar direct hit; bildligt bull's-eye

fullvuxen adj full-grown

fumlig adj fumbling

fundamental adj fundamental

fundera verb think*; ~ på att

göra ngt think* about doing sth.

fundersam adj thoughtful

fungera verb work; ~ som ngt serve as sth.

funktion -en -er function; ur ~ out of order

furst|e -en -ar prince

furu -n pine

fusk -et cheating

fuska verb cheat

fusklapp -en -ar crib sheet

fux -en -ar häst bay

fy interj för att uttrycka äckel o.d. ugh!; ogillande shame on you!; ~ tusan! heck!, darn!

fyll|a I verb fill; ~ femtio år turn fifty; ~ i en blankett fill out a form; ~ på glaset top up the glass **II** -an -or, i fyllan och villan in a drunken fit

fylleri -et drunkenness

fyllig adj **1** om person plump **2** detaljerad detailed

fyllning -en -ar filling

fyllo -t -n drunk

fynd -et = find; billig vara bargain

fyr -en -ar **1** fyrtorn lighthouse **2** eld fire

1 fyra verb discharge

2 fyr|a I räkn four, för sammansättningar med fyra jfr fem med sammansättningar **II** -an -or four

fyrkant -en -er square

fyrkantig adj square

fyrklöv|er -ern -rar four-leaf clover
fyrtio *räkn* forty, för sammansättningar med fyrtio jfr *femtio* med sammansättningar
fyrtionde *räkn* fortieth
fyrverkeri -et -er fireworks
fysik -en **1** ämne physics **2** kroppsbyggnad physique
fysisk *adj* physical
1 få *verb* **1** *får jag?* vanl. may I?, can I?; *du får göra som du vill* you can do as you like; *jag har aldrig fått göra det* I have never been allowed to do that; *du får inte göra det* you must not do that; *får jag be om sockret?* can I have the sugar, please?; *får jag tala med X?* can I speak to X?; *du får vänta* you'll have to wait **2** get*; *kan jag ~ saltet?* could you pass me the salt, please?; *vad får vi till middag?* what's for dinner?; *~ av sig skorna* get* one's shoes off; *~ tillbaka växel* get* some change back; *inte ~ upp resväskan* not get one's suitcase open **3** *~ för sig* inbilla sig *ngt* imagine sth.
2 få *pron* o. *adj* few; *väldigt ~ vänner* very few friends; *bara några ~ dagar* only a few days
fåfäng *adj* vain

fåfänga -n vanity
fåg|el -eln -lar bird
fågelbo -et -n bird's nest
fågelholk -en -ar birdhouse
fåll -en -ar hem
1 fålla *verb* klädesplagg hem
2 fåll|a -an -or inhägnad pen
fånga *verb* catch*
fång|e -en -ar prisoner
fångenskap -en captivity
fångst -en -er catch*
fånig *adj* silly
får -et = sheep (pl. lika)
får|a I -an -or furrow; rynka line **II** *verb* furrow
fårkött -et mutton
fårskinn -et = sheepskin
fåtal -et minority; *ett ~* a few
fåtölj -en -er armchair
fäkta *verb* fence
fäktning -en -ar fencing
fälg -en -ar rim
fäll|a I -an -or trap **II** *verb* **1** t.ex. träd fell; t.ex. bomb drop **2** *~ ihop* fold up; *~ ner* krage turn down; paraply, lock close; *~ upp* krage turn up; paraply put* up; lock open
fällkniv -en -ar ung. Swiss Army knife (pl. knives)
fällstol -en -ar folding chair
fält -et = field
fälttåg -et = campaign
fängelse -t -r prison; vard. jail
fängelsestraff -et =, *få ~* be* sentenced to prison
fängsla *verb* **1** sätta i fängelse

imprison **2** om t.ex. bok, film
fascinate
fängslande *adj* om bok, film etc.
fascinating
färd -en -er resa journey; till sjöss
voyage; utflykt trip
färdas *verb* travel
färdhandling -en -ar travel
document
färdig *adj* finished
färdiglagad *adj*, ~ *mat*
ready-cooked food
färdledare -n = guide
färdväg -en -ar route
färg -en -er color; till målning
paint; till färgning dye
färga *verb* color; hår dye
färgad *adj* colored; person
African-American; utanför
USA black
färgblind *adj* color-blind
färgfilm -en -er color film
färgglad *adj* brightly colored
färghand|el -eln -lar paint store
färgkrit|a -an -or crayon
färglägga *verb* color
färglös *adj* colorless
färgpenn|a -an -or blyerts colored
pencil; spritpenna marker pen
färg-TV -n = color TV
färj|a -an -or ferry
färre *adj* fewer
färs -en -er köttfärs ground
chuck; till kalkon stuffing; till
paprika etc. filling
färsk *adj* fresh
Färöarna the Faeroe Islands

fästa *verb* **1** sätta fast fasten;
fastna stick **2** ~ *sig vid ngn*
become* attached to sb.
fäste -t -n hold; *få* ~ find* a
hold
fästing -en -ar tick
fäst|man -mannen -män fiancé
fästmö -n -r fiancée
fästning -en -ar fortress
föda I -n food **II** *verb* **1** sätta till
världen give* birth to **2** ge föda
åt feed **3** ~ *upp* breed
födas *verb* be* born
född *adj* born; *när är du* ~?
when were you born?
födelse -n -r birth
födelsedag -en -ar birthday
födelsedatum -et = date of
birth
födelsemärke -t -n birthmark
födelseort -en -er birthplace;
mer formellt place of birth
föds|el -eln -lar birth
föga *adj* o. *adv* little
föl -et = foal
följa *verb* **1** ~ *efter ngn* follow
sb. **2** ~ *med ngn* accompany
sb.; *han har svårt att* ~ *med*
he has trouble keeping up
följaktligen *adv* consequently
följande *adj* following
följas *verb*, ~ *åt* go* together
följd -en -er **1** rad series (pl. lika);
i snabb ~ in rapid succession
2 konsekvens consequence; *få*
till ~ result in; *till* ~ *av ngt*
as a result of sth.

följeslagare -n = o. **följesla-
gerska** -n = companion
följetong -en -er serial
föna *verb* blow-dry
fönst|er -ret = window
fönsterbord -et = table by a
window
fönsterplats -en -er window
seat
fönsterrut|a -an -or window-
pane
1 för I -en -ar bow **II** *adv,* ~ *och
akter* fore and aft
2 för I *prep,* ~ *en vecka sedan*
a week ago; *dag* ~ *dag* day
by day; *platsen* ~ *brottet* the
scene of the crime; *dölja ngt*
~ *ngn* hide sth. from sb.; *hon
gick ut* ~ *att leta efter
honom* she went out to look
for him; *visa ngt* ~ *ngn*
show* sth. to sb. **II** *konj,* ~
el. ~ *att* because **III** *adv,* ~ *lite*
too little
föra *verb* **1** carry **2** leda lead
förakt -et contempt
förakta *verb* despise
föraning -en -ar presentiment;
vard. hunch
föranleda *verb* cause; *känna
sig föranledd att göra ngt*
feel* called upon to do sth.
förare -n = av fordon driver
förargad *adj* annoyed
förarglig *adj* annoying
1 förband -et = **1** *första* ~

first-aid bandage **2** inom
krigsmakt unit
2 förband -et = musikgrupp
warm-up band
förbandslåd|a -an -or first-aid
kit
förbanna *verb* curse
förbannad *adj* damn, damned;
starkare goddamn; *vara* ~ be*
pissed off
förbannelse -n -r curse
förbehåll -et = reservation
förbereda *verb* prepare
förberedelse -n -r preparation
förbi *prep* o. *adv* past; *vara* ~
trött be* all in
förbigående, *i* ~ by the way
förbinda *verb* **1** förena join **2** ~
sig att göra undertake to do
sth.
förbindelse -n -r **1** connection
2 kärleksförbindelse affair **3** tra-
fikförbindelse communications
förbise *verb* overlook
förbiseende -t -n oversight
förbjuda *verb* forbid
förbjuden *adj* forbidden
förbli *verb* remain
förbluffande I *adj* amazing
II *adv* amazingly
förblöda *verb* bleed to death
förbruka *verb* consume
förbrukning -en -ar consump-
tion
förbrylla *verb* bewilder
förbrytare -n = criminal
förbrytelse -n -r crime

förbränning -en burning
förbud -et = prohibition
förbund -et = alliance
förbättra *verb* improve
förbättring -en -ar improvement
fördel -en -ar advantage; *dra ~ av ngt* benefit from sth.;
vara till sin ~ utseendemässigt look one's best
fördela *verb* distribute; uppdela divide
fördelaktig *adj* advantageous
fördelardos|a -an -or distributor housing
fördelare -n = distributor
fördelning -en -ar distribution
fördelningspolitik -en policy of fairer income distribution
fördjupa *verb* deepen; *~ sig i ngt* become* absorbed in sth.
fördom -en -ar prejudice
fördomsfri *adj* unprejudiced
fördomsfull *adj* prejudiced
fördröja *verb* delay
fördubbla *verb* double
fördärv -et ruin
fördärva *verb* ruin, destroy
fördöma *verb* condemn
1 före -t -n, *det är dåligt ~* the snow is bad for skiing
2 före *prep* o. *adv* before
förebild -en -er urtyp prototype; mönster model
förebrå *verb* reproach
förebråelse -n -r reproach
förebygga *verb* prevent

förebyggande *adj* preventive
föredra *verb* prefer; *~ te framför kaffe* prefer tea to coffee
föredrag -et = talk
föredöme -t -n example
förefalla *verb* seem
föregå *verb* precede; *~ med gott exempel* set a good example
föregående *adj* previous
föregångare -n = o. **föregångerska** -n = predecessor
förekomma *verb* occur; hinna före forestall
föreläsa *verb* lecture
föreläsning -en -ar lecture
föremål -et = object
förena *verb* unite
förening -en -ar association
förenkla *verb* simplify
Förenta Nationerna the United Nations
Förenta Staterna the United States, the US
föreskrift -en -er instructions; bestämmelse regulation
föreslå *verb* propose
förestå *verb* leda, sköta be* in charge of
föreståndare -n = manager
föreställa *verb* represent; *~ sig* imagine
föreställning -en -ar **1** idé idea **2** teaterföreställning o.d. performance
företag -et = company, firm

företagare -n = businessman
(pl. businessmen)
företagsekonomi -n business
economics
företräda *verb* represent
företrädare -n = predecessor
företräde -t -n priority; *lämna*
~ give* way; i trafik yield
förevändning -en -ar pretext
för|fader -fadern -fäder ancestor
förfall -et decay
förfalla *verb* **1** fall* into decay
2 bli ogiltig become* invalid
3 om räkning o.d. be* due
förfallen *adj* **1** decayed **2** ogil-
tig invalid **3** *vara* ~ om räkning
o.d. be* due
förfalska *verb* falsify; namn,
check forge
förfalskning -en -ar förfalskande
falsification; av namn, check
forgery
författare -n = writer
författarinn|a -an -or woman
writer (pl. women writers)
förfluten *adj* past
förflytta *verb* move
förfoga *verb*, ~ *över ngt* have*
sth. at one's disposal
förfogande -t -n disposal
förfriskning -en -ar refreshment
förfrysa *verb* get* frost-bitten,
freeze to death
förfråg|an en ~, pl. -ningar o.
förfrågning en ~, pl. -ar inquiry
förfärlig *adj* terrible

förfölja *verb* pursue; t.ex.
folkgrupp persecute
förföljelse -n -r pursuit; av t.ex.
folkgrupp persecution
förföra *verb* seduce
förgasare -n = carburetor
förgifta *verb* poison
förgiftning -en -ar poisoning
förgylla *verb* gild
förgylld *adj* gilded
förgätmigej -en -er forget-me-
-not
förgäves *adv* in vain
förhand, *på* ~ in advance
förhandla *verb* negotiate
förhandling -en -ar negotiation
förhind|er -ret =, *få* ~ be*
prevented from coming
förhindra *verb* prevent
förhoppning -en -ar hope
förhoppningsfull *adj* hopeful
förhålla *verb,* *så förhåller det*
sig med den saken that is
how matters stand
förhållande -t -n **1** sakläge
conditions **2** förbindelse rela-
tions; kärleksförhållande affair
3 proportion proportion
förhör -et = interrogation
förhöra *verb* interrogate
förinta *verb* destroy
Förintelsen judeutrotningen the
Holocaust
förkasta *verb* reject
förklara *verb* **1** förtydliga ex-
plain; ~ *ngt för ngn* explain
sth. to sb. **2** tillkännage declare

förklaring -en -ar explanation
förkläde -t -n apron
förklädnad -en -er disguise
förknippa *verb* associate
förkorta *verb* shorten
förkortning -en -ar abbreviation
förkyld *adj*, *vara* ~ have* a
cold; lätt have* the sniffles
förkylning -en -ar cold
förkärlek -en preference
förköp -et = advance booking
förlag -et = publishing firm
förlamad *adj* paralyzed
förlamning -en -ar paralysis
förlopp -et = course of events
förlora *verb* lose*
förlossning -en -ar delivery
förlovad *adj* engaged
förlovning -en -ar engagement
förlust -en -er loss
förlåta *verb* forgive*
förlåtelse -n -r forgiveness
förlägen *adj* embarrassed
förlägga *verb* **1** slarva bort
mislay **2** böcker publish
förläggning -en -ar location;
militärförläggning base
förlänga *verb* lengthen
förlöjliga *verb* ridicule
för|man -mannen -män foreman
(pl. foremen)
förmaning -en -ar mild warning
(rebuke)
förmedla *verb* mediate
förmedling -en -ar **1** mediation
2 byrå agency
förmiddag -en -ar morning; *i*

förmiddags this morning; *på*
förmiddagen in the morning;
klockan 11 på förmiddagen
at 11 o'clock in the morning
förminska *verb* reduce
förminskning -en -ar reduction
förmoda *verb* suppose; vard.
guess
förmodligen *adv* presumably
förmyndare -n = guardian
förmå *verb*, ~ *ngn att göra ngt*
get* sb. to do sth.
förmåg|a -an -or kraft power;
läggning talent
förmån -en -er advantage; vard.,
löneförmån perk
förmånlig *adj* advantageous
förmögen *adj* **1** rik wealthy,
rich **2** ~ *till* capable of
förmögenhet -en -er fortune
förnamn -et = first name
förnedring -en degradation
förneka *verb* deny
förnimma *verb* feel*
förnuft -et reason
förnuftig *adj* sensible
förnya *verb* renew
förnäm *adj* distinguished
förolyckas *verb* lose* one's
life
förolämpa *verb* insult
förolämpning -en -ar insult
förord -et = preface
förorena *verb* pollute
förorening -en -ar pollution
förorsaka *verb* cause
förort -en -er suburb

förpacka *verb* pack
förpackning -en -ar package
förpliktelse -n -r obligation
förr *adv* **1** förut before **2** ~ *i*
tiden formerly **3** tidigare
sooner; ~ *eller senare*
sooner or later
förra *adj*, ~ *gången* last time
förresten *adv* besides
förrgår, *i* ~ the day before
yesterday
förråd -et = store; rum
storeroom
förråda *verb* betray
förrädare -n = traitor
förräderi -et -er treachery
förrän *konj*, *inte* ~ *om en*
timme not for another hour;
det dröjde inte länge ~ *han*
började gråta it wasn't long
before he began crying
förrätt -en -er starter; *till* ~ for
starters
försaka *verb* go* without
församling -en -ar **1** assembly
2 socken parish
förse *verb* provide; *försedd*
med ngt equipped with sth.
förseelse -n -r offense
försenad *adj* delayed
försening -en -ar delay
försiggå *verb* take* place
försiktig *adj* careful
förskol|a -an -or nursery school
förskoleverksamhet -en -er
pre-school activities
förskott -et = advance

förskräckelse -n -r fright;
starkare terror
förskräcklig *adj* frightful
förskräckt *adj* frightened
förskärare -n = kniv carving-
-knife (pl. carving-knives)
försköna *verb* göra vackrare
embellish
förslag -et = proposal
försmak -en foretaste
försommar -en försomrar early
summer
försoning -en -ar reconciliation
försova *verb*, ~ *sig* oversleep
förspel -et = **1** musik prelude
2 före samlag foreplay
försprång -et = lead
först *adv* **1** first; *komma* ~
come* first; ~ *och främst* to
begin with; framför allt above
all **2** inte förrän not until; ~ *då*
insåg han not until then did
he realize
första *räkn* o. *adj* first; *i* ~
hand first of all; helst
preferably
för|stad -staden -städer suburb
förstaklassbiljett -en -er first-
-class ticket
förstoppning -en -ar constipa-
tion
förstora *verb* enlarge
förstoring -en -ar enlargement
förstoringsglas -et = magnify-
ing glass
förströelse -n -r recreation
förstå *verb* understand; *göra*

sig förstådd make* oneself understood; *~ sig på ngt* know* about sth.

förståelse -n understanding
förstående *adj* understanding
förstånd -et intelligence
förståndig *adj* sensible
förstås *adv* of course
förstärka *verb* strengthen
förstärkare -n = amplifier
förstärkning -en -ar reinforcement
förstöra *verb* destroy
förstörelse -n -r destruction
försumma *verb* neglect
försvaga *verb* weaken
försvar -et defense
försvara *verb* defend
försvarsadvokat -en -er defense lawyer, counsel for the defense
försvarslös *adj* defenseless
försvinna *verb* disappear; *försvinn!* get lost!
försvinnande -t -n disappearance
försvåra *verb*, *~ ngt* make* sth. difficult
försynt *adj* considerate; blygsam modest
försäga *verb*, *~ sig* give* oneself away
försäkra *verb* **1** bedyra assure; *jag försäkrar att jag kommer* I can assure you that I'll come **2** ta en försäkring, *~ sig* insure oneself

försäkrad *adj* insured
försäkr|an en ~, pl. -ingar assurance
försäkring -en -ar insurance
försäkringsbesked -et = proof of insurance
försäkringsbolag -et = insurance company
försäkringskass|a -an -or social insurance office
försäljare -n = salesperson; salesman (pl. salesmen), saleswoman (pl. saleswomen)
försäljning -en -ar sale; yrkesmässig sales
försämra *verb* deteriorate
försämring -en -ar deterioration
försändelse -n -r package; varor consignment
försök -et = attempt
försöka *verb* try
försörja *verb* support; *~ sig* earn one's living
försörjning -en living
förtal -et slander
förtala *verb* slander
förteckning -en -ar list
förtid, *i ~* prematurely
förtjusande *adj* charming
förtjusning -en delight
förtjust *adj* delighted; *vara ~ i* be* fond of
förtjäna *verb* deserve
förtjänst -en -er inkomst earnings
förtjänt *adj*, *vara ~ av* deserve
förtroende -t -n confidence

förtrogen *adj* intimate
förtrolla *verb* enchant
förtrollning -en enchantment
förtryck -et oppression
förträfflig *adj* excellent
förtröstan en ~, best. form =
trust; tillförsikt confidence
förtulla *verb* declare; *jag har
ingenting att* ~ I haven't got
anything to declare
förtur -en priority
förtvivlad *adj* heartbroken,
despairing; *vara* ~ äv. be* in
despair
förtvivlan en ~, best. form =
despair
förtydligande -t -n clarification
förtäring -en food and drink
förtöja *verb* moor
förut *adv* before
förutom *prep* besides
förutsatt *adj*, ~ *att* provided
that
förutse *verb* foresee
förutseende I *adj* foresighted
II -t -n foresight
förutsäga *verb* predict
förutsägelse -n -r prediction
förutsätta *verb* assume
förutsättning -en -ar villkor
condition
förvalta *verb* manage
förvaltare -n = administrator
förvaltning -en -ar administra-
tion
förvandla *verb* transform; ~

ngt till ngt change sth. into
sth.
förvandling -en -ar transforma-
tion
förvanska *verb* distort
förvar, *i säkert* ~ in safe
keeping
förvara *verb* keep*
förvaring -en -ar keeping
förvaringsbox -en -ar safe-
-deposit box
förvarning -en -ar forewarning
förverkliga *verb* realize
förvirrad *adj* confused
förvirring -en confusion
förvisa *verb* banish
förvissa *verb*, ~ *sig om* make*
sure of
förvånad *adj* surprised
förvåning -en surprise
förväg, *i* ~ in advance
förvänta *verb*, ~ *sig* expect
förvänt|an en ~, pl. -ningar
expectation
förväntansfull *adj* expectant
förväntning -en -ar expectation
förvärra *verb*, ~ *ngt* make*
sth. worse
förväxla *verb* mix up
förväxling -en -ar mix-up
föråldrad *adj* old-fashioned,
antiquated
föräld|er -ern -rar parent
förälskad *adj*, *vara* ~ *i* be* in
love with
förälskelse -n -r love
förändra *verb* change

förändring -en -ar change
förödmjuka *verb* humiliate
förödmjukelse -n -r humiliation

g g-et g-n **1** bokstav g [utt. dʒiː]
   2 ton G
gadd -en -ar sting
gaffel -eln -lar fork
1 gala *verb* crow
2 galla -an -or gala
galen *adj* mad
galge -en -ar **1** klädhängare
   clothes hanger **2** för avrättning
   gallows
galla -an -or bile
galler -ret = grating
galleri -et -er gallery
galleria -an -or shopping mall
gallra *verb* thin out
gallsten -en -ar gallstone
gallstensanfall -et = attack of
   gallstones
galning -en -ar madman (pl.
   madmen)
galonbyxor pl. rain pants
galopp -en -er gallop
galoppera *verb* gallop
galosch -en -er galosh
gam -en -ar vulture
gammaglobulin -et gamma
   globulin
gammal *adj* old
gammaldags *adj* old-fash-
   ioned
gangster -ern -rar (-ers) gang-
   ster

ganska *adv* fairly
gap -et = mouth; hål gap
gapa *verb* open one's mouth;
skrika shout; ~*!* open wide!
gaphals -en -ar loudmouth
gapskratt -et = roar of
laughter; vard. belly laugh
garage -t = garage
garantera *verb* guarantee
garanti -n -er guarantee
garderob -en -er wardrobe; på
t.ex. restaurang checkroom
gardin -en -er curtain
garn -et = (-er) **1** tråd yarn **2** nät
net
garnera *verb* tårta decorate;
maträtt garnish
garnnystan -et = ball of yarn
gas -en -er gas
gasbind|a -an -or gauze band-
age
gasmask -en -er gas mask
gasol® -en propane, bottled
gas
gasolkök -et = camping (camp)
stove
gaspedal -en -er accelerator;
vard. gas pedal
gassa *verb* be* broiling hot
gasspis -en -ar gas stove
gastronom -en -er gourmet
gat|a -an -or street
gathörn -et = street corner
gatlykt|a -an -or streetlight,
street lamp
gatukorsning -en -ar corner,
street corner

gatukök -et = hot-dog stand
gav|el -eln -lar **1** på hus gable
2 *stå på vid* ~ be* wide open
ge *verb* give*; ~ *sig* surrender;
~ *sig av* leave*; ~ *igen* hämnas
retaliate; ~ *tillbaka ngt*
return sth.; ~ *upp* give* up
gedigen *adj* solid
gehör -et, *ha dåligt* ~ have* a
poor ear
gelé -n (-et) -er jelly
gem -et = paper clip
gemensam *adj* common
gemenskap -en community
genant *adj* embarrassing
genast *adv* at once
generad *adj* embarrassed
general -en -er general
generalisera *verb* generalize
generalrepetition -en -er dress
rehearsal
generation -en -er generation
generator -n -er generator
generell *adj* general
generös *adj* generous
gengäld, *i* ~ in return
geni -et -er genius
genial *adj* o. **genialisk** *adj*
brilliant
genom *prep* o. *adv* through
genombrott -et = break-
through
genomfart -en -er passage
genomföra *verb* carry out
genomgå *verb* go* through; ~
en förändring undergo a
change

genomgående I *adj* constant
II *adv* throughout
genomgång -en -ar survey, review
genomskinlig *adj* transparent
genomskåda *verb*, ~ *ngt* see* through sth.
genomslagskraft -en impact
genomsnitt -et = average; *i* ~ on average
genomstekt *adj* well done
genomvåt *adj* soaking wet
genre -n -r genre
gensvar -et response
gentemot *prep* towards
gentle|man -mannen -män gentleman (pl. gentlemen)
genuin *adj* genuine
genus -et = gender
genväg -en -ar short cut
geografi -n geography
geografisk *adj* geographical
geologi -n geology
gerill|a -an -or guerrillas
gest -en -er gesture
gestalt -en -er figure
get -en getter goat
geting -en -ar wasp
getingstick -et = wasp sting
gevär -et = rifle
Gibraltar sund the Straits of Gibraltar
giff|el -eln -lar croissant
1 gift -et -er poison
2 gift *adj* married
gifta *verb*, ~ *sig med ngn* marry sb.

giftermål -et = marriage
giftig *adj* poisonous
gigantisk *adj* gigantic
gilla *verb* like
gillande -t approval
gillra *verb*, ~ *en fälla* set a trap
giltig *adj* valid
gin -en (-et) gin
gips -en (-et) -er plaster
gipsa *verb* put* in a cast
gipsförband -et = cast
giraff -en -er giraffe
girig *adj* greedy
girland -en -er festoon
gissa *verb* guess
gisslan en ~, pl. = hostage
gissning -en -ar guess
gitarr -en -er guitar
gitarrist -en -er o. **gitarrspelare** -n = guitarist
giva se *ge*
givakt, stå i ~ stand* at attention
givande *adj* profitable; bildligt rewarding
givetvis *adv* of course
givmild *adj* generous
gjuta *verb* stöpa cast
glaciär -en -er glacier
glad *adj* happy
glans -en brilliance
glansig *adj* glossy
glapp I *adj* loose **II** -et = gap
glappa *verb* be* loose
glas -et = glass
glasbruk -et = glassworks

glasmästare -n = glazier
glasrut|a -an -or pane
glass -en -er (-ar) ice cream
glasspinn|e -en -ar ice-cream
bar
glasstrut -en -ar ice-cream cone
glasyr -en -er icing
glasögon pl. glasses, eyeglasses
1 glatt adv cheerfully
2 glatt adj smooth
gles adj thin
glesna verb om hår get* thin;
om t.ex. trafik thin out
glida verb glide; *de har glidit
ifrån varandra* they have
drifted apart
glimma verb gleam
glimt -en -ar gleam; *ha glimten
i ögat* have* a twinkle in
one's eye
glittra verb glitter
glo verb stare
global adj global
glori|a -an -or halo
glos|a -an -or word
glugg -en -ar hole
glupsk adj greedy
glutenfri adj gluten-free
glykol -en -er glycol
glädja verb please; *~ sig åt ngt*
be* glad about sth.
glädjande adj, *~ nyheter* good
news
glädje -n joy
glänsa verb shine
glänt, *stå på ~* be* ajar
glänt|a -an -or glade

glöd -en **1** pl. = glödande kol live
coal **2** sken glow **3** stark känsla
ardor
glöda verb glow
glödlamp|a -an -or light bulb
glögg -en -ar mulled wine
glömma verb forget*; *~ kvar
ngt* leave* sth. behind
glömsk adj forgetful
glömska -n forgetfulness; *falla
i ~* be* forgotten
gnaga verb gnaw
gnida verb rub
gniss|el -let squeaking
gnissla verb squeak; *~ tänder*
grind one's teeth
gnist|a -an -or spark
gnistra verb sparkle
gno verb rub; arbeta toil
gnola verb hum
gnugga verb rub
gnutt|a -an -or tiny bit
gnägga verb neigh
gnäll -et jämmer whining;
klagande grumbling
gnälla verb jämra sig whine;
klaga complain
gobeläng -en -er tapestry
god adj good; *~ dag!* good
morning (afternoon, eve-
ning)!; *~ morgon!* good
morning!; *~ natt!* good
night!; *var så ~!* here you
are!, be my guest!; *en ~ vän
till mig* a friend of mine
godartad adj benign
godis -et candy

godkänd *adj* approved; *bli ~*
vid examen o.d. pass
godkänna *verb* approve; vid
examen o.d. pass
godnatt *interj* good night!
godo, *göra upp i ~* reach an
amicable agreement; efter
brott o.d. settle out of court;
du får hålla till ~ med...
you'll have to make do
with...; *komma ngn till ~*
be* to the benefit of sb.
gods -et = **1** varor goods; större
mängd freight **2** lantegendom
estate
godsexpedition -en -er freight
office
godta *verb* accept
godtagbar *adj* acceptable
godtrogen *adj* credulous
godtycklig *adj* arbitrary
golf -en sport golf
golfban|a -an -or golf course
Golfströmmen the Gulf
Stream
golv -et = floor
golvlamp|a -an -or floor lamp
gom -men -mar palate
gondol -en -er gondola
gonorré -n -er gonorrhea
gorill|a -an -or gorilla
goss|e -en -ar boy; *gamle ~!* old
buddy (pal)!
gott I 1 -et -er candy **2** *det är ~
om plats* there is plenty of
room **II** *adv* well; *sova ~*

sleep* well; *så ~ som*
practically
gottgöra *verb* compensate
gottgörelse -n -r compensation
gourmand -en -er gourmand
gourmé -n -er o. **gourmet** -en -er
gourmet
graciös *adj* graceful
grad -en -er **1** degree; *i hög ~* to
a great extent **2** *5 grader
kallt* 5 degrees below zero
Celsius, 20 degrees Fahren-
heit; *25 grader varmt* 25
degrees Celsius, 77 degrees
Fahrenheit **3** rang rank, grade
gradera *verb* grade
gradvis I *adv* gradually **II** *adj*
gradual
grafik -en grafiska blad prints
gram -met = gram
grammatik -en -er grammar
grammofon -en -er record
player
grammofonskiv|a -an -or re-
cord, LP
gran -en -ar spruce
granat -en -er **1** sten garnet
2 vapen shell
grann *adj* magnificent
grann|e -en -ar neighbor
grann|land -landet -länder neigh-
boring country
granska *verb* examine
granskning -en -ar examination
grapefrukt -en -er grapefruit
gratinerad *adj* ...au gratin

gratis *adv* o. *adj* free; ~
inträde admission free
grattis *interj* congratulations!;
på födelsedagen happy birth-
day!
gratulation -en -er congratula-
tion
gratulera *verb* congratulate
gratäng -en -er gratin
1 grav *adj* serious
2 grav -en -ar grave
gravad *adj*, ~ *lax* marinated
salmon
gravera *verb* engrave
gravid *adj* pregnant
graviditet -en -er pregnancy
grej -en -er thing
grek -en -er Greek
grekisk *adj* Greek
grekisk|a -an **1** pl. -or kvinna
Greek woman (pl. women)
2 språk Greek
Grekland Greece
gren -en -ar branch
grensle *adv* astride
grep -en -ar pitchfork
grepp -et = grasp
grev|e -en -ar count; i England
earl
grevinn|a -an -or countess
grill -en -ar **1** för matlagning grill
2 på bil grille
grilla *verb* grill; mat äv. broil
grillad *adj* grilled
grillkorv -en -ar hot-dog for
grilling

grillspett -et = skewer; med kött
shishkebab
grimas -en -er grimace
grimasera *verb* make* faces
grina *verb* **1** gråta cry **2** flina
grin
grind -en -ar gate
grinig *adj* **1** gnällig whining
2 knarrig grumpy
gripa *verb* **1** seize; ~ *tag i ngt*
take* hold of sth. **2** väcka
sinnesrörelse touch
gripande *adj* rörande touching
gris -en -ar pig
griskött -et pork
gro *verb* sprout
grod|a -an -or **1** djur frog **2** fel
blunder
grod|man -mannen -män frog-
man (pl. frogmen)
grogg -en -ar long drink
grop -en -ar pit
gropig *adj* bumpy
grossist -en -er wholesale
dealer, wholesaler
grotesk *adj* grotesque
grott|a -an -or cave
grov *adj* coarse
grovlek -en -ar thickness
grubbla *verb* ponder; ~ *över*
brood on
grumlig *adj* muddy
1 grund -en -er foundation; *på*
~ *av* because of
2 grund I *adj* shallow **II** -et =,
gå på ~ run* aground
grunda *verb* found

grundare -n = founder
grundlig *adj* thorough
grundlägga *verb* found
grundläggande *adj* fundamental
grundreg|el -eln -ler basic rule
grundskol|a -an -or compulsory school
grundval -en -ar foundation; *på*
~ *av* on the basis of
grundämne -t -n element
grupp -en -er group
gruppbiljett -en -er group pass (ticket)
gruppres|a -an -or group excursion; längre group trip
grus -et gravel
1 gruv|a -an -or mine
2 gruva *verb*, ~ *sig för ngt* dread sth.
gry *verb* dawn
grym *adj* cruel
grymhet -en -er cruelty
grymta *verb* grunt
gryn -et = grain
gryning -en -ar dawn
gryt|a -an -or pot
grå *adj* gray
gråhårig *adj* gray-haired
gråsparv -en -ar house sparrow
gråta *verb* cry
gråtfärdig *adj*, *vara* ~ be* on the verge of tears
grädda *verb* bake
grädde -n cream
gräddfil -en sour cream

gräddtårt|a -an -or ung. cream--filled cake
gräl -et = quarrel, fight
gräla *verb* **1** quarrel **2** ~ *på ngn* scold sb.
gräma *verb*, *det grämer mig att vi inte gick* I'm still kicking myself that we didn't go
gränd -en -er alley
gräns -en -er boundary; för stat border
gränsa *verb*, ~ *till ngt* border on sth.
gränsfall -et = borderline case
gränslös *adj* boundless
gräs -et = grass
gräshopp|a -an -or grasshopper
gräsklippare -n = lawn mower
gräslig *adj* shocking; vard. awful
gräslök -en -ar chives
gräsmatt|a -an -or lawn
gräva *verb* dig; ~ *fram* dig up; ~ *ned* bury
grävmaskin -en -er excavator; mindre backhoe
gröd|a -an -or crops
grön *adj* green; *det är grönt ljus* the lights are green; *det är grönt!* it's OK!
grönkål -en kale
Grönland Greenland
grönområde -t -n green area; större park
grönsak -en -er vegetable

grönsaksaffär -en -er fruit and vegetable store
grönsakssopp|a -an -or vegetable soup
grönsallad -en -er växt lettuce; rätt green salad
grönska I -n greenery, foliage **II** *verb* vara grön be* green
gröt -en -ar oatmeal
gubb|e -en -ar old man (pl. men)
gud -en -ar god
gud|far -fadern -fäder godfather
gudinn|a -an -or goddess
gud|mor -modern -mödrar godmother
gudomlig *adj* divine
gudskelov *interj* thank God!
gudstjänst -en -er service, divine service
guida *verb* guide
guide -n -r guide
guide|bok -boken -böcker guidebook
gul *adj* yellow; *gult ljus* i trafiken yellow light
gulasch -en -er goulash
guld -et gold; guldmedalj gold medal
guldarmband -et = gold bracelet
guldfisk -en -ar goldfish
guldgruv|a -an -or gold mine
guldring -en -ar gold ring
guldsmed -en -er goldsmith
guldsmedsaffär -en -er jeweller's
gullig *adj* sweet; näpen äv. cute

gullviv|a -an -or cowslip
gulsot -en jaundice
gumm|a -an -or old woman (pl. women)
gummi -t -n rubber
gummisnodd -en -ar rubber band
gummistövlar pl. rubber boots
gummisul|a -an -or rubber sole
gung|a I -an -or swing **II** *verb* swing
gungstol -en -ar rocking chair
gupp -et = bump
guppa *verb* bob up and down
gurgla *verb*, ~ *sig* gargle
gurk|a -an -or cucumber
gylf -en -ar fly
gyllene *adj* golden; av guld gold; *ett* ~ *tillfälle* a golden opportunity
gymnasi|um -et -er ung. high school
gymnastik -en gymnastics; skolämne physical education (förk. PE)
gymnastiksko -n -r sneaker
gymnastisera *verb* do* gymnastics, exercise
gynekolog -en -er gynecologist
gynna *verb* favor
gynnsam *adj* favorable
gyttj|a -an -or mud
gå *verb* go*; promenera walk; *hur gick det?* how did it go?; vid olycka o.d. are you all right?; ~ *av* stiga av get* off; ~ *bort* dö die; ~ *efter ngn* walk

behind sb.; ~ *förbi* walk past; ~ *före* go* before; ~ *igenom* go* through; ~ *med ngn* go* (come*) along with sb.; ~ *ned* go* down; ~ *tillbaka* återvända return; ~ *upp* go* up; i vikt gain weight; ~ *över* go over

gågat|a -an -or pedestrian street, med affärer mall

gång -en **1** sätt att gå gait **2** *i* ~ fungerande running **3** pl. -ar väg path; i hus passage **4** pl. -er, *en* ~ *till* once more; *på samma* ~ at the same time

gångban|a -an -or footpath; trottoar sidewalk

gångjärn -et = hinge

gård -en -ar **1** plan yard **2** egendom farm

gås -en gäss goose (pl. geese)

gåt|a -an -or riddle

gåtfull *adj* mysterious

gåv|a -an -or gift

gädd|a -an -or pike

gäll *adj* shrill

gälla *verb* **1** vara giltig be* valid **2** beröra concern; *vad gäller saken?* what is it about?

gällande *adj* giltig valid; rådande existing; *göra* ~ maintain

gäng -et = gang

gärde -t -n field

gärna *adv* gladly; *tack, ~!* yes, please!

gärning -en -ar deed

gärnings|man -mannen -män perpetrator

gäspa *verb* yawn

gäspning -en -ar yawn

gäst -en -er guest

gästfri *adj* hospitable

gästfrihet -en hospitality

gästrum -met = spare bedroom

gästspel -et = guest performance

göda *verb* fatten

gödsel -n dung

gödsla *verb* manure

gök -en -ar cuckoo

gömma *verb* hide; förvara keep*; ~ *sig* hide

gömställe -t -n hiding-place

göra *verb* **1** tillverka make* **2** do*; *det gör ingenting* it doesn't matter; *ha mycket att* ~ have* a lot to do; ~ *sig av med* get* rid of; ~ *om* upprepa repeat; *gör inte om det!* don't do that again!; ~ *upp med ngn* come* to terms with sb.; *det är inget att* ~ *åt* it cannot be helped

görd|el -eln -lar girdle

gös -en -ar pike-perch

Göteborg Göteborg, Gothenburg

H

h h-et h-n **1** bokstav h [utt. ejtch]
2 ton B
ha *verb* **1** have*; *vi har varit
där* we have been there; *har
hon köpt den?* has she
bought it?; *jag skulle vilja ~
ett glas vin* I would like a
glass of wine, please **2** ~ *med
sig* bring*; ~ *på sig* vara klädd
i wear* **3** ~ *det så bra!* take
care!; *hur har du det?* how
are things?; *det har jag inget
emot* I don't mind; *vad har
hon för sig nuförtiden?* what
is she doing nowadays?
hack -et = notch
hack|a I -an -or pickax;
trädgårdshacka hoe **II** *verb*
chop
hackspett -en -ar woodpecker
hag|e -en -ar meadow
hag|el -let = **1** nederbörd hail
2 av bly shot
hagla *verb* hail
haj -en -ar shark
1 hak|a -an -or chin
2 haka *verb*, ~ *upp sig* get*
stuck
hak|e -en -ar hook; litet hinder
catch
haklapp -en -ar bib
hal *adj* slippery

514

hala *verb* haul
halka I -n, *det är* ~ it is icy
(slippery) **II** *verb* slip
hall -en -ar hall; i hotell ofta
lounge
hallon -et = raspberry
hallucination -en -er hallucina-
tion
hallå I *interj* hallo!; ~ *där,
stanna!* hey you, stop! **II** -(e)t
oväsen hullabaloo
halm -en straw
hals -en -ar neck; *sätta ngt i
halsen* choke on sth.
halsa *verb* swig
halsband -et = necklace
halsbränna -n heartburn
halsduk -en -ar scarf (pl. scarfs el.
scarves)
halsfluss -en -er tonsillitis
halshugga *verb* behead
halsont, *ha* ~ have* a sore
throat
halstablett -en -er throat
lozenge
halstra *verb* grill
1 halt -en -er andel content
2 halt *adj* lame
halta *verb* limp
halv *adj* half; *betala* ~ *avgift*
pay* half the price; *i en och
en* ~ *timme* for an hour and
a half; ~ *sju* half past six
halv|a -an -or half (pl. halves)
halvautomatisk *adj* semi-
-automatic

halv|bror -brodern -bröder half-
-brother
halvera *verb* halve
halvfabrikat -et = semimanu-
factured article
halvlek -en -ar half (pl. halves)
halvljus -et =, *köra på* ~ drive*
with one's low beams on
halvmån|e -en -ar half-moon
halvpension -en -er half board
and lodging
halvsyst|er -ern -rar half-sister
halvtid -en -er half-time
halvtimm|e -en -ar half-hour
halvvägs *adv* half-way
halvår -et =, *ett* ~ six months
halvädelsten -en -ar semipre-
cious stone
halvö -n -ar peninsula
Hamburg Hamburg
hamburgare -n = hamburger
hammare -n = hammer
hammock -en -ar hammock
hamn -en -ar hamnstad port;
anläggning harbor
hamna *verb* end up
hamn|stad -staden -städer port
hamra *verb* hammer, pound
hamst|er -ern -rar hamster
hamstra *verb* hoard
han *pron* he
hand -en händer hand; *ha* ~ *om*
be* in charge of; *ta* ~ *om*
take* care of; *för* ~ by hand
handarbete -t -n needlework
handbagage -t hand-luggage

hand|bok -boken -böcker hand-
book
handboll -en handball
handbroms -en -ar handbrake
handduk -en -ar towel
handel -n trade
handfat -et = washbasin
handflat|a -an -or palm
handfull, *en* ~ a pocketful of;
en ~ *åskådare* a handful of
onlookers
handgjord *adj* hand-made
handikapp -et = handicap
handikappad *adj* disabled,
physically challenged
handla *verb* **1** göra affärer
trade; ~ *mat* buy* food
2 bete sig act **3** *det handlar
om...* it is about...
handlag -et knack; *ha gott* ~
med barn be* good with
children
handlande -t actions, conduct
handled -en -er wrist
handling -en -ar **1** agerande
action **2** i bok, film etc. story,
plot **3** dokument document
handpenning -en -ar deposit,
down payment
handskas *verb*, ~ *med* handle
handsk|e -en -ar glove
handskfack -et = glove
compartment
handsknumm|er -ret = size in
gloves
handskriven *adj* handwritten
handstil -en -ar handwriting

handsydd *adj* om plagg hand-
-made
handtag -et = handle
handväsk|a -an -or handbag,
purse
han|e -en -ar o. **hann|e** -en -ar
male
hans *pron* his
hantera *verb* handle, cope
hantverk -et = handicraft
hantverkare -n = craftsman (pl.
craftsmen)
har|e -en -ar hare; ynkrygg
coward
harkla *verb*, ~ *sig* clear one's
throat
harmoni -n -er harmony
harmonisk *adj* harmonious
harp|a -an -or harp
hasa *verb* slide; ~ *ner* om
strumpa o.d. slip down
hasardspel -et = gamble
hasch -en (-et) vard. hash
hasselnöt -en -ter hazelnut
hast -en hurry; *i all* ~ in great
haste
hastig *adj* rapid
hastighet -en -er speed
hastighetsbegränsning -en -ar
speed limit
hastighetsmätare -n = speed-
ometer
hat -et hate
hata *verb* hate
hatt -en -ar hat
hav -et = sea; större ocean
Hawaii Hawaii

haveri -et -er skeppsbrott ship-
wreck; om motor o.d. break-
down
havre -n oats
havregryn pl. oatmeal
havsabborr|e -en -ar sea bass
havskatt -en -er catfish
havskräft|a -an -or Norway
lobster
hed -en -ar moor
heder -n honor
hederlig *adj* honest
hedersgäst -en -er guest of
honor
hedning -en -ar heathen
hedra *verb* honor
hej *interj* hello!; vard. hi!; ~
då! bye-bye!
heja I *interj* come on!; atta-
boy!, attagirl! **II** *verb*, ~ *på*
ngn say* hello to sb.; hålla på
root for sb.
hejda *verb* stop
hektar -et (-en) = hectare
hektisk *adj* hectic
hekto -t = o. **hektogram** -met =
hectogram
hel *adj* whole
hela *verb* heal
helautomatisk *adj* fully auto-
matic
helförsäkring -en -ar compre-
hensive damage insurance
helg -en -er weekend
helgdag -en -ar holiday
helgon -et = saint
helhet -en -er whole

helig *adj* holy
helikopt|er -ern -rar helicopter; vard. chopper
heller *adv* either; *det vill inte jag* ~ I don't want to either
helljus -et =, *köra på* ~ drive* with one's high beams on
hellre *adv* rather; *jag skulle* ~ *vilja ha...* I would prefer...
helnykterist -en -er teetotaller
helomvändning -en -ar, *göra en* ~ do* a complete about-face
helpension -en -er full board and lodging
helsid|a -an -or full page
Helsingfors Helsinki
helst *adv* preferably; ~ *skulle jag vilja åka tillbaka* I would prefer to return; *vad som* ~ anything; *vem som* ~ anybody
helt *adv* completely
heltid -en -er full-time
heltidsanställd *adj, vara* ~ be* employed full-time
heltäckningsmatt|a -an -or wall-to-wall carpet
helvete -t -n hell
hem -met = home; *komma* ~ come* home
hembakad *adj* home-made
hembiträde -t -n maid
hembygd -en -er, *i min* ~ where I come from
hemförsäkring -en -ar comprehensive household insurance; vard. home insurance

hemgjord *adj* home-made
hemifrån *adv* from home
heminredning -en -ar interior decoration
hemkomst -en -er homecoming
hemlagad *adj* home-made; ~ *mat* home cooking
hem|land -landet -länder native country
hemlig *adj* secret
hemlighet -en -er secret
hemlighetsfull *adj* förtegen secretive
hemlängtan en ~, best. form = homesickness
hemlös *adj* homeless
hemma *adv* at home; *är John* ~? is John at home?; ~ *hos oss* at our place
hemmafru -n -ar housewife (pl. housewives)
hemma|man -mannen -män husband staying at home
hemmastadd *adj* at home
hemorrojder pl. hemorrhoids
hemort -en -er stad home town; mer formellt home of record
hemres|a -an -or journey home
hemsk *adj* ghastly
hemslöjd -en handicraft
hemspråk -et = ung. home language
hemtrakt -en -er, *i min* ~ where I come from
hemtrevlig *adj* cosy
hemväg -en way home
hemåt *adv* homewards

henne *pron* her

hennes *pron* her; *den är* ~ it's hers

hepatit -en -er hepatitis

Hercegovina Herzegovina

herd|e -en -ar shepherd

heroin -et heroin

herr -n -ar i tilltal el. titel Mr.

herrbyxor pl. men's pants (trousers)

herrcyk|el -eln -lar man's bicycle

herr|e -en -ar gentleman (pl. gentlemen); ~ *gud!* good heavens!, good grief!

herrfrisering -en -ar barber shop; finare men's hairdresser

herrgård -en -ar manor

herrkläder pl. men's clothes

herrkonfektion -en -er men's clothing

herrskap -et =, *herrskapet Berg* Mr. and Mrs. Berg

herrsko -n -r man's shoe

herrtoalett -en -er men's room; vard. gents

hertig -en -ar duke

hertiginn|a -an -or duchess

hes *adj* hoarse

het *adj* hot

heta *verb* be* called; *vad heter hon?* what is her name?

hets -en förföljelse persecution; jäkt bustle

hetsa *verb* rush

hetsig *adj* hot-tempered

hetta I -n heat II *verb,* ~ *till* become* heated; ~ *upp* heat

hibiskus -en -ar hibiscus

hicka I -n hiccup II *verb* hiccup

hierarki -n -er hierarchy

him|mel -len -lar sky; himmelrike heaven

hind|er -ret = obstacle

hindra *verb* prevent

hindu -n -er Hindu

hinduism -en Hinduism

hingst -en -ar stallion

hink -en -ar bucket, pail

1 hinna *verb, om jag hinner* if I get time; ~ *fram* arrive in time; ~ *med disken* get* the dishes done; ~ *med tåget* catch* the train

2 hinn|a -an -or tunt skikt film

hiss -en -ar elevator

hissa *verb* hoist

histori|a -en (-an) -er history; berättelse story

historisk *adj* **1** som hör historien till historical **2** *ett historiskt ögonblick* a historic moment

1 hit *adv* here

2 hit -en -ar populär låt hit

hitta *verb* **1** find*; ~ *på en historia* make* up a story; *vad ska vid ~ på att göra?* what are we going to do? **2** finna vägen find* the (my etc.) way

hittegods -et lost property; expedition o.d. lost-and-found

hittelön -en reward
hittills *adv* up to now
hitåt *adv* in this direction
HIV oböjl. (förk. för *humant immunbristvirus*) HIV (förk. för human immunodeficiency virus)
hjort -en -ar deer (pl. lika)
hjortron -et = cloudberry
hjul -et = wheel
hjälm -en -ar helmet
hjälp -en help; *tack för hjälpen!* thanks for the help!
hjälpa *verb* help; ~ *till* help out
hjälplös *adj* helpless
hjälpmed|el -let = aid
hjält|e -en -ar hero (pl. heroes)
hjältinn|a -an -or heroine
hjärn|a -an -or brain
hjärnblödning -en -ar cerebral hemorrhage
hjärnskakning -en -ar concussion
hjärntvätta *verb* brainwash
hjärta -t -n heart
hjärtattack -en -er heart attack
hjärter -n = i kortspel hearts
hjärtfel -et = heart disease; vard. weak heart
hjärtinfarkt -en -er heart attack
hjärtklappning -en -ar palpitation
hjärtlig *adj* hearty; *hjärtliga gratulationer!* Many happy returns!; *hjärtliga hälsningar* all our best

hjärtlös *adj* heartless
ho -n -ar sink
hobby -n -er hobby
hockey -n hockey
Holland Holland
holländare -n = Dutchman (pl Dutchmen)
holländsk *adj* Dutch
holländsk|a -an **1** pl. -or kvinna Dutch woman (pl. women) **2** språk Dutch
holm|e -en -ar islet, small island
homeopat -en -er homeopath
homosexuell *adj* homosexual; vard. gay
hon *pron* she
hon|a -an -or female
honom *pron* him
honung -en honey
hop -en -ar crowd
hopfällbar *adj* collapsible
1 hopp -et förtröstan hope
2 hopp -et = språng jump
hoppa *verb* jump; ~ *av* jump off; bildligt quit; ~ *över ngt* bildligt skip sth.
hoppas *verb* hope
hoppfull *adj* hopeful
hopplös *adj* hopeless
hopprep -et = jump rope
hor|a -an -or whore
horisont -en -er horizon
hormon -et -er hormone
horn -et = horn
hornhinn|a -an -or cornea
horoskop -et = horoscope
hos *prep*, *hemma* ~ *mig* at my

place; *bo ~ ngn* stay with
sb.; *sätt dig ~ mig!* sit by me!
hosta I -n cough **II** *verb* cough
hostmedicin -en -er cough
medicine
hot -et = threat
hota *verb* threaten
hotande *adj* threatening
hotell -et = hotel
hotelldirektör -en -er hotel
manager
hotellrum -met = hotel room
hotelse -n -r threat
hotfull *adj* threatening
1 hov -en -ar på djur hoof (pl.
hoofs el. hooves)
2 hov -et = hos kung court
hovmästare -n = head waiter,
maitre d'hôtel
hud -en -ar skin
hudkräm -en -er skin cream
hugga *verb* **1** med verktyg cut*;
~ ved chop wood; *~ av* cut*
off; *~ ner ett träd* cut* down
a tree **2** om hund, fisk bite*;
om orm strike **3** *~ tag i* grab
huggorm -en -ar viper; vard.
poisonous snake
huk, *sitta på ~* squat
huka *verb,* *~ sig* crouch
huml|a -an -or bumble-bee
humle -n (-t) hops
hummer -n humrar lobster
humor -n humor
humoristisk *adj* humorous
humör -et = temper; *vara på
dåligt ~* be* in a bad mood;

vara på gott ~ be* in a good
mood
hund -en -ar dog
hundra *räkn* hundred
hundradel -en -ar hundredth
hundralapp -en -ar one-
-hundred-krona note
hundratal -et =, *ett ~
människor* some one hun-
dred people
hundratals *adv* hundreds of
hundraårig *adj* hundred-
-year-old
hundraåring -en -ar centenarian
hundvalp -en -ar puppy
hunger -n hunger
hungersnöd -en famine
hungrig *adj* hungry
hunsa *verb,* *~ ngn* bully sb.
hur *adv* how; *~ då?* how?; *~
sa?* what did you say?; *~ det
än går* whatever happens
hurra I *interj* hurrah! **II** *verb*
cheer
hurtig *adj* hearty
hus -et = house; *var håller han
~?* where is he?
husdjur -et = domestic animal
husgeråd pl. household uten-
sils
hushåll -et = household
hushålla *verb* keep* house; *~
med* be* economical with
hushållersk|a -an -or house-
keeper
hushållsarbete -t -n housework

hushållspapper -et paper towel; rulle roll of paper towels
huslig *adj* domestic
husläkare -n = family doctor
husmanskost -en plain food, country cooking
hus|mor -modern -mödrar housewife (pl. housewives); på internat matron
huss|e -en -ar master
hustru -n -r wife (pl. wives)
husvagn -en -ar trailer; större camper
huttra *verb* shiver
huv -en -ar hood
huv|a -an -or hood
huvud -et -en head
huvudbonad -en -er headgear
huvudbyggnad -en -er main building
huvudgat|a -an -or main street
huvudingång -en -ar main entrance
huvudkudd|e -en -ar pillow
huvudled -en -er major road
huvudperson -en -er key person; i roman o.d. protagonist
huvudroll -en -er leading role
huvudrätt -en -er main course
huvudsak -en -er main thing; *huvudsaken är att hon är nöjd* the most important thing is that she is satisfied
huvudsakligen *adv* mostly
huvud|stad -staden -städer capital

huvudvärk -en headache
huvudvärkstablett -en -er pain-reliever, pain-killer
hy -n complexion; hud skin
hyacint -en -er hyacinth
hyckla *verb* sham
hyckleri -et -er hypocrisy
hydd|a -an -or hut
hyen|a -an -or hyena
hyfsad *adj* decent
hygglig *adj* decent
hygien -en hygiene
hygienisk *adj* hygienic
1 hyll|a -an -or shelf (pl. shelves)
2 hylla *verb* congratulate
hyllning -en -ar congratulations
hyls|a -an -or case
hypnos -en -er hypnosis
hypnotisera *verb* hypnotize
hypotes -en -er hypothesis (pl. hypotheses)
hyr|a I -an -or rent **II** *verb* rent; ~ *ut* hire out
hyrbil -en -ar rental car
hyresgäst -en -er tenant; inneboende roomer
hyreshus -et = apartment house
hyresvärd -en -ar landlord
hysa *verb* **1** inhysa house **2** känna entertain; ~ *agg mot ngn* have* a grudge against sb.
hyss -et =, *ha ~ för sig* be* up to mischief
hysterisk *adj* hysterical
hytt -en -er cabin

hyttplats -en -er berth
hyvla *verb* plane
hål -et = hole
hål|a -an -or cave
håll -et = **1** riktning direction
2 avstånd distance; *på långt* ~
in the distance; *på nära* ~
close by, up close **3** smärta i
sidan stitch
hålla *verb* **1** med handen hold*
2 bibehålla keep*; ~ *till höger*
keep* to the right; ~ *fast vid*
ngt hold* on to sth.; ~ *kvar*
ngn keep* sb.; ~ *med* agree
with; ~ *på med ngt* be* busy
with sth. **3** vara stark nog last;
inte spricka not break
hållbar *adj* durable; om t.ex.
teori valid
hållfast *adj* strong
hållning -en -ar **1** kroppshållning
posture **2** inställning attitude
hållplats -en -er stop
hån -et scorn
håna *verb* make* fun of,
mock
hånfull *adj* scornful
hånle *verb* sneer
hår -et = hair
hårbalsam -en (-et) -er condi-
tioner
hårborst|e -en -ar hairbrush
hårborttagningsmed|el -let =
hair remover
hård *adj* hard; *vara ~ i magen*
be* constipated
hårddisk -en -ar hard disk

hårdhet -en -er hardness
hårdhänt *adj* rough
hårdkokt *adj* hard-boiled
hårdnackad *adj* stubborn
hårdsmält *adj* indigestible
hårfrisör -en -er hairdresser
hårfrisörsk|a -an -or hairdresser
hårfön -en -ar blow-drier
hårgelé -n (-et) -er hair gel
hårig *adj* hairy
hårmousse -n -r styling mousse
hårnål -en -ar hairpin
hårschampo -t -n shampoo
hårspray -en -er o. **hårsprej** -en
-er hair spray
hårspänne -t -n hairslide
hårstrå -et -n hair
hårt *adv*, *hon tog det* ~ she
took it hard
hårtork -en -ar hair drier
håv -en -ar bag net
häck -en -ar hedge
häcklöpning -en -ar hurdles
häfta *verb* staple; ~ *ihop ngt*
fasten sth. together
häftapparat -en -er stapler
häfte -t -n booklet
häftig *adj* violent
häftklam|mer -mern -rar staple
häftplåst|er -ret = band-aid
häftstift -et = thumbtack
hägg -en -ar bird cherry
hägring -en -ar mirage
häkta *verb* **1** fästa hook
2 verkställa häktning av indict
häkte -t -n arrest
häl -en -ar heel

häleri -et -er receiving stolen property
häll -en -ar **1** berghäll flat rock **2** på spis top
hälla verb pour; ~ ngt i ngt pour sth. into sth.; ~ ut throw* away
hälleflundr|a -an -or halibut
1 hälsa -n health
2 hälsa verb greet; ~ på ngn say* hello to sb.; ~ till honom från mig give* him my regards
hälsen|a -an -or Achilles' tendon
hälsning -en -ar greeting
hälsokontroll -en -er check-up
hälsokost -en health foods
hälsokostaffär -en -er health--food store
hälsosam adj healthy
hälsoskäl -et =, av ~ for reasons of health
hälsovård -en hygiene
hämnas verb revenge; ~ på ngn take* revenge on sb.
hämnd -en revenge
hämningslös adj uninhibited
hämta verb **1** get*; om hund fetch; avhämta collect **2** ~ sig recover
hända verb happen; ~ ngn happen to sb.
händels|e -en -er **1** occurrence **2** av en ~ by chance
händelselös adj uneventful
händelserik adj eventful

händig adj handy
hänföra verb fascinate
hänga verb **1** hang; ~ upp sig get* stuck **2** ~ ihop med ngt höra ihop med be* connected with sth.
hängare -n = hanger
hängiven adj devoted
hänglås -et = padlock
hängmatt|a -an -or hammock
hängslen pl. suspenders
hängsmycke -t -n pendant
hänseende -t -n respect
hänsyn -en = consideration; ta ~ till ngt take* sth. into consideration
hänsynsfull adj considerate
hänsynslös adj ruthless
hänvisa verb, ~ till refer to
hänvisning -en -ar reference
häpen adj amazed
här adv here
härifrån adv from here
härigenom adv in this way
härja verb ravage; väsnas carry on
härkomst -en origin
härlig adj wonderful
härma verb imitate
härmed adv with these words
häromdagen adv the other day
härska verb rule; regera reign
härskare -n = ruler
härsken adj rancid
härstamma verb, ~ från come* from

härv|a -an -or tangle
häst -en -ar horse; schackpjäs
   knight
hästhov -en -ar blomma colts-
   foot
hästkapplöpning -en -ar
   horse-race
hästkraft -en -er horsepower
   (pl. lika)
hästkött -et horse meat
hästsko -n -r horseshoe
hästsport -en -er equestrian
   sports
hästsvans -en -ar horse's tail;
   frisyr pony-tail
häva *verb* **1** stoppa annul
   2 lyfta heave
hävda *verb* assert; ~ *sig* assert
   oneself
häx|a -an -or witch
hö -et hay
höft -en -er **1** hip **2** *på en* ~
   roughly
1 hög -en -ar heap
2 hög *adj* **1** high; lång tall
   2 om ljud loud
höger *adj* o. *adv* right; *till* ~ to
   the right; *på* ~ *sida om...* to
   the right of...
högerhänt *adj* right-handed
högerparti -et -er right-wing
   party
högerregel -n right-of-way for
   traffic from the right
högertrafik -en right-hand
   traffic

högform, *vara i* ~ be* in great
   form
högfärd -en pride
högfärdig *adj* stuck-up
höghus -et = high-rise
högklackad *adj* high-heeled
högkonjunktur -en -er boom
högkvarter -et = headquarters
   (pl. lika)
högljudd *adj* loud
högmod -et pride
högmäss|a -an -or morning
   service; katolsk high mass
högre *adj* o. *adv* higher
högröstad *adj* loud-voiced
högskol|a -an -or college;
   university
högsommar -en högsomrar the
   middle of the summer
högst I *adj* highest **II** *adv*
   highest; ~ *upp* at the top; ~
   fem personer five people at
   most
högstadi|um -et -er upper level
   of compulsory school; ung.
   junior high school
högstbjudande *adj, den* ~ the
   highest bidder
högsäsong -en -er peak season
högtalare -n = loudspeaker
högtid -en -er festival
högtidlig *adj* solemn
högtrafik -en peak traffic; vard.
   rush-hour
högtryck -et = high pressure;
   väder high
höja *verb* raise; ~ *sig* rise

höjd -en -er height; kulle hill; *det är höjden av fräckhet* that's the height of insolence; *på sin ~* no more than
höjdhopp -et = high jump
höjdpunkt -en -er climax
höjning -en -ar increase
hök -en -ar hawk
hön|a -an -or hen
höns -et = fowl
höra verb **1** hear*; *få ~ ngt* learn sth.; *~ talas om ngt* hear* of sth.; *jag hör av mig* I'll be in touch; *~ sig för* make* inquiries **2** *~ hemma* belong; *det hör inte hit* that's beside the point
hörapparat -en -er hearing aid
hörbar *adj* audible
hörhåll, *inom ~* within earshot
hörlurar pl. earphones
hörn -et = corner
hörn|a -an -or corner
hörsal -en -ar lecture hall
hörsel -n hearing
hörselskadad *adj* hearing--impaired; vard. partially deaf
hösnuva -n hay-fever
höst -en -ar fall, autumn; *i ~* this fall; *i höstas* last fall; *på hösten* in the fall
höstdagjämning -en -ar autumnal equinox
hösttermin -en -er fall semester
hövlig *adj* polite

I

1 I i-et i-n bokstav i [utt. aj]
2 I *prep* in; *i ett hörn* in a corner; *i New York* in New York; *i Globen* at the Globe Arena; *hålla ngn i handen* hold* sb. by the hand; *hoppa i vattnet* jump into the water; *professor i fysik* professor of physics
Ibiza Ibiza
ibland *adv* sometimes
icke-rökare -n = non-smoker
idag *adv* today
ide -t -n winter quarters; *gå i ~* go* into hibernation
idé -n -er idea; *det är ingen ~* there's no point in it
ideal -et = ideal
idealisk *adj* ideal
identifiera *verb* identify
identisk *adj* identical
identitet -en -er identity
identitetskort -et = identification card, ID card
idiot -en -er idiot
idiotisk *adj* idiotic
idissla *verb* chew the cud
ID-kort -et = ID card, identification card
idol -en -er idol
idrott -en -er sports
idrotta *verb* go* in for sports

idrottsgren -en -ar sport
idrotts|man -mannen -män
sportsman (pl. sportsmen);
friidrottare athlete
idrottsplats -en -er sports field
idrottstävling -en -ar athletic
contest; friidrottstävling track
meet
idyll -en -er idyll
idyllisk adj idyllic
ifall konj if
ifatt adv, komma ~ catch* up
with
ifrågasätta verb question
ifrån I prep, vara ~ sig be*
beside oneself **II** adv away
igelkott -en -ar hedgehog
igen adv **1** en gång till again
2 tillbaka back
igenom prep o. adv through
igloo -n -r (-s) igloo
ignorera verb ignore
igång se i gång under gång
igår adv yesterday; ~ morse
yesterday morning; ~ kväll
last night
ihjäl adv, frysa ~ freeze to
death; slå ~ ngn kill sb.
ihop adv tillsammans together
ihåg adv, komma ~ remember
ihålig adj hollow
ihållande adj continuous; ~
regn a steady downpour
ikapp adv, hinna ~ catch* up
with
ikväll adv this evening,
tonight

i-land -et i-länder developed
country
illa adv badly; göra sig ~ hurt
oneself; tala ~ om ngn
speak* ill of sb.
illamående I -t indisposition,
nausea **II** adj, känna sig ~
feel* sick to one's stomach
illegal adj illegal
illojal adj disloyal
illusion -en -er illusion
illustration -en -er illustration
illustrera verb illustrate
ilska -n anger
ilsken adj angry; vard. mad
imitation -en -er imitation
imitera verb imitate
imma -n mist
immigrant -en -er immigrant
immigrera verb immigrate
immun adj immune
imorgon adv tomorrow; ~
kväll tomorrow night
imorse adv this morning
imperi|um -et -er empire
imponera verb, ~ på impress
imponerande adj impressive
impopulär adj, ~ bland
unpopular with
import -en -er import; varor
imports
importera verb import
impregnera verb waterproof,
make* waterproof
impressionism -en impres-
sionism

improvisation -en -er improvisation
improvisera *verb* improvise
impuls -en -er impulse
impulsiv *adj* impulsive
in *adv* in; ~ *i* into; ~ *genom* through
inackordering -en -ar inhysning room and board
inaktuell *adj* out of date
inandas *verb* breathe in
inatt *adv* föregående last night; kommande tonight
inbegripa *verb* comprise
inbetalning -en -ar payment
inbetalningskort -et = payment form
inbilla *verb*, ~ *sig* imagine
inbillning -en -ar imagination
inbjuda *verb* invite
inbjud|an en ~, pl. -ningar invitation
inblandad *adj* involved
inblick -en -ar insight
inbrott -et = burglary
inbrottstjuv -en -ar burglar
inbunden *adj* **1** om bok bound **2** om person reserved
inbördes I *adj* mutual **II** *adv* mutually
inbördeskrig -et = civil war
incest -en -er incest
incheckning -en -ar checking-in
incheckningsdisk -en -ar check-in counter
indelning -en -ar division
index -et = index

indian -en -er Indian; i USA Native American
indicier pl. circumstantial evidence
Indien India
indier -n = Indian
indikation -en -er indication
indisk *adj* Indian
indisk|a -an -or kvinna Indian woman (pl. women)
Indiska oceanen the Indian Ocean
individ -en -er individual
individuell *adj* individual
Indonesien Indonesia
industri -n -er industry
industriarbetare -n = industrial worker
industri|land -landet -länder industrialized country
ineffektiv *adj* inefficient
infall -et = idea; nyck whim
infarkt -en -er infarct
infart -en -er approach
infekterad *adj* infected
infektion -en -er infection
inflammation -en -er inflammation
inflammerad *adj* inflamed
inflation -en -er inflation
influensa -an -or influenza; vard. the flu
inflytande -t -n influence
inflytelserik *adj* influential
information -en -er information
informell *adj* informal

Informera *verb*, ~ *om* inform
of
infödd *adj* native
inföding -en -ar native
inför *prep* before, for; ~ *rätten*
before the court; *förbereda*
sig ~ *ett möte* prepare for a
meeting; *plugga* ~ *en tenta*
study for a test
införa *verb* introduce
inga se *ingen*
ingefära -n ginger
ingen (*inget, inga*) *pron* no,
nobody; *det kom inget brev*
there was no letter; *inga*
vänner no friends; ~ *kom* no
one came; *jag hittade inga* I
didn't find any; ~ *orsak!*
don't mention it!
ingenjör -en -er engineer
ingenstans *adv* nowhere
ingenting *pron* nothing
inget se *ingen* o. *ingenting*
ingrediens -en -er ingredient
ingrepp -et =, *kirurgiskt* ~
operation
ingripa *verb* intervene
ingripande -t -n intervention
ingå *verb*, ~ *i* inbegripa be*
included in
ingående I *adj* thorough
II *adv* thoroughly
ingång -en -ar entrance
inhemsk *adj* domestic
inifrån *prep* o. *adv* from
within, from inside
initiativ -et = initiative

injektion -en -er injection
injicera *verb* inject
inklusive *prep* including
inkompetent *adj* incompetent
inkomst -en -er income; *stora*
inkomster a large income
inkonsekvent *adj* inconsistent
inkräkta *verb*, ~ *på* encroach
on
inkräktare -n = intruder
inkvartera *verb* accommodate
inkvartering -en -ar accommo-
dation
inköp -et = purchase
inleda *verb* begin*
inledning -en -ar beginning
innan *konj* o. *prep* before
innanför *prep* inside
inne *adv* in; inomhus indoors
innebära *verb* mean*
innebörd -en -er meaning
innehavare -n = owner
innehåll -et = contents
innehålla *verb* contain
innerst *adv*, ~ *inne* deep
down
innersta *adj* innermost
inner|stad -staden (-stan) -städer,
Stockholms ~ central Stock-
holm
inofficiell *adj* unofficial
inom *prep* within
inomhus *adv* indoors
inre *adj* inner, inside
inreda *verb* decorate
inredning -en -ar decoration
inres|a -an -or entry

inresetillstånd -et = entry permit
inrikes I adj domestic **II** adv within the country
inrikesflyg -et domestic aviation; flygningarna domestic flights
insamling -en -ar collection
insats -en -er **1** lös del inset **2** i spel stake **3** prestation achievement
insatslägenhet -en -er condominium; vard. condo
inse verb realize
insekt -en -er insect; vard. bug
insektsmed|el -let = insecticide; i sprejburk, vard. bug bomb
insid|a -an -or inside
insikt -en -er, ~ i knowledge of
insistera verb insist
insjukna verb fall* ill
insjö -n -ar lake
inskrivning -en -ar enrollment
inskränka verb restrict
inskränkning -en -ar restriction
inspektera verb inspect
inspektion -en -er inspection
inspelning -en -ar recording
inspiration -en -er inspiration
inspirera verb inspire
installera verb install
instinkt -en -er instinct
institut -et = institute
institution -en -er institute; samhällsinstitution institution; på t.ex. universitet department

instruera verb instruct
instruktion -en -er instruction
instruktions|bok -boken -böcker manual
instruktör -en -er instructor
instrument -et = instrument
instrumentbräd|a -an -or dashboard
inställd adj, vara ~ på ngt be* prepared for sth.
inställning -en -ar **1** av apparat o.d. adjustment **2** attityd attitude
instämma verb, ~ i ngt agree to sth.
instängd adj shut in
inta verb **1** äta have* **2** erövra conquer
intagning -en -ar till kurs, skola etc. admission
inte adv not; ~ alls not at all; oroa dig ~ don't worry; ~ längre no longer
intellektuell adj intellectual
intelligens -en -er intelligence
intelligent adj intelligent
intensiv adj intense
intensivvård -en intensive care
interiör -en -er interior
internationell adj international
internatskol|a -an -or boarding school
interrailkort -et = Interrail pass
intervju -n -er interview
intervjua verb interview
intill I prep next to **II** adv, i

rummet ~ in the adjoining room; *vi bor alldeles* ~ we live next door
intim *adj* intimate
intolerant *adj* intolerant
intressant *adj* interesting
intresse -t -n interest
intressera *verb* interest
intresserad *adj*, ~ *av* interested in
intrig -en -er intrigue
introducera *verb* introduce
introduktion -en -er introduction
intryck -et = impression
inträde -t -n entrance; tillträde admission
inträdesavgift -en -er entrance fee; på nattklubb o.d. cover charge
inträdesbiljett -en -er admission ticket
inträffa *verb* happen
intuition -en -er intuition
intyg -et = certificate
intyga *verb* certify
inuti *adv* o. *prep* inside
invadera *verb* invade
invalid -en -er disabled person
invalidiserad *adj* disabled
invandrare -n = immigrant
invandring -en -ar immigration
invasion -en -er invasion
inventering -en -ar inventory
inverka *verb*, ~ *på* influence
inverkan en ~, best. form = influence

investera *verb* invest
inviga *verb* **1** t.ex. byggnad inaugurate; t.ex. utställning open **2** göra förtrogen initiate
invigning -en -ar inauguration
invånare -n = inhabitant
invända *verb*, ~ *mot* object to
invändig *adj* internal
invändning -en -ar objection
invärtes I *adj* internal; *för* ~ *bruk* for internal use **II** *adv* inwardly
inåt I *prep* into **II** *adv* inwards
inälvor pl. intestines; vard. guts
Irak Iraq
Iran Iran
iris -en -ar iris
Irland Ireland
irländare -n = Irishman (pl. Irishmen)
irländsk *adj* Irish
irländsk|a -an **1** pl. -or kvinna Irishwoman (pl. Irishwomen) **2** språk Irish
ironi -n -er irony
ironisk *adj* ironic
irra *verb*, ~ *omkring* wander about
irritation -en -er irritation
irritera *verb* irritate
is -en -ar ice
isbit -en -ar piece of ice; i drink ice cube
isbjörn -en -ar polar bear
ischias -en sciatica
isglass -en -ar popsicle
ishockey -n ice hockey

iskall *adj* ice-cold
islam oböjl. Islam
Island Iceland
isländsk *adj* Icelandic
isländsk|a -an **1** pl. -or kvinna
Icelandic woman (pl. women)
2 språk Icelandic
islänning -en -ar Icelander
isolera *verb* **1** avskilja isolate
2 med isoleringsmaterial insulate
isolering -en -ar **1** avskiljning
isolation **2** med isoleringsmate-
rial insulation
Israel Israel
isvatt|en -net = ice-water
isär *adv* apart; *ta ~ ngt* take*
sth. to pieces
Italien Italy
italienare -n = Italian
italiensk *adj* Italian
italiensk|a -an **1** pl. -or kvinna
Italian woman (pl. women)
2 språk Italian
itu *adv* **1** in two; *gå ~* break*,
break* in half **2** *ta ~ med
ngt* tackle sth.
iver -n eagerness
ivrig *adj* eager
iögonfallande *adj* conspicuous

J

j j-et j-n bokstav j [utt. dʒej]
ja *interj* yes; artigare yes, Sir
(resp. Madam); *~ tack* yes,
please
1 jack -et = skåra gash
2 jack -et = telefonjack jack
jack|a -an -or jacket
jag *pron* I; *det är ~* it's me
jaga *verb* hunt; *~ bort ngn*
drive* sb. away
jaguar -en -er jaguar
jaha *interj* betänksamt well; jag
förstår oh, I see
1 jakt -en -er hunting; *vara på
~ efter ngt* be* hunting for
sth.
2 jakt -en -er båt yacht
jama *verb* miaow
januari oböjl. January; *i ~* in
January
Japan Japan
japan -en -er Japanese (pl. lika)
japansk *adj* Japanese
japansk|a -an **1** pl. -or kvinna
Japanese woman (pl. women)
2 språk Japanese
jasmin -en -er jasmine
jaså *interj* oh!
jazz -en -er jazz
jazzband -et = jazz band
jazzklubb -en -ar jazz club
jeans -en = jeans

jeansskjort|a -an -or denim shirt
jeep -en -ar jeep
Jesus Jesus
jetplan -et = jet plane
jo *interj* yes; ~ *då* yes, certainly
jobb -et = job
jobba *verb* work
jobbig *adj* hard; prövande trying, tough
jod -en iodine
jogga *verb* jog
joggingsko -n -r jogging shoe
jok|er -ern -rar joker
joll|e -en -ar dinghy
jonglera *verb* juggle
jord -en -ar **1** jordklot earth; värld world **2** mark ground; jordmån soil
Jordanien Jordan
jordbruk -et = **1** verksamhet farming; mer formellt agriculture **2** gård farm
jordbrukare -n = farmer
jordbävning -en -ar earthquake
jordglob -en -er globe
jordgubb|e -en -ar strawberry
jordklot -et = earth
jordnöt -en -ter peanut
jordskred -et = landslide
jordärtskock|a -an -or Jerusalem artichoke
jour -en -er, *ha* ~ be* on duty
jourhavande *adj*, ~ *läkare* doctor on duty
jourläkare -n = doctor on duty

journal -en -er patientjournal files
journalist -en -er journalist
ju I *adv* of course; *det var* ~ *det jag sa!* that's what I said, didn't I? **II** *konj*, ~ *förr dess bättre* the sooner the better
jub|el -let rejoicing
jubile|um -et -er anniversary
jubla *verb* högljutt shout with joy
jud|e -en -ar Jew
judendom -en Judaism
judinn|a -an -or Jewish woman (pl. women)
judisk *adj* Jewish
judo -n judo
Jugoslavien Yugoslavia
juice -n -r fruit juice
jul -en -ar Christmas; *god* ~*!* Merry Christmas!; *annandag* ~ the day after Christmas; *i julas* last Christmas
julaft|on -onen -nar Christmas Eve
juldag -en -ar Christmas Day
julgran -en -ar Christmas tree
julhelg -en -er Christmas
juli oböjl. July; *i* ~ in July
julklapp -en -ar Christmas present
julkort -et = Christmas card
jullov -et = Christmas vacation
julott|a -an -or pre-dawn service on Christmas Day
julskink|a -an -or baked Christmas ham

julsång -en -er Christmas carol
jultomt|e -en -ar Santa Claus,
Santa
jumbojet -en -ar jumbo jet
jump|er -ern -rar sweater
jungfru -n -r oskuld virgin;
Jungfrun stjärntecken Virgo
juni oböjl. June; *i* ~ in June
juridik -en law
juridisk *adj* legal
jurist -en -er lawyer
jury -n -er jury
just *adv* just; ~ *nu* right now;
~ *det!* exactly!
justera *verb* adjust; protokoll
approve the minutes
justering -en -ar adjustment
juvel -en -er jewel
juvelerare -n = jeweler
juv|er -ret = udder
jägare -n = hunter
jäkt -et hurry
jäkta *verb* be* in a hurry
jäktig *adj* awfully busy
jämföra *verb* compare
jämförelse -n -r comparison
jämlik *adj* equal
jämlikhet -en equality
jämmer -n groaning
jämn *adj* even; slät smooth;
jämna pengar exact change;
det är jämnt! till kypare keep
the change!
jämna *verb*, ~ *till ngt* make*
sth. level; ~ *med marken*
level with the ground
jämnmod -et composure

jämnårig *adj*, *en* ~ *flicka* a girl
of the same age
jämra *verb*, ~ *sig* moan
jämsides *adv* side by side
jämställa *verb*, ~ *ngn med*
ngn place sb. on a par with
sb.
jämställdhet -en equality
jämt *adv* always
jämvikt -en balance
järn -et = iron
järngrepp -et = iron grip
järnhand|el -eln -lar hardware
store
järnmalm -en -er iron ore
järnvilj|a -an -or iron will, will
of iron
järnväg -en -ar railroad; *resa*
med ~ go* by train
järnvägskorsning -en -ar rail-
road crossing, RR crossing
järnvägsstation -en -er railroad
(train) station
järnvägsövergång -en -ar rail-
road crossing, RR crossing
jäsa *verb* ferment
jäsning -en -ar fermentation
jäst -en yeast
jätt|e -en -ar giant
jättelik *adj* gigantic
jävla *adj* damn

K

k k-et k-n bokstav k [utt. kej]
kabaré -n -er cabaret
kab|el -eln -lar cable
kabel-TV -n cable television
kabin -en -er cabin
kabinban|a -an -or cable car,
cable-car route
kackerlack|a -an -or cockroach;
vard. roach
kackla *verb* cackle
kafé -et -er café
kafévagn -en -ar dining-car
kaffe -t coffee; *två ~, tack!*
two coffees, please!; *en kopp*
~ a cup of coffee
kaffebryggare -n = coffee
maker
kaffebröd -et ung. cakes and
cookies
kaffebön|a -an -or coffee bean
kaffekann|a -an -or coffee pot
kaffekopp -en -ar coffee cup
kafferast -en -er coffee break
kaffeservis -en -er coffee
service
kaffesked -en -ar coffee spoon
kaj -en -er dock, wharf
kaj|a -an -or jackdaw, small
crow
kajuta -an -or cabin
kak|a -an -or cake; småkaka
cookie

kakao -n cocoa
kakel -let = tile
kakelugn -en -ar tile stove
kakform -en -ar baking mold
kaki -n tyg khaki
kaktus -en -ar cactus
kal *adj* bare
kalas -et = party
kalend|er -ern -rar calendar
kalib|er -ern -rar caliber
kalk -en kemisk förening lime; i
föda calcium
kalkon -en -er turkey
kalkyl -en -er calculation
kalkylera *verb* calculate
1 kall *adj* cold; *vara ~ om*
händerna have* cold hands
2 kall -et = kallelse calling
kalla *verb* call; *~ på hjälp* call
for help
kalldusch -en -ar cold shower;
överraskning nasty surprise
kallelse -n -r till möte o.d.
summons
kallfront -en -er cold front
kallna *verb* get* cold
kallsinnig *adj* indifferent
kallskänk|a -an -or cold-buffet
manageress
kallsup -en -ar, *få en ~* swallow
some water
kallsvettas *verb* be* in a cold
sweat
kallvatt|en -net cold water
kalops -en ung. beef stew
kalori -n -er calorie
kalsonger pl. underpants

kalv -en -ar calf (pl. calves);
 kalvkött veal
kalvkotlett -en -er veal chop
kalvkött -et veal
kalvskinn -et = calfskin
kalvstek -en -ar roast veal
kam -men -mar för hår comb
kamé -n -er cameo
kamel -en -er camel
kamer|a -an -or camera
kamin -en -er stove
kamma *verb* comb
kammare -n = chamber
kamomill -en -er chamomile
kamp -en -er fight, struggle
kampanj -en -er campaign
kamrat -en -er friend
kamratskap -en (-et) friendship
kamrer -en -er accountant; på
 bank branch manager
kana *verb* slide
Kanada Canada
kanadensare -n = Canadian
kanadensisk *adj* Canadian
kanadensisk|a -an -or kvinna
 Canadian woman (pl. women)
kanal -en -er **1** byggd canal;
 naturlig channel **2** TV-kanal
 channel
kanariefåg|el -eln -lar canary
Kanarieöarna the Canary
 Islands
kandelab|er -ern -rar candelabra
kandidat -en -er candidate
kanel -en cinnamon
kanelbull|e -en -ar ung. cinna-
 mon bun

kanin -en -er rabbit
kann|a -an -or pot; större pitcher
kannibal -en -er cannibal
kanon -en -er vapen gun, cannon
kanot -en -er canoe
kanske *adv* perhaps
kant -en -er edge
kantarell -en -er chanterelle
kantra *verb* capsize
kanvas -en -er canvas
kanyl -en -er injection needle
kaos -et chaos
1 kapa *verb* skära av cut*
2 kapa *verb* flygplan hijack
kapabel *adj* capable
kapacitet -en -er capacity
kapare -n = hijacker
kapell -et = **1** kyrka chapel
 2 orkester orchestra **3** överdrag
 cover
kapital -et = capital
kapitalism -en capitalism
kapit|el -let = chapter
kapitulera *verb* surrender
kapp|a -an -or coat
kapplöpning -en -ar race
kapplöpningsban|a -an -or
 racetrack
kapprum -met = cloakroom
kappsegling -en -ar yacht-
 -racing
kapris -en capers
kapsejsa *verb* capsize
kaps|el -eln -lar capsule
kapsyl -en -er cap, top
kapsylöppnare -n = bottle
 opener

kapten -en -er captain
kapuschong -en -er hood
kar -et = tub
karaff -en -er carafe
karakterisera *verb* characterize
karakteristisk *adj*, ~ *för* characteristic of
karaktär -en -er character
karamell -en -er candy
karantän -en -er quarantine
karat -en (-et) = carat; *18 karats guld* 18-carat gold
karate -n karate
karavan -en -er caravan
kard|a I -an -or card **II** *verb* card
kardanax|el -eln -lar drive shaft
kardemumma -n cardamom
karensdag -en -ar day of qualifying period
karg *adj* barren
karies -en caries
karikatyr -en -er caricature
karl -[e]n -ar man (pl. men); vard. guy; *en riktig* ~ a real man
karm -en -ar på stol arm; på dörr frame
karmstol -en -ar armchair
karneval -en -er carnival
kaross -en -er på bil body, chassis
karott -en -er deep dish
karrlär -en -er career
kart|a -an -or map; sjökort chart
kart|bok -boken -böcker atlas
kartlägga *verb* map; t.ex. behov survey

kartong -en -er **1** papp cardboard **2** ask carton; mindre box
karusell -en -er merry-go-round
kasino -t -n casino
kaskad -en -er cascade
kasperteat|er -ern -rar Punch and Judy show
kass|a -an -or **1** pengar money **2** kontor cashier's office; i affär check-out counter, register
kassaapparat -en -er cash register
kassa|bok -boken -böcker cashbook; *föra* ~ keep* accounts
kassakvitto -t -n receipt
kassaskåp -et = safe
kass|e -en -ar bag; av papper paper bag; av plast plastic bag
kassera *verb* discard
kassett -en -er cassette
kassettband -et = cassette tape
kassettbandspelare -n = cassette tape-recorder
kassör -en -er cashier; på bank teller; i förening treasurer
kassörsk|a -an -or i affär checkout worker (girl)
kast -et = throw
kasta *verb* throw*; ~ *sig i en bil* jump into a car; ~ *bort ngt* throw* sth. away; ~ *ut ngn* throw* sb. out; ~ *upp* kräkas vomit
kastanj -en -er chestnut
kastanjett -en -er castanet
kastrera *verb* castrate

kastrull -en -er saucepan
kastspö -et -n casting rod
katalog -en -er catalogue;
telefonkatalog directory; vard.
phone book
katarr -en -er catarrh
katastrof -en -er disaster
katastrofal *adj* disastrous
kated|er -ern -rar teacher's desk
katedral -en -er cathedral
kategori -n -er category
katolicism -en Catholicism
katolik -en -er Catholic,
Roman Catholic
katolsk *adj* Catholic
katt -en -er cat
kattung|e -en -ar kitten
kavaj -en -er jacket
kavaljer -en -er partner; vid träff
escort, date
kavalkad -en -er cavalcade
kav|el -eln -lar rolling-pin
kaviar -en caviar
kavla *verb* roll; ~ *upp*
ärmarna roll up one's sleeves
kebab -en kebab
kedj|a I -an -or chain **II** *verb*
chain
kejsardöme -t -n empire
kejsare -n = emperor
kejsarinn|a -an -or empress
kela *verb* cuddle; ~ *med ngn*
fondle sb.
kelt -en -er Celt
keltisk *adj* Celt
keltiska -n språk Celtic
kemi -n chemistry

kemikalier pl. chemicals
kemisk *adj* chemical
kemtvätt -en -ar inrättning
dry-cleaners
kenn|el -eln -lar kennel
keps -en -ar cap
keramik -en ceramics
keso® -n cottage cheese
ketchup -en ketchup
kex -et = cracker; sött wafer
kidnappa *verb* kidnap
kika *verb* peep
kikare -n = binoculars
kikhosta -n whooping-cough
kil -en -ar wedge
1 kila *verb*, ~ *fast* wedge
2 kila *verb*, *jag måste* ~ *iväg*
nu I've got to go now
kill|e -en -ar boy
killing -en -ar kid
kilo -t = kilo
kilogram -met = kilogram
kilometer -n = kilometer
kilowatt -en = kilowatt
Kina China
kind -en -er cheek
kines -en -er Chinese (pl. lika)
kinesisk *adj* Chinese
kinesisk|a -an **1** pl. -or kvinna
Chinese woman (pl. women)
2 språk Chinese
kinkig *adj* kräsen particular; om
småbarn whiny
kiosk -en -er newsstand
kirurg -en -er surgeon
kisa *verb* peer
kissa *verb* pee; barnspråk go*

wee-wee; ~ *på sig* wet
oneself
kiss|e -en -ar o. **kissekatt** -en -er
pussycat
kist|a -an -or chest; likkista
coffin, casket
kitt -et putty
kittla *verb* tickle
kittlig *adj* ticklish
kiwi -n -er o. **kiwifrukt** -en -er
kiwi, kiwi fruit
kjol -en -ar skirt
klack -en -ar heel
klacka *verb* heel
1 kladd -en -ar skriftligt utkast
rough draft
2 kladd -et kludd daub
kladda *verb* daub; ~ *ner ngt*
soil sth.
kladdig *adj* sticky
klaff -en -ar flap; hjärtklaff valve
klaga *verb*, ~ *på* complain
about
klagomål -et = complaint
klam|mer -mern -rar vid häftning
staple
klampa *verb* stomp, tramp
klamra *verb*, ~ *sig fast vid*
cling to
klang -en -er ring; ljud sound
klantig *adj* clumsy
klapp -en -ar pat
klappa *verb* pat; ~ *i händerna*
clap one's hands
klar *adj* **1** tydlig clear; *göra ngt*
klart för sig get* a clear idea

about sth. **2** färdig ready; *är*
du ~? are you ready?
klara *verb* **1** ~ el. ~ *av* lyckas
med manage; kunna hantera
handle **2** ~ *sig* reda sig
manage
klarhet -en clarity
klarinett -en -er clarinet
klarna *verb* become* clear
klarsynt *adj* clear-sighted
klarvaken *adj* wide awake
klas|e -en -ar cluster
klass -en -er class; årskurs grade;
resa i andra ~ travel second
class; *ett första klassens*
hotell a first-class hotel
klassiker -n = classic
klassisk *adj* classical
klasskamrat -en -er classmate
klassrum -met = classroom
klen *adj* sjuklig feeble; skral
poor
klenod -en -er priceless article
kleptoman -en -er klepto-
maniac
kli -et bran
klia *verb* itch; ~ *sig i huvudet*
scratch one's head
klibbig *adj* sticky
kliché -n -er cliché
klick -en -ar lump
klicka *verb* knäppa click
klient -en -er client
klimat -et = climate
klimax -en -ar climax
klinga *verb* ring
klinik -en -er clinic

klipp -et = **1** hack cut **2** vinst killing
1 klippa *verb* cut*; ~ *sig* have* one's hair cut; ~ *till ngn* hit* sb.
2 klipp|a -an -or rock; brant cliff
klippning -en -ar haircut
klirra *verb* jingle
klist|er -ret paste
klistra *verb* paste; ~ *fast ngt på ngt* stick sth. on sth.
kliva *verb*, ~ *in i* step (get*) into; ~ *på* get* on
klo -n -r claw
kloak -en -er sewer
klock|a -an -or att ringa med bell; för arm watch; väggur clock; *hur mycket är klockan?* what time is it?; *klockan är halv två* it is half past one
klockarmband -et = watchband
klockradio -n -r clock radio
klok *adj* wise; *det är ju inte klokt!* it's crazy!
klor -en chlorine
kloss -en -ar block
klost|er -ret = monastery; nunnekloster convent
klot -et = ball; bowlingklot bowl; glob globe
klott|er -ret = på vägg graffiti
klottra *verb* scrawl; på vägg draw* graffiti
klubb -en -ar club
klubb|a -an -or club
kludda *verb* daub

klump -en -ar lump
klumpig *adj* clumsy
klung|a -an -or group
klunk -en -ar gulp; av öl swig
klyft|a -an -or **1** bergsklyfta ravine **2** bit piece
klyva *verb* split
klåda -n itch
klä *verb* dress; *det klär dig* it suits you; ~ *av sig* undress; ~ *på sig* get* dressed; ~ *om* change; ~ *ut sig till* dress oneself up as
kläcka *verb* hatch
kläda se *klä*
klädaffär -en -er clothes store
klädborst|e -en -ar clothes brush
kläder pl. clothes
klädhängare -n = hanger; krok peg
klädnyp|a -an -or clothespin
klädsam *adj* becoming
kläds|el -eln -lar dress
klädskåp -et = wardrobe
klädstreck -et = clothesline
klämm|a I -an -or för papper clip **II** *verb* squeeze; ~ *fingret i* get* one's finger caught in; ~ *ut ngt ur ngt* squeeze sth. out of sth.
klänga *verb* climb
klängväxt -en -er clinging vine
klänning -en -ar dress
klättra *verb* climb
klösa *verb* scratch

klöver -n = **1** växt clover **2** i kortspel clubs
knacka *verb* knock
knaka *verb* creak; ~ *i fogarna* creak at the joints
knall -en -ar bang
1 knapp -en -ar button
2 knapp *adj* scarce; *tiden är ~* we're short on time; *en ~ kilometer* a little less than a kilometer
knappast *adv* hardly
knapphål -et = buttonhole
knappnål -en -ar pin
knappt *adv* **1** otillräckligt scantily **2** knappast hardly
knapra *verb*, ~ *på ngt* nibble at sth.
knaprig *adj* crisp
knark -et drugs; vard. dope
knarka *verb* use drugs; vard. be* on drugs
knarkare -n = drug addict
knarra *verb* creak
knastra *verb* crackle
knep -et = trick
knepig *adj* kvistig tricky
knip|a I -an -or straits; *råka i ~* get* into a tight spot **II** *verb* **1** pinch; ~ *ihop* pinch together **2** *om det kniper* in an emergency
knipp|a -an -or bunch
knipp|e -t -n bundle
kniv -en -ar knife (pl. knives)
knockout -en -er knock-out
knog|e -en -ar knuckle

knop -en **1** pl. -ar knut knot **2** pl. = hastighet knot
knopp -en -ar **1** på växt bud **2** kula knob
knott -et (-en) = insekt gnat; större black flies
knottrig *adj* rough
knubbig *adj* plump
knuff -en -ar push
knuffa *verb* push
knuffas *verb*, ~ *inte!* don't push!
knulla *verb* vulgärt fuck
knut -en -ar **1** knot **2** husknut corner
knutpunkt -en -er centrum center
knycka *verb* **1** rycka jerk **2** stjäla swipe, steal*
knysta *verb*, *utan att ~* without complaining
knyta *verb* tie; ~ *fast ngt* fasten sth.; ~ *upp ngt* untie sth.
knyte -t -n bundle
knytkalas -et = ung. covered--dish supper
knytnäv|e -en -ar clenched fist
knåda *verb* knead
knä -[e]t -n knee
knäck -en **1** pl. -ar karamell toffee **2** *det tog knäcken på mig* it nearly killed me
knäcka *verb* **1** crack **2** person break*
knäckebröd -et = ung. ryecrisp
knäpp I -en -ar click **II** *adj* tokig nuts

knäppa *verb* med knapp button up; ~ *händerna* clasp one's hands; ~ *på ngt* switch on sth.; ~ *upp ngt* unbutton sth.

knäskål -en -ar kneecap

knästrump|a -an -or knee socks

knäsvag *adj*, *känna sig* ~ feel* weak at the knees

knöl -en -ar **1** bula o.d. bump **2** person bastard

ko -n -r cow

koagulera *verb* coagulate

kock -en -ar cook

kod -en -er code

koffein -et caffeine

koffeinfri *adj* caffeine-free; vard. de-caf

koffert -en -ar trunk

ko|fot -foten -fötter crowbar

koft|a -an -or cardigan

koj -en -er kojplats berth

koj|a -an -or cabin

koka *verb* boil; ~ *kaffe* make* coffee; ~ *över* boil over

kokain -et cocaine

kok|bok -boken -böcker cookbook

kokersk|a -an -or cook

kokhet *adj* boiling hot

kokmalen *adj*, *kokmalet kaffe* granulated coffee

kokosfett -et coconut butter

kokosnöt -en -ter coconut

kokplatt|a -an -or hot plate

koksalt -et table salt

kokt *adj* boiled

kol -et (-en) = **1** bränsle coal **2** grundämne carbon

kol|a -an -or ung. butterscotch, toffee

koldioxid -en carbon dioxide

kolera -n cholera

kolhydrat -en -er carbohydrate

kolibri -n -er hummingbird

kolik -en colic

kolj|a -an -or haddock

kollaps -en -er collapse

kolleg|a -an -or colleague

kollegieblock -et = note pad

kollegi|um -et -er lärarkår staff

kollekt -en -er collection

kollektiv *adj* collective

kollektivtrafik -en public transportation

kolli -t -n piece of luggage

kollidera *verb* collide

kollision -en -er collision

kolon -et = colon

koloni -n -er colony

kolonisera *verb* colonize

kolonn -en -er column

kolossal *adj* colossal

koloxid -en carbon monoxide

kolsvart *adj* pitch-dark

kolsyra -n carbonic acid

kolsyrad *adj* carbonated

koltablett -en -er charcoal tablet

koltrast -en -ar blackbird

kolumn -en -er column

kolv -en -ar **1** i motor piston **2** på gevär butt

koma -t (-n) coma; *ligga i ~*
be* in a coma
kombination -en -er combination
kombinera *verb* combine
komedi -n -er comedy
komet -en -er comet
komiker -n = comedian
komisk *adj* rolig comic; löjlig comical
1 komma -t -n skiljetecken comma; i decimalbråk point
2 komma *verb* come*; *hur kommer det sig?* how did that happen?; *jag kommer att resa dit* I'll be going there; *~ bort* be* lost; *~ fram* anlända get* there; *hon kommer med* she is coming along; *jag kom på att mjölken är slut* it struck me that there was no milk left; *~ tillbaka* come* back; *det har han kommit över* he has gotten over that
kommande *adj* coming
kommando -t -n command
kommateck|en -net = se *1 komma*
kommendera *verb* command
kommentar -en -er comment
kommentera *verb* comment on
kommersiell *adj* commercial
kommissarie -n -r polis captain
kommitté -n -er committee

kommun -en -er municipality; vard. town, city
kommunicera *verb* communicate
kommunikation -en -er communication
kommunikationsmed|el -let = means of communication
kommunism -en Communism
kommunist -en -er Communist
kommunistisk *adj* Communist
kompakt *adj* compact
kompani -et -er company
kompanjon -en -er partner
kompass -en -er compass
kompensation -en -er compensation
kompensera *verb* compensate
kompetent *adj* competent
kompis -en -ar pal
komplement -et = complement
komplett I *adj* complete **II** *adv* completely
komplettera *verb* complete
komplex I -et = complex **II** *adj* complex
komplicera *verb* complicate
komplikation -en -er complication
komplimang -en -er compliment
komplott -en -er plot
komponera *verb* compose
komposition -en -er composition
kompositör -en -er composer

kompott -en -er compote
kompress -en -er compress
komprimera *verb* compress
kompromiss -en -er compromise
kompromissa *verb* compromise
koncentration -en -er concentration
koncentrera *verb* concentrate; ~ *sig* concentrate
koncern -en -er group
koncis *adj* concise
kondensator -n -er capacitor
kondition -en -er condition
konditori -et -er café
kondom -en -er condom; vard. rubber
konduktör -en -er conductor
konfekt -en candy
konfektion -en -er ready-to-wear clothing, off-the-rack clothing
konferencier -en -er MC (förk. för Master of Ceremonies), host
konferens -en -er conference
konferera *verb* confer
konfirmation -en -er confirmation
konflikt -en -er conflict
konfrontera *verb* confront
kongress -en -er conference
konjak -en brandy, cognac
konjunktur -en -er state of the market
konkret *adj* concrete

konkurrens -en competition
konkurrent -en -er competitor
konkurrera *verb* compete
konkurs -en -er bankruptcy; *gå i* ~ go* bankrupt
konsekvens -en -er följd consequence
konsekvent I *adj* consistent **II** *adv* consistently
konsert -en -er **1** offentligt arrangemang concert **2** musikstycke concerto
konserthus -et = concert hall
konserv -en -er canned food
konservativ *adj* conservative
konservburk -en -ar can
konservöppnare -n = can-opener
konsistens -en -er consistency
konsonant -en -er consonant
konst -en -er art
konstant *adj* constant
konstatera *verb* fastställa establish; hävda state
konstgjord *adj* artificial
konsthandlare -n = art dealer
konsthantverk -et = handicraft
konstig *adj* strange
konstläd|er -ret artificial leather
konstmuse|um -et -er art museum
konstnär -en -er artist
konstnärlig *adj* artistic
konstruera *verb* construct
konstruktion -en -er construction

konstutställning -en -ar art exhibition
konstverk -et = work of art
konståkning -en figure skating
konsul -n -er consul
konsulat -et = consulate
konsult -en -er consultant
konsultera *verb* consult
konsument -en -er consumer
konsumera *verb* consume
konsumtion -en consumption
kontakt -en -er contact; *komma i ~ med* get* into contact with
kontakta *verb* contact
kontaktlins -en -er contact lens
kontant *adj* cash; *betala ~* pay* cash
kontanter pl. ready money
kontinent -en -er continent
konto -t -n account; kreditkonto charge account
kontokort -et = credit card
kontor -et = office
kontorist -en -er office employee
kontrakt -et = contract
kontrast -en -er contrast
kontroll -en -er **1** check **2** behärskning control
kontrollera *verb* check
kontroversiell *adj* controversial
kontur -en -er outline
konung -en -ar king
konvalescent -en -er convalescent

konventionell *adj* conventional
konversation -en -er conversation
konversera *verb* converse
konvoj -en -er convoy
kooperativ *adj* co-operative
kopia -an -or copy
kopiera *verb* copy
kopieringsapparat -en -er copier
kopp -en -ar cup
koppar -n copper
koppel -let = leash; *i ~* on a leash
koppla *verb* couple; *kan ni ~ mig till...?* please connect me with...; *~ av* relax; *~ in ngt* connect sth.; *~ på ngt* switch on sth.
koppling -en -ar coupling; på bil clutch
kopplingspedal -en -er clutch pedal
korall -en -er coral
Korea Korea
koreografi -n -er choreography
Korfu Corfu
korg -en -ar basket
korint -en -er currant
kork -en -ar cork
korkmatta -an -or linoleum
korkskruv -en -ar corkscrew
korn -et **1** pl. = frö grain **2** sädesslag barley
korp -en -ar raven
korrekt *adj* correct

korrektur -et = proofs
korrespondens -en -er correspondence
korrespondent -en -er correspondent
korridor -en -er corridor; på tåg aisle
korrigera *verb* correct
korruption -en corruption
kors -et = cross; *lägga ngt i ~* cross sth.
korsa *verb* cross
korsdrag -et draft
korsett -en -er corset
Korsika Corsica
korsning -en -ar crossing
korsord -et = crossword
korsstygn -et = cross-stitch
korsteck|en -net =, *göra korstecknet* make* the sign of the cross, cross oneself
korståg -et = crusade
1 kort -et = **1** spelkort, vykort etc. card **2** foto photo
2 kort I *adj* short **II** *adv* i tidsuttryck shortly; *för att fatta mig ~* to be brief
korta *verb* shorten
kortautomat -en -er photo booth
kortbyxor pl. shorts
kortfattad *adj* brief
korthårig *adj* short-haired
kortklippt *adj*, *vara ~* wear* one's hair short
kortlek -en -ar deck of cards
kortsiktig *adj* short-term

kortslutning -en -ar short circuit
kortspel -et = card game
kortsynt *adj* short-sighted
korttelefon -en -er credit card phone
kortvarig *adj* short
kortvåg -en short wave
kortärmad *adj* short-sleeved
korv -en -ar sausage; varmkorv hot dog
Kos Kos
kosmetika -n cosmetics
koss|a -an -or cow
kost -en fare; *~ och logi* bed and board
kosta *verb* cost*; *hur mycket kostar det?* how much is it?
kostnad -en -er cost
kostym -en -er suit
kot|a -an -or vertebra
kotlett -en -er chop
kott|e -en -ar **1** cone **2** *inte en ~* no one at all
krabb|a -an -or crab
krafsa *verb* scratch
kraft -en -er styrka force; förmåga power
kraftfull *adj* powerful
kraftig *adj* powerful; stark strong
kraftlös *adj* weak
kraftverk -et = power plant
krag|e -en -ar collar
kram -en -ar hug
krama *verb* **1** omfamna hug **2** pressa squeeze

kramp -en -er cramp
kran -en -ar vattenkran o.d. tap,
faucet; lyftkran crane
krans -en -ar wreath
kranvatt|en -net tap water
kras -et crack; *gå i* ~ go* to
pieces
krasch I *interj* crash! **II** -en -er
crash
krasse -n cress; smörgåskrasse
watercress
krat|er -ern -rar crater
kratt|a I -an -or rake **II** *verb*
rake
krav -et = demand
kraxa *verb* croak
kreativ *adj* creative
kreatur -et = boskap cattle
kredit -en -er credit; *köpa ngt*
på ~ buy* sth. on credit
kreditkort -et = credit card
kremering -en -ar cremation
Kreta Crete
krets -en -ar circle
kretsa *verb* circle; ~ *kring ngt*
circle around sth.
krevera *verb* explode, burst
krig -et = war
kriga *verb* make* war
krigsfartyg -et = warship
krigsmakt -en -er armed forces
krigsutbrott -et = outbreak of
war
kriminalitet -en crime
kriminell *adj* criminal
kring *prep* **1** runt om around
2 angående about

kringgå *verb* evade
kringl|a -an -or söt twist cookie;
salt pretzel
kris -en -er crisis (pl. crises)
kristall -en -er crystal
kristallklar *adj* crystal-clear
kristallkron|a -an -or cut-glass
chandelier
kristen *adj* Christian
kristendom -en Christianity
kristid -en -er time of crisis
Kristus Christ
krit|a -an -or chalk
kritik -en criticism
kritiker -n = critic
kritisera *verb* criticize
kritisk *adj* critical
kroat -en -er Croat
Kroatien Croatia
kroatisk *adj* Croatian
kroatisk|a -an **1** pl. -or kvinna
Croatian woman (pl. women)
2 språk Croatian
krock -en -ar crash
krocka *verb* crash
krocket -en croquet
krockkudd|e -en -ar airbag
krog -en -ar restaurant
krok -en -ar hook
krokett -en -er croquette
krokig *adj* crooked
krokodil -en -er crocodile
krokus -en -ar crocus
kromosom -en -er chromosome
kron|a -an -or crown; valuta äv.
krona
kronisk *adj* chronic

kronologisk *adj* chronological
kronprins -en -ar crown prince
kronprinsess|a -an -or crown princess
kronärtskock|a -an -or artichoke
kropp -en -ar body
kroppsarbete -t -n manual labor
kroppsbyggnad -en build
kroppsdel -en -ar part of the body
kroppslig *adj* bodily
kroppsvisitera *verb* search; vard. frisk
krossa *verb* crush
krubb|a -an -or manger
krucifix -et = crucifix
kruk|a -an -or pot
krukväxt -en -er potted plant
krullig *adj* curly
krusbär -et = gooseberry
krut -et gunpowder
krux -et crux
kry *adj* well
kryck|a -an -or crutch
krydd|a I -an -or spice **II** *verb* season
kryddpeppar -n allspice
krylla *verb*, *stranden kryllade av folk* the beach was swarming with people
krympa *verb* shrink*
krympfri *adj* pre-shrunk
kryp -et = bug, insect
krypa *verb* crawl; tyst och försiktigt creep

kryphål -et = loophole
krypin -et = corner, den
krysantemum -en = chrysanthemum
kryss -et = **1** x; *sätta ett* ~ make* an x **2** vid tippning draw
kryssa *verb* **1** cruise **2** ~ *för ngt* check off sth.
kryssning -en -ar cruise
kråk|a -an -or crow
krångel -let trouble
krångla *verb* om person make* a fuss; 'klicka' go* wrong, fail to work
krånglig *adj* difficult
kräft|a -an -or crayfish; *Kräftan* stjärntecken Cancer
kräftskiv|a -an -or crayfish party
kräk -et = wretch; idiot jerk; fegis coward
kräkas *verb* vomit; vard. throw* up
kräla *verb* crawl
kräldjur -et = reptile
kräm -en -er cream
krämp|a -an -or ailment; vard. ache and pain
kränka *verb* violate
kränkning -en -ar violation
kräsen *adj* fastidious; vard. choosy
kräva *verb* demand; *det krävs god kondition* you need to be in good shape
krävande *adj* demanding

krögare -n = restaurant owner
krök -en -ar bend
kröka *verb* **1** bend **2** supa till
get* drunk
krön -et = crest
kröna *verb* crown
kub -en -er cube
Kuba Cuba
kubikmet|er -ern -rar cubic
meter
kudd|e -en -ar cushion; huvud-
kudde pillow
kugga *verb* fail; vard. flunk
kugg|e -en -ar cog
kugghjul -et = gear
kuk -en -ar vulgärt cock
kul *adj* fun
kul|a -an -or ball; klot äv. globe;
gevärskula bullet; stenkula (lek-
sak) marble; *stöta* ~ put* the
shot (weight); *börja på ny* ~
start afresh
kuliss -en -er scenery; *bakom
kulisserna* behind the scenes
1 kull -en -ar av djur litter
2 kull oböjl., *leka* ~ play tag
kull|e -en -ar hill
kullerbytt|a -an -or somersault
kulmen en ~, best. form =
culmination, peak
kulminera *verb* culminate,
peak
kulspetspenn|a -an -or ball-
point pen, ballpoint
kulsprut|a -an -or machine gun
kulstötning -en shot-put
kult -en -er cult

kultiverad *adj* cultivated
kultur -en -er culture; civilisation
civilization
kulturell *adj* cultural
kummin -en caraway
kund -en -er customer; klient
client
kung -en -ar king
kunglig *adj* royal
kunglighet -en -er royal
personage
kungöra *verb* announce
kungörelse -n -r announcement
kunna *verb* **1** 'känna till' know*
2 *kan* can; *kunde* could; *hon
kan komma* she can come;
kan han göra det? can he do
it?; *nej, det kan han inte* no,
he can't; *vi kunde göra det*
we could do it; *hon har inte
kunnat sova* she hasn't been
able to sleep; *skulle jag* ~ *få
sockret?* could you pass me
the sugar, please?; *han kan
vara riktigt trevlig* he can be
quite nice
kunnig *adj* well-informed
kunskap -en -er knowledge
kup|a -an -or globe; bikupa hive
kupé -n -er compartment
kuperad *adj* kullig hilly
kupol -en -er dome
kupong -en -er coupon
kupp -en -er coup
kur -en -er cure
kurator -n -er welfare worker
kuriositet -en -er curiosity

kurort -en -er health resort, spa
kurragömma oböjl., *leka ~* play hide-and-seek
kurs -en -er **1** course **2** växelkurs rate
kursiv -en italics
kurv|a -an -or curve
kusin -en -er cousin
kusk -en -ar driver
kuslig *adj* gruesome
kust -en -er coast
kuva *verb* subdue
kuvert -et = **1** för brev envelope **2** på bord setting, place setting
kuvös -en -er incubator
kvadrat -en -er square
kvadratmeter -n = square meter
1 kval -et = i sporter qualifying match (round)
2 kval -et = lidande suffering
kvalificerad *adj* qualified; *en ~ gissning* an educated guess
kvalifikation -en -er qualification
kvalitet -en -er quality
kvalmig *adj* inomhus stuffy; ute sultry
kvantitet -en -er quantity
kvar *adv* still there, still here; *det finns inga biljetter ~* there are no tickets left; *är det långt ~?* is there a long way to go?
kvarglömd *adj* left behind
kvarlev|a -an -or remnant

kvarn -en -ar mill
kvarskatt -en -er tax arrears; vard. back taxes
kvarstå *verb* remain
kvart -en -er (=) quarter; *om en ~* in a quarter of an hour; *i tre ~* for three quarters of an hour; *~ över tre* at a quarter past three
kvartal -et = quarter
kvarter -et = block
kvartett -en -er quartet
kvast -en -ar broom
kvav *adj* stuffy; om väder sultry; fuktig muggy
kvick *adj* nimble, quick; vitsig witty
kvickhet -en -er **1** snabbhet quickness **2** vits joke
kvickna *verb*, *~ till* come* to
kvicksilv|er -ret mercury
kvig|a -an -or heifer
kvinn|a -an -or woman (pl. women)
kvinnlig *adj* female; typisk för en kvinna feminine
kvintett -en -er quintet
kviss|a -an -or small pimple
kvist -en -ar twig
kvitt *adj* **1** *nu är vi ~* now we're even (quits) **2** *bli ~ ngt* get* rid of sth.
kvitta *verb*, *det kvittar* it is all the same
kvittens -en -er receipt
kvittera *verb* **1** sign; *kvitteras* received; *~ ut ngt* collect sth.

2 i sporter tie, score a tying goal
kvitto -t -n receipt
kvittra *verb* chirp
kvot -en -er quota
kvälja *verb* nauseate; *det kväljer mig* it makes me feel sick
kväljande *adj* nauseating
kväljningar pl. a wave of nausea (sickness); *få* ~ feel* queasy
kväll -en -ar evening; *i* ~ tonight; *i går* ~ yesterday evening; *i morgon* ~ tomorrow evening; *på kvällen* in the evening
kvällstidning -en -ar afternoon paper
kvällsöppen *adj* open in the evening
kväva *verb* choke
kväve -t nitrogen
kyckling -en -ar chicken
kyl -en -ar fridge
kyla I -n cold **II** *verb* cool
kylare -n = radiator
kylarvatt|en -net coolant
kylarvätska -n antifreeze
kyldisk -en -ar refrigerated display
kylig *adj* cool
kylskåp -et = refrigerator; vard. fridge
kypare -n = waiter
kyrk|a -an -or church
kyrkklock|a -an -or church bell

kyrkogård -en -ar cemetery; kring kyrka churchyard
kysk *adj* chaste
kyss -en -ar kiss
kyssa *verb* kiss
kåd|a -an -or resin
kåk -en -ar hus house
kål -en **1** cabbage **2** *ta* ~ *på* nearly kill
kåldolm|e -en -ar stuffed cabbage roll
kålhuvud -et -en cabbage
kål|rot -roten -rötter swede, rutabaga
kåp|a -an -or **1** för munk cowl **2** skydd cover
kår -en -er body; inom militären corps (pl. lika)
kår|e -en -ar, *det gick kalla kårar efter ryggen på mig* a cold shiver ran down my back
kåseri -et -er i tidning humorous article
kåt *adj* vulgärt horny
käck *adj* hurtig lively
käft -en -ar på djur jaws; *håll käften!* shut up!
käk -et food; *vad blir det för* ~ *i kväll?* what's for dinner tonight?
käka *verb* vard. eat*
käkben -et = jawbone
käk|e -en -ar jaw
kälk|e -en -ar toboggan
käll|a -an -or vattenkälla spring; bildligt source

källare -n = cellar; våning basement
källarmästare -n = restaurant--owner; ej ägare manager
kämpa *verb* fight
kämp|e -en -ar warrior
känd *adj* well known
kändis -en -ar celebrity
käng|a -an -or boot
känguru -n -r kangaroo
känn, *ha ngt på* ~ feel* sth. in one's bones
känna *verb* **1** förnimma feel*; ~ *sig trött* feel* tired; ~ *efter* see* if **2** vara bekant med know*; ~ *igen ngt (ngn)* recognize sth. (sb.); ~ *till ngt* know* sth.
kännare -n = connoisseur
kännas *verb* feel*; *hur känns det?* how do you feel?
kännbar *adj* noticeable
kännedom -en knowledge; *ha* ~ *om* know* about
känneteck|en -net = characteristic
känneteckna *verb* characterize
känsel -n feeling
känsl|a -an -or feeling
känslig *adj* sensitive
känslomässig *adj* emotional
känslosam *adj* emotional
käpp -en -ar stick
kär *adj* avhållen dear; *bli* ~ *i ngn* fall* in love with sb.

käring -en -ar old woman (pl. women)
kärl -et = vessel
kärlek -en -ar love
kärleksaffär -en -er love affair
kärleksfull *adj* loving
kärleksliv -et love life
kärlkramp -en vascular cramp
kärn|a -an -or i frukt el. bär seed, pit
kärnkraft -en nuclear power
kärnkraftverk -et = nuclear power plant
kärnvap|en -net = nuclear weapon
kärr -et = marsh, bog
kärr|a -an -or cart
kärv *adj* harsh
kärva *verb*, *det har kärvat till sig* things have become difficult
kärv|e -en -ar sheaf
kätting -en -ar chain
kö -n -er line
köa *verb* stand* in line, line up
kök -et = kitchen
köksmästare -n = chef
köksträdgård -en -ar kitchen garden; vard. vegetable patch
köl -en -ar keel
kölapp -en -ar number
köld -en cold
köldskad|a -an -or frostbite
kön -et = sex
könsorgan -et = sexual organ

könssjukdom -en -ar venereal
disease (förk. VD)
köp -et = purchase
köpa *verb* buy*, purchase
köpare -n = buyer
köpcentrum -et = shopping
center; inbyggt mall
köpekontrakt -et = contract of
sale
Köpenhamn Copenhagen
köpesumm|a -an -or price
köpkort -et = credit card
köp|man -mannen -män busi-
nessman (pl. businessmen)
köpslå *verb* bargain
1 kör -en -er choir
2 kör, *i ett* ~ without stopping
köra *verb* **1** drive*; ~ *bil*
drive* a car; ~ *om en bil*
overtake a car; ~ *på ngn*
run* sb. down **2** kuggas fail;
vard. flunk
körban|a -an -or road; fil lane
körkort -et = driver's license
körriktningsvisare -n = turn
signal, blinker
körsbär -et = cherry
körskol|a -an -or driving school
körsnär -en -er furrier
kört|el -eln -lar gland
kött -et flesh; slaktat meat
köttaffär -en -er butcher's
köttbit -en -ar piece of meat
köttbull|e -en -ar meatball
köttfärs -en ground chuck
köttgryt|a -an -or stew
kötträtt -en -er meat course

köttsopp|a -an -or broth, beef
soup

L

l l-et l bokstav l [utt. ell]
laboratori|um -et -er laboratory; vard. lab
labyrint -en -er labyrinth
lack -et (-en) -er sigillack sealing wax; fernissa varnish
lacka verb seal
lackera verb varnish; naglar paint
lad|a -an -or barn
ladda verb load
ladugård -en -ar barn
1 lag -et = idrottslag, arbetslag team
2 lag -en -ar norm etc. law
laga verb **1** ~ mat cook **2** reparera repair; vard. fix
lag|er -ret = **1** förråd stockroom; magasin warehouse; ha i ~ have* in stock **2** skikt layer
laglig adj legal
lagning -en -ar repair; i tand filling
lagom I adv, ~ saltad salted just right; komma precis ~ be* just in time II adj adequate; är det här ~? is this enough?
lagra verb store
lagstiftning -en -ar legislation
lagun -en -er lagoon
lagård -en -ar barn

lakan -et = sheet
lak|e -en -ar fisk burbot
lakrits -en licorice
lam adj paralyzed
lamm -et = lamb
lammkotlett -en -er lamb chop
lammkött -et lamb
lammstek -en -ar roast lamb
lamp|a -an -or lamp
lampskärm -en -ar lampshade
lamslå verb paralyze
land -et **1** pl. länder rike country **2** fastland land; gå i ~ go* ashore **3** åka ut på landet go* into the countryside
landa verb land
landgång -en -ar **1** brygga gangway **2** smörgås submarine, hoagie
landning -en -ar landing
landningsban|a -an -or runway
landsbygd -en countryside
landsflykt -en exile
landskamp -en -er international match
landskap -et = **1** landsdel province **2** natur el. tavla landscape
landslag -et = international team; svenska landslaget the Swedish team
lands|man -mannen -män fellow countryman (pl. countrymen)
landsort -en -er, landsorten the provinces
landstiga verb land

landsväg -en -ar main road, highway
langa *verb* pass; kasta chuck; ~ **knark** push drugs
langare -n = knarklangare pusher
lansera *verb* introduce
lantbruk -et = **1** verksamhet agriculture, farming **2** bondgård farm
lantbrukare -n = farmer
lantern|a -an -or light
lantgård -en -ar farm
lantlig *adj* rural
lantställe -t -n place in the country
lapa *verb* lap
lapp -en -ar patch
lappa *verb* patch; ~ *ihop ngt* patch up sth.
Lappland Lapland
lapplis|a -an -or meter maid
larm -et = alarm alarm; larmsignal alert; *slå* ~ sound the alarm
larma *verb* alarmera call
1 larv -en -er djur grub
2 larv -et strunt nonsense
larva *verb*, ~ *sig* clown around; prata dumheter talk nonsense
larvig *adj* silly
lasagne -n lasagne
lasarett -et = hospital
las|er -ern -rar laser
lass -et = load
lasso -t -n lasso
1 last -en -er gods cargo (pl. cargoes)

2 last -en -er ovana o.d. vice
lasta *verb* load
lastbil -en -ar truck
lat *adj* lazy
lata *verb*, ~ *sig* be* lazy
latin -et Latin
Latinamerika Latin America
latinamerikan -en -er Latin American; vard. Latino
latinamerikansk *adj* Latin American
latinamerikansk|a -an -or kvinna Latin American woman (pl. women)
latitud -en -er latitude
latmask -en -ar lazybones (pl. lika)
lav|a -an -or lava
lavemang -et = enema
lavendel -n lavender
lavin -en -er avalanche
lax -en -ar salmon
laxermed|el -let = purgative
le *verb* smile; ~ *mot ngn* smile at sb.
leasa *verb* lease
leasing -en -ar leasing
1 led -en -er väg way; rutt route
2 led 1 -en -er i kroppen el. tekniskt joint; *vrida axeln ur* ~ dislocate one's shoulder **2** -et = stadium stage **3** -et = rad av personer: bredvid varandra rank, bakom varandra file
1 leda -n weariness
2 leda *verb* lead; styra, förestå run*

leda|mot -moten -möter member
ledande *adj* leading; *i ~
ställning* in a leading
position
ledare -n = **1** leader **2** i tidning
editorial
ledd -en -er, *på vilken* ~? this
way or that way?
ledig *adj* free; *hon är ~ idag*
she has today off, today's
her day off
ledning -en -ar **1** skötsel el. inom
företag management; *ta led-
ningen* take* the lead äv. i
sporter **2** elledning o.d. wire;
kraftledning line; rör pipe
ledsam *adj* boring
ledsen *adj* sad; *jag är ~, men
jag är upptagen* I'm sorry
but I'm busy
ledsna *verb* get* tired
ledtråd -en -ar clue
leende I *adj* smiling **II** -t -n
smile
legend -en -er legend
legendarisk *adj* legendary
legitimation -en -er identifica-
tion; *visa* ~ show* proof of
identity
legitimerad *adj* authorized;
om läkare licensed; om sjuk-
sköterska registered
leja *verb* hire
lejon -et = lion; *Lejonet*
stjärntecken Leo
lejongap -et = snapdragon

lek -en -ar **1** game; *på* ~ for fun
2 kortlek deck
leka *verb* play
lekfull *adj* playful
lekkamrat -en -er playmate
lek|man -mannen -män layman
(pl. laymen)
lekplats -en -er playground
leksak -en -er toy
leksaksaffär -en -er toy store
lekskol|a -an -or kindergarten
lektion -en -er lesson
lem -men -mar limb
lemlästa *verb* maim
len *adj* soft
leopard -en -er leopard
ler|a -an -or clay
lerig *adj* muddy
lesbisk *adj* lesbian
leta *verb* look; *~ efter ngn
(ngt)* look for sb. (sth.)
lett -en -er Latvian
lettisk *adj* Latvian
lettisk|a -an **1** pl. -or kvinna
Latvian woman (pl. women)
2 språk Latvian
Lettland Latvia
leukemi -n -er leukemia
leva *verb* live; *~ på ngt* live on
sth.
levande *adj* living; *vara* ~ be*
alive; *~ ljus* candles; *~ musik*
live music
lev|er -ern -rar liver
leverans -en -er delivery
leverantör -en -er supplier
leverera *verb* supply

leverpastej -en -er liver pâté
levnad -en life
levnadsstandard -en standard of living
lexikon -et = (lexika) dictionary
Libanon Lebanon
liberal *adj* liberal
libretto -t -n libretto
Libyen Libya
licens -en -er license
lida *verb* plågas suffer
lidelse -n -r passion
lie -n liar scythe
Liechtenstein Liechtenstein
liera *verb*, ~ *sig med ngn* ally oneself with sb.
lift -en -ar lift
lifta *verb* hitch-hike
liftare -n = hitchhiker
liftkort -et = lift ticket
lig|a -an -or **1** gang **2** i fotboll etc. league
ligga *verb* lie*; till sängs be* in bed; *var ligger järnvägssta-tionen?* where is the railroad station?; ~ *med ngn* sleep* with sb.
liggande *adj* lying; vågrät horizontal
liggplats -en -er sleeping-place
liggvagn -en -ar på tåg couchette
liggvagnsplats -en -er cou-chette, berth
1 lik -et = corpse; vard. body
2 lik *adj* like; *vara ~ ngn* till sättet be* like sb.; till det yttre

look like sb.; *de är mycket lika* they are very much alike
lika I *adj* equal; *3 plus 5 är ~ med 8* 3 plus 5 equals 8; *det är 3 ~* it's three all **II** *adv* likadant in the same way; *hon är ~ stor som sin bror* she is just as tall as her brother
likadan *adj* the same; *jag tar en ~* I'll have the same
likaså *adv* also
lik|e -en -ar equal
likgiltig *adj* indifferent
likhet -en -er resemblance
likhetsteck|en -net = equals sign
likkist|a -an -or coffin, casket
likna *verb* resemble; se ut som look like
liknande *adj* similar
liknelse -n -r simile; i Bibeln parable
liksom I *konj* like; *han är målare ~ jag* he is a painter like me **II** *adv* så att säga sort of
likström -men -mar direct current, DC
liktorn -en -ar corn
likvid -en -er payment
likvärdig *adj*, ~ *med* equiva-lent to
likör -en -er liqueur
lila *adj* lilac
lilj|a -an -or lily
liljekonvalje -n -r lily of the valley

lilla se *liten*
lillasyster -n småsystrar little sister
lillebror en ~, pl. småbröder little brother
lillfing|er -ret -rar little finger; vard. pinkie
lilltå -n -r little toe
lim -met = glue
lime -n -r lime
limma *verb* glue
limousine -n -r limousine
limp|a -an -or loaf (pl. loaves); *en ~ cigaretter* a carton of cigarettes
lin -et flax
lin|a -an -or rope
linban|a -an -or cableway
lind -en -ar linden
linda *verb* wind
lindra *verb* relieve
lindrig *adj* mild
lindring -en -ar relief
lingon -et = lingonberry
linjal -en -er ruler
linje -n -r **1** line **2** *vilken ~ går du på?* what are you majoring in?
linka *verb* limp
linne -t -n **1** tyg linen **2** plagg camisole; nattlinne nightgown
linning -en -ar band
lins -en -er **1** växt lentil **2** optisk lins el. i öga lens; kontaktlins contact lens
lipa *verb* blubber; *~ åt ngn* stick one's tongue out at sb.

lirka *verb*, *~ med ngn* coax sb.
Lissabon Lisbon
1 list -en -er knep trick
2 list -en -er kantlist strip; fönsterlist o.d. weather stripping
1 list|a -an -or list
2 lista *verb*, *~ ut ngt* work sth. out
listig *adj* cunning
lita *verb*, *~ på ngn* rely on sb.
Litauen Lithuania
litauer -n = Lithuanian
litauisk *adj* Lithuanian
litauisk|a -an **1** pl. -or kvinna Lithuanian woman (pl. women) **2** språk Lithuanian
lite I *adv* en smula a little, a bit **II** *pron* knappast inget little; få few; *äta ~ mat* have* some food
liten (*litet, lille, lilla, små*) *adj* ej 'stor' small; sagt med känsla little; *stackars ~!* poor little thing!
liter -n = liter; vard. ung. quart
litet se *lite* o. *liten*
litografi -n -er lithography
litteratur -en -er literature
liv -et **1** pl. = life (pl. lives) **2** oväsen noise
livbåt -en -ar lifeboat
livfull *adj* vivid
livförsäkring -en -ar life insurance
livlig *adj* lively
livlös *adj* lifeless

liv|moder -modern -mödrar womb
livrem -men -mar belt
livräddning -en -ar life-saving
livsfarlig *adj* highly dangerous
livsmedel pl. groceries; bara mat food
livsmedelsaffär -en -er grocery store; större supermarket
livstid -en lifetime; *få livstids fängelse* be* sentenced to life imprisonment; vard. get* life
livvakt -en -er bodyguard
ljud -et = sound
ljuddämpare -n = muffler
ljudlös *adj* soundless
ljudstyrka -n sound level
ljuga *verb* lie*
ljum *adj* lukewarm
ljumsk|e -en -ar groin
ljung -en heather
ljus I -et = light; *föra ngn bakom ljuset* deceive sb.
II *adj* light; om hy fair; *ljusa nätter* bright nights
ljusglimt -en -ar bildligt ray of hope
ljushårig *adj* fair-haired
ljusna *verb* bli ljusare grow* light
ljusning -en -ar bättring improvement
ljuspunkt -en -er något glädjande bright spot
ljusstak|e -en -ar candlestick
ljuv *adj* sweet
ljuvlig *adj* lovely
1 lock -en -ar i hår curl

2 lock -et = på låda o.d. lid; *det slår ~ för öronen på mig* p.g.a. högt ljud the noise is deafening
1 locka *verb* hår curl
2 locka *verb*, *~ till sig ngn* attract sb.
lockig *adj* curly
lodjur -et = lynx
lodrät *adj* vertical
1 log|e -en -ar tröskplats barn
2 loge -n -r på teater dressing-room; ordensloge lodge
logg|bok -boken -böcker logbook
logi -et -er accommodations
logisk *adj* logical
lojal *adj* loyal
lojalitet -en -er loyalty
lok -et = engine
lokal I -en -er premises **II** *adj* local
lokalbedövning -en -ar local anesthesia; *en ~* a local anesthetic
lokalisera *verb* locate; *~ sig* orient oneself
lokalsamtal -et = local call
lokalsinne -t sense of direction
lokaltrafik -en local traffic
lokaltåg -et = suburban train; vard. commuter train
lokförare -n = engineer
longitud -en -er longitude
lopp -et = **1** race **2** *inom loppet av en timme* within an hour;

under dagens ~ during the day
lopp|a -an -or flea
loppmarknad -en -er flea market
lort -en -ar dirt
lortig *adj* dirty
loss *adj* o. *adv* loose; *riva* ~ *ngt* tear off sth.; *skruva* ~ *ngt* unscrew sth.
lossa *verb* **1** ~ *på* loosen **2** lasta ur unload
lossna *verb* come* off
lots -en -ar pilot
lott -en -er share
lotta *verb*, ~ *ut ngt* raffle off sth.
lotteri -et -er lottery
lottsed|el -eln -lar lottery ticket
lov -et **1** pl. = ledighet holiday **2** tillåtelse permission; *får jag* ~? may I?; *vad får det* ~ *att vara?* what would you like?; i affär can I help you?; *vi får* ~ *att ta en taxi* we'll have to take a taxi **3** beröm praise
lova *verb* promise
LP-skiv|a -an -or LP
luck|a -an -or **1** liten dörr, t.ex. ugnslucka door **2** öppning opening **3** tomrum gap
luden *adj* hairy
luffare -n = tramp, bum
luft -en air
luftfuktighet -en humidity
luftförorening -en -ar air pollution

luftgevär -et = air gun
luftgrop -en -ar air pocket
luftig *adj* airy
luftkonditionering -en -ar air--conditioning
luftmadrass -en -er air bed
luftrörskatarr -en -er bronchitis
luftstrup|e -en -ar windpipe
lufttryck -et = air pressure
lufttät *adj* airtight
lugg -en -ar frisyr bangs
lugn I -et peace **II** *adj* calm
lugna *verb* calm; ~ *ner sig* calm down
lukt -en -er smell
lukta *verb* smell; ~ *på ngt* smell sth.
luktärt -en -er sweet pea
lummig *adj* lövrik leafy
lump -en rags
lunch -en -er lunch
lund -en -ar grove
lung|a -an -or lung
lungcanc|er -ern -rar lung cancer
lunginflammation -en -er pneumonia
1 lur -en -ar **1** blåsinstrument horn **2** telefonlur receiver
2 lur, *ligga på* ~ lie* in wait
lura *verb* deceive
lurvig *adj* hairy
lus -en löss louse (pl. lice)
lust -en inclination; *det har jag ingen* ~ *till* I don't feel like it
lustgård -en -ar paradise
lustig *adj* amusing

1 lut|a -an -or instrument lute
2 luta *verb* lean; ~ *sig framåt*
lean forward; ~ *sig mot ngt*
lean against sth.
lutfisk -en -ar boiled ling
luv|a -an -or woollen cap
Luxemburg Luxembourg
ly|a -an -or **1** djurs lair **2** bostad
small apartment; vard. den
lycka -n happiness; ~ *till!* good
luck!
lyckad *adj* successful
lyckas *verb*, ~ *göra ngt*
succeed in doing sth.
lycklig *adj* happy; ~ *resa!*
have* a nice trip!
lyckligtvis *adv* fortunately
lyckträff -en -ar stroke of luck
lyckönska *verb*, ~ *ngn till ngt*
congratulate sb. on sth.
lyckönskning -en -ar congratulation
1 lyda *verb* hörsamma obey
2 lyda *verb* om text read*
lydig *adj* obedient
lydnad -en obedience
lyfta *verb* **1** lift; höja, t.ex. armen
raise **2** om flygplan take* off
lyftkran -en -ar crane
lyhörd *adj* om person sensitive
lykt|a -an -or lantern
lyktstolp|e -en -ar lamppost
lynne -t -n temperament
lyr|a -an -or instrument lyre
lyrik -en poetry
lysa *verb* shine; ~ *upp* light up
lysande *adj* shining; bildligt

brilliant; *en* ~ *föreställning* a
brilliant performance
lyse -t -n lighting
lysrör -et = fluorescent lamp
lyssna *verb* listen; ~ *på ngn*
listen to sb.
lyssnare -n = listener
lyte -t -n disability
lyx -en luxury
lyxig *adj* luxurious
lyxkrog -en -ar luxury restaurant
lyxkryssare -n = luxury liner;
mindre cruise ship
låd|a -an -or box
låg *adj* low
låg|a -an -or flame
lågkonjunktur -en -er recession
lågmäld *adj* quiet, low-key
lågpris -et = discount
lågprisbiljett -en -er off-peak
ticket
lågsko -n -r shoe
lågstadi|um -et -er lower level
of compulsory school; ung.
grades 1-3
lågsäsong -en -er off season
lågtrafik -en, *vid* ~ at off-peak
hours
lågtryck -et = low pressure;
väder low
lån -et = loan; *ta ett* ~ raise a
loan; *tack för lånet!* thanks
for the loan!
låna *verb* **1** få till låns borrow
2 låna ut lend*

lång *adj* **1** long; *tar det ~ tid?*
will it be long? **2** reslig tall
långbyxor pl. pants
långfilm -en -er feature film
långfing|er -ret -rar middle
finger
långfransk|a -an -or ung. white
bread
långgrund *adj* shallow
långhårig *adj* long-haired
långpromenad -en -er long
walk
långsam *adj* slow
långsiktig *adj* long-term
långsint *adj*, *vara ~* never
forget* a wrong
långsynt *adj* long-sighted
långsökt *adj* far-fetched
långt *adv*, *hur ~ är det dit?*
how far is it?; *gå ~* walk a
long way; i livet go* far
långtradare -n = long-haul
truck; vard. big rig
långtråkig *adj* boring
långvarig *adj* long
långvård -en long-term care
långärmad *adj* long-sleeved
lår -et = kroppsdel thigh
lås -et = lock; *gå i ~* be*
successful
låsa *verb* lock; *~ upp* unlock
låssmed -en -er locksmith
låt -en -ar tune
1 låta *verb* ljuda, verka sound
2 låta *verb* tillåta let*; *~ ngn
göra ngt* let* sb. do sth.; *~
bli att göra ngt* avoid doing

sth.; *låt bli att väsnas!* stop
making that noise!
låtsas *verb* pretend
lä oböjl. lee, shelter
läck|a I -an -or leak **II** *verb* leak
läcker *adj* delicious
läd|er -ret = leather
lädervaror pl. leather goods
läge -t -n situation; plats site
lägenhet -en -er apartment
läg|er -ret = camp
lägga *verb* put*; *~ märke till
ngt* notice sth.; *gå och ~ sig*
go* to bed; *~ fram ett
förslag* present a proposal; *~
sig i ngt* meddle with sth.; *~
undan ngt* put* away sth.; *~
ut pengar för ngn* pay* for
sb.
läggning -en -ar karaktär
disposition
lägre *adj* o. *adv* lower
lägst *adj* o. *adv* lowest
läka *verb* heal
läkare -n = doctor; mer formellt
physician
läkarintyg -et = doctor's
certificate
läkarmottagning -en -ar doc-
tor's office
läkarundersökning -en -ar
medical examination
läkarvård -en medical care
läkas *verb* heal
läkemed|el -let = medicine
läktare -n = gallery, stands
lämna *verb* **1** bege sig ifrån

leave* **2** ge give*; ~ *tillbaka ngt* return sth.
lämplig *adj* suitable
län -et = county
längd -en -er length
längdgrad -en -er longitude
längdhopp -et = long jump
längdåkning -en cross-country skiing
länge *adv* long; *hur* ~? how long?; *för* ~ *sedan* a long time ago
längre I *adj* longer **II** *adv* om avstånd further; om tid longer; ~ *bort* further off
längs *prep* o. *adv* along
längst I *adj* longest **II** *adv* om avstånd furthest; om tid longest; ~ *till höger* furthest to the right
längta *verb*, ~ *efter ngt* long for sth.
längtan en ~, best. form = longing
länk -en -ar link
länsa *verb* empty
läpp -en -ar lip
läppstift -et = lipstick
lär *verb*, *hon* ~ *vara rik* they say she is rich
lär|a I -an -or tro faith **II** *verb* undervisa teach; ~ *sig* learn; ~ *känna ngn* get* to know sb.
läraktig *adj* quick to learn
lärare -n = teacher
lärarinn|a -an -or teacher
lärd *adj* learned

lärk|a -an -or lark
lärling -en -ar apprentice
läro|bok -boken -böcker textbook
lärorik *adj* instructive
läsa *verb* read*
läsare -n = reader
läse|bok -boken -böcker reader
läskedryck -en -er soft drink; vard. soda
läskunnig *adj* able to read
läslig *adj* legible
läsning -en -ar reading
läspa *verb* lisp
läsvärd *adj* worth reading
läsår -et = school year
läte -t -n sound
lätt I *adj* **1** ej tung light **2** ej svår easy; *ha* ~ *för ngt* find* sth. easy **II** *adv* **1** ej tungt lightly **2** ej svårt easily
lätta *verb* lighten; bli lättare become* lighter
lätthanterlig *adj* easy to handle
lätthet -en lightness; *med* ~ easily
lättillgänglig *adj* within easy reach
lättja -n laziness
lättklädd *adj* lightly dressed; utmanande scantily-clad
lättlurad *adj* easily fooled
lättläst *adj* om bok easy to read
lättmjölk -en skim milk
lättnad -en -er relief

lättskrämd *adj, vara ~ be** easily scared
lättskött *adj* easy to handle
lättsmält *adj* easily digested
lättöl -et (-en) = low-alcohol beer
läx|a -an -or **1** hemläxa homework **2** tankeställare lesson
löda *verb* solder
lödd|er -ret lather
löfte -t -n promise; *ge ngn ett ~* promise sb. sth.
lögn -en -er lie*
lögnaktig *adj* lying
lögnare -n = liar
löjlig *adj* ridiculous
löjrom -men whitefish roe
lök -en -ar onion; blomsterlök bulb
löksopp|a -an -or onion soup
lömsk *adj* sly
lön -en -er för timme el. vecka wages; för månad el. år salary
löna *verb*, *~ sig* pay*, pay* off; *det lönar sig inte att klaga* it is no use complaining
lönande *adj* profitable
löneförhöjning -en -ar raise
lönlös *adj* useless
lönn -en -ar maple
lönsam *adj* profitable
lönsamhet -en profitability
lönt *adj, det är inte ~ att försöka* it is no use trying
löpa *verb* **1** springa run* **2** om hona be* in heat

löpare -n = **1** runner **2** schackpjäs bishop
löpning -en -ar tävlan race
löpsed|el -eln -lar newsbill, headline
lördag -en -ar Saturday; *i lördags* last Saturday; *på ~* on Saturday
lös *adj* loose; *vara ~ i magen* have* an unsettled stomach; *i ~ vikt* by weight
lösa *verb* **1** problem solve **2** biljett buy* **3** *~ in en check* cash a check
löskokt *adj* lightly boiled; ägg soft-boiled
lösning -en -ar solution
lösnum|mer -ret = single copy
lösryckt *adj* disconnected
löständer pl. false teeth
löv -et = leaf (pl. leaves)
lövkoj|a -an -or blomma stock
lövskog -en -ar deciduous forest; vard. hardwood forest
lövträd -et = deciduous tree

M

m m-et m bokstav m [utt. emm]
mack -en -ar gas station
Madeira Madeira
madeira -n vin Madeira
madrass -en -er mattress
maffi|a -an -or Mafia
magasin -et = **1** förråd warehouse **2** tidskrift el. på vapen magazine
magbesvär -et = stomach trouble
mag|e -en -ar stomach; *ha ~ till att* have* the nerve to
mager *adj* inte fet lean; smal thin
magi -n magic
maginfluens|a -an -or gastric influenza; vard. stomach flu (bug)
magisk *adj* magic
magist|er -ern -rar schoolmaster
magkatarr -en -er gastritis
magknip -et stomach-ache
magnet -en -er magnet
magnetisk *adj* magnetic
magnifik *adj* magnificent
magont -et stomach-ache
magra *verb* become* thinner
magsår -et = gastric ulcer
magsäck -en -ar stomach
mahogny -n (-t) mahogany
maj oböjl. May; *i ~* in May

majonnäs -en -er mayonnaise
majoritet -en -er majority
majs -en corn
majskolv -en -ar corncob; som maträtt corn on the cob
1 mak|a -an -or wife (pl. wives)
2 maka *verb*, *~ på sig* move over
makalös *adj* unparalleled
makaroner pl. macaroni
mak|e -en -ar **1** äkta man husband **2** motstycke match
Makedonien Macedonia
makedonier -n = Macedonian
makedonsk *adj* Macedonian
make-up -en -er make-up
makrill -en -ar mackerel (pl. lika)
makt -en -er power; *sitta vid makten* be* in power
maktlös *adj* powerless
mal -en -ar moth
mala *verb* grind
malaria -n malaria
Maldiverna the Maldives
mall -en -ar pattern
Mallorca Majorca
malm -en -er ore
malt -et (-en) malt
Malta Malta
malör -en -er mishap
mamm|a -an -or mother; vard. mom
1 man -en -ar hästman mane
2 man -nen män **1** man (pl. men) **2** make husband
3 man *pron* you; *~ frågade*

565

oss aldrig we were never asked

mana *verb* exhort; ~ *på ngn* urge sb. on

manchester -n corduroy

mandarin -en -er mandarin

mand|el -eln -lar almond

mandelmassa -n almond paste

mandolin -en -er mandolin

maner -et = manner

manet -en -er jellyfish

mang|el -eln -lar mangle

mangla *verb* mangle

mango -n -r mango (pl. mangoes)

mani -n -er mania

manifestation -en -er manifestation

manifestera *verb* manifest

manikyr -en manicure

maning -en -ar exhortation

manipulation -en -er manipulation

manipulera *verb* manipulate

manlig *adj* male

mannagryn pl. cream of wheat

mannekäng -en -er model

mannekänguppvisning -en -ar fashion show

manschett -en -er cuff

manschettknapp -en -ar cuff link

manuell *adj* manual

manuskript -et = manuscript

manöv|er rar maneuver

manövrera *verb* maneuver

mapp -en -ar folder

maratonlopp -et = marathon

mardröm -men -mar nightmare

margarin -et -er margarine

marginal -en -er margin

marin I -en -er navy **II** *adj* naval

marinad -en -er marinade

marinblå *adj* navy blue

marinera *verb* marinate

marionett -en -er puppet

1 mark -en -er jordyta ground; jord soil; område land; *på svensk* ~ on Swedish soil

2 mark -en = mynt mark

markera *verb* mark; poängtera emphasize

markis -en -er solskydd awning

marknad -en -er market; mässa fair

marknadsföring -en marketing

marmelad -en -er jam; av citrusfrukter marmalade

marmor -n marble

Marocko Morocco

mars oböjl. March; *i* ~ in March

marsch -en -er march

marschall -en -er party flare

marschera *verb* march

marsipan -en marzipan

marsvin -et = guinea pig

martyr -en -er martyr

marulk -en -ar angler fish

marxism -en Marxism

maräng -en -er meringue

mascara -n mascara

1 mask -en -ar djur worm

2 mask -en -er ansiktsmask mask

1 maska *verb* i arbete go* slow

2 mask|a -an -or i nät mesh; vid stickning stitch
maskera *verb* mask
maskerad -en -er costume ball
maskin -en -er machine
maskopi -n -er, *vara i ~ med ngn* be* in league with sb.
maskot -en -ar mascot
maskros -en -or dandelion
maskulin *adj* masculine
mass|a -an -or **1** material substance **2** mängd mass; *en ~ saker* a lot of things **3** hop crowd
massage -n massage
massak|er -ern -rer massacre
massera *verb* massage
massiv I -et = massif **II** *adj* solid
massmord -et = mass murder
massvis *adv*, *~ med* lots of
massör -en -er masseur
mast -en -er mast
mat -en food; *~ och dryck* food and drink
mata *verb* feed
mataffär -en -er grocery store; större supermarket
matbord -et = dinner-table
match -en -er match
matematik -en mathematics; vard. math
material -et = material
materialist -en -er materialist
matfett -et -er cooking fat
matförgiftning -en -ar food poisoning

matiné -n -er matinée
matjessill -en -ar ung. pickled herring
matlagning -en cooking
matlust -en appetite
matolj|a -an -or cooking oil
matrester pl. left-overs
maträtt -en -er dish
matsal -en -ar dining room; större dining hall; i skola cafeteria
matsed|el -eln -lar menu
matsked -en -ar tablespoon
matsmältning -en digestion
matsmältningsbesvär -et = indigestion
matstrup|e -en -ar esophagus
matsäck -en -ar för lunch box lunch
matt *adj* **1** kraftlös faint **2** om yta matt
matt|a -an -or carpet; mindre rug
mattas *verb* weaken
1 matt|e -en -ar för djur mistress
2 matte -n vard., matematik math
matvrak -et = glutton
max *adv*, *~ 50 spänn* 50 crowns tops, at most 50 crowns
maximal *adj* maximum
maximum -umet = (-a) maximum
1 med I *prep* with; *~ nöje* with pleasure; *ett rum ~ utsikt* a room with a view; *resa ~ flyg* go* by air; *det*

bästa ~ det är... the best thing about it is...; *fördelen ~ denna metod* the advantage of this method ‖ *adv* också too; *jag ~ me*, too **2 med** -en -ar på släde o.d. runner
medalj -en -er medal
medan *konj* while
medarbetare -n = co-worker, collaborator
medborgare -n = citizen
medborgarskap -et = citizenship
medbrottsling -en -ar accomplice
meddela *verb*, *~ ngn ngt* inform sb. of sth.
meddelande -t -n message
med|el -let = metod el. penningmedel means (pl. lika); läkemedel drug
medelhastighet -en -er average speed
Medelhavet the Mediterranean
medelklass -en -er middle class
medellivslängd -en -er average length of life
medellängd -en -er average length
medelmåttig *adj* mediocre
medelpunkt -en -er center
medelstor *adj* medium-sized
medeltal -et = average
medeltemperatur -en -er mean temperature

medeltiden, *på ~* in the Middle Ages
medelåld|er -ern -rar **1** genomsnittsålder average age **2** *en kvinna i medelåldern* a middle-aged woman
medfödd *adj* innate
medföra *verb* **1** ha med carry **2** leda till result in
medge o. **medgiva** *verb* **1** erkänna admit **2** tillåta allow
medgivande -t -n permission
medgörlig *adj* cooperative, reasonable
medhjälpare -n = assistant
medhåll -et support; *få ~ av ngn* be* supported by sb.
medicin -en -er medicine
meditation -en -er meditation
meditera *verb* meditate
medi|um -et -er medium (pl. media)
medkänsla -n sympathy
media *verb* mediate; *~ mellan två fiender* reconcile two enemies
medlem -men -mar member
medlemsavgift -en -er membership fee, dues
medlemskort -et = membership card
medlidande -t pity
medling -en -ar mediation
medmännisk|a -an -or fellow human being
medryckande *adj* captivating
medsols *adv* clockwise

medspelare -n = partner
medtagen *adj* exhausted
medverka *verb* aktivt delta
take* part; ~ *till ngt*
contribute to sth.
medverkan en ~, best. form =
assistance
medvetande -t -n conscious-
ness
medveten *adj* conscious
medvetslös *adj* unconscious
medvind -en -ar tailwind
medvurst -en -ar German
sausage
mejeri -et -er dairy
mejram -en marjoram
mejs|el -eln -lar chisel
mekaniker -n = mechanic
mekanisk *adj* mechanical
melankolisk *adj* sad
mellan *prep* om två between;
om flera among
Mellanamerika Central
America
mellanamerikansk *adj* Cen-
tral American
Mellaneuropa Central Europe
mellangärde -t -n diaphragm
mellanlanda *verb* make* a
stop on the way
mellanlandning -en -ar, *göra en*
~ make* a stop; *flyga utan* ~
fly* non-stop
mellanmål -et = snack
mellanprisklass -en -er, *i* ~
medium-priced

mellanrum -met = interval;
rumsligt space in between
mellanskillnad -en -er differ-
ence
mellanslag -et = space
mellanstadi|um -et -er i grund-
skolan intermediate level of
compulsory school; ung.
grades 4-6
mellanting -et =, *ett* ~ *mellan
äpple och päron* something
between an apple and a pear
mellanvåg -en medium wave
Mellanöstern the Middle
East, the Mideast
mellersta *adj* middle
melodi -n -er melody; låt tune
melon -en -er melon
memoarer pl. memoirs
1 men *konj* but
2 men -et = skada harm
mena *verb* **1** åsyfta mean*
2 anse think*
mening -en -ar **1** åsikt opinion
2 avsikt intention; *det var
inte meningen* I didn't mean
to do it **3** betydelse meaning
4 sats sentence
meningsfull *adj* meaningful
meningslös *adj* meaningless
mens -en period; *få* ~ get*
one's period
menstruation -en -er men-
struation
mental *adj* mental
mentalsjukhus -et = mental
hospital

menuett -en -er minuet

meny -n -er menu

mer *adj* o. *adv* more; *finns det ~?* is there any more?; *ingen ~ än han* no one besides him

merit -en -er qualification

mervärdesskatt -en -er value-added tax (förk. VAT); vard. sales tax

1 mes -en -ar fågel titmouse (pl. titmice)

2 mes -en -ar om person wimp

mest I *adj* most; *den mesta tiden* most of the time **II** *adv* **1** most; *det ~ intressanta* the most interesting thing **2** *för det mesta* mostly

meta *verb* angle

metall -en -er metal

meteorolog -en -er meteorologist

meter -n = meter

metod -en -er method

metrev -en -ar fishing-line

metspö -et -n fishing-rod

Mexico Mexico

mid|dag -dagen (-dan) -dagar **1** tid noon **2** måltid dinner

midj|a -an -or waist

midjeväsk|a -an -or fanny pack

midnatt -en midnight

midnattssol -en midnight sun

mid|sommar -sommaren -somrar midsummer

midsommaraft|on -onen -nar Midsummer Eve

midsommardag -en -ar Midsummer Day

midsommar|stång -stången -stänger maypole

midvint|er -ern -rar midwinter

mig *pron* me

migrän -en migraine

mikra *verb* microwave; vard. mike

mikrofon -en -er microphone

mikroskop -et = microscope

mikrovågsugn -en -ar microwave oven

mil -en =, *8 ~* 80 kilometers, 50 miles; *en engelsk ~* a mile

Milano Milan

mild *adj* mild

militär I -en -er soldier **II** *adj* military

miljard -en -er billion

miljon -en -er million

miljontals *adv*, *~ människor* millions of people

miljonär -en -er millionaire

miljö -n -er environment

miljöaktivist -en -er environmentalist

miljöfarlig *adj* ecologically harmful

miljöförstöring -en environmental pollution

miljögift -et -er ung. toxic substance

miljöparti -et -er ecology party; *Miljöpartiet* the Green Party

miljöpolitik -en environment policy

miljövänlig *adj* environment-
-friendly
millibar en ~, pl. = millibar
milligram -met = milligram
milliliter -n = milliliter
millimeter -n = millimeter
mima *verb* mime
1 min (*mitt, mina*) *pron* my;
mina my; *den är* ~ it is mine;
de är mina they are mine
2 min -en -er uttryck expression
1 min|a -an -or mine
2 mina se *min*
minderårig *adj* under age;
minderåriga äv. juveniles
mindre I *adj* ej stor smaller
II *adv* ej mycket less; färre
fewer
mineral -et = mineral
mineralvatt|en -net = mineral
water
miniatyr -en -er miniature
minimal *adj* minimal
minimum -et = minimum
miniräknare -n = pocket
calculator
minist|er -ern -rar minister; i USA
secretary
mink -en -ar mink
minkpäls -en -ar mink coat
minnas *verb* remember
minne -t -n **1** memory; *lägga*
ngt på minnet remember sth.
2 minnessak souvenir
minnesmärke -t -n memorial
minoritet -en -er minority
minsann *adv* o. *interj* indeed

minska *verb* reduce; bli mindre
decrease
minskning -en -ar reduction
minst I *adj* **1** ej störst smallest
2 ej mest least; motsats till 'flest'
fewest **II** *adv* least; ~ *sagt* to
say the least
minus -et = minus
minusgrad -en -er degree below
freezing
minusteck|en -net = minus sign
minut -en -er minute
minutvisare -n = minute hand
mirak|el -let = miracle
miss -en -ar miss
missa *verb* miss
missanpassad *adj* malad-
justed
missbelåten *adj* displeased
missbildad *adj* malformed
missbruk -et = abuse
missbruka *verb* abuse; alkohol
o.d. be* addicted to
missbrukare -n = addict
missfall -et = miscarriage; *få* ~
have* a miscarriage
missförstå *verb* misunder-
stand
missförstånd -et = misunder-
standing
missgynna *verb* be* unfair to
misshandel -n assault
misshandla *verb* assault; vard.
beat up
mission -en -er mission
missionär -en -er missionary
missklädsam *adj* unbecoming

modernisera

missköta *verb* mismanage; ~
sig neglect oneself; uppföra sig
illa fail to behave; ~ *sitt*
arbete not do* one's work
properly
misslyckad *adj* unsuccessful
misslyckande -t -n failure
misslyckas *verb* fail
missmodig *adj* downhearted
missnöjd *adj* dissatisfied
missnöje -t dissatisfaction
missta *verb*, ~ *sig* make* a
mistake
misstag -et = mistake; *av* ~ by
mistake
misstank|e -en -ar suspicion
misstro *verb* distrust
misströsta *verb* despair
misstänka *verb* suspect
misstänksam *adj* suspicious
misstänkt I *adj* suspected;
tvivelaktig suspicious **II** en ~, pl.
-a suspect
missuppfatta *verb* misunder-
stand
missuppfattning -en -ar misun-
derstanding
missvisande *adj* misleading
missöde -t -n mishap
mista *verb* lose*
miste *adv*, *ta* ~ be* mistaken;
gå ~ *om ngt* miss sth.
1 mitt se *min 1*
2 mitt I -en middle **II** *adv*, ~
emellan halfway between; ~
emot just opposite; ~ *i* in the

middle; ~ *under* in the
middle of
mittersta *adj*, *på* ~ *raden* in
the middle row
mittpunkt -en -er center
mix|er -ern -rar mixer
mjuk *adj* soft
mjukglass -en -er (-ar) soft ice
cream
mjäll pl. dandruff
mjält|e -en -ar spleen
mjöl -et flour
mjölk -en milk
mjölka *verb* milk
mjölk|tand -tanden -tänder milk
tooth (pl. teeth)
mobba *verb* bully
mobbning -en bullying
mobilisera *verb* mobilize
mobiltelefon -en -er cellular
phone; i bil car phone
mocka -n **1** skinn suède **2** kaffe
mocha
mockajack|a -an -or suède
jacket
mod -et courage
mode -t -n fashion; *vara på*
modet be* fashionable
modell -en -er model
moder -n mödrar mother
moderat *adj* **1** måttlig moder-
ate **2** i politik betydelse Con-
servative
Moderaterna the Moderate
Party
modern *adj* modern
modernisera *verb* modernize

modersmål -et = mother
 tongue
modfälld *adj* discouraged
modifiera *verb* modify
modig *adj* courageous
mogen *adj* ripe; om person
 mature
mogna *verb* ripen; om person
 mature
molekyl -en -er molecule
moll -en minor
moln -et = cloud
molnig *adj* cloudy
moment -et = stadium stage
moms -en VAT; vard. sales tax
momsfri *adj* ...exempt from
 VAT
Monaco Monaco
monarki -n -er monarchy
monogram -met = monogram
monolog -en -er monologue
monopol -et = monopoly
monoton *adj* monotonous
monst|er -ret = monster
monsun -en -er monsoon
mont|er -ern -rar showcase
montera *verb* mount
montör -en -er fitter
monument -et = monument
moped -en -er moped
mopp -en -ar mop
mops -en -ar pug
mor modern mödrar mother
moral -en -er etik ethics; seder
 morals
moralisk *adj* moral
mor|bror -brodern -bröder uncle

mord -et = murder
mordförsök -et = attempted
 murder
mor|far -fadern -fäder grand-
 father
morfin -et (-en) morphine
morföräldrar pl. grandparents
morg|on -onen -nar morning; *i* ~
 tomorrow; *på morgnarna* in
 the mornings
morgonrock -en -ar dressing
 gown
morgontidning -en -ar morning
 paper
mor|mor -modern -mödrar grand-
 mother
mo|rot -roten -rötter carrot
morra *verb* growl
1 mors|a -an -or mom
2 morsa *verb* hälsa say* hi
morse, *i* ~ this morning
mort|el -eln -lar mortar
mos -et pulp; av äpplen sauce;
 göra ~ *av* bildligt crush
mosa *verb* mash
mosaik -en -er mosaic
moské -n -er mosque
moskit -en -er mosquito
Moskva Moscow
moss|a -an -or moss
most|er -ern -rar aunt
mot *prep* **1** i riktning mot
 towards; ~ *slutet av måna-
 den* towards the end of the
 month **2** uttryckande motstånd
 against; *en spruta* ~ *gulsot*
 an injection against jaundice

3 om t.ex. bemötande to; *vara
generös* ~ *ngn* be* generous
to sb.
mota *verb*, ~ *bort ngn* drive*
sb. away
motarbeta *verb* oppose
motbjudande *adj* disgusting
motell -et = motel
motgift -et -er antidote
motgång -en -ar setback
motion -en **1** rörelse exercise
2 pl. -er förslag motion
motionera *verb* röra sig
exercise regularly, work out
motiv -et = motive
motivera *verb* **1** rättfärdiga
justify **2** skapa intresse för
motivate
motivering -en -ar **1** berättigande
justification **2** motivation mo-
tivation
motocross -en motocross
racing
motor -n -er för bensin engine; för
el motor
motorbåt -en -ar motorboat
motorcyk|el -eln -lar motorcycle
motorfordon -et = motor
vehicle
motorgräsklippare -n = power
lawn mower
motorhuv -en -ar hood
motorstopp -et = engine failure
motorsåg -en -ar power saw
motorväg -en -ar expressway,
freeway, interstate

motsats -en -er opposite; *i* ~
till contrary to
motsatt *adj* opposite; *i* ~
riktning in the opposite
direction
motsols *adv* counterclockwise
motspelare -n = opponent
motstå *verb* resist
motstånd -et = resistance
motståndare -n = opponent
motståndskraft -en resistance
motsvara *verb* correspond to
motsvarande *adj* correspond-
ing
motsvarighet -en -er equiva-
lence; enhet counterpart,
equivalent
motsäga *verb* contradict
motsägelse -n -r contradiction
motsätta *verb*, ~ *sig ngt* be*
opposed to sth.
motsättning -en -ar opposition
mottaga *verb* receive
mottagande -t -n reception
mottagare -n = receiver
mottagning -en -ar reception
mottagningsrum -met = läkares
doctor's office
mottagningstid -en -er office
hours
motto -t -n motto
motverka *verb* counteract
motvikt -en -er counterweight
motvind -en -ar head wind;
segla i ~ bildligt be* fighting
an uphill battle

mousserande *adj*, ~ *vin*
sparkling wine
1 mucka *verb*, ~ *gräl* pick a
quarrel
2 mucka *verb* get* out of the
army (prison)
mugg -en -ar **1** kopp mug
2 toalett john
mulatt -en -er mulatto
mul|e -en -ar muzzle
mulen *adj* cloudy
mullra *verb* rumble
mullvad -en -ar mole
multiplicera *verb* multiply
multiplikation -en -er multipli-
cation
mumie -n -r mummy
mumla *verb* mumble
mun -nen -nar mouth
munk -en -ar **1** monk **2** bakverk
doughnut, donut
munspel -et = harmonica
munstycke -t -n mouthpiece; på
slang nozzle
munter *adj* merry
muntlig *adj* oral
muntra *verb*, ~ *upp* cheer up
mur -en -ar wall
mura *verb* do* bricklaying; ~
igen brick up
murare -n = bricklayer
murgrön|a -an -or ivy
murken *adj* decayed
mus -en möss mouse (pl. mice)
muse|um -et -er museum
musik -en music
musikal -en -er musical

musikalisk *adj* musical
musiker -n = musician
musikfestival -en -er music
festival
musikhand|el -eln -lar music
store
musikinstrument -et = musical
instrument
musk|el -eln -ler muscle
muskot -en nutmeg
muskulatur -en -er muscles
muskulös *adj* muscular
muslim -en -er Muslim
muslimsk *adj* Muslim
mussl|a -an -or mussel; ameri-
kansk vanligen clam
must -en -er av äpple apple juice,
cider
mustasch -en -er mustache
mut|a I -an -or bribe **II** *verb*
bribe
muttra *verb* mutter
mycket *adv*, ~ *bra* very good;
~ *bättre* much better; ~ *folk*
a lot of people; *det är ~
möjligt* it is quite possible;
utan att så ~ som titta
without even looking
mygg|a -an -or mosquito
myll|a -an -or topsoil, mold
myll|er -ret crowd
myllra *verb* swarm
München Munich
myndig *adj* **1** of age; *bli ~*
come* of age **2** befallande
commending
myndighet -en -er authority

mynna *verb*, ~ *ut i* resultera i result in
mynning -en -ar mouth; på vapen muzzle
mynt -et = coin
mynt|a -an -or mint
myr -en -ar swamp, bog
myr|a -an -or ant
myrstack -en -ar ant-hill
myrt|en en ~, pl. -nar myrtle
mysig *adj* cosy
mysteri|um -et -er mystery
mystisk *adj* mysterious
myt -en -er myth
mytologi -n -er mythology
1 må *verb*, *hur mår du?* how are you?; *jag mår bra* I feel fine; *jag mår inte bra* I don't feel well
2 må *verb* may; *det ~ jag säga!* indeed!, really!
måfå, *på ~* at random
måg -en -ar son-in-law (pl. sons-in-law)
1 mål -et = rättsfall case
2 mål -et = måltid meal
3 mål -et = **1** i bollspel goal **2** syfte aim
måla *verb* paint; *~ sig* make* oneself up
målare -n = painter
målarfärg -en -er paint
mållös *adj* speechless
målmedveten *adj* purposeful
målning -en -ar painting
måls|man -mannen -män guardian

målsättning -en -ar aim
måltavl|a -an -or target
måltid -en -er meal
målvakt -en -er goalkeeper; vard. goalie
1 mån oböjl., *i viss ~* to a certain degree
2 mån *adj*, *vara ~ om* be* concerned about
månad -en -er month
månadskort -et = monthly ticket
måndag -en -ar Monday; *i måndags* last Monday; *på ~* on Monday
mån|e -en -ar moon
många *pron* many; *~ vänner* a great many (a lot of) friends; *hur ~?* how many?; *jag har inte ~ kvar* I haven't got many left
mångsidig *adj* many-sided; om person versatile
månsken -et moonlight
mård -en -ar marten
mås -en -ar gull
måste I *verb*, *jag ~ göra det* I must (have to) do it; *han har måst betala* he has had to pay **II** oböjl., *ett ~* a must
mått -et = measure
1 måtta, *med ~* moderately
2 måtta *verb* take* aim
måttband -et = tape measure
måtte *verb*, *~ hon lyckas* may she succeed
måttlig *adj* moderate

mäklare -n = broker
mäktig adj 1 powerful 2 om
mat heavy
mängd -en -er quantity
människ|a -an -or person,
human being
mänsklig adj human; de
mänskliga rättigheterna
human rights
mänsklighet -en humanity
märg -en marrow
märka verb 1 förse med märke
mark 2 observera notice
märkbar adj noticeable
märke -t -n 1 mark; spår trace
2 fabrikat make
märklig adj remarkable
märkvärdig adj strange; det är
ingenting märkvärdigt it's
nothing special
mäss|a I -an -or 1 i kyrka mass
2 utställning fair II verb chant
mässing -en brass
mässling -en measles
mästare -n = master; i tävling
champion
mästarinn|a -an -or champion,
women's champion
mästerskap -et = tävling
championship
mästerverk -et = masterpiece
mäta verb measure
mätare -n = meter
mätning -en -ar measurement
mätt adj satisfied; vard. full
möb|el -eln -ler piece of

furniture; de här möblerna
this furniture
möbelaffär -en -er furniture
store
möblemang -et = furniture
möblera verb furnish
möd|a -an -or trouble
mödosam adj difficult
mögel möglet mold; på vägg
mildew
mögla verb get* moldy
möjlig adj possible
möjligen adv possibly
möjlighet -en -er possibility
mönst|er -ret = pattern
mönstra verb granska inspect
mör adj tender
mörda verb murder
mördare -n = murderer
mördeg -en -ar flan pastry
mörk adj dark
mörk|er -ret darkness; efter
mörkrets inbrott after dark
mörkhyad adj dark-skinned
mörkhårig adj dark-haired
mörkna verb darken
mörkrädd adj afraid of the
dark
mört -en -ar fisk roach
möss|a -an -or cap
möta verb meet*
möte -t -n meeting; avtalat
appointment

N

n n-et n bokstav n [utt. enn]
nackdel -en -ar disadvantage
nack|e -en -ar back of the head;
vara stel i nacken have* a
stiff neck
nag|el -eln -lar nail
nagelfil -en -ar nail file
nagellack -et = nail polish
nagellackborttagningsmed|el
-let = nail polish remover
naiv *adj* naive
naken *adj* naked
nalkas *verb* approach
nall|e -en -ar teddy bear
namn -et = name; *hur var
namnet?* your name, please?
namnge *verb* name
namnteckning -en -ar signature
1 napp -en -ar tröstnapp pacifier
2 napp -et = vid fiske bite; *få ~*
have* a bite
1 nappa -n skinn nappa
2 nappa *verb, det nappar* the
fish are biting; *~ på ett
erbjudande* jump at an offer
nappflask|a -an -or baby bottle
narciss -en -er narcissus (pl.
narcissi)
narkoman -en -er drug addict
narkos -en -er narcosis; *ge ~*
give* an anesthetic to

narkosläkare -n = anesthesio-
logist
narkotika -n drugs
narkotikamissbruk -et drug
abuse, drug addiction
nation -en -er nation
nationaldag -en -ar national
holiday
nationaldräkt -en -er folk
costume
nationalekonomi -n economics
nationalism -en nationalism
nationalitet -en -er nationality
nationalmuseum -et -er nation-
al museum, national gallery
nationalpark -en -er national
park
nationalsång -en -er national
anthem
natt -en nätter night; *i ~* natten
till idag last night; natten till i
morgon tonight; *på nätterna*
at night
nattduksbord -et = night table
nattetid *adv* at night
nattklubb -en -ar nightclub
nattlinne -t -n nightgown; vard.
nightie
nattliv -et night life
nattportier -en -er night clerk
nattrafik -en night services
nattvakt -en -er night watch-
man (pl. watchmen)
nattvard -en -er Holy Com-
munion
nattåg -et = night train
nattöppen *adj* open all night

natur -en -er nature; natursceneri scenery
naturlag -en -ar law of nature
naturlig *adj* natural
naturligtvis *adv* of course
naturreservat -et = nature preserve
naturvetare -n = scientist
naturvetenskap -en -er science
naturvård -en environmental protection
nav -et = hub
nav|el -eln -lar navel
navigation -en navigation
navigera *verb* navigate
navkaps|el -eln -lar hubcap
nazism -en Nazism
nazist -en -er Nazi
Neapel Naples
necessär -en -er toilet kit
ned *adv* down; nedåt downwards
nedanför *prep* o. *adv* below
nedanstående *adj*, ~ *berättelse* the story mentioned below
nederbörd -en precipitation
nederlag -et = defeat
nederländare -n = Dutchman (pl. Dutchmen)
Nederländerna the Netherlands
nederländsk *adj* Dutch
nederländsk|a -an **1** pl. -or kvinna Dutch woman (pl. women) **2** språk Dutch
nederst *adv* at the bottom

nedför I *prep* down; ~ *trappan* down the stairs **II** *adv* downwards
nedförsback|e -en -ar downhill slope
nedgång -en -ar **1** till tunnelbana o.d. way down **2** sjunkande, om pris o.d. decline
nedifrån *prep* o. *adv* from below
nedisad *adj* covered with ice
nedlåtande *adj* condescending
nedre *adj* lower; *på* ~ *botten* on the ground floor
nedrustning -en -ar disarmament
nedräkning -en -ar countdown
nedsatt *adj*, *till* ~ *pris* at a reduced price
nedslående *adj* discouraging
nedstämd *adj* depressed
nedtill *adv* at the bottom
nedtrappning -en de-escalation
nedåt I *prep* down **II** *adv* downwards
negation -en -er negation
negativ I *adj* negative **II** -et = negative
neger -n negrer black; i USA African-American
negress -en -er black woman (pl. women); i USA African-American woman (pl. women)
nej I -et = no **II** *interj* no
nejlik|a -an -or blomma carnation
neka *verb* deny; vägra refuse
nektarin -en -er nectarine

579

nonsens

neon|jus -et = neon light
ner se *ned*
nere *adv* down
nerv -en -er nerve
nervositet -en nervousness
nervsammanbrott -et = nervous breakdown
nervös *adj* nervous
netto I *adv* net **II** -t -n net yield
neuros -en -er neurosis
neutral *adj* neutral
neutralitet -en neutrality
ni *pron* you
1 nia *verb*, ~ *ngn* adress sb. formally
2 ni|a -an -or siffra nine
nick -en -ar **1** nod **2** i fotboll header
nicka *verb* **1** nod **2** i fotboll head
niga *verb* curtsey
nikotin -et (-en) nicotine
nio *räkn* nine, för sammansättningar med nio jfr *fem* med sammansättningar
nionde *räkn* ninth
niondel -en -ar ninth
nisch -en -er niche
1 nit -et iver zeal
2 nit -en -ar lott blank
3 nit -en -ar metallpinne rivet; på kläder stud
nita *verb*, ~ *fast ngt* rivet sth.
nittio *räkn* ninety, för sammansättningar med nittio jfr *femtio* med sammansättningar
nittionde *räkn* ninetieth

nitton *räkn* nineteen, för sammansättningar med nitton jfr *femton* med sammansättningar
nittonde *räkn* nineteenth
nittonhundratalet best. form, *på* ~ in the twentieth century
nivå -n -er level
njur|e -en -ar kidney
njursten -en -ar kidney stone
njurstensanfall -et = renal colic
njuta *verb* enjoy
njutning -en -ar pleasure
nobelpris -et =, ~ *i* Nobel Prize for
nog *adv* **1** tillräckligt enough; *ha fått* ~ have* had enough **2** förmodligen probably; *hon kommer* ~ she will probably come
noga I *adv* precis o.d. precisely; *jag vet inte så* ~ I don't know exactly; *akta sig* ~ *för ngt* take* great care not to do sth. **II** *adj*, *vara* ~ *med ngt* be* careful about sth.
noggrann *adj* omsorgsfull careful
noll *räkn* **1** naught, vard. zilch; på instrument zero; i telefonnummer O [utt. ou] **2** i sporter zero; vard. zip
noll|a -an -or **1** zero **2** person cipher, vard. nerd
nominera *verb* nominate
nonchalant *adj* nonchalant
nonchalera *verb* ignore
nonsens oböjl. nonsense

nord -en the north, se vidare *norr*

Nordamerika North America

nordamerikansk *adj* North American

nordanvind -en -ar north wind

Norden the Scandinavian (mer formellt Nordic) countries

Nordeuropa Northern Europe

nordeuropé -n -er North European

nordeuropeisk *adj* North European

nordeuropeisk|a -an -or kvinna North European woman (pl. women)

nordisk *adj* Nordic, Scandinavian

nordlig *adj* northerly

nordost *adv* north-east

Nordpolen the North Pole

Nordsjön the North Sea

nordväst *adv* north-west

Norge Norway

norm -en -er standard

normal *adj* normal

norr I oböjl. the north; *i* ~ in the north; *mot* ~ to the north **II** *adv*, ~ *om...* north of...

norra *adj* the northern; ~ *Europa* northern Europe

norr|man -mannen -män Norwegian

norrut *adv* northwards; i norr in the north

norsk *adj* Norwegian

norsk|a -an **1** pl. -or kvinna Norwegian woman (pl. women) **2** språk Norwegian

nos -en -ar nose

nosa *verb*, ~ *på ngt* sniff at a thing

noshörning -en -ar rhinoceros

nostalgisk *adj* nostalgic

not -en -er för musik el. i text note

not|a -an -or bill; *kan jag få notan?* the check, please!

notera *verb* make* a note of, note

notis -en -er notice

nougat -en -er nougat

novell -en -er short story

november oböjl. November; *i* ~ in November

nu *adv* now; ~ *genast* right away

nubb -en -ar tack

nubb|e -en -ar schnaps

nudda *verb*, ~ *vid ngt* touch sth.

nud|el -eln -lar noodle

nudist -en -er nudist

nuförtiden *adv* nowadays

numera *adv* now

num|mer -ret = **1** number; av tidning copy; på program item **2** storlek size

nummerordning -en -ar numerical order

nummerplåt -en -ar license plate

nummerupplysning -en information

numrera *verb* number

numrerad *adj* numbered
nunn|a -an -or nun
nutida *adj* modern
nuvarande *adj* present
ny *adj* new
nyans -en -er shade
nyansera *verb* vary
Nya Zeeland New Zealand
nybakad *adj* o. **nybakt** *adj*
  newly baked
nybliven *adj*, *en* ~ *mor* a new
  mother
nybyggd *adj* recently (newly)
  built
nybörjare -n = beginner
nyck -en -er fancy
nyck|el -eln -lar key
nyckelben -et = collar bone
nyckelhål -et = keyhole
nyckelknipp|a -an -or bunch of
  keys
nyckelpig|a -an -or ladybug
nyckelring -en -ar key ring
nyckfull *adj* capricious
nyfiken *adj* curious
nyfikenhet -en curiosity
nyfödd *adj* new-born; *en* ~ a
  new-born child
nygift *adj* newly married
nyhet -en -er **1** news; *en tråkig*
  ~ sad news; *nyheterna* i radio
  el. på TV the news; *nyheterna*
  är goda the news is good
  2 något nytt novelty
nyhetsbyrå -n -er news agency
nykomling -en -ar newcomer
nykter *adj* sober

nykterist -en -er teetotaller
nyligen *adv* recently
nylon -et nylon
nylonstrump|a -an -or nylon
  stocking
nymålad *adj* freshly painted;
  på skylt wet paint
nymåne -n new moon
nynna *verb* hum
nyp|a I -an -or, *en* ~ *salt* a pinch
  of salt; *ha hårda nypor* vard.
  be* tough **II** *verb* pinch
nypon -et = rosehip
nyponsoppa -n rosehip soup
nysa *verb* sneeze
nysilv|er -ret nickel silver
nyss *adv* a moment ago; *hon*
  åkte ~ she just left
nystan -et = ball
nytta -n use; *vara till* ~ be* of
  use
nyttig *adj* useful; hälsosam
  good
nyutkommen *adj* recently
  published
nyår -et = New Year
nyårsaft|on -onen -nar New
  Year's Eve
nyårsdag -en -ar New Year's
  Day
1 nå *interj* well!
2 nå *verb* reach; *jag kan nås*
  på nummer... I can be
  reached at...
nåd -en -er mercy
någon (*något, några*) *pron*,
  det är ~ *i rummet* there is

someone in the room; *har du
~ penna?* have you got a
pen?; *jag har några* I've got
some (a few); *finns det
några kvar?* are there any
left?; *hon fick inte några* she
did not get any
någonsin *adv* ever; *aldrig ~*
never
någonstans *adv* somewhere;
på (till) något ställe *alls*
anywhere; *var ~?* where?
någonting *pron* something;
hon vet ~ she knows
something; *han vet inte ~
om det* he doesn't know
anything about it
någorlunda *adv* fairly
något I *pron* se *någon* o.
någonting **II** *adv* en smula
somewhat
några se *någon*
nål -en -ar needle
näbb -en -ar bill
näckros -en -or water lily
näktergal -en -ar nightingale
nämligen *adv* **1** förklarande you
see **2** framför uppräkning
namely
nämna *verb* mention
nämnd -en -er committee
näpen *adj* pretty; vard. cute
när *konj* o. *adv* when; *~ som
helst* at any time
nära I *adj* near **II** *adv* **1** near
2 nästan nearly
närbild -en -er close-up

närbutik -en -er convenience
store; med charkdisk delicates-
sen, deli
närgången *adj* insolent,
pushy; *vara ~ mot ngn*
make* a pass at sb.
närhet -en closeness; *i närhe-
ten av flygplatsen* near the
airport
näring -en -ar nourishment
näringsliv -et industry, busi-
ness and industry
närma *verb*, *~ sig ngt*
approach sth.
närmande -t -n, *vänskapliga
närmanden* friendly ad-
vances; *göra närmanden
mot ngn* make* a pass at sb.
närmare I *adj* nearer; ytterligare
further **II** *adv* **1** nearer; *~
bestämt* more exactly
2 nästan nearly
närmast I *adj* nearest; *en av
de närmaste dagarna* within
the next few days **II** *adv*
1 nearest **2** främst primarily
närsynt *adj* short-sighted
närvara *verb* be* present
närvarande *adj* present; *för ~*
at present
närvaro -n presence
näs|a -an -or nose
näsblod -et nose bleed; *han
blödde ~* his nose was
bleeding
näsdroppar pl. nose drops
näsduk -en -ar handkerchief

nässl|a -an -or nettle
nästa *adj* next
nästan *adv* almost
näste -t -n nest
nät -et = net
näthinn|a -an -or retina
nätspänning -en -ar line voltage
nätt I *adj* dainty; *en ~ summa* a tidy sum **II** *adv*, *~ och jämnt* only just
näv|e -en -ar fist
nöd -en nödvändighet necessity; brist need; *lida ~* be* in want (need)
nödbroms -en -ar emergency brake
nödfall, *i ~* if necessary
nödlanda *verb* make* an emergency landing
nödlandning -en -ar emergency landing
nödläge -t -n emergency; om t.ex. fartyg distress
nödlögn -en -er white lie
nödlösning -en -ar makeshift solution
nödsituation -en -er emergency
nödutgång -en -ar emergency exit
nödvändig *adj* necessary
nöjd *adj* satisfied
nöje -t -n glädje pleasure; förströelse amusement; *med ~* with pleasure
nöjesbranschen best. form show business

nöjesfält -et = amusement park; tillfälligt carnival
nöjesliv -et night life, amusements
nöt -en -ter nut
nöta *verb*, *~ på ngt* wear* sth. out
nötkreatur pl. cattle
nötkött -et beef
nött *adj* worn

o

o o-et o-n bokstav o [utt. ou]
oansenlig *adj* insignificant
oanständig *adj* indecent
oanträffbar *adj* unavailable
oanvänd *adj* unused
oanvändbar *adj* useless
oaptitlig *adj* unappetizing
oartig *adj* impolite
oas -en -er oasis
oavbruten *adj* continuous
oavgjord *adj* om fråga o.d.
undecided; **en ~ match** a
draw
oavsett *prep* irrespective of; **~
om vi är välkomna eller inte**
regardless of whether we are
welcome or not
oavsiktlig *adj* unintentional
obducera *verb* perform an
autopsy on
obduktion -en -er autopsy
obebodd *adj* uninhabited
obefogad *adj* unjustified
obegriplig *adj* incomprehensible
obegåvad *adj* unintelligent
obehaglig *adj* unpleasant
obehörig *adj* unauthorized
obekant I *adj* okänd unknown
II en ~, pl. -a stranger
obekväm *adj* uncomfortable;

~ arbetstid shift work,
non-office hours
obemannad *adj* unmanned
obemärkt *adj* unnoticed
oberoende I -t independence
II *adj*, **~ av** independent of
oberäknelig *adj* unpredictable
oberörd *adj* unaffected
obeskrivlig *adj* indescribable
obeslutsam *adj* irresolute
obestridlig *adj* indisputable
obestämd *adj* indefinite,
vague
obesvärad *adj* ostörd untroubled; otvungen easy
obetald *adj* unpaid
obetydlig *adj* insignificant
obetänksam *adj* thoughtless
obildad *adj* uneducated
objektiv I -et = i kamera lens
II *adj* objective
oblekt *adj* unbleached
obligation -en -er bond
obligatorisk *adj* compulsory
oblyg *adj* shameless
oboe -n -r oboe
obotlig *adj* incurable
observation -en -er observation
observatorium -et -er observatory
observera *verb* observe
obäddad *adj*, **en ~ säng** an
unmade bed
obönhörlig *adj* inexorable
ocean -en -er ocean
ocensurerad *adj* uncensored

och *konj* and; ~ *så vidare* and
so on
ocivillserad *adj* uncivilized
ock|er -ret usury; vard. loan
sharking
ockrare -n = usurer; vard. loan
shark
också *adv* also
ockupation -en -er occupation
ockupera *verb* occupy
odds -et = odds
odemokratisk *adj* undemo-
cratic
odjur -et = monster, beast
odla *verb* cultivate
odling -en -ar cultivation
odräglig *adj* unbearable
oduglig *adj* incompetent
odåg|a -an -or good-for-nothing
odödlig *adj* immortal
oekonomisk *adj* uneconomi-
cal
oemotståndlig *adj* irresistible
oemottaglig *adj* immune
oenig *adj* divided
oenighet -en disagreement
oense *adj*, *vara* ~ *med ngn*
om ngt disagree with sb.
about sth.
oerfaren *adj* inexperienced
oerhörd *adj* enorm enormous
ofantlig *adj* enormous, huge
ofarlig *adj* harmless
ofattbar *adj* incomprehensible
offensiv I -en -er offensive II *adj*
offensive
offentlig *adj* public; *den*

offentliga sektorn the public
sector
off|er -ret = i olyckshändelse
victim; uppoffring sacrifice
officer -en -are officer
officiell *adj* official
offra *verb* sacrifice; ~ *sig*
sacrifice oneself
ofin *adj* rude
ofog -et = mischief
oframkomlig *adj* impassable
ofrankerad *adj* unstamped
ofrånkomlig *adj* inevitable,
unavoidable
ofta *adv* often
ofullständig *adj* incomplete
ofärgad *adj* uncolored
oförberedd *adj* unprepared
ofördelaktig *adj* disadvanta-
geous
oförenlig *adj* incompatible
oföretagsam *adj* unenterpris-
ing
oförklarlig *adj* gåtfull mys-
terious
oförmåga -n inability
oförsiktig *adj* careless
oförskämd *adj* insolent, rude;
vard. cheeky
oförståndig *adj* foolish
oförutsedd *adj* unexpected
oförändrad *adj* unchanged
ogenomförbar *adj* impracti-
cable
ogift *adj* unmarried; civilstånd
single
ogilla *verb* dislike

ogillande I -t dislike **II** *adj* disapproving
ogiltig *adj* invalid
ogrundad *adj* unfounded
ogräs -et weeds
ogynnsam *adj* unfavorable
ogärna *adv* unwillingly
ogästvänlig *adj* inhospitable
ohanterlig *adj* unwieldy; om t.ex. person, problem unmanageable
ohederlig *adj* dishonest
ohyfsad *adj* ill-mannered
ohygglig *adj* dreadful; hemsk gruesome
ohygienisk *adj* unhygienic
ohyra -n vermin (pl. lika)
ohållbar *adj* untenable; om situation precarious
ohälsosam *adj* unhealthy
olgenkännlig *adj* unrecognizable
ointressant *adj* uninteresting
ointresserad *adj* uninterested
oj *interj* oh!
ojust I *adj* unfair; ~ *spel* dirty (rough) play **II** *adv* unfairly
ojämförlig *adj* incomparable
ojämn *adj* uneven
OK *interj* o. *adj* OK, okay
ok -et = yoke
okammad *adj* uncombed
okay *interj* o. *adj* okay, OK
oklar *adj* indistinct
oklok *adj* unwise
okomplicerad *adj* simple

okonventionell *adj* unconventional
okritisk *adj* uncritical
okryddad *adj* unseasoned
oktan -et = octane
oktav -en -er octave
oktober oböjl. October; *i* ~ in October
okultiverad *adj* uncultivated
okunnig *adj* ignorant
okynnig *adj* mischievous
okänd *adj* unknown
okänslig *adj* insensitive
olag, vara i ~ be* upset
olaglig *adj* illegal
olidlig *adj* intolerable
olik *adj* unlike
olika I *adj* different **II** *adv* differently; *de är* ~ *stora* they are of different sizes
olikhet -en -er difference
oliv -en -er olive
olivolj|a -an -or olive oil
olj|a -an -or oil
oljeblandad *adj* mixed with oil
oljebyte -t -n oil change
oljeeldning -en oil heating
oljemålning -en -ar oil painting
oljestick|a -an -or dipstick
oljud -et = noise
ollon -et = acorn
ologisk *adj* illogical
olovlig *adj* unlawful
olust -en obehag unease, uneasiness; ovilja distaste
olyck|a -an -or ofärd misfortune;

otur bad luck; olyckshändelse
accident
olycklig *adj* unhappy
olycksbådande *adj* ominous
olycksfall -et = accident
olycksfallsförsäkring -en -ar
accident insurance
olyckshändelse -n -r accident
olydig *adj* disobedient
olympiad -en -er Olympic
games
olympisk *adj* Olympic
olåst *adj* unlocked
oläglig *adj* inconvenient
olämplig *adj* unsuitable
oläslig *adj* illegible
olöslig *adj* insoluble
1 om *konj* **1** villkorligt if; *även*
~ even if **2** 'huruvida' whether
2 om *prep* **1** *alldeles ~ hörnet*
just around the corner; *tala*
~ ngt speak* about sth **2** ~
en stund in a while
omaka *adj* ill-matched
omarbetning -en -ar revision
ombord *adv* on board
ombud -et = representative;
genom ~ by proxy
ombyggnad -en -er renovation
omdöme -t -n **1** omdömesförmåga
judgment; *ha dåligt ~* lack
judgment **2** åsikt opinion
omedelbar *adj* immediate
omedelbart *adv* immediately
omedgörlig *adj* unreasonable
omedveten *adj* unconscious
omelett -en -er omelette

omfamna *verb* embrace
omfatta *verb* innefatta, inbegripa
comprise
omfattning -en -ar extent
omfång -et **1** volym volume
2 räckvidd range
omfördela *verb* redistribute
omge *verb* surround
omgivning -en -ar surroundings
omgående **I** *adj*, ~ *svar* reply
by return mail **II** *adv* imme-
diately
omgång -en -ar i sporter o.d.
round
omhänderta *verb* barn place in
care; gripa take* into custody
omklädningshytt -en -er vid
strand cabana
omklädningsrum -met = chang-
ing-room; med skåp locker
room
omkomma *verb* be* killed
omkostnader pl. costs
omkrets -en circumference
omkring **I** *prep* **1** round; *runt*
~ around **2** ~ *klockan fem*
about five o'clock **II** *adv, se*
sig ~ look around
omkull *adv* down, over
omkörning -en -ar passing
omkörningsförbud -et = på skylt
o.d. no passing
omlopp -et = circulation
omodern *adj* out of date
omogen *adj* unripe; om person
immature
omoralisk *adj* immoral

omotiverad *adj* **1** ej rättfärdigad unjustified **2** utan motivation unmotivated
omplacera *verb* transfer
omringa *verb* surround
område -t -n territory
omröstning -en -ar vote
omsider *adv*, *sent* ~ at long last
omslag -et = **1** pärm el. för paket cover **2** förändring change
omslagspapper -et = wrapping paper
omsorg -en -er care
omsorgsfull *adj* careful
omstridd *adj* disputed; om person controversial
omständighet -en -er circumstance
omständlig *adj* detailed
omsvep, *säga ngt utan* ~ say* sth. straight out
omsvängning -en -ar change
omsätta *verb* **1** sälja sell* **2** ~ *ngt i praktiken* put* sth. into practice
omsättning -en -ar årlig affärsomsättning turnover
omtala *verb* mention; *omtalad* talked about
omtanke -n care
omtyckt *adj* popular
omtänksam *adj* considerate
omtöcknad *adj* dazed
omusikalisk *adj* unmusical
omutlig *adj* unbribable, incorruptible

omvandla *verb* transform
omvårdnad -en care
omväg -en -ar detour
omvänd *adj* **1** omkastad reversed **2** till tro, lära converted
omvärdering -en -ar revaluation
omväxlande I *adj* varied **II** *adv* alternately
omväxling -en -ar change; *för omväxlings skull* for a change
omyndig *adj* under age
omåttlig *adj* immoderate, enormous
omänsklig *adj* inhuman
omärklig *adj* imperceptible
omöjlig *adj* impossible
onanera *verb* masturbate
onaturlig *adj* unnatural
ond *adj* **1** moraliskt evil; *en* ~ *cirkel* a vicious circle **2** arg angry; mad
ondska -n wickedness; *ondskan* evil
ondskefull *adj* spiteful
onekligen *adv* undeniably
onormal *adj* abnormal
onsdag -en -ar Wednesday; *i onsdags* last Wednesday; *på* ~ on Wednesday
ont -et **1** *jag har* ~ *i benet* my leg hurts **2** *jag har* ~ *om pengar* I am short of money; *det är* ~ *om potatis* there is a shortage of potatoes
onumrerad *adj* unnumbered
onyanserad *adj* simplistic

onyttig *adj* useless
onåd oböjl. disfavor; *råka i ~ fall** out of favor
onödan, *i ~* unnecessarily
onödig *adj* unnecessary
oordnad *adj* disordered
oordning -en disorder
opal -en -er opal
opassande *adj* unsuitable
oper|a -an -or opera
operasångare -n = o. **operasångersk|a** -an -or opera--singer
operation -en -er operation
operera *verb,* ~ *ngn* operate on sb.; ~ *bort ngt* remove sth. surgically
operett -en -er operetta
opersonlig *adj* impersonal
opinion -en -er opinion; *den allmänna opinionen* public opinion
opium opiet opium
opponera *verb,* ~ *sig* object
opposition -en -er opposition
opraktisk *adj* unpractical
optiker -n = optician
optimist -en -er optimist
optimistisk *adj* optimistic
opus -et = work
opålitlig *adj* unreliable
orange *adj* orange
ord -et = word; *begära ordet* ask for the floor; *hålla sitt ~* keep* one's word
ordagrann *adj* literal

ordalag, *i allmänna* ~ in general terms
ordbehandlare -n = word processor
ord|bok -boken -böcker dictionary
ord|en en ~, pl. -nar order
ordentlig *adj* noggrann careful; sedesam proper
order -n = order; *ge* ~ *om ngt* order sth.
ordföljd -en -er word order
ordförande -n = chairman (pl. chairmen), chairwoman (pl. chairwomen); chair
ordförråd -et = vocabulary
ordinarie *adj* regular
ordination -en -er prescription
ordinera *verb* prescribe
ordinär *adj* ordinary
ordlist|a -an -or word list
ordna *verb* arrange; vard. fix; *det ordnar sig nog* it will be all right
ordning -en -ar order; *göra sig i* ~ get* ready
ordspråk -et = proverb
oreda -n disorder
oregano -n oregano
oregelbunden *adj* irregular
oresonlig *adj* unreasonable
organ -et = organ
organisation -en -er organization
organisera *verb* organize
organism -en -er organism
orgasm -en -er orgasm

org|el -eln -lar organ
orgie -n -r orgy
orientalisk *adj* oriental
Orienten the Orient
orientera *verb* **1** informera
inform; *jag kan inte ~ mig* I
don't quite know where I am
2 som sport practice orien-
teering
orientering -en -ar **1** orienta-
tion; information information;
tappa orienteringen lose*
one's bearings **2** sport orien-
teering
original -et = original; excentrisk
eccentric
originell *adj* original; säregen
eccentric
oriktig *adj* incorrect
orimlig *adj* absurd
orka *verb, jag orkar inte mer*
t.ex. mat I have had enough;
jag orkar inte med det
längre I cannot cope with it
any longer
orkan -en -er hurricane
orkeslös *adj* feeble
orkest|er -ern -rar orchestra
orkidé -n -er orchid
orm -en -ar snake
ormbunk|e -en -ar fern
ornament -et = ornament
oro -n anxiety
oroa *verb* worry; *~ sig för ngt*
worry about sth.
orolig *adj* worried
oroväckande *adj* alarming

orr|e -en -ar black grouse
orsak -en -er reason; *~ till*
reason for
orsaka *verb* cause
ort -en -er place
orubblig *adj* unshakable
oråd, *ana ~* smell a rat
orädd *adj* fearless
oräknelig *adj* innumerable
orättvis *adj* unfair
orättvis|a -an -or injustice
orörlig *adj* immobile
os -et smell
osa *verb* smoke
osaklig *adj* irrelevant
osammanhängande *adj* inco-
herent
osams *adj, bli ~* quarrel; *vara*
~ med ngn be* at odds with
sb.
osann *adj* untrue
osannolik *adj* unlikely
osjälvisk *adj* unselfish
osjälvständig *adj* dependent
oskadd *adj* unharmed
oskadlig *adj* harmless
oskiljaktig *adj* inseparable
oskuld -en -er **1** egenskap
innocence **2** person virgin
oskuldsfull *adj* innocent
oskyddad *adj* unprotected
oskyldig *adj* innocent
oskälig *adj* orimlig unreason-
able
oslagbar *adj* unbeatable
osmaklig *adj* unappetizing
osockrad *adj* unsweetened

osolidarisk *adj* disloyal
oss *pron* us
1 ost oböjl. the east, se vidare
öster
2 ost -en -ar cheese
ostadig *adj* unsteady; *ostadigt*
väder unsettled weather
ostaffär -en -er cheese store
osthyv|el -eln -lar cheese slicer
ostlig *adj* easterly
ostron -et = oyster
ostädad *adj* untidy
osund *adj* unhealthy
osympatisk *adj* unpleasant
osynlig *adj* invisible
osäker *adj* uncertain
otacksam *adj* ungrateful
otakt, *komma i* ~ get* out of
step
otalig *adj* innumerable
otalt *adj*, *ha ngt* ~ *med ngn*
have* a score to settle with
sb.
otillfredsställande *adj* un-
satisfactory
otillgänglig *adj* inaccessible
otillräcklig *adj* insufficient
otrevlig *adj* disagreeable
otrogen *adj* unfaithful
otrolig *adj* incredible
otrygg *adj* insecure
otränad *adj* untrained
ott|a -an -or, *stiga upp i ottan*
get* up early in the morning
otur -en bad luck
otydlig *adj* indistinct
otålig *adj* impatient

otäck *adj* nasty
otänkbar *adj* inconceivable
oumbärlig *adj* indispensable
oundviklig *adj* unavoidable
ouppmärksam *adj* inattentive
outhärdlig *adj* unbearable
outspädd *adj* undiluted
outtröttlig *adj* indefatigable
ouvertyr -en -er overture
oval *adj* oval
1 ovan *prep* o. *adv* above
2 ovan *adj*, *vara* ~ *vid att*
segla be* unaccustomed to
sailing
ovan|a -an -or ful vana bad habit
ovanför *prep* o. *adv* above
ovanlig *adj* unusual
ovanstående *adj* the above-
-mentioned...
ovarsam *adj* careless
overall -en -er overalls
overklig *adj* unreal
overksam *adj* passive
ovidkommande *adj* irrelevant
ovilja -n 1 ovillighet unwilling-
ness 2 fientlighet hostility
ovillig *adj* unwilling
ovillkorligen *adv* absolutely
oviss *adj* uncertain
ovårdad *adj* careless
ovädler -ret = storm
ovän -nen -ner enemy; *vara* ~
med ngn be* on bad terms
with sb.
ovänlig *adj* unfriendly; fientlig
hostile
oväntad *adj* unexpected

ovärderlig *adj* invaluable
oväsen -det noise; *föra* ~
make* a lot of noise
ox|e -en -ar ox (pl. oxen); *Oxen*
stjärntecken Taurus
oxfilé -n -er fillet of beef
oxkött -et beef
oxstek -en -ar roast beef
ozonskikt -et ozone layer
oåterkallelig *adj* irrevocable
oåtkomlig *adj* inaccessible;
förvaras oåtkomligt för barn
keep* out of children's reach
oäkta *adj* false
oändlig *adj* infinite
oärlig *adj* dishonest
oätlig *adj* inedible
oöm *adj* om sak durable; om
person rugged
oöverskådlig *adj* oredig con-
fused; om följder o.d. incalcu-
lable
oöverstiglig *adj* insurmount-
able
oöverträffad *adj* unsurpassed

P

p 1 p-et p-n bokstav p [utt. pi:]
2 *sätta* ~ *för ngt* put* a stop
to sth.
pacifist -en -er pacifist
packa *verb* pack, pack up; ~
ner ngt pack sth.; ~ *upp ngt*
unpack sth.
pack|e -en -ar package
packning -en -ar **1** bagage
luggage, baggage **2** tätnings-
anordning gasket
padd|a -an -or toad
padd|el -eln -lar paddle
paddla *verb* paddle
paj -en -er pie
pajas -en -er (-ar) clown
paket -et = parcel, package
pakethållare -n = luggage
carrier
paketres|a -an -or package tour
pakt -en -er pact
palats -et = palace
Palestina Palestine
palestinier -n = Palestinian
palestinsk *adj* Palestinian
palett -en -er palette
pall -en -ar stool
palm -en -er palm
palsternack|a -an -or parsnip
pamp -en -ar bigwig, boss
pand|a -an -or panda

panel -en -er panel; träpanel
paneling
panera *verb* coat with egg and
breadcrumbs
panik -en panic
panikslagen *adj* panic-
-stricken
pank *adj* broke
1 pann|a -an -or **1** stekpanna o.d.
pan **2** för eldning furnace
2 pann|a -an -or i ansiktet
forehead
pannbiff -en -ar ung. hamburger
pannkak|a -an -or pancake
pansar -et = armor
pant -en -er pledge
pantbank -en -er pawnshop
pant|er -ern -rar panther
pantsätta *verb* pawn
papegoj|a -an -or parrot
papiljott -en -er curler
papp -en cardboard
papp|a -an -or father; vard. dad
papper -et = paper
pappershandduk -en -ar paper
towel
pappershand|el -eln -lar station-
er's
papperskass|e -en -ar paper
bag
papperskorg -en -ar wastebas-
ket
papperslapp -en -ar slip of
paper
pappersmugg -en -ar paper cup
pappersnäsduk -en -ar tissue;
vard. Kleenex®

pappersservett -en -er paper
napkin
papperstallrik -en -ar paper
plate
paprik|a -an -or grönsak sweet
pepper; krydda paprika
par -et = sammanhörande pair; *ett*
gift ~ a married couple
para *verb* **1** ~ *ihop ngt med*
ngt match sth. to sth. **2** ~ *sig*
mate
parabolantenn -en -er satellite
dish
parad -en -er parade
paradis -et = paradise
paradoxal *adj* paradoxical
paragraf -en -er section
parallell I -en -er parallel **II** *adj*
parallel
paralysera *verb* paralyze
paraply -et -er umbrella
parasit -en -er parasite
parasoll -et (-en) -er parasol
parentes -en -er parentheses,
brackets
parera *verb* parry
parfym -en -er perfume
parfymeri -et -er perfumery
parisare -n = hamburger fried
on bread
park -en -er park
parkera *verb* park
parkering -en -ar **1** parking
2 område parking lot
parkeringsautomat -en -er
parking meter

parkeringsböter pl. lapp parking ticket; belopp parking fine
parkeringsförbud -et =, *det är* ~ parking is prohibited
parkeringshus -et = parking garage
parkeringsplats -en -er ruta parking space; område parking lot
parkett -en -er **1** på teater o.d. orchestra; *på främre* ~ in the orchestra **2** golv parquet
parlament -et = parliament
parlör -en -er phrase book
parning -en -ar mating
parodi -n -er parody
part -en -er i t.ex. juridisk betydelse party; *vara* ~ *i målet* be* involved
parti -et -er **1** del part **2** mängd av viss vara lot **3** politiskt party **4** i spel game
partik|el -eln -lar particle
partiledare -n = party leader
partisk *adj* partial
partner -n = (-s) partner
party -t -n party
1 pass -et = **1** passage pass **2** legitimation passport **3** tjänstgöring duty, shift **4** *komma väl till* ~ come* in handy
2 pass *interj* i kortspel pass!
passa *verb* **1** ge akt på pay* attention to; ~ *tiden* be* on time **2** *byxorna passar mig inte* är inte lagom these pants

don't fit me; klär mig inte these pants don't suit me; *det passar mig bra* that suits me fine **3** i kortspel el. sporter pass **4** ~ *på* ta tillfället i akt seize the opportunity
passage -n -r passage
passagerare -n = passenger
passande *adj* lämplig suitable; läglig convenient
passare -n =, *en* ~ a pair of compasses
passera *verb* pass
passfoto -t -n passport photo
passion -en -er passion
passionerad *adj* passionate
passiv *adj* passive
passkontroll -en -er i USA Immigration; moment passport examination; kontor passport office
passning -en -ar **1** eftersyn attention **2** i lagspel pass
past|a -an -or paste; spaghetti o.d. pasta
pastej -en -er pie
pastill -en -er pastille, drop
pastor -n -er pastor, reverend, minister
pastöriserad *adj* pasteurized
paté -n -er pâté
patent -et = patent
patentlösning -en -ar easy answer
patetisk *adj* pathetic
patiens -en -er, *lägga* ~ play solitaire

patient -en -er patient
patriot -en -er patriot
patron -en -er för vapen el. skrivare cartridge; för penna refill
patrull -en -er patrol
paus -en -er pause; avbrott break; på teater intermission
paviljong -en -er pavilion
pedagogik -en theory of education; formellt pedagogy
pedagogisk adj educational; formellt pedagogic
pedal -en -er pedal
pedant -en -er pedant
pedantisk adj pedantic
pejla verb loda sound; ~ stämningen check the mood
peka verb, ~ på ngt point at sth.
pekfing|er -ret -rar forefinger
pekines -en -er pekinese
pekpinn|e -en -ar pointer
pelare -n = pillar
pelargon -en -er geranium
pelikan -en -er pelican
pend|el -eln -lar pendulum
pendeltåg -et = commuter train
pendla verb swing; om t.ex. förortsbo commute
pendlare -n = commuter
pengar pl. money; var är pengarna? — jag kan inte hitta dem where is the money? — I can't find it
penicillin -et penicillin
penis -en -ar penis

penn|a -an -or pen; blyertspenna pencil
pennvässare -n = pencil sharpener
pensé -n -er pansy
pens|el -eln -lar brush
pension -en -er pension; gå i ~ retire
pensionat -et = boarding house; på kontinenten ofta pension
pensionera verb pension off; ~ sig retire
pensionär -en -er pensioner; i USA senior citizen, retired person
pensla verb paint
pentry -t -n galley; kokvrå kitchenette
peppar -n pepper
pepparkak|a -an -or gingersnap
pepparmynta -n peppermint
pepparrot -en horseradish
peppra verb pepper
per prep, ~ järnväg by rail; ~ styck each
perfekt I adj perfect **II** adv perfectly
perforera verb perforate
period -en -er period
periodvis adv periodically
permanent I adj permanent **II** -en permanent wave; vard. perm
permanenta verb hår perm
permission -en -er leave

permittera *verb* friställa lay*
off
perrong -en -er platform
persienn -en -er Venetian blind
persik|a -an -or peach
persilja -n parsley
persisk *adj* Persian
person -en -er person
personal -en staff, personnel
personbil -en -ar private car
personlig *adj* personal
personligen *adv* personally
personlighet -en -er personality
personnum|mer -ret = national
registration number; mot-
svaras i USA av Social Security
number
persontåg -et = passenger train
perspektiv -et = perspective
Peru Peru
peruk -en -er wig
pervers *adj* perverted
peseta -n -s (=) peseta
pessar -et = diaphragm
pessimist -en -er pessimist
pessimistisk *adj* pessimistic
pest -en -er plague
peta *verb* **1** pick; ~ *sig i*
näsan pick one's nose; ~ *i*
maten pick at one's food
2 vard., ~ *ngn* throw* sb.
out, oust sb.
petig *adj* pedantic
P-hus -et = multistory parking
garage
pianist -en -er pianist
piano -t -n piano

piccolo -n -r bellhop
picknick -en -ar picnic
piedestal -en -er pedestal
piffa *verb*, ~ *upp* freshen up
1 pigg -en -ar spike
2 pigg *adj* fit; *vara ~ på ngt*
be* keen on sth.
pigga *verb*, ~ *upp sig med ngt*
do* sth. that helps pick you
up
piggvar -en -ar turbot
pigment -et = pigment
pik -en -ar spydighet dig
pika *verb* taunt
1 pil -en -ar träd willow
2 pil -en -ar till pilbåge arrow
pilbåg|e -en -ar bow
pilgrim -en -er pilgrim
pill|er -ret = pill
pilot -en -er pilot
pin|a I -an -or pain **II** *verb*
torment
pincett -en -er, *en* ~ a pair of
tweezers
pingst -en -ar Whitsun
pingstaft|on -onen -nar Whitsun
Eve
pingstdag -en -ar Whitsunday
pingstlilj|a -an -or narcissus (pl.
narcissi)
pingvin -en -er penguin
pinn|e -en -ar peg
pinsam *adj* embarrassing
pion -en -er peony
pionjär -en -er pioneer
1 pip -et = ljud peep
2 pip -en -ar på kärl spout

1 pipa *verb* om fåglar chirp
2 pip|a -an -or pipe
pipig *adj* squeaky
pippi -n -ar birdie; *ha ~ på ngt* be* obsessed by sth.
piprensare -n = pipecleaner
piptobak -en pipe tobacco
pir -en -ar pier
pirat -en -er pirate
pirog -en -er pirogi
piruett -en -er pirouette
pisk|a I -an -or whip **II** *verb* whip
pissa *verb* vulgärt piss
pissoar -en -er urinal
pist -en -er piste
pistol -en -er pistol
pittoresk *adj* picturesque
pizz|a -an -or pizza
pizzeri|a -an -or pizzeria, pizza parlor
pjäs -en -er **1** teaterpjäs play **2** föremål piece
pjäx|a -an -or ski boot
placera *verb* place
placering -en -ar placing; om pengar investment
plagg -et = garment
plagiat -et = plagiarism
plakat -et = poster
1 plan -en -er **1** öppen plats open space **2** plan; *ha planer på att göra ngt* be* planning to do sth.
2 plan -et = yta el. flygplan plane
3 plan *adj* plane
planera *verb* plan

planet -en -er planet
plank -et = **1** virke planking **2** staket fence
plank|a -an -or plank
plansch -en -er illustration
plant|a -an -or plant
plantage -n -r plantation
plantera *verb* plant
plantering -en -ar garden; rabatt flower-bed
plaska *verb* splash
plast -en -er plastic
plastfolie -n -r Saranwrap
plastkass|e -en -ar plastic bag
plastpås|e -en -ar plastic bag
platina -n platinum
plats -en -er **1** place; *få ~ med ngt* find* room for sth.; *är den här platsen ledig?* is this seat taken? **2** anställning job
platsbiljett -en -er seat reservation
platt I *adj* flat **II** *adv* flatly
platt|a -an -or plate; rund disk
plattform -en -ar platform
platå -n -er plateau
plikt -en -er duty
plikttrogen *adj* dutiful
plocka *verb* pick; samla gather; *~ bort ngt* remove sth.; *~ upp* pick up
plog -en -ar plow
ploga *verb* gator clear (plow) the roads
plomb -en -er **1** i tand filling **2** försegling seal
plommon -et = plum

plugg 1 -en -ar tapp plug **2** -et = vard., skola school
plugga verb **1** ~ igen ngt plug sth. **2** vard. cram
plundra verb plunder
plundring -en -ar plunder
plus I -et = tecken plus; fördel advantage **II** adv plus
plusgrad -en -er degree above zero Celsius (above 32° Fahrenheit)
plusteck|en -net = plus sign
plym -en -er plume
plysch -en -er plush
plåg|a I -an -or pain **II** verb torment
plågsam adj painful
plån -et = friction strip
plån|bok -boken -böcker wallet
plåst|er -ret = bandaid
plåt -en -ar **1** materiel sheet metal **2** skiva plate; bakplåt cookie sheet
pläd -en -ar steamer rug, throw
plädera verb plead
plöja verb plow
plötslig adj sudden
PM -et = memo
pocket|bok -boken -böcker paperback, pocket book
podi|um -et -er platform
poesi -n -er poetry
poet -en -er poet
poetisk adj poetic
pojk|e -en -ar boy
pojknamn -et = boy's name
pojkvän -nen -ner boyfriend

pokal -en -er cup
poker -n poker
pol -en -er pole
polack -en -er Pole
polcirkel -n, norra polcirkeln the Arctic Circle; södra polcirkeln the Antarctic Circle
Polen Poland
polera verb polish
polio -n polio
polis -en -er **1** myndighet police; har polisen fångat honom? have the police caught him? **2** polisman police officer
polisanmäla verb report to the police
polisanmäl|an en ~, pl. -ningar, göra en ~ file a complaint
polisbil -en -ar patrol car
polis|man -mannen -män police officer
polisonger pl. sideburns
polisstation -en -er police station; i stad precinct house
polisutredning -en -ar police investigation
politik -en politics; politisk linje policy
politiker -n = politician
politisk adj political
pollen -et pollen
pollett -en -er token
pollettera verb check
polo -n polo
polotröj|a -an -or turtleneck sweater

polsk *adj* Polish
polsk|a -an **1** pl. -or kvinna Polish woman (pl. women) **2** språk Polish
pommes frites pl. French fries
pompa -n, *med ~ och ståt* with pomp and ceremony
pondus -en authority
ponny -n -er pony
pop -en pop
popartist -en -er pop artist
popcorn -et = popcorn
poplin -en (-et) -er poplin
popmusik -en pop music
popp|el -eln -lar poplar
populär *adj* popular
por -en -er pore
pornografi -n -er pornography
porr -en vard. porn; hårdporr hard-core porn
porrfilm -en -er porno film
porslin -et -er china
porslinsfigur -en -er porcelain figure
port -en -ar front door; öppning gate
portfölj -en -er briefcase
portier -en -er receptionist, desk clerk
portion -en -er portion
portkod -en -er entry code
portmonnä -n -er purse
portnyck|el -eln -lar main-door key
porto -t -n postage
portofri *adj* postage-free
porträtt -et = portrait

porttelefon -en -er intercom
Portugal Portugal
portugis -en -er Portuguese (pl. lika)
portugisisk *adj* Portuguese
portugisisk|a -an **1** pl. -or kvinna Portuguese woman (pl. women) **2** språk Portuguese
portvakt -en -er i hyreshus o.d. security guard
portvin -et -er port
porös *adj* porous
posera *verb* pose
position -en -er position
1 positiv *adj* positive
2 positiv -et = bärbar orgel barrel organ
post -en **1** brev o.d. mail; *har jag någon ~?* is there any mail for me?; *skicka ngt med posten* send* sth. by mail **2** kontor post office **3** i bokföring o.d. item **4** pl. -er vaktpost sentry **5** pl. -er befattning post
posta *verb* mail
postadress -en -er mailing address
postanvisning -en -ar money order
postbox -en -ar post office box (förk. P.O. Box)
poste restante *adv* general delivery
postförskott -et = collect on delivery (förk. COD)
postgiro -t -n postal giro

postkontor -et = post office
postnum|mer -ret = ZIP code;
vard. zip code
postpaket -et = postal parcel
poststämp|el -eln -lar postmark
potatis -en -ar potato (pl.
potatoes)
potatisgratäng -en -er potatoes
au gratin
potatismjöl -et potato flour
potatismos -et mashed pota-
toes
potatissallad -en -er potato
salad
potatisskal -et = potato
peelings
potatisskalare -n = potato
peeler
potens -en -er **1** förmåga att
genomföra samlag potency
2 matematiskt uttryck power
pott -en -er pool
pott|a -an -or potty
poäng -en = point; betyg grade;
högskolepoäng credit
poängtera *verb* emphasize
p-pill|er -ret = contraceptive
pill; vard. the pill
PR oböjl. PR, public relations
Prag Prague
prakt -en splendor
praktfull *adj* splendid
praktik -en **1** practice; *i
praktiken* in practice **2** yrkes-
praktik job training
praktikant -en -er trainee
praktisera *verb* practice

praktisk *adj* practical
pralin -en -er chocolate
prassla *verb* rustle
prat -et talk, chat; struntprat
nonsense
prata *verb* talk, chat
pratsam *adj* talkative
praxis = (-en) practice
precis I *adj* precise **II** *adv*
exactly; ~ *klockan 8* at 8
o'clock sharp
precision -en precision
predika *verb* preach
predik|an en ~, pl. -ningar
sermon
prejudikat -et = precedent
preliminär *adj* preliminary
premie -n -r premium
premieobligation -en -er
premium bond
premiär -en -er opening night
premiärminist|er -ern -rar prime
minister
prenumeration -en -er sub-
scription
prenumerera *verb* subscribe
preparat -et = chemical,
compound
preparera *verb* prepare
presenning -en -ar tarpaulin;
vard. tarp
present -en -er present
presentation -en -er presenta-
tion
presentera *verb* **1** introduce;
~ *sig* introduce oneself
2 framlägga present

presentkort -et = gift certificate

president -en -er president

preskribera verb dismiss due to the statue of limitations

press -en **1** tidningar el. redskap o.d. press **2** tryck pressure

pressa verb press; ~ fram en lösning force a solution; ~ ihop ngt press sth. together

pressande adj om t.ex. arbetsförhållanden trying

presskonferens -en -er press conference

prestation -en -er sportprestation o.d. performance; bedrift achievement

prestera verb achieve

prestige -n prestige

pretention -en -er pretension

pretentiös adj pretentious

preventivmed|el -let = contraceptive

prick I -en -ar dot; träffa skjuta mitt i ~ be* a bull's eye **II** adv, ~ klockan 8 at 8 o'clock sharp

prickig adj spotted

prima adj first-class, first-rate

primadonn|a -an -or prima donna

primitiv adj primitive

primär adj primary

princip -en -er principle

principiell adj, av principiella skäl on grounds of principle

prins -en -ar prince

prinsess|a -an -or princess

prinskorv -en -ar ung. small sausage

prioritera verb give* priority to

pris -et = (-er) **1** kostnad price; till nedsatt ~ at a reduced price (rate); till ett ~ av 100 dollar at 100 dollars; till varje ~ at any price **2** belöning prize

prishöjning -en -ar price increase; vard. price hike

prislapp -en -ar price tag; påklistrad price sticker

prislist|a -an -or price list

prisläge -t -n, i vilket ~ at about what price?

prisskillnad -en -er price difference

prisstopp -et = price freeze

prissänkning -en -ar price reduction; vard. price cut

pristagare -n = prizewinner

prisutdelning -en -ar awards ceremony

privat I adj private **II** adv privately

privatisera verb privatize

privatliv -et private life

privatperson -en -er private person; ej i tjänst citizen

privatägd adj privately-owned

privilegierad adj privileged

privileg|um -et -er privilege

problem -et = problem

procedur -en -er procedure

procent -en = percent
process -en -er **1** förlopp process **2** rättegång lawsuit
procession -en -er procession
producent -en -er producer
producera *verb* produce
produkt -en -er product
produktion -en -er production
produktiv *adj* productive
professionell *adj* professional
professor -n -er professor; *t.f.* ~ acting professor
profet -en -er prophet
profeti|a -an -or prophecy
proffs -et = pro
proffsig *adj* professional
profil -en -er profile
prognos -en -er forecast
program -met = program
programledare -n = MC (förk. för master of ceremonies), host
programmera *verb* program
progressiv *adj* progressive
projekt -et = project
projektor -n -er projector
proklamera *verb* proclaim
prolog -en -er prologue
promemori|a -an -or memorandum; vard. memo
promenad -en -er walk; *ta en* ~ go* for a walk
promenadsko -n -r walking-
-shoe
promenera *verb* take* a walk
promille -n promillehalt blood alcohol level

propaganda -n propaganda
propagera *verb*, ~ *för ngt* campaign for sth.
propell|er -ern -rar propeller
proper *adj* tidy
proportion -en -er proportion
propp -en -ar plug; säkring fuse; blodpropp blood clot
proppa *verb*, ~ *i sig* stuff oneself with; ~ *igen* stop up
proppfull *adj* crammed
proppmätt *adj*, *vara* ~ be* really full
prosa -n prose
prosit *interj* bless you!, gesundheit!
prospekt -et = prospectus
prost -en -ar dean
prostata -n prostate
prostituerad en ~, pl. -e prostitute; vard. hooker
prostitution -en prostitution
protein -et -er protein
protes -en -er arm artificial arm (öga eye etc.)
protest -en -er protest
protestant -en -er Protestant
protestera *verb* protest
protokoll -et = minutes
prov -et = **1** test **2** av vara sample
prova *verb* test; kläder try on
provhytt -en -er fitting cubicle
proviant -en provisions
provins -en -er province
provision -en -er commission
provisorisk *adj* temporary

provocera *verb* provoke
provrum -met = fitting room
provrör -et = test tube
provsmaka *verb* taste
pruta *verb* om köpare haggle;
om säljare give* a discount
(rebate)
pryd *adj* prudish
pryda *verb* decorate
prydlig *adj* neat
prydnad -en -er decoration
prydnadssak -en -er ornament
prydnadsväxt -en -er ornamental plant
prygla *verb* flog
prålig *adj* gaudy
pråm -en -ar barge
präg|el -eln -lar impression;
sätta sin ~ på leave* one's
mark on
prägla *verb* mark
präktig *adj* utmärkt fine
pränta *verb* write* carefully
prärie -n -r prairie
präst -en -er icke-protestantisk
priest; protestantisk minister,
clergyman (pl. clergymen)
prästkrag|e -en -ar blomma
oxeye daisy
pröva *verb* try
prövning -en -ar **1** prov test
2 lidande trial
P.S. ett ~, pl. = PS
psalm -en -er i psalmboken hymn;
i Bibeln psalm
pseudonym -en -er pseudonym
psyke -t -n psyche

psykiat|er -ern -rer psychiatrist
psykiatri -n psychiatry
psykisk *adj* mental
psykoanalys -en -er psychoanalysis
psykolog -en -er psychologist
psykologi -n psychology
psykologisk *adj* psychological
psykos -en -er psychosis
pubertet -en puberty
publicera *verb* publish
publicitet -en publicity
publik -en -er audience; åskådare
spectators
puck -en -ar puck
puck|el -eln -lar hump
pudding -en -ar dessert pudding;
fiskpudding o.d. casserole
pud|el -eln -lar poodle
pud|er -ret = powder
pudra *verb* powder
puk|a -an -or kettle-drum
pulk|a -an -or sled
puls -en -ar pulse; *ta pulsen på
ngn* take* sb.'s pulse
pulsera *verb* throb
pulsåd|er -ern -ror artery
pulv|er -ret = powder
pulverkaffe -t instant coffee
pum|a -an -or puma
pump -en -ar pump
1 pumpa *verb* pump; ~
däcken inflate the tires
2 pump|a -an -or pumpkin
pumps pl. pumps
pund -et = pound

pung -en -ar **1** påse pouch
2 organ scrotum
punkt -en -er point
punktering -en -ar puncture; *få*
~ get* a flat tire
punktlig *adj* punctual
punsch -en ung. arrack punch
pupill -en -er pupil
puré -n -er purée
purjolök -en -ar leek
purpur -n purple
puss -en -ar kyss kiss
pussa *verb* kiss
puss|el -let = puzzle; träpussel
jigsaw puzzle
pusta *verb* puff; ~ *ut* catch*
one's breath
puta *verb*, ~ *ut* stick out
putsa *verb* clean
puttra *verb* simmer
pyjamas -en -ar pajamas
pynt -et decorations
pynta *verb* decorate
pyra *verb* smoulder
pyramid -en -er pyramid
Pyrenéerna the Pyrenees
pyroman -en -er pyromaniac
pyssla *verb*, *vad pysslar du
med?* what are you doing?; ~
om ngn look after sb.
pyts -en -ar pot
pyttipanna -n ung. hash
på *prep* on; ~ *en bjudning* at
a party; ~ *marken* on the
ground; ~ *morgonen* in the
morning; *gå* ~ *bio* go* to the
movies; *vara arg* ~ *ngn* be*

angry with sb.; *vänta* ~ *ngn*
wait for sb.
påbrå -t stock; *med svenskt* ~
of Swedish extraction
påfallande *adj* striking
påflugen *adj* pushy
påfrestande *adj* trying
påfrestning -en -ar strain
påfyllning -en -ar refill
påfåg|el -eln -lar peacock
pågå *verb* go* on; vara last
pågående *adj* present
påhitt -et = idé idea; lögn
invention
påk -en -ar cudgel
påkalla *verb* call for; ~ *ngns
uppmärksamhet* attract sb.'s
attention
påklädd *adj* dressed
påkostad *adj* expensive
pål|e -en -ar pole
pålitlig *adj* reliable
pålägg -et = **1** på smörgås ham,
cheese etc.; *bredbart* ~
sandwich spread **2** tillägg
extra charge
påminna *verb*, ~ *ngn om ngt*
remind sb. of sth.; *det
påminner mig om att jag ska
ringa henne* that reminds me
I should call her; ~ *sig*
remember
påminnelse -n -r reminder
påpasslig *adj* attentive
påpeka *verb* point out
pås|e -en -ar bag
påseende, *till* ~ for inspection

påsk -en -ar Easter; *annandag påsk* the day after Easter; *glad ~!* Happy Easter!; *i ~* at Easter; *i påskas* last Easter
påskaft|on -onen -nar the day before Easter
påskdag -en -ar Easter Sunday
påsklilj|a -an -or daffodil
påsklov -et = Easter vacation
påskrift -en -er address; underskrift signature
påskynda *verb* hasten
påskägg -et = Easter egg
påslakan -et = duvet cover
påssjuka -n mumps
påstridig *adj* obstinate
påstå *verb* say*; *han påstår sig vara...* he claims he is a...
påstående -t -n statement
påstötning -en -ar reminder
påtaglig *adj* obvious
påtryckning -en -ar pressure
påträffa *verb* come* across
påträngande *adj* **1** påflugen pushy **2** om behov urgent
påtvinga *verb*, *~ ngn ngt* force sth. on sb.
påtår -en ung. refill
påv|e -en -ar pope
påverka *verb* influence
påverk|an en ~, pl. -ningar influence
påvisa *verb* indicate
päls -en -ar fur
pälsjack|a -an -or fur jacket
pälskrag|e -en -ar fur collar
pälsmöss|a -an -or fur hat

pärl|a -an -or pearl
pärlemor -n mother-of-pearl
pärlhalsband -et = pearl necklace
pärm -en -ar cover; lösbladspärm loose-leaf binder
päron -et = pear
päronträd -et = pear tree
pärs -en -er ordeal
pöl -en -ar pool
pöls|a -an -or ung. haggis-like hash
pösig *adj* puffy

Q

q q-et q-n bokstav q [utt. kjo:]

R

r r-et r bokstav r [utt. a:r]
rabarber -n rhubarb
1 rabatt -en -er blomsterrabatt
flower bed
2 rabatt -en -er nedsättning av pris
discount; *lämna 20 % ~ på*
ngt allow a 20 % discount
off sth.
rabatthäfte -t -n book of
discount coupons
rabattkort -et = reduced rate
ticket
rabbin -en -er rabbi
rabbla *verb* rattle off
rabies -en rabies
rackare -n = rascal
racket -en -ar racket
rad -en -er **1** räcka, led row; *3*
dagar i ~ 3 days running **2** i
skrift line; *börja på ny ~* start
a fresh paragraph **3** på teater
row; *på första raden* in the
mezzanine (loge); *på andra*
raden in the balcony; *på*
tredje raden in the gallery
rada *verb*, *~ upp ngt* put* sth.
in a row
radar -n radar
radera *verb*, *~ ut* wipe out
radhus -et = row house
radie -n -r radius (pl. radii)
radikal *adj* radical

radio -n -r radio
radioaktiv *adj* radioactive
radioaktivitet -en radioactivity
radioapparat -en -er radio
radioprogram -met = radio program
radiosändare -n = transmitter
raffinerad *adj* refined
rafsa *verb*, ~ *ihop* throw* together
ragat|a -an -or shrew; starkare bitch
ragga *verb* cruise; ~ *upp ngn* pick up sb.
raggsock|a -an -or woollen sock
ragla *verb* stagger
ragu -n -er ragout
raid -en -er raid
rak *adj* straight; *på* ~ *arm* offhand
raka *verb* shave; ~ *sig* shave
rakapparat -en -er shaver
rakblad -et = razor blade
raket -en -er rocket
rakhyv|el -eln -lar safety razor
rakkräm -en -er shaving cream
raksträck|a -an -or straight stretch
rakt *adv* straight; *gå* ~ *fram* walk straight ahead; *gå* ~ *på sak* komma till saken come* to the point
raktvål -en -ar shaving soap
rakvatt|en -net = aftershave
rally -t -n rally
ram -en -ar frame

rama *verb*, ~ *in* frame
ramla *verb* fall*
ramp -en -er **1** sluttande uppfart ramp **2** för uppskjutning pad
rampfeber -n stage fright
rampljus -et, *stå i rampljuset* be* in the limelight
rams|a -an -or barnramsa nursery rhyme
rand -en ränder **1** streck stripe **2** kant edge
randig *adj* striped
rang -en rank
rannsaka *verb* search
ranson -en -er ration
ransonera *verb* ration
ransonering -en -ar rationing
rapa *verb* burp; högljutt belch
1 rappa *verb* t.ex. vägg plaster
2 rappa *verb*, ~ *på* get* a move on
rapport -en -er report
rapportera *verb* report
rar *adj* nice
raritet -en -er rarity
1 ras -en -er släkte race
2 ras -et = av jord landslide
rasa *verb* **1** störta fall* down **2** härja rage
rasande *adj* ilsken furious
rasera *verb* demolish
raseri -et fury
rasism -en racism
rasist -en -er racist
rasistisk *adj* racist
1 rask *adj* snabb quick

2 rask -et, *hela rasket* the whole lot
rassla *verb* rattle
rast -en -er break; i skola recess
rasta *verb* stop for a break
rastlös *adj* restless
rastplats -en -er rest area; med mat, bensin etc. service area
rata *verb* reject
rationalisera *verb* rationalize
rationalisering -en -ar rationalization
rationell *adj* rational
ratt -en -ar wheel; *bakom ratten* behind the wheel
rattfylleri -et drunken driving; vard. DWI
rattfyllerist -en -er drunken driver
rattlås -et = steering-lock
ravin -en -er ravine
razzi|a -an -or raid
re|a I -an -or sale **II** *verb* sell* off
reagera *verb* react
reaktion -en -er reaction
reaktionsförmåga -n powers of reaction
reaktionär *adj* reactionary
reaktor -n -er reactor
realisation -en -er sale
realisera *verb* **1** varor o.d. sell* off **2** förverkliga realize
realistisk *adj* realistic
rebell -en -er rebel
rebus -en -ar rebus
recensent -en -er critic

recension -en -er review
recept -et = **1** för medicin prescription **2** för mat recipe
receptbelagd *adj* prescription--only
receptfri *adj* available without a prescription
reception -en -er reception desk
reda I -n order; *få ~ på ngt* find* out about sth.; *ta ~ på ngt* ta hand om take* care of sth. **II** *verb*, *~ upp ngt* sort sth. out
redaktion -en -er editorial staff
redaktör -en -er editor
redan *adv* already; *~ 1958 visste hon...* as early as 1958 she knew...
rederi -et -er shipping company
redig *adj* klar clear
redning -en -ar thickening
redo *adj* ready
redogöra *verb*, *~ för ngt* account for sth.
redogörelse -n -r account
redovisa *verb* resultat o.d. show*
redovisning -en -ar account
redskap -et = tool
reducera *verb* reduce
reduktion -en -er reduction
reell *adj* real
referat -et = account
referera *verb*, *~ ngt* report a th.; *~ till ngt (ngn)* refer to sth. (sb.)
reflektera *verb* reflect

reflex -en -er reflex; för
fotgängare reflector
reflexion -en -er reflection
reform -en -er reform
reformera *verb* reform
refräng -en -er refrain
refug -en -er island
refusera *verb* reject
1 reg|el -eln -ler bestämmelse rule;
i ~ as a rule
2 reg|el -eln -lar på dörr bolt
regelbunden *adj* regular
regemente -t -n regiment
regera *verb* härska rule; vara
kung reign
regering -en -ar government
regi -n direction; *i egen* ~
under private management
regim -en -er politisk regime
region -en -er region
regissera *verb* direct
regissör -en -er director
regist|er -ret = register; i bok
index
registrera *verb* register
registrering -en -ar registration
registreringsbevis -et = certif-
icate of registration
regla *verb* bolt
reglage -t = regulator, controls
reglera *verb* regulate
reglering -en -ar regulating
regn -et = rain
regna *verb* rain; *låtsas som
det regnar* behave as if
nothing has happened
regnbåg|e -en -ar rainbow

regnig *adj* rainy
regnkapp|a -an -or raincoat
regnrock -en -ar raincoat
regnskog -en -ar rain forest
regnskur -en -ar shower; häftig
cloudburst
regnväd|er -ret = rainy weather
reguljär *adj* regular
rehabilitera *verb* rehabilitate
rejäl *adj* **1** pålitlig reliable
2 kraftig proper, major
reklam -en -er advertising
reklamation -en -er complaint
reklamera *verb* make* a
complaint about
reklamfilm -en -er commercial
rekommendera *verb* recom-
mend
rekonstruera *verb* reconstruct
rekord -et = record; *sätta* ~ set
a new record
rekreation -en -er recreation
rekrytera *verb* recruit
rektang|el -eln -lar rectangle
rektor -n -er principal
rekvirera *verb* order
rekvisita -n properties
relation -en -er relation
relativ *adj* relative
relevant *adj* relevant
relief -en -er relief; *i* ~ in relief
religion -en -er religion
religiös *adj* religious
relik -en -er relic
reling -en -ar gunwale
rem -men -mar strap

remiss -en -er inom sjukvården referral
rems|a -an -or strip
1 ren -en -ar djur reindeer (pl. lika)
2 ren *adj* clean; **en ~ lögn** a sheer lie
rengöra *verb* clean
rengöring -en -ar cleaning
rengöringsmed|el -let = detergent
renhållning -en cleaning
rening -en -ar cleaning
renlig *adj* cleanly
renodla *verb* cultivate
renovera *verb* renovate
rensa *verb* clean; **~ ogräs** weed; **~ ut ngt** weed out sth.
rent *adv* **1** cleanly; **tala ~** talk properly **2** alldeles quite; **~ ut sagt** to put it bluntly
rentvå *verb* clear
renässans -en -er renaissance
rep -et = rope
rep|a I -an -or scratch **II** *verb* scratch; **~ sig** recover
reparation -en -er repair
reparatör -en -er repairman
reparera *verb* repair
repertoar -en -er repertoire
repetera *verb* upprepa repeat; öva rehearse
repetition -en -er upprepning repetition; övning rehearsal
replik -en -er reply; på teater line
reportage -t = report; i tidning feature article

report|er -ern -rar reporter
representant -en -er representative
representera *verb* represent
repris -en -er repeat; på TV rerun; **gå i ~** be* repeated
reproduktion -en -er reproduction
reptil -en -er reptile
republik -en -er republic
1 res|a I -an -or journey, trip **II** *verb* travel; **~ bort** go* away; **~ igenom ett land** travel across a country
2 resa *verb*, **~ sig** get* up
resande -n = traveler
resebyrå -n -er travel agency
resecheck -en -ar (-er) traveler's check
reseförsäkring -en -ar travel insurance
resehand|bok -boken -böcker guide
reseledare -n = guide
resenär -en -er traveler
reserv -en -er **1 ha ngt i ~** have* sth. in reserve **2** ersättare reserve, back-up
reservation -en -er reservation
reservdel -en -ar spare part
reservdunk -en -ar spare tank
reservera *verb* reserve; **~ sig mot ngt** object to sth. in writing
reserverad *adj* reserved
reservhjul -et = spare wheel

reservoarpenn|a -an -or fountain pen
reservutgång -en -ar emergency exit
resevalut|a -an -or foreign currency
resfeber -n, *ha* ~ be* nervous before a journey
resgods -et luggage, baggage
resgodsexpedition -en -er ung. luggage check-in
resgodsförvaring -en -ar o.
resgodsinlämning -en -ar ung. luggage storage office
residens -et = residence
resignation -en resignation
resignerad *adj* resigned
resning -en -ar **1** uppror revolt **2** i domstol etc. new trial
reson oböjl. reason; *ta* ~ listen to reason
resonans -en resonance
resonemang -et = discussion; tankegång reasoning
resonera *verb* discuss
respekt -en respect
respektera *verb* respect
respektive I *adj* respective **II** *adv* respectively; *30* ~ *40 dollar* 30 and 40 dollars, respectively
respirator -n -er respirator
respons -en response
ressällskap -et = grupp party of tourists
rest -en -er remainder
restaurang -en -er restaurant

restaurangvagn -en -ar dining-car
restaurera *verb* restore
resterande *adj* remaining
restid -en -er traveling time
restriktion -en -er restriction
restskatt -en -er back taxes
resultat -et = result
resultatlös *adj* fruitless
resultera *verb*, ~ *i ngt* result in sth.
resumé -n -er summary
resurs -en -er resource
resväsk|a -an -or suitcase
resår -en -er **1** spiralfjäder coil spring **2** resårband elastic
reta *verb* irritate; ~ *upp ngn* irritate sb.
retas *verb* tease; ~ *med ngn* tease sb.
retfull *adj* annoying
retlig *adj* irritable
retroaktiv *adj* retroactive
reträtt -en -er retreat
retsam *adj* irritating
retur -en -er, *i* ~ in return
returbiljett -en -er round-trip ticket
returnera *verb* return
reumatism -en rheumatism
1 rev -en -ar vid fiske fishing-line
2 rev -et = grund el. på segel reef
1 rev|a -an -or rispa tear
2 reva *verb* segel reef
revalvering -en -ar revaluation
revansch -en -er revenge
revben -et = rib

revbensspjäll -et = tunna
spareribs
revidera *verb* revise
revir -et = territory
revisor -n -er auditor
revolt -en -er revolt
revolution -en -er revolution
revolv|er -ern -rar revolver
revy -n -er review
Rhen the Rhine
Rhodos Rhodes
ribb|a -an -or lath, slat
ricinolja -n castor oil
rida *verb* ride
ridbyxor pl. riding pants
riddare -n = knight
ridhäst -en -ar saddle horse
ridning -en riding
ridskol|a -an -or riding school,
riding academy
ridsport -en riding
ridstövlar pl. riding boots
ridtur -en -er ride
ridå -n -er curtain
rigg -en -ar rigging
rik *adj* rich
rike -t -n stat state; kungadöme
kingdom
rikedom -en -ar fortune
riklig *adj* abundant
riksdag -en riksdagar, *Sveriges* ~
the Swedish Parliament
riksdagshuset best. form the
Parliament building
riksdags|man -mannen -män
member of the Swedish
Parliament

rikssamtal -et = long-distance
call
riksväg -en -ar main highway; i
USA Interstate
rikta *verb* direct; ~ *sig till ngn*
address oneself to sb.
riktig *adj* rätt right; verklig, äkta
true
riktigt *adv* correctly
riktning -en -ar direction; *i* ~
mot in the direction of
riktnum|mer -ret = area code
rim -met = rhyme
rimlig *adj* skälig reasonable
rimma *verb* rhyme
ring -en -ar ring; på bil tire
ringa *verb* ring; ~ *ngn* ring
sb.; ~ *ett samtal* make* a
call; ~ *på hos ngn* ring sb.'s
doorbell
ringblomm|a -an -or marigold
ringfing|er -ret -rar ring finger
ringklock|a -an -or bell
ringtryck -et = tire pressure
rinna *verb* run*; ~ *ut* run* out
rip|a -an -or grouse
1 ris -et sädesslag rice
2 ris -et = kvistar twigs
risgryn pl. rice
risk -en -er risk; *på egen* ~ at
one's own risk
riskabel *adj* risky
riskera *verb* risk
risp|a I -an -or scratch **II** *verb*
scratch
rista *verb* skära carve; ~ *in ngt
i ngt* carve sth. into sth.

rit -en -er rite
rita *verb* draw*
ritning -en -ar drawing
ritt -en -er ride
ritual -en -er ritual
riva *verb* **1** klösa scratch **2** ~ *av*
ngt tear off sth.; ~ *sönder*
ngt tear sth. to pieces **3** rasera
pull down **4** med rivjärn grate
rival -en -er rival
Rivieran the Riviera
rivjärn -et = grater
1 ro -n vila rest
2 ro *verb* row
roa *verb* amuse; ~ *sig* amuse
oneself; *vara road av ngt*
be* interested in sth.
robot -en -ar maskin robot; missil
missile
robust *adj* robust
1 rock -en -ar ytterplagg coat
2 rock -en musik rock,
rock-'n'-roll
rockmusik -en rock music
rodd -en -er rowing
roddbåt -en -ar rowboat
rod|er -ret = helm
rodna *verb* turn red; bli förlägen
blush
rododendron -en = rhododen-
dron
rojalist -en -er royalist
rokoko -n rococo
rolig *adj* lustig funny; roande
amusing; *ha roligt* have*
fun; *det var roligt att du*

kom I am glad you came; *så*
roligt! how nice!
roll -en -er part; *det spelar*
ingen ~ it doesn't matter
Rom Rome
1 rom -men från fisk roe
2 rom -men dryck rum
roman -en -er novel
romantik -en romance
romantisk *adj* romantic
romare -n = Roman
romersk *adj* Roman
rond -en -er round
rondell -en -er traffic circle
rop -et = call
ropa *verb* call; ~ *på hjälp* call
for help; ~ *upp ngns namn*
call sb.'s name
ros -en -or rose
rosa *adj* rose
rosenbusk|e -en -ar rosebush
rosett -en -er bow
rosévin -et -er rosé; ljusare blush
wine
rosmarin -en -er rosemary
rossla *verb* wheeze
rost -en rust
1 rosta *verb* om metall rust
2 rosta *verb* mat roast; bröd
toast
rostbiff -en -ar roast beef
rostfri *adj* stainless
rostig *adj* rusty
rot -en rötter root
1 rota *verb* root; ~ *i ngt* poke
about in sth.; bildligt poke
one's nose into sth.

2 rota *verb*, ~ *sig* root
rotation -en -er rotation
rotera *verb* rotate
rotfrukt -en -er root vegetable
rotmos -et mashed potatoes with swedes
rotting -en cane
roulett -en -er roulette
rov -et = prey; byte booty
rov|a -an -or turnip
rovdjur -et = predator
rubba *verb* move; ~ *ngns planer* upset sb.'s plans
rubbad *adj* förryckt crazy
rubin -en -er ruby
rubricera *verb* classify
rubrik -en -er i tidning headline
ruck|el -let = hovel
1 ruff -en -ar på båt cabin
2 ruff -et i bollsporter foul
ruffig *adj* **1** om spel el. spelare rough **2** sjaskig shabby
rufsig *adj* ruffled
rugby -n rugby
ruggig *adj* om väder chilly
ruin -en -er ruin
ruinera *verb* ruin
rulla *verb* roll; ~ *ihop* roll up; ~ *ut* unroll
rullbräde -t -n skateboard
rull|e -en -ar roll
rullgardin -en -er shade
rullskridsko -n -r roller skate
rullstol -en -ar wheelchair
rulltrapp|a -an -or escalator
rum -met = room; *få* ~ *med ngt* find* room for sth.

rumsförmedling -en -ar accommodation agency
rumän -en -er Romanian
Rumänien Romania
rumänsk *adj* Romanian
rumänsk|a -an **1** pl. -or kvinna Romanian woman (pl. women) **2** språk Romanian
rund *adj* round
rund|a I *verb* round; ~ *av en summa* round off a sum **II** -an -or round
rundres|a -an -or, *en* ~ *i Sverige* a tour of Sweden
rundtur -en -er sightseeing tour
runsten -en -ar rune stone
runt *adv* o. *prep* round; *skicka* ~ *ngt* pass sth. around
runtom *adv* o. *prep* round; ~ *i landet* all over the country
rus -et = intoxication
rusa *verb* rush; ~ *fram till ngn* rush up to sb.; ~ *ut* rush out
ruska *verb* shake
ruskig *adj* nasty
rusning -en -ar rush
rusningstid -en -er rush hours
rusningstrafik -en rush-hour traffic
russin -et = raisin; *plocka ut russinen ur kakan* cherry-pick
rusta *verb* prepare
rustning -en -ar **1** för krig armament **2** dräkt armor
rut|a -an -or square
ruter -n = i kortspel diamonds

rutig *adj* checked
rutin -en -er experience; vana routine
rutinerad *adj* experienced
rutt -en -er route
rutten *adj* rotten
ruttna *verb* rot, become* rotten
ruva *verb* sit*
ryck -et = jerk
rycka *verb* pull; ~ *på axlarna åt ngt* shrug one's shoulders at sth.; ~ *upp sig* pull oneself together
ryckig *adj* jerky
rygg -en -ar back; på bok spine
rygga *verb*, ~ *tillbaka* flinch
ryggmärg -en spinal marrow
ryggrad -en -er **1** spine **2** bildligt backbone
ryggskott -et = lumbago
ryggsäck -en -ar knapsack; med ram back pack
ryka *verb* smoke
rykta *verb* groom
ryktas *verb*, *det ~ att...* it's rumored that...
ryktbar *adj* famous
rykte -t -n **1** som sprids rumor **2** anseende reputation; *ha gott ~* have* a good reputation
rymd -en -er **1** världsrymd space; *yttre rymden* outer space **2** innehåll capacity
rymdfärd -en -er spaceflight
rymlig *adj* spacious
rymling -en -ar fugitive

rymma *verb* **1** fly run* away **2** innehålla hold*
rymmas *verb*, *det ryms 10 personer i bilen* there is room for 10 people in the car
rymning -en -ar escape
rynk|a I -an -or wrinkle **II** *verb* wrinkle
rynkig *adj* om hud wrinkled; om kläder äv. creased
rysa *verb* shiver
rysare -n = thriller
rysk *adj* Russian
rysk|a -an **1** pl. -or kvinna Russian woman (pl. women) **2** språk Russian
ryslig *adj* dreadful
rysning -en -ar shiver
ryss -en -ar Russian
Ryssland Russia
ryta *verb* roar
rytm -en -er rhythm
ryttare -n = rider
1 rå *adj* okokt el. obearbetad raw
2 rå *verb* **1** *det rår jag inte för* it's not my fault **2** ~ *om ngt* own sth.
råbiff -en -ar ung. steak tartare
råd -et **1** pl. = advice; *de här råden är värdelösa* this advice is useless; *fråga ngn om ~* ask sb.'s advice **2** *jag har inte ~ med det* I cannot afford it
råda *verb* **1** advise; ~ *ngn till ngt* advise sb. to do sth.

2 *det råder inget tvivel om det* there is no doubt about it
rådfråga *verb* consult
rådgivare -n = counselor
rådgivning -en counseling
rådgöra *verb*, ~ *med ngn om ngt* consult with sb. about sth.
rådhus -et = town hall; i större stad city hall
rådjur -et = roe deer (pl. lika)
råg -en rye
rågad *adj*, *en ~ tesked* a heaping teaspoonful
rågbröd -et = rye bread
råge -n, *vara fylld med ~* be* full to the brim
rågmjöl -et rye flour
råka *verb*, *~ göra ngt* happen to do sth.; *~ ut för* meet* with; *~ illa ut* get* into trouble
råkost -en raw vegetables
råma *verb* moo
1 rån -et = bakverk wafer
2 rån -et = stöld robbery
råna *verb* rob
rånare -n = robber
råris -et unpolished rice
rått|a -an -or rat; liten mouse (pl. mice)
råttfäll|a -an -or mousetrap
råttgift -et -er rat poison
råvar|a -an -or raw material
räcka *verb* **1** hand; *~ fram ngt* hold* out sth. **2** förslå be* enough
räcke -t -n rail
räckhåll, *inom ~* within reach; *utom ~* beyond reach
räckvidd -en -er reach; t.ex. signals, vapens range
räd -en -er raid
rädd *adj*, *vara ~ för ngt* be* afraid of sth.; *vara ~ om ngt* be* careful about sth.
rädda *verb* save
räddning -en -ar rescue
rädis|a -an -or radish
rädsl|a -an -or fear
räffl|a I -an -or groove **II** *verb* groove
räfs|a I -an -or rake **II** *verb* rake
räk|a -an -or shrimp, prawn
räkenskap -en -er account
räkna *verb* count; *~ med ngt* count on sth.; *~ ihop ngt* add up sth.; *~ ut ngt* work out sth.
räknemaskin -en -er calculator
räkning -en **1** räknande counting; *tappa räkningen* lose* count **2** pl. -ar nota bill, check; faktura invoice **3** *för ngns ~* on sb.'s account
räls -en -ar rail
rälsbuss -en -ar railbus
rämna *verb* crack, split
1 ränn|a -an -or groove
2 ränna *verb* run*
rännsten -en -ar gutter
ränt|a -an -or interest

räntefri adj interest-free
rät adj straight
räta verb, ~ ut ngt straighten sth.
rätsid|a -an -or right side; få ~ på ngt put* sth. right
1 rätt -en -er mat dish
2 rätt -en -er **1** det rätta right; du har ~ you're right; ha ~ till ngt have* a right to sth. **2** domstol court **3 rätt I** adj right; det är ~ åt honom it serves him right **II** adv, hörde jag ~? did I hear right?
rätta I oböjl. **1** komma till ~ be* found **2** ställa ngn inför ~ bring* sb. to trial **II** verb korrigera correct; ~ sig efter ngt (ngn) obey sth. (sb.)
rättegång -en -ar trial
rättelse -n -r correction
rättfärdig adj just
rättighet -en -er right
rättning -en -ar correction
rättslig adj legal
rättslös adj without legal rights
rättstavning -en spelling
rättsväsen -det judicial system
rättvis adj just
rättvisa -n justice
räv -en -ar fox
röd adj red; röda hund German measles
rödbet|a -an -or beet
rödbrun adj reddish-brown

rödhårig adj red-haired
röding -en -ar fisk char
rödkål -en red cabbage
rödlök -en -ar red onion
rödsprit -en methylated spirits
rödspätt|a -an -or plaice
rödtung|a -an -or witch
rödvin -et -er red wine
rödögd adj red-eyed
1 röja verb förråda betray
2 röja verb, ~ undan ngt clear away sth.
röjning -en -ar clearing
rök -en -ar smoke
röka verb smoke
rökare -n = smoker
rökelse -n -r incense
rökfri adj smokeless; ~ avdelning no-smoking section
rökförbud -et = ban on smoking
rökig adj smoky
rökkupé -n -er smoking compartment
rökning -en smoking; ~ förbjuden no smoking
rökrum -met = smoking-room, smoking lounge
rökt adj smoked
rön -et = observation; vetenskapliga ~ scientific discoveries
röna verb meet* with
rönn -en -ar mountain ash
rönnbär -et = rowanberry
röntga verb x-ray
röntgen en ~, best. form =

X-rays; behandling X-ray
therapy
rör -et = pipe
röra I -n mess; *allt är en enda
~* everything is in a mess
II *verb* **1** touch; *~ om i* stir; *~
sig* move; *~ på sig* move
2 *det rör sig om...* it
concerns...
rörande I *adj* touching **II** *prep*
concerning
rörd *adj* gripen moved
rörelse -n -r **1** motion **2** grupp
movement **3** företag business
rörelsehindrad *adj* disabled
rörig *adj* messy
rörlig *adj* mobile; flyttbar
movable
rörmokare -n = plumber
röst -en -er voice
rösta *verb* vote
rösträtt -en right to vote
röta -n rot
rött oböjl., *köra mot ~* drive*
through a red light
röva *verb*, *~ bort* kidnap
rövare -n =, *leva ~* make*
havoc

S

s s-et s bokstav s [utt. äss]
sabbat -en -er Sabbath
sabbatsår -et = year off; lärares
sabbatical
sabotage -t = sabotage
sabotera *verb* sabotage
sacka *verb*, *~ efter* lag behind
sad|el -eln -lar saddle
sadist -en -er sadist
sadla *verb* saddle; *~ om* byta
yrke change one's profession
safari -n -er safari
saffran -en (-et) saffron
safir -en -er sapphire
saft -en -er juice
saftig *adj* juicy
sag|a -an -or fairy tale
sagolik *adj* fantastic
sak -en -er thing; *till saken!* to
the point!
sakkunnig *adj* expert
saklig *adj* matter-of-fact
sakna *verb* **1** vara utan lack
2 känna saknad efter miss
saknad I *adj* missed; borta
missing **II** -en brist want
saknas *verb* be* missing
sakta I *adj* slow **II** *adv* slowly
III *verb*, *~ in* slow down
sal -en -ar hall
salami -n salami
saldo -t -n balance

salig *adj* blessed
saliv -en saliva
sallad -en -er **1** grönsak lettuce
2 maträtt salad
salladsdressing -en -ar salad
dressing
salladssås -en -er salad
dressing
salong -en -er **1** på hotell lounge;
på bio house **2** utställning
exhibition
salt I -et -er salt **II** *adj* salt
salta *verb* salt
saltgurk|a -an -or pickled
gherkin
saltkar -et = salt shaker
saltvatt|en -net salt water
salu, till ~ for sale
saluhall -en -ar indoor market
salut -en -er salute
1 salv|a -an -or av skott volley
2 salv|a -an -or till smörjning
ointment
salvia -n sage
samarbeta *verb* co-operate
samarbete -t co-operation
samband -et = connection
sambo I -n -r ung. boyfriend,
girlfriend; significant other
II *verb* live together
same -n -r Laplander
samfund -et = society; religiöst
congregation
samfärdsel -n communications
samförstånd -et understanding
samhälle -t -n **1** society **2** ort
place, town

samhällsklass -en -er social
class
samhällskunskap -en civics;
skolämne citizenship educa-
tion (förk. cit. ed.)
samhällsskick -et = social
structure; samhällstyp type of
society
samhörighet -en solidarity
samkväm -et = social gather-
ing
samla *verb* gather; *~ frimär-
ken* collect stamps; *~ in ngt*
collect sth.
samlad *adj* collected
samlag -et = sexual intercourse
samlare -n = collector
samlas *verb* gather
samlevnad -en life together
samling -en -ar **1** gathering; *~
klockan nio* assembly at 9
o'clock **2** av t.ex. mynt collec-
tion
samlingslokal -en -er assembly
hall; skolas auditorium
samlingsplats -en -er meet-
ing-place
samliv -et life together
samma *adj* the same; *på ~
gång* at the same time
sammanbiten *adj* resolute
sammanblandning -en -ar con-
fusion
sammanbo *verb* live together
sammanbrott -et = collapse
sammandrag -et = summary
sammanfalla *verb* coincide

sammanfatta *verb* sum up
sammanfattning -en -ar summary
sammanföra *verb*, ~ *ngt* bring* sth. together
sammanhang -et = samband connection
sammanhållning -en solidarity
sammanhängande *adj* connected; utan avbrott continuous
sammankalla *verb* call together; mer formellt convene
sammankomst -en -er meeting
sammanlagd *adj* total
sammansatt *adj* composite; komplex complex
sammanslagning -en -ar union; av företag merger
sammanslutning -en -ar association
sammanställning -en -ar combination
sammanstötning -en -ar collision
sammansvärjning -en -ar plot
sammansättning -en -ar **1** hur något är sammansatt composition **2** ord compound
sammanträde -t -n meeting
sammanträffande -t -n slump coincidence
sammet -en velvet
samordna *verb* co-ordinate
samråd -et =, *i* ~ *med* in consultation with

sams *adj*, *bli* ~ make* up; *vara* ~ be* good friends
samsas *verb*, ~ *om ngt* enas agree on sth.
samspel -et interaction
samt *konj* and
samtal -et = conversation
samtala *verb* talk
samtalsämne -t -n topic
samtid -en, *hennes* ~ her age
samtida *adj* contemporary
samtidig *adj* simultaneous
samtliga *adj* all
samtycka *verb* agree
samtycke -t -n consent
samvaro -n time together
samverka *verb* cooperate
samverkan en ~, best. form = cooperation
samvete -t -n conscience; *ha dåligt* ~ have* a bad conscience
samvetsgrann *adj* conscientious
samvetskval pl. remorse
sand -en sand
sanda *verb* sand
sandal -en -er sandal
sandlåd|a -an -or sandbox
sandpapper -et = sandpaper
sand|strand -stranden -stränder sandy beach
sandwich -en -ar sandwich
sanera *verb* **1** fastighet renovate **2** avlägsna decontaminate
sanitetsbind|a -an -or sanitary napkin

sank *adj* swampy
sanktion -en -er sanction
sann *adj* true
sannerligen *adv* indeed
sanning -en -ar truth
sanningsenlig *adj* truthful
sannolik *adj* probable
sannolikhet -en -er probability
sansad *adj* collected
sardell -en -er anchovy
sardin -en -er sardine
Sardinien Sardinia
sarkastisk *adj* sarcastic
satan en ~, best. form = the
  Devil, Satan; ~! damn!
satellit -en -er satellite
satin -en -er satin
satir -en -er satire
satirisk *adj* satirical
sats -en -er **1** grammatisk enhet
  sentence **2** *ta* ~ ansats take* a
  run; bildligt, förbereda sig
  make* an effort **3** i musikverk
  movement **4** uppsättning set
satsa *verb* stake; investera
  invest; ~ *på ngt* go* in for
  sth.
satsning -en -ar i spel stake,
  ante
sav -en sap
sax -en -ar scissors
saxofon -en -er saxophone
scarf -en -ar scarf (pl. scarfs el.
  scarves)
scen -en -er stage
schablon -en -er pattern

schablonavdrag -et = standard
  deduction
schack -et **1** spel chess **2** ~ *och
  matt!* checkmate!
schackbräde -t -n chessboard
schackpjäs -en -er chessman
schakt -et = shaft
schampo -t -n shampoo
schamponera *verb* shampoo
scharlakansfeber -n scarlet
  fever
schema -t -n schedule
schimpans -en -er chimpanzee
schizofreni -n schizophrenia
schlager -ern -rar hit
schnitzel -eln -lar schnitzel
Schweiz Switzerland
schweizare -n = Swiss (pl. lika)
schweizerost -en -ar Swiss
  cheese
schweizisk *adj* Swiss
schweizisk|a -an -or kvinna
  Swiss woman (pl. women)
schäfer -ern -rar German
  shepherd
scout -en -er scout
se *verb* see*; titta look; märka
  notice; ~ *efter* look after; ~
  sig om look around; ~ *'på*
  iaktta watch; ~ *på ngt* look at
  sth.; ~ *till att ngt blir gjort*
  see* that sth. is done; ~ *upp*
  look out; *det ser ut som om
  det blir regn* it looks like
  rain; *hur ser han ut?* what
  does he look like?; ~ *över
  ngt* review sth.

seans -en -er seance
sebr|a -an -or zebra
sed -en -er custom
sedan I *adv* därpå then; senare
later; *för fem år ~* five years
ago **II** *prep*, *~ 1994* since
1994; *jag känner henne ~
många år* I have known her
for many years **III** *konj*
alltsedan since
sed|el -eln -lar bill; svensk vanligen
note
sedelautomat -en -er cash-
-operated fuel pump
sedvänj|a -an -or custom
seg *adj* tough; envis stubborn
seg|el -let = sail
segelbåt -en -ar sailboat; större
yacht
segelflygning -en -ar gliding
segelflygplan -et = glider
seg|er -ern -rar victory
segla *verb* sail
seglare -n = yachtsman (pl.
yachtsmen)
segling -en -ar sailing
seglivad *adj* tough
segra *verb* win*
segrare -n = winner
sejd|el -eln -lar stein, mug; med
lock tankard
sek|el -let = century
sekelskifte -t -n, *vid sekelskif-
tet* at the turn of the century
sekreterare -n = secretary
sekretess -en secrecy
sekretär -en -er bureau

sekt -en -er sect
sektion -en -er section
sektor -n -er sector
sekund -en -er second
sekunda *adj* second-rate; *~
varor* seconds
sekundvisare -n = second hand
sekundär *adj* secondary
sekvens -en -er sequence
sel|e -en -ar harness; i barnvagn
restraining harness; bärsele
snugli
selleri -t (-n) blekselleri celery
semest|er -ern -rar vacation
semesterby -n -ar housekeep-
ing cottages
semesterort -en -er vacation
resort
semesterres|a -an -or vacation
trip
semestra *verb* be* on vaca-
tion
semifinal -en -er semifinal
seminari|um -et -er seminar
seml|a -an -or cream bun
1 sen se *sedan*
2 sen *adj* late
sen|a -an -or sinew
senap -en mustard
senare I *adj* motsats tidigare
later; motsats förra latter; nyare
recent **II** *adv* later, later on
senast I *adj* latest; i ordning
last **II** *adv* motsats tidigast
latest; motsats först last; *~ i
morgon* tomorrow at the
latest

senat -en -er senate
senil *adj* senile
sensation -en -er sensation
sensuell *adj* sensual
sent *adv* late; *komma för ~*
be* late
sentimental *adj* sentimental
separat I *adj* separate II *adv*
separately
separation -en -er separation
separera *verb* separate
september oböjl. September; *i*
~ in September
serb -en -er Serb
Serbien Serbia
serbisk *adj* Serbian
serbisk|a -an **1** -or kvinna
Serbian woman (pl. women)
2 dialekt Serbian
serbokroatiska -n Serbo-
-Croatian
serie -n -r **1** series (pl. lika); *en ~*
bilder a series of pictures
2 *tecknad ~* comic strip
seriefigur -en -er comic strip
character
serietidning -en -ar comic
seriös *adj* serious
serum -et = serum
serva *verb* serve
serv|e -en -ar serve
servera *verb* serve
servering -en -ar **1** betjäning
service **2** lokal cafeteria, café
serveringsavgift -en -er service
charge; vard. tip
servett -en -er napkin

service -n service
servicehus -et = sheltered-
-living apartments
servis -en -er set
servitris -en -er waitress
servitör -en -er waiter
ses *verb* meet*; *vi ~!* be
seeing you!
set -et = set
sevärd *adj* worth seeing
sevärdhet -en -er, *stadens*
sevärdheter the sights of the
city
1 sex *räkn* six, för sammansätt-
ningar med sex jfr *fem* med
sammansättningar
2 sex -et sex; *ha ~ med ngn*
have* sex with sb.
sex|a -an -or six
sexig *adj* sexy
sexklubb -en -ar sex club
sexshop -en -ar sex shop
sextio *räkn* sixty, för samman-
sättningar med sextio jfr *femtio*
med sammansättningar
sextionde *räkn* sixtieth
sexton *räkn* sixteen, för
sammansättningar med sexton jfr
femton med sammansättningar
sextonde *räkn* sixteenth
sexualitet -en sexuality
sexuell *adj* sexual; *sexuellt*
umgänge sexual intercourse
sfär -en -er sphere
sherry -n sherry
shoppa *verb* shop
shopping -en shopping

shoppingcent|er -ret -ra
shopping center, mall
shoppingrund|a -an -or
shopping spree
shoppingväsk|a -an -or
shopping bag
shorts pl. shorts
show -en -er show
sia *verb*, ~ *om ngt* prophesy
of sth.
siamesisk *adj* Siamese
Sibirien Siberia
Sicilien Sicily
sicksack oböjl. zigzag
sid|a -an -or **1** side; *å ena sidan
är det kul, å andra sidan är
det jobbigt* on the one hand
it is fun, on the other it is
tough **2** i bok page
siden -et silk
sidfläsk -et bacon
sidled, *i* ~ sideways
sidospår -et = sidetrack
siest|a -an -or siesta
siffr|a -an -or figure
sig *pron* **1** *han skadade* ~ he
hurt himself; *hon skadade* ~
she hurt herself; *man måste
försvara* ~ one must defend
oneself; *de roar* ~ they
amuse themselves **2** *hon
ställde den bakom* ~ she put
it behind her; *de hade inga
pengar på* ~ they didn't
bring any money with them
sightseeing -en -ar sightseeing
sigill -et = seal

signal -en -er signal
signalement -et = description
signalera *verb* signal
signalhorn -et = horn
signatur -en -er signature
signera *verb* sign
sik -en -ar whitefish
1 sikt -en -ar såll sieve
2 sikt -en möjlighet att se
visibility; *på* ~ in the long
run
sikta *verb*, ~ *på* (*mot*) aim at
sikte -t -n sight
sil -en -ar **1** redskap strainer
2 slang, injektion shot
sila *verb* strain
silhuett -en -er silhouette
silke -t -n silk
silkespapper -et = tissue paper
sill -en -ar herring
silv|er -ret silver
silverarmband -et = silver
bracelet
silverring -en -ar silver ring
silversmed -en -er silversmith
simbassäng -en -er swimming
pool
simhall -en -ar swimming pool
simma *verb* swim
simning -en -ar swimming
simpel *adj* **1** enkel simple
2 tarvlig vulgar
simtur -en -er swim
simulera *verb* simulate
sin (*sitt, sina*) *pron*, *han* (*hon*)
tog ~ *bok* he (she) took his
(her) book; *de tog sina*

böcker they took their books; *har han (hon) hittat ~?* has he (she) found his (hers)?; *har de hittat sina?* have they found theirs?
1 sina verb run* dry
2 sina se *sin*
sing|el -eln -lar **1** i t.ex. tennis singles **2** grammofonskiva single
singla verb, *~ slant om ngt* flip a coin for sth.
sinnad adj minded; *fientligt ~* hostile
sinne -t **1** pl. -n syn, hörsel etc. sense **2** håg mind; *ha ~ för ngt* have* a talent for sth.
sinnessjuk adj mentally ill
sinom pron, *i ~ tid* in due course
sinsemellan adv between (om flera among) themselves
sipp|a -an -or anemone
sippra verb trickle; *~ ut* ooze out; nyhet leak out
sirap -en molasses
siren -en -er siren
sist adv **1** last; *komma ~* come* last; *till ~* at last **2** förra gången last time
sista (*siste*) adj last; senaste latest; *på ~ tiden* lately
sits -en -ar seat
sitt se *sin*
sitta verb **1** sit*; ha sin plats be* placed; *var så god och sitt!* sit down, please!; *~ fast*

be* stuck **2** passa fit; *~ åt* be* tight
sittplats -en -er seat
sittplatsbiljett -en -er seat reservation
sittvagn -en -ar **1** på tåg, ung. non-sleeper **2** för barn stroller
situation -en -er situation
sjal -en -ar shawl
sjalett -en -er head-scarf
sjaskig adj shabby
sju räkn seven, för sammansättningar med sju jfr *fem* med sammansättningar
sju|a -an -or seven
sjuda verb seethe; småkoka simmer
sjuk adj sick; *bli ~* get* sick, *fall* ill
sjukanmäla verb, *~ sig* call in sick
sjukdom -en -ar illness; svårare disease
sjukersättning -en -ar sickness benefit
sjukförsäkring -en -ar health insurance
sjukgymnast -en -er physiotherapist
sjukgymnastik -en physiotherapy
sjukhem -met = nursing home
sjukhus -et = hospital
sjukintyg -et = doctor's certificate
sjuklig adj sickly

sjukpenning -en sickness benefit
sjukskriven adj, vara ~ be* on the sick list
sjukskötersk|a -an -or nurse; *legitimerad* ~ registered nurse
sjukvård -en medical care, nursing
sjukvårdsartiklar pl. sanitary articles
sjunde räkn seventh
sjundedel -en -ar seventh
sjunga verb sing*
sjunka verb sink
sjuttio räkn seventy, för sammansättningar med sjuttio jfr *femtio* med sammansättningar
sjuttionde räkn seventieth
sjutton räkn **1** seventeen, för sammansättningar med sjutton jfr *femton* med sammansättningar **2** *för* ~! you bet!; *det var som* ~! well, I'll be darned!
sjuttonde räkn seventeenth
sjå -et, *ett fasligt* ~ a tough job
själ -en -ar soul
själv pron jag själv myself; du själv yourself; han själv himself; hon själv herself; den (det) själv itself; vi själva ourselves; ni själva yourselves; de själva themselves
självbedrägeri -et -er self--deception
självbehärskning -en self--control

självbelåten adj self-satisfied, smug
självbetjäning -en self-service
självbevarelsedrift -en instinct of self-preservation
självbiografi -n -er autobiography
självförsvar -et self-defense
självförsörjande adj self-supporting
självförtroende -t self-confidence
självgod adj self-righteous
självhushåll -et, *ha* ~ do* one's own cooking
självhäftande adj adhesive
självisk adj selfish
självklar adj obvious
självkostnadspris -et, *till* ~ at cost
självkänsla -n self-esteem
självlysande adj luminous, fluorescent
självlärd adj self-taught
självmant adv of one's own accord, voluntarily
självmedveten adj self--assured
självmord -et = suicide
självporträtt -et = self-portrait
självrisk -en -er deductible
självservering -en -ar self--service
självständig adj independent
självsäker adj self-assured
sjätte räkn sixth
sjättedel -en -ar sixth

sjö -n -ar insjö lake; hav sea
sjöfart -en navigation; verksamhet shipping
sjökort -et = chart
sjö|man -mannen -män sailor
sjömil -en = nautical mile
sjörapport -en -er maritime forecast
sjöres|a -an -or voyage; överresa crossing
sjösjuk *adj* seasick
sjösjuka -n seasickness
sjösätta *verb* launch
sjösättning -en -ar launching
sjötung|a -an -or sole
ska *verb* **1** uttrycker framtid, *jag ~ göra mitt bästa* I will do my best; *de ~ gifta sig* they are going to get married; *jag ~ gå nu* I'm leaving now **2** rådfrågande, *~ jag öppna fönstret?* should I open the window? **3** *hon ~* lär *vara väldigt rik* she is said to be extremely rich
skabb -en scabies
skad|a I -an -or persons injury; saks damage; *ta ~ av* bli lidande suffer from **II** *verb* person injure; sak damage; *~ sig* hurt oneself
skadad *adj* om person injured; om sak damaged
skadeanmäl|an en *~*, pl. -ningar damage report; blankett claim
skadegörelse -n -r damage
skadestånd -et = damages

skadlig *adj* harmful
skaffa *verb* get*; *~ ngt åt ngn* get* sb. sth.; *~ sig* köpa *ngt* buy* oneself sth.; *~ barn* have* children
skafferi -et -er larder
skaft -et = handle
skaka *verb* shake; *~ hand med ngn* shake hands with sb.
skakad *adj* upprörd shaken
skakning -en -ar shaking; *ha skakningar* have* the shakes
skal -et = hårt shell; mjukt skin
1 skal|a -an -or scale
2 skala *verb* peel
skalbagg|e -en -ar beetle
skald -en -er poet
skaldjur -et = shellfish
1 skall se *ska*
2 skall -et = barking
skall|e -en -ar kranium skull; huvud head
skallgång -en -ar, *gå ~* send* out a search party
skallig *adj* bald
skallr|a I -an -or rattle **II** *verb* rattle
skalm -en -ar på glasögon bow
skam -men shame
skamlig *adj* shameful
skamsen *adj* ashamed
skandal -en -er scandal
skandalös *adj* scandalous
skandinav -en -er Scandinavian
Skandinavien Scandinavia

skandinavisk *adj* Scandinavian
skandinavisk|a -an -or kvinna Scandinavian woman (pl. women)
skapa *verb* create
skapare -n = creator
skapelse -n -r creation
skaplig *adj* reasonable; vard. okay
skar|a -an -or crowd
skare -n crust
skarp *adj* sharp
skarpsynt *adj* sharp-sighted
skarv -en -ar fog joint
skarva *verb*, ~ *ihop två bitar* join two pieces together
skarvsladd -en -ar extension cord
skat|a -an -or magpie
skateboard -et = skateboard
skatt -en -er **1** rikedom treasure **2** avgift tax
skatta *verb* betala skatt pay* taxes
skattefri *adj* tax-free
skattepliktig *adj* taxable; ~ *inkomst* taxable income
skattkammare -n = treasury
skava *verb* chafe; *skorna skaver* these shoes chafe my feet; ~ *hål på ngt* wear* a hole in sth.
skavank -en -er defect
skavsår -et = sore
ske *verb* happen
sked -en -ar spoon

skede -t -n period
skeende -t -n course of events
skelett -et = skeleton
sken -et **1** pl. = light **2** falskt show
1 skena *verb* bolt
2 sken|a -an -or rail
skenbar *adj* apparent
skenhelig *adj* hypocritical
skepnad -en -er figure
skepp -et = **1** ship **2** i kyrka nave
skeppsbrott -et = shipwreck; *lida* ~ be* shipwrecked
skeptisk *adj* skeptical
sketch -en -er sketch
skev *adj* crooked
skick -et tillstånd condition; *i gott* ~ in good condition
skicka *verb* send*; ~ *efter* send* for; ~ *med ngt* enclose sth.; ~ *tillbaka* return; ~ *ngt vidare* pass sth. on
skicklig *adj* clever
skicklighet -en skill
skid|a -an -or ski; *åka skidor* ski
skidback|e -en -ar ski slope
skidföre -t -n, *det är bra* ~ the snow is good for skiing
skidlift -en -ar skilift
skidort -en -er ski resort
skidskol|a -an -or ski school
skidstav -en -ar ski pole
skiduthyrning -en -ar ski rental
skidvall|a -an -or ski wax
skidåkare -n = skier

skidåkning -en skiing
skiff|er -ern -rar shale
skift -et = shift; *arbeta i* ~ work in shifts
skifta *verb* change
skiftning -en -ar change
skiftnyck|el -eln -lar monkey wrench
skikt -et = layer
skild *adj* åtskild separated; frånskild divorced
skildra *verb* describe
skildring -en -ar description
skilja *verb* **1** avskilja separate **2** särskilja distinguish; *de har skilt sig* they have gotten divorced; ~ *mellan privatliv och yrkesliv* make* a distinction between one's private life and one's job; ~ *sig åt* differ
skiljas *verb*, ~ *från ngn* divorce sb.
skillnad -en -er difference
skilsmäss|a -an -or divorce
skim|mer -ret shimmer
skimra *verb* shimmer
skina *verb* shine
skingra *verb* disperse
skink|a -an -or **1** mat ham **2** kroppsdel buttock
skinn -et = skin; läder leather
skinnjack|a -an -or leather jacket
skipa *verb*, ~ *rättvisa* administer justice
skiss -en -er sketch

skit -en (-et) -ar vard. shit; *prata* ~ talk nonsense
skita *verb* vard. take* a crap; *det skiter jag i* I don't give a damn about that
skitig *adj* vard. filthy
skiv|a I -an -or **1** platta plate; grammofonskiva record **2** uppskuren slice **3** kalas party II *verb* slice
skivspelare -n = record player
skjort|a -an -or shirt
skjul -et = shed
skjuta *verb* **1** med vapen shoot **2** flytta push; ~ *'på* push from behind; ~ *upp* uppskjuta postpone
skjutsa *verb* drive*
sko -n -r shoe
skoaffär -en -er shoe store
skoborst|e -en -ar shoebrush
skock -en -ar crowd
skog -en -ar större forest; mindre woods
skogsbruk -et forestry
skohorn -et = shoehorn
skoj -et = **1** skämt joke; *på* ~ for fun **2** bedrägeri swindle
skoja *verb* **1** skämta joke; ~ *med ngn* kid sb. **2** bedra cheat
skojare -n = **1** bedragare swindler **2** skämtare joker; rackare rascal
skokräm -en -er shoe polish
1 skola se *ska*
2 skol|a -an -or school

skolbarn -et = school child (pl. children)
skolgård -en -ar playground
skolka *verb* cut* school (class), play hookey
skolkamrat -en -er schoolmate
skolklass -en -er school class
skollov -et = vacation; kortare äv. recess
skolres|a -an -or field trip
skolväsk|a -an -or school bag
skomakare -n = shoemaker
skomakeri -et -er shoemaker's shop
skona *verb* spare
skoningslös *adj* merciless
skonsam *adj* gentle
skop|a -an -or scoop
skorp|a -an -or **1** bakverk, ung. zweiback **2** hårdnad yta crust
skorpion -en -er scorpion; *Skorpionen* stjärntecken Scorpio
skorsten -en -ar chimney
skosnöre -t -n shoestring
skosul|a -an -or sole
skot|er -ern -rar scooter
skotsk *adj* Scottish
skotsk|a -an **1** pl. -or kvinna Scotswoman (pl. Scotswomen) **2** språk Scots
skott -et = **1** shot **2** på växt shoot
skotta *verb* shovel
skott|e -en -ar **1** Scot **2** hund Scottish terrier

skottkärr|a -an -or wheelbarrow
Skottland Scotland
skottår -et = leap year
skral *adj* poor
skramla *verb* rattle
skranglig *adj* rickety
skrap|a I -an -or tillrättavisning scolding **II** *verb* scrape; ~ *sig på knäet* graze one's knees
skratt -et = laughter; enstaka laugh; *jag kan inte hålla mig för* ~ I cannot help laughing
skratta *verb* laugh; ~ *ut ngn* laugh sb. out of town
skrev -et = crotch
skrev|a -an -or cleft
skri -et -n scream
skribent -en -er writer
skrida *verb* walk slowly; ~ *fram* advance
skridsko -n -r skate
skridskoban|a -an -or skating rink
skridskoåkning -en skating
skrift -en -er **1** writing **2** tryckalster publication
skriftlig *adj* written
skriftspråk -et = written language
skrik -et = cry
skrika *verb* cry
skrin -et = box
skriva *verb* write*; ~ *av ngt* copy sth.; ~ *in sig* enroll; ~ *'på* (*under*) *ngt* sign sth.

skriv|bok -boken -böcker exercise book
skrivbord -et = desk
skrivelse -n -r letter
skrivmaskin -en -er typewriter
skrivning -en -ar prov written test
skrivstil -en -ar handwriting
skrock -et superstition
skrockfull *adj* superstitious
skrot -et scrap
skrota *verb* scrap
skrovlig *adj* rough
skrubb -en -ar cubbyhole
skrubba *verb* scrub
skrumpen *adj* shriveled
skrumpna *verb* shrivel
skrup|el -eln -ler scruple
skruv -en -ar screw
skruva *verb* screw; ~ *av* t.ex. lock unscrew; ~ '*på* t.ex. lock screw...on; t.ex. radio turn on; ~ *upp* volym turn up
skruvmejs|el -eln -lar screwdriver
skrymmande *adj* bulky
skrynklig *adj* creased
skryt -et boasting
skryta *verb*, ~ *med ngt* boast about sth.; *skryt lagom!* don't talk so big!
skrytsam *adj* boastful
skråla *verb* bawl drunkenly
skråm|a -an -or scratch
skräck -en terror
skräckinjagande *adj* terrifying

skräckslagen *adj* terror--stricken
skräddare -n = tailor
skrädderi -et -er tailor's shop
skräll -en -ar crash
skrälla *verb* blare
skrämma *verb* frighten
skrämsel -n fright
skräna *verb* yell
skräp -et rubbish; avfall litter
skräpig *adj* untidy
skröplig *adj* frail
skugg|a I -an -or shade; av något shadow II *verb* 1 ge skugga åt shade 2 följa efter tail
skuggig *adj* shady
skuld -en -er 1 penningskuld debt 2 moralisk guilt; fel fault
skuldkänsl|a -an -or feeling of guilt
skuldmedveten *adj* guilty
skuldr|a -an -or shoulder
skull, *för hennes* ~ for her sake; *för din egen* ~ in your own interest
skulle *verb* 1 uttrycker framtid, *doktorn sa att jag snart* ~ *bli frisk* the doctor said that I would soon recover; *vad* ~ *han göra med det?* what was he going to do with it? 2 i indirekt fråga, *hon frågade om hon* ~ *koka kaffe?* she asked if she should make some coffee 3 konditionalis, *jag* ~ *kunna göra det* I could do it; ~ *det smaka med en kopp*

kaffe? would you like a cup of coffee?
skulptur -en -er sculpture
skulptör -en -er sculptor
1 skum *adj* **1** mörk dark
2 suspekt shady
2 skum -met foam
skumgummi -t foam rubber
skumma *verb* foam
skummjölk -en skim milk
skunk -en -ar skunk
skur -en -ar shower
skura *verb* scrub
skurk -en -ar scoundrel
skurtras|a -an -or floor rag
skut|a -an -or small cargo boat
skutt -et = leap
skutta *verb* leap
skvala *verb* pour
skvall|er -ret gossip
skvallerbytt|a -an -or gossip-monger
skvallra *verb* gossip
skvalpa *verb* lap
skvätt -en -ar drop
skvätta *verb* splash
1 sky -n -ar moln cloud; himmel sky
2 sky -n köttsky juice; *kött med ~* meat au jus
3 sky *verb* shun
skydd -et = protection
skydda *verb* protect; *~ sig* protect oneself
skyddshjälm -en -ar protective helmet
skyddsling -en -ar ward

skyddsrum -met = shelter
skyfall -et = cloudburst
skyff|el -eln -lar shovel
skyffla *verb* shovel
skygg *adj* shy
skyhög *adj* sky-high
skyldig *adj* **1** till något guilty
2 *vara ~ ngn pengar* owe sb. money; *vad är jag ~?* how much do I owe you?
skyldighet -en -er duty
skylla *verb*, *~ ngt på ngn* blame sb. for sth.
skylt -en -ar sign
skyltfönst|er -ret = store window
skymf -en -er insult
skymma *verb*, *~ sikten för ngn* block sb.'s view; *det börjar ~* it is getting dark
skymning -en -ar twilight
skymt -en -ar glimpse; *se en ~ av ngt* catch* a glimpse of sth.
skymta *verb* **1** få se catch* a glimpse of **2** vara synlig loom
skymundan, *hålla sig i ~* keep* out of the way
skynda *verb* hasten; *~ sig* hurry; *~ dig!* hurry up!
skynke -t -n cover
skyskrap|a -an -or skyscraper
skytt -en -ar shot; *Skytten* stjärntecken Sagittarius
skåda *verb* see*
skådespel -et = play
skådespelare -n = actor

skådespelersk|a -an -or actress
skål I -en -ar bowl **II** *interj*
cheers!
skåla *verb* toast; ~ *för ngn*
drink* a toast to sb.
skålla *verb* scald
Skåne Scania
skåp -et = för mat o.d. cabinet;
städskåp el. för kläder o.d. closet
skåpbil -en -ar van
skår|a -an -or cut
skägg -et = beard
skäggig *adj* bearded
skäl -et = reason
skäll -et vard., ovett telling-off
skälla *verb* **1** om hund bark **2** ~
på ngn scold sb.
skälva *verb* shake
skämd *adj* rotten
skämma *verb*, ~ *bort ngn*
spoil sb.; ~ *ut ngn* disgrace
sb.; ~ *ut sig* make* a fool of
oneself
skämmas *verb* be* ashamed
skämt -et = joke; *på* ~ for a
joke
skämta *verb* joke
skämtsam *adj* humorous
skända *verb* desecrate
skänka *verb* give*
1 skär -et = holme rocky islet
2 skär *adj* pink
skära *verb* cut*; ~ *sig* cut*
oneself; ~ *av* cut* off
skärbräde -t -n cutting board
skärbön|a -an -or string bean
skärgård -en -ar archipelago

skärm -en -ar screen
skärp -et = belt
skärpa I -n **1** sharpness
2 *ställa in skärpan* focus
II *verb* sharpen; ~ *sig* pull
oneself together
skärv|a -an -or piece
sköld -en -ar shield
sköldpadd|a -an -or turtle
skölja *verb* rinse
skön *adj* **1** vacker beautiful
2 behaglig nice
skönhet -en -er beauty
skönhetsmed|el -let = cosmetic
skönhetssalong -en -er beauty
parlor
skönja *verb* discern
skönlitteratur -en literature
skör *adj* brittle
skörd -en -ar harvest
skörda *verb* reap
sköta *verb* **1** vårda nurse; ~
om ngn (*ngt*) take* care of
sb. (sth.); *sköt om dig!* take
care! **2** leda manage **3** ~ *sig*
look after oneself; uppföra sig
behave
sköte -t -n lap
skötersk|a -an -or nurse
skötsam *adj* steady
skötsel -n care
sladd -en -ar cord
sladda *verb* slira skid
1 slag -et = sort kind; *ett slags*
bröd some kind of bread
2 slag -et = **1** utdelat blow
2 rytmisk rörelse beat **3** *på*

slaget **11** on the stroke of 11
4 i krig battle **5** på kavaj lapel
slaganfall -et = stroke
slagfält -et = battlefield
slagord -et = slogan
slagsida -n **1** om fartyg list
2 övervikt preponderance
slagskämp|e -en -ar fighter
slagsmål -et = fight
slak *adj* slack
slakt -en -er slaughter
slakta *verb* butcher
slaktare -n = butcher
slakteri -et -er slaughterhouse;
affär butcher's
slalom -en slalom; *åka* ~
slalom
slalomback|e -en -ar slalom
slope
slalomskid|a -an -or slalom ski
1 slam -men i kort slam
2 slam -met fällning ooze
slamp|a -an -or slut
slamra *verb* clatter
1 slang -en språk slang
2 slang -en -ar rör tube
slank *adj* slender
slant -en -ar coin; *singla* ~ flip
a coin
slapp *adj* slack
slappna *verb* slacken; ~ *av*
relax
slarv -et carelessness
slarva *verb* be* careless; ~
bort ngt lose* sth.
slarvig *adj* careless
1 slask -et gatsmuts slush

2 slask -en -ar vask sink
slaskig *adj* slushy
1 slav -en -er folkslag Slav
2 slav -en -ar träl slave
slaveri -et slavery
slem -met t.ex. i halsen phlegm;
på djur slime
slemhinn|a -an -or mucous
membrane
slentrian -en routine
slev -en -ar ladle
slicka *verb* lick; ~ *på ngt* lick
sth.
slid|a -an -or **1** för kniv etc.
sheath **2** hos kvinna vagina
sling|a -an -or **1** coil **2** för motion
jogging track
slingra *verb* wind; ~ *sig* wind;
halvljuga be* evasive
slinka *verb* slip; ~ *igenom* slip
through; ~ *in* på t.ex. en bar
slip into
slipa *verb* grind
slippa *verb* be* let off; *låt mig*
~ *göra det* I'd rather not if
you don't mind; ~ *undan*
get* away; ~ *ut* get* out
slips -en -ar tie
slira *verb* skid
slit -et hårt arbete toil
slita *verb* **1** ~ *på* wear*; ~ *ut*
wear* out **2** riva tear; ~ *av*
tear off **3** knoga toil
slitage -t wear
sliten *adj* worn
slits -en -ar slit

slltstark *adj* tough; om tyg äv.
hard-wearing
slockna *verb* go* out; somna
fall* asleep
sloka *verb* droop
slopa *verb* avskaffa abolish;
överge give* up
slott -et = palace; befäst castle
slovak -en -er Slovak
Slovaklen Slovakia
slovakisk *adj* Slovakian
slovakisk|a -an **1** pl. -or kvinna
Slovakian woman (pl. women)
2 språk Slovak
sloven -en -er Slovene
Slovenlen Slovenia
slovensk *adj* Slovenian
slovensk|a -an **1** pl. -or kvinna
Slovenian woman (pl. women)
2 språk Slovene
sluddra *verb* slur one's words
slug *adj* shrewd
sluka *verb* swallow
slum -men slum
slump -en -ar chance
slumra *verb* slumber
slunga *verb* sling
sluss -en -ar lock
slut I -et = end; *göra ~ med
ngn* break* off with sb.;
göra ~ på ngt finish sth.; *ta ~*
end; *till ~* at last **II** *adj* over
sluta *verb* **1** end; *~ röka* stop
smoking; *~ med ngt* give* up
sth. **2** *~ fred* make* peace
slutföra *verb* complete
slutgiltig *adj* final

slutlig *adj* final
slutligen *adv* finally
slutresultat -et = final result
slutsats -en -er conclusion
slutsignal -en -er final whistle
slutsumm|a -an -or total
slutsåld *adj*, *vara ~* be* sold
out
slutta *verb* slope
sluttning -en -ar slope
1 slå -n -ar tvärslå bar
2 slå *verb* beat; ett slag hit*; *~
ned ngn* knock sb. down; *~
sig* hurt oneself; *~ sig ned*
sit* down
slående *adj* striking
slåss *verb* fight
släcka *verb* eld put* out; törst
quench
släd|e -en -ar sleigh; hundsläde
dogsled
slägg|a -an -or **1** sledgehammer
2 i sport hammer
släkt I -en -er **1** ätt family
2 släktingar relatives **II** *adj*
related
släkte -t -n art species (pl. lika);
ras race
släkting -en -ar relative;
släktingar folks
släng -en -ar **1** knyck toss **2** *få
en ~ av...* get* a touch of...
slänga *verb* throw*; kasta bort
throw* away
slänt -en -er slope
släp -et = **1** på klänning train
2 släpvagn trailer

släpa verb 1 dra drag 2 ~ sig fram drag oneself along
släplift -en -ar (-er) ski-tow
släppa verb 1 inte hålla fast let* go of 2 lossna come* off; ~ igenom let* through; ~ ut let* out 3 ~ sig break* wind
släpvagn -en -ar trailer
slät adj smooth
slätrakad adj clean-shaven
slätt -en -er plain
slö adj dull; utan energi lazy
slöa verb idle
slödd|er -ret riff-raff
slöfock -en -ar lazybones (pl. lika)
slöj|a -an -or veil
slöjd -en -er handicraft
slösa verb waste; ~ med ngt waste sth.
slösaktig adj wasteful
slöseri -et waste, wastefulness
smacka verb smack one's lips
smak -en -er taste
smaka verb taste; ~ bra taste nice; ~ på ngt taste sth.
smakfull adj tasteful
smaklös adj tasteless
smakprov -et = 1 bit mat o.d. taste 2 utdrag sample
smaksak oböjl. matter of taste
smaksätta verb flavor
smal adj narrow; tunn thin
smalna verb, ~ av narrow
smaragd -en -er emerald
smart adj smart
smattra verb clatter

smed -en -er smith
smeka verb caress
smekmånad -en -er honeymoon
smeknamn -et = pet name
smekning -en -ar caress
smet -en -er mixture; pannkaks-smet o.d. batter
smeta verb daub; ~ ned ngt smear sth.
smick|er -ret flattery
smickra verb flatter
smickrande adj flattering
smida verb forge
smide -t -n wrought iron
smidig adj flexible
smink -et -er make-up
sminka verb make* up; ~ sig make* oneself up
smita verb run* away
smitt|a I -an -or infection II verb vara smittsam be* infectious; ~ ner ngn infect sb.
smittkoppor pl. smallpox
smittsam adj infectious
smoking -en -ar tuxedo; vard. tux
smuggla verb smuggle
smuggling -en smuggling
smul|a I -an -or crumb II verb crumble; ~ sönder ett påstående destroy a claim
smultron -et = wild strawberry
smussla verb cheat, fiddle; ~ undan hide away
smuts -en dirt

smutsa *verb*, ~ *ner* soil; ~ *ner*
sig get* dirty
smutslg *adj* dirty
smutstvätt -en dirty wash
smutta *verb* sip; ~ *på en*
drink sip a drink
smycka *verb* adorn
smycke -t -n piece of jewelry
smyg, *i* ~ on the sly
smyga *verb* sneak; ~ *sig bort*
sneak (slip) away
små *adj* small
småaktlg *adj* petty
småbarn pl. young children
småblldskamer|a -an -or mini-
camera
småbltar pl. small pieces
småfransk|a -an -or roll
småföretag -et = small busi-
ness
småföretagare -n = small
businessman (pl. businessmen)
småkak|a -an -or cookie
småle *verb* smile
småningom *adv*, *så* ~ gradu-
ally
småpengar pl. small change
småprata *verb* chat
småsak -en -er little thing
små|stad -staden -städer small
town
småsyskon pl. younger sister
(sisters) and brother
(brothers)
smått I *adj* small II oböjl., *lite*
~ *och gott* something nice
III *adv* en smula a little

småvägar pl. back roads
smäll -en -ar **1** knall bang **2** slag
smack
smälla *verb* bang; ~ *igen en*
dörr slam a door
smälta *verb* melt; ~ *in i*... go*
well with...
smärre *adj* minor
smärt *adj* slender
smärt|a -an -or pain
smärtfrl *adj* painless
smärtsam *adj* painful
smärtstillande *adj*, ~ *medel*
painkiller
smör -et butter
smördeg -en -ar puff pastry
smörgås -en -ar open sandwich
smörgåsbord -et = smorgas-
bord
smörgåsmat -en se *pålägg*
smörja I -n **1** fett grease **2** skräp
rubbish II *verb*, ~ *in ngt med*
ngt rub sth. with sth.
smörjning -en -ar av bromsar o.d.
lubrication
smörkräm -en butter cream
snabb *adj* rapid
snabba *verb*, ~ *på!* hurry up!
snabbkaffe -t instant coffee
snabbköp -et = grocery store;
närbutik convenience store
snab|el -eln -lar trunk
snacka *verb* talk
snaps -en -ar glass of schnapps
snar|a -an -or snare
snarare *adv* rather

snarast *adv,* ~ *möjligt* as soon as possible
snarka *verb* snore
snarkning -en -ar snore
snart *adv* soon; *så* ~ *som möjligt* as soon as possible
snask -et candy
snatta *verb* pilfer, shoplift
snatterI -et -er shoplifting
snava *verb* stumble; ~ *på ngt* stumble over sth.
sned *adj* crooked
snedsprång -et = affair
snegla *verb,* ~ *på ngt (ngn)* glance furtively at sth. (sb.)
snett *adv* obliquely
snibb -en -ar corner
snickare -n = carpenter
snickra *verb* do* woodwork
snida *verb* carve
snig|el -eln -lar slug; med snäcka snail
sniken *adj* greedy
snille -t -n genius
snilleblixt -en -ar, *få en* ~ have* a brainwave
snillrik *adj* brilliant
snitt -et = **1** cut **2** *i* ~ genomsnitt on the average
sno *verb* **1** tvinna twist **2** vard., stjäla lift; ~ *åt sig* grab **3** ~ *sig* hurry up
snobb -en -ar snob
snobbig *adj* snobbish
snodd -en -ar cord
snok -en -ar grass snake
snoka *verb* pry

snopen *adj* disappointed
snopp -en -ar barnspråk wee-wee; vulgärt dick
snor -en (-et) snot
snorig *adj* snotty; *vara* ~ have* a runny nose
snork|el -eln -lar snorkel
snorung|e -en -ar brat
snubbla *verb* stumble
snudda *verb,* ~ *vid ngt* touch sth. lightly
snurr|a I -an -or top **II** *verb* spin
snurrig *adj* yr giddy, dizzy
snus -et -er snuff; svenskt wet snuff
snusa *verb* använda snus take* snuff
snusdos|a -an -or snuffbox
snusk -et dirt
snuskig *adj* dirty
snuv|a -an -or cold
snuvig *adj, vara* ~ have* a cold
snyfta *verb* sob
snygg *adj* prydlig neat; vacker pretty
snyta *verb,* ~ *sig* blow one's nose
snål *adj* stingy
snåla *verb* be* stingy
snåljåp -en -ar miser; vard. cheapskate
snår -et = thicket
snäck|a -an -or skal shell; snäckdjur mollusc
snäll *adj* kind; *det var snällt av dig!* how kind of you!;

var ~ och hämta mjölken
could you get the milk,
please
snärja *verb* ensnare
snäv *adj* **1** stramande tight
2 kort abrupt
snö -n snow
snöa *verb* snow
snöboll -en -ar snowball
snödjup -et = depth of snow
snödriv|a -an -or snowdrift
snöfall -et = snowfall
snögubb|e -en -ar snowman (pl.
snowmen)
snölg *adj* snowy
snöplig *adj* disappointing
snöplog -en -ar snowplow
snöra *verb* lace
snöre -t -n string
snöskot|er -ern -rar snowmobile
snöskottning -en snow shov-
elling
snöskred -et = avalanche
snöstorm -en -ar snowstorm;
kraftigare blizzard
sob|el -eln -lar sable
sober *adj* sober
social *adj* social
socialbidrag -et = social
benefit
Socialdemokraterna the So-
cial Democrats
socialgrupp -en -er social class;
~ ett the upper classes
socialism -en socialism
socialist -en -er socialist
socialistisk *adj* socialist

societet -en -er society
sociolog -en -er sociologist
socionom -en -er trained social
worker
sock|a -an -or sock
sock|el -eln -lar base
sock|er -ret sugar
sockerbit -en -ar sugar cube
sockerdrick|a -an -or ung. soda
sockerfri *adj* sugar-free
sockerkak|a -an -or sponge
cake
sockersjuka -n diabetes
sockra *verb* sugar; bildligt
sweeten
soda -n soda
sodavatt|en -net = soda
soff|a -an -or sofa
sofistikerad *adj* sophisticated
soja -n soya sauce
sojabön|a -an -or soya bean
sol -en -ar sun
sola *verb*, *~ sig* bask in the
sun; solbada sunbathe
solari|um -et -er solarium
solbada *verb* sunbathe
solbränd *adj* brun tanned
solbränn|a -an -or tan
soldat -en -er soldier
soleksem -et = sunrash
solfjäd|er -ern -rar fan
solglasögon pl. sunglasses
solhatt -en -ar sunhat
solidarisk *adj* loyal
solig *adj* sunny
solist -en -er soloist
solkräm -en -er sun lotion

solnedgång -en -ar sunset
solo I *adj* o. *adv* solo **II** -t -n
solo
sololj|a -an -or suntan oil
solros -en -or sunflower
solsken -et sunshine
solskyddsfaktor -n -er sun
factor
solskyddsmed|el -let = sun
lotion
solsting -et sunstroke
solstrål|e -en -ar sunbeam
soluppgång -en -ar sunrise
solur -et = sundial
som I *pron* **1** who; *jag har en
vän ~ heter Derek* I have a
friend who is called Derek
2 which; *Jill kom inte, något
~ förvånade mig* Jill didn't
come, which surprised me
3 that; *allt ~ glittrar är inte
guld* all that glitters is not
gold **II** *konj,* ~ *sagt* as I said;
en ~ hon a woman like her
Somalia Somalia
sommar -en somrar summer; *i ~*
this summer; *i somras* last
summer; *på sommaren* in the
summer
sommargäst -en -er summer
visitor
sommarlov -et = summer
vacation
sommarsolstånd -et summer
solstice
sommarstug|a -an -or summer
cottage; i bergen cabin

sommartid -en ändrad tid
daylight savings time
somna *verb* fall* asleep; ~ *om*
go* back to sleep
son -en söner son
sondera *verb* probe; ~ *terräng-
en* see* how the land lies
son|dotter -dottern -döttrar
granddaughter
sonhustru -n -r daughter-in-law
(pl. daughters-in-law)
son|son -sonen -söner grandson
sopa *verb* sweep
sopbil -en -ar garbage truck
sopborst|e -en -ar brush
sophink -en -ar garbage can
sophämtning -en garbage col-
lection
sopkvast -en -ar broom
sopnedkast -et = garbage
chute
sopor pl. garbage; torrsopor
trash
sopp|a -an -or **1** soup **2** röra
mess
sopptallrik -en -ar soup plate
soppås|e -en -ar trash bag
sopran -en -er soprano
sopskyff|el -eln -lar dustpan
soptipp -en -ar dump; offentlig
town (city) dump
soptunn|a -an -or trash (gar-
bage) can
sorbet -en sorbet
sorg -en -er **1** bedrövelse sorrow
2 efter avliden mourning
sorglig *adj* sad

sorglös *adj* unconcerned
sorgsen *adj* sad
sork -en -ar vole
sorl -et murmur
sort -en -er sort, kind
sortera *verb* sort; ~ *ut* sort
out
sortiment -et = assortment
SOS SOS-et =, *ett* ~ an SOS
sot -et soot
sota *verb* sweep; alstra sot
smoke
sotare -n = yrke chimney-sweep
souvenir -en -er souvenir
souvenirbutik -en -er souvenir
shop
sova *verb* sleep*; *sov gott!*
sleep tight!, pleasant
dreams!; ~ *middag* have* an
afternoon nap; ~ *ut* have* a
good night's sleep
Sovjetunionen historiskt the
Soviet Union
sovkupé -n -er sleeping-com-
partment
sovmorg|on -onen -nar late
morning
sovplats -en -er sleeping-place
sovrum -met = bedroom
sovsäck -en -ar sleeping bag
sovvagn -en -ar sleeper
sovvagnsbiljett -en -er sleep-
ing-berth ticket
spack|el 1 -let massa spackel
2 -eln -lar verktyg spackel knife
(pl. knives)
spackla *verb* spackel

spad -et liquid; köttspad juice
spad|e -en -ar spade, shovel
spader -n = i kortspel spades
spaghetti -n spaghetti
spak -en -ar lever
spalt -en -er column
spana *verb* watch; ~ *efter ngt*
watch for sth.
Spanien Spain
spaning -en -ar search; av polis
investigation; militär recon-
naissance
spanjor -en -er Spaniard
spanjorsk|a -an -or kvinna
Spanish woman (pl. women)
1 spann -en (-et) -ar på bro span
2 spann -en (-et) -ar hink bucket,
pail
spansk *adj* Spanish
spanska -n språk Spanish
spara *verb* save; ~ *på* inte kasta
keep*; ~ *ihop pengar* put*
aside money
sparbank -en -er savings bank
sparböss|a -an -or piggy bank
spark -en -ar kick; *få sparken*
be* fired
sparka *verb* kick; avskeda fire
sparris -en -ar asparagus
sparsam *adj* **1** ekonomisk eco-
nomical **2** gles sparse
sparsamhet -en economy
sparv -en -ar sparrow
specerier pl. groceries
specialerbjudande -t -n special
specialisera *verb*, ~ *sig på ngt*
specialize in sth.

specialist -en -er specialist
specialitet -en -er speciality
speciell *adj* special
specificera *verb* specify
specifikation -en -er specification
speg|el -eln -lar mirror
spegelbild -en -er reflection
spegelvänd *adj* reversed
spegla *verb* reflect; ~ *sig* be* reflected; om person look in a mirror
speja *verb* spy; ~ *efter ngt* look out for sth.
spektrum -et = spectrum
spekulant -en -er **1** på hus o.d. prospective buyer **2** på börs speculator
spekulera *verb* speculate
spel -et = **1** play; *sätta ngt på* ~ risk sth. **2** kortspel el. idrott game; hasardspel gambling
spela *verb* play; ~ *teater* act; ~ *in ngt* record sth.
spelare -n = player; hasardspelare gambler
spelautomat -en -er slot machine; vard. one-armed bandit
spelkort -et = playing-card
spel|man -mannen -män folkmusician
spelrum -met, *ge ngn fritt* ~ give* sb. a free hand
spenat -en spinach
spendera *verb* spend*
sperma -n (-t) sperm

spermie -n -r sperm
1 spets -en -ar udd point
2 spets -en -ar trådarbete lace
3 spets -en -ar hund spitz
spetsig *adj* pointed
spett -et = **1** för stekning spit; för grillning skewer **2** av järn iron-bar lever
spex -et = student farce
spik -en -ar nail
spika *verb* nail; ~ *fast* nail down
spiksko -n -r track shoe
spill -et waste
spilla *verb* spill; ~ *ut ngt* spill sth.
spillr|a -an -or skärva splinter; *spillror* av t.ex. flygplan wreckage
spind|el -eln -lar spider
spinkig *adj* spindly
spinna *verb* **1** spin **2** om katt purr
spion -en -er spy
spionera *verb* spy
spir|a I -an -or **1** topp spire **2** härskarstav scepter **II** *verb* sprout
spiral -en -er **1** spiral **2** preventivmedel coil, IUD (förk. för intra-uterine device)
spis -en -ar stove
spjut -et = spear; i sport javelin
spjutkastning -en javelin
spjäll -et = i eldstad damper; på motor throttle
spjärna *verb*, ~ *emot* resist

splitt|er -ret = splinter
splittra *verb* shatter
splittring -en -ar oenighet
division
1 spola *verb* **1** med vatten flush
2 vard., förkasta scrap, drop
2 spola *verb* vinda upp wind
spolarvätsk|a -an -or windshield washer fluid
spol|e -en -ar för sytråd, film o.d.
spool; rulle reel; för hår curler
spoliera *verb* spoil
sponsor -n -er sponsor
sponsra *verb* sponsor
spontan *adj* spontaneous
sporadisk *adj* sporadic
sporra *verb* spur
sporr|e -en -ar spur
sport -en -er sport; flera slags
sporter sports
sporta *verb* go* in for sports
sportaffär -en -er sports store
sportbil -en -ar sports car
sportdykning -en scuba-diving
sportfiske -t angling
sportig *adj* sporty
sportlov -et = midwinter break
sportnyheter pl. sports news
spotta *verb* spit
spraka *verb* crackle
spratt -et = trick; *spela ngn ett*
~ play a joke on sb.
sprattla *verb* struggle, kick
sprej -en -er spray
sprejflask|a -an -or spray
sprick|a **I** -an -or crack **II** *verb*
crack

sprida *verb* spread; ~ *sig*
spread; ~ *ut ngt* spread out
sth.
spridning -en -ar distribution;
av tidning circulation
1 spring|a -an -or crack, slit; för
mynt slot
2 springa *verb* run*; ~ *bort*
run* away
springpojk|e -en -ar errand boy
sprit -en alcohol; dryck spirits
spritdryck -en -er alcoholic
drink
spritkök -et = camp stove
spriträttigheter pl. license to
sell alcohol
spritta *verb*, ~ *till* give* a
start
sprut|a **I** -an -or injektion injection; instrument syringe **II** *verb*
squirt, spray; blod spurt
språk -et = language; *ut med*
språket! out with it!
språkkurs -en -er language
course
språkkänsla -n feeling for
language
språklärare -n = language
teacher
språkundervisning -en language teaching
språng -et = jump
spräcka *verb* crack; t.ex.
kostnadsramar exceed
spräcklig *adj* speckled
spränga *verb* **1** burst; med
sprängämne blast **2** värka ache

sprätta *verb*, ~ *upp* rip open
spröd *adj* brittle; om sallad,
bröd o.d. crisp
spröt -et = hos djur antenna
spurt -en -er spurt
spurta *verb* spurt
spy *verb* throw* up
spydig *adj* sarcastic
spå *verb* 1 ~ *ngn* tell* sb.'s
fortune 2 förutsäga predict
spådom -en -ar prediction
spår -et = 1 som lämnats trace;
som kan följas track; *vara på*
rätt ~ be* on the right track
2 ledtråd clue 3 för tåg track
4 aning trace
spåra *verb* track; ~ *upp ngn*
track sb. down; ~ *ur* om tåg
be* derailed; om person, fest
o.d. get* out of hand
spårvagn -en -ar streetcar,
trolley
späd *adj* tender
späda *verb*, ~ *ut* dilute
spädbarn -et = infant
spänd *adj* taut; *vara ~ på att*
få veta ngt be* anxious to
know sth.
spänna *verb* kännas trång be*
tight; ~ *fast säkerhetsbältet*
fasten one's seat belt
spännande *adj* exciting
spänne -t -n clasp
spänning -en -ar tension
spänstig *adj* fit
spärr -en -ar barrier
spärra *verb* block; ~ *ett konto*

block an account; ~ *av* close
off
spö -et -n metspö rod; hästspö
horsewhip
spöka *verb*, *det spökar i huset*
the house is haunted
spöke -t -n ghost
spökhistori|a -en -er ghost story
1 squash -en spel squash
2 squash -en -er grönsak squash
stab -en -er staff
stabil *adj* stable
stabilisera *verb*, ~ *sig* stabi-
lize
stabilitet -en stability
stackare -n = poor creature
stackars *adj*, ~ *honom!* poor
guy!
stad -en (stan) städer town;
större city; *lämna stan* leave*
town
stadg|a I -an 1 stadighet stabili-
ty 2 pl. -or förordning rule
II *verb* 1 göra stadig steady
2 förordna prescribe
stadig *adj* steady
stadion ett ~, pl. = stadium
stadi|um -et -er stage
stadsbud -et = movers
stadsdel -en -ar district
stadshus -et = town hall; större
city hall
stadsmur -en -ar town wall
stadsrundtur -en -er tour of the
city
stafett -en -er tävling relay race;

4 x 100 m ~ 4 x 100 m
relays
staffli -et -er easel
stagnation -en -er stagnation
stagnera *verb* stagnate
staka *verb* båt pole; ~ *sig*
stumble; ~ *ut* mark out
stak|e -en -ar **1** stör stake
2 ljusstake candlestick **3** vard.,
framåtanda guts
staket -et = fence
stall -et = stable
stam -men -mar **1** på växt stem;
trädstam trunk **2** ätt family
stamgäst -en -er regular
stamkund -en -er regular
customer
stamma *verb* stammer
stamning -en stammering
stampa *verb* stamp; ~ *takten*
beat time with one's foot
stamtavl|a -an -or pedigree
standard -en -er standard
stank -en -er stench
stanna *verb* **1** bli kvar stay **2** bli
stående, stoppa stop
stanniol -en tinfoil
stap|el -eln -lar **1** hög pile **2** i
diagram column **3** *gå av*
stapeln take* place
stapla *verb* pile up
stappla *verb* stumble
star|e -en -ar starling
stark *adj* strong; *det är hans*
starka sida that is his strong
point

starksprit -en spirits, hard
liquor
starkvin -et -er dessert wine
starköl -et (-en) = export beer
start -en -er start; flygplans
takeoff
starta *verb* start; om flygplan
take* off
startban|a -an -or runway
startkab|el -eln -lar jumper
cable
startkapital -et = initial
capital; vard. seed money
startmotor -n -er starter
startnyck|el -eln -lar ignition
key
startskott -et = start signal
stat -en -er state
station -en -er station
statisk *adj* static
statistik -en -er statistics
statistisk *adj* statistical
stativ -et = stand
statlig *adj* state
statsbesök -et = state visit
statschef -en -er head of state
statskyrk|a -an -or state church
statsminist|er -ern -rar prime
minister
statsråd -et = cabinet minister;
motsvaras i USA av secretary
statuera *verb*, ~ *ett exempel*
set an example
status -en status
staty -n -er statue
statyett -en -er statuette
stav -en -ar staff

stava *verb* spell; *hur stavas det?* how is it spelled?
stavelse -n -r syllable
stavhopp -et = pole vault
stavning -en -ar spelling
stearinljus -et = candle
steg -et = step
stege -en -ar ladder
1 stegra *verb* öka increase
2 stegra *verb*, ~ *sig* rear
stegring -en -ar ökning increase
stek -en -ar maträtt roast
steka *verb* i ugn roast; i stekpanna fry; halstra grill
stekpanna -an -or frying pan
stekspade -en -ar spatula
stekspett -et = spit
stekt *adj* fried
stel *adj* stiff
stelkramp -en tetanus
stelkrampsspruta -an -or tetanus shot
stelna *verb* **1** om kroppsdel o.d. stiffen **2** om vätska congeal
sten -en -ar **1** stone, rock **2** material stone
Stenbocken best. form stjärntecken Capricorn
stencil -en -er stencil; som delas ut handout
stengods -et stoneware
stenhus -et = stone house
stenig *adj* stony
stenografi -n shorthand
stenskott -et =, *få ett* ~ be* hit by a flying stone
steppa *verb* tap-dance

stereo -n -r stereo
stereoanläggning -en -ar stereo
stereotyp *adj* stereotyped
steril *adj* sterile
sterilisera *verb* sterilize
stetoskop -et = stethoscope
steward -en -ar (-er) steward
stick -et **1** pl. = styng sting **2** pl. = i spel trick **3** *lämna ngn i sticket* leave* sb. in the lurch
sticka I -an -or **1** flisa splinter **2** för stickning needle **II** *verb* **1** ge ett stick prick; om t.ex. bi sting **2** med stickor knit **3** kila be* off; smita run* away **4** ~ *fram* stick out; ~ *in ngt i ngt* put* sth. in sth.
stickprov -et = spot check
stift -et = **1** att fästa med pin **2** att skriva med lead
stifta *verb* **1** grunda found **2** ~ *bekantskap med ngn* make* sb.'s acquaintance
stiftelse -n -r foundation
stifttand -tanden -tänder pivot tooth (pl. teeth)
stig -en -ar path
stiga *verb* **1** stiga uppåt rise **2** ~ *av bussen* get* off the bus; *stig in!* come in!; ~ *på bussen* get* on the bus; ~ *upp* get* up
stigbygel -eln -lar stirrup
stil -en -ar **1** style; *något i den stilen* something like that **2** handstil writing **3** stilsort font

stilett -en -er stiletto
stilig *adj* elegant
stilla I *adj* o. *adv* calm; *stå ~
inte flytta sig* stand* still
II *verb* t.ex. begär satisfy
Stilla havet the Pacific
stillastående *adj* orörlig immobile
stillbild -en -er still
stilleben -et = still life (pl. lives)
stillestånd -et = **1** stagnation
standstill **2** vapenvila truce
stillsam *adj* quiet
stiltje -n bildligt period of calm
stim -met = **1** av fisk shoal
2 oväsen noise
stimulans -en -er stimulation
stimulera *verb* stimulate
sting -et = sting
stinka *verb* stink
stipendium -et -er scholarship
stirra *verb* stare; ~ *på ngt
(ngn)* stare at sth. (sb.)
stjäla *verb* steal*
stjälk -en -ar stem
stjälpa *verb* overturn
stjärna -an -or star
stjärnbild -en -er constellation
stjärntecken -net = sign
stjärt -en -ar tail; på människa
bottom
sto -et -n mare
stock -en -ar stam log
stockning -en -ar standstill;
trafikstockning traffic jam
stoff -et = material

storlek

stoft -et **1** damm powder **2** pl. =
avlidens ashes
stoj -et noise
stoja *verb* make* a noise
stol -en -ar chair
stolpe -en -ar post
stolpiller -ret = suppository
stolt *adj* proud
stolthet -en pride
stomme -en -ar frame
stopp I -et = stoppage **II** *interj*
stop!
1 stoppa *verb* stanna stop
2 stoppa *verb* **1** laga darn
2 fylla fill; ~ *i sig* stuff oneself
3 ~ *in ngt i ngt* put* sth.
into sth.
stoppförbud -et på skylt no
waiting; *det råder ~ här* this
is a no-waiting zone
stopplikt -en obligation to
stop
stoppnål -en -ar darning-needle
stoppsignal -en -er stop signal
stor *adj* **1** large; ledigare big;
känslobetonat great **2** vuxen
grown-up
storartad *adj* grand
storasyster -ern -rar big sister
Storbritannien Great Britain
storebror -brodern -bröder big
brother
storföretag -et = large corporation
storhet -en -er greatness
stork -en -ar stork
storlek -en -ar size

storm -en -ar hård vind gale;
oväder storm
storma *verb, det stormar* a
storm is raging; ~ *fram* rush
forward
stormakt -en -er great power
stormarknad -en -er warehouse
shopping center
stormig *adj* stormy
stormsteg, *med* ~ by leaps
and bounds
stormvarning -en -ar gale
warning
storsint *adj* magnanimous
storslagen *adj* grand
stor|stad -staden (-stan) -städer
big city
storstädning -en -ar thorough
cleaning
stortå -n -r big toe
straff 1 -et = punishment; dom
sentence **2** -en -ar i sporter
penalty
straffa *verb* punish
stram *adj* tight
strama *verb* be* tight
strand -en stränder shore; för bad
beach; av flod bank
strapats -en -er hardship
strategi -n -er strategy
strategisk *adj* strategic
strax *adv* soon
streb|er -ern -rar climber
streck -et = **1** drag stroke, line
2 spratt trick
strejk -en -er strike
strejka *verb* go* on strike

stress -en stress
stressad *adj* vard. stressed out
stressig *adj* stressful
streta *verb* knoga work hard;
~ *emot* resist
strid -en -er fight; *det står i
strid med...* it conflicts
with...
strida *verb* fight; *det strider
mot reglerna* it goes against
the rules
stridsvagn -en -ar tank
strikt I *adj* strict **II** *adv* strictly
strila *verb* sprinkle; *regnet
strilade ner* there was a light
rain
striml|a I -an -or shred **II** *verb*
shred
strimma -an -or streak
stripp|a vard. **I** -an -or stripper
II *verb* strip
struktur -en -er structure
struma -n goiter
strump|a -an -or stocking; socka
sock
strumpbyxor pl. pantyhose
strunt -et (-en) rubbish,
nonsense
strunta *verb*, ~ *i ngt* not
bother about sth.
struntsak -en -er trifle
struntsumm|a -an -or trifle;
köpa ngt för en ~ buy* sth.
for a song
strup|e -en -ar throat
struptag -et =, *ta* ~ *på ngn*
seize sb. by the throat

strut -en -ar cone
struts -en -ar ostrich
stryk -et beating; *få* ~ take* a beating
stryka *verb* **1** smeka stroke **2** med strykjärn iron **3** bestryka coat; med färg paint; ~ *för ngt* mark sth.; ~ *på salva* smear salve **4** utesluta cancel
strykbräde -t -n ironing board
strykfrl *adj* drip-dry
strykjärn -et = iron
strypa *verb* strangle
strå -et -n straw
stråk|e -en -ar bow
stråkinstrument -et = string instrument
stråla *verb* beam
strålande *adj* brilliant
stråll|e -en -ar **1** ray **2** av vätska jet
strålkastare -n = på teater o.d. spotlight; på bil o.d. headlight
strålning -en -ar radiation
sträck, *i ett* ~ at a stretch
sträck|a I -an -or stretch; avstånd, vägsträcka distance **II** *verb* stretch; ~ *sig* stretch; ~ *fram handen* hold* out one's hand; ~ *på benen* stretch one's legs
sträckning -en -ar riktning direction
1 sträng *adj* severe
2 sträng -en -ar string
stränginstrument -et = string instrument

sträv *adj* rough
sträva *verb*, ~ *efter ngt* strive for sth.
strävan en ~, pl. -den ambition
strö *verb* sprinkle; ~ *ut ngt* strew sth.
ströbröd -et breadcrumbs
ström -men -mar **1** vattendrag stream **2** elektrisk current
strömavbrott -et = power failure
strömbrytare -n = switch
strömma *verb* stream; ~ *in* pour in
strömming -en -ar Baltic herring
strömning -en -ar current
strösock|er -ret granulated sugar
ströva *verb*, ~ *omkring* roam
strövtåg -et = ramble
stubb|e -en -ar stump
stubin -en -er fuse
student -en -er student
studera *verb* study
studerande -n = schoolboy, schoolgirl; pupil; på gymnasium el. vid universitet student
studie -n -r study
studiebesök -et = study visit
studiecirk|el -eln -lar study circle; på kvällen evening class
studieres|a -an -or study tour; skolresa field trip
studio -n -r studio
studi|um -et -er study
studsa *verb* bounce

stug|a -an -or cottage
stugby -n -ar ung. holiday
village
stuka *verb* skada sprain
stum *adj* dumb
stumfilm -en -er silent film
stump -en -ar **1** rest stump
2 melodi tune
stund -en -er while; *om en* ~ in
a moment; *för en* ~ *sedan* a
few minutes ago
stup -et = precipice
stupa *verb* **1** luta fall* steeply
2 falla fall* **3** dö be* killed
stuprör -et = drainpipe
1 stuva *verb* packa stow; ~
undan stow away
2 stuva *verb* mat cook in
white sauce
stuvning -en -ar köttstuvning
stew; svampstuvning creamed
mushrooms
styck, *två dollar per* ~ two
dollars each
stycka *verb* cut* up
styck|e -et -en piece; *några
stycken* a few; *vi var fem
stycken* there were five of us
stygg *adj* naughty, bad
stygn -et = stitch
stympa *verb* mutilate
styra *verb* **1** steer **2** regera
govern **3** behärska control
styrbord oböjl. starboard
styrelse -n -r bolagsstyrelse board
of directors
styrk|a I -an -or **1** fysisk

strength; kraft power **2** trupp
force **II** *verb* **1** göra starkare
strengthen **2** bevisa prove
styrsel -n stability
styv *adj* **1** stiff **2** duktig clever
styvbarn -et = stepchild (pl.
stepchildren)
styv|far -fadern -fäder stepfather
styv|mor -modern -mödrar step-
mother
styvna *verb* stiffen
stå *verb* **1** stand*; *det står i
tidningen* it says in the
paper; ~ *för ngt* be*
responsible for sth.; ~ *kvar*
remain standing; *vad står
på?* what's the matter?; *hur
står det till?* how are you?; ~
ut med ngt stand* sth. **2** ha
stannat have* stopped
stående *adj* standing
stål -et steel
stånd -et = **1** salustånd stall
2 växt plant **3** vard., erektion
hard-on **4** skick condition;
vara i ~ *till ngt* be* capable
of sth.; *få till* ~ *ngt* bring*
about sth.
ståndaktig *adj* firm
ståndpunkt -en -er standpoint
stång -en stänger pole
stånka *verb* puff and blow
ståplats -en -er standing room
ticket
ståt -en pomp
ståtlig *adj* grand
städa *verb* clean

städare -n = cleaner
städersk|a -an -or cleaning
lady, cleaning woman (pl.
women), cleaner; på hotell maid
ställ -et = stand; byggställ
scaffolding
ställa *verb* put*; t.ex.
frågor ask; ~ *fram ngt* put* out
sth.; ~ *ifrån sig ngt* put* sth.
down
ställbar *adj* adjustable
ställe -t -n place; *i stället för
ngn* in sb.'s place
ställföreträdare -n = deputy
ställning -en -ar **1** position;
poängställning score **2** ställ
stand; byggställ scaffolding
stämband -et = vocal cord
1 stämm|a I -an -or röst voice
II *verb* **1** instrument tune **2** *det
stämmer* that's right
2 stämm|a I -an -or sammanträde
meeting **II** *verb* **1** ~ *ngn för
ngt* sue sb. for sth. **2** ~ *möte
med ngn* arrange to meet sb.
1 stämning -en -ar sinnesstämning
mood
2 stämning -en -ar inför rätta
summons
stämp|el -eln -lar stamp
stämpla *verb* stamp; *gå och* ~
vard. collect unemployment
insurance
ständig *adj* constant
stänga *verb* shut; med lås lock;
det är stängt om affär o.d. it's

closed; ~ *av* shut off; ~ *in*
lock up
stängs|el -let = fence
stänk -et = splash
stänka *verb* splash; ~ *ner*
spatter
stänkskydd -et = mud guard
stänkskärm -en -ar fender
stäpp -en -er steppe
stärka *verb* göra starkare
strengthen; med stärkelse
starch
stärkande *adj* strengthening
stärkelse -n starch
stöd -et = support
stöddig *adj* självsäker cocksure
stödja *verb* support; ~ *sig mot
ngn* lean against sb.
stöka *verb* be* busy
stökig *adj* messy
stöld -en -er theft
stöldförsäkring -en -ar theft
insurance
stöldgods -et stolen goods
stöna *verb* groan
stöpa *verb* cast
störa *verb* disturb; avbryta
interrupt
störning -en -ar disturbance;
avbrott interruption
större *adj* larger
störst *adj* largest
störta *verb* **1** beröva makten
overthrow **2** om flygplan
crash; ~ *ner* fall* down
störtdykning -en -ar nose dive;
göra en ~ dive

störthjälm -en -ar crash helmet
störtlopp -et = downhill skiing;
vard. downhill
störtregn -et = downpour,
cloudburst
störtregna *verb* pour down
stöt -en -ar thrust; elektrisk
shock
stöta *verb* **1** strike, thrust; ~
ihop med ngn run* across
sb. **2** krossa pound **3** väcka
anstöt offend
stötdämpare -n = shock
absorber
stötfångare -n = bumper
stötta *verb* prop, support
stöv|el -eln -lar boot
subjektiv *adj* subjective
substans -en -er substance
subtrahera *verb* subtract
subtraktion -en -er subtraction
subvention -en -er subsidy
subventionera *verb* subsidize
succé -n -er success
successiv *adj* gradual
suck -en -ar sigh
sucka *verb* sigh
Sudan Sudan
sudd -en -ar tuss wad; tavelsudd
eraser
sudda *verb*, ~ *bort ngt* rub
out sth.
suddgummi -t -n eraser
suddig *adj* blurred
sufflé -n -er soufflé
sufflett -en -er top

suga *verb* suck; ~ *på ngt* suck
sth.; ~ *upp ngt* absorb sth.
sugen *adj*, *vara* ~ *på ngt* feel*
like sth.
sugrör -et = straw
sul|a I -an -or sole **II** *verb* sole
summ|a -an -or sum
summera *verb* sum up
sumpmark -en -er swamp;
bräckt el. salt marsh
1 sund -et = sound
2 sund *adj* healthy; om vana
sound
sunnanvind -en -ar south wind
sup -en -ar shot
supa *verb* drink*; ofta,
okontrollerat etc. booze; ~ *sig*
full get* drunk
supé -n -er supper
supplement -et = supplement
support|er -ern -rar supporter;
vard. fan
sur *adj* **1** motsats till söt sour
2 butter surly; *han är* ~ *på*
mig he is cross with me
3 blöt wet
surdeg -en -ar leaven
surfa *verb* surf
surfing -en surfing
surfingbräd|a -an -or surfboard
surkål -en sauerkraut
surr -et hum
1 surra *verb* hum
2 surra *verb* med rep lash
surrogat -et = substitute
surströmming -en -ar fer-
mented Baltic herring

sus -et whistling
susa *verb* whistle
susen, *göra* ~ do* the trick
suspekt *adj* suspicious
suverän *adj* sovereign; mycket
skicklig excellent
svack|a -an -or hollow; form-
svacka slump; ekonomisk
downturn
svag *adj* weak; *det är hans
svaga punkt* that is his weak
point; *vara* ~ *för ngt (ngn)*
be* fond of sth. (sb.)
svaghet -en -er weakness
sval *adj* cool
sval|a -an -or swallow
svalg -et = **1** throat **2** avgrund
gulf
svalka I -n coolness **II** *verb*
cool
svall -et = surge
svalla *verb* surge
svallvåg -en -or surge
svalna *verb* become* cool
svamla *verb* ramble, babble
svam|mel -let drivel
svamp -en -ar **1** växt fungus;
ätlig mushroom **2** tvättsvamp
sponge
svan -en -ar swan
svans -en -ar tail
svar -et = answer
svara *verb* answer
svarslös *adj*, *vara* ~ be* at a
loss for an answer
svart I *adj* black **II** *adv* olagligt

illegally; *arbeta* ~ work off
the books
svartlista *verb* blacklist
svartmåla *verb*, ~ *ngn (ngt)*
paint sb. (sth.) black
svartpeppar -n black pepper
svartsjuk *adj* jealous
svartsjuka -n jealousy
svartvit *adj* black and white
svarv -en -ar lathe
svarva *verb* turn
svav|el -let sulfur
sveda -n smarting pain; ~ *och
värk* pain and suffering
svek -et = treachery
svekfull *adj* treacherous
svensk I *adj* Swedish **II** -en -ar
Swede
svensk|a -an **1** pl. -or kvinna
Swedish woman (pl. women)
2 språk Swedish
svep -et = sweep; *i ett* ~ all at
once
svepa *verb* **1** wrap; ~ *in ngt i
ngt* wrap sth. up in sth.
2 dricka down; vard. chug
svepskäl -et = pretext
Sverige Sweden
svetsa *verb* weld
svett -en sweat
svettas *verb* sweat
svettig *adj* sweaty
svida *verb* smart
svika *verb* fail; ~ *sitt löfte*
break* one's promise
svikt -en spänst elasticity
svikta *verb* sag

svimma *verb* faint
svimning -en -ar faint
svin -et = pig
svindel -n **1** yrsel dizziness
2 bedrägeri swindle
svindlande *adj* dizzy; om pris
o.d. enormous
svinga *verb* swing
svinläd|er -ret pigskin
svinsti|a -an -or pigsty
svit -en -er **1** av rum suite
2 *sviterna efter en sjukdom*
the effects of an illness
svordom -en -ar swearword
svullen *adj* swollen
svullna *verb* swell
svullnad -en -er swelling
svulst -en -er swelling
svulstig *adj* inflated, pomp-
ous
svåg|er -ern -rar brother-in-law
(pl. brothers-in-law)
svångrem -men -mar belt
svår *adj* difficult; farlig, allvarlig
grave; *ha svårt för ngt* find*
sth. difficult
svårfattlig *adj* difficult to
understand
svårhanterlig *adj* difficult to
handle
svårighet -en -er difficulty
svårmod -et melancholy
svårsmält *adj* difficult to
digest; bildligt difficult to
accept
svårtillgänglig *adj* remote,
difficult of access

svägersk|a -an -or sister-in-law
(pl. sisters-in-law)
svälja *verb* swallow
svälla *verb* swell
svält -en starvation
svälta *verb* starve
svämma *verb*, ~ *över* spill
over
sväng -en -ar turn; kurva curve
svänga *verb* swing; ~ *till*
höger turn to the right
svängning -en -ar pendling
oscillation
svängrum -met space
svära *verb* swear
svärd -et = sword
svär|dotter -dottern -döttrar
daughter-in-law (pl. daughters-
-in-law)
svär|far -fadern -fäder father-in-
-law (pl. fathers-in-law)
svärföräldrar pl. parents-in-
-law
svärm -en -ar swarm
svärma *verb* swarm; ~ *för ngn*
have* a crush on sb.
svärmeri -et -er infatuation
svär|mor -modern -mödrar
mother-in-law (pl. mothers-in-
-law)
svärord -et = swearword
svär|son -sonen -söner son-in-
-law (pl. sons-in-law)
svärt|a I -an -or blackness
II *verb* blacken
sväva *verb* float; ~ *i livsfara*
be* in danger of one's life

sy *verb* sew
sybehör pl. sewing materials
sybehörsaffär -en -er fabric store
syd -en south, se vidare *söder*
Sydafrika South Africa
sydafrikan -en -er South African
sydafrikansk *adj* South African
sydafrikansk|a -an -or kvinna South African woman (pl. women)
Sydamerika South America
sydamerikan -en -er South American
sydamerikansk *adj* South American
sydamerikansk|a -an -or kvinna South American woman (pl. women)
Sydeuropa Southern Europe
sydeuropé -n -er Southern European
sydeuropeisk *adj* Southern European
sydeuropeisk|a -an -or kvinna Southern European woman (pl. women)
sydlig *adj* southerly
sydländsk *adj* southern
sydost *adv* south-east
Sydpolen the South Pole
sydväst *adv* south-west
syfilis -en syphilis
syfta *verb*, ~ *på* refer to; mena mean*

syfte -t -n purpose
syl -en -ar awl
sylt -en -er jam
sylt|a -an -or **1** mat headcheese **2** matställe greasy spoon
syltlök -en -ar pickled onions
symaskin -en -er sewing-machine
symbol -en -er symbol
symbolisera *verb* symbolize
symbolisk *adj* symbolic
symfoni -[e]n -er symphony
symfoniorkest|er -ern -rar symphony orchestra
symmetrisk *adj* symmetrical
sympati -n -er sympathy
sympatisera *verb* sympathize
sympatisk *adj* nice
symtom -et = symptom
syn -en **1** synsinne sight; *få* ~ *på ngt* (*ngn*) catch* sight of sth. (sb.) **2** synsätt view **3** pl. -er anblick sight
syna *verb* inspect; ~ *i sömmarna* check carefully
synagog|a -an -or synagogue
synas *verb* **1** vara synlig be* seen **2** framgå appear; *det syns att hon mår bra* you can tell she's doing fine
synd -en **1** pl. -er sin **2** *det är ~ att du inte kan komma* it is a pity you can't come; *det är ~ om henne* I feel sorry for her
synda *verb* sin
syndabock -en -ar scapegoat

syndig *adj* sinful
synfel -et = visual defect
synhåll, *inom* ~ within sight
synkronisera *verb* synchronize
synlig *adj* visible
synnerhet, *i* ~ particularly
synnerligen *adv* extremely
synonym -en -er synonym
synpunkt -en -er point of view
synskadad *adj* visually handicapped, partially sighted
syntes -en -er synthesis
syntetisk *adj* synthetic
synvill|a -an -or optical illusion
synvink|el -eln -lar point of view
synål -en -ar needle
syr|a -an -or acid; syrlig smak acidity
syre -t oxygen
syren -en -er lilac
Syrien Syria
syrlig *adj* acid
syrs|a -an -or cricket
syskon -et = sibling; *de är* ~ they are brother and sister (brothers and sisters)
syskonbarn -et = pojke nephew; flicka niece
sysselsatt *adj* anställd employed; upptagen busy
sysselsätta *verb* ge arbete åt employ; ~ *sig med* busy oneself with
sysselsättning -en -ar **1** arbete o.d. employment **2** friare something to do

syssl|a **I** -an -or work **II** *verb*, *vad sysslar du med?* just nu what are you doing?
sysslolös *adj* idle
system -et = system
systematisk *adj* systematic
systembolag -et = butik state-run package store
syster -n systrar sister
syster|dotter -dottern -döttrar niece
syster|son -sonen -söner nephew
sytråd -en -ar sewing-thread
1 så *verb* sow
2 så **I** *adv* **1** för att uttrycka sätt so; ~ *här* like this; *hur* ~? why? **2** för att uttrycka grad so, such, that; ~ *gammal* so old; ~ *bra böcker* such good books; ~ *mycket pengar har jag inte* I haven't got that much money **3** i utrop ofta how, what; ~ *dumt!* how silly! **4** sedan then **II** *konj* so; ~ *att* so that; *han var inte där*, ~ *vi gick* he was not there, so we left
sådan (vard. *sån*) *pron* such; i utrop what; *sådana vänner* such friends; *ett sådant väder!* what weather!
sådd -en -er sowing
såg -en -ar saw
såga *verb* saw
sågspån -et = sawdust
såll -et = sieve

sålla *verb* sift; ~ *bort ngt* sift out sth.

sån se *sådan*

sång -en -er **1** sjungande singing **2** stycke song

sångare -n = singer

sångersk|a -an -or singer

sångröst -en -er singing-voice

såp|a -an -or soap

sår -et = wound

såra *verb* wound; kränka hurt

sårbar *adj* vulnerable

sårsalv|a -an -or ointment

sås -en -er sauce

såsom *konj* as; ~ *barn* as a child; *ett klimat ~ vårt* a climate like ours

såvida *konj* if; ~ *han inte...* unless he...

såvitt *adv*, ~ *jag vet* as far as I know

såväl *konj*, ~ *A som B* A as well as B

säck -en -ar sack

säckig *adj* baggy

säckpip|a -an -or bagpipe

säd -en grain; utsäde seed

sädesslag -et = cereal

sädesärl|a -an -or wagtail

säga *verb* say*; *det vill ~* that is to say; ~ *emot ngn* contradict sb.; ~ *till ngn att göra ngt* tell* sb. to do sth.

säg|en -nen -ner legend

säker *adj* sure

säkerhet -en -er **1** visshet certainty; trygghet safety; i

upptträdande assurance **2** för lån security

säkerhetsbälte -t -n seat belt

säkerhetsnål -en -ar safety pin

säkerligen *adv* certainly

säkert *adv* med visshet certainly; tryggt safely

säkra *verb* secure

säkring -en -ar **1** elektrisk fuse **2** på vapen safety catch

säl -en -ar seal

sälg -en -ar sallow

sälja *verb* sell*

säljare -n = seller

sällan *adv* **1** seldom **2** vard., visst inte no way!

sällsam *adj* strange

sällskap -et = umgänge company; grupp party; förening society

sällskaplig *adj* sociable

sällskapsliv -et social life

sällskapsres|a -an -or conducted tour

sällsynt *adj* rare

sämja -n harmony

sämre *adj* o. *adv* worse

sämst *adj* o. *adv* worst

sända *verb* **1** send* **2** i radio broadcast; i TV televise

sändare -n = sender

sändebud -et = **1** ambassadör ambassador **2** budbärare messenger

sändning -en -ar **1** parti consignment **2** i radio el. TV broadcast

säng -en -ar bed
sängkammare -n = bedroom
sängkläder pl. bedclothes
sängliggande *adj, vara ~ be**
sick in bed
sängöverkast -et = bedspread
sänk|a I -an -or **1** dal valley
2 medicinsk sedimentation
rate **II** *verb* minska lower
sänkning -en -ar minskning
reduction, cut
sära *verb*, ~ *på ngt* separate
sth.
särdeles *adv* extremely
särklass, *den i ~ bästa filmen*
the most outstanding film
särskild *adj* special
särskilt *adv* particularly
säsong -en -er season
säte -t -n seat
sätt -et = **1** vis way **2** upp-
trädande manner
sätta *verb* put*; ~ *sig* sit*
down; *sätt av mig här!* let
me off here, please; ~ *fast
ngn* put* sb. away; ~ *igång*
start; ~ *in pengar på ett
konto* pay* money into an
account; ~ *på ngt* put* on
sth.; ~ *på sig ngt* put* on
sth.
söder I -n the south; *i ~* in the
south; *mot ~* towards the
south **II** *adv,* ~ *om...* south
of...
söderut *adv* southwards

södra *adj* the southern; ~
Europa southern Europe
söka *verb* **1** seek **2** vilja träffa
want to see **3** ansöka om apply
for
sökande I *adj* searching **II** en
~, pl. = candidate
sökare -n = i kamera view-finder
söla *verb* vara långsam dawdle
sölig *adj* långsam dawdling
söm -men -mar seam
sömmersk|a -an -or dressmaker
sömn -en sleep
sömnad -en -er sewing
sömngångare -n = sleepwalker
sömnig *adj* sleepy
sömnlös *adj* sleepless
sömnlöshet -en sleeplessness
sömnmed|el -let = sleeping pill
sömntablett -en -er sleeping
pill
söndag -en -ar Sunday; *i
söndags* last Sunday; *på ~* on
Sunday
sönder *adj* o. *adv* **1** sönderslagen
o.d. broken; *gå ~* break* **2** i
olag out of order
sönderfall -et disintegration
söndra *verb* divide
sörja *verb* **1** en avliden mourn
2 ~ *för ngt* take* care of sth.
sörjande *adj* mourning
sörpla *verb* slurp
söt *adj* **1** som smakar sött sweet
2 vacker pretty, sweet, cute
sötmand|el -eln -lar sweet
almond

tag

sötningsmed|el -let = sweet-
ener
sötnos -en -ar honey
sötsaker pl. candy
sötsur *adj* sweet and sour
sötvatt|en -net fresh water
söva *verb* lull to sleep

T

t t-et t-n bokstav t [utt. ti:]
ta *verb* take*; komma med
bring*; *hur lång tid tar det?*
how long does it take?; ~ *av*
take* off; ~ *av sig ngt* take*
off sth.; ~ *ngt ifrån ngn*
take* sth. away from sb.; ~
fram ngt bring* out sth.; ~
med sig bring*; ~ *på sig ngt*
put* on sth.
tabell -en -er table
tablett -en -er **1** läkemedel tablet
2 liten duk place mat
tabu -t -n taboo
tack I -et = thanks **II** *interj, ja*
~*!* yes, please!; *nej* ~*!* no,
thank you!; ~ *så mycket!*
thank you very much!
1 tacka *verb* thank; ~ *ja*
accept; ~ *nej* decline
2 tack|a -an -or fårhona ewe
3 tack|a -an -or av guld, silver bar
tackla *verb* tackle; ~ *av* fall*
away
tacksam *adj* grateful
tacksamhet -en gratitude
1 tafatt, *leka* ~ play tag
2 tafatt *adj* awkward
tafsa *verb*, ~ *på ngn* paw sb.,
fondle sb.
tag -et **1** pl. = grip; *få* ~ *i ngt*
(*ngn*) get* hold of sth. (sb.)

2 *ett litet* ~ a little while; *två i taget* two at a time
1 tagg -en -ar törntagg thorn; på taggtråd o.d. barb
2 tagg -en -ar på bagage tag
taggtråd -en -ar barbed wire
tajma *verb* time
tak -et = yttre roof; inre ceiling
taklamp|a -an -or ceiling lamp
takluck|a -an -or sunroof
takräcke -t -n roofrack
takt -en -er **1** tempo time; fart pace; *öka takten* increase the pace **2** finkänslighet tact
taktfast *adj* om steg measured
taktik -en -er tactics
taktisk *adj* tactical
tal -et = **1** antal number **2** anförande speech; *hålla* ~ make* a speech
tala *verb* speak*; prata talk; ~ *om ngt för ngn* tell* sb. sth.
talang -en -er talent
talare -n = speaker
talarstol -en -ar platform; mer formellt rostrum
talförmåg|a -an -or faculty of speech
talg -en tallow
talgox|e -en -ar great tit
talk -en talc
tall -en -ar pine
tallrik -en -ar plate
talrik *adj* numerous
talspråk -et = spoken language
tam *adj* tame
tambur -en -er hallway

tampong -en -er tampon
tand -en tänder tooth (pl. teeth); *visa tänderna* bare one's teeth
tandborst|e -en -ar toothbrush
tandemcyk|el -eln -lar tandem
tandkräm -en -er toothpaste
tandkött -et gums
tandlossning -en loosening of the teeth
tandläkare -n = dentist
tandlös *adj* toothless
tandpetare -n = toothpick
tandprotes -en -er denture
tandvård -en dental care
tandvärk -en toothache
tangent -en -er key
tango -n -r tango
tank -en -ar tank
tanka *verb* fill up
tank|e -en -ar thought
tankeläsare -n = mind-reader
tank|er -ern -rar tanker
tankfartyg -et = tanker
tankfull *adj* thoughtful
tanklös *adj* thoughtless
tankspridd *adj* absent-minded
tant -en -er aunt; obekant lady
tapet -en -er wallpaper
tapetsera *verb* paper
tapp -en -ar i tunna tap; i badkar plug
1 tappa *verb* hälla tap off; ~ *vatten i badkaret* run* a bath; ~ *upp* draw* off
2 tappa *verb* **1** låta falla drop **2** förlora lose*; ~ *en tand* (*en*

plomb) lose* a tooth (a filling)
tapper *adj* brave
tarm -en -ar intestine
tarvlig *adj* vulgar; lumpen shabby
tass -en -ar paw
tassa *verb* pad
tatuera *verb* tattoo
tatuering -en -ar, *en* ~ a tattoo
tavelgalleri -et -er picture gallery
tavl|a -an -or 1 picture; målning painting; grafiskt blad print 2 för anslag board
tax -en -ar dachshund
tax|a -an -or rate; för t.ex. körning fare; *till nedsatt* ~ at reduced rates
taxera *verb* för skatt assess
taxi -n = taxi
taxichaufför -en -er taxi driver
taxistation -en -er taxi stand
T-ban|a -an -or subway
te -et -er tea; *en kopp* ~ a cup of tea
teak -en teak
teat|er -ern -rar theater; *gå på* ~ go* to the theater
teaterbiljett -en -er theater ticket
teaterföreställning -en -ar performance
teaterkikare -n = opera glasses
teaterpjäs -en -er play
teck|en -net = sign

teckenspråk -et = sign language
teckna *verb* 1 avbilda draw* 2 skriva sign 3 ge tecken make* a sign; använda teckenspråk sign
tecknare -n = draftsman; tidningstecknare o.d. cartoonist
teckning -en -ar 1 drawing 2 av aktier subscription
tefat -et = saucer
tegel -let = brick
tegelpann|a -an -or tile
tegelsten -en -ar brick
tejp -en -er tape
tejpa *verb* tape
tekann|a -an -or teapot
teknik -en -er metod technique; vetenskap technology
tekniker -n = technician; ingenjör engineer
teknisk *adj* technical
teknologi -n -er technology
tekopp -en -ar teacup
telefax 1 -et = meddelande fax 2 -en -ar apparat fax
telefon -en -er telephone; *det är* ~ *till dig* you are wanted on the phone; *tala i* ~ talk on the phone
telefonautomat -en -er pay phone
telefonhytt -en -er phone booth
telefonist -en -er operator
telefonkatalog -en -er telephone directory
telefonkiosk -en -er phone booth

telefonkort -et = phonecard
telefonlur -en -ar receiver
telefonnum|mer -ret = telephone number
telefonsamtal -et = telephone call
telefonsvarare -n = answering machine
telefontid -en -er telephone hours
telefonväckning -en -ar wake-up call
telefonväx|el -eln -lar switchboard
telegraf -en -er telegraph
telegram -met = telegram
teleobjektiv -et = telephoto lens
telepati -n telepathy
teleskop -et = telescope
television -en television
tema -t -n theme
temp|el -let = temple
temperament -et = temperament
temperatur -en -er temperature; *ta temperaturen på ngn* take* sb.'s temperature
tempo -t -n fart pace; takt tempo
tendens -en -er tendency
tenn -et tin
tennis -en tennis
tennisban|a -an -or tennis court
tennisboll -en -ar tennis ball
tennisracket -en -ar tennis racket
tenor -en -er tenor

tent|a I -an -or exam **II** *verb* be* examined
tentam|en en ~, pl. -ina examination
tentera *verb* be* examined; ~ *av ett ämne* pass a subject
teologi -n theology
teoretisk *adj* theoretical
teori -n -er theory
tepås|e -en -ar tea bag
terapeut -en -er therapist
terapi -n -er therapy
term -en -er term
termin -en -er i skola term, semester
terminal -en -er terminal
termomet|er -ern -rar thermometer
termos -en -ar thermos®
termostat -en -er thermostat
terrakotta -n terracotta
terrass -en -er terrace
terrier -n = terrier
territori|um -et -er territory
terror -n terror
terrorisera *verb* terrorize
terrorist -en -er terrorist
terräng -en -er ground; *oländig* ~ rough country
terränglöpning -en cross-country
tes -en -er thesis
tesil -en -ar tea-strainer
tesked -en -ar teaspoon; mått teaspoonful
1 test -et (-en) = (-er) prov test
2 test -en -ar av hår wisp

testa *verb* test
testamente -t -n will
testamentera *verb* will
testik|el -eln -lar testicle
tevatt|en -net water for the tea
teve -n -ar (=) television, TV;
titta på ~ watch television,
watch TV
text -en -er text
texta *verb* write* in block
letters
textad *adj, filmen är ~* the
film has subtitles
textil *adj* textile
textiler pl. textiles
textilslöjd -en textile
handicraft
Thailand Thailand
thinner -n paint thinner
thriller -n = (-s) thriller
ti|a -an -or ten; mynt ten-krona
coin
Tibet Tibet
ticka *verb* tick
tid -en -er time; *hur lång ~ tar
det?* how long does it take?;
beställa ~ hos tandläkaren
make* an appointment with
the dentist; *under tiden*
meanwhile
tidig *adj* early
tidning -en -ar newspaper
tidningsartik|el -eln -lar news-
paper article
tidningsförsäljare -n = news
vendor

tidningskiosk -en -er news-
stand
tidpunkt -en -er point of time
tidsbrist -en lack of time
tidsenlig *adj* contemporary
tidsfördriv -et = pastime
tidskrift -en -er periodical;
vetenskaplig journal
tidskrävande *adj* time-con-
suming
tidsskillnad -en -er difference
in time
tidtabell -en -er för båt, flyg
schedule, timetable
tidtagarur -et = stopwatch
tidvatt|en -net tide
tidvis *adv* at times
tiga *verb* keep* silent
tig|er -ern -rar tiger
tigga *verb* beg
tiggare -n = beggar
tik -en -ar bitch
till I *prep* to; *gå ~ arbetet* go*
to work; *sitta ~ bords* be* at
the table; *avresa ~ Lissabon*
leave* for Lisbon; *fem ~
antalet* five in number;
dörren ~ huset the door of
the house; *inget tecken ~ liv*
no sign of life; *gå ~ fots* go*
on foot **II** *adv, två ~* two
more
tillaga *verb* cook
tillbaka *adv* back
tillbakadragen *adj* reserverad
reserved
tillbakagång -en decline

tillbehör pl. accessories
tillbringa *verb* spend*
tillbringare -n = pitcher
tilldela *verb*, ~ *ngn ngt* allot
sth. to sb.
tilldelning -en -ar allowance
tilldra *verb*, ~ *sig* hända
happen
tilldragande *adj* attractive
tillfalla *verb* go* to
tillflykt -en refuge
tillfoga *verb* **1** tillägga add **2** ~
ngn skada do* harm to sb.
tillfreds *adv* satisfied
tillfredsställa *verb* satisfy
tillfredsställande *adj* satisfactory
tillfriskna *verb* recover
tillfrisknande -t recovery
tillfångata *verb* capture
tillfälle -t -n när ngt inträffar
occasion; lägligt opportunity;
för tillfället at the moment
tillfällig *adj* occasional
tillfällighet -en -er chance
tillföra *verb* bring*
tillförlitlig *adj* reliable
tillförsikt -en confidence
tillgiven *adj* affectionate
tillgjord *adj* affected
tillgodo se *till godo* under *godo*
tillgodogöra *verb*, ~ *sig*
assimilate
tillgodose *verb* meet*
tillgång -en **1** tillträde access; *ha*
~ *till* have* access to **2** förråd
supply; ~ *och efterfrågan*

supply and demand **3** pl. -ar
resurs asset
tillgänglig *adj* accessible; om
t.ex. resurser available
tillhandahålla *verb* supply
tillhåll -et = haunt
tillhöra *verb* belong to; *hon*
tillhör den gruppen she is a
member of that group
tillhörighet -en -er possession
tillintetgöra *verb* annihilate
tillit -en trust
tillkalla *verb* send* for
tillkomma *verb* be* added
tillkomst -en creation
tillkännage *verb* announce
tillmötesgå *verb* oblige
tillreda *verb* prepare
tillräcklig *adj* sufficient
tillrätta *adv*, *sätta sig* ~ settle
down
tillrättavisa *verb* rebuke
tillrättavisning -en -ar rebuke
tills *konj* o. *prep* till, until; ~
vidare until further notice
tillsammans *adv* together; ~
med ngn together with sb.
tillsats -en -er addition; i mat
additive
tillskott -et = bidrag contribution
tillströmning -en influx
tillstymmelse -n -r suggestion;
inte en ~ *till ngt* not a shred
of sth.
tillstyrka *verb* support

1 tillstånd -et = tillåtelse permission
2 tillstånd -et = skick state
tillställning -en -ar fest party
tillstöta verb hända occur
tillsyn -en supervision
tillsägelse -n -r **1** befallning order **2** tillrättavisning reprimand
tillsätta verb **1** blanda i add **2** utnämna appoint
tillta verb increase
tilltag -et = trick
tilltagande adj increasing
tilltala verb **1** tala till speak* to **2** behaga appeal to
tilltro -n credit
tillträda verb take* over
tillträde -t -n **1** ~ förbjudet no admission **2** tillträdande taking over
tilltänkt adj, hans tilltänkta his wife to be
tillvarata verb ta hand om take* care of
tillvaro -n existence
tillverka verb manufacture
tillverkare -n = manufacturer
tillverkning -en -ar manufacture
tillväga adv, gå ~ go* about it
tillväxt -en growth
tillåta verb allow
tillåtelse -n permission
tillåten adj allowed
tillägg -et = addition
tillägga verb add

tillägna verb, ~ sig ngt kunskaper o.d. acquire sth.
tillämpa verb apply
tillämpning -en -ar application
tillönska verb, ~ ngn ngt wish sb. sth.
timjan -en thyme
timlön -en -er hourly wage
timm|e -en -ar hour; lektion lesson; *50 km i timmen* 50 km an hour; *om en* ~ in an hour
timmer -ret = stockar timber; bearbetat lumber
timotej -en timothy
timvisare -n = hour hand
tina verb thaw
tindra verb twinkle
ting -et = sak thing
tinning -en -ar temple
tio räkn ten, för sammansättningar med tio jfr *fem* med sammansättningar
tiokamp -en -er decathlon
tionde räkn tenth
tiondel -en -ar tenth
tiotal -et = ten
1 tippa verb stjälpa tip
2 tippa verb **1** förutsäga tip **2** på tips play the numbers
tips -et = **1** upplysning tip; *få ett* ~ get* a tip **2** *vinna på tipset* win* on the numbers
tipskupong -en -er lottery coupon
tisdag -en -ar Tuesday; *i*

tisdags last Tuesday; *på* ~ on Tuesday

tist|el -eln -lar thistle

tit|el -eln -lar title

titt -en -ar look; *ta sig en* ~ *på ngt* take* a look at sth.

titta *verb* look; ~ *fram* peep out

tittare -n = viewer

tivoli -t -n amusement park

tjafs -et nonsense

tjafsa *verb* fuss

tjalla *verb* vard. squeal

tjat -et nagging

tjata *verb* nag

tjatig *adj* **1** gnatig nagging **2** tråkig boring

tjeck -en -er Czech

Tjeckien the Czech Republic

tjeckisk *adj* Czech

tjeckisk|a -an **1** pl. -or kvinna Czech woman (pl. women) **2** språk Czech

Tjeckoslovakien historiskt Czechoslovakia

tjej -en -er girl

tjock *adj* thick

tjocklek -en -ar thickness

tjog -et = score; *ett* ~ *ägg* twenty eggs

tjugo *räkn* twenty, för sammansättningar med tjugo jfr *fem* o. *femtio* med sammansättningar

tjugohundratalet best. form, *på* ~ in the twenty-first century

tjugonde *räkn* twentieth

tjur -en -ar bull

tjura *verb* sulk

tjurig *adj* sulky

tjusig *adj* charming

tjusning -en charm

tjut -et = howl

tjuta *verb* howl

tjuv -en -ar thief (pl. thieves)

tjuvlarm -et = burglar alarm

tjuvlyssna *verb* eavesdrop

tjuvstart -en -er false start

tjuvtitta *verb* peep

tjäd|er -ern -rar capercaillie

tjäle -n ground frost; *tjälen har gått ur marken* the ground has thawed

tjäna *verb* **1** förtjäna earn **2** göra tjänst serve; *det tjänar inget till att göra det* it's no use doing it

tjänare I -n = servant **II** *interj* hi!, hi there!

tjänst -en -er service; anställning place; *göra ngn en* ~ do* sb. a favor; *vad kan jag stå till* ~ *med?* what can I do for you?

tjänstefolk -et servants

tjänste|man -mannen -män statlig civil servant; kontorist clerk; *tjänstemän* som grupp white--collar workers

tjänstgöra *verb* serve

tjänstledig *adj, vara* ~ be* on leave

tjära -n tar

toa -n john

toalett -en -er wc toilet

toalettartik|el -eln -lar toilet
article; *toalettartiklar* äv.
toiletries
toalettbord -et = dresser
toalettpapper -et = toilet paper
tobak -en tobacco
tobaksaffär -en -er cigar store
toff|el -eln -lor slipper
toffelhjälte -en -ar hen-pecked
husband
tofs -en -ar tuft
tok -en **1** pl. -ar person fool **2** *gå*
på ~ go* wrong
tokig *adj* mad
tolerant *adj* tolerant
tolerera *verb* tolerate
tolfte *räkn* twelfth
tolk -en -ar interpreter
tolka *verb* interpret
tolkning -en -ar interpretation
tolv *räkn* twelve, för samman-
sättningar med tolv jfr *fem* o.
femton med sammansättningar
tolv|a -an -or twelve
tom *adj* empty
tomat -en -er tomato (pl.
tomatoes)
tomatketchup -en tomato
ketchup
tomatsallad -en -er tomato
salad
tomglas pl. empty bottles;
vard. empties
tomgång -en idling; *gå på* ~
idle
tomhänt *adj* empty-handed

tomrum -met = empty space;
bildligt vacuum
tomt -en -er obebyggd building
site; villatomt lot; anlagd plot
tomt|e -en -ar hustomte brownie;
till jul elf; jultomten Santa
Claus
1 ton -net = 1.000 kg metric ton
2 ton -en -er i musik tone
tona *verb* **1** ljuda sound; ~ *bort*
fade out **2** ge färgton åt tone;
håret tint
tonart -en -er key
tonfall -et = intonation; som
uttryck för viss sinnesstämning
tone of voice
tonfisk -en -ar tuna fish
tonic -en tonic water
tonvikt -en stress; *lägga* ~ *på*
ngt emphasize sth.
tonåring -en -ar teenager
topas -en -er topaz
topp -en -ar top
toppa *verb* top
toppform -en top form
tordas *verb* våga dare
torde *verb* förmodan, *det* ~
finnas många som tycker om
det there are probably quite
a few people who like it
torftig *adj* plain
torg -et = **1** salutorg market
place **2** öppen plats square
tork -en -ar drier; *hänga på* ~
hang up to dry
torka I -n drought **II** *verb* dry;
~ *upp* wipe up

torn -et = byggnad tower; i schack rook

tornado -n -r (-s) tornado (pl. tornadoes)

torp -et = **1** i historisk betydelse croft **2** sommarstuga summer cottage

torpare -n = crofter

torped -en -er torpedo (pl. torpedoes)

torr *adj* dry

torrdass -et = outhouse

torsdag -en -ar Thursday; *i torsdags* last Thursday; *på ~* on Thursday

torsk -en -ar cod

tortera *verb* torture

tortyr -en -er torture

torv -en peat

torv|a -an -or piece of turf

total *adj* total

tovig *adj* tangled

tradition -en -er tradition

traditionell *adj* traditional

trafik -en traffic; *vara i ~* run*

trafikant -en -er motorist, driver; passagerare passenger

trafikera *verb* om trafikföretag run*

trafikflyg -et civil aviation; flygtrafik air services

trafikflygplan -et = passenger plane; större airliner

trafikförsäkring -en -ar third party insurance

trafikljus -et = traffic light

trafikmärke -t -n road sign

trafikolyck|a -an -or traffic accident

trafiksignal -en -er traffic signal

trafikskol|a -an -or driving school

trafikstockning -en -ar traffic jam; svår gridlock

tragedi -n -er tragedy

tragisk *adj* tragic

trail|er -ern -rar (-ers) trailer

trakassera *verb* harass

trakt -en -er district; *här i trakten* in this area

traktamente -t -n per diem, allowance for expenses

traktor -n -er tractor

tramp|a I *verb* trample **II** -an -or pedal

trampolin -en -er för simhopp diving board

trams -et nonsense

tran|a -an -or crane

trans -en trance

transaktion -en -er transaction

transformator -n -er transformer

transistorradio -n -r transistor radio

transithall -en -ar transit hall

transplantation -en -er transplant

transplantera *verb* transplant

transport -en -er transportation

transportera *verb* transport, ship

transportmed|el -let = means of transport

transvestit -en -er transvestite
trapp|a I -an -or stairs; utomhus steps; *bo tre trappor upp* live on the fourth floor **II** *verb,* ~ *upp* escalate
trappsteg -et = step
trappuppgång -en -ar staircase
tras|a I -an -or rag **II** *verb,* ~ *sönder ngt* tear to pieces
trasig *adj* **1** söndertrasad ragged **2** bruten broken **3** ur funktion out of order
trasmatt|a -an -or rag-rug
trass|el -let oreda tangle; besvär trouble
trasslig *adj* tangled
trast -en -ar thrush
tratt -en -ar funnel
trav -et trot; *hjälpa ngn på traven* help sb. to get started
1 trava *verb* stapla pile up
2 trava *verb* om häst trot
travban|a -an -or trotting track
trav|e -en -ar pile
travhäst -en -ar trotter
tre *räkn* three, för sammansättningar med tre jfr *fem* med sammansättningar
tre|a -an -or three
tredje *räkn* third
tredjedel -en -ar third
trehjuling -en -ar cykel tricycle
trekant -en -er triangle
trekantig *adj* triangular
trekvart oböjl. 45 minuter three quarters of an hour
trend -en -er trend

trestjärnig *adj* three-star
trettio *räkn* thirty, för sammansättningar med trettio jfr *femtio* med sammansättningar
trettionde *räkn* thirtieth
tretton *räkn* thirteen, för sammansättningar med tretton jfr *fem* o. *femton* med sammansättningar
trettondag|en best. form, pl. -ar Epiphany
trettonde *räkn* thirteenth
treva *verb* grope
trevande *adj,* ~ *försök* tentative effort
trevare -n = feeler
trevlig *adj* nice; *det var trevligt att träffas!* it's been nice meeting you!; *vi hade mycket trevligt* we had a very nice time
trevnad -en comfort
triang|el -eln -lar triangle
1 trick -et = i kort odd trick
2 trick -et = knep trick
trikå -n -er tyg tricot; *trikåer* tights
trilla *verb* fall*
trilling -en -ar triplet
trimma *verb* trim
trio -n -r trio
tripp -en -ar trip; *ta en* ~ *till Paris* go* for a trip to Paris
trist *adj* dyster gloomy; sorglig sad
tristess -en gloominess
triumf -en -er triumph

triumfbåg|e -en -ar triumphal
arch
triumfera *verb* triumph
trivas *verb* be* happy
trivial *adj* trivial
trivsam *adj* pleasant
trivsel -n cosy atmosphere
tro I -n belief **II** *verb* believe;
jag tror inte på henne I don't
believe her
troende *adj* believing; *en ~
kristen* a practicing Christ-
ian; *en ~* a believer
trofast *adj* faithful
trogen *adj* faithful
trohet -en fidelity
trolig *adj* probable
troligen *adv* probably
troll -et = troll; elakt goblin
trolla *verb* do* magic; *~ fram
ngt* conjure up sth.
trolleri -et -er magic
trollkarl -en -ar magician
trolös *adj* unfaithful
tron -en -er throne
tronföljare -n = successor to
the throne
tropikerna pl. the tropics
tropisk *adj* tropical
tros|a -an -or, *en ~* a pair of
panties; *trosor* panties
trots I -et defiance **II** *prep* in
spite of; *~ att* although
trotsa *verb* defy
trotsig *adj* defiant
trottoar -en -er sidewalk

trottoarservering -en -ar side-
walk restaurant
trovärdig *adj* credible
trovärdighet -en credibility
trubadur -en -er troubadour
trubbig *adj* blunt
truck -en -ar truck; gaffeltruck
fork-lift
truga *verb*, *~ på ngn ngt* force
sth. on sb.
trumf -en = (-ar) trump
trumhinn|a -an -or eardrum
trumm|a I -an -or drum **II** *verb*
drum
trumpen *adj* sullen
trumpet -en -er trumpet
trupp -en -er troop; i sport team
1 trut -en -ar fågel gull
2 trut -en -ar mun mouth; *håll
truten!* shut up!
tryck -et = **1** pressure **2** av
böcker o.d. print
trycka *verb* **1** press; *~ av* fire
2 böcker o.d. print
tryckeri -et -er printer's,
printing firm
tryckfel -et = misprint
tryckfrihet -en freedom of the
press
tryckknapp -en -ar **1** för
knäppning snap **2** strömbrytare
push button
tryckning -en -ar **1** pressure
2 av böcker o.d. printing
tryff|el -eln -lar truffle
trygg *adj* säker secure; utom fara
safe

trygghet -en security; utom fara safety

tryta *verb* give* out

tråckla *verb* tack

tråd -en -ar thread

trådrull|e -en -ar med tråd spool of thread; tom spool

tråka *verb* trakassera annoy; ~ *ut ngn* bore sb.

tråkig *adj* långtråkig boring; sorglig sad

tråkmåns -en -ar bore

trång *adj* narrow; om t.ex. skor tight

trångsynt *adj* narrow-minded

1 trä *verb* nål thread

2 trä -et -n wood; byggvirke lumber

träd -et = tree

1 träd|a -an -or, *ligga i* ~ lie* fallow

2 träda *verb* step; ~ *fram* step forward; ~ *i kraft* take* effect; ~ *tillbaka* step down

3 träda se *1 trä*

trädgård -en -ar garden

trädgårdsmästare -n = gardener

trädstam -men -mar tree trunk

träff -en -ar **1** målträff hit **2** meeting; med pojk- el. flickvän date

träffa *verb* **1** möta meet* **2** mål hit*

träffande *adj* välfunnen apt

träffas *verb* meet*

trähus -et = wooden house

träna *verb* train

tränare -n = trainer; lagledare coach

tränga *verb*, ~ *sig fram* push forward; ~ *sig före i kön* jump the queue; ~ *in i* penetrate; ~ *undan* push aside

trängas *verb* crowd

trängsel -n crowd

träning -en -ar training

träningsoverall -en -er track suit

träsk -et = marsh

träsko -n -r clog, wooden shoe

träslöjd -en woodwork

träsnitt -et = woodcut

träta *verb* quarrel

trög *adj* långsam slow; om t.ex. lås stiff; *vara* ~ *i magen* be* constipated

tröj|a -an -or sweater; kortärmad T-shirt

trösk|a I *verb* thresh **II** -an -or combine

trösk|el -eln -lar threshold

tröst -en comfort

trösta *verb* comfort

trött *adj* tired

trötta *verb* tire; ~ *ut ngn* tire sb. out

tröttna *verb* become* tired

tröttsam *adj* tiring

T-shirt -en -ar (-s) T-shirt

tub -en -er tube

tuberkulos -en tuberculosis (förk. TB)

tuff *adj* tough; häftig cool
tuffing -en -ar tough customer
tugg|a I -an -or munfull bite
II *verb* chew
tuggummi -t -n chewing-gum
tull -en -ar **1** avgift duty; *betala ~ på ngt* pay* duty on sth.
2 myndighet Customs
tulla *verb*, *~ för ngt* pay* duty on sth.
tullavgift -en -er duty
tullfri *adj* duty-free
tullkontroll -en -er customs check
tullpliktig *adj* dutiable
tulltax|a -an -or customs tariff
tulpan -en -er tulip
tum -men = inch; *27-tums skärm* 27-inch screen
tumlare -n = djur porpoise
tumma *verb*, *~ på ngt* finger sth.; regler o.d. ease sth., modify sth.
tumm|e -en -ar thumb
tumstock -en -ar folding rule
tumult -et = tumult
tumvant|e -en -ar mitten
tumör -en -er tumor
tung *adj* heavy
tung|a -an -or **1** tongue **2** fisk sole
tungsint *adj* melancholy
tunik|a -an -or tunic
Tunisien Tunisia
tunn *adj* thin
1 tunn|a -an -or barrel
2 tunna *verb*, *~ av* glesna thin;

~ ut thin down; bildligt water down
tunn|el -eln -lar tunnel
tunnelban|a -an -or subway
tunnklädd *adj* thinly dressed
tunnland -et = ung. acre
tupp -en -ar rooster
1 tur -en lycka luck; *ha tur* be* lucky
2 tur -en **1** ordning turn; *det är min ~* it is my turn; *i ~ och ordning* in turn **2** pl. -er resa trip; *~ och retur* biljett round-trip ticket
turas *verb*, *~ om med ngt* take* turns at sth.
turban -en -er turban
turism -en tourism
turist -en -er tourist
turista *verb*, *~ i ett land* visit (tour) a country
turistbroschyr -en -er travel brochure
turistbuss -en -ar touring coach
turistbyrå -n -er tourist office
turistguide -n -r bok guidebook
turistinformation -en -er lokal tourist office
turistklass -en -er tourist class
turistort -en -er tourist resort
turk -en -ar Turk
Turkiet Turkey
turkisk *adj* Turkish
turkisk|a -an **1** -or kvinna Turkish woman (pl. women) **2** språk Turkish

turkos I -en -er sten turquoise
II *adj* turquoise
turllst|a -an -or för båt, flyg etc.
schedule, timetable
turné -n -er tour
tur och retur-biljett -en -er
round-trip ticket
turtäthet -en frequency of
train (bus etc.) services
tusch -et (-en) Indian ink
tuschpenn|a -an -or felt-tip pen
tusen *räkn* thousand
tusendel -en -ar thousandth
tusenlapp -en -ar one-
-thousand-krona note
tusental -et =, *ett* ~ *människor*
about a thousand people
tusentals *adv* thousands of
tuss -en -ar wad
tussilago -n -r coltsfoot
tut|a I *verb* med signalhorn o.d.
beep **II** -an -or horn
tuv|a -an -or tuft
TV -n = television, TV; *titta på*
~ watch television, watch TV
TV-apparat -en -er television set
tveka *verb* hesitate
tvekan en ~, best. form =
hesitation
tveksam *adj* hesitant
tveksamhet -en -er hesitation
tvestjärt -en -ar earwig
tvetydig *adj* ambiguous
tvilling -en -ar twin; *Tvilling-*
arna stjärntecken Gemini
tvinga *verb* force
tvinna *verb* twine

tvist -en -er dispute
tvista *verb* dispute
tvlv|el -let = doubt
tvlvelaktlg *adj* doubtful; skum
shady
tvivla *verb* doubt; ~ *på ngt*
doubt sth.
TV-kanal -en -er television
channel
TV-program -met = television
program
TV-tlttare -n =, *en* ~ a TV
viewer; ~ pl. television
audience
tvungen *adj, bli (vara)* ~ *att...*
be* forced to...; 'måste' have*
to...
två *räkn* two, för sammansätt-
ningar med två jfr *fem* med
sammansättningar
två|a -an -or two; lägenhet
two-room apartment
tvål -en -ar soap
tvång -et compulsion
tvåspråkig *adj* bilingual
tvär *adj* abrupt; brysk curt; om
kurva sharp
tvärbromsa *verb* brake
suddenly
tvärgat|a -an -or side street
tvärs *adv*, ~ *över gatan* just
across the street
tvärstanna *verb* stop dead
tvärsäker *adj* absolutely sure
tvärtemot I *prep* quite con-
trary to **II** *adv* just the
opposite

tvärtom *adv* on the contrary
tvätt -en -ar washing
tvätta *verb* wash; ~ *sig* wash;
gå och ~ händerna! go wash
your hands!
tvättbar *adj* washable
tvättbräde -t -n washboard
tvättlapp -en -ar washcloth
tvättmaskin -en -er washing
machine
tvättmed|el -let = detergent;
flytande ~ liquid detergent
tvättning -en -ar washing
tvättomat -en -er laundromat®
tvättstug|a -an -or laundry
room
tvättställ -et = washbasin
tvättäkta *adj* colorfast
1 ty *konj* because
2 ty *verb*, ~ *sig till ngn* turn
to sb.
tycka *verb* **1** anse think*; *vad
tycker du om maten?* how
do you like the food? **2** ~ *om*
gilla like; ~ *illa om* dislike **3** ~
sig höra ngt think* that one
hears sth.
tyckas *verb* seem; *det tycks
som om han inte kommer* it
seems to me that he is not
coming
tycke -t -n **1** åsikt opinion; *i
mitt ~* in my opinion **2** smak
fancy; *fatta ~ för ngt* take* a
fancy to sth.
tyda *verb* **1** tolka interpret **2** ~
på ngt point to sth.

tydlig *adj* distinct
tydligen *adv* obviously
tyfus -en typhoid fever
tyg -et -er material
tyg|el -eln -lar rein
tygla *verb* rein in
tyna *verb*, ~ *bort* fade away
tynga *verb* **1** vara tung weigh
2 belasta burden
tyngd -en -er weight
tyngdlyftning -en weightlifting
tyngdpunkt -en -er center of
gravity
typ -en -er type; *en tjej ~
Camilla* vard. a girl like
Camilla
typisk *adj*, ~ *för* typical of
tyrann -en -er tyrant
Tyrolen Tyrol
tysk I *adj* German **II** -en -ar
German
tysk|a -an **1** pl. -or kvinna
German woman (pl. women)
2 språk German
Tyskland Germany
tyst I *adj* silent; lugn quiet
II *adv*, *tala ~* speak* softly
III *interj* hush!; ~ *med dig!*
be quiet!
tysta *verb* silence; ~ *ner ngn*
silence sb.; ~ *ner ngt* bildligt
hush sth. up
tystlåten *adj* silent, taciturn
tystna *verb* become* silent
tystnad -en silence
tyvärr *adv* unfortunately
tå -n -r toe

1 tåg -et = train
2 tåg -et = rep rope
tåga verb march
tågbyte -t -n change of trains
tågförbindelse -n -r train service
tågluffa verb interrail
tågluffare -n = Interrailer
tågluffarkort -et = Interrail card
tågolyck|a -an -or railroad accident
tågres|a -an -or journey by train
tågtidtabell -en -er railroad schedule
tåla verb bear; *jag tål honom inte* I can't stand him
tålamod -et patience
tålig adj patient
tåls, *ge sig till* ~ be* patient
tånag|el -eln -lar toenail
1 tång -en tänger verktyg tongs
2 tång -en växt seaweed
tår -en -ar tear
tårt|a -an -or cake
tårögd adj with tears in one's eyes
täcka verb cover
täcke -t -n sängtäcke quilt
täckjack|a -an -or ski jacket
täcknamn -et = cover
täckning -en -ar covering
täckt adj covered
tälja verb whittle, carve
tält -et = tent
tälta verb camp out

tältsäng -en -ar cot
tämja verb tame
tämligen adv fairly
tända verb light; ~ *eld på ngt* set fire to sth.
tändare -n = lighter
tändning -en i motor ignition
tändstick|a -an -or match
tändsticksask -en -ar matchbook, box of matches
tändstift -et = spark plug
tänja verb stretch; ~ *på* stretch
tänka verb **1** think*; ~ *efter* think* carefully; ~ *sig* imagine **2** ämna be* going to, starkare aim to; *i morgon tänker jag ta ledigt* I am going to take a day off tomorrow
tänkbar adj conceivable
tänkvärd adj worth considering
täpp|a **I** -an -or patch **II** verb, ~ *till* stop up; *jag är täppt i näsan* my nose is stopped up
tära verb consume; ~ *på ngn* tax sb.
tärning -en -ar **1** speltärning die, dice **2** av mat cube, dice
1 tät -en -er head; *täten* i tävling the leaders
2 tät adj **1** om t.ex. skog, dimma thick **2** ofta förekommande frequent **3** vard., förmögen well-to-do

täta *verb* täppa till stop up; båt
caulk
tätt *adv* closely; ~ *efter* close
behind
tävla *verb* compete
tävling -en -ar competition
tö -et (-n) thaw
töa *verb* thaw
töja *verb*, ~ *sig* stretch
tölp -en -ar boor
töm -men -mar rein
tömma *verb* empty
tönt -en -ar drip, nerd
töntig *adj* corny
törna *verb*, ~ *emot ngt* bump
into sth.
törs *verb*, *jag* ~ *inte* I don't
dare to
törst -en thirst
törsta *verb* thirst; ~ *efter ngt*
thirst for sth.
törstig *adj* thirsty
tövädl|er -ret thaw

U

u u-et u-n bokstav u [utt. jo:]
ubåt -en -ar submarine
udd -en -ar point
udda *adj* odd
udd|e -en -ar hög headland; låg
el. smal point
uggl|a -an -or owl
ugn -en -ar oven
ugnseldfast *adj* ovenproof
ugnsstekt *adj* roasted
Ukraina Ukraine
u-land -et u-länder developing
country
ull -en wool
ullgarn -et wool
ultimatum -et = ultimatum
ultraljud -et = ultrasound
umgås *verb*, ~ *med ngn* see*
sb.
umgänge -t -n vänner friends;
dåligt ~ bad company
undan I *adv* **1** bort away; *gå* ~
get* out of the way **2** fort,
arbeta ~ get* things done
II *prep*, *söka skydd* ~ *regnet*
take* shelter from the rain
undanbe *verb*, ~ *sig ngt*
decline sth.
undandra *verb*, ~ *sig ngt* shirk
sth.
undanflykt -en -er evasion;

komma med undanflykter
make* excuses
undanhålla *verb*, ~ *ngn ngt*
keep* sth. from sb.
undanröja *verb* person, hinder
remove
undanta *verb* make* an
exception for, exempt
undantag -et = exception
undantagsfall -et =, *i* ~ in
exceptional cases
1 und|er -ret = wonder
2 under I *prep* **1** i rumsbetydelse
under; ~ *samma tak* under
the same roof **2** i tidsbetydelse
during; ~ *dagen* during the
day **3** mindre än under; ~ *10
dollar* under 10 dollars **4** ~
tystnad in silence; ~ *pausen*
in the break; ~ *resan* on the
journey **II** *adv* underneath;
nedanför below
underbar *adj* wonderful
underbygga *verb* support
underbyxor pl. för herrar
underpants; för damer panties
underdel -en -ar lower part
underdånig *adj* humble
underfund *adv*, *komma* ~ *med*
find* out; begripa understand
underförstådd *adj* implicit
undergiven *adj* submissive
undergång -en -ar fall ruin
underhåll -et = maintenance
underhålla *verb* **1** försörja sup-
port **2** sköta maintain **3** roa
entertain

underhållande *adj* entertain-
ing
underhållning -en -ar entertain-
ment
underifrån *adv* from below
underkasta *verb*, ~ *ngn ngt*
subject sb. to sth.; ~ *sig ngt*
submit to sth.
underkjol -en -ar half-slip; med
volanger petticoat
underkläder pl. underwear
underklänning -en -ar slip
underkropp -en -ar lower part
of the body
underkuva *verb* subdue
underkyld *adj*, *underkylt regn*
rain turning to ice
underkäk|e -en -ar lower jaw
underkänd *adj* betyg failure
(F); *bli* ~ *i ett prov* fail a test
underkänna *verb* reject; i skola
fail
underlag -et = grund foundation
underlig *adj* strange
underliv -et = lower abdomen;
könsorgan genitals
underläge -t, *vara i* ~ be* at a
disadvantage
underlägg -et = mat
underlägsen *adj* inferior
underläpp -en -ar lower lip
underlätta *verb* facilitate
undermedvetet *adv* subcon-
sciously
undernärd *adj* undernourished
underrätta *verb*, ~ *ngn om
ngt* inform sb. of sth.

underrättelse -n -r information
undsid|a -an -or underside
underskatta *verb* underestimate
underskott -et = deficit
underskrift -en -er signature
underst *adv* at the bottom
understiga *verb* be* (fall*) below
understryka *verb* emphasize
understöd -et = support
understödja *verb* support
undersöka *verb* examine
undersökning -en -ar examination
underteckna *verb* sign; *undertecknad* I the undersigned
undertröj|a -an -or undershirt
underutvecklad *adj* underdeveloped
underverk -et = miracle
undervisa *verb* teach; ~ *i svenska* teach Swedish
undervisning -en teaching
undervärdera *verb* underestimate
undgå *verb* escape
undkomma *verb* escape
undra *verb* wonder; *jag undrar vart hon har tagit vägen* I wonder where she went
undran en ~, best. form = wonder
undre *adj* lower
undsätta *verb* relieve
undsättning -en rescue; *kom-*

ma till ngns ~ come* to sb.'s rescue
undulat -en -er small parrot, budgerigar
undvara *verb* do* without
undvika *verb* avoid
ung *adj* young
ungdom -en -ar ungdomstid youth; *ungdomar* teenagers
ungdomlig *adj* youthful
ung|e -en -ar **1** av djur young one (pl. young) **2** barn kid
ungefär *adv* about
ungefärlig *adj* approximate
Ungern Hungary
ungersk *adj* Hungarian
ungersk|a -an **1** pl. -or kvinna Hungarian woman (pl. women) **2** språk Hungarian
ungkarl -en -ar bachelor
ungmö -n -r, *en gammal* ~ an old maid
ungrare -n = Hungarian
uniform -en -er uniform
unik *adj* unique
union -en -er union
universitet -et = university
universum -et (=) universe
unken *adj* musty
unna *verb*, ~ *ngn ngt* not begrudge sb. sth.; ~ *sig* allow oneself
upp *adv* up; *längre* ~ further up; *vara* ~ *och ner* be* upside-down
uppassare -n = waiter
uppassning -en waiting

uppbjuda *verb*, ~ *alla krafter* summon all one's strength
uppbringa *verb* skaffa raise
uppbrott -et = breaking up
uppdelning -en -ar division
uppdrag -et = assignment; militärt mission
uppdriven *adj* intense
uppe *adv* up; *sitta* ~ stay up
uppehåll -et = 1 avbrott break 2 vistelse stay
uppehålla *verb* 1 hindra hinder 2 underhålla maintain 3 ~ *sig* be*
uppehållstillstånd -et = residence permit; *permanent* ~ permanent residence permit; motsvaras i USA av green card
uppehälle -t living; *fritt* ~ free board and lodging
uppenbar *adj* obvious
uppenbara *verb* reveal; ~ *sig* appear
uppfatta *verb* understand
uppfattning -en -ar åsikt opinion
uppfinna *verb* invent
uppfinnare -n = inventor
uppfinning -en -ar invention
uppfinningsrik *adj* inventive
uppfostra *verb* bring* up, raise
uppfostran en ~, best. form = upbringing
uppfriskande *adj* refreshing
uppfylla *verb* fulfil
uppfyllelse -n, *gå i* ~ come* true

uppfödning -en breeding
uppför *prep* up; ~ *trappan* upstairs
uppföra *verb* 1 bygga build* 2 framföra perform 3 ~ *sig* behave; ~ *sig illa* behave badly; ~ *sig väl* behave well
uppförande -t -n 1 framförande performance 2 beteende behavior
uppförsback|e -en -ar hill, uphill slope
uppge *verb* state
uppgift -en -er 1 upplysning information 2 åliggande task; militär mission
uppgång -en -ar 1 väg upp way up 2 ökning rise
uppgörelse -n -r avtal o.d. agreement
upphetsad *adj* excited
upphetsande *adj* exciting
upphetsning -en excitement
upphittad *adj* found
upphov -et = origin
upphovs|man -mannen -män originator, inventor
upphäva *verb* abolish
upphöja *verb* raise
upphöra *verb* stop
uppifrån *adv* from above
uppiggande *adj* stimulating
uppkomma *verb* arise
uppkomst -en origin
uppkäftig *adj* vard. brash; om barn fresh
uppköp -et = purchase

upplag|a -an -or edition; tidnings circulation
uppleva *verb* experience
upplevelse -n -r experience
upplopp -et = tumult riot
upplysa *verb* inform; *kan ni ~ mig om när nästa buss går?* can you tell me when the next bus leaves?
upplysning -en -ar **1** underrättelse information **2** belysning lighting
upplyst *adj* lit up; fördomsfri enlightened
uppläggning -en -ar bildligt arrangement, strategy
upplösa *verb* dissolve
upplösning -en -ar dissolution; slut end
uppmana *verb* uppmuntra encourage; kräva demand
uppmaning -en -ar request
uppmjukning -en -ar softening
uppmuntra *verb* encourage
uppmunt|ran en ~, pl. -ringar encouragement
uppmärksam *adj* attentive; *göra ngn ~ på ngt* call sb.'s attention to sth.
uppmärksamhet -en attention
uppmärksamma *verb* observe
uppnå *verb* reach; mer formellt obtain
uppochnedvänd *adj* turned upside-down
uppoffra *verb* sacrifice; *~ sig* sacrifice oneself

uppoffring -en -ar sacrifice
upprepa *verb* repeat
upprepning -en -ar repetition
uppriktig *adj* sincere
uppriktighet -en sincerity
upprop -et = **1** namnupprop rollcall **2** vädjan appeal
uppror -et = rebellion; *göra ~* rebel
upprustning -en -ar militär rearmament; reparation repair
upprymd *adj* elated
upprätt *adj* o. *adv* upright
upprätta *verb* **1** inrätta establish **2** avfatta draw* up
upprättelse -n -r rehabilitation
upprätthålla *verb* maintain
upprörande *adj* shocking, outrageous
upprörd *adj* agitated; harmsen indignant
uppsagd *adj*, *bli ~* be* given notice
uppsats -en -er essay
uppsatt *adj*, *en högt ~ person* a high-ranking person
uppseende -t sensation; *väcka ~* attract attention
uppseendeväckande *adj* sensational
uppsikt -en supervision; *ha ~ över ngt* supervise sth.
uppskatta *verb* **1** beräkna estimate **2** sätta värde på appreciate
uppskattning -en -ar **1** beräkning

estimate **2** gillande appreciation
uppskov -et = postponement;
få ~ *med betalningen* be*
allowed to postpone payment
uppslag -et = **1** på byxa cuff **2** i tidning spread **3** idé idea
uppslags|bok -boken -böcker reference book
uppsluppen *adj* exhilarated
uppstoppad *adj* stuffed
uppstå *verb* uppkomma arise
uppståndelse -n **1** oro excitement **2** *Jesu* ~ the Resurrection
uppställning -en -ar **1** anordning arrangement **2** i sporter line-up
uppstötning -en -ar belch; *sura uppstötningar* heartburn
uppsving -et = rise; ekonomiskt boom
uppsvälld *adj* swollen
uppsyn -en -er ansiktsuttryck expression
uppsåt -et = intention; *med* ~ deliberately
uppsägning -en -ar notice; *ha tre månaders* ~ get* three months' notice
uppsättning -en -ar **1** av pjäs production **2** sats set
uppta *verb* ta i anspråk take* up
upptagen *adj* sysselsatt el. om

telefon busy; om sittplats o.d. taken; om toalett occupied
upptakt -en -er **1** i musik upbeat **2** början beginning
upptill *adv* at the top
uppträda *verb* **1** framträda appear **2** uppföra sig behave
uppträdande -t -n **1** framträdande appearance **2** beteende behavior
upptåg -et = prank
upptäcka *verb* discover
upptäckt -en -er discovery
upptäcktsfärd -en -er expedition
upptäcktsresande -n = explorer
uppvaknande -t -n awakening
uppvakta *verb* gratulera congratulate
uppvaktning -en -ar **1** vid högtidsdag congratulatory call **2** följe attendants
uppvigla *verb* stir up
uppvisa *verb* show*
uppvisning -en -ar exhibition
uppväcka *verb* framkalla awaken
uppväga *verb* outweigh, compensate for
uppvärmning -en heating
uppväxt -en adolescence
uppåt I *prep* up to **II** *adv* upwards
1 ur -et = armbandsur watch
2 ur *prep* out of; ~ *bruk* out of use

uran -et (-en) uranium
urarta *verb* degenerate
urin -en urine
urinprov -et = urine sample
urinvånare -n = aborigine
urklipp -et = cutting
urladdning -en -ar discharge
urmakare -n = watchmaker
urn|a -an -or urn
urringad *adj* low-cut
urringning -en -ar décolletage;
djup plunging neckline
ursinnig *adj* furious
urskilja *verb* distinguish
urskilining -en discrimination
urskog -en -ar virgin forest;
regnskog jungle
ursprung -et = origin
ursprunglig *adj* original
ursprungligen *adv* originally
ursäkt -en -er excuse
ursäkta *verb* excuse; ~ *mig!*
excuse me!; ~ *att jag är sen*
excuse me for being late
urusel *adj* lousy
urval -et = choice
urverk -et = clockwork
uråldrig *adj* ancient
USA the U.S., the US
usel *adj* miserable
ut *adv* out; *vara* ~ *och in* be*
turned inside out
utan I *prep* without **II** *konj*
but
utanför *prep* o. *adv* outside
utanpå *prep* o. *adv* outside
utantill *adv* by heart

utarbeta *verb* work out
utbetalning -en -ar payment
utbetalningskort -et = giro
payment order
utbilda *verb* educate; ~ *sig till*
ngt train to become sth.
utbildning -en -ar education; för
yrke training
utbreda *verb* spread; ~ *sig*
spread
utbredning -en t.ex. åsikts, seds
prevalence
utbringa *verb*, ~ *en skål för*
ngn propose a toast to sb.
utbrista *verb* exclaim
utbrott -et = av t.ex. krig
outbreak
utbud -et = supply
utbyta *verb* exchange
utbyte -t **1** utväxling exchange; *i*
~ *mot ngt* in exchange for
sth. **2** benefit; *ha* ~ *av ngt*
profit from sth.
utdelning -en -ar **1** distribution;
av post delivery **2** på aktie
dividend
utdrag -et = extract
utdragen *adj* drawn out
ute *adv* **1** i rumsbetydelse out
2 *tiden är* ~ your (his etc.)
time is up
utebli *verb* om person fail to
come
utelämna *verb* leave* out,
omit
uteservering -en -ar open-air
café

utesluta *verb* exclude; *det är inte uteslutet* it is not impossible
uteslutande *adv* exclusively
utfall -et = resultat result
utfalla *verb* turn out; ~ *väl* turn out well
utfart -en -er exit
utflykt -en -er excursion
utforma *verb* design
utformning -en -ar design
utforska *verb* ta reda på find* out; undersöka investigate
utfärda *verb* issue
utför *prep* o. *adv* down; *det går ~ med honom* he is going downhill
utföra *verb* verkställa carry out
utförande -t -n **1** verkställande performance **2** modell, stil design
utförlig *adj* detailed
utförsback|e -en -ar downhill slope
utförsåkning -en downhill skiing
utförsäljning -en -ar clearance, sale
utge *verb* **1** publicera publish **2** ~ *sig för att vara...* pass oneself off as...
utgift -en -er expense
utgå *verb* **1** om buss, tåg o.d. start out **2** uteslutas be* excluded **3** *jag utgår från att alla kommer* I assume that everybody is coming

utgång -en -ar **1** väg ut exit **2** slut end **3** resultat result
utgångspunkt -en -er starting-point
utgåv|a -an -or edition
utgöra *verb* constitute
uthyrning -en -ar rental; *till ~* for rent
uthållig *adj* persevering
uthållighet -en staying power
utifrån I *prep* from **II** *adv* from outside
utjämna *verb* level out
utjämning -en equalization
utkant -en -er, *i utkanten av staden* on the outskirts of the town
utkast -et = koncept draft
utkik -en -ar lookout; *hålla ~ efter* look out for
utklädd *adj* förklädd disguised
utkämpa *verb* fight
utlandet best. form foreign countries; *från ~* from abroad
utlandssamtal -et = international call
utlopp -et = discharge; bildligt outlet
utlova *verb* promise
utlysa *verb*, ~ *en tjänst* advertise a post; ~ *en tävling* annonce a competition
utlåtande -t -n report
utlägg pl. expenses
utlämna *verb* överlämna give* up; till annan stat extradite

utländsk *adj* foreign
utlänning -en -ar foreigner; juridiskt alien
utlösa *verb* release
utmana *verb* challenge
utmanande *adj* provocative
utmaning -en -ar challenge
utmattad *adj* exhausted
utmattning -en fatigue
utmed *prep* along
utmynna *verb*, ~ *i* end in
utmärglad *adj* emaciated
utmärka *verb* **1** känneteckna distinguish **2** ~ *sig* distinguish oneself
utmärkande *adj*, ~ *för* characteristic of
utmärkelse -n -r distinction
utmärkt I *adj* excellent **II** *adv* excellently
utnyttja *verb* tillgodogöra sig make* use of; *du utnyttjade mig!* you used me!
utnämna *verb* appoint
utnött *adj* worn out
utochinvänd *adj* turned inside out
utom *prep* **1** utanför outside; *vara* ~ *sig* be* beside oneself **2** med undantag av except
utomhus *adv* outdoors
utomlands *adv* abroad
utomordentlig *adj* extraordinary
utomstående I en ~, pl. = outsider **II** *adj*, *en* ~ *betraktare* an outside observer

utplåna *verb* obliterate
utpressning -en -ar blackmail
utpräglad *adj* pronounced, marked
utreda *verb* investigate
utredning -en -ar undersökning investigation
utrensning -en -ar purge
utres|a -an -or outward journey
utrikes I *adj* foreign **II** *adv* abroad
utrikesflyg -et på skylt international flights
utrop -et = cry
utropsteck|en -net = exclamation mark
utrota *verb* root out
utrotningshotad *adj* endangered
utrusta *verb* equip
utrustning -en -ar equipment
utryckning -en -ar efter alarm call, turn-out
utrymma *verb* evacuate
utrymme -t -n space
utrymning -en evacuation
uträtta *verb* do*; *jag måste* ~ *ett ärende* there is something I need to do
utsatt *adj* **1** blottställd exposed; *vara* ~ *för ngt* be* subjected to sth. **2** bestämd fixed
utse *verb* choose*; ~ *ngn till ordförande* appoint sb. chairman (chairwoman)
utseende -t -n appearance
utsid|a -an -or outside

utsikt -en -er **1** view; *ha ~ över
ngt* om rum o.d. look out on
sth., overlook sth. **2** chans
prospect
utskällning -en -ar chewing-
-out, scolding
utslagen *adj* **1** om blomma
full-blown **2** från tävling elim-
inated **3** *de utslagna* the
down-and-outs
utsliten *adj* worn out
utsläpp -et = **1** avlopp outlet
2 från bil exhaust; från industri
discharge, waste
utsmyckning -en -ar adornment
utspelas *verb* take* place
utspädd *adj* diluted
utstakad *adj* fixed
utstrålning -en -ar persons
charisma
utsträckning -en -ar extension;
i stor ~ to a large extent
utstuderad *adj* studied
utstå *verb* endure
utstående *adj* protruding
utställning -en -ar exhibition
utsugning -en exploitation
utsvulten *adj* starved, starving
utsvävande *adj* debauched
utsåld *adj* sold out
utsändning -en -ar transmission
utsätta *verb* expose; *~ ngn
för ngt* expose sb. to sth.
utsökt *adj* exquisite
utsövd *adj* thoroughly rested
uttag -et = **1** för el outlet,
socket **2** av pengar withdrawal

uttagning -en -ar i sport
selection
uttagsautomat -en -er ATM
(förk. för automatic teller
machine)
uttal -et = pronunciation
uttala *verb* **1** ord pronounce
2 uttrycka express
uttalande -t -n statement
uttryck -et = expression; *ge ~
åt ngt* express sth.
uttrycka *verb* express
uttrycklig *adj* tydlig explicit
uttrycksfull *adj* expressive
uttryckslös *adj* expressionless
uttråkad *adj* bored
uttröttad *adj* weary
uttömma *verb* exhaust
uttömmande *adj* exhaustive
utvald *adj* chosen
utvandrare -n = emigrant
utvandring -en emigration
utveckla *verb* develop; *~ sig*
develop
utveckling -en -ar development
utvecklingsstörd *adj* mentally
handicapped, exceptional
utvidga *verb* widen
utvidgning -en extension
utvilad *adj* rested
utvinna *verb* extract
utvisa *verb* **1** visa ut send* out;
utlänning el. i vissa idrotter expel
2 visa show*
utvisning -en -ar **1** förvisning
expulsion **2** i ishockey penalty;
i baseball, fotboll expulsion

utväg -en -ar way out
utvändig *adj* external
utvärdera *verb* evaluate
utvärdering -en -ar evaluation
utvärtes *adj* external; *för ~*
bruk for external use
utåt I *prep* towards **II** *adv*
outwards
utåtriktad *adj* om person
extrovert
utöka *verb* increase
utöva *verb* exercise
utöver *prep* besides
uv -en -ar great horned owl

V

v v-et v-n bokstav v [utt. viː]
w w-et w-n bokstav w, double-u
[utt. 'dabbljuː]
vaccin -et (-en) -er (=) vaccine
vaccination -en -er vaccination
vaccinera *verb* vaccinate
vacker *adj* skön beautiful;
förtjusande lovely
vackla *verb* totter
1 vad -en -er på ben calf
2 vad -et = vadhållning bet
3 vad I *pron* what; *~ är*
klockan? what time is it?
II *adv* how; *~ du är lycklig!*
how happy you are!
vada *verb* wade
vadd -en -ar absorbent cotton
vadhållning -en -ar betting
vag *adj* vague
vag|el -eln -lar sty
vagg|a I -an -or cradle **II** *verb*
rock
vagn -en -ar carriage; tågvagn
car
vaja *verb* sway
vaj|er -ern -rar cable; tunn wire
1 vak -en -ar isvak hole in the
ice
2 vak -et, *ha ~* be* on night
duty
vak|a I -an -or vigil **II** *verb*, *~*

hos ngn sit* up with sb.; ~
över ngt watch over sth.
vaken *adj* **1** ej sovande awake
2 pigg bright
vakna *verb* wake* up
vaksam *adj* vigilant
vakt -en -er **1** vakthållning watch;
hålla ~ keep* watch **2** person
guard
vakta *verb* watch; ~ *en skatt*
guard a treasure
vaktmästare -n = custodian,
janitor
vakuum -et = vacuum
1 val -en -ar djur whale
2 val -et = **1** choice **2** omröst-
ning election
Wales Wales
walesare -n = Welshman (pl.
Welshmen)
walesisk *adj* Welsh
walesisk|a -an **1** pl. -or kvinna
Welshwoman **2** språk Welsh
valfri *adj* optional; ~ *kurs*
elective
valfrihet -en freedom of choice
valk -en -ar callus
1 vall -en -ar jordvall o.d. bank
2 vall -en -ar för bete pasture
1 valla *verb* djur graze
2 vall|a I -an -or wax **II** *verb*
skidor wax
vallfärda *verb* go* on a
pilgrimage
vallgrav -en -ar moat
vallmo -n -r poppy
valnöt -en -ter walnut

valp -en -ar puppy
1 vals -en -er dans waltz
2 vals -en -ar i valsverk roll,
roller
valut|a -an -or myntslag currency
valutakurs -en -er exchange
rate
valutaväxling -en -ar exchange
valv -et = vault; båge arch
valör -en -er value
van *adj* experienced; *vara* ~
vid att göra ngt be* used to
doing sth.
van|a -an -or habit; sed custom;
ha för ~ *att äta sent* usually
eat* late
vandalisera *verb* vandalize
vandra *verb* walk; ~ *i fjällen*
hike in the mountains
vandrare -n = wanderer
vandrarhem -met = youth
hostel
vandring -en -ar hike
vanebildande *adj* addictive
vanilj -en vanilla
vaniljsock|er -ret vanilla-
-flavored sugar
vaniljsås -en -er custard sauce
vanka *verb*, ~ *av och an* pace
up and down
vanlig *adj* bruklig usual;
vardaglig ordinary; gemensam
för många common
vanligen *adv* generally
vanmakt -en powerlessness
vanpryda *verb* disfigure
vansinne -t insanity

vansinnig *adj* mad
vanskapt *adj* deformed
vanskllg *adj* difficult
vant|e -en -ar mitten
vantrivas *verb* be* uncomfortable
vanära I -n disgrace II *verb* disgrace
vap|en -net = 1 redskap weapon 2 ätts coat of arms
vapenvil|a -an -or truce
vapenvägrare -n = conscientious objector (förk. CO); i t.ex. Vietnamkriget draft resister
1 var -et i sår pus
2 var *pron* 1 each; *vi fick 10 dollar* ~ we got 10 dollars each; ~ *och en av de nya gästerna* each of the new guests 2 every; ~ *femte dag* every fifth day
3 var *adv* where; ~ *som helst* anywhere
1 vara *verb* be*; finnas till exist; *det är Eva* i telefon Eva speaking; *hur är det med dig då?* how are you?; *jag är hungrig* I'm hungry; ~ *med om ngt* experience sth.
2 vara *verb* räcka last
3 var|a -an -or artikel article
4 vara, ta ~ *på* take* care of; tid o.d. make* the most of
5 vara *verb*, ~ *sig* om sår o.d. fester
varaktig *adj* lasting
varandra *pron* each other

varannan *räkn*, ~ *vecka* every other (second) week
varbildning -en -ar suppuration
vardag -en -ar weekday; *på vardagar* on weekdays
vardaglig *adj* ordinary
vardagsllv -et everyday life
vardagsrum -met = living room
vardera *pron* each
varefter *adv* after which
varelse -n -r being
varenda *pron* every
vare sig *konj*, ~ *han vill eller inte* whether he wants to or not
varför *adv* frågande why
varg -en -ar wolf (pl. wolves)
variant -en -er variant
variation -en -er variation
variera *verb* vary
varieté -n -er review
varifrån *adv* from where
varje *pron* varje särskild each; varenda every
varken *konj*, ~ *A eller B* neither A nor B
varm *adj* warm; het hot
varmbad -et = hot bath
varmfront -en -er warm front
varmhjärtad *adj* warm--hearted
varmrätt -en -er main dish
varmvatt|en -net hot water
varna *verb* warn; ~ *ngn för ngt* warn sb. of sth.
varning -en -ar warning

varningslamp|a -an -or warning light
varningsmärke -t -n warning symbol
varningstriang|el -eln -lar warning triangle
varpå *adv* after which
vars *pron* whose
varsam *adj* careful
varse *adj*, *bli* ~ *ngt* notice sth.
varsko *verb* warn
varsågod *interj* här har ni here you are!; ta för er help yourself, please!
vart *pron* every; ~ *femte år* every fifth year
1 vart *adv* where
2 vart, *jag kommer ingen* ~ I'm not getting anywhere
vartannat *räkn*, ~ *år* every other (second) year
vartill *adv* to which
varudeklaration -en -er informative label
varuhus -et = department store
varumärke -t -n trademark
1 varv -et = **1** omgång turn; i sporter lap **2** lager layer
2 varv -et = skeppsvarv shipyard
varva *verb* **1** ~ *ngt* put* sth. in layers **2** i sport lap
vas -en -er vase
vaselin -et (-en) vaseline
vask -en -ar sink
1 vass *adj* sharp
2 vass -en -ar växt reed
Vatikanen the Vatican

watt -en = watt
vatt|en -net = water
vattendrag -et = watercourse
vattenfall -et = waterfall
vattenfärg -en -er watercolor
vattenkann|a -an -or watering can
vattenklosett -en -er WC, toilet
vattenkraft -en water power, hydroelectric power
vattenkran -en -ar faucet
vattenledning -en -ar water pipe
vattenmelon -en -er watermelon
vattenpolo -n water polo
vattenpöl -en -ar puddle
vattenskid|a -an -or water-ski
vattenslang -en -ar hose
vattenstämp|el -eln -lar watermark
vattentät *adj* waterproof
vattenyt|a -an -or surface of the water
vattenång|a -an -or steam
vattkoppor pl. chicken pox
vattna *verb* water
Vattumannen best. form stjärntecken Aquarius
vax -et -er wax
vaxa *verb* wax
vaxbön|a -an -or wax bean
vaxkabinett -et = waxworks
vaxljus -et = wax candle
wc wc-t wc-n WC
veck -et = fold

vecka 690

1 **vecka** *verb* fold
2 **veck|a** -an -or week; *för tre*
veckor sedan three weeks
ago; *om en* ~ in a week
veckig *adj* creased
veckla *verb*, ~ *ihop* fold up; ~
ut unfold
veckodag -en -ar day of the
week
veckoslut -et = weekend
veckotidning -en -ar weekly
ved -en wood
vederbörande I *adj* proper
II oböjl. the person concerned,
the appropriate party
vedertagen *adj* accepted
vedervärdig *adj* repulsive
vegetarian -en -er vegetarian
vegetarisk *adj* vegetarian
vegetation -en -er vegetation
vek *adj* weak
vek|e -en -ar wick
vekling -en -ar weakling
velig *adj* irresolute
vem *pron* who; efter preposition
whom; vilkendera which
vemodig *adj* sad
ven -en -er vein
Venedig Venice
venerisk *adj*, ~ *sjukdom*
venereal disease (förk. VD)
ventil -en -er 1 till luftväxling
ventilator 2 i maskin valve
ventilation -en -er ventilation
ventilera *verb* ventilate
verand|a -an -or porch, veranda
verb et = verb

verk -et = 1 arbete, alster work
2 ämbetsverk department
3 fabrik works
verka *verb* 1 göra verkan work
2 förefalla seem; *han verkar*
tycka om sitt arbete he
seems to like his work
verk|an en ~, pl. -ningar effect;
göra ~ have* an effect
verklig *adj* real
verkligen *adv* really
verklighet -en -er reality; *i*
verkligheten in real life; i
själva verket actually
verksam *adj* active
verksamhet -en -er aktivitet
activity; rörelse action
verk|stad -staden -städer work-
shop; för bil garage
verkställa *verb* carry out; t.ex.
order execute
verktyg -et = tool
verktygslåd|a -an -or toolbox
vermouth -en vermouth
vernissage -n -r opening of an
exhibition
vers -en -er verse
version -en -er version
vessl|a -an -or 1 djur weasel
2 fordon snowmobile
vestibul -en -er vestibule,
entrance hall
veta *verb* know*; *få* ~ *ngt*
get* to know sth.; *inte vilja*
~ *av ngn* not want to have
anything to do with sb.
vete -t wheat

vetebröd -et = kaffebröd coffee cake

vetemjöl -et flour

vetenskap -en -er science

vetenskaplig adj scientific

vetenskaps|man -mannen -män scientist, researcher; humanist scholar

veteran -en -er veteran

veteranbil -en -ar antique car

veterinär -en -er veterinarian; vard. vet

vetgirig adj eager to learn

vett -et sense; *han är från vettet* he is out of his mind

vetta verb, ~ *mot ngt* face sth.

vettig adj sensible

vettskrämd adj scared stiff

vev -en -ar crank

veva verb, ~ *i gång* motor o.d. start

whisky -n whiskey

vi pron we

via prep via

viadukt -en -er viaduct

vibration -en -er vibration

vibrera verb vibrate

vice adj vice

vicka verb wobble; ~ *på höfterna* sway one's hips

1 vid adj wide

2 vid prep **1** i rumsbetydelse at; bredvid by; *stå ~ fönstret* stand* at the window; *sida ~ sida* side by side; *New York ligger ~ Hudsonfloden* New York stands on the Hudson

2 i tidsbetydelse at; ~ *jul* at Christmas **3** ~ *dåligt väder* in bad weather; *hålla fast ~ ngt* stick to sth.

vida adv **1** ~ *omkring* far and wide **2** i hög grad far

vidare adj o. adv further; *och så* ~ and so on; *tills* ~ until futher notice

vidarebefordra verb forward

vidbränd adj, *den är* ~ it has gotten burned

vidd -en **1** omfång width **2** omfattning extent

vide -t -n willow

video -n -r video

videoband -et = video tape

videobandspelare -n = video-cassette recorder; vard. VCR

videofilma verb videotape

videokamer|a -an -or video camera

videokassett -en -er videocassette

vidga verb widen; ~ *sig* widen

vidhålla verb maintain

vidimera verb certify, attest

vidlyftig adj tvivelaktig shady

vidmakthålla verb maintain

vidrig adj disgusting

vidröra verb touch

vidskepelse -n -r superstition

vidskeplig adj superstitious

vidsträckt adj extensive; *i* ~ *bemärkelse* in a broad sense

vidsynt adj broad-minded

vidta *verb*, ~ *åtgärder mot ngt* take* measures against sth.

vidund|er -ret = monster

vidvinkelobjektiv -et = wide--angle lens

vidöppen *adj* wide open

Wien Vienna

wienerbröd -et = Danish

wienerschnitz|el -eln -lar Wiener schnitzel

Vietnam Vietnam

vifta *verb* wave; ~ *med ngt* wave sth.

vig *adj* lithe

viga *verb* brudpar marry

vigs|el -eln -lar marriage

vigselring -en -ar wedding ring

vigör -en vigor; *vara vid god* ~ be* in good health

vik -en -ar bay; mindre cove; större gulf

1 vika *verb* fold; ~ *ihop* fold up; ~ *av till höger* turn right

2 vika *adv*, *ge* ~ give* way

vikarie -n -r substitute; vard. sub

vikariera *verb*, ~ *för* stand* in for; om lärare substitute for, vard. sub for

viking -en -ar Viking

vikt -en -er **1** weight; *gå ner i* ~ lose* weight **2** betydelse importance

viktig *adj* **1** betydelsefull important **2** högfärdig self-important

vila I -n rest **II** *verb* rest; ~ *sig* rest

vild *adj* wild

vilddjur -et = beast, wild animal

vild|e -en -ar savage

vildmark -en -er wilderness

vildsvin -et = wild boar

vilj|a I -an -or will **II** *verb* **1** önska want; ha lust like; *jag vill att du ska komma* I want you to come; *jag skulle* ~ *ha en pepparstek* I would like a pepper steak, please; *skulle du* ~ *ta ner min väska?* would you please take down my suitcase? **2** i fråga och svar ibland will; *vill du låna mig lite pengar?* will you lend me some money?; *klart att jag vill!* of course I will! **3** *det vill säga* that is

viljestark *adj* strong-willed

viljesvag *adj* weak-willed

vilken (*vilket, vilka*) *pron* **1** frågeord, 'vad för en?' what, who; *vilka städer har du varit i?* what cities have you been to?; *vilka är de där flickorna?* who are those girls? **2** frågeord vid urval which; *vilken köpte du?* which did you buy?; *vilka av er kan komma?* which of you can come? **3** i utrop what; ~ *vacker dag!* what a lovely day!; *vilket uselt väder!* what miserable weather!

vill|a -an -or house, home
villebråd -et = game
villervalla -n confusion
villfarelse -n -r error
villig *adj* willing
villkor -et = condition
villospår -et =, *vara på* ~ be*
on the wrong track
villoväg -en -ar, *råka på*
villovägar go* astray
villrådig *adj* irresolute
vilohem -met = rest home
vilse *adv*, *gå* ~ get* lost
vilseledande *adj* misleading
vilsen *adj* lost
vilstol -en -ar lounge chair
vimla *verb* swarm; *det vimlar*
av människor på torget the
square is teeming with
people
vim|mel -let crowd
vimp|el -eln -lar pennant
vimsig *adj* scatterbrained
vin -et -er wine; växt vine
vinbutik -en -er wine store
vinbär -et = currant; *röda* ~ red
currants; *svarta* ~ black
currants
1 vind -en -ar blåst wind
2 vind -en -ar i byggnad attic
3 vind *adj* sned warped
vindistrikt -et = wine district
vindrut|a -an -or windshield
vindrutespolare -n = wind-
shield washer
vindrutetorkare -n = wind-
shield wiper

vindruv|a -an -or grape
vindstilla *adj* calm
vindsurfa *verb* windsurf
vindsurfing -en windsurfing
vindtät *adj* windproof
vindögd *adj* squint-eyed
vinflask|a -an -or tom wine
bottle; flaska vin bottle of
wine
ving|e -en -ar wing
vingla *verb* stagger
vinglas -et = wineglass
vinglig *adj* reeling, unsteady
vingård -en -ar vineyard
vink -en -ar wave; antydan hint
vinka *verb* wave
vink|el -eln -lar angle
vinkelrät *adj* perpendicular
vinkällare -n = wine cellar
vinlist|a -an -or wine list
vinna *verb* win*; förskaffa sig
gain
vinnare -n = winner
vinrank|a -an -or grapevine
vinröd *adj* wine-red
vinst -en -er gain; förtjänst
profit; *på* ~ *och förlust* on
speculation
vinstlott -en -er winning ticket
vint|er -ern -rar winter; *i* ~ this
winter; *i vintras* last winter;
på vintern in the winter
vinterdäck -et = snow tire
vintersolstånd -et winter sol-
stice
vintersport -en -er winter sport

vintertid *adv* på vintern in the winter
vinäger -n vinegar
viol -en -er violet
violett *adj* violet
violin -en -er violin
violinist -en -er violinist
vira *verb* wind; ~ *in ngt i ngt* wrap up sth. in sth.
virka *verb* crochet
virke -t wood, lumber
virrig *adj* confused
virrvarr -et confusion
virus -et = virus
virv|el -eln -lar whirl
virvla *verb* whirl
1 vis -et = way
2 vis *adj* wise
1 vis|a -an -or song, tune
2 visa *verb* show*; ~ *sig* show* up; ~ *sig vara en bluff* turn out to be a fraud; ~ *fram* (*upp*) show*
visare -n = på klocka hand
visdom -en wisdom
vishet -en wisdom
vision -en -er vision
visit -en -er call, visit
visitera *verb* search
visitkort -et = calling card
viska *verb* whisper
viskning -en -ar whisper
visning -en -ar demonstration demonstration
visp -en -ar whisk; elektrisk mixer
vispa *verb* whip

vispgrädde -n whipped cream
viss *adj* certain; *i* ~ *mån* to a certain extent
visselpip|a -an -or whistle
vissen *adj* faded; *känna sig* ~ feel* out of sorts
visserligen *adv* certainly; ~...*men* admittedly...but
visshet -en certainty
vissla *verb* whistle
vissling -en -ar whistle
vissna *verb* fade
visst *adv* säkert certainly; *ja* ~! of course!
vistas *verb* stay
vistelse -n -r stay
visum -et = (visa) visa
visumtvång -et = visa requirement
vit *adj* white
vital *adj* vital
vitamin -et -er vitamin
vitaminbrist -en vitamin deficiency
vitkål -en cabbage
vitlök -en -ar garlic
vitlöksklyft|a -an -or clove of garlic
vitpeppar -n white pepper
vitrysk *adj* Belorussian
Vitryssland Belorussia
vits -en -ar joke; ordlek pun
vitsig *adj* witty
vitsipp|a -an -or wood anemone
vitt *adv* widely; ~ *och brett* far and wide

vittna *verb* testify; ~ *om ngt* bildligt indicate sth.

vittne -t -n witness

vittnesbörd -et = evidence

vittnesmål -et = testimony

vittra *verb* crumble

vodka -n vodka

wok -en wok

woka *verb* wok

vokal -en -er vowel

volang -en -er frill

volleyboll -en volleyball

1 volt -en = elektrisk spänning volt

2 volt -en -er i vissa sporter somersault; *slå en* ~ do* a somersault

volym -en -er volume

vrak -et = wreck

vrede -n anger

vredesmod, *i* ~ in anger

vresig *adj* surly

vricka *verb* sprain; ~ *foten* sprain one's ankle

vrickning -en -ar sprain

vrida *verb* turn; ~ *sig* turn; ~ *om ngt* twist sth.

vriden *adj* **1** snodd twisted **2** tokig crazy

vrist -en -er fotled ankle

vrå -n -r corner

vrål -et = roar

vråla *verb* roar

vräka *verb* **1** *regnet vräker ner* the rain is pouring down; ~ *bort* varor sell* off;

~ *ur sig* spit out **2** avhysa evict

vulgär *adj* vulgar

vulkan -en -er volcano

vuxen *adj* adult

vy -n -er view

vykort -et = postcard

våffla -an -or waffle

1 våg -en -ar för vägning scale; *Vågen* stjärntecken Libra

2 våg -en -or bölja o.d. wave

våga *verb* dare

vågad *adj* daring

våghalsig *adj* reckless

våglängd -en -er wavelength

vågrät *adj* horizontal

våld -et violence; *med* ~ by force

våldföra *verb*, ~ *sig på ngn* rape sb.

våldsam *adj* violent

våldta *verb* rape

våldtäkt -en -er rape

vålla *verb* cause; ~ *ngn besvär* cause sb. trouble

vålnad -en -er ghost

vånda -an -or agony

våndas *verb* be* in agony

våning -en -ar **1** lägenhet apartment **2** etage floor; *första våningen* second floor

1 vår (*vårt, våra*) *pron* our; *våra* our; *den är* ~ it is ours; *de är våra* they are ours

2 vår -en -ar spring; *i* ~ this spring; *i våras* last spring; *på våren* in the spring

våra se *vår 1*
vård -en omvårdnad care
vårda *verb* take* care of
vårdad *adj* well-kept
vårdagjämning -en -ar vernal equinox
vårdare -n = keeper
vårdcentral -en -er clinic
vårdhem -met = nursing home
vårdslös *adj* careless
vårdslöshet -en -er carelessness
vårflod -en -er spring flood
vårt se *vår 1*
vårt|a -an -or wart
vårtermin -en -er spring term
våt *adj* wet
våtservett -en -er wet one®, moist towelette
väcka *verb* **1** göra vaken wake* **2** framkalla arouse; ~ *uppmärksamhet* attract attention
väckarklock|a -an -or alarm clock
väckning -en -ar, *beställa* ~ book a wake-up call
väd|er -ret = weather; *det är vackert* ~ it's nice weather
väderkvarn -en -ar windmill
väderlek -en weather
väderleksrapport -en -er weather report
väderprognos -en -er weather forecast
väderstreck -et = direction, point of the compass

vädja *verb* appeal; ~ *till ngn* appeal to sb.
vädjan en ~, best. form = appeal
vädra *verb* **1** lufta air **2** få väderkorn på scent
Väduren best. form stjärntecken Aries
väg -en -ar anlagd road; sträcka way; *ge sig i* ~ leave*; *gå sin* ~ go* away; *vart har plånboken tagit vägen?* where on earth is my wallet?; *vara på* ~ *att göra ngt* be* on the point of doing sth.
väga *verb* weigh; ~ *upp ngt* weigh out sth.
vägarbete -t -n roadwork, construction
vägban|a -an -or road surface, road
vägg -en -ar wall
vägguttag -et = outlet, socket
vägkant -en -er roadside; konkret shoulder
vägkart|a -an -or road map
vägkorsning -en -ar crossroads
väglag -et, *dåligt* ~ poor roads; *halt* ~ icy roads
vägleda *verb* guide
vägledning -en -ar guidance
vägmärke -t -n road sign
vägnar, *å hans* ~ on his behalf
vägra *verb* refuse
vägran en ~, best. form = refusal
vägren -en -ar shoulder
vägskäl -et = fork

vägsträck|a -an -or distance
vägtrafikant -en -er motorist, driver
vägvisare -n = **1** person guide **2** skylt signpost
väja *verb*, *~ för* give* way to; i trafiken yield to
väl *adv* **1** bra well; *det var ~ att inget har hänt henne* it is a good thing she came to no harm **2** *när han ~ har kommit ut* once he is out **3** *du kommer ~?* you are coming, aren't you?
välartad *adj* well-behaved
välbefinnande -t well-being
välbehag -et pleasure
välbehållen *adj* om person safe and sound
välbehövlig *adj* badly needed
välbekant *adj* well-known
välbärgad *adj* well-to-do
väldig *adj* huge
välfärd -en welfare
välförsedd *adj* well-stocked
välförtjänt *adj* well-deserved
välgjord *adj* well-made
välgrundad *adj* well-founded
välgång -en success
välgärning -en -ar good deed
välgörande *adj* barmhärtig charitable; hälsosam salutary
välgörenhet -en charity
välja *verb* choose*; genom röstning elect
väljare -n = voter
välklädd *adj* well-dressed

välkommen *adj* welcome; *mycket ~ till...* it's a pleasure to welcome you to...
välkänd *adj* well-known
välla *verb*, *~ fram* well out
välling -en -ar gruel; för barn formula
vällust -en voluptuousness
välmenande *adj* well-meaning
välment *adj* well-meant
välmående *adj* healthy
välsigna *verb* bless
välsignelse -n -r blessing
välskött *adj* well-managed
välsmakande *adj* tasty
välsorterad *adj* well-stocked
välstånd -et prosperity
välta *verb* overturn; *~ omkull ngt* overturn sth.
vältalig *adj* eloquent
välunderrättad *adj* well--informed
väluppfostrad *adj* well-bred
välutbildad *adj* well-educated
välutrustad *adj* well-equipped
välvd *adj* arched
välvilja -n benevolence
välvillig *adj* benevolent
välväxt *adj* well-built, shapely
vän -nen -ner friend; vard. buddy
vända *verb* turn; *~ sig till ngn* turn to sb.; *~ sig om* turn back; *~ upp och ner på ngt* turn sth. upside-down; *~ ut och in på ngt* turn sth. inside out
vändning -en -ar turn

vändpunkt -en -er turning-point
väninn|a -an -or girlfriend
vänja *verb* accustom; ~ *sig vid ngt* get* used to sth.
vänlig *adj* kind; *med ~ hälsning* Sincerely yours
vänlighet -en -er kindness
vänort -en -er sister city
vänskap -en -er friendship
vänster *adj* o. *adv* left; *till ~* to the left; *på ~ sida om...* to the left of...; *vänstern* politiskt the left
vänsterhänt *adj* left-handed
vänsterparti -et -er left-wing party
Vänsterpartiet the Left
vänsterprass|el -let affair
vänstertrafik -en left-hand traffic
vänta *verb* wait; ~ *på ngn* wait for sb.; ~ *sig ngt* expect sth.; ~ *med ngt* put* off doing sth.
väntan en ~, best. form = waiting
väntetid -en -er wait
väntrum -met = waiting room
väntsal -en -ar waiting room
1 värd -en -ar host
2 värd *adj* worth; *vara ~ mycket pengar* be* worth a lot of money
värde -t -n value; *sätta ~ på ngt* appreciate sth.
värdefull *adj* valuable

värdeförsändelse -n -r brev insured letter
värdehandling -en -ar valuable document
värdelös *adj* worthless
värdera *verb* beräkna etc. value; på uppdrag appraise
värdering -en -ar **1** beräkning etc. valuation; av hus, föremål appraisal **2** *värderingar* normer values
värdesak -en -er article of value
värdesätta *verb* appreciate
värdfolk -et = host and hostess
värdig *adj* dignified
värdinn|a -an -or hostess
värd|land -landet -länder host country
värdshus -et = inn, restaurant
värja *verb*, ~ *sig mot ngt* defend oneself against sth.
värk -en -ar ache
värka *verb* ache
värktablett -en -er painkiller
värld -en -ar world
världsberömd *adj* world-famous
världsdel -en -ar continent; vagare part of the world
världshav -et = ocean
världskart|a -an -or map of the world
världskrig -et = world war; *andra världskriget* the Second World War, WW II
världslig *adj* worldly

världsmästare -n = world champion
världsmästarinn|a -an -or world champion
världsmästerskap -et = world championship
världsrekord -et = world record
värma verb warm; ~ *upp* inför match o.d. warm up; ~ *upp ngt* warm sth.
värme -n warmth; eldning heating
värmeböl|a -an -or heat wave
värmeflask|a -an -or hot-water bottle
värmeledning -en -ar central heating
värmepann|a -an -or boiler
värmeutslag -et = heat rash
värna verb, ~ *om ngt* protect sth.
värnlös adj defenseless
värnplikt -en national service; *värnplikten* i USA the draft
värnpliktig en ~, pl. -a soldier; inkallad draftee
värpa verb lay* eggs
värre adj o. adv worse
värst adj o. adv worst
värva verb recruit
väsa verb hiss
väsen -det **1** natur essence **2** pl. = varelse being **3** oväsen noise; *göra mycket ~ av ngt* make* a lot of fuss about sth.
väsentlig adj essential

väsk|a -an -or bag; resväska suitcase
väsnas verb make* a noise; *sluta ~!* stop making that noise!
vässa verb sharpen
1 väst -en -ar plagg vest
2 väst -en the west; västvärlden the West; se vidare *väster*
västanvind -en -ar west wind
väster I -n the west; *i ~* in the west; *mot ~* towards the west **II** adv, ~ *om...* to the west of...
västerländsk adj western
västerlänning -en -ar Westerner
västerut adv westwards
Västeuropa Western Europe
västeuropé -n -er West European
västeuropeisk adj West European
Västindien the West Indies
västlig adj westerly
västra adj the west
väta I -n wet **II** verb wet
väte -t hydrogen
vätsk|a -an -or liquid
väv -en -ar fabric, cloth
väva verb weave
vävstol -en -ar loom
växa verb grow*; ~ *bort* disappear; ~ *upp* grow* up
väx|el -eln -lar **1** pengar change **2** på bil gear; *lägga i ettans ~* put* the car in first gear

3 för telefon switchboard
4 skuldförbindelse bill
växelkontor -et = exchange
office
växelkurs -en -er exchange rate
växellåd|a -an -or gear box
växelpengar pl. change
växelspak -en -ar gear shift;
vard. stick shift
växelström -men alternating
current (förk. AC)
växla *verb* change; *kan ni* ~
100 dollar? can you change
a 100 dollar bill?
växlande *adj* varying, variable
växt -en -er **1** tillväxt growth
2 planta plant
växthus -et = greenhouse
vördnad -en respect

X

x x-et x bokstav x [utt. ekks]

Y

y y-et y-n bokstav y [utt. oaj]
yacht -en -er yacht
yla *verb* howl
ylle -t wool
ylletröj|a -an -or woolen
  sweater
ylletyg -et -er woollen cloth
yng|el -let = fry; grodyngel
  tadpoles
yngling -en -ar youth
yngre *adj* younger; senare later
yngst *adj* youngest
ynklig *adj* miserable; ömklig
  pitiful
yoga -n yoga
yoghurt -en yogurt
yr *adj* i huvudet dizzy
yra I -n vild framfart frenzy
  II *verb* **1** om febersjuk be*
  delirious **2** om snö whirl; om
  damm swirl
yrka *verb*, ~ *på ngt* demand
  sth.; i parlament o.d. move sth.
yrkande -t -n demand; i
  parlament o.d. motion
yrke -t -n lärt profession;
  hantverk trade; sysselsättning
  occupation
yrkesarbetare -n = skilled
  worker; kollektivt skilled labor
yrkeskvinn|a -an -or career
  woman (pl. women)

yrkes|man -mannen -män pro-
  fessional
yrsel -n svindel dizziness
yrvaken *adj* drowsy with sleep
yrväd|er -ret = snowstorm
yt|a -an -or surface; *på ytan* on
  the surface
ytlig *adj* superficial
ytterdörr -en -ar outer door
ytterkläder pl. outdoor clothes
ytterligare *adj* o. *adv* further
ytterlighet -en -er extreme
ytterområde -t -n periphery
ytterrock -en -ar overcoat
yttersid|a -an -or outer side
ytterst *adv* **1** längst ut farthest
  out **2** i högsta grad extremely
yttersta *adj* **1** längst bort belägen
  farthest; *den ~ delen* the
  extremity **2** störst, högst ut-
  most; *jag ska göra mitt ~* I
  will do my utmost
yttertak -et = roof
yttra *verb* utter; ~ *sig om ngt*
  comment on sth.
yttrande -t -n remark; utlåtande
  expert report
yttrandefrihet -en freedom of
  speech
yttre I *adj* external **II** oböjl.
  exterior; *till det ~* externally
yvig *adj* tät bushy; om gest
  sweeping
yx|a -an -or ax

Z

Å

z z-t z-n bokstav z [utt. zi:]
zigenare -n = gypsy
zink -en zinc
zon -en -er zone
zoo -t -n zoo
zoolog -en -er zoologist
zoologi -n zoology
zoologisk *adj* zoological
zooma *verb*, ~ *in ngt* zoom in sth.
zucchini -n -er zucchini

1 å å-et å-n bokstav the letter a with a circle over it
2 å -n -ar vattendrag river; mindre creek
3 å *interj* oh!, gee!
åberopa *verb*, ~ *ngt* refer to sth.
åd|er -ern -ror vein
åderförkalkad *adj*, *han börjar bli* ~ he is getting senile
ådr|a -an -or vein
åhörare -n = listener
åka *verb* go*; ~ *bil* drive*, go* by car; ~ *skidor* ski; ~ *tåg* go* by train; ~ *bort* go* away
åk|er -ern -rar field
åklagare -n = prosecutor; i USA district attorney (förk. DA)
åkomm|a -an -or complaint
åksjuka -n motion sickness
åksjuketablett -en -er tablet for motion sickness
åktur -en -er drive; *ta en* ~ go for at drive
ål -en -ar eel
åla *verb*, ~ *sig* crawl
åld|er -ern -rar age; *vid 20 års* ~ at 20
ålderdom -en old age
ålderdomlig *adj* old-fashioned

ålderdomshem -met = retirement home
åldersgräns -en -er age limit
åldersskillnad -en -er difference in age
åldras *verb* age
åldring -en -ar man old man (pl. men); kvinna old woman (pl. women)
åldringsvård -en geriatric care, eldercare
åliggande -t -n duty
ålägga *verb*, ~ *ngn ngt* impose sth. on sb.
ång|a I -an -or steam **II** *verb* steam
ångbåt -en -ar steamboat
ånger -n regret
ångerfull *adj* regretful, repentant
ångest -en anxiety
ångmaskin -en -er steam engine
ångpann|a -an -or boiler
ångra *verb* regret; ~ *sig* regret it; ändra sig change one's mind
ångstrykjärn -et = steam iron
år -et = year; ~ *1997* in 1997; *gott nytt* ~*!* A Happy New Year!; *i* ~ this year; *han är tjugo* ~ he is twenty years old, he is twenty
år|a -an -or oar
åratal, *i* ~ for years; *på* ~ for years
årgång -en -ar **1** av tidskrift volume **2** av vin vintage

årgångsvin -et -er vintage wine
århundrade -t -n century
årlig *adj* annual
årsavgift -en -er annual charge; i förening annual dues
årsinkomst -en -er annual income
årskort -et = annual season ticket
årskurs -en -er grade
årslön -en -er annual salary
årsmodell -en -er model
årsmöte -t -n annual meeting
årsskifte -t -n end of the year
årstid -en -er season
årtal -et = date
årtionde -t -n decade
årtusende -t -n millennium
ås -en -ar ridge
åsidosätta *verb* disregard
åsikt -en -er view, opinion
åsk|a I -an -or thunder **II** *verb* thunder
åskväd|er -ret = thunderstorm
åskådare -n = spectator
åskådlig *adj* clear
åsn|a -an -or donkey
åstadkomma *verb* få till stånd bring* about
åsyn -en sight; *i ngns* ~ in front of sb.
åt *prep* **1** to; *ge ngt* ~ *ngn* give* sth. to sb. **2** at; *blinka* ~ *ngn* wink at sb.
åtagande -t -n undertaking
åtal -et = prosecution; *väcka* ~ *mot ngn för ngt* prosecute

sb. for sth.; mer formellt indict
sb. for sth.
åtala *verb* prosecute; mer
formellt indict
åtanke, *ha ngt i* ~ bear sth. in
mind
åter *adv* **1** tillbaka back **2** igen
again
återanvändning -en re-use
återbesök -et = next visit
återbud -et = excuse; *lämna* ~
cancel one's appointment
återbäring -en -ar refund
återfall -et = relapse; *få* ~
have* a relapse
återfinna *verb* recover
återfå *verb*, ~ *ngt* get* back
sth.
återförena *verb* reunite
återförening -en -ar reunion
återge *verb* tolka render
återgå *verb* **1** återvända go*
back **2** upphävas be* cancelled
återhållsam *adj* restrained
återkalla *verb* **1** ~ *ngn* call sb.
back **2** ställa in cancel
återkomma *verb* return
återkomst -en return
återlämna *verb* return
återse *verb*, ~ *ngn* see* sb.
again
återseende -t reunion; *på* ~!
be* seeing you!
återstod -en -er rest
återstå *verb* remain
återställa *verb* restore

återställare -n =, *ta sig en* ~
have* a pick-me-up
återställd *adj*, *bli* ~ recover
återta *verb* ta tillbaka take*
back; återuppta resume
återuppliva *verb* revive
återupprätta *verb* re-establish
återuppta *verb* resume
återvinna *verb* **1** win* back
2 ur avfall o.d. recycle
återvända *verb* return
återvändo, *det finns ingen* ~
there is no turning back
återvändsgat|a -an -or dead
end street
åtfölja *verb* accompany
åtgång -en consumption
åtgärd -en -er measure
åtgärda *verb* attend to
åtkomlig *adj* within reach
åtlöje -t ridicule; *göra sig till* ~
make* a fool of oneself
åtminstone *adv* at least
åtnjuta *verb* enjoy
åtnjutande -t enjoyment
åtrå I -n desire **II** *verb* desire
åtråvärd *adj* desirable
åtsittande *adj* tight-fitting
åtskilliga *adj* several
åtskilligt *adv* a good deal
åtstramning -en -ar politisk
belt-tightening measures;
ekonomisk credit squeeze
ått|a I *räkn* eight, för samman-
sättningar med åtta jfr *fem* med
sammansättningar **II** -an -or eight
åttio *räkn* eighty, för samman-

sättningar med åttio jfr *femtio*
med sammansättningar
åttionde *räkn* eightieth
åttonde *räkn* eighth
åttondel -en -ar eighth
åverkan en ~, best. form =
  damage

ä ä-et ä-n bokstav the letter a
  with two dots
äcklig *adj* disgusting
ädel *adj* noble
ädelost -en -ar blue cheese
ädelsten -en -ar precious stone
äga *verb* **1** possess **2** ~ *rum*
  take* place
ägare -n = owner
ägg -et = egg; *hårdkokt* ~
  hard-boiled egg; *löskokt* ~
  soft-boiled egg
äggkopp -en -ar egg cup
äggledare -n = Fallopian tube
äggröra -n scrambled eggs
äggstock -en -ar ovary
äggulla -an -or yolk
äggvitla -an -or egg white
ägna *verb* devote; ~ *sig åt ngt*
  devote oneself to sth.
ägo oböjl., *vara i ngns* ~ be* in
  sb.'s possession
ägodelar pl. property
äkta *adj* genuine; ~ *par*
  married couple
äktenskap -et = marriage
äkthet -en genuineness
äldre *adj* older
äldst *adj* oldest
älg -en -ar moose
älska *verb* love; ~ *med ngn*
  make* love to sb.

älskad *adj* beloved
älskare -n = lover
älskarinn|a -an -or mistress
älskling -en -ar darling, honey
älsklingsrätt -en -er favorite
dish
älskvärd *adj* kind
älv -en -ar river
älv|a -an -or fairy
ämbete -t -n office
ämna *verb* intend; ~ *göra ngt*
intend to do sth.
ämne -t -n **1** material **2** i skola
subject
ämneslärare -n = subject
teacher
ämnesomsättning -en meta-
bolism
än I *adv* **1** se *ännu* **2** *hur jag* ~
gör whatever I do; *vad som*
~ *händer* whatever happens
II *prep* o. *konj* than; *äldre* ~
older than; *mer* ~ more than
änd|a I -an **1** pl. -ar end **2** pl. -or
vard., bakdel behind **II** *verb*
end **III** *adv*, ~ *från början*
from the very beginning; ~
sedan dess ever since then
ändamål -et = purpose
ändamålsenlig *adj* suitable
änd|e -en -ar end
ändelse -n -r ending
ändhållplats -en -er terminus;
vard. last stop
ändra *verb* change; ~ *på ngt*
change sth.; ~ *sig* förändras

change; ändra beslut change
one's mind
ändring -en -ar change
ändå *adv* **1** likväl yet **2** ~
bättre even better
äng -en -ar meadow
äng|el -eln -lar angel
ängslas *verb* worry
ängslig *adj* anxious
änk|a -an -or widow
änkling -en -ar widower
ännu *adv* **1** om ngt ej inträffat
yet; fortfarande still; *jag har* ~
inte sett filmen I haven't
seen the film yet **2** ytterligare
more; ~ *en gång* once more
3 ~ *större* even larger
äntligen *adv* at last
äppelmos -et apple sauce
äppelpaj -en -er apple pie
äppelträd -et = apple tree
äpple -t -n apple
ära -n honor; *har den* ~ *på*
födelsedagen! happy birth-
day!; *till ngns* ~ in sb.'s
honor
ärende -t -n **1** errand; *ha ett* ~
till stan have* some business
in town **2** fråga matter
ärftlig *adj* hereditary
ärg -en verdigris
ärkebiskop -en -ar archbishop
ärlig *adj* honest
ärlighet -en honesty; *i ärlighe-*
tens namn to be honest
ärm -en -ar sleeve

ärr -et = scar; *ett fult* ~ an ugly
  scar
ärt|a -an -or pea
ärtsopppa -n pea soup
ärva *verb* inherit
äss -et = ace
äta *verb* eat*; ~ *frukost*
  (*lunch, middag*) have*
  breakfast (lunch, dinner); ~
  ute eat* out
ätlig *adj* edible
ätt -en -er family
ättika -n vinegar
ättiksgurk|a -an -or pickled
  gherkin
ättling -en -ar descendant
även *adv* also
äventyr -et = adventure
äventyrare -n = adventurer
äventyrlig *adj* adventurous

Ö

1 ö ö-et ö-n bokstav the letter o
  with two dots
2 ö -n -ar island
1 öde -t -n fate
2 öde *adj* deserted; ~ ö desert
  island
ödelägga *verb* devastate
ödemark -en -er wilderness
ödesdiger *adj* fateful
ödl|a -an -or lizard
ödmjuk *adj* humble
ödmjukhet -en humility
ödslig *adj* deserted
ög|a -at -on eye
ögl|a -an -or loop
ögna *verb*, ~ *igenom ngt*
  glance through sth.
ögonblick -et = moment; *ett* ~!
  one moment, please!
ögonbryn -et = eyebrow
ögondroppar pl. eye drops
ögonfrans -en -ar eyelash
ögonkast -et = glance
ögonlock -et = eyelid
ögonläkare -n = eye doctor,
  ophthalmologist
ögonskugga -n eyeshadow
ögontjänare -n = toady
ögonvatt|en -net eyewash
ögonvittne -t -n eyewitness
ögonvrå -n -r corner of one's
  eye

ögrupp -en -er group of islands
öka *verb* increase
ök|en -nen -nar desert
öknamn -et = nickname
ökning -en -ar increase
ökänd *adj* notorious
öl -et (-en) = beer
ölburk -en -ar tom beer can; full
can of beer
ölflask|a -an -or tom beer bottle;
full bottle of beer
ölglas -et = beer glass
öm *adj* tender
ömhet -en tenderness
ömma *verb* feel* tender
ömse *adj, på ~ sidor* on both
sides
ömsesidig *adj* mutual
ömtålig *adj* som lätt tar skada
easily damaged; känslig sensi-
tive
önska *verb* wish; *vad önskar
hon sig i present?* what
would she like to have as a
present?
önsk|an en ~, pl. -ningar wish
önskemål -et = wish
önskvärd *adj* desirable
öppen *adj* open; *på öppet köp*
on approval
öppenhet -en openness
öppethållande -t opening
hours
öppettider pl. opening hours
öppna *verb* open; *affärerna
öppnar klockan 9* the stores
open at 9 o'clock

öppning -en -ar opening
ör|a -at -on **1** hörselorgan ear
2 handtag handle
öre -t -n (=) öre
Öresund the Sound
örfil -en -ar smack on the ear
örhänge -t -n earring
örn -en -ar eagle
örngott -et = pillow case
öroninflammation -en -er ear
inflammation
öronläkare -n = oftast ear, nose
and throat specialist
öronpropp -en -ar **1** vaxpropp
plug of wax **2** skyddspropp
earplug
öronvärk -en earache
örsprång -et earache
ört -en -er herb
örtte -et -er herbal tea
ösa *verb* scoop; *det öser ner*
it's pouring down
ösregna *verb* pour
öst -en the east, se vidare *öster*
östanvind -en -ar east wind
öster I -n the east; *i ~* in the
east; *mot ~* to the east **II** *adv*,
~ om... east of...
österrikare -n = Austrian
Österrike Austria
österrikisk *adj* Austrian
österrikisk|a -an -or kvinna
Austrian woman (pl. women)
Östersjön the Baltic
österut *adv* eastwards
Östeuropa Eastern Europe

östeuropeisk *adj* East European

östlig *adj* easterly

östra *adj* the east; ~ *Tibet* eastern Tibet

öva *verb* train; ~ *sig i ngt* practice sth.

över I *prep* **1** i rumsbetydelse over; *ha tak* ~ *huvudet* have a roof over one's head **2** högre än above; ~ *havsytan* above sea level **3** *en karta* ~ *Washington* a map of Washington **4** mer än over **5** angående about, at; *vara ledsen* ~ *ngt* be* sorry about sth.; *vara förvånad* ~ *ngt* be* surprised at sth. **II** *adv* over

överallt *adv* everywhere

överanstränga *verb* overexert; ~ *sig* overexert oneself

överansträngd *adj* om muskel overstrained; utarbetad overworked

överansträngning -en overexertion

överbefolkning -en overpopulation

överbevisa *verb* convict

överblick -en -ar survey

överblicka *verb* survey

överbliven *adj* remaining; ~ *mat* rester leftovers

överbokning -en -ar overbooking

överdel -en -ar top

överdos -en -er overdose; vard. OD

överdrift -en -er exaggeration; *gå till* ~ go* too far

överdriva *verb* exaggerate

överens *adv*, *komma bra* ~ *med ngn* get* on well with sb.; *komma* ~ *med ngn om ngt* agree with sb. on sth.

överenskommelse -n -r agreement; *enligt* ~ as agreed

överensstämma *verb* agree

överensstämmelse -n -r agreement

överfalla *verb* assault

överflöd -et abundance

överflödig *adj* superfluous

överfull *adj* overfull

överföra *verb* t.ex. pengar transfer

överföring -en -ar av t.ex. pengar transfer

överge *verb* abandon

övergiven *adj* abandoned

övergrepp -et = wrong, injustice; mot barn molestation

övergående *adj* passing

övergång -en -ar **1** bildligt transition **2** vid järnväg o.d. el. för fotgängare crossing

övergångsställe -t -n crossing, crosswalk

överhand, *få överhanden* get* the upper hand

överhuvud -et = head

överhuvudtaget *adv* on the

whole; *om han ~ kommer* if
he comes at all
överhängande *adj* urgent; om
fara imminent
överinseende -t supervision
överkast -et = bedspread
överklaga *verb* appeal
överklass -en -er upper class
överkomlig *adj* om hinder o.d.
surmountable; om pris o.d.
reasonable
överkropp -en -ar upper part of
the body
överkäk|e -en -ar upper jaw
överkänslig *adj* hypersensitive
överkörd *adj*, *bli ~* be* run
over
överleva *verb* survive
överlevande en ~, pl. = survivor
överlista *verb* outwit
överlåta *verb* **1** överföra trans-
fer **2** *~ ngt åt ngn* leave* sth.
in sb.'s hands
överläge -t advantage
överlägga *verb* confer, discuss
överläggning -en -ar discussion
överlägsen *adj* superior
överläkare -n = chief physician
överlämna *verb* deliver
överläpp -en -ar upper lip
över|man -mannen -män supe-
rior; *finna sin ~* meet* one's
match
övermogen *adj* overripe
övermorgon, *i ~* the day after
tomorrow
övermänsklig *adj* superhuman

övernatta *verb* stay overnight
övernaturlig *adj* supernatural
överordnad I en ~, pl. -e
superior **II** *adj* superior
överraska *verb* surprise
överraskning -en -ar surprise
överres|a -an -or crossing
överrock -en -ar overcoat
överrumpla *verb* surprise
överräcka *verb* hand over
överrösta *verb*, *musiken*
överröstade henne the music
drowned her voice
överse *verb*, *~ med ngt*
overlook sth.
överseende I -t indulgence
II *adj* indulgent
översid|a -an -or top side
översikt -en -er survey
överskatta *verb* overrate
överskott -et = surplus
överskrida *verb* t.ex. gräns
cross; *~ sina befogenheter*
exceed one's authority
överskrift -en -er heading
överskådlig *adj* clear
överslag -et = estimate
överspänd *adj* overexcited
överst *adv* uppermost
överst|e -en -ar colonel
överstiga *verb* exceed
överstånden *adj*, *vara ~* be*
over
översvallande *adj* exuberant
översvämma *verb* flood
översvämning -en -ar flood
översyn -en -er overhaul

översätta *verb* translate
översättare -n = translator
översättning -en -ar translation
överta *verb* take* over
övertag -et = advantage; *få*
övertaget över ngn get* the
upper hand of sb.
övertala *verb* persuade
övertalning -en -ar persuasion
övertid -en overtime; *arbeta* ~
work overtime
överträda *verb* transgress
överträdelse -n -r transgression; kränkning violation
överträffa *verb* surpass; ~ *ngn*
i ngt be* better than sb. in
sth.
övertyga *verb*, ~ *ngn om ngt*
convince sb. of sth.
övertygande *adj* convincing
övertygelse -n -r conviction
övervakare -n = probation
officer
övervakning -en tillsyn supervision
övervikt -en overweight; *betala för* ~ pay* for excess
baggage
övervinna *verb* overcome
övervintra *verb* winter
överväga *verb* betänka consider
1 övervägande -t -n consideration; *ta ngt under* ~ take*
sth. into consideration
2 övervägande I *adj* predominant **II** *adv* huvudsakligen
mainly

överväldigad *adj* overwhelmed
överväldigande *adj* overwhelming
övervärdera *verb* overestimate
övning -en -ar **1** träning training
2 uppgift exercise
övningsbil -en -ar driving-
-school car
övre *adj* upper
övrig *adj* återstående remaining;
det övriga the rest; *de övriga*
the others; *för övrigt* by the
way